三聯學術

唐宋儒家道统系谱建构研究

郭 畑 著

Classics & Civilization

生活·讀書·新知 三联书店

Copyright © 2024 by SDX Joint Publishing Company.
All Rights Reserved.
本作品版权由生活·读书·新知三联书店所有。
未经许可，不得翻印。

图书在版编目（CIP）数据

唐宋儒家道统系谱建构研究／郭畑著.—北京：
生活·读书·新知三联书店，2024.7
（古典与文明）
ISBN 978-7-108-07771-4

Ⅰ.①唐…　Ⅱ.①郭…　Ⅲ.①道统－研究－中国－唐宋时期　Ⅳ.① B222.05

中国国家版本馆 CIP 数据核字 (2024) 第 022677 号

本作品受重庆大学人文社会科学高等研究院学术专著出版项目资助，后续可在重庆大学人文社会科学高等研究院以"文字斋丛书"的名义展示本作品。

文字编辑	蔡雪晴
责任编辑	王晨晨
装帧设计	薛　宇
责任印制	李思佳
出版发行	生活·讀書·新知 三联书店
	（北京市东城区美术馆东街 22 号 100010）
网　　址	www.sdxjpc.com
经　　销	新华书店
印　　刷	河北鹏润印刷有限公司
版　　次	2024 年 7 月北京第 1 版
	2024 年 7 月北京第 1 次印刷
开　　本	880 毫米 × 1092 毫米　1/32　印张 20.25
字　　数	402 千字
印　　数	0,001－4,000 册
定　　价	96.00 元

（印装查询：01064002715；邮购查询：01084010542）

"古典与文明"丛书
总 序

甘阳 吴飞

古典学不是古董学。古典学的生命力植根于历史文明的生长中。进入21世纪以来,中国学界对古典教育与古典研究的兴趣日增并非偶然,而是中国学人走向文明自觉的表现。

西方古典学的学科建设,是在19世纪的德国才得到实现的。但任何一本写西方古典学历史的书,都不会从那个时候才开始写,而是至少从文艺复兴时候开始,甚至一直追溯到希腊化时代乃至古典希腊本身。正如维拉莫威兹所说,西方古典学的本质和意义,在于面对希腊罗马文明,为西方文明注入新的活力。中世纪后期和文艺复兴对西方古典文明的重新发现,是西方文明复兴的前奏。维吉尔之于但丁,罗马共和之于马基雅维利,亚里士多德之于博丹,修昔底德之于霍布斯,希腊科学之于近代科学,都提供了最根本的思考之源。对古代哲学、文学、历史、艺术、科学的大规模而深入的研究,为现代西方文明的思想先驱提供了丰富的资源,使他们获得了思考的动力。可以说,那个时期的古典学术,就是现代西方文明的土壤。数百年古典学术的积累,是现代西方文明的命脉所系。19世纪的古典学科建制，只不过是这一过程的结果。随着现代研究性大学和学科规范的确立，一门规则严谨的古典学学科应运而生。但我们必须看到，西方大学古典学学科的真正基础，乃在于古典教育在中学的普及，特别是拉丁语和古希腊语曾长期为欧洲中学必修，才可能为大学古典学的高深研究源源不断地提供人才。

19世纪古典学的发展不仅在德国而且在整个欧洲都带动了新的一轮文明思考。例如，梅因的《古代法》、巴霍芬的《母权论》、古朗士的《古代城邦》等，都是从古典文明研究出发，在哲学、文献、法学、政治学、历史学、社会学、人类学等领域带来了革命性的影响。尼采的思考也正是这一潮流的产物。20世纪以来弗洛伊德、海德格尔、施特劳斯、福柯等人的思想，无不与他们对古典文明的再思考有关。而20世纪末西方的道德思考重新返回亚里士多德与古典美德伦理学，更显示古典文明始终是现代西方人思考其自身处境的源头。可以说，现代西方文明的每一次自我修正，都离不开对古典文明的深入发掘。正是在这个意义上，古典学绝不仅仅只是象牙塔中的诸多学科之一而已。

由此，中国学界发展古典学的目的，也绝非仅仅只是为学科而学科，更不是以顶礼膜拜的幼稚心态去简单复制一个英美式的古典学科。晚近十余年来"古典学热"的深刻意义在于，中国学者正在克服以往仅从单线发展的现代性来理解西方文明的偏颇，而能日益走向考察西方文明的源头来重新思考古今中西的复杂问题，更重要的是，中国学界现在已经超越了"五四"以来全面反传统的心态惯习，正在以最大的敬意重新认识中国文明的古典源头。对中外古典的重视意味着现代中国思想界的逐渐成熟和从容，意味着中国学者已经能够从更纵深的视野思考世界文明。正因为如此，我们在高度重视西方古典学丰厚成果的同时，也要看到西方古典学的局限性和多元性。所谓局限性是指，英美大学的古典学系传统上大多只研究古希腊罗马，而其他古典文明研究如亚述学、埃及学、波斯学、印度学、汉学以及犹太学等，则都被排除在古典学系以外而被看作所谓东方学等等。这样的学科划分绝非天经地义，因为法国和意大利等的现代古典学就与英美有所不同。例如，著名的西方古典学重镇，韦尔南创立的法国"古代社会比较研究中心"，不仅是古希腊研究的重镇，而且广泛包括埃及学、亚述学、汉学乃至非洲学等各方面专家，在空间上大大突破了古希腊罗马的范围。而意大利的古典学研究，则由于意大利历史的特殊性，往往在时间上不完全限于古希腊罗马的时段，而与中世纪及文艺复兴研究多有关联（即使在英美，由于晚近以来所谓"接受研究"成为古典学的显学，也使得古典学的研究边界越来越超出传统的古希腊罗马时期）。

从长远看，中国古典学的未来发展在空间意识上更应参考法国古典学，不仅要研究古希腊罗马，同样也应包括其他的古典文明传统，如此方能参详比较，对全人类的古典文明有更深刻的认识。而在时间意识上，由于中国自身古典学传统的源远流长，更不宜局限于某个历史时期，而应从中国古典学的固有传统出发确定其内在核心。我们应该看到，古典中国的命运与古典西方的命运截然不同。与古希腊文字和典籍在欧洲被遗忘上千年的文明中断相比较，秦火对古代典籍的摧残并未造成中国古典文明的长期中断。汉代对古代典籍的挖掘与整理，对古代文字与制度的考证和辨识，为新兴的政治社会制度灌注了古典的文明精神，堪称"中国古典学的奠基时代"。以今古文经书以及贾逵、马融、卢植、郑玄、服虔、何休、王肃等人的经注为主干，包括司马迁对古史的整理、刘向父子编辑整理的大量子学和其他文献，奠定了一个有着丰富内涵的中国古典学体系。而今古文之间的争论，不同诠释传统之间的较量，乃至学术与政治之间错综复杂的关系，都是古典学术传统的丰富性和内在张力的体现。没有这样一个古典学传统，我们就无法理解自秦汉至隋唐的辉煌文明。

从晚唐到两宋，无论政治图景、社会结构，还是文化格局，都发生了重大变化，旧有的文化和社会模式已然式微，中国社会面临新的文明危机，于是开启了新的一轮古典学重建。首先以古文运动开端，然后是大量新的经解，随后又有士大夫群体仿照古典的模式建立义田、乡约、祠堂，出现了以《周礼》为蓝本的轰轰烈烈的变法；更有众多大师努力诠释新的义理体系和修身模式，理学一脉逐渐展现出其强大的生命力，最终胜出，成为其后数百年新的文明模式。称之为"中国的第二次古典学时代"，或不为过。这次古典重建与汉代那次虽有诸多不同，但同样离不开对三代经典的重新诠释和整理，其结果是一方面确定了十三经体系，另一方面将"四书"立为新的经典。朱子除了为"四书"做章句之外，还对《周易》《诗经》《仪礼》《楚辞》等先秦文献都做出了新的诠释，开创了一个新的解释传统，并按照这种诠释编辑《家礼》，使这种新的文明理解落实到了社会生活当中。可以看到，宋明之间的文明架构，仍然是建立在对古典思想的重新诠释上。

在明末清初的大变局之后，清代开始了新的古典学重建，或可称为"中国的第三次古典学时代"：无论清初诸遗老，还是乾嘉盛时的各位大师，虽然学问做法未必相同，但都以重新理解三代为目标，以汉宋两大古典学传统的异同为入手点。在辨别真伪、考索音训、追溯典章等各方面，清代都取得了巨大的成就，不仅成为几千年传统学术的一大总结，而且可以说确立了中国古典学研究的基本规范。前代习以为常的望文生义之说，经过清人的梳理之后，已经很难再成为严肃的学术话题；对于清人判为伪书的典籍，诚然有争论的空间，但若提不出强有力的理由，就很难再被随意使用。在这些方面，清代古典学与西方19世纪德国古典学的工作性质有惊人的相似之处。清人对《尚书》《周易》《诗经》《三礼》《春秋》等经籍的研究，对《庄子》《墨子》《荀子》《韩非子》《春秋繁露》等书的整理，在文字学、音韵学、版本目录学等方面的成就，都是后人无法绕开的必读著作，更何况《四库全书总目提要》成为古代学术的总纲。而民国以后的古典研究，基本是清人工作的延续和发展。

我们不妨说，汉、宋两大古典学传统为中国的古典学研究提供了范例，清人的古典学成就则确立了中国古典学的基本规范。中国今日及今后的古典学研究，自当首先以自觉继承中国"三次古典学时代"的传统和成就为己任，同时汲取现代学术的成果，并与西方古典学等参照比较，以期推陈出新。这里有必要强调，任何把古典学封闭化甚至神秘化的倾向都无助于古典学的发展。古典学固然以"语文学"（philology）的训练为基础，但古典学研究的问题意识、研究路径以及研究方法等，往往并非来自古典学内部而是来自外部，晚近数十年来西方古典学早已被女性主义等各种外部来的学术思想和方法所渗透占领，仅仅是最新的例证而已。历史地看，无论中国还是西方，所谓考据与义理的张力其实是古典学的常态甚至是其内在动力。古典学研究一方面必须以扎实的语文学训练为基础，但另一方面，古典学的发展和新问题的提出总是与时代的大问题相关，总是指向更大的义理问题，指向对古典文明提出新的解释和开展。

中国今日正在走向重建古典学的第四个历史新阶段，中国的文明复兴需要对中国和世界的古典文明做出新的理解和解释。客观地说，这一轮古典学的兴起首先是由引进西方古典学带动的，刘小枫和甘阳教授主编的"经典与解释"丛书在短短十五年间（2000—2015年）出版了三百五十余种重要译著，为中国学界了解西方古典学奠定了基础，同时也为发掘中国自身的古典学传统提供了参照。但我们必须看到，自清末民初以来虽然古典学的研究仍有延续，但古典教育则因为全盘反传统的笼罩而几乎全面中断，以致今日中国的古典学基础以及整体人文学术基础都仍然相当薄弱。在西方古典学和其他古典文明研究方面，国内的积累更是薄弱，一切都只是刚刚起步而已。因此，今日推动古典学发展的当务之急，首在大力推动古典教育的发展，只有当整个社会特别是中国大学都自觉地把古典教育作为人格培养和文明复兴的基础，中国的古典学高深研究方能植根于中国文明的土壤之中生生不息茁壮成长。这套"古典与文明"丛书愿与中国的古典教育和古典研究同步成长！

       2017年6月1日于北京

目 录

绪 言 1

第一章 中唐宋初：五贤道统系谱的形成 8

第二章 庆历前后：五贤争论的展开 81

第三章 北宋中期：新儒学与道统系谱重构 160

第四章 理学对五贤道统系谱的清理 289

第五章 理学与道统系谱重构 428

第六章 两宋的道统竞争与理学的胜出 515

余 论 儒家道统系谱的排他性和开放性 602

参考文献 611

致 谢 631

绪 言

陈寅恪先生《邓广铭宋史职官志考证序》云:"华夏民族之文化,历数千载之演进,造极于赵宋之世。"[1]漆侠先生《宋学的发展和演变》的"总论"也谈道:"在我国古代经济文化发展的总过程中,宋代不仅它的社会经济发展到最高峰,而且它的文化也发展到登峰造极的地步。"[2]在唐宋学术思想文化的转型过程中,有一个相当引人注目且影响深远的现象,就是各种统绪、系谱的建构和叙述,王水照先生将其称为"宋代知识分子崇尚'统绪'的文化思潮",并指出说:"在当时许多文化领域内,几乎都发生过关于'统'的大论战:史学领域中的'正统'之争,政治哲学领域中的'道统'之争,散文领域中的'文统'之争,佛学领域中的'佛统'之争,乃至政治斗争领域中的朋党之争,趋群化和集团性的意识,深深地渗透进宋代知识分子的内心,成为他

---

[1] 陈寅恪:《邓广铭宋史职官志考证序》,收在氏著:《金明馆丛稿二编》,北京:生活·读书·新知三联书店,2015年,第277页。
[2] 漆侠:《宋学的发展和演变》"总论",石家庄:河北人民出版社,2002年,第3页。

们一种根深蒂固的观念。"[3]儒家道统系谱的建构和争论,不仅是唐宋诸种统绪之争中最为激烈的一种,也是给后世留下最为丰富而深刻的思想文化遗产的一种。儒家道统论及其作为呈现方式的儒家道统系谱,逐渐成为中华文化的核心内容之一,影响至今不泯。

中华道统思想源远流长,中唐时期,自韩愈重新揭倡儒家道统论之后,儒家道统及其承递系谱越发成为士人言说的一个重要论题,诚如刘复生师所云:"入宋以后,儒家道统说得到了继承和发扬,尽管对儒家道统的承继看法或有不同,但维护这个道统却成为新儒们所共同关心的问题。"[4]而儒家道统论也"成为宋代儒学的基本预设之一"[5]。在宋代出现的多种儒家道统论及其系谱中,以程朱一系理学家所建构的儒家道统论对帝制中国后半期学术思想文化的影响最为深远,我们今天所熟知的儒家道统论,实际上仍然主要是程朱理学所建构起来的道统论。一般认为,程朱理学所尊奉的儒家道统系谱是从孔子、颜子、曾子、子思、孟子以至于周敦颐、程颢、程颐、张载、邵雍等理学开创者,其后朱熹集其

---

[3] 王水照:《北宋的文学结盟与尚"统"的社会思潮》,见北京大学古文献研究所、四川大学古籍整理研究所编:《国际宋代文化研讨会论文集》,成都:四川大学出版社,1991年,第258页。
[4] 刘复生:《北宋中期儒学复兴运动(增订本)》第一章"北宋儒学复兴运动的产生及其特点",北京:生活·读书·新知三联书店,2023年,第27页。
[5] 余英时:《朱熹的历史世界:宋代士大夫政治文化的研究》,北京:生活·读书·新知三联书店,2011年,第39页。

大成。然而，程朱理学所尊奉的儒家道统系谱在宋代得到朝野的普遍认可，毕竟已经晚至南宋灭亡前夕。那么，自韩愈重新揭倡儒家道统论以至于程朱理学的道统论成为"定论"之前，士人对于儒家道统系谱曾做出过怎样的选择？

近代以来，最先论及唐宋儒家道统系谱整体性演变的，当是刘咸炘先生。刘先生在其《学史散篇·宋学别述》中指出，在宋初的道统系谱叙述中，孙复、石介等宋初士人所称述的孟子、荀子、扬雄（字子云）、王通（字仲淹）、韩愈（字退之）等"五贤"是宋代早期道统系谱的主要选择范围，而随着宋学的不断发展，五贤都开始遭到士人的批判，最终只有孟子留存在了儒家道统系谱之中，而荀、扬、王、韩均被排除在外。[6]蒙文通先生后来在总结唐代诸子学状况时也曾谈道："思想解放之风，于此大张。诸子之学盛行，孟轲、荀卿、扬雄、王通之书，渐见重于世，而研究儒家义理之学也就因之兴起。"[7]同样注意到孟、荀、扬、王等人在唐宋时期的整体性兴起。钱穆先生也曾谈道："朱子在学术思想史上贡献最大而最宜注意者，厥为对儒家新道统之组成。……（韩愈）下及北宋初期，言儒学传统，大率举孔子、孟、荀以及董仲舒、扬雄、王通、韩愈。惟第二期宋学则颇已超越

---

[6] 刘咸炘：《学史散篇·宋学别述·宋初三家学派图第一》，见其《推十书（增补全本）》，上海：上海科学技术文献出版社，2009年，甲辑第3册，第1243～1245页。
[7] 蒙文通：《中国历代农产量的扩大和赋役制度及学术思想的演变》，《四川大学学报》，1957年第2期。

董、扬、王、韩，并于荀卿亦多不满，朱子承之，始确然摆脱荀卿、董、扬以下，而以周、张、二程直接孟子，第二期宋学始确然占得新儒学中之正统地位。此为朱子第一大贡献。"[8]这就更加明确地指出了初期宋学的道统系谱与理学道统系谱其实大为不同。

由此，我们不禁要问，中唐宋初的儒家道统系谱是如何建构起来的？其主要道统人选是哪些圣贤？这个道统系谱又是如何瓦解的？其瓦解的过程和原因如何？理学所建构的道统系谱与这一道统系谱是否存在着某种关联？它又是如何被理学道统系谱所取代的？同时，理学所尊奉的颜子—曾子—子思—孟子这一孔庙"四配"道统系谱又是如何建构起来的？这是当时所有新儒学学派的共识吗？此外，理学学派内部又是如何确定其承续孟子的开创者的？本书的撰写，正是带着这些疑问展开的。

近三十多年来，陆续有学者注意过这些问题，如刘复生师就曾提纲挈领地论述过唐宋儒家道统系谱的发展演变过程，并准确地指出，孙复、石介等人所排列的"五贤"道统系谱被理学道统系谱所取代，实为其间的重要一环。[9]不过，总的来看，学界对于唐宋儒家道统系谱建构、争论、重构的演变历程仍然缺乏整体性的梳理，对唐宋道统系谱发展演变

---

[8]　钱穆：《朱子学术述评》，见其《中国学术思想史论丛》卷五，合肥：安徽教育出版社，2004年，第159～160页。
[9]　刘复生：《北宋中期儒学复兴运动（增订本）》第一章"北宋儒学复兴运动的产生及其特点"，第27～30页。

所具有的阶段性特征也认识不足。事实上，由于唐宋道统论在当时的广泛影响，以及其对于后世的深远影响，学界相关的研究成果是极为丰富的，但是主要都以个案研究为主。

既往研究的讨论路径主要有两种：一是探讨某些著名士人或学派的道统系谱建构，这以对二程、朱熹等理学家的研究最为丰富；二是探讨某个道统人物在唐宋儒家道统系谱中的地位演变，这以学界对孟子升格运动的研究最为引人注目。然而，这两种研究路径的缺陷也相当明显，即前者容易忽略某个士人或学派与其他士人或学派之间的共识和分歧，而后者则容易将某个道统人物从道统系谱整体中抽离出来。由此，这两种研究路径也就不太重视唐宋道统系谱演变的整体性和阶段性，而这其实正是唐宋道统系谱建构的关键特征。蔡方鹿先生的《中华道统思想发展史》一书是前一种研究路径的代表性著作，该书详细罗列了历代著名儒者的道统观，对唐宋诸儒如韩愈、孙复、石介、周敦颐、张载、二程、朱熹、陆九渊等人的道统思想也都论述甚详，并特别总结说道："北宋初孙复、石介论道统，上承韩愈，下启程朱，并扩大了韩愈道统的范围。"但因限于体例，其对唐宋道统系谱的整体性演变和阶段性特征的论述极为简略。[10] 李祥俊先生《道通于一：北宋哲学思潮研究》一书的第二章"道统"则是后一种研究思路的代表，该章分别简要讨论了北宋

---

[10] 蔡方鹿：《中华道统思想发展史》，成都：四川人民出版社，2003年，引文在第247页。

诸儒对孔子、孟子、荀子、扬雄、王通、韩愈、其他前代诸儒的议论,还简要论述了北宋诸儒的自评和互评,并尤其注意到:"北宋前期的道统论基本上是对传统的继承,除了推尊尧、舜等古圣王之外,当时影响最大的是孔子、孟子、荀子、扬雄、王通、韩愈的一圣五贤模式。到了北宋中后期,新儒学思潮兴起,回归先秦原始儒学成为主流趋势,而对汉唐诸儒往往持严厉的批评态度,荀子、扬雄、王通、韩愈等人都被从儒家道统中清洗出去,孔、孟之道得到了凸显。而北宋后期的二程学派则初步建立起了孔、曾、思、孟的新道统,构成其后儒家道统的基本形态。"但可惜的是,从"五贤模式"到理学新道统的整体性道统系谱演变历程,却并非该书讨论的主要内容。[11]

有鉴于此,本书力图呈现被个案研究遮蔽的唐宋儒家道统系谱演变全景,希望既能够展示唐宋道统系谱的整体性演进历程,也能够凸显其间的阶段性特征。为了达成这一目标,本书将以唐宋儒家道统系谱的建构、争论、重构为主要线索,在内容结构上则以宋代新儒学发展的时间顺序为目。

由于唐宋思想史研究中一些常用概念的内涵颇为丰富且具有争议,所以有必要对本书将会频繁用及的一些关键概念进行限制性的说明。首先,本书在使用"道统"这一概念时,并不特指儒家之道的传递统绪,在指谓道统中的儒家之

---

[11] 李祥俊:《道通于一:北宋哲学思潮研究》,北京:北京师范大学出版社,2006年,第111~256页,引文在第111~112页。

道的传递统绪这一含义时,本书将一律明确使用"道统系谱"。其次,韩愈以至于北宋中前期出现的新思想动向,包括文学上的古文运动、思想上的儒学复兴运动、学术上的新经学思潮等多个方面,它们同处一个思想潮流之中,在思想理念和参与者上都具有高度的重合性,为了行文方便,本书将统一使用"古文运动"。再次,学界关于宋学、新儒学、理学、道学这几个概念的涵括和使用曾发生过一些争论,本书在使用这几个概念时,将宋代的学术思想统称为"宋学",将唐宋时期出现的有别于汉唐传统儒学形态的新型儒学称为"新儒学",对"道学"和"理学"不作区分,并主要使用"理学"。

另外,本书征引的文献中不时存在将"扬雄"写作"杨雄"、"扬子云"写作"杨子云"、《太玄》写作《太元》的情况,书中征引时则一律纠改为扬雄、扬子云、《太玄》,特此说明,后文将不再逐一出校,以避烦琐。

第一章　中唐宋初：五贤道统系谱的形成

中华道统思想源远流长，学者多将其溯源到《孟子·尽心下》卒章："孟子曰：'由尧、舜至于汤，五百有余岁，若禹、皋陶，则见而知之；若汤，则闻而知之。由汤至于文王，五百有余岁，若伊尹、莱朱，则见而知之；若文王，则闻而知之。由文王至于孔子，五百有余岁，若太公望、散宜生，则见而知之；若孔子，则闻而知之。由孔子而来至于今，百有余岁，去圣人之世，若此其未远也；近圣人之居，若此其甚也，然而无有乎尔，则亦无有乎尔。'"不过，虽然孟子已"开道统说之端绪"，但这一思想在汉唐时期的发展却较为迟缓，所以一般认为"道统论的正式提出是在唐代韩愈"。[1]儒家道统论的重倡和发展，是滥觞于中唐、发展并成熟于北宋的古文运动的一个重要思想内容。自韩愈正式揭倡儒家道统论之后，孟子、荀子、扬雄（字子云）、王通（字仲淹，学者称文中子）、韩愈（字退之）等五位贤哲，逐渐成为古文运动在建构儒家道统系谱时最常提及的人物。至北宋中前期，一些士人甚至不时将孟子、荀子、扬

---

[1]　蔡方鹿：《中华道统思想发展史》，第194、195页。

雄、王通和韩愈并称为"五贤",而"五贤"也成为其间不少士人所认可的儒家道统系谱。[2]孟子、荀子、扬雄、王通和韩愈等人之所以在这一时期共同受到诸多古文运动参与者的推崇,乃是因为他们身上存在着一些有利于唐宋儒学转型的共同思想特点。

第一节　韩愈提倡儒家道统论的动因

儒学在东汉以后渐呈衰落之势,玄学、道家、佛学的交相辉映,使儒学不免显得暗淡。魏晋隋唐间的多个王朝都曾大力推崇佛、道二教,在这些王朝的文化意识形态拼盘中,儒家很多时候都只是并不显眼的一角,虽然也是不可或缺的一角。安史之乱以后,李唐王朝的极盛局面一去不返,在皇权孱弱、藩镇林立、外族环伺的新局面下,如何确立一种有效的帝国意识形态,如何建立起一种强大而又有节制的皇权,如何改造儒学以适应新的时代需求,便成了以韩愈为代表的一些士人所亟须思索和回答的问题。

唐宋儒家道统论的揭倡和流行,既是儒学自身发展演进脉络中的重要一环,也是新的时代背景所造就的一个新论题,

---

[2] 唐宋的初期道统系谱曾长期不为学界重视,学者近年来讨论渐多,如刘成国:《9～12世纪初的道统"前史"考述》,《史学月刊》,2013年第12期;陈逢源:《从五贤信仰到道统系谱——朱熹〈四书章句集注〉圣门传道脉络之历史考察》,《东华汉学》,2014年第19期;周炽成:《唐宋道统新探》,《哲学研究》,2016年第3期;赵瑞军:《宋初的道统论研究——兼论宋初之尊孟》,《现代哲学》,2018年第6期。

其影响广泛而深远，至今仍有旺盛的生命力。而唐宋道统论的首倡之功，则当归于韩愈无疑。陈寅恪先生在其《论韩愈》一文中总结了韩愈之于中国文化的六大功绩，其首要功绩就在于"建立道统，证明传授之渊源"。[3]韩愈在其《原道》中正式揭倡儒家道统论云："斯吾所谓道也，非向所谓老与佛之道也。尧以是传之舜，舜以是传之禹，禹以是传之汤，汤以是传之文、武、周公，文、武、周公传之孔子，孔子传之孟轲；轲之死，不得其传焉。荀与扬也，择焉而不精，语焉而不详。"[4]清楚地叙述了一个从尧、舜以至于孔、孟的儒家之道的传递系谱，有着全新的时代意义，诚如学者所云："韩愈著《原道》一文，标志着道统论的正式提出，这在道统思想发展史上具有重大的学术价值和时代意义。"[5]

韩愈揭倡儒家道统论的动因，主要在于如下几端，即排辟佛老以卫护儒家之道；抬高儒学的知识权威以限制无上的皇帝权威；为儒学转型寻求新的思想资源，以建构儒家道统系谱的方式来确立新儒学的历史正当性。

一、卫护儒家之道

韩愈在《原道》中揭倡儒家道统论，排辟佛、道二教，

---

[3] 陈寅恪：《论韩愈》，原载《历史研究》1954年第2期，收在其《金明馆丛稿初编》，北京：生活·读书·新知三联书店，第319页。
[4] （唐）韩愈著，马其昶校注，马茂元整理：《韩昌黎文集校注》卷一《原道》，上海：上海古籍出版社，2014年，第20页。
[5] 蔡方鹿：《中华道统思想发展史》，第250～251页。

并非偶然为之，而是其始终坚持的思想原则。他在唐宪宗迎奉佛骨舍利时上表反对说："事佛求福，乃更得祸；由此观之：佛不足事，亦可知矣。"他甚至还"乞以此骨付之有司，投诸水火，永绝根本，断天下之疑，绝后代之惑"[6]，由是惹得唐宪宗大怒，他险些因此而丧命，最后被打发到了潮州。在韩愈的其他文字中，排辟异端、卫护儒道之辞也屡屡可见。韩愈不时劝诫柳宗元等好友不要嗜佛而要排佛，他接引后学也多以卫护儒道相告，如其《送王秀才序》即云："学者必慎其所道，道于杨、墨、老、庄、佛之学，而欲之圣人之道，犹航断港绝潢以望至于海也；故求观圣人之道，必自孟子始。"[7]他在一道进士策题中也发问道："夫子既没，圣人之道不明，盖有杨、墨者，始侵而乱之，其时天下咸化而从焉；孟子辞而辟之，则既廓如也；今其书尚有存者，其道可推而知不可乎？其所守者何事？其不合于道者几何？孟子之所以辞而辟之者何说？今之学者有学于彼者乎？有近于彼者乎？其已无传乎？其无乃化而不自知乎？其无传也，则善矣；如其尚在，将何以救之乎？"[8]这明显是暗示举子排辟佛、道二教以卫护儒道。韩愈的诸多弟子如李翱等人，也都是排佛卫道之士，他在潮州时向朝廷推荐潮州乡贤赵德讲任乡校，理由之一便是其"能知先王之道，论说且排异端而宗

---

[6] 《韩昌黎文集校注》卷八《论佛骨表》，第684、687页。
[7] 《韩昌黎文集校注》卷四《送王秀才序》，第293页。
[8] 《韩昌黎文集校注》卷二《进士策问十三首》其四，第115~116页。

孔氏"[9]。

韩愈甚至在与僧人的交往中，也有些不近人情地在僧人面前批判佛教。贞元十九年（803）春，时为四门博士的韩愈受好友柳宗元请托，为即将前往东南的文畅和尚送行，并作《送浮屠文畅师序》以赠之，但他却在该《序》中激烈抨击佛教而大谈儒家之道，云："道莫大乎仁义，教莫正乎礼乐刑政。施之于天下，万物得其宜；措之于其躬，体安而气平。尧以是传之舜，舜以是传之禹，禹以是传之汤，汤以是传之文、武，文、武以是传之周公、孔子；书之于册，中国之人世守之。今浮屠者，孰为而孰传之耶？……今吾与文畅安居而暇食，优游以生死，与禽兽异者，宁可不知其所自邪？"[10]这大概是柳宗元和文畅都未曾料想过的。韩愈赠送僧人的诗作，几乎都有排佛之言，如其《送僧澄观》诗云："浮屠西来何施为？扰扰四海争奔驰。构楼架阁切星汉，夸雄斗丽止者谁？"[11]《送惠师》诗也说："吾言子当去，子道非吾遵，江鱼不池活，野鸟难笼驯。吾非西方教，怜子狂且醇；吾嫉惰游者，怜子愚且谆。"[12]《送灵师》诗则排辟得更为直接，云："佛法入中国，尔来六百年。齐民逃赋役，高士著幽禅。官吏不之制，纷纷听其然。耕桑日失隶，朝署

---

[9]　《韩昌黎文集校注·集外文》卷上《潮州请置乡校牒》，第772页。
[10]　《韩昌黎文集校注》卷四《送浮屠文畅师序》，第282～283页。
[11]　（唐）韩愈著，钱仲联集释：《韩昌黎诗系年集释》卷一《送僧澄观》，上海：上海古籍出版社，1984年，第127页。
[12]　《韩昌黎诗系年集释》卷二《送惠师》，第194页。

时遗贤。"[13]可以想见这些僧人在收到韩愈的诗句时是多么尴尬,而曾经为僧的贾岛则在韩愈的帮助下"去浮屠,举进士"[14]。

那么,韩愈排辟异端、卫护儒道的思想是如何形成的呢?从思想资源上看,在韩愈之前,传统儒学中可供资鉴的思想资源实际上并不丰富。韩愈在《与孟尚书书》中说:"(韩)愈不助释氏而排之者,其亦有说。孟子云:今天下不之杨则之墨,杨、墨交乱,而圣贤之道不明,则三纲沦而九法斁,礼乐崩而夷狄横,几何其不为禽兽也!故曰:'能言距杨、墨者,皆圣人之徒也。'扬子云云:'古者杨、墨塞路,孟子辞而辟之,廓如也。'"[15]韩愈所引出自《孟子·滕文公下》和扬雄《法言·吾子》,可见韩愈主要是在效法孟子和扬雄。韩愈年少时就阅读了《孟子》,其《送王秀才序》云:"孟轲氏之传得其宗,故吾少而乐观焉。"[16]他又曾在《读荀》中自述其思想经历说:"始吾读孟轲书,然后知孔子之道尊,圣人之道易行;王易王,霸易霸也。以为孔子之徒没,尊圣人者,孟氏而已。晚得扬雄书,益尊信孟氏。因雄书而孟氏益尊,则雄者,亦圣人之徒欤!……火于秦,黄、老于汉,其存而醇者,孟轲氏而止耳,扬雄氏而止耳。

---

[13] 《韩昌黎诗系年集释》卷二《送灵师》,第202页。
[14] (宋)欧阳修、宋祁:《新唐书》卷一七六《韩愈传》所附《贾岛传》,北京:中华书局,1975年,第5268页。
[15] 《韩昌黎文集校注》卷三《与孟尚书书》,第239~240页。
[16] 《韩昌黎文集校注》卷四《送王秀才序》,第293页。

及得荀氏书，于是又知有荀氏者也。考其辞，时若不粹；要其归，与孔子异者鲜矣：抑犹在轲、雄之间乎？"[17]可见韩愈最初阅读的是孟子，其后是扬雄，再次是荀子。孟子屡辟杨、墨，荀子有《非十二子》，扬雄则说："古者杨、墨塞路，孟子辞而辟之，廓如也。后之塞路者有矣，窃自比于孟子。"[18]

然而，总体来看，汉唐之间的儒家士人并不太注重排辟异端以卫护儒道，即便在佛教初入中国之时，很多看似站在儒家立场上质疑和批判佛教的言论，其实都主要是从华夷之辨、文化冲突上来考虑的，并没有多少将儒家之道作为一种卫护对象的意识。佛教兴盛之后，很多士大夫的所谓"反佛"言论，则主要都是从政治社会经济的角度来考虑的，其间或及华夷之辨、对佛教教义的批判，也不过是为了增加论证的有效性，他们实际上也大都没有多少卫护儒家之道的意识。其间一些最为热心从华夷之辨等角度来批判佛教的，并不是朝野的士大夫，而是道士或者信奉道教之人，"三武灭佛"也都明显活跃着道士的身影。唐初长期坚持辟佛的太史令傅奕颇具代表性，他"先是黄巾"[19]，《旧唐书·傅奕传》还述其"注《老子》，并撰《音义》，又集魏、晋已来驳

---

[17] 《韩昌黎文集校注》卷一《读荀》，第40～41页。
[18] （汉）扬雄原著，汪荣宝撰，陈仲夫点校：《法言义疏四·吾子卷第二》，北京：中华书局，1987年，第81页。
[19] （唐）道宣撰，刘林魁校注：《集古今佛道论衡校注》卷丙《大唐高祖问僧形服利益事一》，北京：中华书局，2018年，第165页。

佛教者为《高识传》十卷",临终时还训诫其子说:"老、庄玄一之篇,周、孔《六经》之说,是为名教,汝宜习之。妖胡乱华,举时皆惑,唯独窃叹,众不我从,悲夫!汝等勿学也。"[20] 傅奕将道家和儒学并识为"名教"而区别于外来之佛教,应是此间很多排佛之人的共同意识,《新唐书·傅奕传》将其言删改为"《六经》名教言,若可习也;妖胡之法,慎勿为"[21],这其实已经是韩愈、欧阳修式的儒家排佛之士所说的话语了。

因此,韩愈在《原道》中说"斯吾所谓道也,非向所谓老与佛之道也",将道教和佛教放在一起排辟,都以异端视之,其实是极富开创性的,这标志着儒家之道开始成为一种卫护对象,一些儒家士人已经开始具有了明确的卫道意识。实际上,在佛教传入以来的长期争论中,非此即彼的斗争主要是在佛教和道教之间展开的,而道教则时常视儒家为盟友,毕竟二者在文化习俗上是同源的。虽然韩愈之前曾有"奏请澄汰佛、道二教"者[22],但也主要是从经济糜费的角度着眼,并不是站在卫护儒家之道的立场而同时排辟佛、道二教。韩愈仿效孟子排辟杨、墨,在他眼中,大概老、佛即分别约等于杨、墨。由此,韩愈并不因为道教是中国土生土长

---

[20] (后晋)刘昫等:《旧唐书》卷七九《傅奕传》,北京:中华书局,1975年,第2717页。
[21] 《新唐书》卷一〇七《傅奕传》,第4061页。
[22] (宋)王溥:《唐会要》卷四七《议释教上》,上海:上海古籍出版社,2006年,第979~985页,引文在第980页。

的华夏宗教就轻轻放过,而是一并以异端视之,这是韩愈不同于此前的诸多排佛士人而具有的全新儒家卫道意识的体现。

另一方面,与僧尼、道士、女冠等专职神职人员相比,其实很难确定南北朝隋唐之间,哪些身着衣冠的士人是明确以儒士自居的。韩愈两面树敌,卫护儒道,自然是效法孟子、荀子、扬雄等人的结果,但也明显受到了佛、道二教人士卫道护教精神的影响,尤其他敢于在唐宪宗迎奉佛骨舍利时上表激烈反对而被远谪潮州,很容易让人联想到抗辩唐太宗而被流放益州的释法琳。后来苏轼在《潮州韩文公庙碑》中赞颂韩愈说:"自东汉以来,道丧文弊,异端并起,历唐贞观、开元之盛,辅以房、杜、姚、宋而不能救。独韩文公起布衣,谈笑而麾之,天下靡然从公,复归于正,盖三百年于此矣。文起八代之衰,而道济天下之溺,忠犯人主之怒,而勇夺三军之帅。岂非参天地,关盛衰,浩然而独存者乎!"[23]韩愈这种以普通士大夫身份而喷发出来的儒家卫道精神,在当时确实是需要很大勇气的。在唐末宋初的很长一段时间里,韩愈在一些排佛士人眼中的地位实际上比孟子还要高,如石介《尊韩》说:"噫!孟轲氏、荀况氏、扬雄氏、王通氏、韩愈氏五贤人,吏部为贤人而卓。不知更几千万亿年复有孔子,不知更几千百数年复有吏部。"[24]

---

[23] (宋)苏轼撰,孔凡礼点校:《苏轼文集》卷一七《潮州韩文公庙碑》,北京:中华书局,1986年,第509页。
[24] (宋)石介著,陈植锷点校:《徂徕石先生文集》卷七《尊韩》,北京:中华书局,1984年,第79页。

韩愈在《原道》中正式揭倡儒家道统论，就是要将这种全新的排辟异端、卫护儒道的儒家自觉意识呐喊出来。同时，为了证明儒家之道的合法性和优越性，增强排辟异端的精神力量，他还建构出了一个自尧、舜圣王以至于孔、孟先圣的道统系谱。韩愈曾说："使其道由愈而粗传，虽灭死万万无恨！"[25]即隐然以继承道统自任。其后，效法韩愈卫护和承递儒道的士人时或有之，至宋代则逐渐蔚为大观。

二、以道统确立和约束政统

从杨隋到唐初，从武周以至于唐中宗，尽管宗教尤其佛教对于皇权的确认和帝国的凝聚起到了重要作用，但是也带来了王朝革命的反复震荡，这既不利于政治上的长远稳定，也不利于王朝的维持。此外，宗教尤其佛教有着自己的教义诠释和信仰追求，王朝政治的维持并非其考虑中的必要选项。安史之乱后，藩镇林立、外族环伺成了常态，甚至连皇帝都好几次被赶出了京城，如此屠弱的皇权和中央，乃是隋唐两朝从来没有面对过的新情况。在割据势力叛服无常甚至威胁到李唐王朝存续的政治局势下，宗教作为帝国意识形态的有效性更进一步打了折扣。

首先，"大一统"是中国根深蒂固的政治思想观念，然而，这并不是当时宗教教义的考虑前提。隋唐时期，朝廷时常会利用国家力量在境内系统性地推广佛教或道教，由此

---

[25]《韩昌黎文集校注》卷三《与孟尚书书》，第241页。

展示皇帝和中央的权威，进而凝聚帝国的统一。不过，长安、洛阳如此众多的佛教寺院，实际上服务于不同的政治势力，"寺院地位的升降，与其供养者的政治起伏紧密相联"，而"宗教书写，往往并不完全屈服于世俗政治的压力"[26]，这就与皇权的步调并不统一。更糟的是，安史之乱后，强大的皇权和中央集权已经不再，但宗教在此局面下却无法为重振皇帝和中央权威提供多少支持。而另一方面，盘踞在各地的种种割据势力也几乎没有不推崇佛教的，一些藩镇军队甚至"右执凶器，左秉佛书，诵习之声，混于刁斗"[27]，尤其在最具反叛性的河北藩镇内，甚至还形成了各自的佛教中心。[28]柳宗元《送文畅上人登五台遂游河朔序》曾说："今燕、魏、赵、代之间，天子分命重臣，典司方岳，辟用文儒之士，以缘饰政令。服勤圣人之教，尊礼浮屠之事者，比比有焉。上人之往也，将统合儒释，宣涤疑滞。"[29]柳宗元对河北听命朝廷、重用儒士的描述显然是其理想而已，但"尊礼浮屠之事者，比比有焉"倒是事实，文畅往游河北，大概也是被其地的佛教兴盛景象所吸引。这种局面实际上一直延续到宋朝，

---

[26] 孙英刚：《佛光下的朝廷：中古政治史的宗教面》，《华东师范大学学报》，2020年第1期。
[27] （宋）李昉等编：《太平广记》卷二三八《诡诈·李延召》，北京：中华书局，1961年，第1837页。
[28] 冯金忠：《唐后期河北藩镇统治下的佛教》，《贵州社会科学》，2013年第6期。
[29] （唐）柳宗元：《柳宗元集》卷二五《送文畅上人登五台遂游河朔序》，北京：中华书局，1979年，第668~669页。

其周边政权如辽、金、西夏、吐蕃、大理等，佛教在其中基本上都有着国教的地位，甚至还有"辽以释废"的说法。在这种局面下，儒家"王者大一统""尊王攘夷"的思想，显然更为契合中原王朝的政治思想需求。

其次，安史之乱后，随着尊王攘夷思想的兴起，佛教需要再次面对华夷之辨的难题。自佛教在中国传播开来之后，华夷之辨就是一个长期困扰佛教的难题，道教信奉者尤其时常执此以攻击佛教。然而，在很长时间里，华夷之辨实际上能够发挥的排佛作用非常有限。就东晋南朝来说，佛教在当时是一种可能的确立政权合法性和进行文化意识形态扩张的新思想资源；就北朝来说，则其统治阶层本来就是胡人或者胡汉混合的集团。杨隋统一后，一方面隋唐帝国的统治集团仍是沿自北朝，另一方面隋唐帝国在版图上呈现出不断扩张的态势，因此，唐王朝自然不会重视华夷之辨，恰恰相反，唐太宗说："自古皆贵中华，贱夷、狄，朕独爱之如一，故其种落皆依朕如父母。"[30]这才是隋唐帝国扩张态势中所需要的。

然而，安史之乱却使得形势骤变，唐王朝"区夏痍破，王官之戍，北不逾河，西止秦、邠，凌夷百年，逮于亡"[31]。由此，思想文化领域也必然会出现相应的变化，正如陈寅恪先生所论：

---

[30]（宋）司马光编著，（元）胡三省音注：《资治通鉴》卷一九八，北京：中华书局，1956年，第6247页。
[31]《新唐书》卷二一九《北狄传》赞语，第6183～6184页。

第一章 中唐宋初：五贤道统系谱的形成 19

唐代古文运动一事，实由安史之乱及藩镇割据之局所引起。安史为西胡杂种，藩镇又是胡族或胡化之汉人，故当时特出之文士自觉或不自觉，其意识中无不具有远则周之四夷交侵，近则晋之五胡乱华之印象，"尊王攘夷"所以为古文运动中心之思想也。在退之稍先之古文家如萧颖士、李华、独孤及、梁肃等，与退之同辈之古文家如柳宗元、刘禹锡、元稹、白居易等，虽同有此种潜意识，然均不免认识未清晰，主张不彻底，是以不敢亦不能因释迦为夷狄之人，佛教为夷狄之法，抉其本根，力排痛斥，若退之之所言所行也。退之之所以得为唐代古文运动领袖者，其原因即在于是。[32]

佛教本即外来宗教，又四处流行，在藩镇割据势力中亦然，所以韩愈重提华夷之辨以批判佛教，从而将排辟佛教与尊王攘夷也统一起来。韩愈在《原道》中说："君者，出令者也；臣者，行君之令而致之民者也；民者，出粟米麻丝，作器皿、通货财，以事其上者也。君不出令，则失其所以为君；臣不行君之令而致之民，民不出粟米麻丝，作器皿、通货财，以事其上，则诛。"在韩愈看来，君、臣、民都有着各自的社会功能，三者之间是相互维持的关系，缺一不可，但君王毫无疑问是处在整个政治社会的中心位置，而"臣

---

[32] 陈寅恪：《论韩愈》，见其《金明馆丛稿初编》，第329页。

不行君之令而致之民……则诛",这很容易让人联想到那些"不为王土"的藩镇。韩愈在指责佛教"必弃而君臣""臣焉而不君其君,民焉而不事其事"的同时[33],应该也饱含着对于皇纲重振的期待。类似的思想在白居易《议释教》中也有体现,该文云:"天子者,奉天之教令;兆人者,奉天子之教令。令一则理,二则乱。若参以外教,二三孰甚焉!……区区西方之教,与天子抗衡;臣恐乖古先惟一无二之化也。"[34]

总之,安史之乱后,二教尤其佛教在维系君臣纲常、中央集权、帝国统一等方面的意识形态有效性上都大打折扣,甚至在某些方面还有负作用。因此,韩愈排辟佛、道二教,希望通过复兴儒学以重振皇纲,而揭倡儒家道统论即是其中的重要一环。此后,很多士人或许并不赞同韩愈排辟佛、道二教的主张,甚至颇为喜好佛教或者道教,但是也都肯定儒家在王朝文化意识形态领域中的主体位置。在后来流行的"以佛修心,以道养生,以儒治世"的三教分工与调和论中,佛、道都只关乎个人之修、养,而政治社会的治理则全都保留给了儒家,僧、道参与朝廷政治也逐渐成了非常忌讳之事。

另一方面,以强大的皇权为中心建立起稳定的政治社会秩序,这固然是以韩愈为代表的一些士人所期待的,但至

---

[33] 《韩昌黎文集校注》卷一《原道》,第17、19页。
[34] (唐)白居易撰,顾学颉校点:《白居易集》卷六五《议释教》,北京:中华书局,1979年,第1368页。

高无上的皇权如果没有一定程度的节制，同样是相当危险的。汉代及以降，规范、限制君权的学说主要是以天人感应为理论基础的灾异说，它在很长时期内较为有效地规范和限制着皇权的施用。然而，大约从唐代中后期开始，这一学说遭到越来越多的批判，其理论效力不断下降。不独灾异说如此，其他很多带有传统神权色彩的诸如"五德终始"说这样的政治理论，以及诸如封禅、传国玺这样标识王朝合法性的政治符号，也都开始遭到批判和摒弃，这在进入宋代以后表现得更加明显。[35]如此一来，则以皇权为代表的政治权力的合法性几近空虚，规范和限制君权更无从谈起，所谓"天子宁有种邪？兵强马壮者为之尔"[36]，正是这一状况在思想上所导致的极端后果，而五代十国的混乱局面则是这一状况在现实政治中所导致的恶果。要重塑以君权为代表的政治权力的合法性，以及发展相应的理论来规范和限制这种无上的政治权力，就成为士人思考的重要课题。而儒家道统论，则成为解决这一理论课题的重要途径。

韩愈在《原道》中写道："古之时，人之害多矣。有圣人者立，然后教之以相生养之道。为之君，为之师，驱其虫

---

[35] 参见刘复生：《宋朝"火运"论略——兼谈"五德转移"政治学说的终结》，《历史研究》，1997年第3期；刘浦江：《"五德终始"说之终结——兼论宋代以降传统政治文化的嬗变》，《中国社会科学》，2006年第2期；陈晔：《玉玺呈瑞：宋哲宗朝传国玺事件剖析》，《史学月刊》，2008年第12期。

[36] （宋）欧阳修撰，（宋）徐无党注：《新五代史》卷五一《安重荣传》，北京：中华书局，2016年，第657页。

蛇禽兽而处之中土。"[37] 韩愈以历史性溯源和社会分工阐述了他对"圣人"的出现和功能的看法。他认为上古之时，人类不仅面对着很多来自自然界的危害和挑战，人类自身的社会秩序如何组织也是一个亟待解决的问题，这时"圣人"出现，既教导人们如何应对自然界以维持生存，又作礼乐刑政来规范社会秩序。值得注意的是，韩愈心目中的"圣人"既包括"君"也包括"师"，即先王和先师。然而，韩愈心目中的"君"和"师"有何区别呢？他们各自的功能是什么？《原道》说"君者，出令者也"，而君主所出的"令"显然应该以"先王之教"为根据。总体来说，就是韩愈认为君主的社会功能在于以儒家之道为根据来发号施令，以维持政治社会秩序，而如果君主不履行其"出令"的功能，或者其所出之"令"并不以"仁义道德"为本，那就"失其所以为君"了。

自秦汉以降，以君权为代表的政治权力不断扩充、加固，君肆臣贱、君尊士卑的现象愈益严重。韩愈以上述思路重新清理君权的历史起源和现实合法性，标志着儒家士人开始重新思考以君主为重心的政治社会秩序应当如何重塑和维持，也透露出士人政治主体意识凸显的端倪。在传统君主社会中，帝王紧握着理论上和实际上的最高政治权力，要想规范或者限制君权，就必须要建立起能够让帝王感到震慑、信服的理论学说。韩愈在《原道》文末叙述了那段儒道由尧、

---

[37]《韩昌黎文集校注》卷一《原道》，第17页。

舜传至于孔、孟的话后，紧接着说道："由周公而上，上而为君，故其事行；由周公而下，下而为臣，故其说长。"[38] 韩愈将儒道之始定在帝尧，并将帝舜以至于文、武的诸多圣王作为儒道的承递者，其思想预设是将上古三代作为理想政治的模型。将这些施行理想政治的圣王作为儒家道统的开创者和承递者，既能够彰显出儒家学说的治世功能，又是道统理论权威的历史来源。然而，以周公为分界，儒道的真谛却不再体现在帝王身上，而是转移到了诸如周公这样的"人臣"乃至如孟子这样的普通士人手中。周公身居高位，尚可将儒道付诸实践，即所谓"其事行"；而孔子和孟子不得其位，他们虽掌握着儒道真谛，却得不到施行的机会，只能在儒道的保存、传递、诠释上用功，即所谓"其说长"。而在孔、孟之后，却连儒道真谛也一并丧失了。韩愈的这一思路，既解决了道统权威的来源性问题，也提供了一个重构皇权合法性并规范、限制皇权的理论突破口。

此后，不断有士人沿着韩愈的思路进行理论发展，并最终在宋代新儒学，尤其是理学那里结成硕果，一种论证君权合法性和规范、限制皇权的新型政治理论最终形成，元代杨维桢《三史正统辨》中"道统者，治统之所在也"一语[39]，就是对这一新型政治理论的最好概括。政治统治合法性的"政统"依附于知识正当性的"道统"，而"政统"和

---

[38] 《韩昌黎文集校注》卷一《原道》，第20页。
[39] （元）陶宗仪撰，王雪玲校点：《南村辍耕录》卷三《正统辨》，沈阳：辽宁教育出版社，1998年，第36页。

"道统"分别体现在帝王和士人身上。大体言之，即以君权为代表的政治权力是否具有合法性，在于它是否存在于具有正当性的知识权力的规范和约束之下，连乾隆皇帝也不得不说："治统原于道统，学不正则道不明。"较之宗教权力与世俗皇权容易因高下争执而产生分离、对抗，"道统"和"政统"则颇为不同，因为"道统"本身的价值之一就是要确立和维护"政统"，只不过是要规范"政统"而已，道统与皇权是很容易磨合的。

三、寻求儒学转型的思想资源

自汉迄唐，儒学的正统形态是注疏式的传统经学，而汉唐经学又以其重家法、守传注为主要特点。儒学在西汉打败百家而定于一尊，从此迅速发展，经师辈出，然而经学研究也越来越显得烦琐，当时便已有人感慨道："后世经传既已乖离，博学者又不思多闻阙疑之义，而务碎义逃难，便辞巧说，破坏形体；说五字之文，至于二三万言。后进弥以驰逐，故幼童而守一艺，白首而后能言。"(《汉书·艺文志序》)经学研究因重家法和"疏不破注"的解释原则，使得此风愈演愈烈。魏晋时期，注疏式的经学已经很难满足知识阶层的理论兴趣，于是夹杂老、庄之说的玄学清谈大盛。此后，随着道教的发展和佛教的传入，以注疏式经学为代表的儒学便失去了其在知识阶层思想和信仰世界中的独尊地位。

唐初，为了结束经学见解的分歧局面，由朝廷组织修撰了《五经正义》以统一经学。然而，《五经正义》对于改变此前烦琐而多歧的经学状况虽有所助益，但同时也限制了经学阐释的可能性，经学的活力被严重窒息。在佛、道二教不断深化和丰富自己的理论体系，并因而分裂出诸多宗派，呈现一片极盛景象的时候，儒学却在原地踏步：科举考试专试帖经墨义，不得逾越《五经正义》，经学家们则继续专注于鸟木虫鱼的疏释。

虽然佛教在隋唐盛极而衰，并逐步淡出了王朝文化意识形态领域的中心区域，但儒家学术思想在经过很长时期的暗淡之后，要想在思想理论的竞争上胜出于佛学和道家，仅靠汉唐经学的老底子是不大可能取得成功的。注疏式的传统经学已经很明显地失去了应对佛、道二教挑战的能力，更遑论夺回佛、道二教所牢牢占领的思想阵地，正如刘禹锡所观察的："儒以中道御群生，罕言性命，故世衰而浸息；佛以大悲救诸苦，广启因业，故劫浊而益尊。"[40]因此，注疏式的传统经学在唐代中后期逐渐引起了包括韩愈在内的诸多士人的不满，他们开始一方面大力批判传统经学并寻求经学新解，从而导致了唐宋经学变古，另一方面则开始试图在经学系统之外寻求新的儒学思想资源。[41]韩愈将孟子列入儒家道统系谱，且以之断裂于孟子之处，就既是对于传统经学的反

---

[40]（唐）刘禹锡撰，《刘禹锡集》整理组点校，卞孝萱校订：《刘禹锡集》卷四《袁州萍乡县杨岐山故广禅师碑》，北京：中华书局，1990年，第57页。

[41] 郭畑：《求新解到疑经：唐代古文运动与经学变古》，《贵州文史丛刊》，2013年第2期。

动,也是士人开始在经学系统之外寻求新的儒学思想资源的尝试。

注疏式的传统经学既然是汉唐儒学的正统形态,与之相关的,是汉唐间的那些著名经师成了儒学的代表人物,他们被认为是儒学的主要承递者,这在唐初的孔庙祭祀制度改革中可以很清楚地看出来。在唐初的孔庙祭祀制度中,有一个很重要的变革,"(贞观)二十一年,诏左丘明、卜子夏、公羊高、穀梁赤、伏胜、高堂生、戴圣、毛苌、孔安国、刘向、郑众、贾逵、杜子春、马融、卢植、郑康成、服虔、何休、王肃、王弼、杜预、范甯二十二人皆以配享。"[42]在这份新增的孔庙附祭名单中,除了左丘明、卜子夏两人亲事孔子外,其余的二十贤全都与孔子年代相隔,而且二十二贤全都是有名的传经之儒,或如后来熊禾所说:"益以诸儒二十二人,此盖唐礼官一时见其六经三传,曾有训诂之劳,故悉从而位置之。"而所谓"尊道有祠,为道统设也"[43],以传经之儒配享孔子,明显就是认为经师有传递儒道之功。在经学系统的儒学传承之中,这些著名经师无疑占据着最主要的地位,而如孟子这样的儒家诸子学系统中的人物,则与经学系统的经师们在思想性格、论说方式上都显得格格不入。在这样的背景下,韩愈以孟子继承孔子,且认为儒道之传断裂于孟子,无疑是极富开创性的突破。

---

[42]《新唐书》卷一五《礼乐志五》,第374页。
[43](宋)熊禾:《熊勿轩先生文集》卷四《祀典议》,上海:商务印书馆,1936年丛书集成初编本,第51、48页。

前引韩愈《送浮屠文畅师序》叙述云:"尧以是传之舜,舜以是传之禹,禹以是传之汤,汤以是传之文、武,文、武以是传之周公、孔子;书之于册,中国之人世守之。"[44]这里的文字表述已经相当接近《原道》。但是,尧、舜以至孔子都早已是儒家公认的圣人,韩愈在此仅让儒道承递截止于孔子,尚未具有全新的时代意义。后来,张籍在《与韩愈书》中说:"宣尼殁后,杨朱、墨翟恢诡异说,干惑人听;孟轲作书而正之,圣人之道复存于世。秦氏灭学,汉重以黄老之术教人,使人寖惑;扬雄作《法言》而辩之,圣人之道犹明。及汉衰末,西域浮屠之法入于中国,中国之人世世译而广之,黄老之术相沿而炽。天下之言善者,惟二者而已矣!"又说:"执事聪明,文章与孟轲、扬雄相若,盍为一书以兴存圣人之道,使时之人、后之人知其去绝异学之所为乎?"[45]张籍后来在复书中又再强调说:"今师友道丧,浸不及扬雄之世,不自论著以兴圣人之道,欲待孟轲之门人,必不可冀矣。"[46]在答复张籍此《书》时,韩愈说道:"自文王没,武王、周公、成、康相与守之,礼乐皆在,及乎夫子,未久也;自夫子而及乎孟子,未久也;自孟子而及乎扬雄,亦未久也,然犹其勤若此,其困若此,而后能有所立;吾其可易而为之哉!"又说:"己之道乃夫子、孟子、

---

[44] 《韩昌黎文集校注》卷四《送浮屠文畅师序》,第282页。
[45] (唐)张籍撰,徐礼节、余恕诚校注:《张籍集系年校注》卷一〇《与韩愈书》,北京:中华书局,2011年,第993、994页。
[46] 《张籍集系年校注》卷一〇《重与韩退之书》,第1005页。

扬雄所传之道也。"[47]在此将孟子、扬雄列举在了孔子之后，只不过他在《原道》中正式叙述道统系谱时，又排除掉了扬雄，以儒道之传仅止于孟子，认为"轲之死，不得其传焉。荀与扬也，择焉而不精，语焉而不详"。

韩愈之后，儒家道统系谱不断扩充，一些提倡儒家道统论的士人又在孟子之后添加荀子、扬雄、王通以及韩愈等人进入其中。士人对于孟、荀、扬、王、韩等人的选择，都带有寻求新的儒家思想资源的目的，孟、荀、扬、王、韩诸人全都不是经学系统中的人物，而是儒家诸子学系统中的儒士。蒙文通先生曾在总结唐代诸子学状况后云："思想解放之风，于此大张。诸子之学盛行，孟轲、荀卿、扬雄、王通之书，渐见重于世，而研究儒家义理之学也就因之兴起。"[48]此诚卓见。新儒学的发展需要挖掘新的思想资源作为凭借，而孟、荀、扬、王之书，韩愈之文，也就逐渐进入士人的视野，新儒学便在其中发掘那些可以帮助儒学转型、对抗佛老的新命题、新资源和新的论说方式。

"华夏学术最重传授渊源，盖非此不足以征信于人"，韩愈建构起来的这个断断续续的道统系谱，也是为了要"证明传授之渊源"[49]，从而为新儒学建立起历史合法性。并且，"在韩愈、李翱这个时代，佛教与道教都已经建立了自己的传教系统"，不仅佛教禅宗"在九世纪中已经形成了许多不同版本

---

[47] 《韩昌黎文集校注》卷二《重答张籍书》，第151、152页。
[48] 蒙文通：《中国历代农产量的扩大和赋役制度及学术思想的演变》。
[49] 陈寅恪：《论韩愈》，见其《金明馆丛稿初编》，第319页。

的自己宗门与真理传递的清晰谱系",而且道教中,"天师道始终有着自己的天师系谱,而上清一系即唐代主流的茅山宗,在贞元二十一年(805)也有了李渤的《真系》"。[50]在这样的思想风气中,儒家道统系谱的建构就显得更为必要和紧迫了。

第二节 中唐宋初五贤道统系谱的形成

自韩愈揭倡儒家道统论之后以至于北宋中前期,孟子、荀子、扬雄、王通和韩愈等人时常一并出现在诸多士人的道统系谱叙述中,成为继孔子之后儒家之道的主要承递者。北宋仁宗时期,一些士人还将五人并称为"五贤"。五贤之集结,有一个逐渐叠加的过程,而此间的道统人选有时还会超出五贤的范围。

一、五贤在唐末之见重

前文谈到,韩愈在《原道》中建构出了一个并不连续的道统系谱,即尧、舜、禹、汤、文、武、周公、孔子、孟子的承递系谱,而孟子之后,道统断裂,荀子和扬雄都"择焉而不精,语焉而不详",并不完全具备承递道统的资格。[51]韩愈对孟子、荀子、扬雄的不同评判,在其《读荀》中就已经基本形成。韩愈最为推崇的当然是孟子,其次则是扬雄,

---

[50] 葛兆光:《中国思想史》,上海:复旦大学出版社,2017年,第117~118页。
[51] 《韩昌黎文集校注》卷一《原道》,第20页。

他在《与孟尚书书》中"推尊孟子,以为功不在禹下"[52],其《重答张籍书》则明确说"已之道乃夫子、孟子、扬雄所传之道"[53]。韩愈排辟异端最先效法的也是孟子,其次则是扬雄,后来又注意到荀子,其《读荀》自述说:"始吾读孟轲书,然后知孔子之道尊。……晚得扬雄书,益尊信孟氏。因雄书而孟氏益尊,则雄者亦圣人之徒欤!……及得荀氏书,于是又知有荀氏者也。"韩愈之所以认为扬雄、荀子也算得上圣人之徒,主要思想根据就在于孟子"能言距杨、墨者,圣人之徒也"一语。不过,在韩愈看来,扬雄尤其荀子还是不及孟子,《读荀》又说:"考其(荀子)辞,时若不粹;要其归,与孔子异者鲜矣:抑犹在轲、雄之间乎?"韩愈的这个判断应该部分受到了扬雄的影响,扬雄《法言·君子》有云:

　　曰:"子小诸子,孟子非诸子乎?"曰:"诸子者,以其知异于孔子者也。孟子异乎?不异。"
　　或曰:"孙卿非数家之书(指《荀子·非十二子》),侻也;至于子思、孟轲,诡哉!"曰:"吾于孙卿与?见同门而异户也,惟圣人为不异。"[54]

扬雄将孟子推尊为不异孔子的圣人,但荀子却在《非十二子》中指责孟子,所以他认为荀子乃是"同门异户"之儒。韩愈

---

[52]《韩昌黎文集校注》卷三《与孟尚书书》,第240页。
[53]《韩昌黎文集校注》卷二《重答张籍书》,第152页。
[54]《法言义疏十八·君子卷第十二》,第498、499页。

本来在《读荀》中同时推崇孟子、扬雄："火于秦，黄老于汉，其存而醇者，孟轲氏而止耳，扬雄氏而止耳。"但他最后却在文末下断语说："孟氏，醇乎醇者也；荀与扬，大醇而小疵。"[55]将本来与孟子并称的扬雄降格为与荀子并列，而这正是《原道》说荀、扬"择焉而不精，语焉而不详"的最初版本。

后世学者因为独尊孟子而排斥荀、扬，大多都只看到韩愈批判二者"小疵"的一面，这实际上忽略了韩愈对其"大醇"的总体判断。刘咸炘先生曾敏锐地观察说："退之言：孔子传之孟子，孟子纯乎纯，荀与扬大醇而小疵。似专宗孟而实不然。当时之视孟、荀、扬固等耳。"[56]有学者也注意到，韩愈之语看似"有贬抑二氏（荀、扬）之意，究其实则不然"。[57]韩愈以后至于北宋前期的这段时间里，不宜高估韩愈对荀、扬"小疵"批评的影响，其间继承和发展韩愈道统系谱建构的士人，仍然时常将荀子、扬雄接续在孟子之后。

韩愈对孟子、荀子、扬雄等人的重视和推崇，也有所渊源，此前的一些中唐古文运动先驱都曾称颂过这三人。李华就曾说过："夫子之文章，偃、商传焉，偃、商殁而孔伋、孟轲作，盖六经之遗也。"[58]认为孔子传于子游、子夏，其

---

[55] 《韩昌黎文集校注》卷一《读荀》，第40～41页。
[56] 刘咸炘：《学史散篇·宋学别述·宋初三家学派图第一》，见其《推十书（增补全本）》，甲辑第3册，第1244页。
[57] 黄进兴：《学术与信仰：论孔庙从祀制与儒家道统意识》，见其《圣贤与圣徒》，北京：北京大学出版社，2005年，第76页。
[58] （唐）李华：《赠礼部尚书孝公崔沔集序》，见（宋）李昉等编：《文苑英华》卷七〇一，北京：中华书局，1966年，第3613页。

后则子思、孟子继起,其《质文论》则云:"《左氏》《国语》《尔雅》《荀》《孟》等家,辅佐五经者也。"[59]柳冕也曾说:"荀、孟、贾生,明先王之道,尽天人之际,意不在文,而文自随之,此真君子之文也。"[60]又云:"(扬)雄虽知之,不能行之。行之者,惟荀、孟、贾生、董仲舒而已。"[61]韩愈师从过的梁肃则并重孟子和扬雄,他曾认为"孟轲、扬雄,其知言者欤"[62],也曾称赞"孟轲言必仁义,君子志也"[63],又曾说"草《玄》《法言》,扬雄有作"[64]。后来韩愈一度说"己之道乃夫子、孟子、扬雄所传之道",大概少不了梁肃的影响。

自韩愈的道统论正式提出之后,这一论说模式和道统系谱很快便开始被人模仿,林简言即上书韩愈说:"去夫子千有余载,孟轲、扬雄死,今得圣人之旨,能传说圣人之道,阁下耳。今人睎阁下之门,孟轲、扬雄之门也"[65],便已开始采用韩愈道统叙事的方式来推崇韩愈。赵德辑录韩愈之文为《昌黎文录》,并序之云:"昌黎公,圣人之徒欤!……所履之道,则尧、舜、禹、汤、文、武、周公、孔、孟、扬

---

[59] (唐)李华:《质文论》,见《文苑英华》卷七四二,第3875页。
[60] (唐)柳冕:《谢杜相公论房杜二相书》,见(宋)姚铉编,(清)许增校:《唐文粹》卷七九,杭州:浙江人民出版社影印本,1986年。
[61] (唐)柳冕:《与徐给事论文书》,见《唐文粹》卷八四。
[62] (唐)梁肃:《房正字墓志铭》,见《文苑英华》卷九四六,第4977页。
[63] (唐)梁肃:《郑州新郑县尉安定皇甫君墓志铭》,见《文苑英华》卷九六〇,第5049页。
[64] (唐)梁肃:《祭李处州文》,见《文苑英华》卷九八二,第5169页。
[65] (唐)林简言:《上韩吏部书》,见《唐文粹》卷八六。

雄所授受服行之实也。"[66]也是将孟子、扬雄和韩愈一并纳入孔子之后的道统系谱中。

此后,在唐代最为主张儒家道统论的无疑是唐末古文运动后劲皮日休和陆龟蒙,而皮日休尤甚,他甚至开始为这一新起的儒家道统论寻求官方的认可。皮日休曾上《请孟子为学科书》,大力赞扬孟子"不异乎道",而"请命有司去庄、列之书,以《孟子》为主。有能精通其义者,其科选,视明经"。[67]清人赵翼称赞皮日休此举云:"唐以前《孟子》杂于诸子中,从未有独尊之者。昌黎始推尊之,然亦未请立学。皮日休乃独请设科取士,是能于诸子溷杂之中,别出手眼,别其为儒学之宗,其有功于道学甚巨。"[68]此外,皮日休又曾上《请韩文公配享太学书》,云,"夫孟子、荀卿翼传孔道,以至于文中子。……文中之道,旷百祀而得室授者,惟昌黎文公焉",希望允许韩愈进入孔庙配享。[69]皮日休于此所排列的道统系谱是孟子、荀子、王通和韩愈,较之于韩愈

---

[66] (唐)赵德:《昌黎文录序》,见《韩昌黎文集校注》,第842页。
[67] (唐)皮日休著,萧涤非、郑庆笃整理:《皮子文薮》卷九《请孟子为学科书》,上海:上海古籍出版社,1981年,第89页。
[68] (清)赵翼著,霍松林、胡主佑校点:《瓯北诗话》卷一一《皮日休》,北京:人民文学出版社,1963年,第164页。
[69] 《皮子文薮》卷九《请韩文公配享太学书》,第87~88页,引文在第88页。按,皮日休请以韩愈进入孔庙配享,在孔庙从祀制发展史上有着重要意义。此前的孔庙祭祀系统中,配享从祀者全系前代儒者,皮日休请以韩愈配享,开启了推动当朝士人进入孔庙享祀的先例。北宋末年,王安石、王雱父子便进入孔庙享祀,理学的一些重要人物也在南宋后期得以进入孔庙从祀。此后,元、明、清三朝也都各有本朝大儒进入孔庙从祀的例子。

《原道》,他排除掉扬雄而增加了王通和韩愈。皮日休对扬雄的否定,体现在其《法言后序》之中。[70]皮日休非常推崇王通,并在所撰《文中子碑》中将王通和孔子、孟子作比,且云,"孟子叠踵孔圣,而赞其道。复乎千世,而可继孟氏者,复何人哉"[71],颇以王通继承孟子。

陆龟蒙也曾云:"今之学者,始得百家小说,而不知孟轲、荀、扬氏之道,或知之又不汲汲于圣人之言,求大中之要何也?百家小说,沮洳也。孟轲、荀、扬氏,圣人之渎也。六籍者,圣人之海也。"[72]这是崇重孟、荀、扬之言。他又有诗云:"轲雄骨已朽,百氏徒赳赳。近者韩文公,首为闲辟锄。"[73]这是崇重韩愈。和皮日休一样,陆龟蒙也崇重王通,皮日休以王通和孟子作比,而陆龟蒙则以王通和扬雄作比,他曾认为"道之始塞而终通(于扬雄)",又说"文中子之道始塞而终通"。[74]而与皮日休不满于扬雄不同,陆龟蒙则颇不满于荀子,他在其《大儒评》中将李斯建议秦始皇"焚书坑儒"归咎于荀子的影响。[75]

皮日休、陆龟蒙在孟、荀、扬、韩之外,又新增了王

---

[70]《皮子文薮》卷五《法言后序》,第54页。
[71]《皮子文薮》卷四《文中子碑》,第35~36页,引文在第35页。
[72](唐)陆龟蒙:《笠泽丛书》卷四《蟹志》,见何锡光:《陆龟蒙全集校注》,南京:凤凰出版社,2015年,第1173页。
[73](唐)陆龟蒙:《松陵集》卷二《奉和袭美酬前进士崔潞盛制见寄因赠至一百四十言》,见《陆龟蒙全集校注》,第1344页。
[74]《笠泽丛书》卷二《送豆卢处士谒宗丞相序》,见《陆龟蒙全集校注》,第1133~1134页。
[75]《笠泽丛书》卷一《大儒评》,见《陆龟蒙全集校注》,第1118~1119页。

通进入儒家道统系谱。司空图乃唐末古文运动的殿军人物,其《三贤赞》同样夸赞王通[76],他也作有《文中子碑》,文云:"仲尼不用于战国,致其道于孟、荀而传焉,得于汉,成四百之祚。五胡继乱,极于周齐,天其或者生文中子以致圣人之用,得众贤而廓之,以俟我唐。"[77]即以孟、荀传孔子之道,又以王通继之。

与司空图有所交往的孙郃可能是第一个并重孟、荀、扬、王、韩的士人,《郡斋读书志》著录孙郃《文纂》时述云:"孙郃字希韩,四明人。乾宁四年(897)进士。好荀卿、扬雄、孟氏之书,慕韩愈。"[78]宋初僧人智圆在其《读中说》中回顾王通被尊崇的历史时也写道:"仲淹之道,《中说》之辞,没然不称,唯陆龟蒙、皮日休、孙郃稍道其美。"[79]可见孙郃对于孟、荀、扬、王、韩五人都很推崇。

二、宋初古文运动与五贤之重倡

五代时期,战乱频仍,政治动荡,文教衰颓,五代文字流传至今者并不算多,关于五代时期士人道统观念的资料

---

[76] (唐)司空图著,祖保泉、陶礼天笺校:《司空表圣诗文集笺校·司空表圣文集笺校》卷九《三贤赞》,合肥:安徽大学出版社,2002年,第298页。
[77] 《司空表圣诗文集笺校·司空表圣文集笺校》卷五《文中子碑》,第233页。
[78] (宋)晁公武撰,孙猛校证:《郡斋读书志校证》卷一八《集部·别集类》中,上海:上海古籍出版社,2011年,第933页。
[79] (宋)智圆:《闲居编》卷二六《读中说》,见台湾藏经书院编:《续藏经》,台北:新文丰出版公司,1994年,第101册,第130页。

则更少。入宋以后，五代的混乱局面逐渐澄清，以柳开为代表的一些士人开始重倡古文运动和儒家道统论，而孟子、荀子、扬雄、王通和韩愈等人也重新受到重视，儒家道统系谱建构终又逐渐得以展开。

柳开初名肩愈而字绍先，意即承继韩愈、柳宗元[80]，后因"乐与文中子王仲淹齐其述作，遂易名曰开，字曰仲涂"[81]。柳开称自己"爱扬雄、孟轲之述作"[82]，并"师孔子而友孟轲，齐扬雄而肩韩愈"[83]，又模仿韩愈说："吾之道，孔子、孟轲、扬雄、韩愈之道；吾之文，孔子、孟轲、扬雄、韩愈之文也。"[84]他在自传《东郊野夫传》中说，"孟、荀、扬、韩，圣人之徒也。将升先师之堂，入乎室，必由之"，并称自己"惟谈孔、孟、荀、扬、王、韩以为企迹"。[85]

比柳开稍晚的种放认为："绵历千古，有能卓然屏去异说，扶持圣教，自孟子而下，止于二三人而已。"[86]种放极重孟子，有《述孟志》上下二篇传世。[87]在孟子以外，种放

---

[80] （宋）柳开撰，李可风点校：《柳开集》卷二《东郊野夫传》，北京：中华书局，2015年，第13页。
[81] 《柳开集》卷二《补亡先生传》，第17页。
[82] 《柳开集》卷一〇《知邠州上陈情表》，第140页。
[83] 《柳开集》卷六《上符兴州书》，第85页。
[84] 《柳开集》卷一《应责》，第12页。
[85] 《柳开集》卷二《东郊野夫传》，第16~17、15页。
[86] （宋）种放：《送任明远东还序》，收在《新刊国朝二百家名贤文粹》卷一六四《序·送别序一》，见四川大学古籍所编：《宋集珍本丛刊》，北京：线装书局，2004年，第94册，第525页。
[87] （宋）种放：《述孟志》，收在《新刊国朝二百家名贤文粹》卷四《论著·古圣贤四》，见《宋集珍本丛刊》，第93册，第340~341页。

也重扬雄、王通和韩愈,其《辩学》云:"自古圣人立教化之大者,则曰孔子;传其道,则曰颜渊,潜心乎仲尼矣。后世又明孔子之教者孟轲,……广轲之道则扬雄,……嗣雄之旨,则曰王通,……如通之学者,则曰韩愈,愈尊夫子道,以为迨禹弗及。……呜呼,愈死,未有卓然明其学、显其道者。"[88] 种放"又条自古之文精粹者,汉则扬子云,隋则王仲淹,唐则韩退之"[89],还曾作有《嗣禹说》,该文"大底以排斥释氏为意,谓尧水禹治,若禹之勤,世有嗣者,而迹殊矣。乃始陈仲尼能嗣禹绩,次列孟轲、扬雄、王通",文末并云:"能嗣禹者,韩愈也。"[90]

赵湘也曾写道,"今之人慕圣贤,未若周公、孔子、孟轲、扬雄之心也"[91],又说"《周礼》之后,孟轲、扬雄颇为本者,是故其文灵且久"[92]。张咏则尝称某人"能辨舜、禹、商、周所由之道,扬、孟、韩、柳驳正之旨"[93]。王禹偁《投宋拾遗书》也叙述了孔子、孟子、扬雄、王通、韩愈的传道史,并称某人"履丘、轲、扬雄之业,振仲淹、退之之

---

[88] (宋)种放:《辩学》,收在《新刊国朝二百家名贤文粹》卷一六《论著·圣道三》,见《宋集珍本丛刊》,第93册,第407页。
[89] (宋)种放:《退士传》,见(宋)吕祖谦编,齐治平点校:《宋文鉴》卷一四九《传》,北京:中华书局,1992年,第2082页。
[90] 《闲居编》卷二八《驳嗣禹说》,见《续藏经》,第101册,第135页。
[91] (宋)赵湘:《南阳集》卷五《名说赠陈价》,上海:商务印书馆,1936年丛书集成初编本,第39页。
[92] 《南阳集》卷六《本文》,第49页。
[93] (宋)张咏著,张其凡整理:《张乖崖集》卷八《送赵况进士谒李员外序》,北京:中华书局,2000年,第85页。

辞"[94]，他又赞许某人"读尧、舜、周、孔之书，师轲、雄、韩、柳之作"[95]，并曾说"言王道者，孔子、孟轲、荀卿、扬雄而已"[96]。李垂于天圣八年（1030）六月所作的《大宋绛州修夫子庙记》也写道："孟轲、荀况、扬雄、韩愈之徒，正性天质，孜孜思及，落笔行事，推诚理人，蔚焉而其文光，炳焉而其德耀。"[97]

孙何曾赞许某人"师孔宗孟，交荀友扬"[98]，其《尊儒》一文也曾云："扬雄著《法言》，以周公、孔子为真儒；又世之知言者，以孟轲之徒为大儒，岂诬也哉！"[99]他还曾说"传道行教如孟轲、扬雄者"云云[100]。他在其《文箴》中述及"文"之传承，云"后贤谁嗣？惟（孟）轲洎（荀）卿"，"扬雄欻焉，刷翼孤翔"，而"续《典》绍《谟》，韩（愈）领其徒"。[101]孙何还颇重王通，阮逸《文中子中说序》曾

---

[94]（宋）王禹偁：《投宋拾遗书》，收在《新刊国朝二百家名贤文粹》卷八八《书·上台谏书一》，见《宋集珍本丛刊》，第94册，第70页。
[95]（宋）王禹偁：《王黄州小畜集》卷一九《送谭尧叟序》，见《宋集珍本丛刊》，第1册，第661页。
[96]《王黄州小畜集》卷一八《答黄宗旦书》其二，见《宋集珍本丛刊》，第1册，第650页。
[97]（宋）李垂：《大宋绛州修夫子庙记》，见（清）胡聘之：《山右石刻丛编》卷一二，太原：山西人民出版社影印本，1998年。
[98]（宋）孙何：《答朱严书》，收在《新刊国朝二百家名贤文粹》卷一〇五《书·师友答问六》，见《宋集珍本丛刊》，第94册，第182页。
[99]（宋）孙何：《尊儒》，收在《新刊国朝二百家名贤文粹》卷一七《论著·圣道四》，见《宋集珍本丛刊》，第93册，第413页。
[100]（宋）沈作喆撰，俞钢、萧光伟整理：《寓简》卷五，郑州：大象出版社，2008年，第42页。
[101]（宋）孙何：《文箴》，见《宋文鉴》卷七二《箴》，第1043页。

说:"五季经乱,逮乎削平,则柳仲涂宗之于前,孙汉公(何)广之于后。"[102]僧人智圆在其《读中说》中也谈道:"孙汉公作《辨文中子》一篇,可谓御其侮阐其幽也,使横议者不能塞路。由是后学耻不读仲淹之书,耻不知仲淹之道。使百世胥附于王通者,汉公之力也。"[103]可惜孙何《辨文中子》今已不传。

除了柳开、种放、赵湘、张咏、王禹偁、孙何等人外,另一位支持并参与古文运动的重要僧人智圆,也对孟、荀、扬、王、韩多有述及。智圆曾称自己"于讲佛经外,好读周、孔、扬、孟书"[104],"于学佛外,考周、孔遗文,究扬、孟之言"[105],并"欲左揽孟轲之袂,右拍扬雄之肩"[106],希望能"踵孟肩扬"[107]。智圆因为"世谓大儒者,必以荀、孟配而称之",而作《辨荀卿子》一篇以为荀子辩护。[108]因为"孟轲以来,力扶圣道者,未有如子云者也",而作《广皮日休法言后序》为扬雄辩护。[109]此外,智圆还作《让李习之》

---

[102] (宋)阮逸:《文中子中说序》,见张沛:《中说校注》卷首,北京:中华书局,2013年,第3页。
[103] 《闲居编》卷二六《读中说》,见《续藏经》,第101册,第130~131页。
[104] 《闲居编》卷首《自序》,见《续藏经》,第101册,第54页。
[105] 《闲居编》卷二九《送庶几序》,见《续藏经》,第101册,第137页。
[106] 《闲居编》卷二二《谢吴寺丞撰闲居编序书》,见《续藏经》,第101册,第120页。
[107] 《闲居编》卷二四《答李秀才书》,见《续藏经》,第101册,第124页。
[108] 《闲居编》卷二五《辨荀卿子》,见《续藏经》,第101册,第127页。
[109] 《闲居编》卷一二《广皮日休法言后序》,见《续藏经》,第101册,第89~90页。

为王通《中说》文辞俚俗进行辩护[110]，又作《读中说》为王通《中说》模拟《论语》辩护[111]。在《对友人问》中，智圆云：

> 孔子没，微言绝，异端起，而孟轲生焉，述周、孔之道，非距杨、墨。汉兴杂霸，王莽僭篡，扬雄生焉，撰《太玄》《法言》，述周、孔、孟轲之道，以救其弊。汉魏以降，至晋惠不道，中原丧乱，赏罚不行。隋世，王通生焉，修六经，代赏罚，以晋惠始而续经，《中说》行焉，盖述周、孔、轲、雄之道也。唐得天下，房、魏既没，王、杨、卢、骆作淫侈之文，悖乱正道，后韩、柳生焉，宗古还淳，以述周、孔、轲、雄、王通之道也。[112]

智圆在这里没有提及荀子，但其《叙传神》一文则云："仲尼得唐、虞、禹、汤、文、武、姬公之道，炳炳然犹人之有形貌也。仲尼既没，千百年间，能嗣仲尼之道者，唯孟轲、荀卿、扬子云、王仲淹、韩退之、柳子厚而已，可谓写其貌、传其神者矣。"[113] 智圆在此并列孟、荀、扬、王、韩，而且还增加了柳宗元。

---

[110]《闲居编》卷二六《让李习之》，见《续藏经》，第101册，第130页。
[111]《闲居编》卷二六《读中说》，见《续藏经》，第101册，第130~131页。
[112]《闲居编》卷一六《对友人问》，见《续藏经》，第101册，第102页。
[113]《闲居编》卷二七《叙传神》，见《续藏经》，第101册，第134页。

三、"五贤"之称的出现

宋仁宗庆历前后，古文运动逐渐走向高潮，其时提倡和推广孟、荀、扬、王、韩这一道统系谱最力的，无疑是"庆历三先生"中的孙复和石介，他们还开始将此五人并称为"五贤"。

孙复在《上孔给事书》中说："自夫子没，诸儒学其道，得其门而入者鲜矣，惟孟轲氏、荀卿氏、扬雄氏、王通氏、韩愈氏而已。彼五贤者，天俾夹辅于夫子者也。"[114]在其《信道堂记》中，孙复又写道：

> 吾之所为道者，尧、舜、禹、汤、文、武、周公、孔子之道也，孟轲、荀卿、扬雄、王通、韩愈之道也。吾学尧、舜、禹、汤、文、武、周公、孔子、孟轲、荀卿、扬雄、王通、韩愈之道三十年，处乎今之世，故不知进之所以为进也，退之所以为退也，喜之所以为喜也，誉之所以为誉也。其进也，以吾尧、舜、禹、汤、文、武、周公、孔子、孟轲、荀卿、扬雄、王通、韩愈之道进也，于吾躬何所进哉？其退也，以吾尧、舜、禹、汤、文、武、周公、孔子、孟轲、荀卿、扬雄、王通、韩愈之道退也，于吾躬何所退哉？其见毁

---

[114]《孙明复先生小集·上孔给事书》，见《宋集珍本丛刊》，第3册，第166页。

也，以吾尧、舜、禹、汤、文、武、周公、孔子、孟轲、荀卿、扬雄、王通、韩愈之道见毁也，于吾躬何所毁哉？其获誉也，以吾尧、舜、禹、汤、文、武、周公、孔子、孟轲、荀卿、扬雄、王通、韩愈之道获誉也，于吾躬何所誉哉？[115]

孙复在此完整且反复地表述了自己尊崇的儒家道统系谱，即从尧、舜、禹、汤、文、武、周公、孔子以至于孟轲、荀卿、扬雄、王通、韩愈"五贤"的道统系谱。此外，孙复有诗云："孟轲荀卿扬雄氏，当时未必皆生知。因其钻仰久不已，遂入圣域争先驰。"[116]又曾认为自西汉至李唐，"至于始终仁义，不叛不离者，惟董仲舒、扬雄、王通、韩愈而已"[117]。孙复于五贤之外颇重董仲舒，其《董仲舒论》特别强调说："孔子而下至于西汉间，世称大儒者，或曰孟轲氏、荀卿氏、扬雄氏而已。……至于董仲舒，则忽焉而不举，此非明有所未至，识有所未周乎？"[118]希望将董仲舒也列入道统系谱之中。

今传石介文字中关于五贤道统系谱的表述比孙复更多，

---

[115]《孙明复先生小集·信道堂记》，见《宋集珍本丛刊》，第3册，第169页。
[116]《孙明复先生小集·谕学》，见《宋集珍本丛刊》，第3册，第172页。
[117]《孙明复先生小集·答张洞书》，见《宋集珍本丛刊》，第3册，第168页。
[118]《孙明复先生小集·董仲舒论》，见《宋集珍本丛刊》，第3册，第157页。

其《救说》叙述儒学史云:"周室衰,诸侯畔,道大坏也,孔子存之。孔子殁,杨、墨作,道大坏也,孟子存之。战国盛,仪、秦起,道大坏也,荀况存之。汉祚微,王莽篡,道大坏也,扬雄存之。七国弊,王纲圯,道大坏也,文中子存之。齐、梁来,佛、老炽,道大坏也,吏部存之。"[119]他曾说"古之圣人大儒,有周公,有孔子,有孟轲,有荀卿,有扬雄,有文中子,有吏部"[120],又曾说"孟轲、荀卿、扬雄、文中子、吏部能得圣人之道"[121],还说"孟、荀、扬、文中子、吏部,勉而为中,制而为法"[122],还说"天授之孟轲、荀卿、扬雄、王通、韩愈,孔子之道复"[123],在《尊韩》一文中,石介更直接称"孟轲氏、荀况氏、扬雄氏、王通氏、韩愈氏"为"五贤人"。[124]

石介述及道统系谱而未并列五贤的文字还有很多,如他批评说:"天下人目盲,不见周公、孔子、孟轲、扬雄、文中子、吏部之道。"[125]他称许士建中"能存周公、孔子、孟轲、扬雄、文中子、吏部之道"[126]。石介说"孔子、孟子、扬子、文中子、吏部,皆不虚生"[127],"孟轲氏、扬雄氏、王

---

[119]《徂徕石先生文集》卷八《救说》,第84页。
[120]《徂徕石先生文集》卷一五《答欧阳永叔书》,第176页。
[121]《徂徕石先生文集》卷一五《与君贶学士书》,第181页。
[122]《徂徕石先生文集》卷一八《送龚鼎臣序》,第213页。
[123]《徂徕石先生文集》卷一二《上张兵部书》,第141页。
[124]《徂徕石先生文集》卷七《尊韩》,第79页。
[125]《徂徕石先生文集》卷五《怪说中》,第62页。
[126]《徂徕石先生文集》卷一三《上范思远书》,第152页。
[127]《徂徕石先生文集》卷一二《上赵先生书》,第138页。

通氏、韩愈氏，祖述孔子而师尊之，其智足以为贤"[128]，"孟轲、扬雄、文中子、韩愈能得之（孔子之道）于下"[129]，"孟轲、扬雄、文中子、韩吏部相与止其横流颓波"[130]，他在《与士建中秀才书》中也高度评价了孟、扬、王、韩的卫道、传道之功[131]。

有的士人也开始并重孟、荀、扬、王、韩五人，且不乏将五人并称为"五贤"者。孔道辅是孔子第四十五代孙，于宋仁宗朝政治有一定影响，他曾"以孟、荀、扬、王、韩五子排邪说，诩大道，像设于祖堂西偏"，并"为之记"。[132]孔道辅在《五贤堂记》中写道："五星所以纬天，五岳所以镇地，五贤所以辅圣，万象虽列，非五星之运，不能成岁功。众山虽广，非五岳之大，不能成厚德。诸子虽博，非五贤之文，不能成正道。"该文大力颂扬了五贤的卫道之功。[133]名臣韩琦也有类似的举动，其序《五贤赞》一文云："余既新夫子之宫，乃绘诸弟子及左氏而下释经诸儒于东西序，又图孟、荀、扬、王、韩五贤于书楼之北壁，遣人自国

---

[128] 《徂徕石先生文集》卷七《尊韩》，第79页。
[129] 《徂徕石先生文集》卷一三《上孔中丞书》，第147页。
[130] 《徂徕石先生文集》卷一五《上孙少傅书》，第173页。
[131] 《徂徕石先生文集》卷一四《与士建中秀才书》，第162～164页。
[132] （宋）张宗益：《宋守御史中丞赠太尉孔公后碑》，见（明）陈镐纂修：《阙里志》卷二四，济南：山东友谊出版社影印本，1989年，第1771～1782页，引文在第1778页。
[133] （宋）孔道辅：《五贤堂记》，见骆承烈汇编：《石头上的儒家文献——曲阜碑文录》，济南：齐鲁书社，2001年，第157～158页，引文在第157页。

庠得前人所撰孔子弟子暨释经诸儒之赞,署于其侧,独五贤者无赞焉。"然而,"五贤者,圣人之亚,学者之师",不可无赞,韩琦因而亲自分别为之作赞。[134]韩琦还曾在一个策问中云:"孔子没,能传其道者,孟、荀、扬、王、韩五贤而已矣,其著书立言,与六经相左右。"并问道:"五贤之事业,于孔子之道,固其先后。子大夫明乎先圣之术,愿次其优劣,著之于篇。"[135]此外,黄庭坚之父黄庶《上富大资政(富弼)书》也写道,"孟、荀、扬、韩、文中子,其生也皆相去百年或数百年,其心莫不相识者也",并自述云:"某平生读尧、舜、周公、孔子、孟、荀、扬、韩、文中子之书,恨不得出于其时,为其臣与子弟。"[136]祖无择在为李觏文集作序时也写道:"孔子没,千有余祀,斯文衰敝。其间作者,孟轲、荀卿、贾谊、董仲舒、扬雄、王通之徒,异代相望。"[137]祖无择于此还在五贤之外增加了贾谊和董仲舒。

四、孟、荀、扬、韩进入孔庙

相比于地方孔庙,中央孔庙在对道统新思潮的反映上

---

[134] (宋)韩琦:《安阳集》卷二三《五贤赞并序》,见《宋集珍本丛刊》,第6册,第492~493页,引文在第492页。
[135] 《安阳集》卷二三《策问》其五,见《宋集珍本丛刊》,第6册,第492页。
[136] (宋)黄庶撰,詹八言编校:《伐檀集》卷下《上富大资政书》,九江:九江师专古籍整理研究室勘排印本,1987年,第74、75页。
[137] (宋)祖无择:《李泰伯退居集序》,收在《新刊国朝二百家名贤文粹》卷一四九《序·文集序一》,见《宋集珍本丛刊》,第94册,第448页。

具有一定的滞后性,正如黄进兴先生所观察的,"中央孔庙位于京畿重地,仪典森然,管规严格,似难变通;反之,地方孔庙因地制宜,显得较为灵活,不只瞬时反映时代思潮之情态,且能预示孔庙变动的趋势"[138]。

孟子等人进入孔庙享祀,在唐代的地方孔庙中就已经有了先例。韩愈《处州孔子庙碑》记云:"(李繁)既新作孔子庙,又令工改为颜子至子夏十人像,其余六十二子,及后大儒公羊高、左丘明、孟轲、荀况、伏生、毛公、韩生、董生、高堂生、扬雄、郑玄等数十人,皆图之壁。"[139]即已将当时并不在孔庙祀典中的孟子、荀子、韩婴、董仲舒、高堂伯、扬雄等人增入孔庙祭祀系统之中。宋初,类似的例子越来越多。柳开于太平兴国八年(983)在润州重修孔庙时,"自颜子及孟子已下门人大儒之像各塑缋,配享于座"[140]。其后,陈襄于皇祐元年(1049)所作的《天台县孔子庙记》,也记县令石牧之修成的孔庙增以孟、荀、扬、韩从祀。[141]上文谈到,孔道辅在曲阜孔庙修建五贤堂以褒扬孟、荀、扬、王、韩五贤的卫道之功;韩琦皇祐五年(1053)在并州新修庙学时,则"图孟、荀、扬、王、韩五贤于书楼之北壁"。据周希孟《连江县建学记》,朱定嘉祐元年(1056)任连江县令时所修的

---

[138] 黄进兴:《学术与信仰:论孔庙从祀制与儒家道统意识》,见其《圣贤与圣徒》,第70页。
[139] 《韩昌黎文集校注》卷七《处州孔子庙碑》,第548页。
[140] 《柳开集》卷四《润州重修文宣王庙碑文》,第42页。
[141] (宋)陈襄:《古灵先生文集》卷一一《天台县孔子庙记》,见《宋集珍本丛刊》,第8册,第745页。

孔庙中，也"以颜渊、曾参而下十人配享，七十二弟子及传经左氏、公、穀、孟、荀、韩、扬、王通之徒从祀"[142]。

以上这些传世文献中可以见到的例子，都是唐宋道统思想发展新动向在地方孔庙中的体现。而这一动向，也最终体现在了宋神宗元丰七年（1084）的孔庙祭祀制度改革中，孟、荀、扬、韩终于正式进入国家孔庙祀典，仅有王通被拒之门外。然而，本书第三章将会谈到，到元丰年间，新儒学学派之间关于五贤的争论实际上已经完全白热化，而且荀子、韩愈已经被当时的各派思想领袖排斥在了道统系谱之外。

熙宁七年（1074）十二月庚寅，"判国子监常秩等乞立孟轲、扬雄像于孔子庙庭，仍加爵号。又乞追尊孔子以帝号。诏两制与国子监、礼院官同详定"。常秩所请得到翰林学士元绛和判太常寺李清臣的明确支持[143]，但是"翰林学士杨绘以为加帝号非是"，"后不果行"。[144]

其后，因为试吏部尚书曾孝宽上札于朝，曰："臣左领使京东西路，邹鲁实在封部。伏见孟轲有庙在邹，属兖州。未有封爵载于祀典。况先儒皆有封爵。孟轲自古尝以其书置

---

[142] （宋）周希孟：《连江县建学记》，收在同治《福建通志》卷六二、民国《连江县志》卷二一，见四川大学古籍所编：《全宋文》卷一〇九七，上海：上海辞书出版社；合肥：安徽教育出版社，2006年，第50册，第341页。

[143] （明）黄淮、杨士奇编：《历代名臣奏议》卷二七四《崇儒》，上海：上海古籍出版社，2012年，第3574页。

[144] （宋）李焘：《续资治通鉴长编》卷二五八，熙宁七年十二月庚寅条，北京：中华书局，2004年，第6304页。

博士，朝廷亦以其书劝学取士。宜有褒封，载于祀典。"礼部和太常寺建议加封孟子邹国公，尚书省最终于元丰六年十月奉敕通牒施行。[145]据孙复作于景祐五年（1038）的《兖州邹县建孟子庙记》，兖州孟子庙乃孔道辅任职兖州时所建。孔道辅因孟子故里在兖州，便搜寻孟子之墓以表之，并于孟子墓旁建立孟庙以祀之，且"以公孙、万章之徒配"。该庙始建于景祐四年，于景祐五年春完工。[146]不过，当时孟子并未进入国家孔庙祀典，更没有孟庙祀典，所以这个孟庙也更多地具有家庙性质，孙弼《邹公坟庙之碑》即说："景祐五年春，置庙于其（孟子墓）旁，取门人高弟配焉。以此子子孙孙奕世相传，居多近其所，岁时奉祭冢庙。"[147]曾孝宽请封孟子爵位，其动机之一应该就是为了实现孟庙祭祀官方化，从而使邹县孟庙摆脱单纯的家庙性质。

其后，"晋州州学教授陆长愈言近封孟轲为邹国公，谓宜春秋释奠，与颜子并配"。太常少卿叶均、博士盛陶、王古、杨杰、辛公祐等人以"凡配享从祀，皆孔子同时之人，今以孟轲并配，非是"为由，表示反对。但是，这一理由并不充

---

[145]《尚书省牒》，见刘培桂编著：《孟子林庙历代石刻集》卷一《宋代》，济南：齐鲁书社，2005年，第4～5页，引文在第4页。按，北周大象二年（580）三月曾追封孔子为邹国公，此后又追封孟子为邹国公，其实于礼并不太妥当。（唐）令狐德棻：《周书》卷七《宣帝纪》，北京：中华书局，1971年，第123页。

[146]《孙明复先生小集·兖州邹县建孟子庙记》，见《宋集珍本丛刊》，第3册，第168～169页。

[147]（金）孙弼：《邹公坟庙之碑》，见《孟子林庙历代石刻集》卷二《金代》，第22页。

分，因为唐代即已以诸多汉晋传经之儒享祀。与太常寺的意见不同，以林希为首的礼部官员则极力支持陆长愈的建议，他们引用唐代以汉晋传经之儒配享孔子的故事，有力地驳斥了太常寺的意见，并进一步建议说："孟子于孔圣之门，当在颜子之列。至于荀况、扬雄、韩愈，皆发明先圣之道，有益学者，久未配享，诚为阙典。伏请自今春秋释奠，以邹国公孟子配享文宣王，设位于兖国公之次，所有荀况、扬雄、韩愈，并以世次先后从祀于左丘明等二十一贤之间。所贵上称圣朝褒崇儒贤，备修祀典之意。"[148]礼部的意见最终得到朝廷允许。元丰七年五月壬戌，诏"自今春秋释奠，以邹国公孟轲配食文宣王，设位于兖国公之次。荀况、扬雄、韩愈以世次从祀于二十一贤之间，并封伯爵：况兰陵、雄成都、愈昌黎"[149]。经过此次礼议，不仅孟子进入孔庙配享，荀子、扬雄和韩愈也得以从祀。

值得注意的是，在上述熙宁七年和元丰年间的两次孔庙礼议中，虽然前者因反对而失败，后者则在反对声中最终成功，但其实两次争论中的反对声音，一则"以为加帝号非是"，一则以为"凡配享从祀，皆孔子同时之人，今以孟轲并配，非是"，都是纯粹从礼制的适宜与否上着眼，并没有明确否认孟子、扬雄等人的道统地位。第二次礼议中持反对意见的杨杰，其《无为集》中有一篇《荀扬大醇而小疵赋》，该文末尾总结说，"荀也倡道于前，扬也和之于后。助诗书

---

[148]《历代名臣奏议》卷二七四《崇儒》，第3575页。
[149]《续资治通鉴长编》卷三四五，元丰七年五月壬戌条，第8291页。

礼乐之化，谨父子君臣之守。斯文未丧，大疵则否。何韩愈氏重而过之？盖责贤人也厚"[150]，对荀子、扬雄还是持总体肯定的态度，也更加看重二人"大醇"的一面。

王通未能在元丰改制中进入孔庙，或与王通其人其书的真实性存在疑点有关，[151] 也可能与王通不排佛、老有关。

---

[150] （宋）杨杰撰，曹小云校笺：《无为集校笺》卷一《荀扬大醇而小疵赋》，合肥：黄山书社，2014年，第27~28页。

[151] 后文将陆续谈到，宋人对王通其人其书的真实性有很多怀疑，有的甚至认为《中说》根本是阮逸伪作，《四库全书总目》则继承了宋代以二程为代表的认为王通其人其书真伪掺杂的折中看法。近代梁启超受辨伪思潮的影响，在其《中国历史研究法》及《补编》中都将王通作为历史造伪的典型加以否定，影响很大。其后王立中编《文中子真伪汇考》，又回到了四库馆臣的看法，钱穆《读王通中说》亦如是，今人也大多如之。今人尹协理、魏明《王通论》，骆建人《文中子研究》，邓小军《唐代文学的文化精神》，李小成《文中子考论》诸书均有专节考论王通其人其书，另有其他研究论文涉及这一问题。（清）永瑢等：《四库全书总目》卷九一《中说》，北京：中华书局，1965年，第774页；梁启超：《中国历史研究法·中国历史研究法补编》，北京：中华书局，2015年，第114、331页；王立中：《文中子真伪汇考》，长沙：商务印书馆，1938年；钱穆：《读王通中说》，见其《中国学术思想史论丛》卷四，第1~8页；尹协理、魏明：《王通论》，北京：中国社会科学出版社，1984年；骆建人：《文中子研究》，台北：台湾商务印书馆，1990年；邓小军：《唐代文学的文化精神》，台北：文津出版社，1993年；李小成：《文中子考论》，上海：上海古籍出版社，2008年；王冀民、王素：《文中子辨》，《文史》第20辑，北京：中华书局，1983年；段熙仲：《王通、王凝资料正伪》，《文史》第27辑，北京：中华书局，1986年；刘宽亮：《王通生年考》，《晋阳学刊》，1987年第4期；张新民：《辨王通为隋代学者》，《贵州师范大学学报》，1992年第3期；邓小军：《〈隋书〉不载王通考》，《四川师范大学学报》，1994年第3期；张新民：《文中子事迹考辨》，《文献》，1995年第2期；陈启智：《王通生平著述考》，《东岳论丛》，1996年第6期；徐朔方：《王通门人辨疑》，《浙江大学学报》，1999年第4期。

王通其人及《中说》一书（一名《文中子》）的真实性在北宋一直争论不断，南宋就有人说过："文士又有请以王通氏陪从祀者，使无其人，容有是举乎？"[152]如此可见，确曾有人提出过让王通也进入孔庙从祀的建议。不过，孔庙祀典关系重大，必须慎之又慎，王通身上的疑点，尤其是否真有王通其人的疑问，应该是阻碍其进入孔庙的一个重要因素。

另一方面，孟、荀、扬、韩之所以能够在元丰七年进入孔庙，与他们排斥异端之功密切相关，陆长愈在奏请以孟子配享孔子时云："以其闻先圣之道，距杨、墨之言，后世为有功，而孟不在颜下。"[153]南宋时，朱熹弟子曾问道："退之一文士耳，何以从祀？"朱熹回答说："有辟佛老之功。"[154]朱熹也曾说："孟子配享，乃荆公请之。配享只当论传道。"[155]大概元丰七年推动孟、荀、扬、韩一并进入孔庙享祀的主要原因就在于其卫道之功，朱熹此语即为此而发。孟、荀、扬、韩进入孔庙享祀后，随即出现的一些祭告孟子等人的文字，如晁补之元丰七年所作《北京国子监奉诏封孟荀扬韩告先圣文》《诏封孟荀扬韩告先师文》，也都是在颂扬

---

[152]（宋）黄履翁：《古今源流至论别集》卷五《中说》，台湾商务印书馆景印文渊阁四库全书本，1987年，第942册，第573～575页，引文在第574页。按，《古今源流至论别集》云此"见《唐书》"，但新旧《唐书》乃至新旧《五代史》均不载有请祀王通之举。

[153]《历代名臣奏议》卷二七四《崇儒》，第3575页。

[154]（宋）黎靖德编，王星贤点校：《朱子语类》卷九六，北京：中华书局，1994年，第2475页。

[155]《朱子语类》卷九〇，第2294页。

诸人的卫道之功。[156]

然而,《中说》却载:

> 子曰:"《诗》《书》盛而秦世灭,非仲尼之罪也;虚玄长而晋室乱,非老、庄之罪也;斋戒修而梁国亡,非释迦之罪也。《易》不云乎:'苟非其人,道不虚行。'"
>
> 或问佛,子曰:"圣人也。"曰:"其教何如?"曰:"西方之教也,中国则泥。轩车不可以适越,冠冕不可以之胡,古之道也。"[157]
>
> 程元曰:"三教何如?"子曰:"政恶多门久矣。"曰:"废之何如?"子曰:"非尔所及也。真君、建德之事,适足推波助澜,纵风止燎尔。"
>
> 子读《洪范·谠议》,曰:"三教于是乎可一矣。"程元、魏徵进曰:"何谓也?"子曰:"使民不倦。"[158]

王通虽尽心于儒道,但是他不仅不排佛、老,而且认为三教可一。大概因为王通不排佛,古文名僧智圆和契嵩都对他推崇备至,这更让王通其人其书染上了一些佛教色彩,李觏便

---

[156] (宋)晁补之:《鸡肋集》卷六〇《北京国子监奉诏封孟扬韩告先圣文》《诏封孟荀扬韩告先师文》,台湾商务印书馆景印文渊阁四库全书本,1987年,第1118册,第898页。
[157] 《中说校注》卷四《周公篇》,第113、114页。
[158] 《中说校注》卷五《问易篇》,第134、135页。

曾说"流俗之视《中说》如视佛书"[159]。总之，这显然与元丰七年因卫道之功而推动孟、荀、扬、韩享祀的思路相悖。

王通虽然未能和孟、荀、扬、韩一同进入孔庙，但《中说》一书还是颇受朝廷重视。朱熹曾说："太宗朝一时人多尚文中子，盖见朝廷事不振，而文中子之书颇说治道故也。"[160]《玉壶清话》就记宋太宗曾"命苏易简评讲《文中子》"[161]。景祐四年十月十七日，翰林学士李淑上言说道，"经典子书之内，有《国语》《荀子》《文中子》，儒学所崇，与六经通贯。先朝以来，尝于此出题，只是国序未有印本。欲望取上件三书，差官校勘刻板，撰定音义，付国子监施行"，诏可。[162]可见科举考试于《中说》中出题在太宗一朝就已出现，而李淑请求刊刻《中说》，无疑进一步推动了《中说》在社会上的流传。终宋一代，《中说》作为"经典子书"，科举考试于此中出题一直未绝。明朝嘉靖九年（1530），明世宗改制波及孔庙，王通最终还是得以进入孔庙从祀。[163]

嘉祐年间，金君卿曾上奏说："欲乞申敕内外主司，凡

---

[159]（宋）李觏著，王国轩点校：《李觏集》卷二九《读文中子》，北京：中华书局，2011年，第345页。
[160]《朱子语类》卷一二九，第3085页。
[161]（宋）文莹撰，郑世刚、杨立扬点校：《玉壶清话》卷五，北京：中华书局，1984年，第53页。
[162]（清）徐松辑，刘琳、刁忠民、舒大刚、尹波等点校：《宋会要辑稿·崇儒四·勘书》，上海：上海古籍出版社，2014年，第2819页。
[163]（清）张廷玉等：《明史》卷五〇《礼志四·至圣先师孔子庙祀》，北京：中华书局，1974年，第1301页。

试进士诗赋，只于九经正文中出题目；其策论，亦详于三史及荀、孟、扬雄书中通用。如此行之，则学者皆务深于经术，而有道之士出矣。"[164]结合上引李淑所言，可见在官方系统中，孟、荀、扬、王（韩愈本非诸子，故不论）影响科举要大大早于其进入孔庙祀典。而在《孟子》升经以后，一直到南宋，都不时可以在各种科举项目的出题书目中看到荀、扬、王之书。

第三节 五贤并重之原因

刘咸炘先生曾总结韩愈思想说："综其议论，不过三端：一曰矫诗歌骈俪之习而倡古文，二曰矫注疏训诂之习而言大义，三曰惩僧道骄横之弊而排佛老。宋初诸家之所揭橥叫呼，亦不过此三旨。"[165]这基本上也是唐宋古文运动的整体目标。古文运动有三个基本的对手，即华丽文风、传统经学和异端之学，这大体上是孟、荀、扬、王、韩五贤都曾批判过的。不仅如此，五贤在困境中坚守儒道，在不能得位行道的情况下著述以存道，也为古文运动士人带来了重要的精神力量，五贤成为他们效仿的历史人物典范。孟、荀、扬、王、韩五贤道统系谱的建构，与古文运动的思想诉求密不可分。

---

[164]《历代名臣奏议》卷一六五《选举》，第2168页。
[165] 刘咸炘：《学史散篇·宋学别述·宋初三家学派图第一》，见其《推十书（增补全本）》，甲辑第3册，第1243页。

一、反对传统经学

自唐初修成《五经正义》统一经学解释后,儒学所能呈现的思想活力被严重窒息,综观新旧《唐书》的《儒林传》,其间能以经学名家且影响后世者实在不多。随着中唐古文运动的兴起,士人对于传统经学的批评越来越多,也越来越严厉。

安史之乱后,古文运动先驱赵匡在《举选议》中即已批评明经取士,说:"疏以释经,盖筌蹄耳。明经读诵,勤苦已甚,既问口义,又诵疏文,徒竭其精华,习不急之业,而当代礼法,无不面墙。及临人决事,取办胥吏之口而已。所谓所习非所用,所用非所习者也,故当官少称职之吏。"[166]柳冕也批评说:"自顷有司试明经,奏请每经问义十道,五道全写疏,五道全写注。其有明圣人之道,尽六经之意,而不能诵疏与注,一切弃之。恐清识之士,无由而进;腐儒之生,比肩登第。"他认为,"明六经之义,合先王之道,君子之儒,教之本也。明六经之注,与六经之疏,小人之儒,教之末也"[167]。此时的注疏之学已经不但不能经世致用,反而还可能有碍于学者把握经学大义,所以很多士人都主张要"多举大略,不求微旨"[168],要"传(应为博)究

---

[166] (唐)赵匡:《举选议》,见《文苑英华》卷七六五,第4023页。
[167] (唐)柳冕:《与权侍郎书》,见《文苑英华》卷六八九,第3547页。
[168] (唐)萧颖士:《为邵翼作上张兵部书》,见《文苑英华》卷六七〇,第3445页。

五经，举其大略，而不为章句学"[169]，强调"略章句之烦乱，采摭奥旨，以知道为宗"[170]。

古文运动诸人对传统经学批评很多，韩愈即曾赋诗云："《尔雅》注虫鱼，定非磊落人。"[171]他在为中唐新经学代表人物之一施士丐所作的墓志铭中，更批评注疏之学云："古圣人言，其旨密微；笺注纷罗，颠倒是非。"[172]柳宗元在其为中唐新经学另一代表人物陆质所作的墓表中，也严厉批判传统经学说："后之学者，穷老尽气，左视右顾，莫得而本。则专其所学，以訾其所异，党枯竹，护朽骨，以至于父子伤夷，君臣诋悖者，前世多有之。"[173]柳宗元对"章句师"更是不以为然，他说："马融、郑玄者，二子独章句师耳。今世固不少章句师，仆幸非其人。"[174]吕温也认为："学者，岂徒受章句而已？盖必求所以事君，求所以事亲，求所以开物，求所以化人，日新又日新，以至乎终身。"[175]刘禹锡友人王起也有诗句云："说史吞颜注，论

---

[169]（唐）梁肃：《朝散大夫使持节常州诸军事守常州刺史赐紫金鱼袋独孤公行状》，见《文苑英华》卷九七二，第5115页。

[170]《柳宗元集》卷八《故银青光禄大夫右散骑常侍轻车都尉宜城县开国伯柳公行状》，第181页。

[171]《韩昌黎诗系年集释》卷一〇《读皇甫湜公安园池诗书其后二首》其一，第1081页。

[172]《韩昌黎文集校注》卷六《施先生墓铭》，第395页。

[173]《柳宗元集》卷九《唐故给事中皇太子侍读陆文通先生墓表》，第208页。

[174]《柳宗元集》卷九《答严厚舆秀才论为师道书》，第878页。

[175]（唐）吕温：《吕衡州文集》卷三《与族兄皋请学春秋书》，上海：商务印书馆，1935年丛书集成初编本，第23页。

《诗》笑郑笺。"[176]杜牧曾批评当时风气说:"今之言者必曰:'使圣人微旨不传,乃郑玄辈为注解之罪。'"[177]可见唐代中后期批判注疏之学的风气已经颇为盛行,那种"徒欲父康成,兄子慎,宁道孔圣误,讳闻郑、服非"[178]的旧局面已经不再。此后,对传统经学的否定继续发展,入宋以后更是蔚为大观。

对于传统经学的不满,促使一些士人开始试图在经学系统之外寻求新的儒家思想资源,而孟子、荀子、扬雄、王通、韩愈五贤则全都是经学系统以外的人物,而且他们与经学系统要么没有直接的关联,要么就曾对注疏式的经学持极批评的态度。

孟子、荀子生当战国之时,其时经学尚不成熟,而《孟子》《荀子》二书也长期被安置在诸子儒家类中,他们与汉唐经学并没有多少直接的联系。尽管赵岐的《孟子题辞》说"孟子既没之后,大道遂绌,逮至亡秦,焚灭经术,坑戮儒生,孟子徒党尽矣。其书号为诸子,故篇籍得不泯绝。汉兴,除秦虐禁,开延道德,孝文皇帝欲广游学之路,《论语》《孝经》《孟子》《尔雅》皆置博士,后罢传记博士,独立《五经》而已。迄今诸经通义得引《孟子》以明事,谓之

---

[176] 《刘禹锡集》卷三四《会昌春连宴即事联句》,第506页。
[177] (唐)杜牧:《樊川文集》卷一三《上池州李使君书》,见吴在庆:《杜牧集系年校注》,北京:中华书局,2008年,第876页。
[178] 《旧唐书》卷一〇二《元行冲传》引隋王劭《史论》中语,第3181页。

博文"[179]，是则汉文帝时曾一度将《孟子》设置为传记博士，但从今存文献来看，这事实上并未在当时和后世产生多少影响。并且，此事也不见他书记载，因而颇为学者所疑。

扬雄之时，经学已经相当盛行，但扬雄不仅自己不为经学，而且对当时已经显得很烦琐的经学多有批评，如其《法言·寡见》云：

> 或问："司马子长有言，曰《五经》不如《老子》之约也，当年不能极其变，终身不能究其业。"
> 曰："若是，则周公惑，孔子贼。古者之学耕且养，三年通一。今之学也，非独为之华藻也，又从而绣其鞶帨，恶在其《老》不《老》也？"
> 或曰："学者之说可约邪？"
> 曰："可约解科。"[180]

为了阐明儒道，扬雄摒弃了传注这一当时几乎是统治性的经典解释形式，而另辟蹊径，他"以为经莫大于《易》，故作《太玄》；传莫大于《论语》，作《法言》"(《汉书·扬雄传赞》)，既作《法言》以拟《论语》，又作《太玄》以拟《易》。

---

[179]（汉）赵岐：《孟子题辞》，见（汉）赵岐注，（宋）孙奭疏，廖明春、刘佑平整理，钱逊审定：《孟子注疏》卷首，北京：北京大学出版社，2000年，第11页。
[180]《法言义疏十·寡见卷第七》，第222页。

王通也同样严厉批判传统经学,如《中说·天地篇》记:

> 子曰:"盖九师兴而《易》道微,《三传》作而《春秋》散。"贾琼曰:"何谓也?"子曰:"白黑相渝,能无微乎?是非相扰,能无散乎?故齐、韩、毛、郑,《诗》之末也;大戴、小戴,《礼》之衰也;《书》残于古、今;《诗》失于齐、鲁。汝知之乎?"[181]

又如《中说·周公篇》所记:

> 刘炫见子,谈《六经》,唱其端,终日不竭。子曰:"何其多也!"炫曰:"先儒异同,不可不述也。"子曰:"一以贯之可矣,尔以尼父为多学而识之耶?"炫退,子谓门人曰:"荣华其言,小成其道,难矣哉!"[182]

刘炫乃隋代经学大儒,而王通对刘炫的博学不以为意。王通并不用力于经学注疏,反而续经赞《易》,与扬雄颇为相似。

二、由"文"至道

古文运动主张文以载道,提倡平实的古文写作,反对太过注重文学技巧的华丽文风,对艳丽文体华而不实多有批

---

[181]《中说校注》卷二《天地篇》,第63~64页。
[182]《中说校注》卷四《周公篇》,第111页。

评，五贤的文学思想也大体与之合拍。辞赋之类的华丽文体文风至汉代才开始广泛流行起来，孟子、荀子与之并无直接关系，而扬雄、王通、韩愈则都明确地批评过辞赋之类的华丽文体文风。扬雄创作过很多有名的文赋，本来有着隆盛的文学声誉，但他晚年也否定自己的"雕虫"经历，潜心完成了文风平实的《太玄》和《法言》，《法言·吾子》云：

> 或问："吾子少而好赋。"曰："然。童子雕虫篆刻。"俄而，曰："壮夫不为也。"或曰："赋可以讽乎？"曰："讽乎！讽则已，不已，吾恐不免于劝也。"
>
> 或问："景差、唐勒、宋玉、枚乘之赋也，益乎？"曰："必也淫。""淫，则奈何？"曰："诗人之赋丽以则，辞人之赋丽以淫。如孔氏之门用赋也，则贾谊升堂，相如入室矣。如其不用何？"[183]

王通也曾明确批评过华而不实的文体文风，《中说·天地篇》记其语曰："学者，博诵云乎哉？必也贯乎道。文者，苟作云乎哉？必也济乎义。"[184]韩愈本就是古文运动的主要开创者，他对华丽文风的批评更多。他在《答崔立之书》中说："夫所谓博学者，岂今之所谓者乎？夫所谓宏辞者，岂今之所谓者乎？"这是直接针对当时的博学宏词科考试

---

[183]《法言义疏三·吾子卷第二》，第45、49～50页。
[184]《中说校注》卷二《天地篇》，第45页。

专重文学测试而发,其与王通对博诵和文辞的批评几乎如出一辙。[185]

不过,古文运动尚不全面否定文辞的价值,只是希望改革文体文风,主张为文要义、理、词三者兼得,"以自成一家之文",正如李翱在其著名的《答朱载言书》中所说:"义虽深,理虽当,词不工者不成文,宜不能传也。文、理、义三者兼并,乃能独立于一时,而不泯灭于后代,能必传也。"[186]《孟子》《荀子》都对古文写作颇有帮助,李华《质文论》就曾说二者"辅佐五经"[187],柳冕也称赞其"明先王之道,尽天人之际,意不在文,而文自随之,此真君子之文也"[188]。《孟子》更是诸多古文运动士人的重要师法对象,李翱便说孟子、荀子、扬雄都"足以自成一家之文",应是"学者之所师归"。[189]扬雄、王通、韩愈也有助于古文写作,宋初,种放即曾"条自古之文精粹者,汉则扬子云,隋则王仲淹,唐则韩退之,……皆句句明白,剔奸塞回,无所忌讳。使学者窥之,则有列圣道德仁义之用"[190]。赵湘也说:"孟轲、扬雄颇为本者,是故其文灵且久。"[191]欧阳修也以孟

---

[185]《韩昌黎文集校注》卷三《答崔立之书》,第186页。
[186](唐)李翱撰,郝润华、杜学林校注:《李翱文集校注》卷六《答朱载言书》,北京:中华书局,2021年,第84页。
[187](唐)李华:《质文论》,见《文苑英华》卷七四二,第3875页。
[188](唐)柳冕:《谢杜相公论房杜二相书》,见《唐文粹》卷七九。
[189]《李翱文集校注》卷六《答朱载言书》,第84页。
[190]《退士传》,见《宋文鉴》卷一四九《传》,第2082页。
[191]《南阳集》卷六《本文》,第49页。

子、韩愈之文为"高"[192],陆龟蒙则更在《复友生论文书》中说:"我自小读六经、孟轲、扬雄之书,颇有熟者。求文之指趣规矩,无出于此。"[193]

五贤在古文写作上的启发性,吸引着古文运动士人的阅读和模仿。韩愈认为道丧文弊的原因正在于"自周后文弊,百子为书,各自名家,乱圣人之宗"[194],所以主张为文"宜师古圣贤人"[195],而"孟轲、荀卿以道鸣者也","汉之时,司马迁、相如、扬雄最其善鸣者也",[196]他也曾赞许王埙"信悦孟子而屡赞其文辞"[197]。韩愈在古文创作上也身体力行,他"长悦古学,业孔子、孟轲,而侈其文"[198],并取得了很高的成就,李翱即称赞韩愈说:"其词与其意适,则孟轲既没,亦不见有过于斯者。"[199]皇甫湜也称其"抗辔荀、孟,攘袂班、扬"[200]。宋初,柳开也说自己"曾学文章,爱扬雄、孟轲之述作"[201],王禹偁赞许别人能"读尧、舜、周、

---

[192](宋)曾巩撰,陈杏珍、晁继周点校:《曾巩集》卷一六《与王介甫第一书》,北京:中华书局,1984年,第255页。
[193]《笠泽丛书》卷二《复友生论文书》,见《陆龟蒙全集校注》,第1130页。
[194]《韩昌黎文集校注》卷三《答吕毉山人书》,第243页。
[195]《韩昌黎文集校注》卷三《答刘正夫书》,第231页。
[196]《韩昌黎文集校注》卷四《送孟东野序》,第261页。
[197]《韩昌黎文集校注》卷四《送王秀才序》,第262页。
[198](唐)皇甫湜:《皇甫持正集》卷六《韩文公神道碑》,台湾商务印书馆景印文渊阁四库全书本,1987年,第1078册,第94页。
[199]《李翱文集校注》卷七《与陆傪书》,第103页。
[200]《皇甫持正集》卷一《谕业》,台湾商务印书馆景印文渊阁四库全书本,第1078册,第69页。
[201]《柳开集》卷一〇《知邠州上陈情表》,第140页。

孔之书，师轲、雄、韩、柳之作"[202]，能"履丘、轲、扬雄之业，振仲淹、退之之辞"[203]，孙何也赞许别人能"师孔宗孟，交荀友扬，尤病今文之冗长"[204]，李觏更观察当时风气说："今之学者，谁不为文？大抵摹勒孟子，劫掠昌黎。"[205]

古文运动以重五贤之文为入口，也开始重视五贤之道，刘咸炘先生即观察说，宋初古文运动"诸人虽高谈孔、孟，而实承韩氏，本由文而入"[206]。韩愈说自己"览《诗》《书》《孟子》之所指，念育才锡福之所以"[207]，就是自述因读《诗》《书》《孟子》而开始思考儒道。李翱也自述道："吾所以不协于时而学古文者，悦古人之行也；悦古人之行者，爱古人之道也。故学其言，不可以不行其行；行其行，不可以不重其道；重其道，不可以不循其礼。"[208]其后"慕孟轲为文，故以名焉"的刘轲[209]，便著《翼孟》三卷以尊孟子。柳开也曾自述说，"开所专于古文者，三十年矣。始学韩愈氏，

---

[202]《王黄州小畜集》卷一九《送谭尧叟序》，见《宋集珍本丛刊》，第1册，第661页。
[203]（宋）王禹偁：《投宋拾遗书》，收在《新刊国朝二百家名贤文粹》卷八八《书·上台谏书一》，见《宋集珍本丛刊》，第94册，第70页。
[204]（宋）孙何：《答朱严书》，收在《新刊国朝二百家名贤文粹》卷一〇五《书·师友答问六》，见《宋集珍本丛刊》，第94册，第182页。
[205]《李觏集》卷二八《答黄著作书》，第340页。
[206] 刘咸炘：《学史散篇·宋学别述·宋初三家学派图第一》，见其《推十书（增补全本）》，甲辑第3册，第1243页。
[207]《韩昌黎文集校注》卷三《上宰相书》，第177页。
[208]《李翱文集校注》卷六《答朱载言书》，第84页。
[209]（五代）王定宝：《唐摭言》卷一一《反初及第》，北京：中华书局，1959年，第120页。

传周公、孔子之道"〔210〕，还说自己"好古文与古人之道"，并自信地强调说："吾之道，孔子、孟轲、扬雄、韩愈之道；吾之文，孔子、孟轲、扬雄、韩愈之文也"〔211〕。连僧人智圆也曾自述云："于讲佛经外，好读周、孔、扬、孟书。往往学为古文，以宗其道。"〔212〕

不过，古文运动既然主张文以载道，那么古文的终极价值自然不在文而在道。随着古文运动不断发展，思想上不断成熟，士人的落脚点不可避免地越来越倾向于道，而古文的文学独立价值却不断降低。韩愈就已自述说，"愈之为古文，岂独取其句读不类于今者邪？思古人而不得见，学古道则欲兼通其辞；通其辞者，本志乎古道者也"〔213〕，即是为了求古道才不得不作古文。李翱主张为文要义、理、词三者兼得，但柳开却说"为文理胜辞者，足为大儒矣，况如荀、孟乎"〔214〕，就已经明确强调义理比文辞更重要，文章只是"道之筌也"〔215〕。以古文扬名于后世的柳宗元则更说文章只是"士之末也"〔216〕，并尝自述云："始吾幼且少，为文章，以辞为工。及长，乃知文者以明道，是固不苟为炳炳烺烺，务采

---

〔210〕《柳开集》卷九《与广南西路采访司谏刘昌言书》，第123页。
〔211〕《柳开集》卷一《应责》，第11、12页。
〔212〕《闲居编》卷首《自序》，见《续藏经》，第101册，第54页。
〔213〕《韩昌黎文集校注》卷五《题欧阳生哀辞后》，第340页。
〔214〕《柳开集》卷四《桂州延龄寺西峰僧咸整新堂铭并序》，第45页。
〔215〕《柳开集》卷五《上王学士第三书》，第58页。
〔216〕《柳宗元集》卷三〇《与杨京兆凭书》，第789页。

色、夸声音而以为能也。"[217]柳宗元与韩愈同是古文运动的开创者，此番云云，无疑预示着道的地位必将超越于文的价值。

三、在困境中坚守儒道

孔子身处春秋乱世，周游列国而道不得行，但他始终孜孜不倦，以天下万世为心，进则精于图治，退则究心经典，其精神足以激励后人。五贤的身世际遇也大体如此，孟、荀身处战国乱世，扬雄遭遇新莽代汉，王通居于隋末，韩愈则生在安史之乱后，他们不遭世用，仕途坎坷，履历暗淡。但是，他们并没有因此而颓丧废坠，仍然始终怀抱着强烈的儒家自觉意识，具有强烈的复兴儒道的使命感。

"孟子道性善，言必称尧舜。"（《孟子·滕文公上》）但是当时"天下方务于合从连衡，以攻伐为贤，而孟轲乃述唐、虞、三代之德，是以所如者不合。退而与万章之徒序《诗》《书》，述仲尼之意，作《孟子》七篇"（《史记·孟子荀卿列传》）。孟子在那个讲求纵横权术的时代高唱道德仁义之说，不时被讥为"迂阔"，孟子却不以为意，并说"天下有道，以道殉身；天下无道，以身殉道"（《孟子·尽心上》），而终身不得大用。

《史记·孟子荀卿列传》载荀子曾在齐国"三任祭酒"，后因齐人之谗而到了楚国，春申君以荀子为兰陵令，春申君死后，荀子遂废而再未得用，仕途并不比孟子顺利多少。

---

[217]《柳宗元集》卷三四《答韦中立论师道书》，第873页。

扬雄终其身也不过一"大夫"而已，晚年还因遭政治迫害而投天禄阁自尽，造成终身残疾。前文谈到过，扬雄排异端、尊儒道，受孟子影响很大，而他所遭受的嘲讽也与孟子大体相似。《汉书·扬雄传》载，扬雄作《太玄》被嘲讽为无用，他遂作《解嘲》以应之。该文回应了著书而不能荣及身家的非难，他仍然以孟子为榜样，说道："孟轲虽连蹇，犹为万乘师。"扬雄最终写成了《太玄》《法言》这样羽翼儒道的名著。

王通也未得用，几乎终身未仕，但他也始终孜孜于儒道，与门人讲论不辍，又续经赞《易》，仿《论语》而有《中说》，并培养出房玄龄、杜如晦这样的唐初名臣。

韩愈其实算是五贤中官做得最大的一位了，但也不过终于吏部侍郎而已，更没有得到过大用。韩愈本来就仕历坎坷，但他在仕途顺当之时竟然上《谏迎佛骨表》，最终被贬潮州，这不仅险些终结了他的仕途，他更险些因此丢了性命，皇甫湜在为韩愈所作的墓志铭中也对此大书特书。[218]韩愈亲身实践其排异端、尊儒道的思想，并为此付出了巨大代价，但他没有因此而消沉。

结合古文运动在中唐宋初的艰难处境，这种精神力量就显得相当重要。古文运动在唐代的声势并不算浩大，而到五代时期，牛希济则观察道："今有司程式之下，诗赋判

---

[218]《皇甫持正集》卷六《韩文公墓志铭并序》，台湾商务印书馆景印文渊阁四库全书本，第1078册，第97~98页。

章而已，唯声病忌讳为切，比事之中，过于谐谑，学古之者深以为惭。"[219] 哪怕直至宋初，古文运动的参与者都仍然很少，得到的政治和思想支持也很少，甚至时常被目为怪僻。柳开就曾感慨地说："当是时，天下无言古者。野夫复以其幼，而莫有与同其好者焉。"[220] 又说自己"走四海间，求与知者，竟无一人"，他甚至抱怨道："虚劳乎师孔子而友孟轲，齐扬雄而肩韩愈。自念其道，即反不如百工贱人乎？"[221] 种放、穆修也有类似的遭遇，种放曾自述云："予不敢希圣人意，始用古文，如京师，于一二有名者，竟寂寥无闻，人不我知。友予旧者，或喻我易其学，以泛滥为是。"[222] 穆修谈及当时的古文运动处境也说："其间独取以古文语者，则与语怪者同也。众又排诟之，罪毁之，不目以为迂，则指以为惑，谓之背时远名，阔于富贵。先进则莫有誉之者，同侪则莫有附之者。其人苟失自知之明，守之不以固，持之不以坚，则莫不惧而疑，悔而思，忽焉且复去此而即彼矣。"[223] 苏舜钦兄弟从穆修学，"作为古歌诗杂文，时人颇共非笑之"[224]，可见当时古文运动参与者所承

---

[219] （唐）牛希济：《文章论》，见《文苑英华》卷七四二，第3878页。
[220] 《柳开集》卷二《东郊野夫传》，第15页。
[221] 《柳开集》卷六《上符兴州书》，第84、85页。
[222] （宋）种放：《自明》，收在《新刊国朝二百家名贤文粹》卷一六《论著·圣道一》，见《宋集珍本丛刊》，第93册，第394页。
[223] （宋）穆修：《答乔适书》，见《宋文鉴》卷一一二《书》，第1558页。
[224] （宋）欧阳修：《居士集》卷四三《苏氏文集序》，见氏著，李逸安点校：《欧阳修全集》卷四三，北京：中华书局，2001年，第614页。

受的精神压力是相当大的,后来王安石还说过:"尝记一人焉,甚贵且有名,自言少时迷,喜学古文,后乃大寤,弃不学,学治今时文章。夫古文何伤? 直与世少合耳,尚不肯学,而谓学者迷。若行古之道于今世,则往往困矣,则又肯行邪? 甚贵且有名者云尔,况其下碌碌者邪?"[225]可见也不是所有的古文爱好者都能像柳开、种放、穆修等人那样,可以始终固执坚守。

韩愈曾以孟、荀勉励学者说:"孟轲好辩,孔道以明,辙环天下,卒老于行;荀卿守正,大伦是弘,逃谗于楚,废死兰陵:是二儒者,吐辞为经,举足为法,绝类离伦,优入圣域。"[226]李翱也说:"向使孟轲、曾西生于斯世,秉其道,终不易,持其道,终不变,吾知夫天下之人从而笑之,又从而诟之,……其肯畏天下之人而动乎心哉?"[227]陆龟蒙则批判云:"草《玄》者逐贫无暇,梯附者结客而游。"[228]柳开尝云:"纵吾穷饿而死,死即死矣,吾之道,岂能穷饿而死之哉?"[229]连僧人契嵩也说:"颜子、子思、原宪、孟轲,古之贤人也,穷于幽闾委巷,乐然将终其身,而众子也

---

[225] (宋)王安石撰,聂安福等整理:《临川先生文集》卷七六《答孙长倩书》,见王水照主编:《王安石全集》,上海:复旦大学出版社,2016年,第7册,第1355页。

[226] 《韩昌黎文集校注》卷一《进学解》,第53页。

[227] 《李翱文集校注》卷五《杂说二首》其一,第70页。

[228] (唐)陆龟蒙:《甫里先生文集》卷一四《微凉赋》,见《陆龟蒙全集校注》,第828页。

[229] 《柳开集》卷一《应责》,第12页。

第一章 中唐宋初:五贤道统系谱的形成

不易其乐。"[230]又云："孔子明于《春秋》、六经之文而晦于旅人；颜子、孟轲、子思、扬雄皆相望而晦明于后世也。故其事业甚大，道德益扬，作法于世而万世传之。"[231]范仲淹也曾自我勉励说："君子皆有通塞，孔、孟不能逃，况吾辈耶！"[232]

五贤共有的那些人生经历和精神特质，成为士人在现实困境中固守坚持、勉强前行的重要精神动力，五贤成为他们立身处世、坚守儒道所效仿的历史人物典范。在古文运动的儒学史叙述中，五贤之间循环夹杂着政治混乱、异端猖獗等儒学衰颓的状况，而五贤救弊起废的卫道传道史也被反复提及。这种道统叙事模式影响深远，即便在五贤道统系谱瓦解，新道统系谱重构起来之后，士人仍然广泛运用着这一历史叙事模式。这种带着历史必然性的史观，让士人对自己的儒学使命很是看重，也对未来愿景充满期待。

四、著述存道之功

五贤不仅在困境中坚守儒道，而且还著述以存道明道，孟子有《孟子》，荀子有《荀子》，扬雄作《太玄》《法言》，王通续经赞《易》，还有《中说》，韩愈则身体力行创作古文。

---

[230] （宋）契嵩撰，钟东、江晖点校：《镡津文集》卷六《性德》，上海：上海古籍出版社，2016年，第104页。
[231] 《镡津文集》卷一一《与月上人更字叙》，第226页。
[232] （宋）范仲淹：《范文正公尺牍》卷下《仲仪待制》其二，见氏著，李勇先、王蓉贵校点：《范仲淹全集》，成都：四川大学出版社，2002年，第703~704页。

五贤著述存道之功，既是古文运动士人肯定他们的原因，也是士人效法的榜样，韩愈就说："君子居其位，则思死其官；未得位，则思修其辞以明其道。"[233]李翱也曾说："凡古贤圣得位于时，道行天下，皆不著书，以其事业存于制度，足以自见故也。其著书者，盖道德充积，阨摧于时，身卑处下，泽不能润物，耻灰烬而泯，又无圣人为之发明，故假空言，是非一代，以传无穷，而自光耀于后，故或往往有著书者。"[234]王禹偁也云："士君子者，道也；行道者，位也。道与位并，则敷而为业，《皋陶》《益稷谟》《伊训》之类是也。道高位下，则垂之于文章，仲尼经籍，荀、孟、扬雄之书之类是也。"[235]

在很多士人的文字中，孔子和五贤因不能得位行道而专心著述存道的事迹反复出现。陆龟蒙就曾写道："子云仕于西汉末，属（王）莽、（董）贤用事时，皆进符命取宠。雄独默默，以穷愁著书，病不得免。人希至其门，止一侯芭从之受《太玄》《法言》而已。文中子生于隋代，知圣人之道不行，归河汾间，修先王之业，九年而功就，谓之王氏《六经》。"[236]皮日休也称颂王通"以乱世不仕，退于汾晋，序述《六经》，敷为《中说》，以行教于门人"，并将王

---

[233]《韩昌黎文集校注》卷二《争臣论》，第126页。
[234]《李翱文集校注》卷六《答皇甫湜书》，第79页。
[235]《王黄州小畜集》卷一九《东观集序》，见《宋集珍本丛刊》，第1册，第657页。
[236]《笠泽丛书》卷二《送豆卢处士谒宗丞相序》，见《陆龟蒙全集校注》，第1133页。按，引文中"先王"二字，原文作"先生"，应为"先王"。

通续经比拟于孔子删述六经。[237] 柳开也云:"数子(孟子、扬雄、王通、韩愈)之书,皆明先师夫子之道者也。"[238] 为扬雄《法言》作注的宋咸也说:"邹国孟轲、兰陵荀况,下及刘世,复生扬雄,咸能著书,更相树道。"[239] 石介对五贤著述存道之功谈论最多,如他说:"杨、墨塞路,儒几灭矣,孟子作十四篇而辟之。新莽篡汉,道斯替矣,扬雄作准《易》五万言、《法言》十三章而彰之。晋、宋、齐、梁、陈并时而亡,王纲毁矣,人伦弃矣,文中子续经以存之。释、老之害甚于杨、墨,悖乱圣化,蠹损中国,吏部独力以排之。"[240] 又云:"大哉,圣贤之道无屯泰。孟子、扬子、文中子、吏部皆屯于无位与小官,而孟子泰于《七篇》,扬子泰于《法言》《太玄》,文中子泰于《续经》《中说》,吏部泰于《原道》《论佛骨表》。"[241] 是否有著述传世,在后来还成为儒家学者能否进入孔庙从祀的一个重要标准。

此外,《左传》云:"太上有立德,其次有立功,其次有立言。虽久不废,此之谓不朽。"对大部分中国传统士人来说,不朽于后世可谓终极价值。古文运动中人大多仕途不显,都没有什么立功留名的机会,像五贤那样立德修身、立

---

[237]《皮子文薮》卷四《文中子碑》,第35页。
[238]《柳开集》卷六《答臧丙第一书》,第73页。
[239](宋)宋咸:《进重广注扬子法言表》,《纂图分门类题五臣注扬子法言》卷首,宋仰高堂刻本,见《全宋文》卷四一三,第20册,第83~84页。
[240]《徂徕石先生文集》卷一三《上蔡副枢书》,第142页。
[241]《徂徕石先生文集》卷一九《泰山书院记》,第223页。

言著述几乎是他们留名青史的唯一途径。而这一点上，扬雄事迹的影响尤其突出，《汉书·扬雄传》载："大司空王邑、纳言严尤闻雄死，谓桓谭曰：'子常称扬雄书，岂能传于后世乎？'谭曰：'必传，……今诊子之书文义至深，而论不诡于圣人，若使遭遇时君，更阅贤知，为所称善，则必度越诸子矣。'"桓谭对扬雄之书必传的预判最终成为事实，对后人无疑是一个巨大的激励。即便当世困顿无闻，士人还可以将希望寄托在后世的知音上。

韩愈就曾告人曰："昔扬子云著《太玄》，人皆笑之，子云之言曰：'世不我知，无害也；后世复有扬子云，必好之矣。'子云死近千载，竟未有扬子云，可叹也！"但是，"作者不祈人之知也明矣。直百世以俟圣人而不惑，质鬼神而不疑耳"[242]。柳宗元也曾说："扬雄没而《法言》大兴，马迁生而《史记》未振。"[243]杜牧也曾云："自两汉以来，富贵者千百，自今观之，声势光明，孰若马迁、相如、贾谊、刘向、扬雄之徒，斯人也岂求知于当世哉？故亲见扬子云著书，欲取覆酱瓿，雄当其时，亦未尝自有夸目。"[244]陆龟蒙也曾说自己"甘受子云之笑"[245]，作《续孟子》的林慎思也说："扬雄谓：'后世有扬子云，当知吾《太玄》。'安知后世

---

[242]《韩昌黎文集校注》卷三《与冯宿论文书》，第220页。
[243]《柳宗元集》卷三一《与友人论为文书》，第829页。
[244]《樊川文集》卷一三《答庄充书》，见《杜牧集系年校注》，第885页。
[245]《甫里先生文集》卷一五《幽居赋序》，见《陆龟蒙全集校注》，第845页。

不有林虔中者出？吾言迂乎哉？"[246]就都以扬雄自勉。

五、排辟异端、卫护儒道

除了王通外，孟、荀、扬、韩都明确排斥异端。前文谈到过，孟子力辟杨、墨，并说："能言距杨、墨者，圣人之徒也。"(《孟子·滕文公下》)荀子则有《非十二子》以排辟异端，扬雄也说："古者杨、墨塞路，孟子辞而辟之，廓如也。后之塞路者有矣，窃自比于孟子。"[247]《汉书·扬雄传下》记扬雄撰作《法言》的缘起云："雄见诸子各以其知舛驰，大氏诋訾圣人，即为怪迂。析辩诡辞，以挠世事，虽小辩，终破大道而惑众，使溺于所闻而不自知其非也。及太史公记六国，历楚、汉，讫麟止，不与圣人同，是非颇谬于经。故人时有问雄者，常用法应之，撰以为十三卷，象《论语》，号曰《法言》。"韩愈以前的一些古文运动先驱已经开始重视孟子、荀子和扬雄，但基本都不谈及诸人排斥异端之事，而韩愈则极力效法，排斥佛、老不遗余力。

在五贤道统系谱叙述中，排辟异端、卫护儒道之功是被谈及最多的一点。韩愈就说："孟子云：今天下不之杨则之墨，杨墨交乱，而圣贤之道不明，则三纲沦而九法斁，礼乐崩而夷狄横，几何其不为禽兽也！故曰：'能言距杨、墨者，皆圣人之徒也。'扬子云云：'古者杨、墨塞路，孟子辞

---

[246] (唐)林慎思：《伸蒙子》卷首《伸蒙子序》，上海：商务印书馆，1940年丛书集成初编本，第1页。
[247]《法言义疏四·吾子卷第二》，第81页。

而辟之，廓如也。'"他对孟子排辟异端之功尤其推崇，曾说："向无孟氏，则皆服左衽而言侏离矣：故愈尝推尊孟氏，以为功不在禹下。"[248]李翱也说："自仲尼既殁，异学塞途，孟子辞而辟之，然后廓如也。"[249]其祭悼韩愈的《祭文》则说："孔氏云远，杨朱恣行，孟轲距之，乃坏于成。戎风混华，异学魁横，兄尝辩之，孔道益明。"[250]皇甫湜《韩文公墓志铭》也称赞韩愈"跋邪抵异，以扶孔氏"[251]。皮日休恳请以韩愈配享，也主要是因为韩愈"之文，蹴杨、墨于不毛之地，踩释、老于无人之境"[252]，他又曾写道："古者杨、墨塞路，孟子辞而辟之，廓如也。……今西域之教，岳其基，而溟其源，乱于杨、墨也甚矣。如是为士，则孰有孟子哉？千世之后，独有一昌黎先生，露臂瞋视，诟之于千百人内。"[253]

入宋以后，古文运动排斥异端更为激烈，孟、荀、扬、韩排斥异端的卫道之功也更加受到重视。柳开推崇他们排辟异端的文字很多，最有代表性的则是《答臧丙第一书》，文云：

> 杨、墨交乱，圣人之道复将坠矣。……孟轲氏出

---

[248]《韩昌黎文集校注》卷三《与孟尚书书》，第239～240页。
[249]《李翱文集校注》卷一〇《再请停率修寺观钱状》，第155页。
[250]《李翱文集校注》卷一六《祭吏部韩侍郎文》，第273页。
[251]《皇甫持正集》卷六《韩文公墓志铭并序》，台湾商务印书馆景印文渊阁四库全书本，第1078册，第97页。
[252]《皮子文薮》卷九《请韩文公配享太学书》，第87页。
[253]《皮子文薮》卷三《原化》，第22页。

而佐之，辞而辟之，圣人之道复存焉。……孟轲氏没，圣人之道火于秦，黄老于汉。天知其是也，再生扬雄氏以正之，圣人之道复明焉。……扬雄氏没，佛于魏、隋之间讹乱纷纷，用相为教。上扇其风，以流于下；下承其化，以毒于上；上下相蔽，民若夷狄。圣人之道隳然告逝，无能持之者。天愤其烈，正不胜邪，重生王通氏以明之，而不耀于天下也。出百余年，俾韩愈氏骤登其区，广开以辞，圣人之道复大于唐焉。[254]

竟将王通也放置在五贤排辟异端、卫护儒道的历史叙事之中，把王通也描述成了卫道士的形象。韩愈以来诸人虽然大多也看重五贤的卫道之功，但是将五贤的卫道之功连缀成这样一种连续性的历史叙事，柳开似乎还是第一人。种放也云，"绵历千古，有能卓然屏去异说，扶持圣教，自孟子而下，止于二三人而已"[255]，并作《嗣禹说》以排佛，智圆说该文"大底以排斥释氏为意，谓尧水禹治，若禹之勤，世有嗣者，而迹殊矣。乃始陈仲尼能嗣禹绩，次列孟轲、扬雄、王通"[256]，就也将王通置于其间。

庆历前后，古文运动开始走向高潮，士人的排佛态度也更加激烈，他们对孟、荀、扬、韩排辟异端之功的赞述也

---

[254]《柳开集》卷六《答臧丙第一书》，第73页。
[255]（宋）种放：《送任明远东还序》，收在《新刊国朝二百家名贤文粹》卷一六四《序·送别序一》，见《宋集珍本丛刊》，第94册，第525页。
[256]《闲居编》卷二八《驳嗣禹说》，见《续藏经》，第101册，第135页。

更多。如孙复著名的《儒辱》说："圣人不生，怪乱不平，故杨、墨起而孟子辟之，申、韩出而扬雄距之，佛、老盛而韩文公排之。微三子，则天下之人胥而为夷狄矣。"[257] 石介《与士建中秀才书》也写道：

> 孔子既没，微言遂绝，杨、墨之徒，充塞正路，孟子正人心，息邪说，距诐行，放淫辞，以辟杨、墨，说齐宣、梁惠王、七国之君，以行仁义。炎灵中歇，贼莽盗国，衣冠坠地，王道尽矣。扬雄以一枝木扶之，著《太玄》五万言，以明天、地、人之道，作《法言》十三篇，以阐扬正教。魏、晋迄陈、隋，帝王之道，扫地而无遗矣，生人之命遂绝而不救矣。文中子以太平之策十有二篇，干隋文帝，不遇，退居河、汾之间，续《诗》《书》，正《礼》《乐》，修《元经》，赞《易》道，九年而六经大就。佛、老之教蠹于中国千百年矣，韩愈愤然于千百年下，孤力排谤，不避其死，论佛骨贬潮州八千里，而志弥悫，守益坚。[258]

前文谈到过，孔道辅在曲阜孔庙修建"五贤堂"，也主要是为了褒扬五贤"排邪说，诩大道"。韩琦《五贤赞》，除了《文中子赞》外，于孟、荀、扬、韩都主要是称颂其排辟异

---

[257]《孙明复先生小集·儒辱》，见《宋集珍本丛刊》，第3册，第170～171页。
[258]《徂徕石先生文集》卷一四《与士建中秀才书》，第162～163页。

端之功。[259]孟、荀、扬、韩在元丰七年进入孔庙附祭，最主要的原因也是他们的排辟异端之功。南宋末，宋度宗于咸淳三年（1267）议升曾子、子思与颜子、孟子一同配享的诏书，仍然还在强调："向非颜、曾、思、孟相继演绎，著书垂训，中更管、商、杨、墨、佛、老，几何其不遂泯哉？"[260]卫道之功是为考量道统人物最为重要的标准之一。

王通本来并不排佛、老，但不少士人仍将王通放置在五贤排辟异端、卫护儒道的历史叙事中，如上文所引的柳开《答臧丙第一书》、种放《嗣禹说》、石介《与士建中秀才书》都是如此。石介《上张兵部书》还说："孔子之道始剥于杨、墨，中剥于庄、韩，又剥于秦、莽，又剥于晋、宋、齐、梁、陈五代，终剥于佛、老，天授之孟轲、荀卿、扬雄、王通、韩愈，孔子之道复。"[261]其《上蔡副枢书》又说："杨、墨塞路，儒几灭矣，孟子作十四篇而辟之。新莽篡汉，道斯替矣，扬雄作准《易》五万言、《法言》十三章而彰之。晋、宋、齐、梁、陈并时而亡，王纲毁矣，人伦弃矣，文中子续经以存之。释、老之害甚于杨、墨，悖乱圣化，蠹损中国，吏部独力以排之。"并云："六经就，尧、舜、禹、汤、文、武、周公之道存；杨、墨辟，孔子教化行；《法言》修，

---

[259]《安阳集》卷二三《五贤赞并序》，见《宋集珍本丛刊》，第6册，第492~493页。
[260]（宋）潜说友纂：《咸淳临安志》卷一一《行在所录·学校·太学》，杭州：浙江古籍出版社，2012年，第401页。
[261]《徂徕石先生文集》卷一二《上张兵部书》，第141页。

莽恶显；续经成，王纲举；释、老微，中国乂。是知时有弊则圣贤生，圣贤生皆救时之弊也。"[262]也都巧妙地将王通置于其间，前文谈到过的孔道辅《五贤堂记》也是如此[263]。

需要明确指出的是，中唐宋初古文运动对初期道统系谱的表述其实是相当纷繁的。虽然孙复、石介、孔道辅、韩琦都曾将孟、荀、扬、王、韩并称为"五贤"，但是在宋人的诸多道统叙述中，也就仅有这几例。并且，并列述及孟、荀、扬、王、韩五贤的情况也不常见。大多数情况是，士人在表述道统系谱时，通常会漏掉五贤中的某一个或几个，抑或增添五贤以外的某一个或几个人物。前一种情况中，缺席最多的是荀子，其次是王通，再次是扬雄，而孟子、韩愈最为稳定。后一种情况中，董仲舒、贾谊、柳宗元是最常被添加进去的人物。事实上，从韩愈开始逐渐建构起来的道统系谱很不稳定，五贤道统系谱也并非定论。士人在叙述道统系谱时，其实没有一个共同认可的一以贯之的标准，他们通常只是基于某一个方面的因素来排列道统系谱，但时而又兼杂着其他因素，例如前述智圆增加柳宗元，就应该与柳宗元好佛有关。

不过，如果综观中唐宋初古文运动的道统系谱叙述，

---

[262]《徂徕石先生文集》卷一三《上蔡副枢书》，第142～143页。
[263]《五贤堂记》，见《石头上的儒家文献——曲阜碑文录》，第157～158页。

仍然可以断定孟、荀、扬、王、韩五贤的确是古文运动建构道统系谱最主要的人选范围。因此，可以认为，并列孟、荀、扬、王、韩五贤，虽然在整个宋初的道统系谱表述中不占数量上的优势，但五贤的确可以被视为对宋初道统系谱叙述的代表性总结。此后，包括理学在内的宋代新儒学对于孔子以至于北宋诸儒之间的道统系谱叙述，也仍然是以五贤道统系谱为起点来进行沙汰和重构的。

第二章 庆历前后：五贤争论的展开

《宋元学案》说"庆历之际，学统四起"[1]，刘咸炘先生亦云："考论宋学，当重东都。挈其关键，在于庆历。真宗以前，犹沿唐习，仁宗以后，乃成宋风。"[2]以庆历新政为标志，北宋政风、学风都开始出现巨大变化，韩愈以来长期隐伏不显的古文运动开始逐渐占据思想主流，蒙文通先生指出："及至宋仁宗庆历以后，新学才走向勃然兴盛的坦途，于是无论朝野，都是新学的天下了。"[3]吴天墀先生也认为："中唐以下之三百年间，为吾国社会之一剧烈蜕变时期：于时旧文化体系由动摇以趋崩溃，而新文化之端绪，亦崭然露以头角。此长期酝酿发育之中，虽尝回流急湍，顿起波折，然至宋仁宗庆历之世，文化更新之局，遂如瓜熟蒂落，臻于功成。"[4]与新儒学渐趋兴盛相伴随的，便是

---

[1] （清）黄宗羲原著，（清）全祖望补修，陈金生、梁运华点校：《宋元学案》卷六《士刘诸儒学案》，北京：中华书局，1986年，第251页。
[2] 刘咸炘：《学史散篇·宋学别述·宋初三家学派图第一》，见其《推十书（增补全本）》，甲辑第3册，第1242页。
[3] 蒙文通：《中国历代农产量的扩大和赋役制度及学术思想的演变》。
[4] 吴天墀：《中唐以下三百年间之社会演变》，见其《吴天墀文史存稿（增补本）》，北京：北京师范大学出版社，2016年，第1页。

道统论的流行,"文人夸谈道统,习为偏激,至守道(石介字)而显"[5]。

庆历之际成长起来的士人,大都或多或少地受到五贤道统系谱的影响。如陈襄是庆历二年(1042)进士,他作于庆历四年的《送章衡秀才序》便说:"颜渊氏合乎人,孟、荀、扬、韩合乎经。"[6]又曾说:"孔子没,圣人之道失其传,百氏之学纷然肆邪说,以枭乱天下。孟轲、荀卿氏作,相与提仁义之言以辟之。陵迟至于汉唐,道益大坏,扬雄、韩愈氏又从而扶持辨正,然后孔子之道熄而复明。"[7]并曾云:"孟轲又不得见孔子矣,荀卿不得见孟轲矣,扬雄不得见荀卿矣,韩愈不得见扬雄矣。"[8]还说:"若孟轲、荀卿、扬雄、韩愈氏之作,天也。"[9]庆历六年进士强至也曾说:"君子之所贵者,道也。道者何?经天下,治国家,修身诚意之大本也。尧、舜之所以帝,禹、汤、文、武之所以王,周公、孔子、孟轲、扬雄、韩愈氏之所以为圣贤,本此者也。"[10]大

---

[5] 刘咸炘:《学史散篇·宋学别述·宋初三家学派图第一》,见其《推十书(增补全本)》,甲辑第3册,第1242页。
[6] 《古灵先生文集》卷一一《送章衡秀才序》,见《宋集珍本丛刊》,第8册,第743页。
[7] 《古灵先生文集》卷二一《策题六道》其四,见《宋集珍本丛刊》,第9册,第29页。
[8] 《古灵先生文集》卷七《与孙运使书》,见《宋集珍本丛刊》,第8册,第715页。
[9] 《古灵先生文集》卷一〇《谢两浙运使张学士差试官启》,见《宋集珍本丛刊》,第8册,第736页。
[10] (宋)强至:《祠部集》卷二六《上通判屯田书》,上海:商务印书馆,1935年丛书集成初编本,第365页。

概同时的李诇《性诠》也说："夫子与孟、荀、扬、韩复生，不能夺吾言。"[11]然而，也就是在庆历前后，伴随着五贤道统系谱的流行，关于五贤的争论也开始大量出现。

前章谈到，韩愈在《原道》中揭倡儒家道统论，一个直接的目的就是排斥佛、老而复兴儒道，其对于佛教的攻击尤其激烈。韩愈以至于北宋初期的士人对于儒家道统系谱的建构，一个主要的考量因素也是排辟异端，孟、荀、扬、王、韩五贤被集结为一个线性传递的道统系谱，排辟异端是一条重要的连缀线索。然而，在古文运动排佛攻势最为激烈的仁宗时期，僧人契嵩开始出面阻遏。契嵩辩、学都相当精湛，他阻遏士人排佛，"以攻为守，姿态较省常、智圆要高得多"，他"在论证儒佛'本同'的同时，还批驳了儒士们排佛的流行论点"。[12]

为了阻遏古文运动的排佛攻势，契嵩以佛学擅长的性命之学接引士大夫，促成了新儒学对于"内圣"领域的关注，道德性命之学日渐兴盛；另一方面，契嵩以非韩为主要策略，进而瓦解作为一个整体的五贤道统系谱，由是迫使士人群体必须更加深入地处理五贤之间的思想差异。由此，韩愈以来逐渐建构起来的五贤道统系谱便呈现崩解的趋势，士人群体不得不重估孟子、荀子、扬雄、王通、韩愈五贤各自

---

[11] 《居士集》卷四七《答李诇第一书》，见《欧阳修全集》卷四七，第668页。
[12] 祝尚书：《北宋古文运动发展史》，北京：北京大学出版社，2012年，第268、265页。

所具有的思想价值和道统地位。在此背景下，这一阶段出现了大量关于五贤的争论，而其中尤以非孟、疑孟思潮的涌现最引后人注目，事实上，韩愈道统地位的崩塌也是从此开始的，而此间关于荀子、王通和扬雄的负面批评和正面辩解也开始大量出现。

第一节 契嵩非韩与李觏非孟

周予同先生在其1933年出版的《群经概论》中指出孟子之书成为"经"有一个"始于唐而完成于宋"的过程，此即"孟子的升格运动"。[13] 其后，随着学界研究的深入，孟子升格运动的过程、原因已经颇为清晰。另一方面，学界也注意到，与孟子升格运动相伴随的还有一股颇具持续性的非孟、疑孟思潮。李觏是宋代最早非孟的士人，也是宋代非孟、疑孟士人中影响最大的人物之一。[14] 关于李觏非孟的原因，学界看法不一。然而，如果"从李氏的思想发展过程上去求得一个解答"[15]，李觏之所以非孟，可能有着颇为直接的

---

[13] 朱维铮编：《周予同经学史论著选集（增订本）》，上海：上海人民出版社，1996年，第289~290页。
[14] 早在1948年，漆侠先生就已讨论了李觏"不喜孟子"的问题，他在《申报·文史》第17、18、19期连续发表了《李觏与孟子》一文以及《李觏不喜孟子》上下两篇。见漆侠：《漆侠全集》，保定：河北大学出版社，2009年，第11卷，第17~23页。
[15] 漆侠：《李觏不喜孟子》下，见《漆侠全集》第11卷，第22页。

动因，那就是他一贯的排佛立场及其与僧人契嵩的论战[16]，李觏因为契嵩利用孟子而非议孟子。尊崇孟子并非契嵩的主要动因，其主要目的其实在于攻击韩愈，从而阻遏古文运动的排佛攻势，但这却促成了士人间关于五贤争论的展开。

一、李觏非孟公案

李觏的非孟言论主要集中在其《常语》一书，南宋前期，陈岩肖的《庚溪诗话》卷下即说："江南李泰伯，尝著书非《孟子》，名曰《常语》。"[17]南宋后期陈振孙的《直斋书录解题》云："泰伯不喜孟子，《常语》专辨之。"[18]叶绍翁的《四朝闻见录》记云："曾惜序李贤良字泰伯诗云：'尝试六题，已通其五，惟四科优劣之差，不记所出，曰："吾于书无所不读，惟平生不喜孟子，故不之读，是必出《孟子》。"拂袖而出。人皆服其博。'"[19]《东都事略·李觏传》也说李觏"素不喜孟子"，所记与曾惜之说大同，且指出"四科优劣之

---

[16] 陈坚《古代儒者的"反佛"与"亲佛"纠结——以李觏为例》一文认为李觏在政治、社会、经济秩序等方面排佛，但其内在精神世界却颇为"亲佛"。《华东师范大学学报》，2011年第4期。
[17]（宋）陈岩肖：《庚溪诗话》卷下，见丁福保辑：《历代诗话续编》，北京：中华书局，1983年，第185页。
[18]（宋）陈振孙撰，徐小蛮、顾美华点校：《直斋书录解题》卷一七，上海：上海古籍出版社，2015年，第496页。
[19]（宋）叶绍翁撰，沈锡麟、冯惠民点校：《四朝闻见录》丙集《贤良》，北京：中华书局，1989年，第115页。

差"乃出于《孟子》之注疏而非出于《孟子》正文。[20]陈振孙《直斋书录解题》、赵希弁《读书附志》与《东都事略》所记也基本相同,[21]一些类书如祝穆《古今事文类聚前集》、潘自牧《记纂渊海》、谢维新《古今合璧事类备要续集》所记,也大抵如此。罗大经《鹤林玉露》亦如之,唯将试题更正为出于《孟子》正文的"经正则庶民兴",[22]《道山清话》也说李觏"素不喜佛,不喜孟子"[23]。

然而,在南宋后期,士人间关于李觏是否真的非孟即已出现了不同的看法,南宋末的周密就对此颇为疑惑,他在其《齐东野语·性所不喜》中说:"人各有好恶,于书亦然。前辈如杜子美不喜陶诗,欧阳公不喜杜诗,苏明允不喜扬子,坡翁不喜《史记》。王充作《刺孟》,冯休著《删孟》,司马公作《疑孟》,李泰伯作《非孟》,晁以道作《诋孟》,黄次伋作《评孟》;若酸、咸嗜好,亦各自有所喜。"[24]但其《浩然斋雅谈》却又质疑说:"世言李泰伯不喜孟子,而所赋

---

[20] (宋)王偁:《东都事略》卷一一四《李觏传》,台湾商务印书馆景印文渊阁四库全书本,1987年,第382册,第743页。
[21] 《直斋书录解题》卷一七,第496页;(宋)晁公武撰,孙猛校证:《郡斋读书志校证》所附赵希弁《读书附志》卷下《别集类四》,上海:上海古籍出版社,2011年,第1201页。
[22] (宋)罗大经撰,王瑞来点校:《鹤林玉露》乙编卷一《非孟》,北京:中华书局,1983年,第121页。
[23] (宋)佚名撰,赵雄国整理:《道山清话》,郑州:大象出版社,2006年,第116页。
[24] (宋)周密撰,张茂鹏点校:《齐东野语》卷一六《性所不喜》,北京:中华书局,1983年,第303页。

《哀老妇》诗云：'仁政先四者，著在孟轲书。'何耶？"[25] 叶绍翁也通过考证，得知"四科优劣之差"实乃绍圣元年（1094）试题，此时李觏早已不在人世，而庆历二年（1042）李觏报罢的试题之一是出于《孟子》正文的"经正则庶民兴"，[26]而"此乃儿童之所知，泰伯纵不喜《孟子》，不应父生师教以来，即不许读《孟子》，且非《孟子注》之文"，他因此判定曾慥所说无据，并引祖无择《李泰伯退居集序》和李觏门人陈次公所撰李觏墓志铭，进而认为，"初未尝及不读《孟子》之说，惟公《盱江集》中有《常语》非孟子，其文意浅陋，且非序者所载，疑附会不读《孟子》之说者为之剿入，非泰伯之文明甚"[27]，即不但认为李觏未尝不读《孟子》，而且还否定《常语》乃李觏所作。

及至明代，杨慎也说：

> 小说家载李泰伯不喜孟子事，非也。泰伯未尝不喜孟也，何以知之？曰：考其集知之。《内始论》（应为《内治论》）引"仁政必自经界始"，《明堂制》引

---

[25] （宋）周密撰，孔凡礼点校：《浩然斋雅谈》卷上，北京：中华书局，2010年，第17页。

[26] 罗大经《鹤林玉露》对于《东都事略》的修改当是受叶绍翁的影响。参见杨海文：《李泰伯疑孟公案的客观审视》，《社会科学战线》，1999年第2期。

[27] （宋）叶绍翁：《四朝闻见录》丙集《贤良》，第115～116页。该本标点时将这段引文误作陈次公所撰墓志铭之语，并误认"非孟子"为书名，今改。

"明堂，王者之堂"，《刑禁论》引"瞽叟杀人，舜窃负而逃"，《富国策》引"杨氏为我，墨氏兼爱"，《潜书》引"万取千焉，千取百焉"，《广潜书》引"男女居室，人之大伦"，《损欲论》引"文王以民力为台为沼，而民欢乐之"，《本仁论》引"以至仁伐不仁"，《遥平集序》（应为《延平集序》）以子思、孟轲并称，《送严介序》称"章子得罪于父，出妻屏子，而孟子礼貌之"，《常语》引孟子"俭于百里之制"，又详说之。由是言之，泰伯盖深于孟子者也。古诗《示儿》云："退当事奇伟，凤驾追雄轲。"则尊之亦至矣。今之浅学，舍经史子集而剿小说，以为无根之游谈，故详辩之。[28]

杨慎没有否定《常语》乃李觏所作，但他在李觏文字中找到诸多引用《孟子》之处，从而认为李觏不仅"未尝不喜孟也"，反倒是"深于孟子者也"。但是，胡应麟《丹铅新录》批驳杨慎说："此未熟泰伯《常语》之故，《常语》非《孟子》甚详。宋人所记，李入场屋，出题莫解所谓，曰：'吾平生书无不读，必《孟子》语也。'拂袖出。读《盱江集》多引《孟》语，此说固未尽然。第今世士人白首《论》《孟》，主司出题尚有愦愦者，李既与轲不合，则场中题面或有不省，亦奚疑焉。余隐之、朱元晦俱有《常语辩》，载考

---

[28] （明）杨慎：《丹铅余录》卷一四，台湾商务印书馆景印文渊阁四库全书本，1987年，第855册，第89页。

亭集中。谓小说无根，三子语亦无根耶？"[29]

不过，杨海文先生指出，"明代两位学者之所以争论，重要原因之一便在于他们各自阅读的《常语》并不一样"，因为明成化（1465～1487）间左赞编刻李觏文集时将《常语》中的非孟之语删除殆尽，杨慎所读应当正是左赞删改过的李觏文集和《常语》，而胡应麟则在朱熹的文集中读到了余允文《尊孟辨》以及朱熹的《读尊孟辨》，其中便录有被左赞删去的《常语》非孟之语十七条。[30]四库馆臣亦云："宋人多称觏不喜孟子，余允文《尊孟辨》中载觏《常语》十七条，而此集所载，仅'仲尼之徒无道桓文之事'及'伊尹废太甲''周公封鲁'三条，盖（左）赞讳而删之。集首载祖无择《退居类稿序》，特以孟子比觏，又集中答《李观书》云，孟氏、荀、扬醇疵之说，不可复轻重。其他文中，亦颇引及《孟子》，与宋人所记种种相反，以所删《常语》推之，毋亦赞所窜乱欤！"[31]即认为左赞不仅删去《常语》中的非孟之语，而且认为李觏文字中诸多引用《孟子》之处可能也是左赞增加进去的。

四库馆臣的这一推测显然并不成立，正如夏长朴先生所说，李觏"文集中引用'孟子'，评论'孟子'的言论随

---

[29] （明）胡应麟：《少室山房笔丛》卷六《丹铅新录二·李泰伯》，上海：上海书店出版社，2009年，第73页。
[30] 杨海文：《李泰伯疑孟公案的客观审视》。
[31] 《四库全书总目》卷一五三《旴江集》，第1316页。

处可见"[32],李觏还曾自述云:"生年二十三,身不被一命之宠,家不藏担石之谷。鸡鸣而起,诵孔子、孟轲群圣人之言,纂成文章,以康国济民为意。"[33]这些今传李觏引用和阅读《孟子》的文字是否为左赞纂改增入的呢?答案显然也是否定的,前引南宋末周密之语即可为证,不仅如此,友人还曾将李觏比诸孟子,祖无择序李觏《退居集》便云:"盱江李泰伯,其有孟轲氏六君子之深心焉。"[34]黄通也赠诗云:"麻姑山直斗牛角,形胜拥断东南隅。五百年来畜英气,特为吾宋生真儒。李姓觏名泰伯字,风骨古秀飘髯须。其人于世少似者,无乃稷契荀孟徒。"[35]黄通不仅引孟子"五百年"之说以称李觏,而且以李觏为荀、孟之徒。皇祐元年,范仲淹举荐李觏之奏状也说李觏"著书立言,有孟轲、扬雄之风义"[36],释晓莹《云卧纪谭》亦引此奏[37]。因此,正如漆侠先生所说:"见于《尊孟辨》中的几段《常语》既全不见收于其中(李觏文集),则四库提要以为是左氏'讳而

---

[32] 夏长朴:《李觏与王安石研究》第三部分《李觏的非孟思想》,台北:大安出版社,1989年,第64页。
[33] 《李觏集》卷二七《上孙寺丞书》,第311页。
[34] 《李泰伯退居集序》,收在《新刊国朝二百家名贤文粹》卷一四九《序·文集序一》,见《宋集珍本丛刊》,第94册,第448页。
[35] (宋)黄通:《麻姑山一首赠陈仲父贤良兼泰伯先生》,收在《李觏外集》卷三,见《李觏集》,第511页。
[36] (宋)范仲淹:《荐李觏并录进礼论等状》,见《范文正公文集》卷二〇,《宋集珍本丛刊》,第3册,第144页。按,该版为影印北宋刻本,完全不存在后人删改的可能。
[37] (宋)释晓莹:《云卧纪谭》卷上,见台湾藏经书院编:《续藏经》,台北:新文丰出版公司,1995年,第148册,第18页。

删之'的，想不致有误。但提要把李氏文集中所有征引孟子和称颂孟子的话，都以为是左赞所窜乱的，我们却不能认可。"[38]

此外，《常语》是否如叶绍翁所说，乃他人所作而附会于李觏呢？答案也是否定的。祖无择之《序》作于庆历三年冬至，[39]而《常语》完成于皇祐五年[40]，因此，并不能排除其间李觏转变对于孟子态度的可能。陈次公所撰墓志铭虽然没有提及李觏不读《孟子》，但对比祖无择之序，陈次公明显否认了李觏对于孟子的继承关系（详见后文）。此外，邵博《邵氏闻见后录》也保存了《常语》非孟之语十八条，明确记载为李觏之作，而且还保留了李觏门人陈次公和傅野二人分别作的《述常语》。[41]综合这些情况，《常语》应是李觏所作无疑，正如张富祥先生所说："此（认为《常语》乃附会于李觏）盖欲为贤者讳，用心可嘉，却未必合乎李觏的真学术。"[42]

既然李觏经常引用《孟子》，甚至不少言语颇为尊孟，友人也曾以孟子比之，那么，如何解释李觏作《常语》以非

---

[38] 漆侠：《李觏不喜孟子》上，见《漆侠全集》第11卷，第21页。
[39] 《李泰伯退居集序》，收在《新刊国朝二百家名贤文粹》卷一四九《序·文集序一》，见《宋集珍本丛刊》，第94册，第448页。
[40] （宋）魏峙：《直讲李先生年谱》，见《李觏集》附录，第532页。
[41] （宋）邵博撰，刘德权、李剑雄点校：《邵氏闻见后录》卷一一、一二、一三，北京：中华书局，1983年，第86～101页。
[42] 张富祥：《宋代文献学研究》，上海：上海古籍出版社，2006年，第309页。

孟这一举动呢？陈振孙、曾慥和《道山清话》都只说李觏不喜孟子，并不说明缘由，四库馆臣则认为李觏"不喜孟子，特偶然偏见，与欧阳修不喜《系辞》同"[43]，龚来国也认为李觏等人之所以非孟，"个人之好恶也发挥了重要作用"[44]，用杨海文先生的话说："泰伯在他那个年代怀疑孟子只是'偶然'的。"[45]由于李觏之时，《孟子》一书尚未成为科举必考的儒家经典，孟子其人也未进入孔庙，所以李觏与熙宁以后的非孟者如司马光、叶适等相比，动机相对单一，但是，李觏非孟也"不能完全归之于偶然的偏见"，[46]正如黄震早就说过的，"（李觏）所学正与孟子相反，则攻之亦其情耳"，因为"泰伯亦迈往之士，而尚纵横之学，固宜诋孟子"。[47]现当代学者有时候也会从李觏个人的思想体系中探寻其非孟的动因。

漆侠先生最早指出，"大约在李觏的青年和中年时期，虽已对孟子有些不满态度，然而还是承认他在士大夫群中所已获得的地位的"，但随着李觏思想的不断发展，李觏与孟子的思想冲突愈加严重，"大约在他四十岁后，反对孟子的

[43]《四库全书总目》卷一五三《盱江集》，第1316页。
[44] 龚来国：《试述唐宋间的"疑孟"、"非孟"思想》，《史学月刊》，2003年第10期。
[45] 杨海文：《李泰伯疑孟公案的客观审视》。
[46] 周淑萍：《两宋孟学研究》，北京：人民出版社，2007年，第175页。
[47]（宋）黄震：《黄氏日钞》卷三五《读本朝诸儒理学书三·晦庵先生文集二》，见氏著：《黄震全集》，杭州：浙江大学出版社，2013年，第1317页。

倾向愈来愈甚，便于《常语》一书中尽量发泄了出来"。[48]夏长朴先生则认为："李觏虽然'深于孟子'，但他不喜'孟子'却是事实，'不喜孟子'与'深于孟子'并不矛盾，……'深于'某事与'喜欢'某事没有必然的关系。"通过长篇的论证，夏先生指出："李觏对'孟子'并不完全赞同，辨正是多于赞许的。这种态度不是一时的偶然偏见，主要在于两人所学的不同，……'不喜孟子'应该是正常的反应。"[49]姚瀛艇先生也说："李觏'作《常语》，以正君臣之义，以明孔子之道，以防乱患于后世'，这就是李觏批孟的目的。"[50]杨海文先生则认为《李觏集》是便宜性地引论《孟子》，而《常语》则是原则性地批判《孟子》，"'泰伯疑孟公案'，正是原告与被告思想深处的这种对抗性性格所引发的。……质言之，泰伯是以一种政治实用主义理论对孟子的道德理想主义精神进行原则性批判"。[51]顾歆艺先生也认为："李觏之所以批判孟子，有客观的社会历史原因，也符合李觏思想的内在逻辑。"[52]

周淑萍教授将李觏非孟置于孟子升格运动的大背景下

---

[48] 漆侠：《李觏不喜孟子》下，见《漆侠全集》第11卷，第22~23页。
[49] 夏长朴：《李觏与王安石研究·李觏的非孟思想》，第64~66页。
[50] 姚瀛艇：《宋儒关于〈孟子〉的争议》，载邓广铭、漆侠主编：《中日宋史研讨会中方论文选编》，保定：河北大学出版社，1991年，第318页。
[51] 杨海文：《李泰伯疑孟公案的客观审视》。
[52] 顾歆艺：《从朱熹〈读余隐之尊孟辨〉看宋代尊孟非孟之争》，载《北京大学古文献研究所集刊》第1辑，北京：北京燕山出版社，1999年，第250页。

进行分析,指出李觏非孟是对正在走向高潮的尊孟思潮进行深刻反思的结果,是"自由的学术批评",并谈道:"我们认为李觏作《常语》非孟的原因有二,其一,从学术上而言,《孟子》已危及'六经'的权威地位。……其二,从政治上而言,孟子的君臣观危及刚刚建立的宋朝统治。……李觏恰恰是出于维护正统而对宋朝新出现的尊孟现象表示异议。"[53]周教授此后进一步申论了这一看法,并再次指出李觏非孟的原因在于其"经世致用以康国救弊的焦虑,与维护六经权威地位的热忱"[54]。

以上关于李觏非孟原因的种种看法,归结起来不外乎三,即或认为李觏不喜孟子是"偶然偏见",或认为这是李觏对正在兴起的尊孟思潮的反思和对抗,或认为是缘于李觏与孟子思想体系的差异。这三个原因既各自成立,又互相纠结。这些解释固然有其合理性,可以部分解释李觏非孟的深层次思想原因,但也有着一定的局限性。正如刘咸炘先生所观察的,唐及北宋诸人,"似专尊孟而实不然",且"诸人之于孟子之旨,固多不明"。[55]蒙文通先生更进一步指出:"即尊信孟氏若王安石,学之深淳如两程氏,于孟

---

[53] 周淑萍:《两宋孟学研究》,第174~175页。
[54] 周淑萍:《论李觏与苏轼非孟的根本取向》,载张岂之、谢阳举主编:《中国思想史论集》第三辑,桂林:广西师范大学出版社,2008年,第167页。
[55] 刘咸炘:《学史散篇·宋学别述·宋初三家学派图第一》,见其《推十书(增补全本)》,甲辑第3册,第1244页。

氏亦未能尽同。北宋一代实无纯同于孟氏者。"[56]与李觏同时代的孙复和石介二人，虽然极力尊孟，但其思想体系其实也与孟子相去甚远。此后尊孟如王安石，也在人性论等关节点上与孟子看法不同，而且王安石也继承了江西士人重视经世致用的思想传统，并最终付诸实践，但他又不热衷于排辟异端。因此，从思想差异中寻找李觏非孟的原因，说服力有所局限。

此外需要注意的是，《常语》完成于皇祐五年，李觏征引《孟子》之处以及友人比其于孟子，都在皇祐五年之前，而且直到皇祐元年，范仲淹还称说李觏"著书立言，有孟轲、扬雄之风义"，但《常语》撰成之后，李觏就不再提及孟子。虽然"李氏文集当中尚保存了不少非难孟子的话，并不限于提要中所举《常语》中的那三条"[57]，但对比这些言论与《常语》中的非孟之语，其对孟子的尊贬仍然相当明显。如果李觏仅仅是出于思想体系的差异而非孟，那不应该迟至四十五岁方才突然转变态度。综观之前李觏的引《孟》之语以及友人的推许，再比较《常语》中的非孟之言，以及陈次公和傅野两人分别所作的《述常语》，李觏对孟子的态度前后判若两人，是什么原因刺激他做出这样的转变呢？

---

[56] 蒙文通：《评〈学史散篇〉》，原载《图书季刊》第二卷第2期，见《蒙文通文集》第三卷《经史抉原》，成都：巴蜀书社，1995年，第407页。
[57] 漆侠：《李觏不喜孟子》上，见《漆侠全集》第11卷，第21页。

二、契嵩非韩与李觏非孟

左赞刊刻李觏文集时将《常语》中的非孟之语删除殆尽，与孟子有关者仅仅剩下三条，但那些被删除的非孟言论仍部分保存在了邵博的《邵氏闻见后录》和余允文的《尊孟辨》之中，其中《邵氏闻见后录》保存了十八条，《尊孟辨》保存了十七条[58]，三处共计三十八条，删去重复，实有二十三条。删削后的《常语》中仍然保存的三条，其论题虽出《孟子》，但均未直接提及"孟子"，而另外二十条则条条都直接提及"孟子"，可见左赞删削时亦未详审。

这二十三条辩论议题分散，颇难寻觅其主旨所在，还好保存在《邵氏闻见后录》中的李觏门人陈次公和傅野分别所作的《述常语》述之甚明，陈次公《述常语》说：

> 孟子，吾知其有以晓然合于孔子者，《常语》不得不进之也。而谓由汤至于武丁，贤圣之君六七作，天下久则难变，故文王未洽于天下。齐有千里之地，行仁政而王，莫之能御。由周而来，七百有余岁矣。其数，则过；其时考之，则可。当今之世，舍我其谁？是教诸侯以仁政叛天子者也，欲为佐命者也，《常语》不得不绝之矣。夫天子，固不可叛也；《六经》，亦不可叛也。苟

---

[58]（宋）余允文：《尊孟辨》卷中，上海：商务印书馆，1937年丛书集成初编本，第13～26页。

可叛之，则视孟之书犹寇兵虎翼者也。孟既唱之，学者和之，刘歆以《诗》《书》助王莽，荀文若说曹操以王伯，乃孟之一体耳。使后世之君，卒不悦儒者，以此。《常语》之作，其不获已，伤昔之人，以其言叛天子，今之人，又以其言叛《六经》。故曰：天下无孟子则可，不可以无《六经》；无王道则可，不可以无天子。

傅野《述常语》亦云：

> 孟轲诚学孔子者也，其有背而违之者，《常语》讨之甚明。世之学者，不求其意，漠尔而非之，是亦有由然也。何也？由孔子百余岁而有孟轲，由孟轲数百岁而及扬雄，又数百岁而及韩愈。扬与韩，贤人也，其所以推尊孟子，皆著于其书。今《常语》骤有异于二子，宜乎其学轲者相惊而诡诡也。然诡诡者，岂知二子之尊轲处，《常语》亦尊之矣。所缪者，教诸侯以叛天子，以为非孔子之志也，又以"尽信书不如无书"之说为今之害。故今之儒者，往往由此言而破《六经》，《常语》可不作邪？且由孟子没千数百年矣，初荀卿尝一白其非，而扼于扬子云，及退之"醇乎醇"之说行，而后之学子遂尊信之。至于今兹，其道乃高出于《六经》，《常语》不作，孰为究明？[59]

---

[59] 《邵氏闻见后录》卷一三，第100~101页。

两《述常语》大意相似，其内容都不外乎两点，即认为李觏并非全然反对孟子，以及述说李觏非孟的主要原因。前者当是顾忌其时已颇盛行的尊孟思潮，而关于李觏非孟的主要原因，陈、傅二人所述也完全相同。尽管《常语》非孟议题颇多，但二人所述及的都只集中在两点，正如姚瀛艇先生所概括的："'劝诸侯为天子'，这是孟子背叛孔子的一个方面。'背叛六经'，这是孟子背叛孔子的另一个方面。"[60]然而，陈、傅二人认为这两点之"害"又有所区别，即"教诸侯以叛天子"为昔日之害，而"'尽信书不如无书'之说"则"为今之害"。

"尽信书不如无书"之说出自《孟子·尽心下》，孟子曰："尽信书，则不如无书。吾于《武成》，取二三策而已矣。仁人无敌于天下。以至仁伐至不仁，而何其血之流杵也？"李觏在《常语》中论及此段时说道：

> 曰：纣一人恶耶，众人恶邪？众皆善而纣独恶，则去纣久矣，不待周也。夫为天下逋逃主，萃渊薮，同之者可遽数邪？纣存则逋逃者存，纣亡则逋逃者曷归乎？其欲拒周者，又可数邪？血流漂杵，未足多也。或曰：前徒倒戈攻于后以北，故荀卿曰：杀者皆商人，非周人也。然则商人之不拒周审矣，曰：如皆北也，

---

[60] 姚瀛艇：《宋儒关于〈孟子〉的争议》，见《中日宋史研讨会中方论文选编》，第317页。

焉用攻?[61]

又曰:甚哉!世人之尚异也。孔子非吾师乎!众言讙讙,千径百道,幸存孔子,吾得以求其是。虞、夏、商、周之书出于孔子,其谁不知?孟子一言,人皆畔之,畔之不已,故今人至取孟子以断六经矣。呜呼!信孟子而不信经,是犹信他人而疑父母也。[62]

李觏在第一段专辨武王伐纣以至于血流漂杵一事,他认为武王以暴制暴虽乃仁义之举,但因商纣帮凶太多,抵抗强烈,所以此战至于血流漂杵,但这无碍于武王之至仁。其实李觏的重点在于第二段,他认识到"尽信书不如无书"之说严重威胁到孔子和六经的神圣地位,所以必须对此进行辩驳。

不独李觏,与李觏同时的孙抃在其《辨孟》中篇也专门讨论了这一问题。孙抃说:"吾谓非孟子之言,记录者误摭非语尔。"即认为这段话并非出自孟子之口,而是门人误记之语,他认为"夫博施以安动植,仁之道也;资杀以止暴戾,仁之权也",而"彼凶渠之浸恶,污俗之久染,其能坐以底平?是皆以孑孑为仁,非吾所谓仁;硁硁为义,非吾所谓义。吾之仁,蕃息而厚之之谓也;吾之义,折中而处之之谓也"。其对血流漂杵一事的辨正与李觏类似。而孙抃之所以论及这一问题,动因与李觏颇为相似,《辨孟》中篇文末云:

---

[61] 《邵氏闻见后录》卷一二,第93~94页。
[62] 《尊孟辨》卷中,第19~20页。

> 六经之作,为天地并,皇自焉,帝恢焉,庶类之所以成,生民之所以居,毛梧能事,悉备于是。仲尼固其本而后植之,故五常百行,揆序铨总,微而显,肆而会,凝乎其若止,沛乎其若流,无过也,无不及也。引而伸之,则参日月、质鬼神而不疑焉。若谓不足以自信,是以圣人矫恶溢美以欺后昆乎?噫!梁木坏,横议作,天下之人不之杨则之墨,加以缔邪搆伪、放荡不法者属而和焉,宪章之犹存空言耳。孟子惧,抗辞以诃诋之,故其书曰:"能言距杨墨者,皆圣人之徒也。"尽瘁如是,尚若以杯水救一车薪之火,艰哉其为力也,岂复有授戈馈粮而资勋敌乎?则斯言也,谓之记录之罪可矣,若固执以咎孟子,非吾所闻。

可见孙抃同样意识到"尽信书不如无书"之说和孟子不信血流漂杵之事会危及孔子和六经的神圣地位,而这无异于儒门之自毁。由于孙抃颇持尊孟立场,所以他认为孟子竭力排辟异端尚有不遑,更不会有如此自损资敌之语,因此,最好的解决办法莫过于将这段话归结为"记录之罪"。[63]

孙抃很像是在回应李觏非孟而为孟子辩护,其所谓"固执以咎孟子"者或即李觏,但在反对"尽信书不如无书"这一点上,他和李觏的立场是相同的。与孙抃《辨孟》中篇

---

[63] (宋)孙抃:《辨孟》中,收在《新刊国朝二百家名贤文粹》卷四《论著·古圣贤四》,见《宋集珍本丛刊》,第93册,第341~342页。

相类似的还有冯休的《删孟》一书，袁本晁公武《郡斋读书志·删孟》解题云：

> 皇朝冯休撰。其序云："观孟轲书时有叛经者，殆轲之没，其门人妄有附益耳，将删去，惧得罪于独见，遂著书十七篇，以别其伪。"其后温公、苏子瞻皆尝疑轲之言有与经不合者，盖始于休云。[64]

冯休之所以要"删孟"，同样是有感于"孟轲书时有叛违经者"，而其回护的方式也同样是将这些违经之说归结为孟子"门人妄有附益"。冯休其人虽不详，但晁公武说冯休《删孟》乃司马光、苏轼疑孟之先导，则冯休应当大致与李觏、孙抃同时。

事实上，"宋儒对'血流漂杵'的诠释，以阐明经旨、发挥义理为旨归，事实之有无并非他们关注的焦点"。[65] 而综观整个宋代的非孟、疑孟思潮，除了上述李觏、孙抃和冯休外，也几乎没有涉及过孟子与六经的关系问题。[66] 另一方

---

[64] 《郡斋读书志校证》卷一〇《子部·儒家类》，第421页。按，衢本解题文字有所差异，见第420~421页。
[65] 曹鹏程：《"血流漂杵"：诠释与过度诠释》，《孔子研究》，2012年第6期。
[66] 参见周淑萍：《两宋孟学研究》第四章"两宋非孟思潮"；龚来国：《试述宋间的"疑孟"、"非孟"思想》；李祥俊：《道通于一：北宋哲学思潮研究》第二章"道统"第二节"北宋诸儒论孟子"，第126~162页。

第二章 庆历前后：五贤争论的展开

面，孟子"尽信书不如无书"之说其实正与宋代的经学怀疑思潮相合，而孟子"以意逆志"之说也与宋人"以心解经"的经典诠释方式相通，这是孟子在宋代能够吸引众多士人归附的重要原因，也是孟子能够成功升格的重要原因。[67]李觏等人极力辩驳此说，固然有针对这一思潮的因素在，但其初衷应该不是针对儒门内部的这种风气。李觏指责孟子背叛六经，孙抃则因为孟子排辟异端而断定孟子不会自毁儒门，冯休也认为《孟子》书中存在不少"叛违经者"，他们虽然在尊孟和非孟上立场不同，但都在相近的时间里谈及孟子对孔子和六经的威胁。

而到后来，士人对李觏非孟关节点的认识已有所不同，如晁说之即曾云："如其不尊周室，劝诸侯僭王以国叛，人人可为汤、武。予学《春秋》而有感焉，未敢发之言也。后见江东李觏所论著，则有前得于予者也。"[68]后来《东都事略·李觏传》也称李觏不喜孟子的原因是李觏"以为孔子尊王，孟子教诸侯为王"[69]，罗大经《鹤林玉露》也说："余谓孟子以仪、秦之齿舌，明周、孔之肺肠，的切痛快，苏醒万世，此何可非！泰伯所以非之者，谓其不当劝齐、梁之君以王耳。昔武王伐纣，举世不以为非，而伯夷、叔齐独非之。

---

[67] 周淑萍：《宋代孟子升格运动与宋代儒学转型》，《史学月刊》，2007年第8期。
[68] （宋）晁说之：《景迂生集》卷一四《辩诬》，台湾商务印书馆景印文渊阁四库全书本，1987年，第1118册，第262页。
[69] 《东都事略》卷一一四《李觏传》，台湾商务印书馆景印文渊阁四库全书本，第382册，第743页。

东莱吕先生曰：'武王忧当世之无君者也，伯夷忧万世之无君者也。'余亦谓孟子忧当世之无君者也，泰伯忧万世之无君者也。此其特见卓论，真可与夷、齐同科，至于（晁）说之、（郑）叔友拾其遗说而附和之，则过矣。"[70]他们在孟子身上看到的问题，就一致集中在孟子不尊周、教诸侯为王这一点上，已经不大注意李觏曾猛烈攻击过的孟子对六经的威胁这一核心问题。

如此看来，李觏等人抓住孟子和六经的问题非孟，就体现出明显的阶段性特征，他们似乎有一个共同的辩论对手。李觏等人的这个辩论对手，应该正是当时竭力阻遏士人排佛的古文名僧契嵩。契嵩《非韩》第二十八云：

> 吁！韩子所谓作唐之一经，过也。古之立书立言者，虽一辞一句必始后世学者资以为法，其言不中则误其学者。《周书·武成》出于孔子之笔，序而定之，其曰"血流漂杵"，孟轲犹不取而非之，谓其不当言而言之过也。夫孔子作《春秋》六艺之文，尚不自谓为之经。称经，特后儒尊先圣之所作云尔。昔扬雄作《太玄经》，以准《易》故也，而汉诸儒非之，比之吴、楚僭号称王者也。今韩子辄言作经，何其易也？使韩子德如仲尼，而果成其书，犹宜待他辈或后世尊之为经，

---

[70]（宋）罗大经：《鹤林玉露》乙编卷一，第121页。

> 安得预自称之?虽其未成,比之扬雄,亦以过僭矣。[71]

韩愈在其《答崔立之书》中说自己欲"作唐之一经,垂之于无穷,诛奸谀于既死,发潜德之幽光"[72],意欲效孔子作《春秋》,而契嵩此篇即专攻之。契嵩认为"经"乃后起之名,是"后儒尊先圣之所作"而名之,并非孔子自名为经,而扬雄准《易》作经犹如僭号,韩愈则较扬雄更过。对儒士来说,更为致命的是契嵩以孟子之说为证,认为古书"其言不中则误其学者",即便"出于孔子之笔,序而定之"的《尚书》都不完全可靠。契嵩疑"经"本非独见,唐代以来,疑经之论便不时出现,至古文运动兴起以后,更有迅速发展的趋势,[73]唐代古文运动后劲陆龟蒙便说:"称经,非圣人旨也。……经亦后人名之耳,非圣人之旨明矣。苟以六籍谓之经,习而称之可也。"[74]契嵩的思路本与陆龟蒙相同,但是儒士疑经更多的是针对汉唐经学,孔子和六经的神圣地位乃是底线,正如柳开所说:"夫删《诗》《书》,定《礼》《乐》,赞《易》道,修《春秋》,孔子知其道之不行也,故存其教之在其中,乃圣人之事业也。……经圣人之手者,文无不备矣。"[75]石介亦云:"孔子,大圣人也。手取唐、虞、禹、汤、

---

[71] 《镡津文集》卷一七《非韩》第二十八,第341~342页。
[72] 《韩昌黎文集校注》卷三《答崔立之书》,第188页。
[73] 郭畑:《求新解到疑经:唐代古文运动与经学变古》。
[74] 《笠泽丛书》卷二《复友生论文书》,见《陆龟蒙全集校注》,第1130页。
[75] 《柳开集》卷六《答臧丙第三书》,第77~78页。

文王、武王、周公之道，定以为经，垂于万世。"[76]但契嵩却不以为然。契嵩的说法无疑会严重危及孔子和六经的神圣性，这显然是儒士们不能接受的，何况这出自一个僧人之口。

陈舜俞《镡津明教大师行业记》云："当是时，天下之士学为古文，慕韩退之排佛而尊孔子。东南有章表民、黄聱隅、李泰伯尤为雄杰，学者宗之。仲灵独居，作《原教》《孝论》十余篇，明儒释之道一贯，以抗其说。"[77]北宋前期古文运动诸人多标举韩愈，不仅学为古文，而且大力辟佛，契嵩作《非韩》三十篇三万余言，正是要拔掉韩愈这个古文运动的思想标杆，而且效果显著（详见下节）。此外，这条材料还透露出契嵩的主要辩驳对象之一就是李觏，释晓莹《云卧纪谭》亦记曰："泰伯先尝著《潜书》，又《广潜书》，力于排佛。嵩明教携所著《辅教编》谒之，辩明，泰伯方留意佛书，乃怅然曰：'吾辈议论，尚不及一卷《般若心经》，佛道岂易知耶？'"[78]李觏叹服一段或是虚词，但契嵩与李觏之间有着直接的思想交锋大概无疑。对读李觏和契嵩今存的文字，二人虽未互相点名，但契嵩对李觏的批判仍然显而易见，郭尚武先生也注意到："契嵩很注意李觏的言论，《原教》言犹未尽，又增设《广原教》，对李觏辟佛著作《潜书》《广潜书》系统地驳斥，所费笔墨比驳韩愈的篇幅大

---

[76]《徂徕石先生文集》卷五《怪说下》，第63页。
[77]（宋）陈舜俞：《镡津明教大师行业记》，见《镡津文集》卷首，第1页。
[78]（宋）释晓莹：《云卧纪谭》卷上，见《续藏经》，第148册，第18页。

得多。"[79]

排佛乃李觏的一贯立场,"通读李觏文集,可以发现在他的集子中排佛、老的言论几乎触目皆是,在现存北宋前期学者著作中,恐怕以李觏最为丰富"。[80]李觏对于契嵩的批判不可能有来无往。契嵩贬黜韩愈,又引孟子之说而如此危及孔子和六经的神圣性,李觏更不可能坐而视之。李觏于皇祐五年(1053)完成《常语》的写作,次年作《后序》。[81]契嵩在《非韩》第三十中谈及自己为何结束了《非韩》的写作,并说"今吾年已五十"[82],陈舜俞《行业记》记契嵩于熙宁五年(1072)示化,"世寿六十有六",则《非韩》当完成于至和三年(1056),与《常语》的完成时间非常接近,但要稍晚。不过,《非韩》三十篇应该不是在短时间内集中完成的,而是分篇写就,随即传播。李觏撰《常语》之时,《非韩》第二十八或早已风行。惟清(号灵源叟)的《题明教禅师手帖后》说,契嵩"出皇祐、至和间,见外党有致吾法之疮疣者,则曰:'予窃菩萨权,为如来使,辩而明之,以度彼惑,俾归正趣。'"[83]亦可见皇祐、至和年间是契嵩阻

---

[79] 郭尚武:《契嵩生平与〈辅教编〉研究》,《山西大学学报》,1994年第4期。
[80] 夏长朴:《李觏与王安石研究·李觏与北宋前期学者的排佛老思想》,第117~118页。
[81] (宋)魏峙:《直讲李先生年谱》,见《李觏集》附录,第532页。
[82] 《镡津文集》卷一六《非韩》第三十,第344页。
[83] (宋)惟清:《题明教禅师手帖后二首》其一,见《镡津文集》卷一九,第402页。

遏古文运动排佛最为活跃的时期，也与《常语》《非韩》的写作时间相合。认识到这一点，则李觏说"信孟子而不信经，是犹信他人而疑父母"、陈次公和傅野说孟子"尽信书不如无书"之说"为今之害"、孙抃说这是"授戈馈粮而资勍敌"，便不难理解其所针砭的对象了。而相应地，"劝诸侯为天子"一点，应是李觏为了加强非孟的力度和效果而刻意从政治意识形态上进行的发难，并不是他非孟的直接动因。

三、对性命之学的抵制与李觏非孟

当然，李觏对孟子态度的转变亦非一朝一夕，这与性命之学的逐渐兴起有着或多或少的联系。余英时先生指出，契嵩在肯定儒家入世方面的基本价值的前提下，以"性命之学"接引士大夫，"不但阻遏了古文运动的排佛攻势，而且开创了士大夫'谈禅'的风气"，"当时比二程年长十余岁以上的士大夫，无论是'谈禅'还是牵连及心、性讨论，已展开了一个探索'内圣'的共同风气"。[84] 由契嵩倡兴的道德性命之学，以及道德性命之学与佛学在论题兴趣、议论方式等方面的类似性，都使得道德性命之学与佛学难以脱清干系，所以不少排佛的古文运动参与者便将道德性命之学也一并排斥。而由于《孟子》在道德性命之学上的诠释可能性，也使得一些主张排佛的士人对孟子渐生不满。

---

[84] 余英时：《朱熹的历史世界：宋代士大夫政治文化的研究》，第80、74页。

北宋早期古文运动诸人如柳开、种放、穆修等，既大力排佛，又对性命之学没有表现出多少兴趣。庆历之后，夹杂佛学的道德性命之学渐兴，一些排佛的士人便开始以比较极端的态度抵制此一风气，而欧阳修最为代表，他尝云："夫性，非学者之所急，而圣人之所罕言也。"[85] 他不仅反对学者言性，甚至还专门作有《夫子罕言利命仁论》一文，云，"夫利、命、仁之为道也，渊深而难明，广博而难详"，因而也反对学者谈论利、命、仁这些话题。[86] 其《与张秀才棐第二书》又对后进之士说："孔子之后，惟孟轲最知道，然其言不过于教人树桑麻，畜鸡豚，以谓养生送死为王道之本。"[87] 这可见当时古文运动诸人对于孟子的一般理解，即认为孟子的主要贡献仍是在具体的"治道"上，而不是在道德性命之学的阐释上，李觏早期对于孟子的理解应该与此相契，其"仁政先四者，著在孟轲书"[88] 一句即可为证。不过，《孟子》与道德性命之学的诠释亲缘性，也可以从欧阳修的一段话中窥得：

> 昔荀卿子之说，以为人性本恶，著书一篇以持其论。予始爱之，及见世人之归佛者，然后知荀卿之说

---

[85] 《居士集》卷四七《答李诩第二书》，见《欧阳修全集》卷四七，第669页。
[86] 《居士外集》卷一〇《夫子罕言利命仁论》，见《欧阳修全集》卷六〇，第868～869页，引文在第868页。
[87] 《居士外集》卷一七《与张秀才棐第二书》，见《欧阳修全集》卷六七，第979页。
[88] 《李觏集》卷三五《哀老妇》，第401页。

谬焉。甚矣，人之性善也！彼为佛者，弃其父子，绝其夫妇，于人之性甚戾，又有蚕食虫蠹之弊，然而民皆相率而归焉者，以佛有为善之说故也。[89]

孟子性善之说虽与佛教"为善之说"相差很远，但因为人的向善之心，还是使得不少人将孟子的性善论和佛教的为善联系起来。

契嵩便多处通过《孟子》来融通儒佛，如他在《原教》中说："孟子谓：'好善优于天下。'又谓：'诚身有道，不明乎善，不诚其身矣。'……以其善类，固类于佛，苟其不死，见乎吾道之传，是必泯然从而推之。"[90]又在《品论》中说："孟子曰：'是非之心，智之端也。'斯亦辨道之谓也。"[91]如此等等，不一而足。

对于那些融通儒佛、喜好性命之学的士人来说，《孟子》更是一部不可或缺的重要经典，韩琦即曾说："孟子曰：'忧以天下，乐以天下。'是知净名慈悲之心，于吾儒仁义之道，恶有戾乎？"[92]尹洙曾记一人事迹云：

新秦杨叔武尝为予言其友人李君之为人，笃行君

---

[89]《居士集》卷一七《本论下》，见《欧阳修全集》卷一七，第291页。
[90]《镡津文集》卷一《原教》，第6~7页。
[91]《镡津文集》卷七《品论》，第122页。
[92]《安阳集》卷二二《赵少师续注维摩经序》，见《宋集珍本丛刊》，第6册，第490页。

子,然乐于佛氏之说。予他日得见,则以叔武之言说之。君曰:"诚有是,非取其所谓报施因果,乐其博爱而已。"予应之曰:"是仁之资也。古有孟氏书,为仁义之说,君之乐宜近焉。"君于儒书为泛通,自予言,于孟氏益加勤。异日大诧曰:"孟氏说与吾素所向无大异。"遂主孟氏学。[93]

这样的思想转变实例,生动地体现出《孟子》和佛学在道德性命之学上的诠释亲缘性,尊孟的王令也看到了这一现象,其《正命》云:

自西夷入中国以佛,而性命之说始杂。而孟子尝谓人之性善,而荀、扬者互出以争之,自二子之兴而孟子之说益明。而今世言性者,尤多而详,大要归孟氏则为得。而世之好事者,往往偷去以附佛而为说。[94]

可见其时以《孟子》沟通儒佛、阐发道德性命之学蔚然成风,后来北宋末年的郭印还说:"自汉永平而上,中国未始有佛。然尧、舜之无为,禹、汤之用中,文王之不识不知,夫子之无我,颜子屡空,曾子守约,孟子养浩然之气,皆尽

---

[93] (宋)尹洙:《河南先生文集》卷五《送李侍禁序》,见氏撰,时国强校注:《尹洙集编年校注》,北京:中华书局,2019年,第387页。
[94] (宋)王令著,沈文倬校点:《王令集》卷一三《正命》,上海:上海古籍出版社,2011年,第238页。

心知性之学也。其与释氏忘死生，屏嗜欲，离尘垢，盖同道矣。"[95] 直到后来南宋黄成孙都仍然认为："佛之书传于中原，而学士大夫以为不学佛者不可以死，不知佛书未入中原，而孟子、庄子已极其说矣。唐柳子厚、李习之，近世二苏氏，隐然为一时儒宗，大抵学佛得之，诚无取之佛，而取之孟子、庄子。"[96] 可见《孟子》对于融通儒、佛者之重要，而其关联性，正在于道德性命之学。两宋之交的王洋曾说："自孟子之言出，天下无异辞，而人皆知性命之说美矣。"[97]《孟子》在道德性命之学上的巨大诠释潜能，既预示着孟子将在宋代成功升格，但同时也成为包括李觏在内的对性命之学不感兴趣的士人逐渐对孟子生出反感的一个重要原因。

李觏二十四岁作《礼论》七篇，自认为"邦国之龟筮，生民之耳目，在乎此矣"[98]，然而，十五年后，同样"好古"的章望之却著书以驳之，李觏《礼论后语》记云：

> 吾为《礼论》七篇，既十五年，学者有持章望之论一篇来，以吾为好怪，率天下之人为礼不求诸内而竞诸外，人之内不充而惟外之饰焉，终亦必乱而已矣。

---

[95] （宋）郭印：《超悟院记》，（宋）袁说友等编，赵晓兰整理：《成都文类》卷四〇，北京：中华书局，2011年，第781页。
[96] （宋）黄成孙：《送赵使君序》，收在《新刊国朝二百家名贤文粹》卷一七一《序·送别序八》，见《宋集珍本丛刊》，第94册，第559页。
[97] （宋）王洋：《东牟集》卷一〇《策问》其五，台湾商务印书馆景印文渊阁四库全书本，1987年，第1132册，第456页。
[98] 《李觏集》卷二《礼论七篇并序》，第5页。

> 亦犹《老子》之言"礼者,忠信之薄"。[99]

这与《宋史·章望之传》所载相同,云:"江南人李觏著《礼论》,谓仁、义、智、信、乐、刑、政皆出于礼,望之订其说,著《礼论》一篇。"[100]李觏在《礼论后语》中对章望之极其不满,并斥其说为佛学,云:"其所谓仁,吾曰浮屠而已耳;其所谓义,吾曰游侠而已耳。"[101]

章望之与契嵩颇有交往,前引陈舜俞所撰契嵩《行业记》已述之。由于章望之文集散佚不传,仅存的几篇文字很难得观其思想全貌。陈舜俞说契嵩之书,"诸君读之,既爱其文,又畏其理之胜而莫之能夺也,因与之游"[102]。黄晞的文集也已散佚,李觏集中有《寄黄晞》诗一首,[103]又附有黄晞寄李觏诗一首,[104]是则黄晞与李觏当有来往。司马光《涑水记闻》记云:"石守道为直讲,闻其名,使诸生如古礼,执羔雁束帛,就里中聘之,以补学职,晞固辞不就。"[105]所

---

[99] 《李觏集》卷二《礼论后语》,第24~25页。
[100] (元)脱脱等:《宋史》卷四四三《章望之传》,北京:中华书局,1977年,第13098页。
[101] 《李觏集》卷二《礼论后语》,第27页。
[102] (宋)陈舜俞:《镡津明教大师行业记》,见《镡津文集》卷首,第1~2页。
[103] 《李觏集》卷三六《寄黄晞》,第440页。
[104] (宋)黄晞:《寄李先生》,收在《李觏外集》卷三,见《李觏集》,第510页。
[105] (宋)司马光撰,邓广铭、张希清点校:《涑水记闻》卷六,北京:中华书局,1989年,第183页。

谓不知其人视其友，以李觏和石介之激烈排佛来看，黄晞排佛当是事实。契嵩文集保存得相对比较完整，但其中并没有与黄晞来往的信札或提到黄晞之处，是则黄晞与契嵩有直接交往的可能性相当小。不过，陈舜俞之说虽不全为事实，但也绝非虚语，因为章望之便与契嵩交往非常密切，从契嵩《纪复古》《文说》两文来看，章望之不仅与契嵩交往，而且还向契嵩传达京师古文运动的最新思想动向，[106]而契嵩《与章表民秘书书》和《与章潘二秘书书》更与章望之讨论性命和儒佛融通的问题[107]，其《法喜堂诗叙》更记章望之热心与僧人交往[108]，此外，契嵩文集中还多处提及与章望之交往事，并有《送章表民秘书》长诗一首[109]。

陈舜俞既将章望之与李觏、黄晞列为学古文而排佛者，则章望之早年可能确实排佛，契嵩曾在给章望之的信中称赞由其文而知"韩也孟也不谓无其徒矣"[110]，而激烈排佛的欧阳修还于庆历三年六月为章望之取字表民写了一篇序[111]，这些应当都是章望之早年也学孟、韩排辟异端所留下的痕迹。但因受到契嵩的影响，章望之转而热心与僧人交往，而

---

[106]《镡津文集》卷七《纪复古》《文说》，第128～130、130页。
[107]《镡津文集》卷一〇《与章表民秘书书》《与章潘二秘书书》，第190～191、191～192页。
[108]《镡津文集》卷一一《法喜堂诗叙》，第221～222页。
[109]《镡津文集》卷一七《送章表民秘书》，第346～348页。
[110]《镡津文集》卷一〇《与章表民秘书书》，第191页。
[111]《居士集》卷四四《章望之字序》，见《欧阳修全集》卷四四，第621～622页。

且还接受了契嵩的性命之学。李觏在《礼论后语》中所记章望之批评其"率天下之人为礼不求诸内而竞诸外,人之内不充而惟外之饰焉,终亦必乱而已矣",就明显是站在道德性命之学的立场。《宋史·章望之传》又载:"望之喜议论,宗孟轲言性善,排荀卿、扬雄、韩愈、李翱之说,著《救性》七篇。欧阳修论魏、梁为正统,望之以为非,著《明统》三篇。"[112] 如此看来,章望之不仅非议李觏《礼论》,而且非议欧阳修《正统论》,而李觏、欧阳修二人正是当时排佛思潮的主要领军人物。而章望之"宗孟轲言性善",并"著《救性》七篇",更明显是以《孟子》为基础来阐发性命之学。

李觏作《礼论后语》是在庆历七年(1047),也正是在这一年,李觏又作《邵武军学置庄田记》,在该《记》中不满地写道:

> 觏闻命窃商之曰:儒者诟释氏,为其笼于世也,而不解其所以然。释之徒善自大其法,内虽不慊而外强焉。童而老,约而泰,无日不在乎佛。民用是信,事用是立。儒者则不然,其未得之,借儒以干上;既得之,则谓政事与文学异。孳孳唯府史之师,顾其旧如蝉蜕。及其困于淫辟,恤乎罪疾,欲闻性命之趣,不知吾儒自有至要,反从释氏而求之。……噫!释之行

---

[112]《宋史》卷四四三《章望之传》,第 13098 页。

固久，始吾闻之疑，及味其言，有可爱者，盖不出吾《易·系辞》《乐记》《中庸》数句间。苟不得已，犹有老子、庄周书在，何遽冕介匍匐于戎人前邪？蚩蚩之氓，尚克有夫妇、父子，不尽拔发为寺奴则幸矣，何暇彼之诟哉？[113]

李觏对士人受佛学之言性命的吸引而趋步佛教非常愤慨，其语或也有暗指章望之一类受契嵩影响的士人的可能。而章望之竟然"宗孟轲言性善"，这可能更增加了李觏对孟子的反感。契嵩《辅教编·原教》也批驳李觏说："或曰：'佛止言性，性则《易》与《中庸》云矣，而无用佛为。'是又不然。"[114]几年之后，李觏便在皇祐五年完成《常语》，极云："天下无孟子可也，不可以无《六经》；无王道可也，不可以无天子。故作《常语》，以正君臣之义，以明孔子之道，以防乱患于后世。"[115]

结语

前文谈到，李觏曾自述云："生年二十三，身不被一命之宠，家不藏担石之谷。鸡鸣而起，诵孔子、孟轲群圣人之言，纂成文章，以康国济民为意。"[116]庆历三年，祖无择序

---

[113]《李觏集》卷二三《邵武军学置庄田记》，第263~264页。
[114]《镡津文集》卷一《原教》，第9页。
[115]《邵氏闻见后录》卷一三，第100页；《尊孟辨》卷中，第26页。
[116]《李觏集》卷二七《上孙寺丞书》，第311页。

李觏文集时亦云:"孔子没,千有余祀,斯文衰敝。其间作者,孟轲、荀卿、贾谊、董仲舒、扬雄、王通之徒,异代相望。……盱江李泰伯,其有孟轲氏六君子之深心焉。"[117]不仅将孟子列入儒家道统系谱,而且以李觏继承孟子等人。但至撰写《常语》之时,李觏便反对韩愈《原道》"孔子传之孟轲,轲之死,不得其传焉"的说法,而云,"如何曰孔子死不得其传矣?彼孟子者,名学孔子而实背之者也,焉能传"[118],极力否定孟子在儒家道统系谱中的地位。李觏殁后,门人陈次公为其所作的墓志铭则说:"余侍先生,得尧、舜、禹、汤、文、武、周公、孔子之事甚详,皆本《书》《诗》,非诸子之绪言也。于是浩叹魏晋之际,莽、卓之间,慧、慎之时,圣人之道已大坏。有由然及究庄生之言,'今世之仁人,蒿目而忧世之患;不仁之人,决性命之情而饕富贵'。"[119]不仅将孟子排除在儒家道统系谱之外,视之为诸子,而且以新起的道德性命之学比为清谈。李觏对于孟子的态度,以及旁人对于李觏自身的观感,都已完全发生了逆转。

《孟子》和佛学在性命之学上的诠释亲缘性,逐渐让李觏对孟子生出反感,而契嵩引孟子以贬黜韩愈,甚至直接危及孔子和六经的神圣性,更直接刺激一贯排佛的李觏著书非

---

[117]《李泰伯退居集序》,收在《新刊国朝二百家名贤文粹》卷一四九《序·文集序一》,见《宋集珍本丛刊》,第94册,第448页。
[118]《邵氏闻见后录》卷一二,第92页;《尊孟辨》卷中,第13页。
[119]《李觏外集》卷三《门人陈次公撰先生墓志铭并序》,见《李觏集》,第513页。

孟。孟子在宋初本因排辟异端、卫护儒道而备受士人推崇，此时反而又因排佛思潮而遭士人非议。这一诡论性的转变，以及非孟、疑孟思潮在宋代的初现，还只是契嵩非韩而消解五贤道统系谱以阻遏古文运动排佛攻势所引起的后果之一。

第二节 契嵩非韩与五贤道统系谱的瓦解

契嵩为了阻遏古文运动的排佛攻势，首先以性命之学接引士大夫，大力开发"内圣"领域，从思想整体上证明佛教存在的合理性。除此之外，契嵩还有一个更加直接的策略，就是极力攻击韩愈。契嵩非常清楚，韩愈不仅是古文运动排佛思潮的思想标杆，而且事实上还是五贤道统系谱的重心人物。契嵩作《非韩》三十篇三万余言以攻韩愈，直接导致了韩愈地位的急剧跌落，韩愈最终被定格为有功于儒道的"文士"，逐渐被士人排除在儒家道统系谱之外。契嵩在非韩的同时，也批评荀子和扬雄，却又赞赏孟子和王通。契嵩非韩，是"五贤"这一本来就并不稳固的道统系谱开始面临争论和解体的导火索。

一、契嵩以性命之学阻遏排佛攻势

契嵩是北宋仁宗和英宗时期的著名僧人，对于宋代学术思想的发展转变颇有影响。契嵩深谙古文运动的思想取向，并熟悉其最新进展，他在石介等人排佛最为激烈的时期出面迎战，不仅遏制了古文运动的排佛攻势，而且以性命之学接引士大夫，开启了士人谈禅的风气。[120]

中古以来以至于唐代前期的知识界，普遍存在着"外儒内佛"或"外儒内道"的"二元世界观"。这一时段，并非没有排斥佛教或道家的言行，但都是在"二元世界观"的结构之内，排佛者多奉道，而抑道者多崇佛。正是在这一背景下，韩愈因为坚持"儒家中心主义"而排斥佛、老便具有了新的时代意义，这预示着"儒家一元化世界观"开始流行。[121]

在二元化世界观的思想结构中，人的"内在"领域主要是以佛教、道教、原始道家等为思想资源的，然而，在世界观儒家一元化之后，也带来了一个新问题，那就是士人对"内在"领域关注的缺失。儒家文献中不能说没有关注"内在"领域的思想资源，但是受重视的程度明显不够，相反，佛、道二家，尤其是佛教，其关注的领域却正在于此，解决人的"内在"问题正是其长处所在，而这本身就是佛、道进占"内在"领域的一个重要原因，正如前引刘禹锡所说："儒以中道御群生，罕言性命，故世衰而浸息；佛以大慈救诸苦，广启因业，故劫浊而益尊。"[122]

入宋以后，这一现象继续存在，柳开、种放、穆修、孙何等古文运动参与者，仍然大都不太注意内在领域的问

---

[120] 参见余英时《朱熹的历史世界：宋代士大夫政治文化的研究》一书《绪说》，第76～80页。
[121] 参陈弱水：《墓志中所见的唐代前期思想》，见氏著：《唐代文士与中国思想的转型》，桂林：广西师范大学出版社，2009年，第98～121页。
[122] 《刘禹锡集》卷四《袁州萍乡县杨岐山故广禅师碑》，第57页。

题，他们最为关心的，还是如何"回向三代"的现实政治问题，即如何以儒家教化为根本来整顿人间秩序。仁宗初年，古文运动和儒学复兴运动有了很大发展，以"庆历新政"为标志，儒学复兴运动的政治和社会主张开始走向实践。但是，在内在领域的理论建构方面，儒家学说却始终没有什么改观，甚至还不及中唐时期。宋初古文运动的参与者，大多熟读韩愈、李翱、皇甫湜等人，但是关于几人讨论心、性、命等内在问题的文字，宋初诸人却鲜有提及。宋初古文运动这种仅重"外王"一面而忽略"内圣"一面的现象，显然未能改变儒学在内在领域影响上的劣势，而这也恰好成为契嵩等人阻遏古文运动排佛攻势的关键切口。

"三教一贯"说在入宋以后越来越盛行，而且得到皇帝首肯，宋真宗即作《释氏论》，"以为释氏戒律之书，与周、孔、荀、孟迹异而道同，大指劝人之善，禁人之恶，不杀则仁矣，不窃则廉矣，不惑则正矣，不妄则信矣，不醉则庄矣"[123]。在佛教中，"三教一贯"说也被广泛接受，智圆即反复说佛教与儒家在训民治世上"共为表里"，并希望后人读了他的《闲居编》后能"知三教之同归"，只不过三教各有分工，他说："域内则治乎身矣，谓之外教也；域外则治于心矣，谓之内教也。"[124]

---

[123]（宋）李焘：《续资治通鉴长编》卷四五，咸平二年八月丙子条，北京：中华书局，2004年，第961~962页。
[124]《闲居编》卷一〇《翻经通纪序》、卷二二《谢吴寺丞撰闲居编序书》、卷一《四十二章经序》，见《续藏经》，第101册，第84、120、64页。

这其实也不是什么新论调，但是，智圆在"三教一贯"说的风气之下重新强调佛教为"内教"而具有"治心"的功能，却为佛教回应排佛思潮提供了一种新的理论可能性。既然"儒佛一贯"，本同而末异，而佛教治理内在领域，儒家处理人间秩序，如果以"内圣外王"为预设，将佛教擅长的内在领域视为根本，而儒学擅长的"外王"领域不过是"内圣"的外延，这就可以对抗儒家中心主义和儒家一元化世界观，从而阻遏古文运动的排佛思潮，这就更加可以确保佛教存在的正当性。契嵩阻遏古文运动的排佛攻势，一个主要的策略，便是循着这一思路大力提倡性命之学，大力开发"内圣"领域。

契嵩也秉持"三教一贯"说，尝云："圣人为教不同，而同于为善也。"[125]在此基础上，契嵩也主张三教应该有所分工，分别发挥其长处，其《寂子解》阐述说：

> 儒、佛者，圣人之教也，其所出虽不同，而同归乎治。儒者，圣人之大有为者也；佛者，圣人之大无为者也。有为者以治世，无为者以治心。治心者不接于事，不接于事则善善恶恶之志不可得而用也；治世者宜接于事，宜接于事则赏善罚恶之礼不可不举也。其心既治，谓之情性真正，情性真正则与夫礼义所导而至之者不亦会乎？儒者欲人因教以正其生，佛者欲

---

[125]《镡津文集》卷一《原教》，第4页。

人由教以正其心。心也者彻乎神明，神明也者世不得闻见，故语神明者必谕以出世。今牵于世而议其出世也，是亦不思之甚也。故治世者非儒不可也，治出世非佛亦不可也。[126]

契嵩认为，"儒者，圣人之治世者也；佛者，圣人之治出世者也"[127]。儒家更适合"治世"，而佛教的长处则在于"治心"。那么，为何要"治心"呢？因为"存心于贤而贤至，存心于不肖而不肖来，存心于亲则其子孝，存心于学则其徒劝"[128]。不过，这还不是"治心"最重要的目的，契嵩《论原·治心》云：

> 问曰："子默默必何为耶？"应曰："无为也，吾治其心耳。"曰："治心何为乎？"曰："治心以全理。"曰："全理何为乎？"曰："全理以正人道。夫心即理也，物感乃纷，不治则汩理而役物。物胜理，则人其殆哉。理至也，心至也，气次也。气乘心，心乘气，故心动而气以之趋。今淫者、暴者失理而茫然不返者，不治心之过也。"曰："心则我知之矣，理则若未之达焉。子思之言与子之言同之欤？"曰："同。"

---

[126]《镡津文集》卷八《寂子解》，第149～150页。
[127]《镡津文集》卷一《原教》，第12页。
[128]《镡津文集》卷六《存心》，第106页。

在契嵩看来,"治心"是为了"全理",而"全理"的目的就在于"正人道",因为"心即理也",而造成万物的"气"与"心"是互相凭借、互相支持的,如果不"治心",导致"物胜理",那么人道就会陷入混乱。"治心""全理""心即理""气"等这些命题和范畴,正是后来的理学非常重视的。关于"理",契嵩认为"子思之言",也就是《中庸》所阐发的道理,与佛理是相通的。不过,最根本的,在如何"治心"这一点上,契嵩说:"必欲求之,子当探吾所为之内书者。"[129]这即是说欲知如何"治心",还须从佛学中寻求思想资源,尤其是契嵩自己"所为之内书"。契嵩以佛学为根底,在借助儒家经典以阐发性命之理上下了很多力气。契嵩《辅教编》《原教》《广原教》《中庸解》《性德》《存心》《善恶》《性情》等书文都论及心、性、情等关键命题,其性命之学颇成体系。

在契嵩之前,僧人和好佛的士大夫并非不重视性命阐释。以性命之学的主要儒家经典《中庸》的流传为例来透视,智圆自号"中庸子",乃"首树《中庸》之帜者",而"真、仁两朝之际,知贡举的士大夫中早已有人在提倡《中庸》了"。[130]不过,不管是积极参与古文运动的智圆,还是与古文运动站在对立面的这些好佛的士大夫,都还没有着力阐发性命之学以阻遏古文运动的排佛思潮,更没有积极向参

---

[129]《镡津文集》卷七《治心》,第127~128页。
[130] 余英时:《朱熹的历史世界:宋代士大夫政治文化的研究》,第85、88页。

与儒学复兴运动的士人推广性命之学。而契嵩以性命之学接引士大夫，不仅阻遏了古文运动的排佛攻势，而且开启了士人谈禅的风气。心性"谈辩境域"的形成，最终促成了连接"内圣"和"外王"两个领域的新儒学理论在北宋中期的兴起。

契嵩对古文运动排佛攻势的阻遏是比较有效的，朱熹曾总结说："本朝欧阳公排佛，就礼法上论，二程就理上论。"[131]此即宋儒排佛"外在批判"和"内在批判"两个阶段的划分，[132]而契嵩以开发性命之学来阻遏古文运动的排佛攻势，正是两个排佛阶段转承的关节点。

二、契嵩非韩的原因

韩愈乃当时文宗，他提倡古文，高唱儒道，排斥佛、老，提出道统之说，对于当时和后世都有巨大的影响。韩愈揭发儒家道统论，对自己也期许甚高，他在《原道》中开出其心目中的儒家道统系谱，认为"轲之死，不得其传焉"，又说"荀与扬也，择焉而不精，语焉而不详"，已隐然以自己接续孟子。[133]他也曾明确宣称："天不欲使兹人有知乎，则吾之命不可期；如使兹人有知乎，非我其谁哉？……

---

[131]《朱子语类》卷一二六，第3038页。
[132] 李泽厚：《中国古代思想史论·宋明理学片论》，北京：生活·读书·新知三联书店，2008年，第232页。刘复生师亦采用这一划分，见其《北宋中期儒学复兴运动（增订本）》第二章"排斥'异端'：反佛老思潮的高涨"，第38、48~75页。
[133]《韩昌黎文集校注》卷一《原道》，第20页。

己之道乃夫子、孟子、扬雄所传之道也。若不胜，则无以为道。"[134]而其《与孟尚书书》对自己彰明儒道之志说得最为明白："使其道由愈而粗传，虽灭死万万无恨！"[135]韩愈以自己承递道统之意表露无遗。

此后，韩愈也确实很快就被列入儒家道统系谱，成为孟、荀、扬、王、韩五贤中地位最为稳固的人物之一，这在前章中已经详细述及。不仅如此，随着古文运动的发展，韩愈的地位甚至一度有超越孟子之势。

韩愈在世时，不少门人就已对他推崇备至。李翱即曾对人说："我友韩愈，非兹世之文，古之文也；非兹世之人，古之人也。其词与其意适，则孟轲既没，亦不见有过于斯者。"[136]张籍也推崇韩愈"文章与孟子、扬雄相若"[137]，林简言上韩愈书也说："去夫子千有余载，孟轲、扬雄死，今得圣人之旨，能传说圣人之道，阁下耳。今人睎阁下之门，孟轲、扬雄之门也。"[138]赵德序《昌黎文录》亦云："昌黎公，圣人之徒欤。其文高出，与古之遗文，不相上下。所履之道，则尧、舜、禹、汤、文、武、周公、孔、孟、扬雄所授受服行之实也，固已不杂。"[139]而韩愈方殁，李翱就在祭悼

---

[134]《韩昌黎文集校注》卷二《重答张籍书》，第152页。
[135]《韩昌黎文集校注》卷三《与孟尚书书》，第241页。
[136]《李翱集校注》卷七《与陆傪书》，第103页。
[137]《张籍集系年校注》卷一〇《与韩愈书》，第994页。
[138]（唐）林简言：《上韩吏部书》，见《唐文粹》卷八六。
[139]（唐）赵德：《昌黎文录序》，见《韩昌黎文集校注》，第842页。

韩愈的文字中称许韩愈使"六经之风,绝而复新"[140],事实上韩愈终身也没有多少讨论经学的文字,仅仅一部《论语笔解》,还存在诸多疑问。[141]韩愈的另一位门人皇甫湜则更在《韩文公墓志铭》中进一步推崇韩愈:"姬氏以来,一人而已矣"[142],评价极高。

唐末,皮日休在其《原化》中说:"千世之后,独有一昌黎先生,露臂瞋视,诉之于千百人内。其言虽行,其道不胜。苟轩裳之士,世世有昌黎先生,则吾以为孟子矣。"[143]即将韩愈比作孟子。皮日休不仅恳请列《孟子》为学科[144],更建议以韩愈配享孔子[145]。皮日休建议韩愈而不是孟子进入孔庙配享,则韩、孟二人在他心目中的地位轻重已经不言自明。

其后,韩愈的地位继续走高。唐末五代的牛希济在其《文章论》中极力推尊韩愈,说:"古人之道,殆以中绝,赖韩吏部独正之于千载之下,使圣人之旨复新。"[146]宋初,孙冲也说:"韩愈奋不逐时俗,分甘穷达,而至死不渝,故其〇于孔子之〇如荀、孟者无惭色焉。"[147]这尚只是认为韩愈

---

[140]《李翱文集校注》卷一六《祭吏部韩侍郎文》,第273页。
[141]《四库全书总目》卷三五《论语笔解》,第291页。
[142]《皇甫持正集》卷六《韩文公墓志铭并序》,台湾商务印书馆景印文渊阁四库全书本,第1078册,第97页。
[143]《皮子文薮》卷三《原化》,第22页。
[144]《皮子文薮》卷九《请孟子为学科书》,第89页。
[145]《皮子文薮》卷九《请韩文公配享太学书》,第87~88页。
[146](唐)牛希济:《文章论》,见《文苑英华》卷七四二,第3878页。
[147](宋)何亮:《与晋守何亮书》,见(清)胡聘之:《山右石刻丛编》卷一一,太原:山西人民出版社影印本,1988年。按,原文无标题。

不下于孟子,而柳开序韩愈文集则非常明确地断定韩愈是五贤中最为卓越的一个,甚至超越孟子,他写道:"先生于时作文章,讽诵规戒,答论问说,淳然一归于夫子之旨而言之,过于孟子与扬子云远矣。"[148]其后石介也有类似的说法,他在读《原道》时感慨说:"大道破散消亡,睢盱然惟杨、庄之归,而佛、老之从。吏部此时能言之为难,推明《洪范》《周礼》《春秋》《孟子》之书则深,惟箕子、周公、孔子、孟轲之功,则吏部不为少矣。余不敢厕吏部于二大圣人之间,若箕子、孟轲,则余不敢后吏部。"[149]在石介看来,周公、孔子之时,王道尚在,而孟子去孔子也不算远,但韩愈则是在千载之后、儒道极弊之时复振儒道,其艰难的程度和功绩都不在孟子之下,所以他认为虽然不能将韩愈与周公、孔子这两个儒家最重要的人物相提并论,但韩愈的地位至少不下于箕子、孟子。在《尊韩》一文中,石介则更为明确地说:"噫!孟轲氏、荀况氏、扬雄氏、王通氏、韩愈氏五贤人,吏部为贤人而卓。不知更几千万亿年复有孔子,不知更几千百数年复有吏部。"[150]这就非常明确地断定韩愈比孟子、荀子、扬雄、王通等人更为卓越,甚至隐约断定韩愈的地位仅次于孔子。欧阳修《记旧本韩文后》也推尊韩愈说:"韩氏之文、之道,万世所共尊,天下所共传而有

---

[148]《柳开集》卷一一《昌黎集后序》,第156页。
[149]《徂徕石先生文集》卷七《读原道》,第78页。
[150]《徂徕石先生文集》卷七《尊韩》,第79页。

也。"[151]但他对孟子却并没有多少兴趣。

刘咸炘先生说宋初"诸人虽高谈孔、孟，而实承韩氏"[152]，黄进兴先生也认为"宋初因'尊韩'，所以'尊孟'"[153]，即孟子之尊崇本缘韩愈而起，而直接影响宋初古文运动的并不是孟子而是韩愈，韩愈的影响力在这段时期实际上还要超过孟子，所以才会出现刘咸炘先生所观察的诸人"似专尊孟而实不然""诸人之于孟子之旨，固多不明"的情况[154]。非常明确的是，实际上韩愈才是五贤道统系谱的重心人物，而孟子等人则更多的是连接韩愈和孔子的历史中介。

五贤道统系谱的一条重要组成线索就是排辟异端，而韩愈极力排佛，既是宋初古文运动排佛的重要思想动因，也是韩愈地位不断拔高的重要原因。五贤之中，只有王通和韩愈身在佛教流行于中国之后，然而王通不排佛教，甚至主张三教合一，而偶尔进入儒家道统系谱的古文运动另一文宗柳宗元则是佛教的支持者，唯独韩愈极力排佛。在契嵩成名之前，韩愈早已成为士人排佛的思想标杆。契嵩要阻遏古文运动的排佛攻势，那么拔掉韩愈这个排佛的思想标杆，无疑是

---

[151]《居士外集》卷二三《记旧本韩文后》，见《欧阳修全集》卷七三，第1057页。
[152] 刘咸炘：《学史散篇·宋学别述·宋初三家学派图第一》，见其《推十书（增补全本）》，甲辑第3册，第1243页。
[153] 黄进兴：《学术与信仰：论孔庙从祀制与儒家道统意识》，见其《圣贤与圣徒》，第76页。
[154] 刘咸炘：《学史散篇·宋学别述·宋初三家学派图第一》，见其《推十书（增补全本）》，甲辑第3册，第1244页。

最为直接而有效的策略。契嵩《非韩》三十篇三万余言，专门系统地攻击韩愈，当是为此而作。

三、契嵩非韩的内容

《非韩》三十篇论及韩愈《原道》《原性》《原人》等最具思想性的文字，亦论及韩愈之人品、性格和行事风格，其中对于《原道》一篇议论最多，独占了三分之一的篇幅。很显然，这与韩愈《原道》排佛老、倡儒道、列道统有关，而韩愈最受后人重视的一篇文字，也正是《原道》。综观《非韩》三十篇，契嵩所论固然有因门户之见而刻意批评韩愈之处，但有一些议论也确实指到了韩愈的要害。《非韩》辩论颇多，这里无法一一解析，也无此必要，此处仅述契嵩非韩影响最大的几个要点。[155]

1. 批评韩愈自荐求仕

从人物的道德品格上进行攻击是一个常用且相当有效的批评策略，契嵩非韩也采用了这一策略，而其具体攻击点则落在了韩愈自荐求仕这一点上。契嵩对于韩愈自荐求仕的批评，主要集中在《非韩》第八篇，该篇云："韩子以三书自荐，求用于宰相，吾读之未始不为叹息。世谓韩子若继圣之贤之出也，余谓圣贤进退语默动有师法，不宜与常士相浮

---

[155] 本节所引《非韩》中语俱见契嵩《镡津文集》卷一四、一五、一六，第286~344页，为了避免烦琐，本节下文引用《非韩》时不再单独出注。

沉也。"而《非韩》第八全篇,即专力批评韩愈不甘淡泊,竟然上书自荐求仕。契嵩反复引用经典,尤其引用孟子"所就三,所去三"之说(《孟子·告子下》),以证明韩愈不当自荐求进,其篇末又云:

> 或曰:韩子之时,其取士之道异乎古也,韩子盖因其时而为之也。必若守古之道,待其聘而后用,士君子之道必至死而不得其行也。曰:不然。韩子尚以周公之道而责其时之宰相,当是何不念今之时与古异矣?不可以古道而求今也?岂谋身即谓随时,而责人即谓必如古道?君子果如是为意耶?

此同杨时与弟子的一段对话有些相似:

> 或曰:"居今之世,出处去就不必一一中节,欲其一一中节,则道不得行矣。"杨氏曰:"何其不自重也,枉己其能直人乎?古之人宁道之不行,而不轻其去就;是以孔孟虽在春秋战国之时,而进必以正,以至终不得行而死也。使不恤其去就而可以行道,孔孟当先为之矣。孔孟岂不欲道之行哉?"[156]

---

[156] (宋)朱熹:《孟子集注》卷六《滕文公下》,见其《四书章句集注》,北京:中华书局,1983年,第265页。

两处"或曰"之意几乎完全相同,都是说如果必须"守古道""一一中节"才可以出仕,那么可能很难有机会行道。

契嵩的思路与杨时固然有所差别,但是却非常敏锐地捕捉到了入宋以来愈行愈烈的士人以道自守、慎重进退的思想取向,而韩愈上书求进,无疑与宋代士人的思想取向不合,契嵩以此指责韩愈行事不合于礼、不合于道,很有说服力。其实若以时代语境而论,唐代士风和宋代士风差异颇大,以急于求仕指责韩愈未免过苛。然而,韩愈既然立身行事与宋代士风相差甚远,那么在宋人看来,韩愈就不免有未能以身行道之嫌,这可以说是抓住了韩愈的要害之一,影响也很是广远(详见下章)。后来,朱熹还常说韩愈"平日只以做文吟诗,饮酒博戏为事"[157],这虽然和契嵩说韩愈急于自售不同,但其批评韩愈不能以身行道则与契嵩相同。

2. 否定韩愈的儒道阐释

汤用彤先生评价韩愈说:"韩文公虽代表一时反佛之潮流,而以其纯为文人,率乏理论上之建设,不能推陈出新,取佛教势力而代之也,此则其不逮宋儒远矣。"[158]认为韩愈"纯为文人",盖是后起之见,不过韩愈好于为文,缺乏理论深度,更没有多少"理论建设"确是事实。综观韩愈的文字,其思想系统性不强,学理性的阐释也不多见,其《原

---

[157]《朱子语类》卷一三七,第3274页。
[158] 汤用彤:《隋唐佛教史稿》,武汉:武汉大学出版社,2008年,第38页。

道》开篇"博爱之谓仁,行而宜之之谓义;由是而之焉之谓道,足乎己,无待于外之谓德。仁与义,为定名;道与德,为虚位"[159]一段,可以视作韩愈对儒道的基础性阐释。然而,契嵩《非韩》第一全面批驳《原道》,尤其于开篇一段就对韩愈的儒道阐释进行了全面而细致的批驳。

契嵩在《非韩》第一开篇用了很多笔墨来批评韩愈《原道》对仁义道德的阐释,他说:"夫道、德、仁、义四者,乃圣人立教之大端也,其先后次第有义有理,安可改易?虽道德之小者,如道谓才艺,德谓行善,亦道德处其先。彼曰仁义之道者,彼且散说,取其语便,道或次下耳。自古未始有四者连出而道德处其后也。"他接着又引用了很多经典来证明自己的看法,又说:"道德仁义相因而有之,其本末义理如此。圣人为经,定其先后,盖存其大义耳。今韩子戾经,先仁义而后道德,臆说比大开通得理,不乃颠倒僻纡无谓邪?"为了证明韩愈对仁义道德的阐释不准确,韩愈先仁义而后道德不合于经典,契嵩列举了很多证据。

重要的是,既然韩愈对儒道的阐释"颠倒僻纡无谓",那么他就没有见得儒道真谛,如此,则以韩愈承递道统就显得不太合适。后来,程颐也批评说:"退之言'博爱之谓仁',非也。仁者固博爱,然便以博爱为仁,则不可。"[160]二

---

[159]《韩昌黎文集校注》卷一《原道》,第15页。
[160]《河南程氏遗书》卷一八,见(宋)程颢、程颐著,王孝鱼点校:《二程集》,北京:中华书局,2004年,第182页。

程因而认为"韩子之学华，华则涉道浅"[161]，即断定韩愈并未真的见道。而开启否定韩愈知道这个肇端的，正是契嵩。

3. 反对韩愈性三品说

韩愈在《原性》中主张性三品说，这在唐代和北宋前期也产生了较大的影响。《原性》将人性分为上、中、下三品，其中上品与下品"不移"，而中品可上可下，并说孟子性善论、荀子性恶论和扬雄性善恶混论都是"举其中而遗其上下者也"。[162] 契嵩主张的是人性相同、性内情外、性静情动的性无善恶论，与性三品说极为扞格，他也在《非韩》第三中专力批驳了韩愈《原性》的性三品说。

性三品说的一个主要经典根据，是孔子"唯上知与下愚不移"一语（《论语·阳货》），契嵩评论："夫孔子所谓'惟上智与下愚不移'，盖言人之有才智与聪明及愚冥而无识耳，非言性也。夫智之与愚，乃其性通塞之势耳，非性命之本末。"即认为孔子此语是在谈论人的聪慧程度，不是议论人性。而人的聪明与愚昧，乃是性之"通塞"所致，并非人性本身的分别。契嵩又引《乐记》"人生而静，天之性也；感物而动，性之欲也""寂然不动，感而遂通天下之故"，《中庸》"喜怒哀乐之未发谓之中，发而皆中节谓之和。中也者，天下之大本也；和也者，天下之达道也"，《易》"利

---

[161]《河南程氏遗书》卷六，见《二程集》，第88页。
[162]《韩昌黎文集校注》卷一《原性》，第21~25页。

贞者，性情也"诸语，证明性内情外、性静情动、人性相同，认为人性并没有所谓三品之分。此外，契嵩对《原性》以仁义礼智信为性、以喜怒哀惧爱恶欲为情也进行了细致的批评。

随着道德性命之学逐渐兴起，人性论成为士人关注的一个核心问题，自宋仁宗时期起，两宋很多士人都专门讨论过人性论，几个主要学派的代表性人物如王安石、司马光、二程、二苏、朱熹等，无不对人性论进行过相当详细的研讨。而宋代人性论发展的一个主要趋势，就是肯定人性相同、认为人性无恶逐渐成为不同学派的基本共识，这与契嵩的判断颇为合拍。同时，认为人性不同或者人性中可能存在恶的看法，主要如荀子性恶论、扬雄性善恶混论、韩愈性三品说，都在道德性命之学兴起之后逐渐被批判而抛弃，此后宋代人性论之间的竞争主要是性善论和性无善恶论之间的竞争。[163]在人性论这个宋人最为核心的命题之一上，韩愈性三品说显然并不符合宋代的思想发展趋势。

4. 指出韩愈并非一贯排斥异端

韩愈之所以在北宋中前期备受古文运动参与者的推崇，一个主要的原因就是韩愈排斥异端、卫护儒道，这也是韩愈后来在元丰七年能够进入孔庙从祀的主要原因。然而，如果通读韩愈的文字，也可以发现韩愈虽然激烈排佛，但他仍与

---

[163] 参见郭畑：《性善论对性无善恶论的一种回应——南宋早期的性善之"善"不与恶对论》，《学术论坛》，2011年第5期。

僧人有所交往，并且偶尔也会肯定佛教所具有的一些价值。更甚之，在对孟子曾经猛烈排辟过的重要异端墨家的评价上，韩愈也有着较高的肯定。韩愈这种自相矛盾的情况，很容易就被契嵩抓住了把柄。

韩愈对孟子排辟杨、墨极为称赞，甚至因而"推尊孟氏，以为功不在禹下"[164]。然而，颇为吊诡的是，在其《读墨子》一文中，韩愈竟然又否定儒家对墨学"上同、兼爱、上贤、明鬼"的批判，认为儒家其实也是如此，而且还断言儒、墨本来是相通的，在文末更极力主张说，"孔子必用墨子，墨子必用孔子；不相用，不足为孔、墨"[165]，竟然认为孔、墨必然互用。契嵩抓住这一点，在《非韩》第十九中专门对此文进行了批评，其间写道："韩子《读墨》谓：'孔子必用墨子，墨子必用孔子，不相用不足为孔、墨。'及《与孟简书》，乃曰：'二帝三王群圣之道大坏，后之学者无所寻，遂以至于今泯泯也，其祸出于杨、墨肆行而莫之禁故也。'韩子何其言之反复如此，惑人而无准也。"明确指出韩愈时而否定墨家，却又在《读墨子》中肯定墨家，并认为儒、墨须"相用"，这就足以说明韩愈并非真的一贯排斥异端。

墨学已经断绝很久，而其时最为炽热的乃是佛教。韩愈在《原道》中极力排佛，契嵩在《非韩》第一中全面驳

---

[164]《韩昌黎文集校注》卷三《与孟尚书书》，第240页。
[165]《韩昌黎文集校注》卷一《读墨子》，第44~45页，引文在第45页。

斥《原道》时，也谈到韩愈并非一贯排斥异端这一问题，他写道：

> 韩子既攘斥杨、墨、佛、老如此矣，而其《师说》乃曰孔子以礼师老聃。其《读墨》曰："孔子必用墨子，墨子必用孔子，不相用不足为孔、墨。"其为《绛州马府君行状》曰："司徒公之薨也，刺臂出血，书佛经千余言以祈报福。"又曰："居丧有过人行。"其称大颠，序高闲，亦皆推述乎佛法也。韩子何其是非不定，前后相反之如是耶？此不唯自惑，亦乃误累后世学者矣。佛、老果是，而韩子非之，后学不辨，徒见韩子大儒而其文工，乃相慕而非之；杨、墨果非，而韩子是之，学辈亦相效而是之。

契嵩确实指出了这一事实，即韩愈不仅在非墨上不一致，就是在对待他自己极力排斥的佛教时，也没能够完全一以贯之，不仅不回避与僧人的交往，还偶尔有称赏佛法之语。契嵩因而认为，韩愈自己在排辟异端尤其是排佛上都不一贯，所以士人因为慕学韩愈，就不假思索地仿效韩愈排佛，是完全错误的。

5. 将韩愈定性为不知"道"的"文士"

契嵩非韩最直接的目的，在于论证韩愈不知"道"、不能以身行道、言行不一贯，从而劝阻士人效仿韩愈排佛。他在《非韩》第一开篇就说:"韩子议论拘且浅,不及儒之至道可辩。"这是批评韩愈思想深度不够,认为韩愈未能知"道"。在《非韩》末篇定论韩愈时,契嵩又说:

> 刘昫《唐书》谓韩子其性偏辟刚讦,又曰:"于道不弘。"吾考其书,验其所为,诚然耳。欲韩如古之圣贤从容中道,固其不逮也,宜乎识者谓韩子第文词人耳。夫文者,所以传道也。道不至,虽甚文,奚用?若韩子议论如此,其道可谓至乎?而学者不复考之道理中否,乃斐然徒效其文而讥沮佛教圣人大酷。

这是契嵩《非韩》全篇的总结,他既指责韩愈的行事风格,又说韩愈未能知"道",并将韩愈定性为"文词人"。既如此,则士人因学习韩愈之文而"妄意"排佛,乃其不讲"道理"、未能深思的结果。

从其后士人对韩愈评价的转变来看,不管是契嵩对韩愈的逐条批判,还是契嵩对韩愈乃"文词人"而非知"道"者的总体定位,都非常成功,而且影响深远。在经过契嵩的大力挞伐之后,韩愈的道统地位很快便出现了急剧跌落的趋势,而到北宋中期,韩愈在士人的总体论说中便已经被排除出儒家道统系谱。此点将在下一章述论,于此不赘。

四、契嵩对五贤的评价

契嵩大力挞伐韩愈,极力消除五贤道统系谱的这一重心，这已经是在瓦解本来就不稳定的五贤道统系谱。然而，契嵩对五贤道统系谱的解构尚不止于此，他还指出五贤之间在思想上存在着一些差异和矛盾，而且在批评荀子和扬雄的同时又颇为尊崇孟子，尤其大力推崇主张三教合一的王通。

1. 指出五贤在思想上的差异

契嵩在非韩时，不时引用孟、荀、扬以证韩愈之"失"，例如《非韩》第九批驳韩愈《对禹问》时便是如此。韩愈作《对禹问》以推崇孟子，孟子曾为禹不像尧、舜一样禅让传贤而是传位于己子进行过解释和辩护，而在韩愈看来，不管是传贤还是传子，都是尧、舜、禹"知人"和"忧虑后世"的表现。尧、舜之时，有贤可传所以传贤；大禹之时，无贤可传所以传子，因为"与其传不得圣人而争且乱，孰若传诸子，虽不得贤，犹可守法"。最后，孟子说"天与贤，则与贤；天与子，则与子"，将之视为对大禹传子的根本解释。韩愈解读此句云，"孟子之心，以为圣人不苟私于其子以害天下"[166]，并在文末明确点出该文是对孟子此句的诠释。然而，契嵩在批驳《对禹问》时，并没有将重点放在韩愈着力论证的大禹之圣这一点上，而是集中指向韩愈在文中所叙述的禹"传子"这一"史实"。契嵩引用孟子的原话云："禹荐益于天，七年，禹崩，三年之丧毕，益避

---

[166]《韩昌黎文集校注》卷一《对禹问》，第33～35页。

禹之子于箕山之阴。朝觐狱讼者，不之益而之启，曰：'吾君之子也。'讴歌者，不讴歌益而讴歌启，曰：'吾君之子也。'"（《孟子·万章上》）契嵩又检讨史书，认为历史上并无大禹传位于启之事，而启之所以能继承王位，完全是民意的选择，并非禹传位于启。契嵩进而引荀子和扬雄以证己说，云："荀卿、扬雄虽皆言传授之事，亦未始称禹自与其子之天下也。"契嵩随后还大量引用经典，进一步进行分析和批驳，并在最后批评说："韩子疏谬，不讨详经史，辄为此言。"在这个例子中，契嵩引孟、荀、扬以非韩，正是利用了五贤之间的不一致性。

孟、荀、扬、王诸贤之中，契嵩尤其喜欢引用孟子以非韩，兹举一例于此。上文曾谈到，契嵩在《非韩》第八指责韩愈上书自荐求仕时，曾引用孟子"所就三，所去三"之说以非韩愈，而就在该篇中，契嵩还引用孟子而对韩愈的自我辩护进行了反驳。韩愈曾在《上宰相书》的第三书中说："古之士三月不仕则相吊，故出疆必载质。"[167]此出《孟子·滕文公下》。契嵩将韩愈引语还原到原文语境中，引孟子"古之人未尝不欲仕也，又恶不由其道。不由其道而往者，与钻穴隙之类也"之语，进而说："其意正谓士虽急于仕也，亦待其命而用，不可苟进而求用也。苟进而求用者，固如男女不待父母之命，媒妁之言，钻穴隙相窥，逾墙相从，为人之所贱者也。今韩子自荐而求用，乃援孟子此章为

---

[167]《韩昌黎文集校注》卷三《后廿九日复上书》，第182页。

谕，何忽自彰其失礼亡义也哉！"并云"韩子徒略孟子之言而不能以尽其意"，也就是说韩愈对孟子的解读存在明显的歪曲。

2. 批评荀子和扬雄

契嵩大力阐发道德性命之学，他不仅进一步促使宋代学术思想的发展呈现整体性转型的趋势，而且也开始以道德性命之学的新眼光去审视五贤。对于此前士人所并重的五贤，契嵩开始有所甄别，对那些不符合道德性命之学思想需求的前贤开始进行批评和排除。在此背景下，契嵩不仅非韩，还对荀子和扬雄进行了批评。

在《品论》一文中，契嵩就批评荀子和扬雄，说："荀子之言近辩也，尽善而未尽美，当性恶、禅让，过其言也。扬子之言能言也，自谓穷理而尽性，洎其遇乱而投阁，则与乎子路、曾子之所处死异矣哉！"[168]这便是批评荀子的性恶论和对禅让的解读，以及批评扬雄并未穷理尽性和投阁求死。契嵩对荀子的批评总体来看并不算多，但他对扬雄的批评则较为激烈。

契嵩既指责扬雄的政治品格，又指责他的拟经之作不当，而且思想中还因夹杂黄老而不够醇粹。契嵩曾说："扬子为《剧秦美新》，……苟言也，……不宜为而为之也。"他批评扬雄《剧秦美新》不但未能起到赋体所应具有的讽谏作

---

[168]《镡津文集》卷七《品论》，第121页。

用，反而在事实上"加其夸大之心"。[169]

在《非韩》第二十八中，契嵩因非韩而议及扬雄拟经。韩愈《答崔立之书》说自己欲"作唐之一经，垂之于无穷，诛奸谀于既死，发潜德之幽光"[170]，契嵩极力批评韩愈的这一志愿。契嵩以扬雄为说，云："昔扬雄作《太玄经》，以准《易》故也，而汉诸儒非之，比之吴楚僭号称王者也。"观诸契嵩的文意和语气，他很显然也倾向于"汉诸儒"对扬雄拟经的批评。

在《与冯宿论文书》中，韩愈以扬雄为榜样，认为后世必有知其文者。[171]前章曾谈到过，桓谭对扬雄后世必有知音的预判最终成为现实，这一点对唐宋士人激励很大，韩愈也不例外。然而，契嵩在《非韩》第十一中对韩愈此《书》自信过甚大加批评，并因而议及扬雄，还由此而对《太玄》进行了较为系统的批判。他说："子云平生学问于蜀人严遵君平，故其《法言》盛称于君平，君平乃治老子者也。及子云为《太玄》，乃以一生三为创制之本，是亦探老子所谓'一生二，二生三'者也。故子云曰：'老子之言道德，吾有取焉耳。'"这即认为《太玄》之数本出于《老子》，并认为扬雄的思想主要来自严君平，而严氏又是一个十足的道家人物，所以契嵩说"雄书之宗本"是"出于老子"。这

---

[169]《镡津文集》卷六《四端》，第114页。
[170]《韩昌黎文集校注》卷三《答崔立之书》，第188页。
[171]《韩昌黎文集校注》卷三《与冯宿论文书》，第220页。

与后来朱熹"扬雄则全是黄老"[172]的判断何其相似。此外，契嵩又分析对比了《易》与《太玄》的数术之法，进而批评说："扬子因《易》以成书，其谓述之可也，不应作经自为其家与夫大《易》抗行。孔子'述而不作，信而好古，窃比于我老彭'，仲尼犹不敢作，子云乃作之欤。《汉书》谓诸儒讥扬子非圣人而作经，盖亦以其不能尊本也。"即认为扬雄作《太玄》最多只能算是述《易》之作，而扬雄自谓作《太玄》以拟经，这就不仅是处置《太玄》的思想位置不当，并且还是"不能尊本"的行为。

3. 尊崇孟子和王通

于五贤之中，契嵩对荀子、扬雄、韩愈三人分别都有所批评，而对韩愈的批评最为激烈。契嵩颇为赞赏的是孟子和王通二人，又尤其推尊王通，他还写作了《文中子碑》和《书文中子传后》这两篇专门颂扬王通的文字。

前一节谈到，契嵩不时引用孟子以阐发道德性命之学，融通儒、佛。上文也谈到，契嵩还不时引用孟子以攻击韩愈。通观《镡津文集》，契嵩引用孟子之处颇多，而且均是正面引用。他曾说："孟子曰：'是非之心，智之端也。'斯亦辨道之谓也。"[173]又称孟子为"行道者"[174]，并在《非韩》第八中说："战国之时，欲行其道，无如孟轲。"其《性德》

---

[172]《朱子语类》卷一三七，第3255页。
[173]《镡津文集》卷七《品论》，第122页。
[174]《镡津文集》卷七《夷惠辨》，第135页。

也说:"颜子、子思、原宪、孟轲,古之贤人也。"[175]不过,需要指出的是,契嵩的思想自然也不可能与孟子完全相合。如契嵩主张的人性论是性无善恶论,而与孟子性善论不同,只不过这一分歧并不能作为契嵩不满于孟子的证据,因为尊孟如王令、王安石等人,也同契嵩一样主张性无善恶论。在人性论之外,关于孟子是否领悟了《中庸》之旨,契嵩似乎也持保留的态度,他写道:"曰:'孟轲学于子思,其能中庸乎?'曰:'吾不知也。'"[176]但是总体来看,契嵩对孟子还是非常肯定的。

契嵩于五贤之中最为尊崇的无疑是王通,他还专为王通写了《文中子碑》和《书文中子传后》。他在《文中子碑》中说:"仲尼殁百余年,而有孟轲氏作,虽不及仲尼,而启乎仲尼者也。孟轲殁而有荀卿子作,荀卿殁而扬子云继之。荀与扬,赞乎仲尼者也,教专而道不一,孟氏为次焉。"即认为荀子和扬雄不及孟子,孟子不及孔子,然而,他在后文几乎明确以王通为"圣人",还屡屡将王通和孔子做比较,甚至认为王通在有的方面还要超过孔子。契嵩云:"去仲尼千余年而生于陈、隋之间,号文中子者,初以十二策探时主志,视不可与为,乃卷而怀之,归于汾北,大振其教,雷一动而四海寻其声,来者三千之徒,肖乎仲尼者也。"这是因弟子众多而将王通与孔子相拟。他又称道

---

[175]《镡津文集》卷六《性德》,第104页。
[176]《镡津文集》卷四《中庸解》第五,第78页。

王通的续经之功，认为"非有圣人之道、圣人之才，而孰能与于此乎"，这与其批评扬雄拟经、韩愈有志"作经"的态度完全相反，并说"文中之于仲尼，犹日而月之也。唐兴，得其弟子辈发文中之经以治天下，天下遂至乎正，礼乐制度炳然，四百年比隆于三代"，直接将孔子和王通比作日月，并称道王通弟子开启唐治。契嵩进而说："噫！仲尼之往也几百年，其教祸于秦，弟子之行其教而仕者，不过为列国陪臣。文中子之弟子，为天子相将，其教也播及于今，何其盛哉！高示远迈之如此也，天其以仲尼之德假乎文中子耶？吾不得而知之。"[177] 这就几乎把王通推尊到了和孔子并列的地位。契嵩《书文中子传后》说："王氏能续孔子六经，盖孔子之亚也。"[178] 也以王通仅次于孔子，乃是亚圣的地位。契嵩在其他文字中也不时引用或称赞王通，如契嵩在其《纪复古》中写道："隋世王通亦以其文继孔子之作，唐兴，太宗取其徒发而试之，故唐有天下大治。"[179] 其《唐太宗述》也说："如使王通未丧，唐得用之，则卜年卜世，何翅乎三百一十六也？孟子曰：'五百年必有王者兴，其间必有名世者。'太宗之作，真王者也，而不但文中子，可叹也哉！"[180] 契嵩对王通之推崇，远远超过孟子。

---

[177]《镡津文集》卷一二《文中子碑》，第252～253页。
[178]《镡津文集》卷一三《书文中子传后》，第276页。
[179]《镡津文集》卷七《纪复古》，第129页。
[180]《镡津文集》卷八《唐太宗述》，第137页。

第三节 五贤争论的展开

五贤道统系谱本身其实隐含着一些无法统一的内部矛盾，如《荀子·非十二子》细数"子思、孟轲之罪"；孟子、荀子、扬雄、韩愈都排辟异端，但王通则主张三教合一；孟子、荀子、扬雄、韩愈在文学上都各自有所成就，但王通《中说》却文辞不佳，李翱《答朱载言书》就将其作为"其理往往有是者，而词章不能工"的代表[181]；在人性论这一道德性命之学的核心问题上，孟子主性善，荀子则主性恶，扬雄又主性善恶混，韩愈则立性三品说，各不相同，而王通《中说》则几乎没有论及这一重要问题。此前的古文运动中人大多不太注意这些差异，或者不以这些差异为意，如韩愈尊崇孟子，也比较尊崇荀子、扬雄，并知晓他们的人性论立场，但他仍然在《原性》中系统提出了自己的性三品说。

契嵩指出五贤在思想和行事风格上并不一致，而是存在差异，这就迫使士人不得不认真面对这些差异。直到南宋前期，王十朋都还以五贤之差异为题策问士子，他指出：

> 战国之轲、况，西京之雄，隋之通，唐之愈，皆著书立言，羽翼圣道，世以大儒称之，议者不以为过。然五君子者，果孔氏之徒欤？心无异传，道无二致，固宜迭相推尊，无或操戈相伐可也。今考其书，乃或

---

[181]《李翱文集校注》卷六《答朱载言书》，第83页。

不然。况非特不尊轲也,且列于十二子而非之。雄非特不尊况也,且有同门异户之斥。通虽以雄为振古奇人,而不许其道。愈推尊孟氏,醇疵况、雄,至河汾则无一言之及。然愈尝自比孟轲矣,后世亦不能无异同之论……[182]

王十朋所言非常具有代表性,明确揭示出了五贤道统系谱所蕴含着的诸多疑问。既然五贤之间有着种种的差异乃至完全相反的思想矛盾,那么再继续认为五贤都是继承孔子,是"一贤殁,一贤出"地前赴后继,就很难具有足够的说服力。如此,则士人群体便不得不更加全面、更加深入地研讨五贤的思想和行为,从而更为审慎地重构儒家道统系谱。而因为五贤之间的差异性乃至自相矛盾,五贤中的某些人物最终被清除出道统系谱也将是必然的后果。因为契嵩于五贤之中颇为非议荀子、扬雄和韩愈,却又推崇孟子和王通,这在当时排佛的士人中激起了很大的反应,他们对五贤的取舍与契嵩几乎完全相反。

此外,契嵩在《非韩叙》开篇云:"非韩子者,公非也,质于经,以天下至当为之是,非如俗用爱恶相攻。"契嵩在非韩时经常以各种经典为根据,又大力阐发道德性命之学,进而解构从韩愈以来逐步建构起来的五贤道统系谱,这

---

[182] (宋)王十朋著,梅溪集重刊委员会编:《王十朋全集·文集》卷一〇《策问》,上海:上海古籍出版社,2012年修订本,第731页。

也促使士人群体不得不进一步深入对经典的阐释和对于道的精微探讨，从而加速了唐宋思想的转型，儒家道德性命之学也由此进一步发展。而随着新儒学的发展和成熟，士人群体也越来越以新的眼光去审视包括韩愈在内的五贤甚至所有前贤，如此一来，五贤思想中不合于新儒学思想需求之处也就越来越被发掘出来。士人群体开始在五贤中既有所选择又有所摒弃，关于五贤的争论渐次展开。

一、关于五贤的争论大量出现

韩愈虽曾说荀、扬"大醇而小疵"，但没有具体的讨论。此后至于宋初，除了李翱《答朱载言书》批评王通《中说》文辞不佳、唐末皮日休《法言后序》批评扬雄媚莽、陆龟蒙《蚕赋》和《大儒评》对荀子稍有批评外，古文运动总体上都对五贤持推崇的态度，而且还有不少人为曾被批评过的荀子、扬雄和王通辩护：柳开作《扬子剧秦美新解》《汉史扬雄传论》、赵湘作《扬子三辨》、智圆作《广皮日休法言后序》《让李习之》为扬雄辩护，智圆作《辨荀卿子》为荀子辩护，又作《读中说》为王通辩护。但到庆历之后，情况开始有所变化，继续推尊孟、荀、扬、王、韩五贤者固然不少，但非、疑之论也开始大量出现。

在这些非、疑五贤的议论中，最引后人注目的无疑是非孟、疑孟思潮。《邵氏闻见后录》卷十一至十三辑录了十家批评孟子的言论，除了荀子《非十二子》外，还包括宋代九家：司马光《疑孟》、苏轼《论语说》、李觏《常语》、陈次公《述常语》、傅野《述常语》、刘敞《明舜》、张俞《论韩愈称孟子功不在禹下》、刘恕《资治通鉴外纪》、晁说之《奏审皇太子读孟子》，邵博并提及何涉有《删孟》，只是"文繁不录"。[183] 此外，孙抃有《辨孟》上中下三篇[184]，《郡斋读书志》则记冯休有《删孟》二卷十七篇[185]，陈岩肖《庚溪诗话》卷下也记有二人分别以"非孟"诗、"疑孟"论投示李觏。[186] 综观北宋的这些疑孟、非孟之作，其中除了司马光《疑孟》、刘恕《资治通鉴外纪》、苏轼《论语说》和晁说之《奏审皇太子读孟子》出现在熙宁以后外，其余的全都出现在神宗之前，且大部分完成于仁宗时期。

孙抃从兄弟孙堪在《书李斯传后》中指责荀子思想实乃韩非、李斯焚书坑儒之先导[187]，贾同也作《责荀》指责荀子非子思、孟子[188]。苏洵《太玄论》则力非扬雄《太玄》，且议及《法言》。[189] 为扬雄《法言》作注的宋咸则有《过文中子》以非王通[190]，李觏也作《读文中子》非、疑王通。上

---

[183]《邵氏闻见后录》卷一一至一三，第81～106页。
[184]《辨孟》，收在《新刊国朝二百家名贤文粹》卷四《论著·古圣贤四》，见《宋集珍本丛刊》，第93册，第341～342页。
[185]《郡斋读书志校证》卷一〇《子部·儒家类》，第420～421页。
[186]（宋）陈岩肖：《庚溪诗话》卷下，见丁福保辑：《历代诗话续编》，第185页。
[187]（宋）孙堪：《书李斯传后》，收在《新刊国朝二百家名贤文粹》卷一九四《杂文·题跋四》，见《宋集珍本丛刊》，第94册，第689页。
[188]（宋）贾同：《责荀》，见《宋文鉴》卷一二五《杂著》，第1750页。
[189]（宋）苏洵著，曾枣庄、金成礼笺注：《嘉祐集笺注》卷七《太玄论》，上海：上海古籍出版社，1993年，第169～203页。
[190]《宋史》卷二〇五《艺文志四》，第5173页。

文谈到，契嵩有《非韩》三十篇极力批评韩愈，也非及荀子和扬雄，但他又作《文中子碑》和《书文中子传后》以大力颂扬王通。刘敞则不仅在其《明舜》中非孟，《公是先生弟子记》还记他曾说："荀子不知性，扬子不知命，韩子不知道。"[191]

由上可见，在庆历之后，孟、荀、扬、王、韩五贤都开始遭到士人的非、疑，不独孟子如此。这一现象之所以出现，根本原因在于新儒学的逐渐发展和士人对于儒家经典、五贤著述研读的深入；而其直接原因，则是契嵩为了阻遏排佛思潮而非议荀子、扬雄和韩愈，却又推崇孟子和王通，并大力阐发道德性命之学以接引士大夫，从而开启士人谈禅的风气，这就激起了排佛士人的强烈反应。前一个根本因素在仁宗、英宗时期的表现尚不太明显，后一个直接因素的表现则要清楚明白得多。

二、排佛思潮与士人对五贤的取舍

契嵩之所以非议荀子、扬雄和韩愈而推崇孟子和王通，无疑与他融通儒佛、卫护佛教的目的直接相关。在契嵩看来，孟子和王通的思想更加亲近佛教，而荀子、扬雄和韩愈则与佛教相去甚远，韩愈甚至还激烈地直接排佛。一些士人在对待五贤的态度上，有意无意地与契嵩不同。此间不少士

---

[191]（宋）刘敞：《公是先生弟子记》不分卷，上海：商务印书馆，1939年丛书集成初编本，第19页。

人一方面批判契嵩尊崇的孟子、王通，另一方面又为契嵩批判的扬雄辩护。

1. 非孟、疑孟思潮的初现

至今保存下来的北宋神宗以前非孟、疑孟的材料，主要有张俞《论韩愈称孟子功不在禹下》、李觏《常语》、陈次公《述常语》、傅野《述常语》、刘敞《明舜》、孙抃《辨孟》诸篇。其中，张俞《论韩愈称孟子功不在禹下》似乎出现较早，而且张俞之意不在于非孟、疑孟，而是认为韩愈推崇孟子太过，其写作该文主要是为了推尊禹功。[192]

本章第一节谈到，李觏大概是宋代非孟最为系统的一个，而非孟也是其《常语》一书的主要目的之一。李觏将士人对六经权威性的怀疑归罪于孟子，这很大程度上与契嵩引用孟子以解构儒"经"的言论有关。李觏又认为孟子之说犹如叛臣之逆，他在《常语》中多处批评孟子"不尊周"等问题，都是为了将孟子塑造成违背儒家伦常的形象。李觏门人陈次公和傅野分别所作的《述常语》，也都大体继承了李觏的看法。

孙抃《辨孟》上篇所辨，语出《孟子·尽心下》："尧舜，性者也；汤武，反之也。"这关系到其对于人性论的看法。孙抃反对性善论、性恶论和性善恶混论，他说："三子

---

[192]（宋）张俞：《论韩愈称孟子功不在禹下》，见《邵氏闻见后录》卷一三，第103～104页。

（孟子、荀子、扬雄）虽摈横议，巍辟儒阃，然亦有任独断，溺偏见。言乎皆善者，是天不贵于圣；举乎皆恶者，使人得稔于奸；混而论之者，则止述中贤，而遗其上下。"可见孙抃主张的其实是韩愈的性三品说，此亦可见其疑孟而尊韩的倾向。《辨孟》中篇所论，即孟子不信《尚书》"血流漂杵"之载一事，其辩驳的思路与李觏大致相似，但他认为"斯言也，谓之记录之罪可矣"，不能以此归咎于孟子。《辨孟》下篇所论，语出《孟子·尽心上》：

> 桃应问曰："舜为天子，皋陶为士，瞽瞍杀人，则如之何？"孟子曰："执之而已矣。""然则舜不禁与？"曰："夫舜恶得而禁之？夫有所受之也。""然则舜如之何？"曰："舜视弃天下，犹弃敝蹝也。窃负而逃，遵海滨而处，终身欣然，乐而忘天下。"

孙抃认为"视弃天下，犹弃敝蹝"是"诬先王、贼大教"，孟子不可能如此，他说："圣人岂不能酌情应变，附会大中之典，俾孝无伤性，忠无失职。"即认为圣人根据人情可以制定出适当的制度来解决这种难题，孟子绝不可能"流离神器，顿挫重柄，窃负以遵海滨"。[193]

刘敞《明舜》所辨，与孙抃《辨孟》下篇相同，他认

---

[193]《辨孟》，收在《新刊国朝二百家名贤文粹》卷四《论著·古圣贤四》，见《宋集珍本丛刊》，第93册，第341～342页。

为："孟子之言，察而不尽理，权而不尽义。"他通过层层递进的推理论证，断定"舜为天子，瞽瞍必不杀人"，而如果"瞽瞍杀人，皋陶必不执也"，而如果"瞽瞍杀人，皋陶虽执之，舜必不听也"。刘敞认为以父子相隐、君臣之义来进行权衡，根本就不可能出现孟子对话中假设的情况；而即便出现了，孟子的看法也是错误的。[194]有人投示李觏的"非孟"诗云："焚廪捐阶事可嗤，孟轲深信不知非。岳翁方且为天子，女婿如何弟杀之？"[195]也与瞽瞍和虞舜有关。

孙抃《辨孟》中篇认为，孟子不相信《尚书·周书·武成》"血流漂杵"的记载，这应该不是"孟子之言"，而是"记录者误摭非语"，因此，"则斯言也，谓之记录之罪可矣，若固执以咎孟子，非吾所闻"。下篇又说："孟子既没，万章、公孙丑互录对问之迹，或忘误事实，倒载简策，贻赘几圣，学其道者援而废之可也。"[196]如果按照余允文《尊孟辨》对非孟者疑、诋、骂的分类，孙抃当是属于"疑"的一类，而且无疑是属于"疑其信"的一类。[197]不过，很明显的是，孙抃认为《孟子》中的一些言论是完全错误的，《孟子》并不是完全可靠的。冯休《删孟》的因由和孙抃相似，其疑孟也同样是因为"孟轲书时有叛违经者"[198]，而且同

---

[194]《公是集》卷四七《明舜》，见《宋集珍本丛刊》，第9册，第726页。
[195]《庚溪诗话》卷下，见《历代诗话续编》，第185页。
[196]《辨孟》中、下，收在《新刊国朝二百家名贤文粹》卷四《论著·古圣贤四》，见《宋集珍本丛刊》，第93册，第341～342、342页。
[197]（宋）余允文：《尊孟辨原序》，见《尊孟辨》卷首，第1页。
[198]《郡斋读书志校证》卷一〇《子部·儒家类》，第420页。

样认为这些违经之说是孟子殁后由弟子附入，非孟子本意。

冯休的背景已不可考，不过孙抃、刘敞，尤其是李觏及其门人陈次公、傅野，都是持排佛立场的。仁宗、英宗时期非孟、疑孟思潮的初现，很大程度上与契嵩攻击韩愈、尊崇孟子而阻遏古文运动的排佛攻势有关。

2. 怀疑、批评王通

契嵩尊孟而李觏非孟，契嵩推崇王通，李觏则非、疑王通。李觏有《读文中子》一文，其文首即云："文中子之言，圣人之徒也，传之者非其人，为之痛创而已耳。吾观《中说》，谓所传者，奸诈无礼之人也。"李觏所说的《传》，当即《中说》所附世传为王通弟子杜淹所撰的《文中子世家》。在李觏看来，王通虽为"圣人之徒"，但是为王通作传之人则是"奸诈无礼之人"，为何如此说呢？李觏所举出的原因有三点：其一，《中说》载唐初诸多名臣如魏徵等人都是王通弟子，但是在魏徵等人所修撰的《隋书》中，不仅没有王通的传记，甚至没有一处提及王通。而所谓王通弟子因得罪长孙无忌，长孙无忌遂令不准载王通于《隋书》之辩解，李觏认为也不可靠。在李觏看来，为王通作传之人之所以想方设法地将唐初名臣附会成王通弟子，乃是因为"文中子教授河汾间，迹未甚显，没后，门人欲尊宠之，故扳太宗时公卿以欺后世耳。惧其语之泄，乃溢辞以求媚"。其二，孔子作《春秋》以尊周，然而王通本为隋人，但是他在听闻隋炀帝死讯后却说："天其或者将启尧、舜之运，吾不与焉，命也。"这完全无视君臣之礼，也不符合基本的忠节观念。其三，杨素、苏夔、李德林等人乃是隋朝大臣，又不是王通弟子，但《中说》载几人会谈王通时，却将几人约见王通写成"请见"，并直书其名，这有违上下之礼。最后，李觏总结说："吾故谓所传者，奸诈无礼之人也。虽然，不奸诈，不无礼，文中子之道不如是之光也。……或曰：文中子之道不如是之光，则奈何？曰：不害为圣人之徒。"他认为如果传王通者不奸诈无礼，那么王通之道不可能如此受人重视。李觏在文末有一句话，点出了他非议传王通者的直接动机，他说："流俗之视《中说》如视佛书，夫焉知佛之道可尊而尊之哉？徒闻其未死时，天地鬼神夷狄之君无不尊之者耳。"[199]可见李觏之所以大力批判王通，其实主要还是因为其排佛的立场。李觏不直接批评王通而非议传王通者，大概也与契嵩作《文中子碑》和《书文中子传后》有关。

李觏好友宋咸也批评王通，他"撰《过文中子》十卷，又驳《中说》二十二事"[200]，明代顾起元《说略》云："宋咸作《驳中说》，谓文中子乃后人所假托，实无其人。"[201]是则宋咸甚至根本就否认历史上曾有王通其人。

郑獬《书文中子后》也认为："王氏《中说》所载门

---

[199]《李觏集》卷二九《读文中子》，第344～345页。
[200]（宋）王应麟：《玉海》卷五三《艺文·文中子中说》，南京：江苏古籍出版社；上海：上海书店，1987年，第1004页。
[201]（明）顾起元：《说略》卷一三，台湾商务印书馆景印文渊阁四库全书本，第964册，第581页。

人，多贞观时知名卿相，而无一人能振师之道者，故议者往往致疑。其最所称高弟，曰程、仇、董、薛。考其行事，程元、仇璋、董常无所见，独薛收在《唐史》有列传，踪迹甚为明白。"郑獬进而通过考证，指出薛收、李靖之生卒行事与《中说》所载并不相符。针对长孙无忌因与杜淹有隙而禁止《隋书》记载王通之说，郑獬云："予按淹以贞观二年卒，后二十一年高宗即位，长孙无忌始拜太尉，其不合于史如此。"最后，郑獬认为："或者疑(《中说》)为阮逸所作，如所谓薛收《元经传》亦非也。"也是怀疑《中说》和《元经》都是伪作。[202]

李觏、宋咸和郑獬尚未彻底否定《中说》一书的思想性，但欧阳修却说："圣人之文虽不可及，然大抵道胜者文不难而自至也。故孟子皇皇不暇著书，荀卿盖亦晚而有作。若子云、仲淹，方勉焉以模言语，此道未足而强言者也。"[203]对王通思想的评价已经相当低。

3. 为扬雄辩护

前节谈到过，契嵩在《品论》一文中批评扬雄说："扬子之言能言也，自谓穷理而尽性，洎其遇乱而投阁，则与

---

[202] (宋)郑獬:《郧溪集》卷一八《书文中子后》，见《宋集珍本丛刊》，第15册，第166～167页。
[203] 《居士集》卷四七《答吴充秀才书》，见《欧阳修全集》卷四七，第664页。

乎子路、曾子之所处死异矣哉！"[204]这涉及扬雄与新莽的关系，以及扬雄的政治品格。此外，契嵩又批评扬雄拟经，并系统性地批评《太玄》，认为《太玄》本于黄老而又拟《易》。前人对扬雄的批评，也主要集中在扬雄媚莽和拟经两点上。一些士人不满契嵩对扬雄的非议，纷纷为扬雄辩护。

孙复《辨扬子》云："千古诸儒，咸称子云作《太玄》以准《易》。今考子云之书，观子云之意，固见非准《易》而作也，盖疾莽而作也。"又说："子云耻从莽命，以圣王之道自守，故其位不过一大夫而已。子云既能疾莽之篡逆，又惧来者蹈莽之迹，复肆恶于人上，乃上酌天时行运盈缩消长之数，下推人事进退存亡成败之端，以作《太玄》。"他认为《太玄》三方、九州、二十七家、八十一部乃是暗指三公、九卿、二十七大夫、八十一元士，而"玄，君象也，总而治之"，如此，则《太玄》"大明天人终始逆顺之理，君臣上下去就之分，顺之者吉，逆之者凶，以戒违天咈人与戕君盗国之者。此子云之本意也，孰谓准《易》而作哉"。他不仅否认《太玄》准《易》，而且认为《太玄》其实是扬雄愤慨于王莽篡汉而作。[205]孙复此论，开启了后世所谓的"《太玄》刺莽说"[206]。

---

[204]《镡津文集》卷七《品论》，第121页。
[205]《孙明复先生小集·辨扬子》，见《宋集珍本丛刊》，第3册，第158～159页。
[206] 近年仍有学者以"五德终始说"来论证《太玄》刺莽，参见问永宁：《〈太玄〉是一部谤书——"刺莽说"新证》，《周易研究》，2005年第6期。

孙复弟子石介亦云："《法言》修，莽恶显。"[207]又云："炎灵中歇，贼莽盗国，衣冠坠地，王道尽矣。扬雄以一枝木扶之，著《太玄》五万言，以明天、地、人之道，作《法言》十三篇，以阐扬正教。"[208]也认为《太玄》和《法言》正是在王莽篡汉导致斯文扫地之后，扬雄为了扶正王道而作。

李觏《吊扬子》也称颂《太玄》而尊扬雄，其论述思路与孙复大体相似。李觏认为《法言》中的细碎对问并不能体现扬雄思想的精髓，扬雄寓其真意所在的乃是《太玄》一书，所谓"伊太庙明堂之巨丽兮，则尽在于《太玄》"。李觏还说《太玄》所陈，"其指在于三纲兮，尤切切于君臣"，也是同样认为《太玄》是嫉莽之作。李觏还反对后人以术数之书视《太玄》，认为这忽略了《太玄》所蕴含的经济邦国之道，所谓"今之从事于此书兮，其说溺乎数术。……繄小子之不敏兮，将大为之解释。下以行诸讲学兮，上以及夫邦国。……不然，子云之道兮，或几乎息"[209]，对《太玄》推崇甚高。而和李觏一样批判王通的宋咸，更亲自着力注释了《法言》和《太玄》两书。

刘敞也重《太玄》，其《读太玄》说："吾读《太玄》，一阴一阳，一柔一刚，一晦一明，一否一藏，一弱一强，一微一唱，一存一亡。所谓贤人之言，近如此也。襃之者过其实，毁之者损其真。《太玄》所述，天人之际，性命之本，

---

[207]《徂徕石先生文集》卷一三《上蔡副枢书》，第143页。
[208]《徂徕石先生文集》卷一四《与士建中秀才书》，第163页。
[209]《李觏集》卷二九《吊扬子》，第345~346页。

万物之理，不可以辞敚。"[210]也对《太玄》评价颇高。

早年排佛的章望之，也有《书扬雄传后》一文为扬雄媚莽极力辩护。他认为，据《汉书·扬雄传》所载，扬雄并不贪图仕禄，不管是在王莽为权臣时还是在王莽篡汉之后，扬雄都没有求进之心。王莽篡汉后，扬雄因年资之故方才得一大夫之位。如此看来，扬雄没有媚莽的可能。《传》中所载时人讥讽扬雄"爱清净，作符命"，也是因为刘棻曾学奇字于扬雄，并非说扬雄自己作符命。而且，班固作《汉书·扬雄传》也没有提到扬雄有《剧秦美新》之文，所以《剧秦美新》当是后来嫉妒扬雄者所伪造，而伪造者为了迷惑后人，便在班固《典引》中增入"扬雄《美新》，典而无实"一语，而且"雄果有媚莽之文，岂不能取封爵、获富贵于莽朝哉？终莽之朝，位才一大夫，盖其守正自若，不扰不屈，而至于是也"。他断定扬雄不仅没有媚莽，而且始终"守正自若，不扰不屈"。此外，《法言》中"周公以来，未有汉公之懿也，勤劳则过于阿衡"一句，也不是媚莽之语，不然，扬雄没有必要在此句后加上"汉兴二百一十载而中天，其庶矣乎"一语。[211]

不过，随着新儒学的发展，扬雄此间还是开始遭受一些思想上的批评。刘敞虽重《太玄》，但他也说："扬子剧秦

---

[210]（宋）刘敞：《读太玄》，收在《永乐大典》卷四九三九，见《全宋文》卷一二八五，第59册，第211页。

[211]（宋）章望之：《书扬雄传后》，收在《新刊国朝二百家名贤文粹》卷一九四《杂文·题跋四》，见《宋集珍本丛刊》，第94册，第692页。

美新,畏祸投阁,苟悦其生,而不顾义。……为畏而投与刑而死同,为投而死与刑而诛异。"所以他认为"扬子不知命"[212],其《西汉三名儒赞序》也说扬雄"仕王莽,作《剧秦美新》,复投阁求死"是"背于圣人之道,惑于性命之理"。[213]这就开始以扬雄投天禄阁、仕莽、作《剧秦美新》等具体行为为基础,而批评扬雄在思想上的缺憾。郑獬也曾云:"子云迫于莽,投之阁,此又何也?"[214]而上引欧阳修语云:"子云、仲淹,方勉焉以模言语,此道未足而强言者也。"[215]则对扬雄、王通的思想评价都相当低。下章将会讨论王安石、王回、常秩、曾巩等人围绕王安石《王令墓志铭》展开的关于扬雄的争论,也是发生于嘉祐四年之后不久。

结 语

尽管孟、荀、扬、王、韩五贤之间存在着诸多引起古文运动重视的共性,但是如果稍作深入的阅读和思考,五贤之间的差异性甚至彼此矛盾之处其实也同样非常明显。关于五贤的争论大量出现,既是五贤道统系谱引起广泛关注所导

---

[212]《公是先生弟子记》,第20、19页。
[213]《公是集》卷四九《西汉三名儒赞》,见《宋集珍本丛刊》,第9册,第746页。
[214]《郧溪集》卷一八《书贾谊传》,见《宋集珍本丛刊》,第15册,第167页。
[215]《居士集》卷四七《答吴充秀才书》,见《欧阳修全集》卷四七,第664页。

致的结果,也是宋人对儒家之道的探索开始深入到实质性思想转型的结果,这不仅预示着五贤道统系谱建构终将成为被后人遗忘的一段思想历程,也预示着在以道德性命之学作为新的思想环境的大背景下,必将出现一组脱胎于五贤道统系谱但又大大区别于五贤道统系谱的新系谱。

总体来看,庆历之后以至于神宗之间的士人对于五贤的不同评判,较大程度上是受到了契嵩阻遏古文运动排佛的刺激。契嵩尊崇孟子、王通而批判荀子、扬雄和韩愈,而排佛士人群体的反击则主要是批判孟子、王通而大力为扬雄辩解,但是,此间为荀子和韩愈辩护的声音却显得颇为寂寥,这主要是因为二人的思想特点已经越来越不符合新儒学的思想需求。下章也将会讨论到,荀子、韩愈是五贤之中最早被士人群体共同否定而排除在道统系谱之外的两位人物。

第三章　北宋中期：新儒学与道统系谱重构

漆侠先生指出，"从宋仁宗嘉祐初到宋神宗元丰末的三十年间，是宋学的兴盛时期"，随着新儒学的发展和成熟，以及道德性命之学的深化，"在这个兴盛时期，先后形成了四个学派，即：以王安石为首的荆公学派，以司马光为首的温公学派，以苏洵、苏轼、苏辙为核心的苏蜀学派，以及以张载、二程为代表的关、洛道学学派"。[1] 由于诸学派的思想体系各不相同，治学风格也存在差异，对于"道"的认识亦有区别，彼此之间的学术思想论争伴随着政治上的党争而愈趋激烈。以"熙丰变法"为标志，新儒学开始在宋代正式走向政治实践，然而在具体的政治改革措施上，各派士人之间经常存在着不同的甚至是完全相反的意见。学术思想上的分歧，政治活动中的党争，使得北宋中后期的思想界呈现纷繁复杂、纵横交错的局面。

在这一背景下，士人间关于五贤道统地位的争论充分展开，五贤道统系谱也因而彻底瓦解，各个学派纷纷对儒家

---

[1] 漆侠：《宋学的发展和演变》第十章"荆公学派与辩证法哲学"，第315页。

道统系谱进行重构。王安石新学尊崇孟子，又视扬雄为孟子的继承者；司马光一派则非孟子而独尊扬雄；苏氏蜀学基本肯定孟子，但彻底否定扬雄的学术思想；理学也尊孟子而否定扬雄的学术和人品。孟子和扬雄是此间争议最大的人物，然而，荀子则被各个学派一致否定，韩愈也被定格为有功于儒道的"文士"，而王通则各个学派都比较忽略，被谈及的频率最低。总的来看，随着新儒学的不断进展，孟子的突出地位在争议声中逐渐确定下来，而儒家道统系谱的重心也从韩愈彻底转移到了孟子。

第一节　新儒学的分裂与五贤道统地位的重估

随着道德性命之学的发展，儒学开始实质性地进入到汉学向宋代新儒学转型的阶段。而在新儒学发展成熟的过程中，由于士人之间的诸多不同见解，逐渐形成了几个主要的学术思想派别——王安石新学、司马光之学、苏学、理学。而诸派之中，王安石新学因为其巨大的学术和政治影响，在北宋中后期乃至南宋初年都长时期地占据着学术思想界的中心地位。王安石对五贤道统地位的重估及其对儒家道统系谱的重构，对其他学派产生着各不相同的思想影响。

一、道德性命之学与五贤道统地位的重估

北宋前期，关注"内在"领域的道德性命之学即已涌动，不过其时还主要是在佛教知识系统和好佛的士人之中流

行，尚未与排佛的古文运动发生交汇。契嵩为阻遏古文运动的排佛攻势，大力阐发道德性命之学以接引士大夫，不仅使得道德性命之学更加深化，而且更加风行。不管是比较传统的经学家，还是好作诗文的士人，抑或承续古文运动的具有改革倾向的趋新士人，都不得不郑重对待道德性命之学。

宋代早期参与古文运动的士人，诸如柳开、种放、穆修，对于道德性命之学都不太感兴趣，在他们大力提倡以儒学治世、"回向三代"的"外王"一面时，却大多忽略了对于内在领域的关注。在夹杂佛学的道德性命之学兴起之后，一些排佛的士人甚至比较极端地抵制道德性命之学，如李觏就曾说："（士人）欲闻性命之趣，不知吾儒自有至要，反从释氏而求之。"又说："（佛教）有可爱者，盖不出吾《易·系辞》《乐记》《中庸》数句间。苟不得已，犹有老子、庄周书在，何遽冕弁匍匐于戎人前邪？"[2]李觏很清楚，道德性命之学关注内在领域，具有很强的理论吸引力，越来越多的士人被其捕获，儒家经典中虽有一些可供道德性命之学阐发利用的思想资源，但儒学如果不积极介入道德性命之学的言说，那么在内在领域的争夺上，还将越来越处于下风。李觏对传统儒学在道德性命之学上的理论劣势也很清楚，不然他也不会说在迫不得已的情况下还可以向道家求助。

此外，宇宙间存在着一个唯一的、根本的、普适的、超越时空的、永恒的"道"，也在宋代越来越成为士人群体

---

[2] 《李觏集》卷二三《邵武军置庄田记》，第263～264页。

的一个基本共识。他们普遍认为，如果要探寻"道"，就要求之于"内"，而这种探寻所需要借助的理论诠释方式，无疑就是道德性命之学的言说方式。不管是儒学要进占内在领域，还是要连接"内圣"与"外王"，抑或要探寻那个终极的"道"，都必须尽心用力于道德性命之学。

胡瑗、孙复、石介并称"庆历三先生"，一般都将他们视为宋代理学或者新儒学的先驱。从现存关于三人的思想资料来看，他们的主要精力还是集中在对"外王"的探讨上，但道德性命之学也已开始萌动。石介曾谈到过自己对"性"的认识，他说："与天地生者，性也；与性生者，诚也；与诚生者，识也。性厚则诚明矣，诚明则识粹矣，识粹则其文典以正矣。"[3]颇本《中庸》，已有几分道德性命言说的色彩。石介又尝论心、性、情，其文云："忧勤天下者，圣人之心也；安乐一身者，匹夫之情也。"认为如果"心忧乎天下"，则骄奢邪乱之"志"就无从扰乱人心，从而"性情安而血气盈"，否则就会"情性乱而血气耗"。[4]不过，石介尚无专门讨论道德性命之学的文字，但他称许士建中"明性命之理，称仁德之贵，则有《寿颜论》"[5]，又说士建中"能言天人之际、性命之理"[6]，可见其时在古文运动参与者中也已开始出

---

[3] 《徂徕石先生文集》卷一八《送龚鼎臣序》，第213页。
[4] 《徂徕石先生文集》卷一一《忧勤非损寿论》，第120~122页，引文在第121页。
[5] 《徂徕石先生文集》卷一三《上蔡副枢书》，第146页。
[6] 《徂徕石先生文集》卷一三《上范思远书》，第151页。

现留心于道德性命之学的士人。石介同年欧阳修在《答李诩第二书》中说:"夫性,非学者之所急,而圣人之所罕言也。"[7]可知李诩的情况与士建中大概类似,只不过欧阳修坚持反对道德性命之学的新风气,而石介则有所赞许。

"庆历三先生"中,最为留心道德性命之学的当属胡瑗。晁说之《中庸传》记胡瑗曾解说过《中庸》[8],余英时先生也认为"北宋儒家研究《中庸》的'内圣'涵义者确自胡瑗始"[9],夏长朴先生也认为"胡瑗首开儒者著述《中庸》之风"[10]。胡瑗《中庸义》虽然散佚,但晁说之《中庸传》留下了胡瑗论说《中庸》的六条材料,后来南宋卫湜《礼记集说》中又留存了二十七段之多。关于胡瑗《中庸》诠释的特色,其弟子徐积曾云"安定说中庸始于情性"[11],而胡瑗"以'天地之性'作为善之依据,以'性其情'作为工夫之法门,已指揭橥了后来张、程、朱子等道学主流的论说方向。从经学史的角度来说,胡氏之注《中庸》,则明显表现出了一种摆落注疏、以义理说经的倾向。从中我们可以看到,作为宋儒《中庸》学之滥觞,其对《中庸》的诠释,其内涵虽不及

---

[7] 《居士集》卷四七《答李诩第二书》,见《欧阳修全集》卷四七,第669页。
[8] 《景迂生集》卷一二《中庸传》,台湾商务印书馆景印文渊阁四库全书本,第1118册,第235页。
[9] 余英时:《朱熹的历史世界:宋代士大夫政治文化的研究》,第95页。
[10] 夏长朴:《论〈中庸〉兴起与宋代儒学发展的关系》,载彭林主编:《中国经学》第二辑,桂林:广西师范大学出版社,2007年,第159页。
[11] 《宋元学案》卷一《安定学案》,第39页。

后来张、程等人那么丰富与深刻，但无疑已经引领了一代人的思考方向"[12]。

《中庸》因其所蕴含的"内圣"之学，无疑成为宋代道德性命之学的标志性经典。在智圆、契嵩这两位与古文运动有密切交涉的高僧大力推广和阐发《中庸》之外，胡瑗也撰《中庸义》以阐发其"内圣"的含义[13]，这意味着以《中庸》为核心经典的道德性命之学不再局限于融通儒、佛的僧人和士大夫，标志着古文运动与道德性命之学这两条本来分歧颇为明显的思想发展脉络开始呈现合流的趋势。胡瑗长期任教于太学，此后影响广远的王安石、二程等人都曾受其影响。而古文运动和道德性命之学所具有的不同诠释方式和不同的思想目标，也为合流后新儒学的发展埋下了分裂的伏笔。

胡瑗不仅发掘《中庸》的"内圣"含义，而且也重视《孟子》的道德性命阐释。孟子本不言《易》，胡瑗以前的《易》学研究者也很少引《孟子》以释《易》，但是胡瑗《周易口义》却开创性地多处援引《孟子》进行阐释，其中有几处还论及道德性命之学，例如胡瑗在解释"困"卦卦辞时便说道，"亨者，言君子之道，身虽困穷，而道自亨，何则？夫君子之人，以仁义道德充积于中，不为穷达富贵患难以动

---

[12] 郭晓东：《宋儒〈中庸〉学之滥觞：从经学史与道学史的视角看胡瑗的〈中庸〉诠释》，《湖南大学学报》，2014年第1期。

[13] 关于《中庸》在北宋的兴起过程，余英时、夏长朴两位先生有颇为详细的考证和梳理。余英时：《朱熹的历史世界：宋代士大夫政治文化的研究》，第85～95页；夏长朴：《论〈中庸〉兴起与宋代儒学发展的关系》，第131～187页。

其心,是身虽处困,而其道自得以亨通。故孟子曰:'君子所性,虽大行不加焉,虽穷居不损焉。'此之谓也"[14],便是引用《孟子》,认为外在的穷达并不影响内在道德的修养。在解释"遯"卦卦辞时,胡瑗又说道:"孟子曰:'虽大行不加焉,虽穷居不损焉,分定故也。'是君子所得在内,所志在道,道充乎内,则无所不通。得其位则行道于天下,非其时则修身见乎世。"[15]即认为内在道德修养是士君子的根本所在,如果时势不允许,则修身以引导世风;如果能得位,则可以将道施行于天下。由此可见,胡瑗不仅将内在道德修养视作根本,并且将"内圣"与"外王"连接起来,而在逻辑上,则须先"内圣"才有可能达至"外王"。在解释《系辞上》"乐天知命故不忧"时,胡瑗还说道:"富贵寿考,贫贱夭折,皆系于天,是以心无忧恤。虽在贫贱,亦不为险诐之行;虽在富贵,不为奢侈之心。故孟子曰:'莫之为而为者,天也;莫之致而至者,命也。'是言人之性命之理,死生之道,皆本于天,固无可奈何。然则富贵禀于天,死生系乎命,既无可奈何,则宜顺从于天道,乐天而知命,原始而思终,安静而居,则无忧恤也。"[16]后来程颐既重孟子又作《易传》,他也认为:"天下只是一个利,孟子与《周易》所言一

---

[14] (宋)胡瑗:《周易口义》卷八《困卦》,台湾商务印书馆景印文渊阁四库全书本,1987年,第8册,第375页。

[15] 《周易口义》卷六《遯卦》,台湾商务印书馆景印文渊阁四库全书本,第8册,第322页。

[16] 《周易口义·系辞上》,台湾商务印书馆景印文渊阁四库全书本,第8册,第465页。

般。"[17]总的来说，胡瑗已经较为注意利用《中庸》《易》《孟子》这些儒家思想资源以阐发道德性命之学。

此后，随着道德性命之学不断发展，士人对于《中庸》《孟子》《易》等经典的诠释、研究也逐渐增多，心、性、命等问题的讨论越来越热烈，到神宗元丰时期，"当时比二程年长十余岁以上的士大夫，无论是'谈禅'还是牵连及心、性讨论，已展开了一个探索'内圣'的共同风气"[18]。探究"内圣"领域的道德性命之学兴起，最终促使儒学完成了从汉学到宋代新儒学的转型。由于新儒学所关心的问题不同以往，学术眼光也逐渐转换，其对思想资源的选择、对道统系谱的筛选、对前贤的品评，势必都将发生变化。在此背景下，新儒学也开始进一步重新审视孟、荀、扬、王、韩五贤的思想贡献，对五贤的思想和历史地位也需要重新作出评估，儒家道统系谱势必将要发生重大的变化。

刘敞或许是可以代表这种转变的一个过渡性例子。刘敞早年得欧阳修赏识，也排佛和写作古文，在经学上也比较趋新，其《七经小传》乃王安石《三经新义》的先导，南宋王应麟《困学纪闻》云："自汉儒至于庆历间，谈经者守故训而不凿。《七经小传》出而稍尚新奇矣，至《三经义》行，视汉儒之学如土梗。"[19]上一章曾谈到，刘敞也

---

[17] 《河南程氏遗书》卷一八，见《二程集》，第215页。
[18] 余英时：《朱熹的历史世界：宋代士大夫政治文化的研究》，第74页。
[19] （宋）王应麟著，（清）翁元圻等注，栾保群、田松青、吕宗力校点：《困学纪闻（全校本）》卷八《经说》，上海：上海古籍出版社，2008年，第1094页。

曾像李觏等人一样，因为受契嵩的刺激而作《明舜》以非孟，作《读太玄》以为扬雄辩护，但与欧阳修、李觏极力抵制道德性命之学不同，刘敞已经开始留心于道德性命之学。刘敞《易外传序》说："《易》之书最为深至，天道性命变化之数，自孔子罕言，后世无述焉。以为传其人不待告，告非其人，虽言不著云尔。"[20]可见其撰《易外传》的一个主要目的就是要探讨《易》所阐述的性命之理，这与欧阳修说性命之学"非学者之所急，而圣人之所罕言"的态度完全不同。刘敞之所以重《太玄》，也是因为《太玄》所述"乃"天人之际，性命之本，万物之理"[21]。刘敞还作有《论性》一文专门讨论人性，但从该文来看，他对道德性命之学的认识与后来新学、理学、苏学相比还是不太成熟。刘敞虽然主张性善论，但又认为"性同也，而善不同。善同也，而性不同"，将"善"分成上、中、下三等，而每一等中又有上、中、下之别。[22]这事实上与李觏的看法非常相近，李觏在韩愈性三品说的基础上将中人又划分为上、中、下三等，进而认为"性之品三，而人之类五"[23]。即便

---

[20] 《公是集》卷三四《易外传序》，见《宋集珍本丛刊》，第9册，第615页。
[21] 《读太玄》，收在《永乐大典》卷四九三九，见《全宋文》卷一二八五，第59册，第211页。
[22] 《公是集》卷四六《论性》，见《宋集珍本丛刊》，第9册，第716~717页。《公是先生弟子记》亦记有类似的说法，见《公是先生弟子记》不分卷，第7页。
[23] 《李觏集》卷二《礼论第四》，第12页。

如此，刘敞也已开始重估孟、荀、扬、韩，他说："中庸者，圣人之治也。尧、舜所以君也，周公所以臣也，仲尼所以师也，子思、孟轲所以救弊也。惟仁人能知圣人，子思、孟轲之谓也。"[24]刘敞似已将"中庸"看成是后来所谓的"道体"，而因能知"中庸"的缘故，他开始推崇子思和孟子，在其《论归》一文中已直接称孟子为"亚圣"[25]，这在当时已是对孟子极高的评价。而对于扬雄，刘敞则开始有所批评，他说扬雄乃"玩文而遗意者也"[26]，又说"雄仕王莽，作《剧秦美新》，复投阁求死"是"背于圣人之道，惑于性命之理"。[27]刘敞还说："荀子不知性，扬子不知命，韩子不知道。"[28]可见刘敞已开始转而尊崇孟子，且开始叠加子思以重构儒家道统系谱，却于荀、扬、韩均已有所不满，而王通则根本不在刘敞的讨论范围之内。

刘敞于熙宁元年（1068）即卒，年五十，未能参与神宗、哲宗时期的政治变革和思想论争，其性命之学也未臻于成熟，而这也使其学术思想呈现出非常明显的过渡色彩。神宗、哲宗时期，以道德性命之学为特色的新儒学逐渐成熟之后，对五贤地位的重估进一步展开，关于五贤的争论更加激烈，儒家道统系谱开始进入重构时期。

---

[24]《公是集》卷四二《百工说》，见《宋集珍本丛刊》，第9册，第685页。
[25]《公是集》卷四八《论归》，见《宋集珍本丛刊》，第9册，第740页。
[26]《公是集》卷四七《五百》，见《宋集珍本丛刊》，第9册，第732页。
[27]《公是集》卷四九《西汉三名儒赞》，见《宋集珍本丛刊》，第9册，第746页。
[28]《公是先生弟子记》不分卷，第19页。

二、新儒学的分裂与五贤争论的激化

在北宋神宗和哲宗时期,新儒学在学术思想和政治观念上已逐渐成熟,但士人之间的分歧也越来越明显。神宗时期,以王安石为代表的主持政治改革的"新党"与以司马光为代表的"旧党"业已有彼此不容之势。而在哲宗初年的"元祐更化"时期,司马光逝世后,"旧党"内部又发生了严重分裂,出现了所谓的"蜀洛朔党争",邵伯温说元祐之时,"群贤毕集于朝,……然虽贤者不免以类相从,故当时有洛党、川党、朔党之语"〔29〕。朱熹对熙、丰、元祐的党争也曾有过总结式的描述,他说:"国家自熙、丰、元祐以来,人才政事,分为两途,是此者非彼,乡左者背右,既不可得而同矣。而于其同之中,又有异焉,则若元祐之朔党、洛党、川党,而熙、丰之曾文肃(布)、赵清献(抃)、张丞相(商英),又与章(惇)、蔡(京)自不同也。"〔30〕朱熹的观察较之邵伯温所说更加全面和细致,他注意到熙、丰、元祐时期,在"新""旧"两大阵营之内,各自都派系甚多,这些派系之间同中有异,不仅旧党内部有蜀、洛、朔之分,新党内部也并不统一,曾布、赵抃、张商英等人与章惇、蔡京等多有不同。这种政治上的党派划分,其实也是学术思想上的派

---

〔29〕《邵氏闻见录》卷一三,第146页。
〔30〕(宋)朱熹:《晦庵先生朱文公文集》卷八三《题赵清献事实后》,见朱杰人、严佐之、刘永翔主编:《朱子全书(修订本)》,上海:上海古籍出版社;合肥:安徽教育出版社,2010年,第24册,第3914页。

别。[31]这些新儒学流派之间,在人事和思想上的关系都相当复杂。

在人事关系上,新、旧两党纵横交错。"庆历新政"之后,学术风气和政治氛围都开始出现求变求新的趋势,在学术和政治上持纯粹意义上的保守态度的士人越来越少,影响也越来越小。在仁宗后期和英宗时期成长起来的士人,基本都持趋新的主张,神宗任用王安石主持改革,本是承这一思想和政治潮流而行。然而,当改革真正展开之后,在如何改革、如何处理改革的具体措施上,士人之间的分歧却很快以冲突的方式显露出来。由于这批趋新士人的思想和早年经历颇有重合之处,新、旧两党士人之间的关系也显得颇为错综复杂,不少新、旧两党的士人之间并未因思想和政治分歧而中止友谊。不过,这一现象在哲宗时期开始出现转变,老一辈士人之间尚能勉强互相维持,但到了他们的弟子辈,门墙之隔越来越严重。

在对待文学写作的态度上,除了蜀党稍为重视外,新党、司马光、理学都不重视,甚至轻视文学写作。新党和蜀党诸人不少都受过欧阳修的点拨和提拔,蜀党领袖苏轼、苏辙兄弟更直出欧公门下,苏氏兄弟稍重文辞,在所谓"唐宋

---

[31] 这种派系划分难免有"理想化"的成分,在实际的政治和思想竞争中,各派系之间并非完全泾渭分明,王曾瑜先生《洛、蜀、朔党争辨》一文论之甚详。原文载《尽心集——张政烺先生八十庆寿论文集》,北京:中国社会科学出版社,1996年,收在其《丝毫编》,保定:河北大学出版社,2009年,第114~134页。

八大家"中,三苏父子就占据了三席,再加上苏轼、苏辙兄弟之师欧阳修,便占去一半。而新党中的王安石、曾巩、李清臣等人也是诗文高手,但是他们在思想观念上不若苏氏兄弟那么注重文辞,王安石即曾说:"尝谓文者,礼教治政云尔,其书诸策而传之人,大体归然而已。而曰'言之不文,行之不远'云者,徒谓辞之不可以已也,非圣人作文之本意也。"[32]后来熙丰改制以及绍圣以后新党执政,还长期在科考中罢试诗赋,甚至一度禁止传习诗赋。尽管如此,新党中不少人也还是长于为文的,尤其长于古文,如曾巩、王安石也是"唐宋八大家"中的两员,而李清臣也极受欧公赏识,其当世之文名并不下于苏轼。与蜀党和新党诸人不同,司马光和理学家不仅在思想上鄙弃文辞,而且均不以为文见长。司马光说自己"平生不能为文",就是"古文"也不会作,[33]其《迂书》中有一条更直接名为"文害",其中说:"君子有文以明道,小人有文以发身。夫变白以为黑,转南以为北,非小人有文者,孰能之?"[34]程颐也认为作文害道,是玩物丧志[35],认为溺于文章、牵于训诂、惑于异端是为学者"三弊"[36]。

---

[32] 《临川先生文集》卷七七《上人书》,见《王安石全集》,第7册,第1369页。
[33] (宋)司马光撰,李文泽、霞绍晖校点整理:《司马光集》卷五九《答陈秘校充书》,成都:四川大学出版社,2010年,第1237页。
[34] 《司马光集》卷七四《迂书·文害》,第1512页。
[35] 《河南程氏遗书》卷一八,见《二程集》,第239页。
[36] 《河南程氏遗书》卷一八,见《二程集》,第187页。

在对待读史的态度上，司马光和苏轼、苏辙兄弟都颇重史学，而新学和理学则颇为轻视史学。司马光极重史学，其《资治通鉴》最有代表性。苏氏兄弟也较重史学，其师欧阳修就重史学，他主修了《新唐书》，撰写了《新五代史》。其父苏洵亦多论史之文，其《史论》更认为经、史"体不相沿，而用实相资焉"。[37]苏轼也作有不少史论，还曾感慨"史学凋废"，教育侄子"可读史书，为益不少"。[38]苏辙更有《古史》六十卷，《历代论》五卷四十五篇。而王安石则不重史学，甚至对《春秋》也评价不高，以至于有传言说他以《春秋》为"断烂朝报"。[39]哲宗绍圣四年（1097），王安石的忠实门人和女婿蔡卞甚至还"禁绝史学"。[40]理学家也不主张甚至反对读史，元祐元年（1086）六月，程颐在以经筵讲官的身份上疏太皇太后高氏时，也批评说："后世不复知此，以为人主就学，所以涉书史，览古今也。不知涉书史，览古今，乃一端尔。若止于如是，则能文宫人可以备劝讲；知书内侍可以充辅导，何用置官设职，精求贤德哉？"[41]张载也曾说："文字若史书历过，见得无可取则可放下，如此则一日之力可以了六七卷书。又学史不为为人，对人耻有所

---

[37] 《嘉祐集笺注》卷九《史论上》，第229～230页，引文在第230页。
[38] 《苏轼文集》卷六〇《与千之侄》其二，第1840页。
[39] 王书华：《王安石诋〈春秋〉为"断烂朝报"之考辨》，《社会科学论坛》，2005年第10期。
[40] 《续资治通鉴长编》卷四八五，绍圣四年四月乙未条，第11531页。
[41] （宋）程颐：《上太皇太后书（元祐元年）》，《河南程氏文集》卷六，见《二程集》，第543页。

不知，意只在相胜。"[42]也对读史评价不高，他甚至曾明确反对读史说："观书且勿观史，学理会急处，亦无暇观也。……不如游心经籍义理之间。"[43]张、程对读史的消极甚至反对的态度为后来大多数理学家所继承，朱熹也认为："史学者记得事却详，于道理上便差；经学者于义理上有功，然记事多误。"[44]当门人说及浙江史学时，朱熹更严厉批评说："史甚么学？只是见得浅。"[45]蒙文通先生曾观察云："北宋三家（新学、程学、苏学），惟苏氏能不废史学"[46]，诚为确论。

在对待佛、老二教的态度上，司马光和理学家都极力主张排而辟之，而蜀党和新党诸人则大都喜好并融通佛、老。王安石曾说"观佛书，乃与经合"[47]，苏轼也认为"江河虽殊，其至则同"[48]，新党、蜀党中的不少人还亲力注解佛、老经典，甚至新党执政下的科场也并不禁止援引佛、老之说。排辟异端本是唐及宋初古文运动最为重要的思想目标之一，而此时却出现了长于古文的蜀党和新党并不排辟，不喜作文的司马光和理学家却极力排辟的现象。

在道德性命之学最为核心的人性论上，虽然他们全都

---

[42] （宋）张载：《经学理窟·义理》，见氏著，章锡琛点校：《张载集》，北京：中华书局，1978年，第278页。
[43] 《经学理窟·义理》，见《张载集》，第276页。
[44] 《朱子语类》卷八三，第2152页。
[45] 《朱子语类》卷一二二，第2951页。
[46] 蒙文通：《中国史学史》第三章"中唐两宋·新学、洛学、蜀学与史学"，见《蒙文通文集》第三卷《经史抉原》，第317页。
[47] 《续资治通鉴长编》卷二三三，熙宁五年五月甲午条，第5660页。
[48] 《苏轼文集》卷六三《祭龙井辩才文》，第1961页。

反对荀子性恶论和韩愈性三品说,但其各自的主张却并不相同。王安石和二苏都主张性无善恶论,而司马光则主张扬雄的性善恶混论,理学则主张孟子的性善论。

诸派之间,有同有异,纵横交错,纷繁复杂,这既反映出诸派新儒学都是处在唐宋以来儒学转型的思想脉络之中,也反映出新儒学转型的成熟和分化。新儒学的思想渊源,是上文谈到过的古文运动和道德性命之学的合流,然而,此前古文运动排异端、兴古文的目标显然已经不再是士人群体的共识。后来,南宋蜀人员兴宗在主张调和新学、蜀学和洛学时曾说:"苏学长于经济,洛学长于性理,临川学长于名数。诚能通三而贯一,明性理以辨名数,充为经济,则孔氏之道满门矣!"[49]员兴宗的概括未必准确,不过新儒学诸派在思想侧重点和理论立足点上确实是有所区别的,但彼此之间又并非完全隔阂,因为这些新儒学派别全都是处在同一条思想发展脉络之中的。而员兴宗"明性理以辨名数,充为经济,则孔氏之道满门矣"一语,既道出了宋代新儒学理论建构的深入步骤,也道出了宋代洛学、新学和苏学在新儒学理论建构上的深浅差异。

在新儒学逐渐成熟的过程中,士人对于五贤之思想的认识和讨论也逐渐深入。士人群体对五贤的看法和评价,也开始因为新儒学诸流派间的思想差异而出现越来越大的分

---

[49] (宋)员兴宗:《九华集》卷九《苏氏王氏程氏三家之学是非策》,台湾商务印书馆景印文渊阁四库全书本,1987年,第1158册,第68页。

歧。大体来看，王安石一派尊崇孟子、扬雄而剔除荀子，且最终看轻韩愈的思想深度，对王通则极少说及。司马光一派则独尊扬雄而极力否定孟子，同样也否定荀子，对于王通、韩愈则赞、否并存。苏氏蜀学一派最为极端，其对孟、荀、扬、韩都有所怀疑、批评，而最持否定态度的则是荀子、扬雄，次则韩愈，又几乎完全忽略王通。理学一派则独尊孟子，彻底否定荀子和扬雄，对韩愈赞、否并存而以否定为主；对王通所论稍多，虽有所称许，但仍以怀疑、否定为主。诸派关于五贤的争论，对于五贤的取舍，使得"五贤"作为一个整体性儒家道统系谱最终走向瓦解，各派纷纷开始着手重新建构一个脱胎于五贤道统系谱的新系谱。而总体上看，此间荀子、韩愈逐渐被剔除在儒家道统系谱之外，王通被讨论的热度又相当低，并且还屡屡遭受批评否定，因此，孟子和扬雄成为重构儒家道统系谱最有可能的重心人物。而后来的历史发展结果，则显然是孟子稳居道统系谱之中，而扬雄则被彻底淘汰。

第二节　王安石新学尊孟、扬而弃荀、韩

王安石大力提倡和发展道德性命之学，影响很大。他又得遇神宗而施行其道，因而不管是在政治上还是思想上，王安石之学在北宋中后期都长时间处于中心的位置。对于此先流行的五贤道统系谱，王安石早年尚受其影响，但他逐渐开始重新审视诸贤，其今存文字中的《扬孟》《再答龚

深父〈论语〉〈孟子〉书》《荀卿》《荀卿论》诸文，以及《孟子》《扬子》《韩子》诸诗，都是其审视诸贤之作。而王安石对于五贤的评价，也影响到其他新儒学流派对于五贤的看法，他们或赞同或反对，但都可以或多或少地看到王安石的影响。

在对待孟、荀、扬、韩的态度上，王安石最为尊崇孟子，也推崇扬雄，但否定荀子，鄙弃韩愈，忽略王通。他瓦解五贤道统系谱，又视扬雄为孟子的继承者，这实际上是他重构的脱胎于五贤道统系谱的一个新的道统系谱。虽然两者在人选上有所重叠，但性质上大为不同。

关于王通，王安石甚少提及，通观王安石文集，大概只有两处引用了王通。在《取材》一文中，王安石写道："文中子曰：'文乎文乎，苟作云乎哉？必也贯乎道。学乎学乎，博诵云乎哉？必也济乎义。'故才之不可苟取也久矣。"[50] 王安石所引与今本《中说·天地篇》所载有小异，今本作："子曰：'学者，博诵云乎哉？必也贯乎道。文者，苟作云乎哉？必也济乎义。'"[51] 王安石在《送丘秀才序》中谈论士昏礼时又说道：

> 至隋，文中子喟然伤之，曰："昏礼废，天下无家道矣。"始采周公、孔子之旧，续而存之。贾琼者乃

---

[50] 《临川先生文集》卷六九《取材》，见《王安石全集》，第6册，第1246页。
[51] 《中说校注》卷二《天地篇》，第45页。

曰:"今皆亡,焉用续?"夫琼何人也,世之所谓贤人也,亲炙子之教也。贤而亲炙子之教,然且云尔,其不在于程、仇、董、薛之列也宜。今世之读《中说》者,皆知琼之言非是,然而不为琼之所为者,亦末矣。[52]

可见王安石其实对王通的思想、事迹乃至其弟子都是有所了解的,但是总的来说,他对王通并不重视。

一、王安石与道德性命之学

庆历二年(1042),王安石科举登第,时年二十二岁。此后,王安石不用再费心科场,可以专心思考自己所关心的理论问题,且最终形成了自己的思想体系。王安石的思想比较复杂,但其根底所在还是道德性命之学,他早年即说:"先王所谓道德者,性命之理而已。"[53]而王安石之学赖以成名,最受人重视的,也是其道德性命之学。王安石早年初著《淮南杂说》,深究道德性命之学,在当时即已产生很大的影响,《郡斋读书志》著录王安石《淮南杂说》时引蔡卞《王安石传》之语云:

自先王泽竭,国异家殊。由汉迄唐,源流浸深。

---

[52] 《临川先生文集·佚文·送丘秀才序》,见《王安石全集》,第7册,第1774页。
[53] 《临川先生文集》卷八二《虔州学记》,见《王安石全集》,第7册,第1447页。

> 宋兴，文物盛矣，然不知道德性命之理。安石奋乎百世之下，追尧、舜、三代，通乎昼夜阴阳所不能测而入于神。初著《杂说》数万言，世谓其言与孟轲相上下，于是天下之士，始原道德之意，窥性命之端。[54]

这或许不无夸张，但也确实是对王安石唱起道德性命之学的总结式概括。王安石的忠实门人陆佃忆及自己追随王安石的缘起时也说：

> 嘉祐、治平间，……淮之南学士大夫宗安定先生之学，予独疑焉。及得荆公《淮南杂说》与其《洪范传》，心独谓然，于是愿扫临川先生之门。后余见公，亦骤见称奖。语器言道，朝虚而往，暮实而归，觉平日就师十年，不如从公之一日也。[55]

胡瑗在那一代士人中已经算是比较重视性命之学的了，上文还谈到胡瑗可能是宋代第一个诠解《中庸》的士人。然而，陆佃仍然觉得胡瑗之学不能无疑，直到读了王安石的《淮南杂说》和《洪范传》，方才豁然开朗，决定跟随王安石从学。

---

[54] 《郡斋读书志校证》卷一二《子部·杂家类·王氏杂说》，第525~526页。
[55] （宋）陆佃：《陶山集》卷一五《傅府君墓志》，上海：商务印书馆，1935年丛书集成初编本，第164~165页。

连二程都认为《淮南杂说》有"粹处"[56]，宋神宗也曾倾慕王安石说："朕顽鄙初未有知，自卿在翰林，始得闻道德之说，心稍开悟，卿，朕师臣也。"[57]

王安石在晚年又花很大精力完成了《字说》，关于撰写该书的原因，王安石说："天之将兴斯文也，而以余赞其始？故其教学必自此始，能知此者，则于道德之意，已十九矣。"[58]该书仍是其探讨道德性命之学的著作。后来，新党的政敌陈瓘攻击王安石时也说："'臣闻先王所谓道德者，性命之理而已矣。'此安石之精义也。有《三经》焉，有《字说》焉，有《日录》焉，皆性命之理也。……其所谓大有为者，性命之理而已矣。其所谓继述者，亦性命之理而已矣。其所谓一道德者，亦以性命之理而一之也。其所谓同风俗者，亦以性命之理而同之也。不习性命之理者，谓之曲学。不随性命之理者，谓之流俗。黜流俗，则窜其人；怒曲学，则火其书。故自（蔡）卞等用事以来，其所谓国是者，皆出性命之理，不可得而动摇也。"[59]可见不管是王安石的早期著作《淮南杂说》，还是其中年所撰的《三经新义》，抑或其晚年所作的《字说》，探讨"性命之理"始终都是他最为关注的核心理论问题，可以说对道德性命之学的探究贯穿王安石一生治

---

[56] 《河南程氏外书》卷一二，见《二程集》，第434页。
[57] 《续资治通鉴长编》卷二三三，熙宁五年五月甲午条，第5661页。
[58] 《临川先生文集》卷八四《熙宁字说序》，见《王安石全集》，第7册，第1481页。
[59] （宋）陈瓘：《四明尊尧集》卷一《四明尊尧集序》，见《四库全书存目丛书》，济南：齐鲁书社，1996年，史部第279册，第711页。

学之始终，即便在今存王安石的文字中，从题名上就可以看出，诸如《性情》《原性》《性说》《性论》《性命论》《命解》《推命对》《致一论》《礼乐论》《礼论》，都是在讨论道德性命之学。

为了"一道德，同风俗"，熙宁六年（1073）三月，神宗命王安石率同吕惠卿和王雱修撰《三经新义》，[60]熙宁八年（1075）六月撰成，随即送国子监镂板颁行，[61]于是"熙宁以来，学者非王氏不宗"[62]。王安石之学本来就影响很大，此时又借助政治力量得以推行，这使得王安石新学在北宋中后期乃至南宋初期始终保持着巨大的学术和政治影响力，占据着当时思想言说的中心地位。宋哲宗即位，起用旧党，罢废熙丰之法，在科举考试中也排除《字说》，但《三经新义》仍然被奉行，元祐元年，国子司业黄隐建议废弃《三经新义》，但后来的朔党领袖刘挚却说：

> 故相王安石经训经旨，视诸儒义说得圣人之意为多，故先帝以其书立之于学，以启迪多士。而安石晚年溺于《字说》、释典，是以近制禁学者毋习此二者而已。至其所颁经义，盖与先儒之说并行而兼存，未尝禁也。（黄）隐猥见安石政事多已更改，辄尔妄意迎

---

[60] 《续资治通鉴长编》卷二四三，熙宁六年三月庚戌条，第5917页。
[61] 《续资治通鉴长编》卷二六五，熙宁八年六月己酉条，第6493页。
[62] （宋）汪藻：《浮溪集》卷一七《胡先生言行录序》，上海：商务印书馆，1935年丛书集成初编本，第197页。

> 合傅会,因欲废安石之学,每见生员试卷引用,隐辄排斥其说,此学者所以疑惑而怨之深也。夫安石相业虽有间,然至于经术、学谊,有天下公论所在,岂隐之所能知也?朝廷既立其书,又禁学者之习,此何理哉!伏望速赐罢隐,以允清议,而正风俗。[63]

可见即便在政敌眼中,王安石之学的地位仍然举足轻重。王安石在道德性命之学上的思想创造性及其巨大理论成就,超越了此前的古文运动,促成了汉学向宋代新儒学的转型,正如邓广铭先生所说:"王安石在'道德性命之理'的探索研究方面,也起了由汉到唐的诸代之衰。……王安石对于这一评价,确实是足以当之无愧的。"而"在北宋一代,对于儒家学说中有关道德性命的义蕴的阐释和发挥,前乎王安石者实无人能与之相比"。[64]

王安石思想的基本立足点,在于他认为宇宙间存在一个唯一的、根本性的"道"或者"理",他说:"万物莫不有至理焉,能精其理则圣人也。精其理之道,在乎致其一而已。致其一,则天下之物可以不思而得也。……苟能致一以精天下之理,则可以入神矣。既入于神,则道之至也。"[65]又

---

[63] 《续资治通鉴长编》卷三九〇,元祐元年十月癸丑条,第9497页。
[64] 邓广铭:《王安石在北宋儒家学派中的地位——附说理学家的开山祖问题》,原载《北京大学学报》,1991年第2期,见其《邓广铭治史丛稿》,北京:北京大学出版社,2010年,第144、150页。
[65] 《临川先生文集》卷六六《致一论》,见《王安石全集》,第6册,第1206页。

说:"道之不一久矣,人善其所见,以为教于天下,而传之后世,后世学者或徇乎身之所然,或诱乎世之所趋,或得乎心之所好。于是圣人之大体,分裂而为八九。"[66]这大致是《庄子·天下》的思路。在王安石看来,终极的"道"只有一个,但由于种种原因,却被后人分裂得七零八落。因此,王安石认为只要是有助于探寻这个终极的"道"的思想资源,都应该积极吸取,他曾说:"善学者读其书,唯理之求。有合吾心者,则樵牧之言犹不废;言而无理,周、孔所不敢从。"[67]《续资治通鉴长编》熙宁五年(1072)五月甲午条载王安石与宋神宗的对话云:

> 安石曰:"……臣观佛书,乃与经合,盖理如此,则虽相去远,其合犹符节也。"上曰:"佛,西域人,言语即异,道理何缘异?"安石曰:"臣愚以为苟合于理,虽鬼神异趣,要无以易。"上曰:"诚如此。"[68]

在王安石看来,那个终极的道理是普适性的,不能因为思想流派、语言、地域等的不同而分裂这个根本性的道理。

王安石的诸多见解,都是以"理一"为基础的。他的

---

[66] 《临川先生文集》卷八三《涟水军淳化院经藏记》,见《王安石全集》,第7册,第1473页。
[67] (宋)惠洪撰,陈新点校:《冷斋夜话》卷六《曾子固讽舒王嗜佛》,北京:中华书局,1988年,第47页。
[68] 《续资治通鉴长编》卷二三三,熙宁五年五月甲午条,第5660页。

政治和思想对手经常攻击他的言论和行为违背君臣之礼，有不臣之心，但神宗、哲宗和徽宗却都对他极为尊崇；政敌攻击他有名的"三不畏"精神，但他却不为所动；他自己主张性无善恶论，却又在《扬孟》中调和孟子性善论和扬雄性善恶混论，且不觉得有何违碍；他力行儒道，极尊孔孟，却又究心佛、老，兼并百家。这些看似诡论的现象，都是因为他把礼法、人言、论解、门户等看作浮起的具体现实表象，并非"理一"本身，正如他在为扬雄仕莽进行解释的时候谈到的："同者道也，不同者迹也。"[69]而他一旦自认把握了这个"理"，便可以根据这个"理"来按照自己的理解重新诠释甚至更改这些浮起的表象。王安石究心佛、老，兼并百家，已然放弃了古文运动排辟异端的思想目标，但他却并不是要沉溺于这些纷纭之说，而是要吸收并超越它们。而在儒门之内，他也自信过笃，以至于获得了不少过誉之赞。徽宗崇宁三年（1104）六月戊申，"诏荆国公王安石配享孔子庙庭"[70]，王安石遂成为历史上第一个附祭于孔庙的本朝士人，也是迄今为止在孟子之后配享过孔子的唯一一人。

总之，王安石倡兴道德性命之学，又得遇神宗而施行其学说，影响极大。而在道德性命之学的思想需求下，孟、

---

[69] 《临川先生文集》卷六九《禄隐》，见《王安石全集》，第6册，第1239页。
[70] （宋）杨仲良撰，李之亮校点：《皇宋通鉴长编纪事本末》卷一三〇《徽宗皇帝·尊王安石》，哈尔滨：黑龙江人民出版社，2006年，第2186页。

荀、扬、王、韩这个五贤道统系谱便难免让人起疑，因为荀子、王通、韩愈的思想可能性离道德性命之学实在太远[71]，而五贤中可以汲取利用的思想资源，便只剩下孟子和扬雄了。由此，王安石并重孟子、扬雄，清除荀子、韩愈，忽略王通，也就是情理之中的事情了。

二、王安石尊孟与孟子的升格

《孟子》书成为经，孟子进入孔庙配享，都是在熙丰变法时期完成的。《孟子》成为科举考试的兼经，是在王安石亲自主持变法的熙宁时期实现的。孟子进入孔庙配享则是在元丰时期，虽然王安石此时已经罢相退居金陵，但是他的立场对于孟子配享孔庙一事的影响是不言而喻的，后来朱熹就说："孟子配享，乃荆公请之。"[72]

王安石早年即已尊孟，但其时受古文运动五贤道统系谱的影响还比较明显。吴孝宗在与人讨论举荐王安石之弟王安国时曾说过"自昔称贤，如孟、荀、扬、韩之属"的话[73]，而王安石好友王令的《师说》也云："自周至唐，绵数千岁，其卓然取贤自名可以治国者，由孟轲抵韩愈，才三四

---

[71] 其实《中说》有一些内容也比较接近于道德性命之学，程颐还称赞过王通"乐天知命，吾何忧？穷理尽性，吾何疑"一语"说得极好"（《河南程氏遗书》卷一八，见《二程集》，第220页），但王通总体上还是无法满足宋代道德性命之学的思想需求。

[72] 《朱子语类》卷九〇，第2294页。

[73] （宋）吴孝宗：《与张江东论事书》，见《宋文鉴》卷一二〇《书》，第1667页。

人。"[74]这三四人，显然就是孟、荀、扬、韩之属。可以想见王安石成长的大环境和生活的小环境都环绕着五贤道统系谱的影响，他作于庆历二年的《送孙正之序》云："时乎杨、墨，己不然者，孟轲氏而已；时乎释、老，己不然者，韩愈氏而已。如孟、韩者，可谓术素修而志素定也，不以时胜道也。"[75]此文虽只及五贤道统系谱最为重要的孟、韩二人，但其看重的是他们不被异端所惑的一面，这显然还是处在当时排佛甚炽的古文运动的影响之下，他稍后所作的《上人书》也云："自孔子死久，韩子作，望圣人于千百年中，卓然也。"[76]

此后，随着王安石在道德性命之学上的思想进展，他愈发尊崇孟子而放弃了韩愈。王安石的好友王令也有相似的思想经历，而且过程更加清晰。上引王令《师说》曾说"孟轲抵韩愈，才三四人"，但他仿韩愈作《读墨》时则说"财孟与韩二人尔"[77]，至其《说孟子序》，则明确认为："今尝自孔子之后，考古之书合于《论语》者，独得《孟子》。"[78]

---

[74]《王令集》卷一二《师说》，第227页。
[75]《临川先生文集》卷八四《送孙正之序》，见《王安石全集》，第7册，第1489页。
[76]《临川先生文集》卷七七《上人书》，见《王安石全集》，第7册，第1369页。按，刘成国先生的《王安石年谱长编》认为《上人书》作于庆历六年王安石二十六岁时。刘成国：《王安石年谱长编》卷二，北京：中华书局，2018年，第158～159页。
[77]《王令集》卷一三《书墨后》，第247页。
[78]《王令集》卷一四《说孟子序》，第265页。

王安石科举及第后开始撰著《淮南杂说》,[79]前引蔡卞《王安石传》称"世谓其言与孟轲相上下,于是天下之士,始原道德之意,窥性命之端"[80],可见孟子在道德性命之学上对王安石的影响越来越大。同韩愈一样,王安石也以孟子继承孔子,曾云:"孔氏以羁臣而兴未丧之文,孟子以游士而承既没之圣。"[81]又说"孟子者,尧、舜、周、孔之徒也。"而"尧、舜、周、孔之道,亦孟子之道也;孟子之道,亦尧、舜、周、孔之道也"[82]。这比韩愈对孟子"醇乎醇"的评价更为积极。王安石也开始频繁地将孔子和孟子并称,如其诗句云"孔孟如日月"[83],在赠胡瑗的诗序中也说"孔、孟去世远矣",并在诗中颂赞胡瑗"文章事业望孔孟"。[84]王安石甚至还开始认定孟子也是圣人,他明确说:"孟轲,圣人

---

[79] 《淮南杂说》是王安石早年及第后的成名作,但其具体撰写和流行时间缺乏明确的史料记载。余英时先生认为是"庆历二年至四年在签书淮南节度判官任上所作,其时他是二十二至二十四岁",吴国武先生也是如此,但刘成国先生则认为王安石大概于皇祐三年开始撰著《淮南杂说》,其于嘉祐后期行世。余英时:《朱熹的历史世界:宋代士大夫政治文化的研究》,第125页;吴国武:《两宋经学学术编年》,南京:凤凰出版社,2015年,第130页;刘成国:《王安石年谱长编》卷二、三,第274、662~663页。
[80] 《郡斋读书志校证》卷一二《子部·杂家类·王氏杂说》,第526页。
[81] 《临川先生文集》卷五七《除左仆射谢表》,见《王安石全集》,第6册,第1080页。
[82] 《临川先生文集·佚文·荀卿论上》,原收在《圣宋文选》卷一〇,见《王安石全集》,第7册,第1827、1826页。
[83] (宋)王安石撰,(宋)李壁注,李之亮补笺:《王荆公诗注补笺》卷一二《扬雄三首》其一,成都:巴蜀书社,2002年,第220页。
[84] 《王荆公诗注补笺》卷二〇《寄赠胡先生》,第357、356页。

也。"[85]又曾说:"二帝、三王引而被之天下之民而善者也,孔子、孟子书之策而善者也,皆圣人也,易地则皆然。"[86]他还曾说"孟轲之圣"[87]云云。

王安石多有尊孟之语,又直以孟子为圣人,他应该是北宋士人中最为尊崇孟子的一个。即便在以继承孟子自居的二程看来,孟子离圣人也还有那么一点距离,二程便直接判断说:"孔、孟之分,只是要别个圣人贤人。如孟子若为孔子事业,则尽做得,只是难似圣人。"[88]因此,程颐云:"未敢便道他是圣人,然学已到至处。"[89]在他看来:"孟子却宽舒,只是中间有些英气,才有英气,便有圭角。英气甚害事。如颜子便浑厚不同。颜子去圣人,只毫发之间。孟子大贤,亚圣之次也。"[90]便是认为孟子虽是大贤,但即便与亚圣颜子相比,孟子都还略有所差。后来朱熹还将后两句话放在《孟子章句集注》的《序说》之中[91],可见其仍然同意二程的判断。

在王安石尊孟立场的影响下,熙丰变法期间,《孟子》终于升格为兼经,孟子也进入孔庙配享。东汉赵岐的《孟子

---

[85]《临川先生文集》卷七二《答龚深父书》,见《王安石全集》,第6册,第1293页。
[86]《临川先生文集》卷七七《与祖择之书》,见《王安石全集》,第7册,第1371页。
[87]《临川先生文集》卷九三《王深父墓志铭》,见《王安石全集》,第7册,第1612页。
[88]《河南程氏遗书》卷二上,见《二程集》,第44页。
[89]《河南程氏遗书》卷一九,见《二程集》,第255页。
[90]《河南程氏遗书》卷一八,见《二程集》,第196~197页。
[91]《四书章句集注·孟子序说》,第199页。

题辞》称西汉文帝时曾立《孟子》为传记博士[92]，但史书不载。唐代宗广德元年（763），礼部侍郎杨绾曾请将《孟子》与《论语》《孝经》兼为一科，[93]唐末皮日休又请以《孟子》为学科，[94]但均未得准。至于以往所传孟蜀石经中刻有《孟子》的说法，实为讹传。[95]《孟子》正式升格为儒经，与王安石亲自主持变法的熙宁时期的科举制度改革直接相关。

王安石早年上书仁宗时就已极陈以诗赋和传统经学取士之"害"，[96]待到他得遇神宗而施展抱负时，改革科举制度便成为他变法内容的一个重要部分。神宗即位之初，右正言孙觉便在熙宁元年（1068）上书指责进士、明经两科损害人才，并提出了具体的改革方案。熙宁二年，神宗诏议贡举，参与议论的大臣几乎一边倒地要求进行改革。熙宁四年（1071）二月丁巳，朝廷终于定出贡举新制：

> 进士罢诗赋、帖经、墨义，各占治《诗》《书》《易》《周礼》《礼记》一经，兼以《论语》《孟子》。[97]

熙宁五年六月癸亥又进一步申明：

---

[92] 《孟子题辞》，见《孟子注疏》卷首，第11页。
[93] （宋）王钦若等编：《册府元龟》卷六四〇《贡举部·条制第二》，北京：中华书局，1989年，第2103页。
[94] 《皮子文薮》卷九《请孟子为学科书》，第89页。
[95] 舒大刚：《"蜀石经"与十三经的结集》，《周易研究》，2007年第6期。
[96] 《临川先生文集》卷三九《上仁宗皇帝言事书》，见《王安石全集》，第6册，第749~769页。
[97] 《续资治通鉴长编》卷二二〇，熙宁四年二月丁巳条，第5334页。

试法分四场,除第三、第四场策论如旧,其第一场试本经五道,第二场《论语》《孟子》各三道。[98]

《孟子》由此得以升格为士人必须修习的兼经。徽宗宣和年间(1119~1125),《孟子》首次刻石,成为十三经之一。[99]其后,南宋高宗御书石经,也将《孟子》写入其中。[100]至于朱熹,终将《孟子》与《论语》《大学》《中庸》合为"四书",由此而成为理学家主张的核心经典之一。南宋理宗时,陈振孙在其《直斋书录解题》中设"语孟类",第一次在目录学著作中将《孟子》列为儒经。[101]

熙宁七年(1074),"判国子监常秩等乞立孟轲、扬雄像于孔子庙庭,仍加爵号。又乞追尊孔子以帝号",但"翰林学士杨绘以为加帝号非是","后不果行"。[102]常秩与王安石关系紧密,而杨绘则多次弹劾王安石。其后元丰六年(1083)十月,因为试吏部尚书曾孝宽因孟子有庙在邹,请加孟子封爵,太常寺云:"诸神祠加封,无爵号者,赐庙额;已赐额者,加封爵。初封侯,再封公,次封王。生有爵

---

[98] 《续资治通鉴长编》卷二三四,熙宁五年六月癸亥条,第5677页。
[99] 《郡斋读书志校证》卷一〇《子部·儒家类·石经孟子》,第417~418页。
[100] 《咸淳临安志》卷一一《行在所录·学校·太学·光尧石经之图》,第422页。
[101] 《孟子》合入经书的过程,可参见周淑萍教授《两宋孟学研究》第二章"两宋时期:孟子升格运动"第四节"孟子合入'四书'、十三经",第57~63页。
[102] 《续资治通鉴长编》卷二五八,熙宁七年十二月庚寅条,第6304页。

位者，从其本。当寺参详。孟子传圣人之道，有功于天下后世，非诸神祠一时感应之比。今若止加庙额、侯爵，恐未尽褒崇之义。检会颜子封兖国公，十哲并封郡公。欲乞自朝省详酌，特封国公。"即主张越次加封孟子国公之爵，朝廷最终敕令说："自孔子没，先王之道不明。发挥微言，以绍三圣，功归孟氏，万世所宗。厥惟旧邦，实有祠宇，追加爵号，以示褒崇。宜特封邹国公。"[103]元丰七年，"晋州州学教授陆长愈言近封孟轲为邹国公，谓宜春秋释奠，与颜子并配"。太常少卿叶均、博士盛陶、王古、杨杰、辛公祐等人表示反对，但以林希为首的礼部官员则驳斥太常寺的意见，并请增以荀子、扬雄和韩愈从祀。最终，礼部的意见得到朝廷肯定，准许孟子进入孔庙配享，荀子、扬雄和韩愈也得以从祀。林希和常秩一样，都是亲近王安石的新党中人。五月，最终诏"自今春秋释奠，以邹国公孟轲配食文宣王，设位于兖国公之次"。[104]孟子在元丰年间（1078～1085）得以进入孔庙配享，与新党在当时所具有的政治优势地位直接相关，而王安石思想的影响则是不言自明的。

三、王安石视扬雄为孟子的继承者

王安石不仅极为尊孟，而且也颇为崇重扬雄，南宋杨

---

[103]《尚书省牒》，见刘培桂编著：《孟子林庙历代石刻集》卷一《宋代》，济南：齐鲁书社，2005年，第4～5页。
[104]《续资治通鉴长编》卷三四五，元丰七年五月壬戌条，第8292页。

万里就曾说"临川王子之文准扬也"[105],赵希弁《郡斋读书志附志》载王安石有《扬子解》一卷[106]。可以认为,孟子、扬雄是王安石从五贤道统系谱中筛选重构的儒家道统系谱。上文谈到,熙宁七年,"判国子监常秩等乞立孟轲、扬雄像于孔子庙庭",应该是与王安石的倾向相合的。王安石将扬雄视作孟子的继承者,为了维护扬雄的道统地位,他和一些学友为扬雄受到的批判进行了诸多讨论和辩护。

1. 视扬雄为孟子的继承者

王安石极尊孟子,而扬雄也多尊孟之语,前文已经引过一些,如《法言·吾子》云:

> 或问:"孟子知言之要,知德之奥。"曰:"非苟知之,亦允蹈之。"曰:"子小诸子,孟子非诸子乎?"曰:"诸子者,以其知异于孔子者也。孟子异乎?不异。"[107]

可见扬雄认为孟子"不异"于孔子。如此尊崇孟子,在韩愈之前几属仅见。扬雄还有志于继承孟子,他说:"古者杨、墨塞路,孟子辞而辟之,廓如也。后之塞路者有矣,窃自比

---

[105] (宋)杨万里撰,辛更儒笺校:《杨万里集笺校》卷九二《庸言十》,北京:中华书局,2007年,第3596页。
[106] 《读书附志》卷上,见《郡斋读书志校证》,第1143页。
[107] 《法言义疏十八·君子卷第十二》,第498页。

于孟子。"[108]

王安石也主要是将扬雄视为孟子的继承者,其《扬雄》诗云"孔孟如日月,……扬子出其后"[109],即以孟子继承孔子,扬雄继承孟子。他认为"孟、扬之道未尝不同"[110],又说"扬雄者,自孟轲以来未有及之者"[111],并云:"孟子没,能言大人而不放于老、庄者,扬子而已。"[112]这都是将扬雄视为孟子之后的道统继承者。扬雄和孟子对于"性""命"的看法其实并不相同,而王安石自己对于"性""命"的见解也与孟子、扬雄颇为不同,在《扬孟》一文中,王安石还以自己的见解调和扬、孟的性情论,并明确说"孟、扬之说果何异乎"。[113]从王安石的这些表述来看,在孟子、扬雄二人中,孟子显然才是这个道统系谱组合的重心所在,扬雄只是作为孟子的继承者而存在,并且和孟子还是有所差距,他曾说:"自秦、汉已来,儒者唯扬雄为知言,然尚恨有所未尽。"[114]

---

[108]《法言义疏四·吾子卷第二》,第81页。
[109]《王荆公诗注补笺》卷一二《扬雄三首》其一,第220页。
[110]《临川先生文集》卷六四《扬孟》,见《王安石全集》,第6册,第1167页。
[111]《临川先生文集》卷七二《答龚深父书》,见《王安石全集》,第6册,第1293页。
[112]《临川先生文集》卷七二《答王深甫书三》其一,见《王安石全集》,第6册,1298页。
[113]《临川先生文集》卷六四《扬孟》,见《王安石全集》,第6册,第1167~1168页。
[114]《临川先生文集》卷七四《答吴孝宗书》,见《王安石全集》,第6册,第1326页。

王安石的一些学友也有类似的思想转变轨迹,他们也逐渐从尊崇韩愈转变为放弃韩愈,并且同样视扬雄为孟子的继承者。如上文述及的王令曾有诗云:"周公汲汲劳,仲尼皇皇疲,轲况比踵游,雄愈磨肩驰。"[115]但后来他就独尊孟子,而视扬雄为孟子的继承者了。王令《说孟子序》以是否合于孟子来考量荀、扬、王、韩之于儒道是否醇粹,他说,"荀卿之非孟子,见于书;王通盖未尝知道也。夫不知而非之,与不知而不言,其为虽殊,要皆不知孟子者也。执三家之中,独扬雄以谓孟子知言之要,知德之奥,非苟知之,亦允蹈之,其言虽不多见,然亦足以发雄之知言也",因而总结说:"王通力学而不知道,荀卿言道而不知要,昌黎立言而不及德,独雄其庶乎!"[116]可见在王令眼中,五贤道统系谱的实际重心已经不再是韩愈,而是孟子了,并且是否合于孟子又成为他清理五贤道统系谱,进而重构道统系谱的标准。然而,此前古文运动看重的孟、荀、扬、王、韩五贤的诸如提倡古文、反对传统经学、保持儒家自觉意识、卫道等因素,已经显得颇为外在,因而不再成为王令考量道统人物的核心标准了。后来朱熹说"配享只当论传道"[117],其实这种思想倾向在北宋中期就已经很是普遍,王令所论即是如此。最终,王令和王安石一样,将荀子、王通和韩愈剔除,

---

[115]《王令集》卷七《道士王元之以诗为赠多见哀勉因以古诗为答》,第111页。
[116]《王令集》卷一四《说孟子序》,第265、266页。
[117]《朱子语类》卷九〇,第2294页。

并筛选重构了孟子、扬雄这一前后相继的同质性的道统系谱,而其重心,显然也在于孟子。

另一位北宋古文大家,和王安石早间非常亲密的曾巩,也大体如此。曾巩早年也极受当时流行的五贤道统系谱的影响,他所出的一个策题便说:"韩愈曰:'吾读孟轲书,然后知孔子之道尊,得扬雄、荀卿之书,而益尊孟子,以谓二子者皆圣人之徒。'然今世学者好诋诎三子之说者甚众。三子者诚诡于道,而愈之书又过于言乎?抑今之学者未达于三子之说而好辩以妄议乎?"[118]希望学者为孟、荀、扬辩护。他还曾为嘉祐二年去世的沈氏写过一篇墓志铭,而沈氏的三个曾孙分别名为师扬、师荀、师轲。[119]他也曾上书欧阳修说:"仲尼既没,析辨诡词,骈驾塞路,观圣人之道者,宜莫如于孟、荀、扬、韩四君子之书也,舍是醨矣。退之既没,骤登其域,广开其辞,使圣人之道复明于世,亦难矣哉。"他因而还推许欧阳修说:"韩退之没,观圣人之道者,固在执事之门矣。"[120]这与林简言上书韩愈,说"今人睎阁下之门,孟轲、扬雄之门也"[121],几乎如出一辙。他在其《醒心亭记》中也推崇欧阳修:"若公之贤,韩子殁数百年,而始有之。"[122]这段时间里,曾巩仍然将道统系谱的重心落在韩愈

---

[118]《曾巩集・辑佚・策问十道》其四,第 766 页。
[119]《曾巩集》卷四四《太子右司御率府副率致仕沈君墓志铭》,第 603 页。
[120]《曾巩集》卷一五《上欧阳学士第一书》,第 231、232 页。
[121]《上韩吏部书》,见《唐文粹》卷八六。
[122]《曾巩集》卷一七《醒心亭记》,第 276 页。

身上，也将韩愈视作宋人接续道统的起点。

然而，随着其思想的发展，曾巩也逐渐重新筛选了五贤道统系谱，并最终放弃了荀子和韩愈，保留了孟子和扬雄。曾巩《圣贤》诗已经注意到"荀子书犹非孟子"，而其《读孟子》一诗则说孟子"千载士椎无比拟"[123]，其文字中也数次并提"孔孟"，如他在《熙宁转对疏》中也有"孔孟"云云[124]，可见他对道统系谱的判断已经逐渐转变到以孟子为重心了。曾巩也相当尊崇扬雄，说西汉之时，"能明先王之道者，扬雄而已"[125]，又说："自斯（战国）以来，天下学者知折衷于圣人，而能纯于道德之美者，扬雄氏而止耳。"[126]后来其弟曾肇为曾巩所作的行状还说："自扬雄以后，士罕知经，至施于政事，亦皆卑近苟简，故道术浸微，先王之迹不复见于世。"[127]对于扬雄受到的政治忠节上的指责，曾巩还极力为之辩护。

和王安石一样，曾巩也将扬雄视为孟子的继承者，他在为王回的文集作序时写道："承孔子者，孟子而已。承孟子者，扬子而已。扬子之称孟子曰：知言之要，知德之奥。若扬子则亦足以几乎此矣。"[128]将孔子、孟子、扬雄的道统系谱说得非常清楚，而曾巩对扬雄的评价要比王安石更高。

---

[123]《曾巩集·辑佚·诗》，第725页。
[124]《曾巩集》卷二九《熙宁转对疏》，第435页。
[125]《曾巩集》卷一八《筠州学记》，第300页。
[126]《曾巩集》卷一一《新序目录序》，第177页。
[127]《曾巩集·附录·行状》，第791页。
[128]《曾巩集》卷一二《王容季文集序》，第199页。

嘉祐四年（1059），王安石好友王令卒，撰成王令墓志铭后，王安石于次年示王回，从而在其学友中引起了激烈辩论。[129] 今本王安石所作墓志说："盖无常产而有常心者，古之所谓士也。士诚有常心以操圣人之说而力行之，则道虽不明乎天下，必明于己；道虽不行于天下，必行于妻子。内有以明于己，外有以行于妻子，则其言行必不孤立于天下矣。此孔子、孟子、伯夷、柳下惠、扬雄之徒所以有功于世也。"[130] 不过，曾巩《与王深父书》说："比承谕及介甫所作王令志文，以为扬子不过，恐不然也。"可见他并不认同王安石所作墓志以扬雄推比王令，并对王安石所阐发的孟子之意进行了一些批驳。[131] 王安石后来大概因此而修改过这篇墓志，因为今存墓志已经看不出王安石以扬雄推比王令了。王回大概对曾巩有所回应，并谈及常秩批评扬雄"于义命有所未尽"，曾巩便在《答王深父论扬雄书》中对此进行了大力批驳，极力维护扬雄的道统地位（详见下文）。

王安石新学在北宋中后期长期被作为官方学说，影响广远，其时大多数士人都接受了王安石的看法，例如北宋末的唐庚在两道所出的策问中就于开篇明确说"孟子，习孔子者也；扬子，习孟子者也"，"由汉以来，著书立言纯合于经，而不杂以诸子百家之说者，扬子一人而已"，要求以此

---

[129] 刘成国：《王安石年谱长编》卷三，第477、553页。
[130] 《临川先生文集》卷九七《王逢原墓志铭》，见《王安石全集》，第7册，第1667页。
[131] 《曾巩集》卷一六《与王深父书》，第264页。

为题来撰写策论。[132]

2. 为扬雄辩护

扬雄一直到北宋都始终保持着强劲而持续的思想和文学影响力。由于扬雄擅长赋体，所以一些唐代古文运动先驱有时候会批评扬雄的华丽文风，如萧颖士就"尝谓扬、马言大而迂"[133]，贾至也曾说："仲尼删《诗》述《易》作《春秋》，而叙帝王之书，三代文章，炳然可观。洎骚人怨靡，扬、马诡丽，班、张、崔、蔡，曹、王、潘、陆，扬波扇飙，大变风雅，宋、齐、梁、隋，荡而不返。"[134]柳冕也曾批评道："至于西汉，扬、马已降，置其盛明之代，而习亡国之音，所失岂不大哉？"[135]但是，第一章谈到过，扬雄自己也说写作赋体文是"童子雕虫篆刻"之技，"壮夫不为也"，并曾批评说："诗人之赋丽以则，辞人之赋丽以淫。"[136]所以扬雄后来又因为鄙弃华丽文风而受到古文运动的青睐。

此前乃至宋代，对扬雄批评最多，也最为要害的，是

---

[132]（宋）唐庚：《眉山文集》卷一二《策题》，台湾商务印书馆景印文渊阁四库全书本，1987年，第1124册，第392、393页。
[133]（唐）独孤及：《毘陵集》卷一三《唐故殿中侍御史赠考功郎中萧府君文章集录序》，台湾商务印书馆景印文渊阁四库全书本，1987年，第1072册，第262页。
[134]（唐）贾至：《工部侍郎李公集序》，见《文苑英华》卷七〇一，第3616页。
[135]（唐）柳冕：《谢杜相公论房杜二相书》，见《唐文粹》卷七九。
[136]《法言义疏四·吾子卷第二》，第45、49页。

扬雄与新莽的关系问题。尤其在宋代新儒学特别注重将行节与是否明道联系起来的思想空气下，扬雄仕莽是否"合理"，就不仅仅关系到扬雄的政治品格，而且关系扬雄的"道"是否醇粹，也就关系到扬雄是否有资格列入儒家道统系谱。扬雄终生恬淡，不好仕宦，但世传扬雄作有《剧秦美新》，又为躲避狱吏而投天禄阁，此后还受王莽诏为大夫。扬雄与新莽这些本来并不紧密的关系，却被后人看成扬雄在政治忠节上的污点。而王安石、曾巩等人不仅推崇扬雄继承了孟子，还积极为扬雄在新莽时期的行为寻找儒家义理上的解释，努力为扬雄进行辩护。

前章谈到，郑獬曾云："子云迫于莽，投之阁，此又何也？"[137] 刘敞则说："扬子剧秦美新，畏祸投阁，苟悦其生，而不顾义，……为畏而投与刑而死同，为投而死与刑而诛异。"因而认为"扬子不知命"[138]，其《西汉三名儒赞序》也说扬雄"仕王莽，作《剧秦美新》，复投阁求死"是"背于圣人之道，惑于性命之理"。[139] 已经将扬雄投阁、仕莽、作《剧秦美新》诸事看作扬雄未能明道的证据，但王安石等人则不仅否定扬雄投天禄阁一事，还将扬雄的行为看作其明道的证据，甚至视之为士人进退出处的典范。

---

[137] 《郧溪集》卷一八《书贾谊传》，见《宋集珍本丛刊》，第 15 册，第 167 页。
[138] 《公是先生弟子记》不分卷，第 20、19 页。
[139] 《公是集》卷四九《西汉三名儒赞》，见《宋集珍本丛刊》，第 9 册，第 746 页。

王安石《扬雄》诗云:"子云游天禄,华藻锐初学。覃思晚有得,晦显无适莫。寥寥邹鲁后,于此归先觉。岂尝知符命,何苦自投阁?长安诸愚儒,操行自为薄。谤嘲出异己,传载因疏略。孟轲劝伐燕,伊尹干说亳。叩马触兵锋,食牛要禄爵。少知羞不为,况彼皆卓荦。史官蔽多闻,自古喜穿凿。"[140]认为扬雄并未作符命,更没有投天禄阁之事,这些都是嫉妒扬雄之人的造谣中伤,而史官蔽于多闻,便将这些无中生有的谣言也写入史书,其《与北山道人》亦云:"子云识字终投阁,幸是元无免破除。"[141]

关于扬雄仕莽,王安石也认为这并不构成扬雄政治品格的污点,并专作《禄隐》一文以论证扬雄仕莽的正当性,文云:

> 当王莽之乱,虽乡里自喜者知远其辱,而扬子亲屈其体,为其左右之臣,岂君子固多能言而不能行乎?抑亦有以处之,非必出于此言乎?曰:圣贤之言行,有所同,而有所不必同,不可以一端求也。同者道也,不同者迹也,知所同而不知所不同,非君子也。夫君子岂固欲为此不同哉?盖时不同,则言行不得无不同,唯其不同,是所以同也。如时不同而固欲为之同,则是所同者迹也,所不同者道也。迹同于圣人而

---

[140]《王荆公诗注补笺》卷一二《扬雄三首》其二,第221页。
[141]《临川先生文集》卷三六《与北山道人》,见《王安石全集》,第5册,第712页。

道不同，则其为小人也孰御哉！世之士不知道之不可一迹也久矣。……圣贤之言行，一伸焉，一屈焉，未尝同也，至其宗于道，则同矣。……圣贤因时而屈伸，故能宗于道。……饿显之高，禄隐之下，皆迹矣，岂足以求圣贤哉？唯其能无系累于迹，是以大过于人也。如圣贤之道皆出于一而无权时之变，则又何圣贤之足称乎！圣者，知权之大者也；贤者，知权之小者也。昔纣之时，微子去之，箕子为之奴，比干谏而死。此三人者，道同也，而其去就若此者，盖亦所谓迹不必同矣。《易》曰"或出或处，或默或语"，言君子之无可无不可也。使扬子宁不至于耽禄于弊时哉？盖于时为不可去，必去，则扬子之所知亦已小矣。[142]

王安石引孔子《系辞》"或出或处，或默或语"一语，而阐发"君子之无可无不可"之义，又以微子、箕子、比干对待商纣王的不同选择为例，认为圣贤之道是相同的，但因为身份的差异以及所处环境的变化，其言行选择则因而不一定相同。扬雄之于新莽，"于时为不可去"，所以扬雄仕之。因此，扬雄仕莽不仅不是扬雄的政治品格污点，反而是扬雄得知圣人之道的体现。他还有《扬雄》诗说："岁晚天禄阁，强颜为《剧秦》。趋舍迹少迕，行藏意终邻。壤壤外逐物，

---

[142]《临川先生文集》卷六九《禄隐》，见《王安石全集》，第6册，第1239~1240页。按，（晋）范望《太玄解赞序》即已以扬雄仕莽为"朝隐"。见《太玄集注》附录，第232页。

纷纷轻用身。往者或可返，吾将与斯人。"[143]几乎将扬雄视作士人进退出处的典范。

王安石所论得到不少士人的支持和发挥，林希即以"扬雄为禄隐"[144]，王回也"谓扬雄处王莽之际，合于箕子之明夷"，但常秩却较为反对王安石的看法，而曾巩又大力批驳常秩，尽心维护扬雄的道统地位。

曾巩在《答王深父论扬雄书》文首说："蒙疏示巩，谓扬雄处王莽之际，合于箕子之明夷。常夷甫以谓纣为继世，箕子乃同姓之臣，事与雄不同。又谓《美新》之文，恐箕子不为也。又谓雄非有求于莽，特于义命有所未尽。"王回、常秩两人均与王安石交好，但是他们在扬雄仕莽问题上的看法并不相同。王回、常秩之文今已不传，其具体内容不可得而详。从曾巩所述来看，大概是王回也认为扬雄仕莽并无不妥，"合于箕子之明夷"。但是，常秩却认为箕子与纣王为同姓，是为宗室之臣，所以箕子事纣不违义理，因而与扬雄仕莽的情况不同。不仅如此，扬雄甚至还作《剧秦美新》，所以在常秩看来，扬雄仕莽虽不为名利，但终究不太合于进退出处之道，所以他认为扬雄"于义命有所未尽"。

《易》之"明夷"卦："明夷：利艰贞。"《象》曰："明入地中，明夷。内文明而外柔顺，以蒙大难，文王以之。'利艰贞'，晦其明也。内难而能正其志，箕子以之。"《周易

---

[143]《王荆公诗注补笺》卷一二《扬雄三首》其一，第220页。
[144]《河南程氏遗书》卷一九，见《二程集》，第251页。

正义》云:"此卦日入地中,明夷之象。施之于人事,暗主在上,明臣在下,不敢显其明智,亦明夷之义也。时虽至暗,不可随世倾邪,故宜艰难坚固,守其贞正之德。故明夷之世,利在艰贞。"[145]这是说昏君在上,贤臣不仅在下位而不得用,并且还可能面临横祸,所以不得不隐晦其贤智以自保,而箕子的事迹正是这样一个典型例子。王回"谓扬雄处王莽之际,合于箕子之明夷",似乎是在发挥王安石《禄隐》中"昔纣之时,微子去之,箕子为之奴,比干谏而死。此三人者,道同也,而其去就若此者,盖亦所谓迹不必同矣"之论。

曾巩认为,箕子"辱于囚奴而就之,乃所谓明夷也",而扬雄"遭王莽之际,有所不得去,又不必死,辱于仕莽而就之,固所谓明夷也"。箕子"不死非畏死也",扬雄"不去非怀禄也",箕子"辱于囚奴而就之"和扬雄"辱于仕莽而就之","非无耻也",此即"在我者,固彼之所不能易也"。也就是在这个意义上,曾巩也认为"扬雄处王莽之际,合于箕子之明夷",而这与箕子和纣王、扬雄和王莽同姓与否无关。

曾巩又说:"至于《美新》之文,则非可已而不已者也。"他认为扬雄作《剧秦美新》乃是权衡轻重的结果,箕子若在扬雄的处境,也会如此。曾巩又引孔子不得不见南

---

[145](魏)王弼注,(唐)孔颖达疏,卢光明、李申整理,吕绍纲审定:《周易正义》卷四,北京:北京大学出版社,2000年,第181页。

子和阳虎为说，认为孔子"见所不见，敬所不敬，此《法言》所谓诎身所以伸道者也"。他又引孟子"天下有道，小德役大德，小贤役大贤；天下无道，小役大，弱役强"（《孟子·离娄上》），以及孔子"予所否者，天厌之！天厌之"（《论语·雍也》）之语，进一步证明扬雄之"于义命，岂有不尽哉"？曾巩认为扬雄作《剧秦美新》实在是不得已而为之，但是不能因此而认为扬雄"于义命有所未尽"。

曾巩又记云："介甫以谓雄之仕合于孔子无不可之义。夷甫以谓无不可者，圣人微妙之处，神而不可知者也。雄德不逮圣人，强学力行，而于义命有所未尽，故于仕莽之际，不能无差。又谓以《美新》考之，则投阁之事，不可谓之无也。"可见在常秩看来，扬雄"于义命有所未尽"，并未能把握"圣人微妙之处"，所以王安石《禄隐》"谓雄之仕合于孔子无不可之义"并不可靠，他认为扬雄仕莽确实是不太妥当的。不仅如此，常秩还以扬雄作《剧秦美新》为依据，反对王安石否认扬雄投天禄阁一事。

曾巩不同意常秩的意见，而是极力支持王安石的看法。他说："夫孔子所谓无不可者，则孟子所谓圣之时也。而孟子历叙伯夷以降，终曰乃所愿则学孔子。雄亦为《太玄赋》，称夷齐之徒，而亦曰：'我异于是，执太玄兮。荡然肆志，不拘挛兮。'以二子之志，足以自知而任己者如此，则无不可者，非二子之所不可学也。在我者不及二子，则宜有可有不可，以学孔子之无可无不可，然后为善学孔子。"即支持王安石认为扬雄之仕"合于无可无不可"之义的判断。关于投阁之事，曾巩批驳常秩说："前世之传者，以谓伊尹以割烹要汤，孔子主痈疽瘠环，孟子皆断以为非伊尹、孔子之事。盖以理考之，知其不然也。观雄之所自立，故介甫以谓世传其投阁者妄，岂不亦犹孟子之意哉！"在该《书》文末，曾巩写道："巩自度学每有所进，则于雄书每有所得。介甫亦以为然。则雄之言，不几于测之而愈深、穷之而愈远者乎？故于雄之事有所不通，必且求其意。况若雄处莽之际，考之于经而不缪，质之于圣人而无疑，固不待议论而后明者也。"[146]可见其对扬雄之重视和推崇。

后来，王安石在为王回所作的墓志铭中惋惜地写道："嗟乎深父！其智虽能知轲，其于为雄，虽几可以无悔，然其志未就，其书未具，而既早死，岂特无所遇于今，又将无所传于后！天之生夫人也而命之如此，盖非余所能知也。"[147]认为王回得领孟子之意，这点可与扬雄相提并论，然而王回早卒，既未得位以行其志，也无著作传世，很是可惜。后来，龚原致书王安石，认为王安石对王回的评价不太妥当，王安石回答说："扬雄亦用心于内，不求于外，不修廉隅以徼名当世，故某以谓深父于为雄，几可以无悔。"他认为扬雄注重内心修养而不求名利，王回也是如此，所以说王回"于为雄几可以无悔"并无不妥。至于龚原认为王回在不仕一点上超越了扬雄，王安石并不赞同，他认为扬雄出仕

---

[146]《曾巩集》卷一六《答王深父论扬雄书》，第265～266页。
[147]《临川先生文集》卷九三《王深父墓志铭》，见《王安石全集》，第7册，第1612页。

"合于孔子无不可之义",而"仕不仕,特其所遭义命之不同",即出仕与否要看所处的具体环境,并非不仕就一定比出仕更合于道。不过,在王安石看来,孟子是圣人,而扬雄则只是"智"足以知圣人,而其具体行节还是与圣人略有所差,所以扬雄的地位还只不过是"贤人",尚未达至圣人的高度。[148]

实际上,常秩虽然对扬雄并未完全肯定,但他对扬雄总体上还是非常推崇的。常秩于熙宁七年(1074)上奏说:"孔子之后,能明圣人之道者,莫如孟轲、扬雄,而历世以来,未尝加以爵号,又不载之祀典。欲乞于孔子庙庭,建立像貌,加以爵号,岁时从祀,以称陛下崇尚儒术之意。"这是历史上第一次有人建议在国家孔庙祀典中增以孟子、扬雄配享。常秩所请得到翰林学士元绛、判太常寺李清臣的支持,[149]但终因旧党反对而未遂。

元丰七年,以"扬雄为禄隐"的林希率领礼部官员极力支持陆长愈以孟子配享的奏请,并进而建议增加荀子、扬雄和韩愈从祀。这两次礼议的主力常秩和林希,都曾讨论过扬雄出处,而且都一定程度上受到王安石见解的影响。不过,王安石为扬雄出处所作的解释,相对地削弱了君主的绝对地位,放松了士大夫的忠节观念,因而在南宋很快就成为反对派士人攻击王安石及其新学的一个重要突破口(详见下章)。

---

[148]《临川先生文集》卷七二《答龚深父》,见《王安石全集》,第6册,第1293~1294页。
[149]《历代名臣奏议》卷二七四《崇儒》,第3574页。

四、共同排除荀子

关于荀子在唐宋时期的地位变化问题，以往研究者已经有所论述。[150] 荀子在唐宋时期五贤道统系谱的建构过程中，也一度有升格的趋势，且最终在元丰七年进入孔庙从祀。然而，荀子的思想性格和内涵与五贤道统系谱中的其他四人都有非常明显的区别，荀子列在其中，难免显得扞格。从韩愈开始，对荀子的批评就断断续续地存在，而随着士人群体对荀子思想认识的深入，尤其在道德性命之学兴起之后，他们对荀子的批评愈趋激烈，而且我们今天几乎看不到此间有为荀子进行辩护的声音，这与此间孟子、扬雄所引起的激烈争论是截然不同的，也与韩愈被普遍认为有功于儒道，但因其思想深度较浅而被定格为未能真正明道的"文士"大为不同。

在此情况下，到荀子于元丰七年从祀孔庙时，他事实上已经被新儒学各派的思想领袖排除在儒家道统系谱之外了。只不过因为影响思潮变动的思想领袖之论述所具有的创造性，与思潮的一般性散布之间存在着一定的时差，荀子方才得以从祀。另外，第一章中曾经谈到，孟、荀、扬、韩此

---

[150] 马积高先生《荀学源流》一书《下篇》对荀子及荀学历史地位的变迁有较为详细的论述，上海：上海古籍出版社，2000年。此外可参看李祥俊先生《道通于一——北宋哲学思潮研究》第二章"道统"第三节"北宋诸儒论荀子"，第162～174页；王永平：《荀子学术地位的变化与唐宋文化新走向》，《学术月刊》，2008年第6期。

次进入孔庙享祀，主要乃是因其排辟异端的卫道之功，荀子正好在这一点上颇为符合这个条件。实际上，此前熙宁七年，"判国子监常秩等乞立孟轲、扬雄像于孔子庙庭"时，就已经将荀子和韩愈排除在外了。而元丰七年的孔庙附祭人选改革，本因讨论孟子配享而起，后来才决定增加荀子、扬雄和韩愈从祀。考虑到司马光非孟和排辟异端的影响，而王安石事实上此时已经并不排辟异端，新党很可能是为了避免此次改革建议像熙宁七年那次一样流产，因而不得不增入荀子、扬雄和韩愈等人，何况司马光也尊崇扬雄，以便消除他人的反对意见，从而实现让孟子配享的最初目标。无论如何，荀子和韩愈显然都不是这两次礼议主要考虑的核心人选。

从韩愈开始，孟子的地位不断被拔高。而随着北宋道德性命之学的兴起，孟子以及其师子思的《中庸》都成为士人开发儒家道德性命之学的主要思想资源，孟子的地位也更加牢固。然而，荀子《非十二子》篇却把子思、孟子连同它嚣、魏牟、陈仲、史鰌、墨翟、宋钘、慎到、田骈、惠施、邓析等"异端"一起批判，并斥子夏、子游为"贱儒"。南宋王应麟《困学纪闻》考证："荀卿《非十二子》，《韩诗外传》四引之，止云十子，而无子思、孟子。愚谓荀卿非子思、孟子，盖其门人如韩非、李斯之流托其师说，以毁圣贤。当以《韩诗》为正。"[151]这虽然可能比较符合历史事实，

---

[151]《困学纪闻（全校本）》卷一〇《诸子》，第1193页。

但王应麟之前的士人并不关心这点。

并且,即便在排辟异端的卫道之功上,荀子也给人留下了口实。荀子最为有名的两个门人韩非和李斯,后来竟然分别成为法家最有成就的理论家和政治人物,而韩非视儒士为"五蠹"之一(《韩非子·五蠹》),李斯则更直接促成了秦始皇焚书,为儒家学术的传承和发展带来了巨大的打击。

不仅如此,荀子的思想体系与子思、孟子差异很大。子思《中庸》阐发性、命、道、诚明等"内圣"领域的问题,《孟子》也重视道、德、性、命等问题,尤其以人性为善,主张修养人性,扩充仁义礼智,推己及人,以己善为基础,期望能"兼善天下"。然而,与子思、孟子大为不同,荀子并不特别重视那些"内圣"领域的问题,他以人性为恶,因而强调要以外在的礼乐来约束人性,认为圣人正是鉴于人性之恶,所以才制礼作乐以规范人的行为,所以荀子"以礼为伪"。唐杨倞释荀子之"伪"云:"伪,为也,矫也,矫其本性也。凡非天性而人作为之者,皆谓之伪。故伪字'人'傍'为',亦会意字也。"[152] 大概为得,四库馆臣也说杨倞的训释"合卿本意",认为荀子所说之"伪"并非"真伪"之"伪"。[153] 然而,宋人大都并不接受杨倞的训释。

荀子的思想体系,不仅与子思、孟子不同,更与宋代

---

[152] (清)王先谦撰,沈啸寰、王星贤点校:《荀子集解》卷一七《性恶篇第二十三》,北京:中华书局,1988年,第434页。
[153] 《四库全书总目》卷九一《荀子》,第770页。

道德性命之学的思想需求背道而驰。宋代道德性命之学的基本思路是"内圣外王",即养成"内圣"方才可能达至"外王"。"内圣"领域的关键问题在于心、性、命、道、德等,这些是达至"外王"的源泉所在,"外王"不过是这些问题的外在延伸、落实而已。因此,至少在理论上,士人修习的首要阶梯就是"存心养性""以至于命"等养成"内圣"的步骤。而"内圣"的根据,就在于他们对于人性论的判断,不管是理学主张性善论,还是王安石和苏学主张性无善恶论,抑或司马光主张扬雄的性善恶混论,总之他们全都否定荀子的性恶论。荀子性恶、礼伪的思路与道德性命之学完全相反,他因而不可避免地会遭到重视道德性命之学的新儒学各派的强烈批评,并最终被排除在儒家道统系谱之外。

唐宋时期最先专力批判荀子的似乎是陆龟蒙,他在其《大儒评》中批评荀子未察李斯之奸而传之以道。[154]北宋真宗、仁宗时期的贾同又作《责荀》指斥荀子非议子思、孟子,他说:"仲尼之道,孟轲学而行之,吾谓未有能出之者也。"然而,荀子却严厉攻击子思、孟子,这说明荀子未得孔子之道,所以贾同说:"吾观此是吾不信荀也,故作《责荀》以示来者。"[155]陆龟蒙和贾同分别针对的是荀子授学李斯和攻击子思、孟子,都尚未议及荀子思想本身,但随着道德性命之学在庆历之后逐渐兴起,士人也开始批判荀子思想

---

[154]《笠泽丛书》卷一《大儒评》,见《陆龟蒙全集校注》,第1118~1119页。
[155]《责荀》,见《宋文鉴》卷一二五《杂著》,第1750页。

本身，而且越来越严厉。

孙堪《书李斯传后》说："洎堪读荀卿书，于是又知荀之道有以启斯之所为焉。"认为正是荀子的思想启导了李斯的所作所为，因为"荀以人之性皆若桀、跖，其为善者伪也"，而"李斯得是说，故其视天下之人皆若豺豹狼虎。然其御之也，惟有陷阱戕割之心，而无教道恻怛之意。既务行伪道以束天下，又思起伪理以继圣人。故其为也，盱盱然不循古，不酌今，惟我所适而已，则焚《诗》《书》，起督责，不亦宜乎？"[156]虽然同是因为李斯而批判荀子，但与陆龟蒙仅仅批评荀子不察李斯不同，孙堪已经开始批评荀子思想本身，认为荀子以性为恶、以礼为伪，正是法家思想的理论基础所在，李斯的所作所为正是实践荀子思想逻辑的结果。此后，刘敞也说："荀子不知性，……荀子言圣人之性以恶，言圣人之道以伪。恶乱性，伪害道，荀子之言不可为治。"[157]徐积更专作《荀子辩》一文，全面地驳斥包括以性为恶、以礼为伪在内的荀子思想。[158]

王安石力倡道德性命之学，孟子是其极为重要的思想资源，但荀子的思想却与孟子和王安石的格格不入，王安石因而也多处批判荀子，他说："夫尧、舜、周、孔之道，亦孟子之道也；孟子之道，亦尧、舜、周、孔之道也。荀卿能

---

[156]《书李斯传后》，收在《新刊国朝二百家名贤文粹》卷一九四《杂文·题跋四》，见《宋集珍本丛刊》，第94册，第689页。
[157]《公是先生弟子记》不分卷，第19~20页。
[158]《宋元学案》卷一《安定学案》，第32~37页。

知尧、舜、周、孔之道,而乃以孟子杂于杨朱、墨翟之间,则何知彼而愚于此乎?"[159]即指责荀子攻击孟子。在《周公》一文中,王安石又说:"甚哉,荀卿之好妄也!"《荀子·尧问》记周公之语云:"吾所执贽而见者十人,还贽而相见者三十人,貌执者百有余人,欲言而请毕事者千有余人。"王安石不相信荀子所记,说:"是诚周公之所为,则何周公之小也!"他认为荀子之所以妄记,是因为"荀卿生于乱世,不能考论先王之法著之天下,而惑于乱世之俗,遂以为圣世之士亦若是而已"。最后,王安石在文末说:"后世之士,尊荀卿以为大儒而继孟者,吾不信矣。"[160]这足见王安石对荀子的批评态度。

不仅如此,王安石还专作《荀卿》《礼论》两文以彻底批驳和否定荀子的思想价值。《荀子·子道》云:

> 子路入,子曰:"由!知者若何?仁者若何?"子路对曰:"知者使人知己,仁者使人爱己。"子曰:"可谓士矣。"子贡入,子曰:"赐!知者若何?仁者若何?"子贡对曰:"知者知人,仁者爱人。"子曰:"可谓士君子矣。"颜渊入,子曰:"回!知者若何?仁者若何?"颜渊对曰:"知者自知,仁者自爱。"子曰:

---

[159]《临川先生文集·佚文·荀卿论上》,原收在《圣宋文选》卷一〇,见《王安石全集》,第7册,第1826~1827页。
[160]《临川先生文集》卷六四《周公》,见《王安石全集》,第6册,第1163~1164页。

"可谓明君子矣。"

王安石《荀卿》评论说:"是诚孔子之言欤?吾知其非也。……荀卿之言,其不察理已甚矣。"他认为:"知己者,智之端也,可推以知人也;爱己者,仁之端也,可推以爱人也。夫能尽智、仁之道,然后能使人知己、爱己,是故能使人知己、爱己者,未有不能知人、爱人者也。能知人、爱人者,未有不能知己、爱己者也。"王安石完全是循着孟子的思路来论述,他认为"知己""爱己"分别是智、仁之端,能知己、爱己,然后才能使人知己、爱己,能使人知己、爱己,自然能使人知人、爱人。王安石认为荀子完全把顺序次第搞反了,因而说:"今荀卿之言,一切反之,吾是以知其非孔子之言而为荀卿之妄矣。"[161]

在《礼论》一文中,王安石对荀子"以礼为伪"、以礼法为政教根本的思想进行了彻底的批驳。他说:"呜呼,荀卿之不知礼也!其言曰:'圣人化性而起伪。'吾是以知其不知礼也。知礼者,贵乎知礼之意,而荀卿盛称其法度节奏之美,至于言化,则以为伪也。亦乌知礼之意哉?"在王安石看来,荀子重视礼法制度的规范作用本没有错,但荀子"圣人化性而起伪"(《荀子·性恶》)的思路则完全未得圣人制礼之本意。王安石进而解释说:"夫礼始于天而成于人,知

---

[161]《临川先生文集》卷六八《荀卿》,见《王安石全集》,第6册,第1227~1228页。

天而不知人则野，知人而不知天则伪。圣人恶其野而疾其伪，以是礼兴焉。"而"荀卿以为特劫之法度之威，而为之于外"，这是不正确的。他进一步论证说："今人生而有严父爱母之心，圣人因其性之欲而为之制焉，故其制虽有以强人，而乃以顺其性之欲也。……得性者以为伪，则失其性者乃可以为真乎？"认为圣人制礼是顺应了人性，而不是像荀子所说的那样是为了限制人性。王安石又以猿猴为例，认为猿猴与人在外形上非常相似，如果礼法制度真如荀子所说，是为限制人性而从外在强加给人，并且能起到足够的规范作用，那么礼法制度应该也能规训猿猴，使猿猴像人类一样遵守礼节，但这显然行不通，王安石因而总结说："礼始于天而成于人，天则无是而人欲为之者，举天下之物，吾盖未之见也。"即礼法之所以能被人制定和遵守，正是因为礼法根植于人性。[162]

王安石显然是完全站在道德性命之学的立场上批判荀子的，而以道德性命之学的眼光来看，王安石对荀子的批判也着实非常有力，可以说是彻底否定了荀子的思想价值。由此也可以预见，荀子在新儒学各个学派中的地位必然会一落千丈，连司马光的追随者晁说之都说："荀卿之弟子与叔孙通之弟子，皆以其师为圣人。至于何曾之孙，又以其祖为圣人。圣人之名，亦可私得欤？盖卿之弟子学无所成，通之弟

---

[162]《临川先生文集》卷六六《礼论》，见《王安石全集》，第6册，第1198~1199页。

子因赐金之利，曾之孙叹世事之验，于是乎云尔。使其成学而不外慕，则俊造之名，尚未易许人矣。"[163]同样也极力否定荀子。

苏轼也否定荀子，而且也有一篇《荀卿论》，他定位荀子说："荀卿者，喜为异说而不让，敢为高论而不顾者也。"和孙堪一样，他也认为："昔者常怪李斯事荀卿，既而焚灭其书，大变古先圣王之法，于其师之道，不啻若寇仇。及今观荀卿之书，然后知李斯之所以事秦者皆出于荀卿，而不足怪也。"不过，与孙堪看到荀子的思想逻辑会导致李斯焚书不同，他说："其言愚人之所惊，小人之所喜也。子思、孟轲，世之所谓贤人君子也。荀卿独曰：'乱天下者，子思、孟轲也。'天下之人，如此其众也；仁人义士，如此其多也。荀卿独曰：'人性恶。桀、纣，性也。尧、舜，伪也。'由是观之，意其为人必也刚愎不逊，而自许太过。彼李斯者，又特甚者耳。"他因而认为："荀卿明王道，述礼乐，而李斯以其学乱天下，其高谈异论有以激之也。"[164]苏轼虽未直接批评荀子的思想，而是指责荀子的过激风格，但其预设仍然是赞同子思、孟子而否定荀子。

后来被目为蜀党的吕陶也有一篇《荀卿论》，同样是否定荀子，他说："荀卿……务为毫说侈论，往往越于名教之外，而不知其归也。"他批判荀子以性为恶、以礼为伪、法

---

[163]《景迂生集》卷一三《儒言·名圣》，台湾商务印书馆景印文渊阁四库全书本，第1118册，第253页。
[164]《苏轼文集》卷四《荀卿论》，第100~101页。

后王等几点主要思想,进而说:"斯言也,未足以适当时天下之用,而足以启后世天下之害也。立说好异,夸辩太过,而不知其归矣夫。"[165]吕陶的思路和苏轼非常接近。黄庭坚《孟子断篇》也批评荀子非孟,他同样认为"荀卿所谓知孔子者,特未可信"。[166]

理学家对道德性命之学的探究比王安石和蜀学都更深一层,他们对于荀子的否定也更加激烈。张载曾云:"古之学者便立天理,孔孟而后,其心不传,如荀、扬皆不能知。"[167]二程的批判更多,程颐说:"荀卿才高,其过多。……可谓大驳矣。"[168]又说:"荀子极偏驳,只一句'性恶',大本已失。"[169]其对荀子批判的火力点就主要集中在人性论一点上,程颐说荀子"不知性"[170],而荀子既然"性已不识,更说甚道"[171]?程颐因而判断荀子之学云:"以礼义为伪,性为不善,他自情性尚理会不得,怎生到得圣人?大抵以尧所行者欲力行之,以多闻多见取之,其所学者皆外也。"[172]他也因而

---

[165] (宋)吕陶:《净德集》卷一五《荀卿论》,上海:商务印书馆,1935年丛书集成初编本,第158~160页,引文在第159、160页。
[166] (宋)黄庭坚:《宋黄文节公全集·正集》卷二〇《孟子断篇》,见氏著,刘琳、李勇先、王蓉贵点校:《黄庭坚全集》,北京:中华书局,2021年,第455页。
[167] 《经学理窟·义理》,见《张载集》,第273页。
[168] 《河南程氏遗书》卷一八,见《二程集》,第231页。
[169] 《河南程氏遗书》卷一九,见《二程集》,第262页。
[170] 《河南程氏遗书》卷一八,见《二程集》,第204页。
[171] 《河南程氏遗书》卷一九,见《二程集》,第255页。
[172] 《河南程氏遗书》卷一八,见《二程集》,第191页。按,《河南程氏外书》卷一二也有相似的记录。见《二程集》,第431页。

严厉否定荀子说:"荀子,悖圣人者也,故列孟子于十二子,而谓人之性恶。"[173]不仅如此,他们还在道德性命之学很重要的命题"诚"上批判荀子,云:"孟子言'养心莫善于寡欲',欲寡则心自诚。荀子言'养心莫善于诚',既诚矣,又何养?此已不识诚,又不知所以养。"[174]总之,二程将道统传递的中断归咎于荀子,认为"圣人之道,至卿不传"[175],甚至认为荀子还不如王通,程颐说:"若论其(王通)粹处,殆非荀、扬所及也。"[176]"其间极有格言,荀、扬道不到处。"[177]

各派对于荀子的批判和否定,被此后南宋的大多数士人所接受。南宋早期的理学家韩元吉也作《荀子论》以批判荀子,同样认为荀子远远不及孟子。[178]林之奇也说:"荀子出而讥孟子、子思,固自以为得吾道之传矣。至其以性为恶,以礼为伪,则不及孟子远矣。"[179]即便是相对比较同情荀子的唐仲友,也在其《荀子后序》中写道:"(荀)

---

[173]《河南程氏遗书》卷二五,见《二程集》,第325页。
[174]《河南程氏遗书》卷二上,见《二程集》,第18页。按,《河南程氏外书》卷二、《河南程氏粹言》卷二《圣贤篇》也有大致相同的记录,《河南程氏外书》卷二更明确录为程颢之语。见《二程集》,第365、1234页。
[175]《河南程氏外书》卷一〇,见《二程集》,第403页。
[176]《河南程氏遗书》卷一八,见《二程集》,第231页。
[177]《河南程氏遗书》卷一九,见《二程集》,第261页。
[178](宋)韩元吉著,刘云军点校:《南涧甲乙稿》卷一七《荀子论》,北京:中国社会科学出版社,2022年,第322~323页。
[179](宋)林之奇:《拙斋文集·拾遗·扬子讲义序》,见《宋集珍本丛刊》,第44册,第755页。

卿后孟子，亦尊孔氏。子思作《中庸》，孟子述之，道性善。至卿，以为人性恶，故非子思、孟轲，扬雄以为同门异户。孟子与告子言性，卒绌告子。惜卿不见孟子，不免异说。"[180]他在其《荀卿论》中也总结说："荀卿者，告子之俦，非孟子比也。"同样认为荀子相差于孟子甚远。[181]在《读荀子礼论》中，唐仲友还直云："卿谓圣人恶乱，故治礼，即性恶义外之说，与《孟子》'节文'，斯二者矛盾。然则荀卿之礼，强人者也；孟子之礼，充其性者也。故吾谓荀子，告子之流，其极有性伪之论。"[182]所以，他在其《读荀子乐论》中，总结荀子是"见礼乐之末，而未揣其本者也"[183]。陈傅良也批评荀子非子思、孟子、以性为恶、以礼为伪等，他说："其所学不纯，所守不正，是以逃逸于楚，废死兰陵，其后门人李斯之徒卒倡焚书之祸。"[184]则与孙堪、徐积所论颇为相似。

在李元纲依据二程思想总结的《传道正统图》中，荀子和扬雄与老子、杨、墨、释迦牟尼等一并，是为"其道可

---

[180] （宋）唐仲友：《悦斋文钞·补·唐杨倞注荀子后序》，见《续修四库全书》，上海：上海古籍出版社，2002年，第1318册，第259页。
[181] 《悦斋文钞》卷八《荀卿论》，见《续修四库全书》，第1318册，第246页。
[182] 《悦斋文钞》卷九《读荀子礼论》，见《续修四库全书》，第1318册，第251页。
[183] 《悦斋文钞》卷九《读荀子乐论》，见《续修四库全书》，第1318册，第251页。
[184] （宋）陈傅良撰，方逢辰批点：《蛟峰批点止斋论祖》丁之体《荀氏在轲雄之间论》，见《四库全书存目丛书》，集部第20册，第45页。

救一时,不可传于万世"的"独行圣贤"。[185]朱熹也评价荀子之学"杂于申、商"[186],"全是申、韩"[187],对荀子评价很低。此后,在明嘉靖九年(1530)的大礼议中,明世宗改制波及孔庙,荀子在此次改制中最终被罢祀。[188]

五、韩愈成为文士

前章谈到,契嵩对韩愈自荐求仕、不能以身行道的指责,以及对韩愈不知"道"、乃一"文词人"的评判,对于士人看待韩愈有着引导性的影响。契嵩之后,韩愈在士人心目中的地位急剧跌落,而士人对韩愈的批评,也主要集中在其"急于自售"和不知"道"两点上,即集中在韩愈的自荐求仕和思想深度不够上。这两点又是相互关联的,因为在宋人看来,韩愈未能知"道"正是其急于自售的根本原因所在,而后者又是前者的具体行为表现。此外,在核心的人性论一点上,韩愈的性三品说和荀子的性恶论一样,是与道德性命之学的思想需求背道而驰的,必然会遭到各个学派的抛弃和批判。

契嵩对韩愈自荐求仕、不能以身行道的批评,此后反复被士人附和。王令就说韩愈于"性命之际,出处致身之大

---

[185] (宋)李元纲:《圣门事业图·传道正统图》,陶氏涉园影宋百川学海本,1927年。
[186] 《晦庵先生朱文公文集》卷六七《王氏续经说》,见《朱子全书(修订本)》,第23册,第3283页。
[187] 《朱子语类》卷一三七,第3255页。
[188] 《明史》卷五〇《礼志四·至圣先师孔子庙祀》,第1299页。

要，而愈之与孟子异者，固多矣"，所以他认为韩愈"立言而不及德"。[189] 连"今之韩愈"欧阳修也说："每见前世有名人，当论事时，感激不避诛死，真若知义者，及到贬所，则戚戚怨嗟，有不堪之穷愁形于文字，其心欢戚无异庸人，虽韩文公不免此累。"[190] 司马光也说："韩子以三书抵宰相求官，《与于襄阳书》谓先达后进之士，互为前后，以相推援，如市贾然，以求朝夕刍米仆赁之资，又好悦人以铭志而受其金。观其文，知其志，其汲汲于富贵，戚戚于贫贱如此，彼又乌知颜子之所为哉！"[191] 南宋林季仲也说："愈以市道望于权贵，屑屑然从求刍米仆赁之资，识者恨之。"[192] 朱熹弟子也说："韩公虽有心学问，但于利禄之念甚重。"朱熹也说韩愈"当初本只是要讨官职做，始终只是这心。他只是要做得言语似《六经》，便以为传道。至其每日功夫，只是做诗，博弈，酣饮取乐而已。观其诗便可见，都衬贴那《原道》不起。至其做官临政，也不是要为国做事，也无甚可称，其实只是要讨官职而已"。又说："退之则只要做官，如末年潮州上表，此更不足说了。"[193] 詹初也云："韩子自比孟氏，而三

---

[189]《王令集》卷一四《说孟子序》，第266页。
[190]《居士外集》卷一九《与尹师鲁第一书》，见《欧阳修全集》卷六九，第998页。
[191]《司马光集》卷六八《颜乐亭颂序》，第1401页。
[192]（宋）林季仲：《竹轩杂著》卷三《策问·道学》，见《宋集珍本丛刊》，第42册，第161页。
[193]《朱子语类》卷一三七，第3273、3260、3270页。

上书，两及门，其未达孟子之进欤。"[194]都是在批评韩愈不甘淡泊，急于求仕。北宋初，柳开就曾说："古之以道学为心也，……今之以禄学为心也。"又说："古之志为学也，不期利于道，则不学矣；今之志为学也，不期利于身，则不学矣。"[195]他对"道学""禄学"的区分，对"利于道"的追求和对"利于身"的批评，已经可见宋人对于仕宦的审慎态度。韩愈自荐求仕，以宋人的眼光来看，无疑就是急于自售。

韩愈不仅因自荐求仕、急于自售而招致批评，随着道德性命之学的兴起，韩愈思想深度不足的劣势愈发暴露出来，其学术思想地位也因而迅速走低，刘敞即已认为"韩愈不知道"了[196]。上文谈到过，王安石早年并尊孟子和韩愈，其作于庆历二年的《送孙正之序》云："时乎杨、墨，己不然者，孟轲氏而已；时乎释、老，己不然者，韩愈氏而已。如孟、韩者，可谓术素修而志素定也，不以时胜道也。"[197]此时王安石仍在古文运动及其道统系谱的影响之下。此后，随着王安石在道德性命之学上的学术进展，他愈发尊崇孟子而放弃了韩愈。嘉祐元年（1056），欧阳修赠诗王安石云："翰林风月三千首，吏部文章二百年。老去自怜心尚在，后

---

[194] （宋）詹初：《宋国录流塘詹先生集》卷一《翼学·名儒章第十》，见《宋集珍本丛刊》，第65册，第364页。
[195] 《柳开集》卷一《续师说》，第7页。
[196] 《公是先生弟子记》不分卷，第19页。
[197] 《临川先生文集》卷八四《送孙正之序》，见《王安石全集》，第7册，第1489页。

来谁与子争先。"[198]颇以韩愈许王安石，这几乎已是欧阳修推崇他人的极致，因为欧阳修颇学韩愈，又曾说："凡昔（李）翱一时人，有道而能文者，莫若韩愈。"[199]而且他人推崇欧阳修，也不过以韩愈比之而已，如曾巩即云："若公（欧阳修）之贤，韩子殁数百年而始有之。"[200]苏轼叙欧阳修文集，也记时人称道欧阳修云："欧阳子，今之韩愈也"；"欧阳子论大道似韩愈"。[201]然而，王安石回复欧阳修的答诗却说："欲传道义心虽壮，强学文章力已穷。他日若能窥孟子，终身何敢望韩公？"[202]则是直以孟子为志，而韩愈在王安石眼中，不过"学作文章"者也。宋初，赵湘曾自谦地说："读书不及古人，贤不敢望于退之。"[203]以此较观王安石之句，韩愈在士人心目中的形象和地位之落差真不可以道里计。王安石还有相近的诗句云："韩公既去岂能追？孟子有来还不拒。"[204]关于韩愈《读墨》一文，王安石亦有诗云："退之醇孟轲，而驳荀扬氏。至其趣舍间，亦又蔽于己。"[205]他还赋诗奚落韩愈说："纷纷易尽百年身，举世何人识道真。力去陈言夸末俗，可怜无补费精神。"[206]总之，和契嵩一样，

---

[198]《居士外集》卷七《赠王介甫》，见《欧阳修全集》卷五七，第813页。
[199]《居士外集》卷二二《读李翱文》，见《欧阳修全集》卷七二，第1050页。
[200]《曾巩集》卷一七《醒心亭记》，第276页。
[201]《苏轼文集》卷一〇《六一居士集叙》，第316页。
[202]《王荆公诗注补笺》卷三三《奉酬永叔见赠》，第612页。
[203]《南阳集》卷四《五箴序》，第29页。
[204]《王荆公诗注补笺》卷一八《秋怀》，第329页。
[205]《王荆公诗注补笺》卷六《读墨》，第106页。
[206]《王荆公诗注补笺》卷四八《韩子》，第955页。

王安石也认为韩愈更多的是一个文士而不是知"道"者,他说:"尝谓文者,礼教治政云尔。其书诸策而传之人,大体归然而已。而曰'言之不文,行之不远'云者,徒谓辞之不可以已也,非圣人作文之本意也。自孔子之死久,韩子作,望圣人于百千年中,卓然也。独子厚名与韩并。子厚非韩比也,然其文卒配韩以传,亦豪杰可畏者也。韩子尝语人以文矣,曰云云,子厚亦曰云云。疑二子者,徒语人以其辞耳,作文之本意,不如是其已也。"[207]即认为韩愈虽也算"卓然",但其最关心的仍是如何为文,并非为了探寻根本性的道。

理学家对韩愈的评价与王安石相近。二程也对韩愈的卓识颇为夸赞,如他们曾说:"韩愈言'《春秋》谨严',深得其旨。"[208]程颐也说韩愈《伯夷颂》《读墨》《羑里操》"甚好"[209]。他们最佩服韩愈的,还是《原道》的道统说,程颐就说"只如《原道》一篇极好"[210],二程认为:"韩愈亦近世豪杰之士。如《原道》中言语虽有病,然自孟子而后,能将许大见识寻求者,才见此人。至如断曰:'孟氏醇乎醇。'又曰:'荀与扬择焉而不精,语焉而不详。'若不是他见得,岂千余年后便能断得如此分明也?"[211]又云:"孟

---

[207]《临川先生文集》卷七七《上人书》,见《王安石全集》,第7册,第1369页。
[208]《河南程氏遗书》卷二上,见《二程集》,第43页。
[209]《河南程氏遗书》卷一八,见《二程集》,第231~232页。
[210]《河南程氏遗书》卷一九,见《二程集》,第262页。
[211]《河南程氏遗书》卷一,见《二程集》,第5页。

子而后，却只有《原道》一篇，其间语固多病，然要之大意尽近理。"[212]都对《原道》评价很高，只是其中仍有"语病"，如"韩退之言'孟子醇乎醇'，此言极好，非见得孟子意，亦道不到。其言'荀、扬大醇小疵'，则非也"，又如"韩退之言'博爱之谓仁，行而宜之之谓义，由是而之焉之谓道，足乎己无待于外之谓德'，此言却好。只云'仁与义为定名，道与德为虚位'，便乱说"，总的来说，韩愈"每有一两处，直是搏得亲切，直似知道，然却只是搏也"。[213]因为"韩子之学华，华则涉道浅"[214]，并没有真的知"道"，例如在人性论这一关键点上，"韩愈说性，正说着才也"[215]。程颐说："韩文不可漫观，晚年所见尤高。"[216]为何如此呢？程颐给出的答案是："退之晚年为文，所得处甚多。学本是修德，有德然后有言，退之却倒学了。因学文日求所未至，遂有所得。如曰：'轲之死不得其传。'似此言语，非是蹈袭前人，又非凿空撰得出，必有所见。若无所见，不知言所传者何事？"[217]而韩愈之所以如此，乃因"退之正在好名

---

[212]《河南程氏遗书》卷二上，见《二程集》，第37页。
[213]《河南程氏遗书》卷一九，见《二程集》，第262页。
[214]《河南程氏遗书》卷六，见《二程集》，第88页。
[215]《河南程氏遗书》卷一九，见《二程集》，第252页。
[216]《河南程氏遗书》卷二四，见《二程集》，第315页。
[217]《河南程氏遗书》卷一八，见《二程集》，第232页。《河南程氏粹言》卷一《论学篇》作："古之君子，修德而已。德成而言，则不期于文而自文矣。退之固因学为文章，力求其所未至，以至于有得也。其曰'轲死不得其传'，非卓然见其所传者，语不及此。"见《二程集》，第1195页。

中"[218]，因为"为名而学者，志于名而足矣，然其心犹恐人之不知。……大抵为名者，只是内不足；内足者，自是无意于名"。而韩愈虽然说"内不足者，急于人知；沛然有余，厥闻四驰"[219]，其实"直是会道言语"而已[220]，张载也说韩愈"只尚闲言词"[221]。

王安石和理学家在思想理念上都轻视文辞，然而，即便颇重文辞的苏轼也同样否定韩愈知"道"。苏轼出欧阳修之门，又以韩愈比欧阳修，但是苏轼对韩愈的评价却与张、程、王安石相去不远。他在其著名的《潮州韩文公庙碑》中写下了后世广为传诵的对韩愈的评价："文起八代之衰，而道济天下之溺，忠犯人主之怒，而勇夺三军之帅。岂非参天地，关盛衰，浩然而独存者乎！"[222]然而，其《韩愈论》却全篇都在批评韩愈，其中说道："圣人之道，有趋其名而好之者，有安其实而乐之者。"而韩愈正属前者，又说："圣人之道，果不在于张而大之也。韩愈者，知好其名，而未能乐其实者也。"[223]这与程颐的评价大致相似。苏轼门人张耒也有《韩愈论》，他也同样在该文开篇就论定："韩退之以为文人则有余，以为知道则不足。"[224]

---

[218]《河南程氏遗书》卷一八，见《二程集》，第232页。
[219]《韩昌黎文集校注》卷一《知名箴》，第64页。
[220]《河南程氏遗书》卷一八，见《二程集》，第219页。
[221]《经学理窟·自道》，见《张载集》，第291页。
[222]《苏轼文集》卷一七《潮州韩文公庙碑》，第509页。
[223]《苏轼文集》卷四《韩愈论》，第113～115页，引文在第113、114页。
[224]（宋）张耒著，李逸安、孙通海、傅信点校：《张耒集》卷四一《韩愈论》，北京：中华书局，1990年，第677页。

司马光、张、程、王安石和苏轼分别是各个新儒学学派的领袖人物，然而他们全都批评韩愈，而且他们对韩愈的评价也大体相近。张耒"韩退之以为文人则有余，以为知道则不足"之语，可以视作北宋中期士人对于韩愈评价的总结。此后，士人对韩愈的印象也就大抵定格于此。朔党领袖刘挚经常对人说："士当以器识为先，一号为文人，无足观矣。"[225]这其实是当时颇为普遍的观念。韩愈被定格为"文士"，其在学术思想上的地位必将大大下降，而其被排斥在道统系谱之外也就是情理之中的事情。

不过，韩愈首唱道统之功及其倡导古文之力，以及欧、苏对他的推崇，仍然使其有着持续的影响力。到了南宋，韩愈的地位曾一度又被一些士人拔高起来（详见下章），不过北宋诸派对韩愈乃有功于儒道的文士之定位仍然持续地扩展着影响，范浚《题韩愈原道》就曾质疑说："愈诚知道者耶？"[226]韩元吉《韩愈论》则说韩愈"能明圣人之功，而不能明圣人之道"[227]，林亦之《浮屠氏论》甚至连韩愈的排佛之功也一并否定，云："孟子辩杨墨而杨墨之害熄，韩子攻释氏而释氏之学炽。……韩子之不知释氏，徒以空言乱人视听，适所以为赘也。"[228]楼钥在其《孟荀以道鸣赋》中则直

---

[225]《宋史》卷三四〇《刘挚传》，第10858页。
[226]（宋）范浚著，范国梁点校：《范浚集》卷一五《题韩愈原道》，杭州：浙江古籍出版社，2015年，第181页。
[227]《南涧甲乙稿》卷一七《韩愈论》，第325页。
[228]（宋）林亦之：《网山集》卷三《浮屠氏论》，台湾商务印书馆景印文渊阁四库全书本，1987年，第1149册，第878~879页。

接说"小为文之韩氏"[229]。

陆九渊和朱熹对韩愈的看法也和契嵩以来的士人大体相同。陆九渊曾说:"扬子云、韩退之虽未知道,而识度非常人所及,其言时有所到而不可易者。"[230]又云:"韩退之是倒做,盖欲因学文而学道。"这显然是受到二程的影响,而对于颇学韩愈又被比于韩愈的欧阳修,陆九渊也说:"欧公极似韩,其聪明皆过人,然不合初头俗了。"[231]朱熹对韩愈的总体评价也差不太多,他说:"韩退之虽是见得个道之大用是如此,然却无实用功处。"又说:"他费工夫去作文,所以读书者,只为作文用。自朝至暮,自少至老,只是火急去弄文章;而于经纶实务不曾究心,所以作用不得。"并云:"韩退之及欧、苏诸公议论,不过是主于文词,少间却是边头带说得些道理,其本意终自可见。"[232]总体来看,朱熹也觉得韩愈还是文士的性质比较多。

到了明代,古文名家成了韩愈最显著的标签,王阳明就说韩愈只是"文人之雄耳",后人推尊他也是"徒以文词之故"而已。[233]韩愈甚至还因其"为文"和"不知道",险

---

[229] (宋)楼钥:《攻媿集》卷八〇《孟荀以道鸣赋》,上海:商务印书馆,1935年丛书集成初编本,第1092页。

[230] (宋)陆九渊著,钟哲点校:《陆九渊集》卷四《与符舜功》其三,北京:中华书局,1980年,第59页。

[231] 《陆九渊集》卷三四《语录》上,第399页。

[232] 《朱子语类》卷一三七,第3260、3255、3276页。

[233] (明)王阳明撰,邓艾民注:《传习录注疏》上,上海:上海古籍出版社,2012年,第17页。

些被赶出孔庙,王廷相就说,"从祀孔庭者,为其有功于斯道也",然而,"韩愈刻意文词,戏弄自居,本非有道之士,乃以窃附于程、朱之列,不相类合",认为应当罢祀韩愈。[234]而对于唐宋人极其重视的韩愈的排佛卫道之功,王廷相则略而不说。

王安石新学极其尊孟,又以扬雄继承孟子,并为扬雄仕莽极力辩解,将孟子和扬雄视作道德性命之学的思想资源。而荀子的思想则与道德性命之学的思想需求背道而驰,于是王安石站在道德性命之学的立场,以道德性命之学的眼光来批判荀子,几乎全盘否定了荀子的思想价值。而韩愈因为未能以身行道,又好作文,疏忽于儒道的深入探讨,也被王安石放弃。或许是因为王通其人其书不太可靠,王安石甚少论及王通。

王安石对荀子、韩愈的批判,与其他学派大体相近,荀子、韩愈此间实际上已经被各个学派都排斥在了儒家道统系谱之外。其中,韩愈被排除的意义尤为重要,因为韩愈本来是五贤道统系谱的重心所在,韩愈的出局,也就标志着五贤道统系谱的完全崩解,儒家道统系谱开始进入下一阶段的重构工作。只不过,在此期间,各派尚未在儒家道统系谱的

---

[234] (明)王廷相:《雅述》下篇,收在氏著,王孝鱼点校:《王廷相集》,北京:中华书局,1989年,第871页。

重构上达成一致意见，而且分歧极大。王安石重构了孟子、扬雄这一缩减版的道统系谱，但司马光一系却尊扬雄而疑孟子，苏学则于孟子也有所不满，而且更加彻底地否定扬雄的学术，理学则又尊孟子而非扬雄。关于王通，司马光、苏学和理学的看法也不尽相同，但总体来看都比较忽略王通。此间儒家道统系谱建构的总体趋势，主要是以孟子为重心来进行重构，只不过王安石新学附加的是扬雄，而理学则往上叠加了曾子和子思。

第三节 司马光疑孟而尊扬

王安石既尊孟子也崇扬雄，司马光、苏学和理学对于孟子、扬雄的态度都与王安石有所差别。而其原因，既有党争带来的思想竞争的因素，也与各自的学术思想背景和理论思路的差异紧密相关。司马光极其尊崇扬雄，他集注扬雄《太玄》《法言》，并拟《太玄》而作《潜虚》，在人性论上也宗扬雄性善恶混之说。与王安石不同，司马光并不视扬雄为孟子的继承者，相反，他对孟子颇多质疑和不满，并因而作《疑孟》一书，成为宋代最为重要的非孟士人。司马光非孟子而尊扬雄的思想倾向，与李觏颇为相似，又对其后学影响颇深，这种影响直到南宋初年方才渐趋消歇。

一、司马光疑孟

司马光《疑孟》一书大概完成于元丰五年（1082）到

元丰八年（1085）之间，即熙丰变法的末期。司马光疑孟，政治上针对王安石尊孟的党争意图非常明显，但也符合他一贯的思想倾向。

1. 司马光疑孟中的政治因素及其影响

在司马光早年的文字中，并未表现出对孟子特别的不满。他于新党势力笼罩朝廷之时作《疑孟》，再考虑到王安石之极其尊孟，以及王安石与司马光之间早已形同冰炭的对立关系，可以推知司马光《疑孟》的政治意图，白珽就曾说："或问文节倪公思曰：'司马温公乃著《疑孟》，何也？'答曰：'盖有为也。当时王安石假孟子大有为之说，欲人主师尊之，变乱法度，是以温公致疑于孟子，以为安石之言未可尽信也。'"[235] 今存《疑孟》中有明确时间记录的共六条，其中四条在元丰五年，两条在元丰八年，其间的元丰六年、元丰七年正是朝廷议论和最终允许孟子进入孔庙配享的时间，司马光坚持完成《疑孟》，或许也有针对孟子配享的因素在。

上文谈到，熙宁年间改革贡举制度时，已将《孟子》作为兼经考试举子。哲宗刚即位不久，司马光就于元祐元年（1086）三月准备上札请求更革贡举之法，在其中他抨击熙丰贡举之法"黜《春秋》而进《孟子》，废六艺而尊百

---

[235]（元）白珽：《湛渊静语》卷二，台湾商务印书馆景印文渊阁四库全书本，1987年，第866册，第309页。

家,加之但考校文学,不勉励德行,此其失也",进而建议将"《孟子》止为诸子,更不试大义,应举者听自占习",希望废除《孟子》的兼经地位。司马光在上札之前,先将其稿示范纯仁,范纯仁说:"《孟子》恐不可轻,犹黜《六经》之《春秋》矣。"司马光这才在正式上札之时去掉了将《孟子》列回诸子的请求。[236]

司马光疑孟以攻王安石,被他的不少追随者所沿袭。刘恕是司马光编撰《资治通鉴》的得力助手,其《资治通鉴外纪》即云:"周衰,杨、墨道盛,孟子排而辟之,可谓醇矣。其于论经义,说世事,知谋往往短局乖戾,陋儒爱其词简意浅,杂然崇尚,固可鄙笑也。"[237]众所周知,王安石重视孟子的思想,却又喜好佛、老,可是刘恕认为,孟子的功绩不过在于排异端而已,至于真正的思想论说,孟子并无什么建树。刘恕非孟以攻王安石之意,也是颇为明显的。

晁说之是司马光的忠实追随者,《郡斋读书志》著录其《景迂集》时,述其"少慕司马温公为人,自号景迂生(司马光号迂叟)。年未三十,苏子瞻以著述科荐之。元符中,上书,居(元祐党籍)邪中等。博极群书,尤精于《易》,传邵尧夫之学,著《太极传》"。[238]在攻击孟子和尊崇扬雄上,晁说之继承和发展了司马光的看法。靖康元年(1126),晁说之还奏审皇太子读《孟子》,企图阻止皇太子

---

[236]《续资治通鉴长编》卷三七一,元祐元年三月壬戌条,第8976、8980页。
[237]《邵氏闻见后录》卷一三,第104页。
[238]《郡斋读书志校证》卷一九《集部·别集类下》,第1025页。

学习《孟子》,但因侍御史胡舜陟的反对而作罢。[239]晁说之非孟以攻王安石新学的意图是极为明显的,后来汪应辰就说:"晁以道力辟王安石,因安石之尊孟子也,并孟子而非之。"[240]

晁说之《孔孟》《辩诬》《申刘》诸条文,都大力非议孟子。[241]他在《孔孟》中说:"孔孟之称,谁倡之者?汉儒犹未之有也。既不知尊孔子,是亦孟子之志欤?其学卒杂于异端,而以为孔子之俪者,亦不一人也,岂特孟子而可哉?如知《春秋》一王之制者,必不使其教有二上也。世有荀、孟之称,荀卿诋孟子'僻违而无类,幽隐而无统,闭约而不解',未免为诸子之徒,尚何配圣哉?"[242]其中"不知尊孔子""杂于异端""教有二上"几条非难,与李觏几乎完全相同。他又引荀子非孟之言,进而对孟子配享孔庙表示反对。自韩愈至于宋初,虽然很多人尊崇孟子,但甚少有并称"孔孟"者。"孔孟"并称在庆历之后开始较多地出现,不独王

---

[239] (宋)汪藻著,王智勇笺注:《靖康要录笺注》卷一〇,靖康元年八月七日,成都:四川大学出版社,2008年,第1006~1008页。
[240] (宋)汪应辰:《文定集》卷一六《与吕逢吉》其二,北京:中华书局,1985年丛书集成初编本,第200页。
[241] 周密《齐东野语》云:"王充作《刺孟》,冯休著《删孟》,司马公作《疑孟》,李泰伯作《非孟》,晁以道作《诋孟》,黄次伋作《评孟》。"似乎晁说之作有《诋孟》,但周密此处乃是概述,并非照录原题,中云李觏《常语》为非孟亦然。《齐东野语》卷一六《性所不喜》,第303页。
[242] 《景迂生集》卷一三《儒言·孔孟》,台湾商务印书馆景印文渊阁四库全书本,第1118册,第253页。

安石如此，但是晁说之主要针对的显然还是王安石。在《辩诬》中，晁说之仍然激烈反对并称"孔孟"，而且还指责王弼解《易》之法，又以《周礼》为伪书，还攻击假借经术误国者，这些都明显是在针对王安石。其《申刘》则发挥刘恕之说，指责孟子之言不实，认为孟子之论不可信。[243]后来，晁说之的侄子晁公武作《郡斋读书志》，仍将《孟子》列在诸子而不入于经。

《直斋书录解题》记李著《楚泽丛语》云："其书专辟孟子。绍兴中撰进。大意以为王氏之学出于孟氏。然王氏信有罪矣，孟氏何与焉。此论殆得于晁景迂之微意。"[244]则南宋初跟随晁说之者还不乏其人。不独李著，绍兴间郑厚也撰《艺圃折衷》以诋孟子。李心传的《建炎以来系年要录》指出，绍兴十三年（1143）五月，"辛未，诏左从事郎郑厚自今不得差充试官及堂除。厚尝著书，号《艺圃折衷》，其言有诋孟轲者。驾部员外郎王言恭言于朝，诏建州毁板，其已传播者皆焚之"[245]。可见郑厚因非孟而断送了自己的仕途，其书也被销毁。从今存的几条《艺圃折衷》片段可以明显看出，郑厚的目标应该也是王安石。王安石和理学家都尊孟子，但王安石推崇扬雄而理学家极贬扬雄，《艺圃折衷》则

---

[243]《景迂生集》卷一四《杂著·辩诬、申刘》，台湾商务印书馆景印文渊阁四库全书本，第1118册，第261～264、265～266页。
[244]《直斋书录解题》卷一〇，第312页。
[245]（宋）李心传编撰，胡坤点校：《建炎以来系年要录》卷一四九，绍兴十三年五月辛未条，北京：中华书局，2013年，第2812页。

不仅诋孟子,而且也非扬雄。《艺圃折衷·扬雄》说扬雄拟经可供一笑,"何足深罪哉?"但是,"惟符命之作,非大奸则大愚,清净寂寞者为之乎?"《艺圃折衷》还有一条"王介甫"更为明确,云:"小儿尝拾一钱于道左,明后日之来往于得钱处,常惓惓焉,意其复有也。王介甫见周人书,放井牧施舍散敛致太平,假得政,欲乘其辙。呜呼,儿真痴矣夫!"[246]即直接攻击王安石。郑厚虽然在对扬雄的看法上与司马光相悖,但他攻击扬雄显然不是针对司马光,而且郑厚之学应该是受到了司马光的影响。其从弟郑樵撰巨著《通志》,这种重视文献和历史梳理的路数显然不是王安石和理学家所喜好的,郑厚还有《通鉴分门类要》四十卷[247],则更是受到司马光影响的表现。

邵博对孟子的态度其实也比较消极,其《邵氏闻见后录》卷十一到卷十三搜录了相当多前人疑孟、非孟的材料,甚至连东汉王充《论衡·刺孟》都注意到了,他应该是花了不少心力来搜罗这些文献。他在《后录》卷十一开篇就提要说:"大贤如孟子,其可议,有或非或疑或辩或黜者,何也?予不敢知。具列其说于下方,学者其折衷之。后汉王充有《刺孟》,近代何涉有《删孟》,文繁不录。王充《刺孟》出《论衡》,韩退之赞其'闭门潜思,《论衡》以修'矣。则

---

[246] (明)陶宗仪:《说郛》卷三一录《艺圃折衷·扬雄、王介甫》,北京:中国书店,据涵芬楼1927年版影印本,1986年。
[247] 《宋史》卷二〇七《艺文志六》,第5302页。

退之于孟子'醇乎醇'之论,亦或不然也。"[248]其压抑孟子的意图还是非常明显的。此外,他还挑出孟子"君之视臣如手足"(《孟子·离娄下》)一段话,说:"孔子不忍言者,孟子尽言之矣。"他甚至看到了孟子在孔庙中配享,地位已超越了曾子、子思,他认为孟子如果有神,"必不敢享矣"。[249]《后录》搜罗了大量北宋士人的言论,其中也收录了晁说之的文字,而搜录司马光的文字尤其多,且几乎都是褒扬的态度,他还录了司马光《太玄说》(即《读玄》)"孟与荀殆不足拟(扬雄)"的话,认为程颐批评司马光"不知先天之学"是错误的[250],相当尊崇司马光。邵博对王安石和新党的看法自然与元祐党人相近,《后录》中云:"绍圣以来,权臣挟继述神宗为变者,必先挟王荆公。蔡氏至以荆公为圣人。天下正论一贬荆公,则曰:'非贬荆公也,诋神宗也,不忠于继述也。'正论尽废,钩党牢不可解,仁人君子知必为异日之祸,其烈不可向,无计策以救。"[251]

不过,此后除了叶适外,很少再有士人非议孟子。叶适虽然也曾激烈非孟,但是其着眼点已经与司马光等人大为不同,也几乎没有受到司马光疑孟的影响,他所针对的对象也已经不再是王安石,而是其时已经非常流行的理学。

---

[248]《邵氏闻见后录》卷一一至一三,第81~106页,引文在卷一一,第81页。
[249]《邵氏闻见后录》卷三,第25页。
[250]《邵氏闻见后录》卷三,第25~26页。
[251]《邵氏闻见后录》卷二三,第179页。

2. 司马光疑孟中的思想因素

司马光疑孟，除了政治上的原因外，也有学术思想上的原因。在人性论上，司马光宗扬雄的性善恶混论，早在英宗治平三年（1066）正月，司马光即已作《善恶混辨》以阐明其人性论立场，他在文中说："孟子以为人性善，其不善者，外物诱之也。荀子以为人性恶，其善者，圣人之教之也。是皆得其偏而遗其大体也。"他认为人性中善、恶均有，扬雄兼而言之以为善恶混乃得，司马光此时就已经明确反对孟子的性善论了。[252]此后，在他晚年所作的《疑孟》中，作于元丰八年的"告子曰性犹湍水也云云亦由是也""告子曰生之谓性云云犹人之性乎"两条也都专门批驳孟子的性善论。[253]司马光性善恶混论的立场是贯穿其一生的。

除了人性论和其他一些较为散碎的问题外，司马光对孟子批判最多的，主要集中在孟子不够尊君上，其中又主要集中在孟子的主张过于自负而颇为藐视君主上。孟子曾说："天下有达尊三：爵一，齿一，德一。朝廷莫如爵，乡党莫如齿，辅世长民莫如德。恶得有其一以慢其二哉？"（《孟子·公孙丑下》）司马光批驳说："夫君臣之义，人之大伦也。……岂得云彼有爵，我有德齿，可慢彼哉！"并云："余惧后之人挟其有以骄其君、无所事而贪禄位者，皆援孟子以

---

[252]《司马光集》卷七二《善恶混辨》，第1460～1461页，引文在第1460页。
[253]《司马光集》卷七三《疑孟》，第1490～1491页。

自况,故不得不疑。"[254]《孟子·万章下》又载:

> 齐宣王问卿。孟子曰:"王何卿之问也?"王曰:"卿不同乎?"曰:"不同。有贵戚之卿,有异姓之卿。"王曰:"请问贵戚之卿。"曰:"君有大过则谏,反覆之而不听,则易位。"王勃然变乎色。曰:"王勿异也。王问臣,臣不敢不以正对。"王色定,然后请问异姓之卿。曰:"君有过则谏,反覆之而不听,则去。"

司马光质疑说:"礼,君不与同姓同车,与异姓同车,嫌其逼也。为卿者,无贵戚异姓,皆人臣也。人臣之义,谏于君而不听,去之可也,死之可也,若之何其以贵戚之故,敢易位而处也?"并认为:"齐王若闻孟子之言而惧,则将愈忌恶其贵戚,闻谏而诛之;贵戚闻孟子之言,又将起而蹈之。则孟子之言不足以格骄君之非,而适足以为篡乱之资也,其可乎?"[255]《孟子·告子下》又载:

> 陈子曰:"古之君子何如则仕?"
> 孟子曰:"所就三,所去三。迎之致敬以有礼;言将行其言也,则就之。礼貌未衰,言弗行也,则去之。其次,虽未行其言也,迎之致敬以有礼,则就之。礼

---

[254]《司马光集》卷七三《疑孟·孟子将朝王至孟子谓蚳鼃》,第1488~1489页。
[255]《司马光集》卷七三《疑孟·齐宣王问卿》,第1491~1492页。

貌衰，则去之。其下，朝不食，夕不食，饥饿不能出门户，君闻之，曰：'吾大者不能行其道，又不能从其言也，使饥饿于我土地，吾耻之。'周之，亦可受也，免死而已矣。"

孟子这是在为士人的进退出处树立一个基本的参考标准，但司马光却说："君子之仕，行其道也，非为礼貌与饮食也。"为了"急于行道"，士人岂能顾虑一己的礼遇、饮食，他认为孟子"所就三，所去三"之说，"是不免于鬻先王之道以售其身也"。[256]

以上这些司马光对孟子的质疑，乃其思想中浓厚的重礼成分所致，后来南宋杨万里就说"司马君实之文准荀也"[257]。荀子隆礼重法，从这个角度看，司马光之学与荀子思想的确有些相近之处，他在其巨著《资治通鉴》的开篇即云："天子之职莫大于礼，……何谓礼？纪纲是也。"而纪纲之中，最为重要的莫过于君臣一伦。司马光认为"君臣之位，犹天地之不可易也"，所以，"非有桀、纣之暴，汤、武之仁，人归之，天命之，君臣之分当守节伏死而已矣"。[258]他又说："天地设位，圣人则之，以制礼立法，内有夫妇，外有君臣。妇之从夫，终身不改；臣之事君，有死无二；此

---

[256]《司马光集》卷七三《疑孟·陈子曰古之君子》，第1492页。
[257]《杨万里集笺校》卷九二《庸言十》，第3596页。
[258]《资治通鉴》卷一，第2、3页。

人道之大伦也。苟或废之，乱莫大焉！"[259]司马光不仅认为遵守君臣纲纪乃礼制之首，还将天下之治乱付诸君主，他在《朋党论》中说："治乱之世，未尝无朋党。……兴亡不在朋党，而在昏、明矣。"[260]其《功名论》又说："自古人臣有功者，谁哉？愚以为人臣未尝有功，其有功者，皆君之功也。……臣有事业，君不信任之，则不能以成。此自然之道也。"[261]这几乎就是韩非子思想的翻版。后来，司马光更直接说："夫治乱、安危、存亡之本源，皆在人君之心。"[262]司马光如此尊君，而孟子却要抬高士的地位，难怪司马光要说："夫君臣之义，人之大伦也。……岂得云彼有爵，我有德、齿，可慢彼哉！"[263]既然天下治乱系于君主，那么士大夫的首要任务就是要辅佐君主平治天下，所以士大夫不仅不能因为德、齿而慢君，为了"急于行道"，还应该不顾"礼貌"与"饮食"。而孟子同姓之卿、异姓之卿那段话，在司马光看来就更是大逆不道之言了。[264]

从今存《常语》残篇来看，李觏似乎没有就以上这些方面批评过孟子。前章谈到过，李觏在政治上虽然曾激烈批评孟子"教诸侯以仁政叛天子"，但这其实主要集中在孟

---

[259]《资治通鉴》卷二九一，第9511页。
[260]《司马光集》卷七一《朋党论》，第1446页。
[261]《司马光集》卷七一《功名论》，第1437页。
[262]《司马光集》卷四六《进修心治国之要札子状》，第985页。
[263]《司马光集》卷七三《疑孟·孟子将朝王至孟子谓蚔䵷》，第1488~1489页。
[264]《司马光集》卷七三《疑孟·齐宣王问卿》，第1491~1492页。

子不尊周的问题上，主要是批评孟子蔑视霸道，而以王道来启导诸侯，导致战国诸侯都不再宗奉周天子。司马光也论及这一点，而他的看法其实与李觏相去不远。孟子曰："尧舜，性之也；汤武，身之也；五霸，假之也。久假而不归，恶知其非有也。"(《孟子·尽心上》)孟子分别王、霸，将王道和霸道视为两种存在本质区别的政治施行方式，司马光对此并不同意，他说："夫仁义者，所以治国家而服诸侯也，皇、帝、王、霸皆用之，顾其所以殊者，大小、高下、远近、多寡之间耳。假者，文具而实不从之谓也。文具而实不从，其国家且不可保，况能霸乎？虽久假而不归，犹非其有也。"[265]在司马光看来，皇、帝、王、霸都以仁义之政为本，在治国施政的原则上并无本质性的区别，只是它们在施行仁义之政上所具有的力度和所达到的效果不同而已。因此，司马光认为孟子不应非议春秋诸侯的霸业。

司马光关于王道、霸道并无本质性区别的看法，也并非专为孟子而立。司马光在《资治通鉴》中也谈及自己对王、霸的看法，他写道："三代之前，海内诸侯，何啻万国。有民人、社稷者，通谓之君。合万国而君之，立法度，班号令，而天下莫敢违者，乃谓之王。王德既衰，强大之国能帅诸侯以尊天子者，则谓之霸。"[266]在《迂书》中，司马光同样

---

[265]《司马光集》卷七三《疑孟·孟子曰尧舜性之也》，第1493页。
[266]《资治通鉴》卷六九，第2185～2186页。

阐述了他的这一见解，云：

> 合天下而君之谓王，王者必立三公。三公分天下而治之，曰二伯，一公处乎内，皆王官也。周衰，二伯之职废，齐桓、晋文纠合诸侯以尊天子，天子因命之为侯伯，修旧职也。伯之语转而为霸，霸之名自是兴。自孟、荀氏而下，皆曰："由何道而王，由何道而霸？"道岂有二哉？得之有浅深，成功有小大尔。[267]

他认为"霸"之名本由"伯"转语而成，"伯"之职本为王官，"齐桓、晋文纠合诸侯以尊天子"，正是重修"伯"之旧职。因此，孟、荀关于"王道""霸道"的分辨并不准确。"道"本相同，只是深浅大小有所不同。在《管仲小器论》一文中，司马光也说："孔子称：'管仲之器小哉！'先儒以为管仲得君如此，不勉之以王，而仅止于霸，此其所以为小也。愚以为周天子尊，而管仲勉齐桓公以王，是教之篡也。此管仲所耻而不为，孔子顾欲其为之邪？"[268]司马光所说的"先儒"，当是孟子无疑，此文应该也是在批评孟子提倡王道而不尊周。在司马光看来，管仲劝齐桓公行"霸道"正是符合其身份职责的行为，而如果管仲劝桓公行"王道"，那就无疑是教唆桓公篡逆了。

---

[267]《司马光集》卷七四《迂书·道同》，第1513页。
[268]《司马光集》卷七一《管仲小器论》，第1448页。

3. 司马光与道德性命之学

司马光强调礼制，将礼乐视为治世之根本，他对正在兴起、盛行的道德性命之学并没有很大的兴趣，甚至时常发出反对的声音。《易》经"穷理尽性以至于命"是道德性命之学非常重要的一句经典根据，司马光却说："世之高论者，竞为幽僻之语以欺人，使人跻悬而不可及，愦瞀而不能知，则画而舍之。其实奚远哉！是不是理也，才不才性也，遇不遇命也。"[269]即认为理、性、命这些论题本来非常简单明了，但却被从事道德性命之学者用心太过了。在《原命》一文中，司马光也说："子罕言命。"他认为，"天道精微，非圣人莫能知。……非天下之至神，其孰能与于此？"所以，"圣人之教，治人而不治天，知人而不知天"。然而，"今学者未能通人理之万一，而遽从事于天，是犹未尝操舟而欲涉海，不陷溺者其几矣"。[270]他对道德性命之学流入科场更是激烈反对，批评道："窃见近岁公卿大夫好为高奇之论，喜诵老庄之言，流及科场，亦相习尚。新进后生，未知臧否，口传耳剽，翕然成风。……循守注疏者，谓之腐儒；穿凿臆说者，谓之精义。"又说："性者，子贡之所不及；命者，孔子之所罕言。今之举人，发口秉笔，先论性命，乃至流荡忘返，遂入老庄。纵虚无之谈，骋荒唐之辞，以此欺惑考官，猎取名第。"司马光进而认为这种风气将带来极其严重的后果，他说，"选举者以

---

[269]《司马光集》卷七四《迂书·理性》，第1509页。
[270]《司马光集》卷六八《原命》，第1402～1403页。

此为贤,仕宦者以此为业,遂使纪纲大坏,胡夷并兴,生民涂炭,神州陆沈",将此上升到了亡礼灭国的高度。在司马光看来,治平天下的首要并不在于高谈性命,而是整饬礼乐制度,他说:"礼乐可以安固万世,所用者大。"[271] 又说:"夫大人者,顾时不用则已,用则必以礼乐正天下,使纲纪文章,粲然有万世之安。"[272] 司马光对于礼乐的看法,大抵仍是汉唐儒学的老传统,与王安石对礼乐的看法有着很大不同,王安石《礼乐论》说:"礼乐者,先王所以养人之神,正人气而归正性也。"即礼乐的本来目的就是养神、正气,从而使人之性一归于正,并非只是为了维护纲纪,他因而还感慨儒家在内在领域阵地上的失守:"呜呼,礼乐之意不传久矣!天下之言养生修性者,归于浮屠、老子而已。"[273]

不过,司马光也没有绝缘于道德性命之学的探究,他甚至还进行了一些开创性的理论工作,且由此在道德性命之学的发展上产生了一些影响。苏轼为司马光所作行状说司马光有《大学中庸义》一卷[274],即《中庸广义》和《大学广义》。很长时期内,不少学者都认为司马光是宋代最先全面诠解《中庸》的一人[275],而宋代第一个全面诠解《大学》的人则毫

---

[271]《法言义疏六·问道卷第四》,第134页。
[272]《司马光集》卷七一《管仲小器论》,第1448页。
[273]《临川先生文集》卷六六《礼乐论》,见《王安石全集》,第6册,第1199~1204页,引文在第1200、1202页。
[274]《苏轼文集》卷一六《司马温公行状》,第492页。
[275] 如漆侠先生就认为"司马光在宋代士大夫中最先论述《中庸》"。见其《宋学的发展和演变》第十二章"中庸之道与司马光哲学",第369页。

无疑问是司马光。《中庸广义》和《大学广义》后来散佚不存，不过南宋卫湜《礼记集说》仍保留了二十二条司马光解释《中庸》的片段，另有五条解释《大学》的片段。[276]

《中庸》与道德性命之学的关系至为重要，司马光对《中庸》的解释也有一定的特色。漆侠先生认为"司马光在经学上足以成家，以及他对宋学的发展所起的重要作用，就是他对《中庸》的论述和阐释。这个论述和阐释，构成了司马光哲学独具的色彩"。虽然司马光尚未"完成对'中'的较为完整的解释"。[277]郭晓东先生也在分析司马光的《中庸》诠释后总结说："从后来成为主流之道学的学术范式看，司马光对'性'与'诚'的论述都存在着诸多不足之处，但从另一方面看，司马光提出的诸多问题，不论其论'性'还是论'诚'，都成为后来道学的核心语汇。"[278]即司马光对《中庸》的诠释与后来成熟的理学相比虽然仍有不同，但其对《中庸》诠释的展开还是有着一定程度的影响，后来其追随者晁说之还专为《中庸》作了一篇传[279]。司马光《中庸广义》虽已散佚，但其传世的《原命》《情辨》《中和论》等文

---

[276] 参见魏涛：《司马光佚书〈〈大学〉〈中庸〉广义〉辑考》，《宋史研究论丛》第14辑，保定：河北大学出版社，2013年。
[277] 漆侠：《宋学的发展和演变》第十二章"中庸之道与司马光哲学"，第366、369页。
[278] 郭晓东：《论司马光对〈中庸〉"性"与"诚"的诠释：从经学史与道学史的双重脉络考察》，《复旦学报》，2010年第5期，第69页。
[279]《景迂生集》卷一二《中庸传》，台湾商务印书馆景印文渊阁四库全书本，第1118册，第225~235页。

都是在讨论道德性命之学的问题，尤其在《中和论》这篇长文中，他不仅引及《中庸》《乐记》《孟子》等讨论道德性命之学必须涉及的文献，还引及后来被理学一派视为十六字心法的伪古文《尚书·大禹谟》"人心惟危，道心惟微。惟精惟一，允执厥中"诸语。[280]其后，他又与范镇、韩维、二程等人反复讨论了"乐""中"等问题。[281]在司马光未成而卒的《潜虚》一书中，也同样对性、命、气等问题阐发甚多。

《中庸》之外，司马光也颇为重视《大学》。司马光特别重视"心"的作用，在治平四年（1067）四月，他就上札英宗说："天下细小之事，皆未足为陛下言之，敢先以人君修心治国之要为言，此诚太平之原本也。臣闻修心之要有三：一曰仁，二曰明，三曰武。"他说这是其"平生力学所得，至精至要，尽在于是"。[282]后来，哲宗即位之初，他又对哲宗说："夫治乱、安危、存亡之本源，皆在人君之心。仁、明、武，所出于内者也；用人、赏功、罚罪，所施于外者也。"[283]这是就君主而论，而对于普通人，司马光也说："小人治迹，君子治心。"[284]因此，他非常赞成《大学》八条目的修习次第，曾云："所谓学者，非诵章句、习笔札、作

---

[280]《司马光集》卷七一《中和论》，第1453～1456页。
[281]《司马光集》卷六二、六三与范镇、韩维诸《书》，第1288～1313页；《河南程氏外书》卷一二，见《二程集》，第425、433页。
[282]《司马光集》卷三六《作中丞初上殿札子》，第826、827页。
[283]《司马光集》卷四六《进修心治国之要札子状》，第985页。
[284]《司马光集》卷七四《迂书·治心》，第1511页。

文辞也，在于正心修身、齐家治国、明明德于天下也。"[285]又说："夫圣人之道，始于正心、修身，齐家、治国，至于安万邦，和黎民，格天地，遂万物，功施当时，法垂后世，安在其无所至乎？"[286]也将正心的"内圣"与齐家治国的"外王"连接起来。除了散佚的《大学广义》外，他还有一篇传世的《致知在格物论》以诠解《大学》，文云："人之情莫不好善而恶恶，慕是而羞非。然善且是者盖寡，恶且非者实多，何哉？皆物诱之也，物迫之也。"司马光因而反对郑玄将"格"解释为"来"，他说："格，犹扞也，御也。能扞御外物，然后能知至道矣。"即将"格物"解释为"扞御外物"，这与理学家的解释是大为不同的。以此为基础，他认为人之所以能"视天下之事，善恶是非，如数一二，如辨黑白"，便是因为"物莫之蔽"，而"依仁以为宅，遵义以为路，诚意以行之，正心以处之，修身以帅之，则天下国家何为而不治"，这也与理学家的解释相去很远。[287]

总的来说，司马光对其时逐渐流行的道德性命之学还是没有太大的兴趣和参与度。今已无法得知司马光撰作《大学广义》和《中庸广义》的时间，但其《致知在格物论》记为元丰六年作，《中和论》记为元丰七年十月三日作，而《大学广义》和《中庸广义》可能是司马光根据与诸友人深

---

[285]《司马光集》卷四九《进孝经指解札子》，第1034页。
[286]（宋）司马光：《文中子补传》，见《宋文鉴》卷一四九《传》，第2094页。
[287]《司马光集》卷七一《致知在格物论》，第1449~1450页。

入讨论后形成的较为完整的思考而写成的,时间上可能比写作《致知在格物论》《中和论》更晚。而元丰六年、元丰七年,已经离司马光谢世的时间很近了,直到此时他才对道德性命之学的这些问题进行比较深入的研讨,这比王安石究心于道德性命之学晚了太多,更无法与王安石对于道德性命之学的唱导之功和巨大影响相提并论。

即便司马光晚年花了很大的力气研讨这些问题,但其在道德性命之学上的成就却显得有些暗淡。通观上文所举的《原命》《情辨》《善恶混辨》诸文,哪怕是晚年精心撰写的《致知在格物论》和《中和论》及其与友人的讨论,以及卫湜《礼记集说》中引述的诸多司马光语,可以很明显地看到,司马光不管在讨论方式上还是在最终得出的结论上,都与王安石和二程这样喜好道德性命之学的士大夫存在着明显的差异,反而与韩愈、李觏等人更为接近。而且司马光的文字大多都流传下来了,但《大学广义》和《中庸广义》却散佚,可见两《广义》的受重视程度显然是不高的。正如有学者总结的:"不论是义理上还是经术上,司马光一方面承接着汉唐之旧传统,另一方面虽指向了宋明之新风气,但又尚未达到穷深极微、洞彻心性本体的境界。"[288]所以二程不时嘲笑司马光的《中庸》之学[289],并评论司马光说:"君实之

---

[288] 郭晓东:《论司马光对〈中庸〉"性"与"诚"的诠释:从经学史与道学史的双重脉络考察》,第69页。
[289] 《河南程氏遗书》卷二上、《河南程氏外书》卷一二,见《二程集》,第25、425、433页。

能忠孝诚实，只是天资，学则元不知学。"[290]从根本上否定了司马光的学术，只是认为司马光天资高，所以才能"忠孝诚实"。

不过，正如二程所评价的，司马光在道德性命之学的学理研讨上没有什么大的成就，但其立身行事却几乎就是道德性命之学所希望陶冶出的士大夫的典范。《宋史》刘安世本传载："从学于司马光，咨尽心行己之要，光教之以诚，且令自不妄语始。"[291]司马光以"诚"教人，他自己也终身用心于"诚"，他曾说："吾无过人者，但平生所为，未尝有不可对人言者耳。"[292]《宋史》本传称其"诚心自然，天下敬信"[293]，是为确实。在进退出处上，他曾夸赞王安石"难进而易退"[294]，其实他自己也是如此，程颢即曾对神宗说："陛下能用其言，光必来；不能用其言，光必不来。"司马光果然"以新法不罢，义不可起"[295]。司马光在现实政治中所坚持的进退出处原则，其实与他在《疑孟》中所批判的孟子主张的那些理念相当接近。

由于道德性命之学的流行乃是当时的大趋势，而司马光自己也在晚年尝试努力于此，其立身行节更像是深于道德性命之学的士大夫，而《孟子》又和道德性命之学关系紧

---

[290]《河南程氏遗书》卷二上，见《二程集》，第27页。
[291]《宋史》卷三四五《刘安世传》，第10952页。
[292]《苏轼文集》卷七二《杂记·温公过人》，第2291页。
[293]《宋史》卷三三六《司马光传》，第10769页。
[294]《司马光集》卷六〇《与王介甫书》，第1255页。
[295]《邵氏闻见录》卷一一，第114、115页。

密，与《中庸》《大学》也都有着紧密的诠释亲缘性，这些都决定了司马光非孟并不会对孟子升格运动造成实质性的阻碍，更不可能逆转孟子的升格。

司马光虽然非孟，但他的很多好友却都颇为尊崇孟子，如上文谈到，司马光在元祐初曾准备上札请求在科考中将《孟子》重新列回诸子，因为范纯仁的劝阻，正式上札时他便放弃了这一请求。而也就是在元祐时期，其继子司马康在迩英阁进讲时，甚至还对年幼的哲宗说："《孟子》于书最醇正，陈王道尤明白，所宜观览。"[296]即已推尊孟子，完全放弃了司马光非孟的主张了。而如前所述，追随司马光非孟的士人在南宋初期还不时遭到政治打击，影响越来越小。绍兴六年（1136），陈公辅建议禁绝程学，张浚代宋高宗批旨曰，"士大夫治学，宜以孔、孟为师，庶几言行相称，可济时用。览臣僚所奏，深用怃然，可布告中外，使知朕意"[297]，进一步稳定了孟子的地位。而在学术思想领域，孟子的地位也已经大为稳固，而且逐渐全面圣人化。在进入南宋不久后，司马光非孟的政治和思想影响都一并很快趋于湮灭了。

二、司马光尊崇扬雄

于孟、荀、扬、王、韩五贤之中，司马光最为推崇的

---

[296]《宋史》卷三三六《司马光传》附《司马康传》，第10770~10771页。
[297]《建炎以来系年要录》卷一〇七，绍兴六年十二月己未条，第2019~2020页，引文在第2020页。

无疑是扬雄。司马光集注了扬雄《法言》和《太玄》两书，又作《说玄》以释《太玄》之例，并手录不知何人所作的《太玄历》，还模拟《太玄》而作《潜虚》一书，并作《善恶混辨》，宗扬雄而持性善恶混论。在平日文字中，司马光也不时引用扬雄，其《迂书》云："或曰：'吾子摈庄而引扬，或者为党乎？'曰：'无党也。使庄为扬言，斯与之矣；使扬为庄言，斯拒之矣，孰党哉？'"[298]

司马光在集注《法言》的序文中自述说："光少好此书，研精竭虑，历年已多。"[299]可见司马光很早就已经开始阅读和崇重扬雄了，而且终生不改。在集注《太玄》的序文中，司马光又说："庆历中，光始得《太玄》而读之，作《读玄》。自是求访此数书（注解《太玄》诸书）皆得之，又作《说玄》。疲精劳神三十余年，……乃依《法言》为之《集注》。"[300]司马光得读《太玄》或较《法言》要晚，但庆历（1041～1048）中，司马光（1019～1086）也不过二十多岁。皇祐二年（1050），司马光与同僚上奏状，请求朝廷令"崇文院将《荀子》《扬子法言》本精加考讫，雕板送国子监，依诸书例印卖"，该《状》谈道："战国以降，百家蜂午，先王之道，荒塞不通。独荀卿、扬雄排攘众流，张大正术，使

---

[298]《司马光集》卷七四《迂书·无党》，第1519页。
[299]（宋）司马光：《集注扬子法言序》，见其《法言集注》卷首，台湾商务印书馆景印文渊阁四库全书本，第696册，第273页。
[300]（宋）司马光：《太玄集注序》，见《太玄集注》卷首，第1页。

后世学者坦知去从。"[301]英宗治平三年（1066），在道德性命之学愈发流行，而人性论主要是在性善论和性无善恶论之间竞争的大背景下，司马光又作《善恶混辨》以支持扬雄的性善恶混论，这在整个宋代都是仅见的一例。

前节谈到，王安石也崇重扬雄，但他主要是将扬雄视为孟子的继承者。与王安石不同，司马光疑孟颇力，他认为扬雄的地位远远高出孟子，扬雄才是孔子的继承者。在集注《法言》的序文中，司马光写道："（孟、荀、扬）三子皆大贤，祖六艺而师孔子。……然扬子之生最后，监于二子而折衷于圣人，潜心以求道之极致，至于白首，然后著书，故其所得为多，后之立言者，莫能加也。"[302]即认为后世只有扬雄才真正继承了孔子，扬雄远远超越了孟子和荀子。司马光在《读玄》中也同样说道："呜呼！扬子云真大儒者邪！孔子既没，知圣人之道者非子云而谁？孟与荀殆不足拟，况其余乎？"[303]

司马光将《太玄》视为通《易》之阶梯，说："大道将晦，一书辨之，不若众书辨之之为明也。学者能专精于《易》诚足矣，然《易》，天也；《玄》者，所以为之阶也。"对《太玄》评价很高，又云：

---

[301]《司马光集》卷一六《乞印行荀子扬子法言状》，第493、494页。
[302]《集注扬子法言序》，见其《法言集注》卷首，台湾商务印书馆景印文渊阁四库全书本，第696册，第273页。
[303]（宋）司马光：《读玄》，见《太玄集注》卷首，第1页。

观《玄》之书，昭则极于人，幽则尽于神，大则包宇宙，细则入毛发，合天地人之道以为一，括其根本，示人所出，胎育万物而兼为之母，若地履之而不可穷也，若海挹之而不可竭也。盖天下之道虽有善者，蔑以易此矣。考之于浑元之初而玄已生，察之于当今而玄非不行，穷之于天地之季而玄不可亡，叩之以万物之情而不漏，测之以鬼神之状而不违，概之以《六经》之言而不悖，藉使圣人复生，视《玄》必释然而笑，以为得己之心矣。乃知《玄》者所以赞《易》也，非别为书以与《易》角逐也，何歆、固知之之浅而过之之深也！

司马光对《太玄》的评价与很多士人对《易》的看法已经相当接近，他认为扬雄作《太玄》并非如刘歆、班固所讽刺的那样是为了与《易》争胜，《太玄》其实也是"赞《易》"之书，因而说："夫《法言》与《论语》之道庸有异乎？《玄》之于《易》亦然。"[304]即认为《太玄》与《易》同道。司马光模拟《太玄》而作《潜虚》一书，说："《玄》以准《易》，《虚》以拟《玄》。"[305]

　　关于《法言》一书，司马光在集注《法言》的序文中说："孟子之文直而显，荀子之文富而丽，扬子之文简而

---

[304]《读玄》，见《太玄集注》卷首，第1~2页。
[305]《司马光集·补遗》卷一〇《潜虚后序》，第1766页。

奥。唯其简而奥也，故难知，学者多以为诸子而忽之。"[306]他认为《法言》文字简单但深奥，学者难识其妙，所以才长期以诸子视《法言》，这实际上是降低了《法言》所应有的地位。

司马光不仅经常引用扬雄，而且还把扬雄当作道德性命之学的重要思想资源。在《中和论》中，司马光就引用了《太玄》"藏心于渊，美厥灵根"一语[307]，用以阐释他对"神""志""气"的见解。[308]《宋史·司马光传》载："光于物澹然无所好，于学无所不通，惟不喜释、老，曰：'其微言不能出吾书，其诞吾不信也。'"[309]司马光所说的"吾书"，应该就包括扬雄之书。元丰五年十二月，司马光作《书心经后赠绍鉴》，他在该文中写道：

> 或问扬子："人有齐死生，同贫富，等贵贱，何如？"扬子曰："作此者，其有惧乎？"（《法言·君子》）此经（《心经》）云"照见五蕴皆空，度一切苦厄"，似与扬子同指。然则释老之道皆宜为忧患之用乎。[310]

---

[306]《集注扬子法言序》，见其《法言集注》卷首，台湾商务印书馆景印文渊阁四库全书本，第696册，第273页。
[307]《太玄集注》卷六，第174页。
[308]《司马光集》卷七一《中和论》，第1455页。
[309]《宋史》卷三三六《司马光传》，第10769页。
[310]《司马光集》卷六九《书心经后赠绍鉴》，第1409页。

道德性命之学兴起以后，除了早已被广泛援用的《易·系辞》和《礼记·乐记》外，士大夫用以融通儒、佛的儒家思想资源主要是《中庸》和《孟子》，司马光却试图以扬雄来沟通儒、佛，这在宋代思想史上是非常罕见的。

上文曾谈到，扬雄最受非议的弱点乃是其与新莽的关系，而王安石一派还就此而为扬雄竭力进行辩解。司马光也是如此，只是其学理着眼点与王安石等人有所不同，如果说王安石一派是创造性地为扬雄寻求儒家义理上的合理性，那么司马光则是在既有的儒家忠节原则范围内为扬雄进行辩护。《法言·孝至》曰："周公以来，未有汉公之懿也，勤劳则过于阿衡。"一些士人认为这是扬雄媚莽的关键证据。在该句的注释中，司马光认为扬雄在汉世不居高位，未闻朝廷之事，所以没有死汉的道德义务。而扬雄在王莽篡汉之后，没有隐去，反而受诏为大夫，也是为了避祸，因为扬雄声望颇高，如果绝去王莽，就难免招来杀身之祸。《法言》中提及王莽，乃是因为《法言》品藻近世名人，如果独不及王莽，则王莽必罪之，所以扬雄"不得不逊辞以避害"，而且扬雄以伊尹、周公比王莽，也是在人臣的限度之内。司马光也考扬雄终生淡泊，绝无"求媚而思富贵"之心之举，如果扬雄确有求富贵之心，则禄位绝不在刘歆、甄丰之下。[311] 司马光在《迂书》中也再次阐述了这一观点：

---

[311]《法言义疏二十·孝至卷第十三》，第559~561页。

或曰:"扬子之诒也,以王莽为可以继周公、轶阿衡。"迂夫曰:"得已哉?扬子之为书也,品藻当世,蜀庄、子真、仲元靡不及焉。莽宰天下,而自况于伊、周,敢遗诸乎?何、鲍之死,不可不畏也。虽然,莽自况伊、周,则与之;况黄、虞,则不与也。其志将曰,为伊、周而止,斯可矣;不止而至于篡,伊、周岂然哉?"[312]

所论与其注释《法言》时为扬雄所作的辩护相同。在司马光极力维护纲纪名分的《资治通鉴》中,他甚至还特意把"扬雄卒"作为新莽天凤五年(18)的一个重要事件来书写,并在其下着重刻画了扬雄"恬于势利"和排辟异端的道统人物形象,[313]其他阿附王莽的重臣则全都以"死"书之。而司马光未曾预料到的是,后来朱熹在《资治通鉴纲目》中,竟然将"扬雄卒"改成了影响极其深远的"莽大夫扬雄死"。[314]

邵雍与司马光关系密切,又善象数学,他也对《太玄》评价很高,其《观物外篇》说,"扬雄作《玄》,可谓'见天地之心'者也",认为"扬雄知历法又知历理"。[315]但他对

---

[312]《司马光集》卷七四《迂书·辨扬》,第1519页。
[313]《资治通鉴》卷三八,第1216~1217页。
[314](宋)朱熹:《资治通鉴纲目》卷八,见《朱子全书(修订本)》,第8册,第508页。
[315](宋)邵雍:《观物外篇》下之中,见《邵雍集》,第157页。

扬雄的政治品格有所批评，其《和王安之少卿韵》说："荀扬若守吾儒分，免被韩文议小疵。"[316]这与司马光、王安石的看法相去甚远，而与二程更加接近。

一些后学也追随司马光尊崇扬雄，他们既肯定扬雄的学术思想价值，又为扬雄的政治品格辩护。前述追随司马光非孟的晁说之，也作有《扬雄别传》以尊崇扬雄，他在《扬雄别传》的赞语中说道，"扬子传孔子之道，立言明教，宜其行事甚大昭著无遗"，同样以扬雄直接孔子。在《扬雄别传》中，晁说之也沿着司马光的思路而为扬雄仕莽极力辩护，他也认为《剧秦美新》是扬雄为讥刺新莽而作。晁说之又通过考察扬雄终生行迹，认为扬雄始终都没有仕进之心，所以扬雄完全没有媚莽取进的动机。在《扬雄别传》文末的赞语中，晁说之还说："至于投阁事，余亦疑焉，而世已有辩之者。"[317]晁说之所指，可能是王安石。

刘安世也非常推崇扬雄，而尤重《太玄》一书。他通过对《太玄》象数的解读，进而认为："扬氏以半不可合，故有踦赞嬴赞应周天之数，汉之正统以象岁也。莽之僭窃，乃闰位也。先儒于踦嬴之下，注以为水火之闰，而《王莽传》所谓'余分闰位'者，盖为是也。噫！子云之数深

---

[316]（宋）邵雍：《伊川击壤集》卷七《和王安之少卿韵》，见《邵雍集》，第270页。
[317]《景迂生集》卷一九《扬雄别传》上下，台湾商务印书馆景印文渊阁四库全书本，第1118册，第359～366页，引文在第366页。

矣。"[318]即认为《太玄》的一个深意所在便是暗责王莽,这与孙复的《太玄》刺莽说在思路上颇为相近。

司马光之后,推崇扬雄最为用力的应该是许翰。许翰元祐三年(1088)中进士,绍兴三年(1133)卒,[319]他应该算得上是宋代尊崇、诠解扬雄的殿军人物。许翰作于绍兴元年冬的《跋温公帖》称颂司马光"胸中必无脂韦之气"[320],晁说之文集留存有与许翰唱和的诗作[321],均可见其尊崇司马光的思想立场。司马光集注了扬雄《法言》和《太玄》,许翰则有《法言训诂》[322],又为《太玄》作《玄解》"十一篇,通温公注为十卷,仿韩康伯注《系辞》合王弼为全书之例也",司马光仿《太玄》而作《潜虚》,许翰则仿韩康伯体例诠释司马光注解。此外,司马光手录的古《太玄历》也因许翰而得传于世,《直斋书录解题》云:"《太玄历》者,亦翰所传,云温公手录,不著何人作。"[323]在两宋之交的艰难行程中,因为许翰携家人极力维护,《法言》《太玄》诸书方才幸免于难。许翰此间还费心于刊刻《太玄》,并最终在建炎

---

[318]《古今源流至论别集》卷五《太玄》条注引马永卿问刘安世语,台湾商务印书馆景印文渊阁四库全书本,第942册,第573页。
[319]《宋史》卷三六三《许翰传》,第11343~11344页。
[320](宋)许翰:《襄陵文集》卷一〇《跋温公帖》,见刘云军点校:《许翰集》,保定:河北大学出版社,2014年,第154页。
[321]《景迂生集》卷九《和许嵩老江上舟灾》《再和》,台湾商务印书馆景印文渊阁四库全书本,第1118册,第172~173页。
[322](宋)尤袤:《遂初堂书目·儒家类》,上海:商务印书馆,1935年丛书集成初编本,第16页。
[323]《直斋书录解题》卷九,第274页。

四年（1130）刊刻完成，他说《太玄》最终之所以能刊刻传世，是因为其乃"神明之书，有物伟之也"[324]。而许翰刊刻此书的目的，则是为了"使学者知斯文之不坠，盖有天助；而哀予颠沛流离万里，保有之难也，而共振显之。天人之际，精感神昭，则必有和同无间，而福禄不量者矣"[325]。这些都足见其对《太玄》之崇重。

不仅如此，许翰还曾建议以扬雄配享孔子，这似乎是历史上唯一一次请以扬雄配享的事例。徽宗崇宁三年六月戊申，"诏荆国公王安石配享孔子庙庭"，政和三年（1113）正月壬申又加封王安石为舒王，[326]在此情况下，许翰上札说："文公既王，则于学宫理不可复居颜、孟之下，谓宜自为一代之宗师，专居别室，以称圣上所以锡命宠嘉之意。而建立扬子貌像，使得位次孟子，配食祀典。"即希望将王安石请出孔庙，而以扬雄代替王安石的配享地位，其理由则是扬雄"起于经术残缺，众说纷纭，世故危厉之时，而躬保此道，攘辟塞路，维持正教，开明圣法，盖与孟子异世而同功，扬子加难焉"，主要还是以扬雄排辟异端的卫道、传道之功为说。他认为："诚因此时擢之，使得比于孟子，则圣道之传，昭然有统。入学宫者望而可知，邪说异

---

[324]（宋）许翰：《跋太玄后》，见《许翰集·辑佚》，第191页。
[325]（宋）许翰：《古太玄记》，见《许翰集·辑佚》，第192~193页。
[326]《皇宋通鉴长编纪事本末》卷一三〇《徽宗皇帝·尊王安石》，第2186页。

端莫得而间,天下幸甚,万世幸甚。"[327]这就更为明确地肯定了扬雄的道统地位。

然而,随着赵宋南渡,北宋灭亡过程中的惨痛经历以及诸多士大夫的不耻行为,使得强化忠节观念在南宋成为非常现实的政治需要。而在这个忠节观念强化的思想过程中,扬雄很快就成为士人批判失节士大夫的标靶,其思想地位也就随之急转直下。[328]

三、司马光对于荀子、王通、韩愈的看法

五贤之中,司马光对孟子批评最多也最严厉,对扬雄则最为推崇。关于荀子、王通和韩愈,司马光也都有所评论,但是,这三人在他心目中的地位,不管是积极的一面还是消极的一面,都远远低于扬雄和孟子二人。司马光从五贤道统系谱中筛选出来的道统人物,实际上就只有扬雄一人,而且他也没有以扬雄为中心,进而叠加其他先贤来丰富这个极为简单的道统系谱,这与王安石保留孟子而附加扬雄,以及理学只保留孟子但又叠加曾子、子思,都是很不相同的。

司马光之学虽与荀学有些相近之处,但他实际上并不怎么推崇荀子。前引司马光与同僚共同所上的奏状中说:"荀卿、扬雄排攘众流,张大正术,使后世学者坦知去

---

[327] (宋)许翰:《襄陵文集》卷四《论配享札子》,见《许翰集》,第68~69页。
[328] 参见郭畑:《从宋人关于扬雄仕莽的争论看忠节观念的强化》,《四川大学学报》,2018年第4期。

从。"[329]这就已经算是他最为推崇荀子的话了,而且司马光也主要是着眼于荀子的排辟异端之功。司马光也批评荀子,前文谈到,司马光反对过度分别"王道"和"霸道",并因此而批评孟子,虽然荀子和孟子在思想上差异很大,但是在尊王贱霸这一点上则是相同的。荀子有一句被后世反复引用的话,他说:"仲尼之门人,五尺之竖子言羞称乎五伯。"(《荀子·仲尼》)司马光则因此语也批评荀子,他说:"孟、荀氏之道,概诸孔子,其隘甚矣。"[330]司马光对荀子的批评,立足点与王安石完全不同。

前文谈到,王安石极少谈及王通,而王通其人其书的真实性也一直颇受怀疑。司马光则专为王通作了《文中子补传》,他谈及作此《补传》的原因时说:"余恐世人讥其僭而累其美,故采其行事于理可通而所言切于事情者,著于篇以补《隋书》之阙。"可见他明显认为王通事迹真伪掺杂,其书则精华与糟粕共存。司马光先采摘《中说》及《文中子世家》中比较可信的部分为王通作《补传》,将王通的地位从"世家"还原到了"传"。他随后又花了很大的篇幅来分辨王通事迹中比较可疑的部分,以及王通思想中不太醇粹的部分。司马光对王通的怀疑和批评,主要有三点:其一,认为王通隋末唐初的那些名臣弟子实出附会;其二,认为王通续经毫无必要;其三,批评王通不排佛。关于王通的那些

---

[329]《司马光集》卷一六《乞印行荀子扬子法言状》,第493页。
[330]《司马光集》卷七四《迂书·毋我》,第1513页。

名臣弟子，李觏即已疑之。司马光"不喜释、老"，批评王通"流入于释老"也不意外。关于王通续经，司马光说："余窃谓先王之《六经》，不可胜学也，而又奚续焉？续之庸能出于其外乎？出则非经矣。苟无出而续之，则赘也，奚益哉？"认为王通完全没有必要续经。[331]

邵雍比较肯定王通，其《观物外篇》下之下说："王通言《春秋》王道之权，非王通莫能及此。"还说王通的一些话是"理义之言""造化之言"[332]，甚至"论文中子，谓佛为西方之圣人，不以为过"[333]。司马光将其《文中子补传》示以邵雍，邵雍也赞同司马光对王通的看法，对司马光作《补传》传信阙疑非常欣赏，并说"瑕不掩瑜。（王通）虽未至圣，其圣人之徒"，据说司马光听了邵雍的评价后，"自兹数言文中子，故又特书于《通鉴》语中"。[334]在《资治通鉴》卷一七九仁寿三年（603）条末，司马光的确特意记载了王通献太平十二策一事，并缘此而为王通作了一个小传。[335]陈瓘学术上颇宗邵雍，他也比较肯定王通，程颐门人曾云："莹中尝爱文中子'或问学《易》，子曰：终日乾乾可也'。此语最尽。文王所以圣，亦只是个不已。"[336]

前文谈到过，司马光也批评韩愈自荐求仕，急于自售，

---

[331]《邵氏闻见后录》卷四，第28～32页。
[332]《观物外篇》下之下，见《邵雍集》，第170、176页。
[333]《邵氏闻见录》卷一九，第215页。
[334]《邵氏闻见后录》卷四，第32页。
[335]《资治通鉴》卷一七九，第5599页。
[336]《河南程氏遗书》卷一九，见《二程集》，第251页。

"汲汲于富贵,戚戚于贫贱",他说:"夫岁寒然后知松柏之后凋,士贫贱然后见其志。此固哲人之所难,故孔子称之,而韩子以为细事,韩子能之乎?"[337]在韩愈热衷于作文这一点上,司马光也不以为然。司马光多次说自己不善于为文,而且理念上也鄙弃为文。陈师仲曾致书司马光,期望司马光能效法韩愈,这显然是受到五贤道统系谱叙事话语的影响,但司马光却回信说:"光性愚学疏,于文尤非所长,今时常为秉笔者笑,敢望传于后乎?足下乃使为韩之所为,是犹驱策驭马,曰:'必为我追千里之足。'其果能为之乎?借使光不自知量,辄引韩以自况,为诗、传以叙当世贤者之事业,必取举世之唾詈,且无所容其身矣。诚不敢自爱,大惧汨没先君子之名,以重其罪。"[338]也有人以五贤道统系谱的叙事话语致书司马光,欲学于司马光,但其答书却云:"光未知足下之志,所欲学者古之文邪?古之道邪?若古之文,则某平生不能为文,不敢强为之对,以欺足下。若古之道,则光与足下并肩以学于圣人,光又智短力劣,罢倦不进者也,乌足问哉?"[339]

不过,对于韩愈极力排佛这一点,司马光还是非常欣赏的,他曾说:"世称韩文公不喜佛,常排之。余观其《与孟尚书书》,论大颠云:'能以理自胜,不为事物侵乱。'乃知文公于书无所不观,盖尝遍观佛书,取其精粹而排其糟粕

---

[337]《司马光集》卷六八《颜乐亭颂序》,第1401页。
[338]《司马光集》卷六一《答陈师仲司法书》,第1281页。
[339]《司马光集》卷五九《答陈秘校充书》,第1237页。

耳。不然，何以知不为事物侵乱，为学佛者所先耶？"[340]可见他甚至认为韩愈熟悉佛书，并能披沙拣金，方才不为佛书所惑。司马光这种肯定韩愈的学力和思想深度的评价，在庆历之后是颇为罕见的。

第四节 苏学评孟非扬

和王安石等人一样，苏学的发展也经历了一个从重视古文运动道统系谱到重构儒家道统系谱的过程。苏洵曾上书欧阳修："自孔子没，百有余年而孟子生；孟子之后，数十年而至荀卿子；荀卿子后乃稍阔远，二百余年而扬雄称于世；扬雄之死，不得其继千有余年，而后属之韩愈氏；韩愈氏没三百年矣，不知天下之将谁与也？"[341]这仍是古文运动普遍采用的道统叙述，而且苏洵隐然以欧阳修继承韩愈。其后，苏洵之子苏轼、苏辙也都屡以欧阳修继承韩愈，其言说中仍带有浓厚的古文运动道统系谱气息，如苏轼为欧阳修文集作的序便说："五百余年而后得韩愈，学者以愈配孟子，盖庶几焉。愈之后二百有余年而后得欧阳子，其学推韩愈、孟子以达于孔氏，著礼乐仁义之实，以合于大道。"[342]苏辙为欧阳修作《神道碑》也说："自孔子至今，千数百年，文

---

[340]《司马光集》卷六九《书心经后赠绍鉴》，第1409~1410页。
[341]《嘉祐集笺注》卷一二《上欧阳内翰第二书》，第334页。
[342]《苏轼文集》卷一〇《六一居士集叙》，第316页。

章废而复兴,惟得二人(欧阳修和韩愈)焉。"[343]但是,苏洵即已开始否定扬雄之学术,而至于苏轼、苏辙,则已不仅否定荀子、扬雄和韩愈,而且于孟子也有所不满。苏轼有《子思》《孟子》《荀卿》《贾谊》《扬雄》《韩愈》诸论,吕陶也有《孟轲论》《荀卿论》《扬雄论》,这些论文应该都是为品评和筛选儒家道统系谱而作。

和王安石、司马光一样,苏学也不太看重王通,很少谈及王通。苏洵曾在《史论》中阐发他对于经、史关系的看法,他认为经、史"体不相沿,而用实相资焉",但融合经、史的境界不是普通人所能达至的,对于大多数人来说,只需实录其事即可,他因而写道:"后之人其务希迁、固实录可也。慎无若王通、陆长源辈,嚚嚚然冗且僭,则善矣。"[344]将王通、陆长源当作混淆经、史的反面典型。苏轼今存文字也有一处提及过王通,他在讲论《诗经·小雅》时说:

> 季札观周乐,歌《小雅》,曰:"思而不贰,怨而不言,其周之衰乎?"《文中子》曰:"《小雅》乌乎衰?其周之盛乎!"札之所谓衰者,盖其当时亲见周道之衰,而不睹乎文、武、成、康之盛也。文中子之所谓盛者,言文、武之余烈,历数百年而未忘,虽其子孙之微,而天下犹或宗周也。故曰:二子者,皆得

---

[343](宋)苏辙:《栾城后集》卷二三《欧阳文忠公神道碑》,见氏撰,陈宏天、高秀芳点校:《苏辙集》,北京:中华书局,1990年,第1136页。
[344]《嘉祐集笺注》卷九《史论上》,第229~230页,引文在第230页。

其偏而未备也。太史公曰:"《国风》好色而不淫,《小雅》怨诽而不乱。"当周之衰,虽君子不能无怨,要在不至于乱而已。《文中子》以为周之全盛,不已过乎。故通乎二子之说,而《小雅》之道备矣。[345]

苏轼所引王通语出今本《文中子·述史》[346],他认为王通之说仅仅得于一偏。而苏轼对孟、荀、扬、韩和贾谊都有品论之作,但对王通却没有。前章谈到过,欧阳修就已对王通评价很低,苏氏则基本上沿袭了欧阳修的态度。在以上两个例子之外,苏洵、苏轼、苏辙以及苏门后学都几乎避谈王通,这大概也与他们怀疑王通其人其书的真实性有关。与苏门关系密切的陈师道曾云:"世传《王氏元经薛氏传》《关子明易传》《李卫公对问》皆阮逸所著,逸以草示苏明允,而子瞻言之。"[347] 苏学之不信王通,此或是一个主要的原因。

一、二苏与道德性命之学

道德性命之学本因佛学而起,而二苏都好佛、老,再加之当时士大夫好禅和喜说道德性命的大环境,二苏也参与

---

[345]《苏轼文集》卷六《问小雅周之衰》,第183~184页。
[346]《中说校注》卷七《述史篇》,第178页。
[347] (宋)陈师道撰,李伟国整理:《后山谈丛》卷二,郑州:大象出版社,2006年,第90页。何薳《春渚纪闻》、邵博《邵氏闻见后录》所记大同。(宋)何薳:《春渚纪闻》卷五《古书托名》,上海:商务印书馆,1940年丛书集成初编本,第54页;(宋)邵博:《邵氏闻见后录》卷五,第36页。

到道德性命之学的言说中。苏轼《中庸论》《易传》等都清楚可见道德性命之学的特点,苏辙《易说》《孟子解》等也都有着明显的道德性命之学的色彩。而《孟子》是为儒家道德性命之学的重要思想资源,二苏不大可能拒斥孟子。

此外,二苏乃至当时士人之推崇孟子,有一个重要的原因是《孟子》提供了一些具体的可以治平天下的政治思想资源,这在二苏和其他两宋士人的文字中可以很明显地看到,[348]在这方面比较极端的一个例子是欧阳修,他说:"孔子之后,惟孟轲最知道,然其言不过于教人树桑麻,畜鸡豚,以谓养生送死为王道之本。"[349]重视治平天下的"外王"一面,是宋初以来古文运动始终不变的一条思想线索,苏学也同样紧紧地系在这一线索之上。

然而,苏学虽然也并重"内圣"和"外王",但与王安石新学、理学都努力连接"内圣"与"外王"不同,苏学的"二元世界观"颇为强烈,只不过其"二元世界观"与中古时期流行的外儒内佛或外儒内道的"二元世界观"已经有所不同:在其内在领域,儒家道德性命之学已经占有了一席之地,只是佛、道的影响仍然非常强大。如果对比二苏内在领域的儒学成分和其强烈的"外王"倾向,则他们内在领域中的儒家道德性命之学就显得并不那么重要了。

---

[348] 参见周淑萍教授《孟子与宋代政治文化——以宋人奏议为中心》一文,《孔子研究》,2014年第3期。
[349]《居士外集》卷一七《与张秀才棐第二书》,见《欧阳修全集》卷六七,第979页。

后人多以文人之雄杰视二苏，但其实这与时人对他们的认识相去较远。二苏虽长于文辞，在观念上也颇重文学写作技巧的揣摩，且以文学佳作知名于后世，但是时人却并未以纯粹的文人视之，连朱熹都说："苏氏之学上谈性命、下属政理，其所言者非特屈、宋、唐、景而已。"[350]南宋员兴宗说"苏学长于经济"[351]，苏学在经国济世一面受到欧阳修、司马光的强烈影响，金朝赵秉文也说"欧、苏长于经济之变"[352]，稍晚的刘因仍然说："宋兴以来诸公之书，周、程、张之性理，邵康节之象数，欧、苏、司马之经济，往往肩汉唐而躅三代，尤当致力也。"[353]员兴宗是南宋初年人，赵秉文、刘因则是金末元初的北方士人，他们都未全以文学之长视苏学，而尤其注意苏学之长于经济，确可见苏学偏重经国济世的实用特点。

苏学重视现实、关注实务的思想倾向，使得探讨"内圣"的道德性命之学在其学术思想体系中处于比较边缘的地位，[354]这在二苏之师欧阳修那里就已经表现得非常明显

---

[350]《晦庵先生朱文公文集》卷三三《答吕伯恭》其五，见《朱子全书（修订本）》，第21册，第1428页。

[351]《九华集》卷九《苏氏王氏程氏三家之学是非策》，台湾商务印书馆景印文渊阁四库全书本，第1158册，第68页。

[352]（金）赵秉文：《闲闲老人滏水文集》卷一《性道教说》，上海：商务印书馆，1936年丛书集成初编本，第3页。

[353]（元）刘因：《静修先生文集》卷一《叙学》，上海：商务印书馆，1936年丛书集成初编本，第6页。

[354] 叶平教授《苏轼、苏辙的"性命之学"》一文即认为二人之所以不得不谈论"性命"，其实是为了继承欧阳修反对"性命之学"的立场。《中国人民大学学报》，2010年第6期。

了。前章已经述及欧阳修抵制道德性命之学，他说："六经之所载，皆人事之切于世者，是以言之甚详。至于性也，百不一二言之，或因言而及焉，非为性而言也，故虽言而不究。"因此，诸如性、命之类颇为玄虚的问题，就是"非学者之所急，而圣人之所罕言"的问题。[355]二苏虽然也不时参与道德性命之学的讨论，但是他们学术思想的重心始终并不在此，而且他们还经常批评当时盛行的探讨道德性命之学的风气，苏轼便屡屡说"儒者之病，多空文而少实用"[356]，"儒者之患，患在于论性"[357]。苏轼于熙宁四年上了一道反对科举制度改革新法的议状，其中对当时已经非常流行于科场的谈论道德性命的风气进行了强烈抨击，他建议："夫性命之说，自子贡不得闻，而今之学者，耻不言性命，此可信也哉！……臣愿陛下明敕有司，试之以法言，取之以实学。"[358]

道德性命之学本非传统儒学的长处，而且它又吸收了佛学注重思辨和诠释的言说方式，也更加重视思想逻辑的一致性、连续性和系统性，因此，新儒学势必会与传统儒学呈现出巨大的区别。在道德性命之学的阐发上，新儒学也不时会显得有些求之太过，而二苏则始终对这种过度诠释的可靠

---

[355]《居士集》卷四七《答李诩第二书》，见《欧阳修全集》卷四七，第669页。
[356]《苏轼文集》卷四九《与王庠书》，第1422页。
[357]《苏轼文集》卷四《韩愈论》，第114页。
[358]《苏轼文集》卷二五《议学校贡举状》，第725页。

性保持警惕,其思想的基本精神乃是看重切合实际的"权变"和"人情"。[359]苏轼曾说:"君子之欲诚也,莫若以明。夫圣人之道,自本而观之,则皆出于人情。不循其本,而逆观之于其末,则以为圣人有所勉强力行,而非人情之所乐者,夫如是,则虽欲诚之,其道无由。"[360]此已足见"人情"乃是其思想诠释的基本依据,而苏学的经学诠释也正是以"人情"为思想基础的。《三苏先生文粹》卷十二有《易》《书》《诗》《礼》《春秋》论各一篇,后来经常收在苏轼的文集之中,而这五篇论文也同样收在苏辙《栾城应诏集》卷四中,题为"进论五首",只是顺序不同,应是苏辙的作品。其中《诗论》说:"自仲尼之亡,六经之道遂散而不可解,盖其患在于责其义之太深,而求其法之太切。夫六经之道,惟其近于人情,是以久传而不废。而世之迂学,乃皆曲为之说,虽其义之不至于此者,必强牵合以为如此,故其论委曲而莫通也。"[361]《春秋论》又说:"天下之人,以为圣人之文章,非复天下之言也,而求之太过。求之太过,是以圣人之言更为深远而不可晓。且夫天下何不以己推之也?将以喜夫其人,而加之以怒之之言,则天下且以为病狂,而圣人岂有以异乎人哉!不知其好恶之情,而不求其言之喜怒,是所谓

---

[359] 参见粟品孝:《朱熹与宋代蜀学》第一章"宋代蜀学概述",北京:高等教育出版社,1998年,第11页。
[360] 《苏轼文集》卷二《中庸论》中,第61页。
[361] (宋)苏辙:《栾城应诏集》卷四《诗论》,见《苏辙集》,第1273页;《苏轼文集》卷二《诗论》,第55页。

大惑也。"[362]这些均可见苏学切近人情、平实诠释的思想特点。至于那些曲折深奥,既玄虚又不可靠的道德性命言说,在苏学看来就是"系风捕影之流"[363]。

苏学既好佛、老,又不可避免地卷入当时流行的道德性命之学中,但或受欧阳修影响太深,二苏始终与道德性命之学有所隔阂,在对性、命等问题的阐释方式和理论论证上,也与王安石和二程大不相同,例如二苏和王安石虽然都主张性无善恶论,但他们的论证过程却是截然不同的。就这一点看,二苏在对待道德性命之学的态度上虽然比欧阳修妥协了很多,但仍无兴趣进行精微的探索,其思想风格与王安石和二程差异极大,和司马光反而更加接近。总的来说,二苏对于道德性命之学显得比较犹豫,当其以这种犹豫的态度去审视孟子时,便一方面比较推崇孟子,却又不免对孟子的一些思想有所批评,不过他们总体上还是以推崇为主。苏轼门人黄庭坚则尊崇孟子更甚,其《孟子断篇》说:"由孔子已来,求其是非趋舍,与孔子合者,唯孟子一人。孟子,圣人也。"即直以孟子为圣人,并极力指责荀子非孟。[364]和王安石一样,黄庭坚也将孟子定位为圣人,这比程朱对孟子的评价都更高。

---

[362]《栾城应诏集》卷四《春秋论》,见《苏辙集》,第1274页;《苏轼文集》卷二《春秋论》,第58~59页。
[363]《苏轼文集》卷六六《跋荆溪外集》,第2061页。
[364]《宋黄文节公全集·正集》卷二〇《孟子断篇》,见《黄庭坚全集》,第455页。

二、苏学基本肯定孟子

往者多受邵博《邵氏闻见后录》和余允文《尊孟辨》的影响，认为苏轼也属于"疑孟"的一派，但是苏轼质疑孟子之语并不多，而且总体来看，他事实上对孟子是比较推崇的。苏辙对于孟子的态度，和苏轼大抵相同。二苏对于孟子有所不满的原因，主要与苏学的性无善恶论有关，也与苏学不专主一家的思想特点有关。

邵博《邵氏闻见后录》卷十一到十三著录了"或非或疑或辩或黜"孟子者多家，其中就有苏轼《论语说》八条[365]。后来余允文著《尊孟辨》《续辨》《别录》（即《原孟》上中下三篇）以回击疑孟、非孟思潮，他在《尊孟续辨序》中谈及苏轼《论语说》非孟，在该书卷下，他将《论语说》中八条针对孟子的言论全都驳斥了一遍。[366]此外，苏轼在《子思论》中也有批评孟子之语，他说："夫子之道，可由而不可知，可言而不可议。此其不争为区区之论，以开是非之端。"然而，"夫子既没，诸子之欲为书以传于后世者，其意皆存乎为文，汲汲乎惟恐其泪没而莫吾知也，是故皆喜立论。论立而争起"。他进而认为孟子便是好于立论并开启争端的典型，他说："昔三子（孟、荀、扬）之争，起于孟子。"又说"后世之异议皆出于孟子"。[367]他将孟、荀、扬

---

[365]《邵氏闻见后录》卷一一、一二，第86~92页。
[366]《尊孟续辨》卷下，第49~56页。
[367]《苏轼文集》卷三《子思论》，第94~95页。

的性善论、性恶论、性善恶混论之争主要归咎于孟子，认为子思并没有说性善还是性恶，但是孟子好立异论，遂唱性善之说，从而导致荀子和扬雄又别立新说。

在《尊孟续辨》列举的苏轼《论语说》批驳孟子的所有八条言论中，最为中心的问题就是人性论。这八条中有三条直接关系到人性论，其中第一条和最后一条更是专门讨论人性。在《子思论》中，苏轼所说的"起于孟子"的"三子之争"，也是指人性论。在其《易传》卷七讨论"一阴一阳之谓道，继之者善也，成之者性也"时，苏轼同样批评了孟子的性善论。[368]

苏轼的人性论主张与王安石颇为接近，也是主张性无善恶论。苏轼在《扬雄论》中较为系统地表达了他对人性论的看法，他认为："圣人之所与小人共之，而皆不能逃焉，是真所谓性也。"而"天下之言性者，皆杂乎才而言之，是以纷纷而不能一也"，他认为性善论、性恶论、性善恶混论都是杂"才"言性，并未识得人性本真，进而认为："夫善恶者，性之所能之，而非性之所能有也。且夫言性者，安以其善恶为哉！"性可以发而至于善，亦可至于恶，但是善恶本非性所有，所以不当以善恶言性。[369]在其《易传》卷七中，苏轼进一步阐发其人性论见解云：

---

[368]（宋）苏轼：《苏氏易传》卷七"一阴一阳之谓道，继之者善也，成之者性也"条，见曾枣庄、舒大刚主编：《三苏全书》，北京：语文出版社，2001年，第1册，第351～352页。

[369]《苏轼文集》卷四《扬雄论》，第110～111页。

> 昔者孟子以善为性，以为至矣，读《易》而后知其非也。孟子之于性，盖见其继者而已。夫善，性之效也。孟子不及见性，而见夫性之效，因以所见者为性。性之于善，犹火之能熟物也。吾未尝见火，而指天下之熟物以为火，可乎？夫熟物则火之效也。敢问性与道之辨，曰：难言也，可言其似。道之似则声也，性之似则闻也。有声而后有闻邪？有闻而后有声邪？是二者，果一乎？果二乎？孔子曰："人能弘道，非道弘人。"又曰："神而明之，存乎其人。"性者其所以为人者也，非是无以成道矣。[370]

苏轼说自己早年也赞同孟子性善论，在得读《易》"一阴一阳之谓道，继之者善也，成之者性也"之语后，这才改变了看法。根据对《易》经这句话的解读，他认为"善"乃是"性"发生之后的结果之一，即所谓"性之效"，但不是"性"本身。关于见性与识道的关系，苏轼认为可以通过见性以识道。如此，则探讨人性就很重要，他说："圣人之论性也，将以尽万物之天理。"[371] 在苏轼看来，孟子也就并未真识得性，因而才主张性善论，但这会有碍于闻道，所以他在人性论这一点上屡屡批评孟子。《论语说》辩及孟子的八条中，最后一条是讨论孔子"性相近也，习相远也"和"唯

---

[370] 《苏氏易传》卷七"一阴一阳之谓道，继之者善也，成之者性也"条，见《三苏全书》，第1册，第352页。
[371] 《苏轼文集》卷四《扬雄论》，第111页。

上智与下愚不移"两语,苏轼也借此更加详细地阐发了他的"性其不可以善恶命之"的见解,更加细致地批驳了孟子性善论、荀子性恶论和扬雄性善恶混论。[372]

然而,苏轼对孟子的"怀疑"远远不及司马光、晁说之等人那么激烈,他与孟子不合的那些言论也远远算不上是非孟。邵博《邵氏闻见后录》列录了苏轼《论语说》中八条针对孟子的文字,余允文《尊孟续辨》逐一进行了批驳,[373]但《论语说》中涉及孟子者似乎也只有这八条,因为苏轼自己就说:"吾为《论语说》,与《孟子》辨者八。"[374]《论语说》一共有五卷[375],辩及孟子的这八条至多不会超过一卷,充其量也只占该书的五分之一。况且后来朱熹还评论说,《论语说》亦煞有好处,但中间须有些漏绽出来"[376],也对《论语说》持一定程度上的肯定态度,而且朱熹主要是批评苏轼所作的解说"有些漏绽",并没有批评《论语说》攻击孟子[377]。而在其《读〈尊孟辨〉》中,朱熹进一步批驳了李觏、司马光和郑厚,但是并未将苏轼《论语说》的八条拈出

---

[372]《邵氏闻见后录》卷一二,第91~92页。
[373]《尊孟续辨》卷下,第49~56页。
[374]《邵氏闻见后录》卷一一、一二,第86~92页,引文在第92页。
[375] 苏轼《黄州上文潞公书》说:"自以意作《论语说》五卷。"见《苏轼文集》卷四八,第1380页。
[376]《朱子语类》卷一三〇,第3113页。
[377] 朱熹对于苏轼因见解不同而批评孟子当然是明了的,弟子曾问他说:"'久假不归,恶知其非有?'旧解多谓,使其能久假而不归,恶知终非其有?"朱熹说:"诸家多如此说,遂引惹得司马温公、东坡来辟孟子。"见《朱子语类》卷六〇,第1449页。

来进行批驳。[378]

除了反复批评孟子的人性论外,苏轼直接反对孟子之处很少,他其实总体上对孟子还是非常推崇的。他在为欧阳修文集所作的叙文中盛推孟子排辟异端之功,说"方秦之未得志也,使复有一孟子,则申、韩为空言,作于其心,害于其事,作于其事,害于其政者,必不至若是烈也。使杨、墨得志于天下,其祸岂减于申、韩哉!由此言之,虽以孟子配禹可也"[379],虽然他自己其实并不热衷于排辟异端。在其《孟子论》中,苏轼也大力称颂孟子,说"自孔子没,诸子各以所闻著书,而皆不得其源流,故其言无有统要,若孟子,可谓深于《诗》而长于《春秋》者矣。其道始于至粗,而极于至精。充乎天地,放乎四海,而毫厘有所必计。至宽而不可犯,至密而可乐者,此其中必有所守,而后世或未之见也"[380],对孟子评价很高。他谈及自己在《论语说》中为何要"与孟子辨"时也说:"吾非好辨也,以孟子为近于孔子也。世衰道微,老、庄、杨、墨之徒,皆同出于孔子,而乖离之极,至于胡越。今与老、庄、杨、墨辨,虽胜之,其去孔子尚远也。故必与孟子辨,辨而胜,则达于孔子矣。"[381]在他看来,孟子算是孔子之后最为知"道"的了,

---

[378]《晦庵先生朱文公文集》卷七三《读余隐之尊孟辨》,见《朱子全书(修订本)》,第24册,第3508~3554页。
[379]《苏轼文集》卷一〇《六一居士集叙》,第315~316页。
[380]《苏轼文集》卷三《孟子论》,第97页。
[381]《尊孟续辨》卷下,第55页。

如果能辨别出孟子思想中那些仅有的不合于"道"之处，也就可以更好地知"道"。靖康元年（1126），胡舜陟批驳晁说之劝止东宫讲习罢废《孟子》的建议时，搬出来的本朝尊孟大儒中就包括苏洵、苏轼父子。[382]后来南宋孝宗乾道九年（1173）赠苏轼太师，其制词还说苏轼"知言自况于孟轲"[383]，可见苏轼并不是以非孟而主要是以尊孟为思想立场的。

　　苏辙对于孟子的态度，与苏轼基本相同。苏辙在总体上也非常推崇孟子，他曾说："士之言学者，皆曰孔孟。何者？以其知道而已。"[384]在平常文字中，苏辙也经常正面引用孟子。然而，和苏轼一样，苏辙也并不盲从孟子，在他所出的一个策问题目中，他问道："学者皆宗孔孟，今考之于书，犹有异同之说，……然则学者今将从孔子欤？从孟子欤？"[385]苏辙还作有传世的《孟子解》一卷，共二十四章，他在其中大都正面阐发孟子，如他说："孟子学于子思。子思言圣人之道出于天下之所能行，而孟子言天下之人皆可以行圣人之道。子思言至诚无敌于天下，而孟子言不动心与浩然之气。凡孟子之说，皆所以贯通于子思而已。"不过，其中也有几章批驳了孟子的看法，如第二十章说："孟子曰：'舜为天子，皋陶为士。瞽瞍杀人，皋陶则执之，舜则窃负

---

[382]《靖康要录笺注》卷一〇，靖康元年八月七日，第1007页。
[383]《苏文忠公赠太师制》，见（宋）苏轼撰，（宋）郎晔选注：《经进东坡文集事略》卷首，北京：文学古籍刊行社，1957年，第1页。
[384]《栾城集》卷二二《上两制诸公书》，见《苏辙集》，第388页。
[385]《栾城三集》卷六《策问》其八，见《苏辙集》，第1211～1212页。

而逃于海滨。'吾以为此野人之言,非君子之论也。"[386]

苏辙在心、志、气、命等道德性命的问题上也大都赞同孟子之说,但是在人性论上,他和苏轼一样,也持"性不可以善恶言"之论而反对孟子性善论。在《孟子解》中,苏辙花了很长的篇幅来阐发孟子"天下之言性者,则故而已矣"一语,他说:"所谓天下之言性者,不知性者也。不知性而言性,是以言其故而已。故,非性也。无所待之谓性,有所因之谓故。物起于外,而性作以应也。此岂所谓性哉?性之所有事也。性之所有事之谓故。方其无事也,无可而无不可。"在苏辙看来,性内而无"待",性一旦与外物接触而产生了后果,那就是"故"而不是性。苏辙仍是在正面阐发孟子之说,但是他的解读却终究是归于"性不可以善恶言"之论,他说:"夫性之于人也,可得而知之,不可得而言也。遇物而后形,应物而后动。方其无物也,性也;及其有物,则物之报也。"又说:"习者,性之所有事也。自是而后相远,则善恶果非性也。"而孟子却主张性善论,所以苏辙说:"知故之非性,则孟子尝知性矣。然犹以故为性,何也?孟子道性善。"认为孟子批评以故言性者是"知性"之言,但孟子主张性善论却仍然是以故言性。又,孟子以恻隐、羞恶、辞让、是非之心为仁义礼智之四端,而苏辙却认为,在恻隐、羞恶、辞让、是非之心外,也同样有忍人、无

---

[386]《栾城后集》卷六《孟子解》,见《苏辙集》,第948~957页,引文在第949、956页。

耻、争夺、蔽惑以为不仁、不义、不礼、不智之四端，所以以性为善并不确切。[387]从批驳孟子的表述语气来看，苏辙《孟子解》较之苏轼《论语说》还要更为缓和。苏辙在其《古史》的《曾参》《孙卿》列传的赞语中，也分别表达了和苏轼大体相同的评孟立场。[388]

由上可见，苏轼、苏辙对于孟子其实总体上还是非常推崇的，只不过二苏并不盲从孟子，所以在一些问题上他们并不赞同孟子的看法，尤其在人性论这一点上，他们都屡屡批驳孟子。二苏对孟子的态度，较之王安石、理学家之高度尊孟和司马光一系之激烈疑孟，显得相对中立。

三、苏学否定扬雄之学

王安石视扬雄为孟子的继承者，司马光则非孟而独尊扬雄，扬雄在二人重构的道统系谱中都是非常重要的人物，他们还努力为扬雄仕莽进行解释和辩护。二苏很少谈论扬雄与新莽的关系，仅有一些散见的诗句涉及这个问题，如苏轼为人撰写的挽词中有句云："玄晏一生都卧病，子云三世不迁官。"[389]苏辙也有句云："欲学扬子云，避世天禄阁。"[390]二苏一以扬雄比人，一以自比，可见他们并没有把扬雄仕莽

---

[387]《栾城后集》卷六《孟子解》，见《苏辙集》，第953~954页。
[388]（宋）苏辙：《古史》卷三二《曾参传》、卷三四《孙卿传》，见《三苏全书》，第4册，第212~213、237~238页。
[389]（宋）苏轼著，（清）王文诰辑注，孔凡礼点校：《苏轼诗集》卷三五《王文玉挽词》，北京：中华书局，1982年，第1898页。
[390]《栾城集》卷九《次韵答张耒》，见《苏辙集》，第165页。

当作一个与政治忠节有关的问题,而且他们还很欣赏扬雄不求爵禄、淡泊明道的精神。

扬雄与苏氏都是蜀人,因而二苏在思乡之时也不时以扬雄入句,如苏轼有诗云:"近闻陶令开三径,应许扬雄寄一区。晚岁与君同活计,如云鹅鸭散平湖。"[391]他在送鲜于侁归蜀时也写道:"子云三世惟身在,为向西南说病容。"[392]苏辙也有诗云:"扬雄老病久思归,家在成都更向西。"[393]又云:"吾家本眉山,田庐之多寡,与扬子云等。"[394]都曾以扬雄自拟。

然而,在学术思想上,苏学却对扬雄极持否定的态度。欧阳修曾说:"子云、仲淹,方勉焉以模言语,此道未足而强言者也。"[395]苏洵有《太玄论》和《太玄总例》共一卷,对扬雄批评极严,大体思路则是循着欧阳修的判断。[396]苏洵在《太玄论》中说:"后之不得乎其心而为言,不得乎其言而为书,吾于扬雄见之矣。"又说:"疑而问,问而辩,问辩之道也。扬雄之《法言》,辩乎其不足问也,问乎其不足疑也,求闻于后世而不待其有得,君子无取焉耳。《太玄》

---

[391]《苏轼诗集》卷四四《李伯时画其弟亮工旧隐宅图》,第2414页。
[392]《苏轼诗集》卷四四《送鲜于都曹归蜀灌口旧居》,第2388页。
[393]《栾城集》卷一五《送高士敦赴成都兵钤》,见《苏辙集》,第302页。
[394]《栾城后集》卷四《和迟田舍杂诗九首(并引)》,见《苏辙集》,第926页。
[395]《居士集》卷四七《答吴充秀才书》,见《欧阳修全集》卷四七,第664页。
[396]《太玄论》《太玄总例》,见《嘉祐集笺注》,第169~203页。为避烦琐,后文引用两文时不再标明出处。

者，雄之所以自附于夫子，而无得于心者也。使雄有得于心，吾知《太玄》之不作。"对扬雄《法言》和《太玄》两书都持否定态度，他甚至认为扬雄"无得于心"而拟《易》作《太玄》，乃是因其好名之故，他说，"使雄有孟轲之书，而肯以为《太玄》邪？惟其所得之不足乐，故大为之名以侥幸于圣人而已"，认为扬雄远远不及孟子。而扬雄虽拟《易》作《玄》，但其实并未知《易》，苏洵说："夫《易》之所为作者，雄不知也。以为为数邪？以为为道邪？"他进而花了很大的篇幅来论证扬雄于道、于数均未有得。关于《太玄》之"道"，苏洵说："盖自汉以来，《六经》始有异论。夫圣人之言无所不通，而其用意固有所在也。惟其求而不可得，于是乃始杂取天下奇怪可喜之说而纳诸其中，而天下之工乎曲学小数者，亦欲自附于《六经》以求信于天下，然而君子不取也。"又说："圣人之所略，扬雄之所详；圣人之所重，扬雄之所忽，是其为道不足取也。"关于《太玄》之数，苏洵说："雄之所欲加者四分之三，而所加者四，是其为数不足考也。"又说："况乎加《踦》与《嬴》而不合乎二十八宿之度；是柄而不任操，吾无取也已。"既否定《太玄》之道，也否定《太玄》之数。

苏洵在《太玄总例引》中说："吾既作《太玄论》，或者读扬子之书未知其详，而以意诘吾说，病辞之不给也，为作此例。"扬雄在当时的地位还比较稳固，因而有人对苏洵的批评提出质疑，苏洵因而又作《太玄总例》，《总例》"始之以十八策，中之以三十六，终之以七十二，积之以二万六千二百四十四"，其目的就是要论证扬雄"好奇而务深，故辞多夸大，而可观者鲜"。

《太玄》之学在蜀中长期流行，刘咸炘先生观察说："宋初，《太玄》之学盛而吾蜀为尤。"[397]苏洵本乃蜀人，于《太玄》应当了解甚深，而他大力否定《太玄》和《法言》，对扬雄学术思想地位的跌落无疑起到了很大的助推作用。他攻《太玄》颇为系统，对《太玄》之作意、体例都非之甚力，这很容易导致士人对扬雄学术思想的怀疑。

四库馆臣提要司马光《法言集注》时说："当时（东汉）甚重雄书也，自程子始谓其曼衍而无断，优柔而不决；苏轼始谓其以艰深之词，文浅易之说；至朱子作《通鉴纲目》，始书莽大夫扬雄死，雄之人品著作，遂皆为儒者所轻。"[398]虽然其误以为最先批评扬雄学术思想的是苏轼，但确实也看到了苏轼与理学家的批评共同导致了扬雄思想地位急剧跌落的历史事实。四库馆臣所引苏轼语，出自其《与谢民师推官书》，该文云：

> 扬雄好为艰深之词，以文浅易之说，若正言之，则人人知之矣。此正所谓雕虫篆刻者，其《太玄》《法言》皆是类也。而独悔于赋，何哉？终身雕虫，而独变其音节，便谓之经，可乎？屈原作《离骚经》，盖风

---

[397] 刘咸炘：《学史散篇·宋学别述·宋初三家学派图第一》，见其《推十书（增补全本）》，甲辑第3册，第1244页。
[398] 《四库全书总目》卷九一《法言集注》，第772页。

雅之再变者，虽与日月争光可也。可以其似赋而谓之雕虫乎？使贾谊见孔子，升堂有余矣，而乃以赋鄙之，至与司马相如同科！雄之陋，如此比者甚众。[399]

苏轼所说，与其师欧阳修和其父苏洵所持的判断大致相同，当是渊源于欧阳修和苏洵对扬雄的否定。苏轼还曾说"无其实而窃其名者无后，扬雄是也"[400]，颇有人身攻击的味道。又，《法言·重黎》：

> 或问："子胥、种、蠡孰贤？"曰："胥也，俾吴作乱，破楚入郢，鞭尸藉馆，皆不由德。谋越谏齐不式，不能去，卒眼之。种、蠡不强谏而山栖，俾其君诎社稷之灵而童仆，又终毙吴。贤皆不足邵也。至蠡策种而遁，肥矣哉！"[401]

扬雄对伍子胥、大夫种、范蠡三人评价颇低，但苏轼《论范蠡》《论伍子胥》则对三人评价颇高，他述及其作意说："不忍三子之见诬，故为之言。"其批驳的对象，也就是扬雄，苏轼说："子胥、种、蠡皆人杰，而扬雄曲士也，欲以区区之学，疵瑕此三人者。以三谏不去，鞭尸籍馆，为子胥之罪。以不强谏句践，而栖之会稽，为种、蠡之过。雄闻古有

---

[399]《苏轼文集》卷四九《与谢民师推官书》，第1418~1419页。
[400]《苏轼文集》卷一○《晁君成诗集引》，第319页。
[401]《法言义疏十三·重黎卷第十》，第330页。

三谏当去之说,即欲以律天下士,岂不陋哉!"并认为扬雄所说"皆儿童之见,无足论者"。[402]

在《扬雄论》中,苏轼较为系统地阐发了自己"性不可以善恶言"的人性论思想,他认为"扬雄之论,则固已近之",但是扬雄说:"人之性也,善恶混。修其善则为善人,修其恶则为恶人。"[403]所以扬雄仍然没有真正识得人性之本,苏轼因而说:"此其所以为异者,唯其不知性之不能以有夫善恶,而以为善恶之皆出乎性也而已。"[404]可见苏轼虽认为扬雄的性善恶混论较之孟子性善论、荀子性恶论和韩愈性三品说要相对更加接近人性之本,但终究还是停留在以善恶言性的层次上。

苏辙似乎没有对扬雄的学术思想做出过评论,也甚少引用扬雄,这或不是因为他同情扬雄,而是因为他受欧阳修和父兄影响之故。

然而,值得注意的是,苏门蜀党内部对于道统系谱的看法却并不统一。陈师道《后山诗话》云:"扬子云之文,好奇而卒不能奇也,故思苦而词艰。善为文者,因事以出奇,江河之行,顺下而已。至其触山赴谷,风抟物激,然后尽天下之变。子云惟好奇,故不能奇也。"[405]周紫芝《竹坡

---

[402]《苏轼文集》卷五《论伍子胥》,第154～155页。
[403]《法言义疏五·修身卷第三》,第85页。
[404]《苏轼文集》卷四《扬雄论》,第110～111页,引文在第111页。
[405] (宋)陈师道:《后山诗话》,见(清)何文焕辑:《历代诗话》,北京:中华书局,1981年,第309页。

诗话》也说:"扬子云好著书,固已见诮于当世,后之议者纷纷,往往词费而意殊不尽。惟陈去非一诗,有讥有评,而不出四十字:'扬雄平生书,肝肾间雕镂。晚于《玄》有得,始悔赋《甘泉》。使雄早大悟,亦何事于《玄》。赖有一言善,《酒箴》真可传。'后之议雄者,虽累千万言,必未能出诸此。"〔406〕这其实也是源于欧、苏的评判。

黄庭坚《孟子断篇》直以孟子为圣人,在文末还说:"扬子云曰:'孟子勇于义,而果于德,知言之要,知德之奥。非苟知之,亦允蹈之。'言虽不多,以子云之言行反覆考之,足以发子云之知言。……由孔子以来,力学者多矣,而才有扬雄,来者岂可不勉!"〔407〕则视扬雄为孟子的继承者。黄庭坚既视孟子为圣人,又视扬雄为孟子的继承者,则其看法更加接近王安石而非苏轼。不独黄庭坚,苏门另一高弟晁补之也是如此,他曾在一个策问中说:"孔子没,圣人之道得孟子而传。孟子没,后世学者思之微,莫如扬雄。"而且说《太玄》之为书,岂诸子而已哉〔408〕,几乎完全没有顾及苏洵、苏轼的判断。而与黄庭坚不同的是,晁补之似乎还仍然受到五贤道统系谱的强烈影响,他曾在所出的一个策问中说:"孔子没,孟轲氏作。孟轲氏没,荀况、扬雄氏作。荀况、扬雄氏没,圣人之道殆不传。"

---

〔406〕(宋)周紫芝:《竹坡诗话》,见《历代诗话》,第356页。
〔407〕《宋黄文节公全集·正集》卷二〇《孟子断篇》,见《黄庭坚全集》,第455页。
〔408〕《鸡肋集》卷三八《策问·太玄》,台湾商务印书馆景印文渊阁四库全书本,第1118册,第703页。

而"王通出焉。通尊孔子,其才自视三子。比考其书,殆庶几于知孔子,校孟轲不皆醇,而于荀况、扬雄,未悖也",但"笃信好学如韩愈,于轲、于况、于雄,皆发明之,而不及通",要求学子考辨。[409]这虽是策问,但其策题的引导倾向是非常明显的。蜀党另一重要人物吕陶也大概如此,他曾说:"嗣孟子之业者,荀、扬、王、韩也。四子之言,虽所蓄有醇疵,所骋有详略,要其归,皆祖述六经之趣,而得其传。"[410]虽拔出孟子,但于荀、扬、王、韩总体还是肯定的。

苏门内部对道统系谱的看法莫衷一是,而且较之于其他学派,其残留着的古文运动五贤道统系谱的影响仍然颇为强烈。这与苏学蜀党的思想学风向来不以门户严苛著称有关,但也一定程度上反映出学派之间乃至同一学派内部的不同士人之间,对五贤道统系谱的扬弃程度、时间早晚都不是整齐划一的。苏学内部对五贤道统系谱的扬弃不坚决,对荀、扬、王、韩的学术品评相对宽容,日后在南宋中前期又影响很大,这为程门后学尤其朱熹仍然不得不花费较大的精力来清理五贤道统系谱埋下了伏笔(详见下章)。

结　语

随着道德性命之学愈发流行,探讨"内圣"领域的共

---

[409]《鸡肋集》卷三七《策问·王通之世何族其学何授》,台湾商务印书馆景印文渊阁四库全书本,第1118册,第693页。
[410]《净德集》卷一九《吕希述字说》,第210~211页。

同风气逐渐形成，儒学从汉唐注疏式的经学向宋代新儒学的转型渐趋成熟。但在此过程中，士人之间对于道德性命之学的态度有激进和犹豫的不同，从而使得他们对诸多问题的见解产生出颇为明显的分歧，由是形成了王安石新学、司马光之学、苏氏蜀学、理学等几个主要的学术思想派别。诸个学派之间既有学术思想上的辩论，也有政治上的党争，共识和分歧纵横交错。在对儒家道统系谱的看法上，诸派的共识是否定荀子，轻视韩愈，忽略王通，瓦解孟、荀、扬、王、韩这一韩愈以来古文运动逐渐建构起来的五贤道统系谱；而他们的主要分歧，则在于如何重构一个脱胎于但又有别于五贤道统系谱的新系谱。

北宋中后期出现了许多以孟、荀、扬、王、韩五贤为对象的策问题目，如上述晁补之的策题，刘弇也说"世至取其（王通）书配扬、孟"，要求学子辨析《中说》如何；[411]而与苏门关系极为紧密的陈师道则要求辨析孟子、荀子、庄子、扬雄、韩愈"五家同出于孔氏，而其说相反"的原因[412]；程门的周行己则要求学子辨析"孟、荀、扬、文中四子是非"[413]；与曾几有唱和但学派倾向不明显的王洋也

---

[411]（宋）刘弇：《龙云集》卷二八《策问中》第六，台湾商务印书馆景印文渊阁四库全书本，第1119册，第297~298页。

[412]（宋）陈师道：《后山先生集》卷一七《策问十五首》其二，见《宋集珍本丛刊》，第28册，第798页。

[413]（宋）周行己撰，周梦江笺校：《周行己集》卷三《策问·孟、荀、扬、文中四子是非》，上海：上海社会科学院出版社，2002年，第57~58页。

要求学子辨析孟子、荀子、扬雄的人性论"抑何相背之戾邪"[414]。这些现象,既反映出五贤道统系谱在当时的影响仍未完全消退,也反映出诸派之间、士人之间对于五贤的品评,以及对于儒家道统系谱的重构,都仍然存在着很大的分歧,新的共识还远远没有达成。

王安石视扬雄为孟子的继承者,司马光非孟而独尊扬雄,苏学基本肯定孟子而否定扬雄之学术思想地位,理学则独尊孟子而否定扬雄之人品、学术。由于瓦解五贤道统系谱之后,各派在围绕孟子还是扬雄为重心来重构儒家道统系谱上存在着根本性的分歧,所以此间的争论主要是围绕着孟子和扬雄而展开的,王安石曾不满地批判说:"孟、扬之说果何异乎?今学者是孟子则非扬子,是扬子则非孟子,盖知读其文而不知求其指耳。"[415]孟子、扬雄在其时的竞争激烈程度,由此可见一斑。前章谈到,本来庆历之际的儒、释交涉中,就已经开始有诸多士人要么尊孟非扬要么尊扬非孟,而这一现象在王安石逐步走向学术和政治中心后还进一步强化了。王安石看到的更多是扬雄继承孟子的一面,所以并重孟子、扬雄,但其他学派则未必同意。

当然,从对后世的影响来看,以二程为主的理学家对儒家道统系谱的重构无疑是最为重要的,他们独尊孟子,又

---

[414](宋)王洋:《东牟集》卷一〇《策问》其五,台湾商务印书馆景印文渊阁四库全书本,第1132册,第456页。
[415]《临川先生文集》卷六四《扬孟》,见《王安石全集》,第6册,第1168页。

于孟子之前叠加了曾子、子思,从而建立起孔子、孟子之间连续性的师承联系,这就逆转了五贤道统系谱往后附加的建构模式。随着理学在南宋的渐次兴盛并最终取得官方正统学说的地位,其重构的颜—曾—思—孟道统系谱也由是获得朝廷的肯定,并最终以增加曾子、子思进入孔庙配享的方式制度化地确定下来。

第四章　理学对五贤道统系谱的清理

北宋中期，瓦解五贤道统系谱，重构新的儒家道统系谱，已经成为很多士人都颇为关心的思想问题，如黄裳就曾说："圣人所传，其后子思得之；子思所传，其后孟子得之。……二子之后，学者失其传焉。……荀卿、司马迁、扬雄、王通、韩愈，当斯文寂寥中，特起而言焉，更相著书以见于后世。"接着又批评了荀、扬、王、韩。[1]以王安石、司马光、二苏等为代表的几个主要学派也都纷纷展开了道统系谱的重构工作。在这种思想局面下，随着二程、张载等人的思想体系不断发展成熟，瓦解五贤道统系谱并重构符合其思想需要的新的道统系谱，也成为理学形成和发展过程中的重要环节。理学在儒家道统系谱重构上的努力和成就，将在下章讨论，本章仅述论其清理五贤道统系谱的工作。

程朱理学是宋代新儒学发展的最后阶段，而且最终成为帝制中国后半期的官方正统学说。二程对于道统系谱的

---

[1]　（宋）黄裳：《演山先生文集》卷二三《上黄学士书》，见《宋集珍本丛刊》，第25册，第1~2页。

看法奠定了程朱理学道统系谱建构的基本格局，但是从二程到朱熹，理学道统系谱的定型和流行也非一锤定音。二程于孟、荀、扬、王、韩五贤中独尊孟子，为了应对以司马光为代表的非孟、疑孟思潮，二程及其后学对非孟、疑孟思潮进行了回应，稳定了孟子的道统地位，并进而在孟子之前叠加了曾子和子思，由是建立起孔子和孟子之间的师承连续性，也逆转了五贤道统系谱往后附加的建构模式。

南宋中前期，孟子的道统地位更加得到巩固，然而，在荀子、扬雄、王通、韩愈已经被总体否定的背景下，却出现了一些在基本否定其道统地位的前提下，部分肯定荀、扬、王、韩的五贤道统系谱余波。以吕祖谦为代表的金华学派就对荀、扬、王、韩较为宽容，反对彻底否定四人；以陈亮和叶适为代表的事功学派也盛推王通，并与朱熹激烈辩论，叶适后来甚至还大力非议曾子、子思和孟子，试图解构理学所重构的儒家道统系谱。南宋中期的几个主要学派中，陆九渊对道统系谱的看法与朱熹最为接近，他也独尊孟子，维护曾子、子思、孟子的道统系谱，并彻底否定扬雄和王通。对后世影响最大的无疑是朱熹，他发挥二程的基本看法，反复论证曾子、子思、孟子这一道统系谱，彻底否定扬雄，对王通和韩愈则赞赏与批评相杂，又在续经这一点上大力批判王通。经过南宋诸派间的猛烈涤荡和朱熹的大力整顿，五贤道统系谱在南宋的影响逐渐消退，但其在北方的余响仍然延及元初。

第一节　二程对五贤道统系谱的清理

王安石新学、司马光一系、苏学全都否定荀子，又将韩愈定格为有功于儒道的"文士"，程、张诸人对荀子、韩愈的看法也大致相同，同样将荀子、韩愈排除在儒家道统系谱之外。王安石新学、司马光一系、苏学都甚少论及王通，他们对王通其人其书的真实性均持比较谨慎的态度。二程也对王通谈论不多，但他们认为王通优于荀子和扬雄，不过对王通其人其书同样半信半疑，既认为王通之书总体比较可靠，又认为其书、其人、其事有后人增纂附会的成分。理学与这几个学派最大的分歧，在于对扬雄的彻底否定上。王安石新学和司马光一系都推崇扬雄，且都积极为扬雄仕莽解释和辩护，苏学则仅仅否定扬雄之学术，并未论及扬雄之政治品格，然而二程则不仅彻底否定扬雄的学术思想地位，而且极力指责扬雄的政治品格。于孟、荀、扬、王、韩五贤中，程、张诸理学家仅仅尊崇孟子的立场非常明显。为了维护孟子的道统地位，他们一方面在学理上努力回应非孟、疑孟思潮，另一方面则借助普遍流行的《中庸》，通过曾子、子思建立起了孟子与孔子之间的连续性师承关系。理学一派的这些努力，不仅进一步巩固了孟子的独尊地位，而且重构起了影响深远的曾子、子思、孟子这一新的儒家道统系谱。

一、理学是新儒中的新儒

刘复生师指出："理学的产生是我国思想史上的重大事

件，它是唐宋时期中国社会发生巨变、经过思想领域内长期的跌宕洗练、适应了帝制后期社会新形势的需要而应运而兴的。同时，它是发生于中唐，到北宋再度兴起的儒学复兴思潮所产生的重要结果，如果从它对中国帝制时代后期在意识形态方面不可取代的影响来看，它在汉武帝'罢黜百家'之后，又一次为儒家夺得了'独尊'地位。"[2]钱穆先生在《朱子学提纲》中说："北宋诸儒实已为自汉以下儒统中之新儒；而北宋之理学家，则尤当目为新儒中之新儒。"[3]

理学虽并重"内圣"与"外王"，且将二者紧密连接，但在整体学术思想风格上，它仍以道德性命之学而显其特色。前章谈到，北宋中期的几个新儒学派别如王安石新学、司马光一系、苏学都已注意到道德性命之学，尤其王安石新学于道德性命之学唱之甚力，影响也大。然而，理学的特色就在于不仅重视道德性命之学，而且大力建构儒家的道德性命之学。而理学对于儒家道德性命之学的建构，也正是在批判苏学等其他新儒学学派，尤其是王安石新学的过程中建立起来的。余英时先生观察说，在二程看来，"王安石的'道'是佛而不是儒"，所以"在道学家如二程的眼中，王安石虽已进入了'内圣'领域并在'内圣'与'外王'之间建立起某种联系，但是他的'内圣'——所谓'道德性命'——假

---

[2] 刘复生：《北宋中期儒学复兴运动（增订本）》第八章"理学是儒学复兴运动的产物"，第258页。
[3] 钱穆：《朱子学提纲》，见其《朱子新学案》，北京：九州出版社，2011年，第16页。

借于释氏者太多,并不是儒家的故物,因此他们给自己所规定的最高历史任务便是将儒家原有的'内圣之学'发掘出来,以取而代之"。因此,"严格地说,儒家'道德性命'的系统建构是道学的特有贡献,在北宋儒学史上具有划时代的意义"。而"从整体动向观察,道学的兴起毫无疑问代表了北宋儒学发展的最后阶段"[4]。

理学既是宋代新儒学理论发展的最后阶段,也最终成为官方正统学说,它以新的评判标准审视孟、荀、扬、王、韩五贤,并最终彻底瓦解了这一韩愈以来古文运动逐渐建构起来的儒家道统系谱。理学对五贤的评估,及其围绕孟子展开的儒家道统系谱重构,最终决定了儒家道统系谱的基本格局,影响极其深远。

二、二程对五贤道统系谱的清理

皇祐二年(1050),时年十八岁的程颐上书宋仁宗,他在其中以诸葛亮自况说:"不私其身,应时而作者,诸葛亮及臣是也。"又在文末以孟子、董仲舒、王通劝谏帝王之事为说,并明确说道:"臣之所学,三子(孟子、董仲舒、王通)之道也。"[5]他后来对道统人物的拣择,在这份上书中就已经基本定型了。而这样的道统人物拣择,显然也是从古文

---

[4] 参见余英时:《朱熹的历史世界:宋代士大夫政治文化的研究》一书《绪说》,引文分别见第50、51、104页。
[5] (宋)程颐:《上仁宗皇帝书》,《河南程氏文集》卷五,见《二程集》,第511、515页。

运动以五贤为中心的道统系谱建构中筛选出来的。

众所周知,张载、二程都相当推崇孟子。张载其学"以孔孟为法"[6],并说:"此道自孟子后千有余岁,今日复有知者。"[7]二程也曾说"人有颜子之德,则有孟子之事功,孟子之事功,与禹、稷并"[8]"孟子有功于圣门不可(胜)言"[9]。面对北宋的非孟、疑孟思潮,为了维护孟子的道统地位,二程也进行了诸多学理上的回应。

1. 二程与五贤道统系谱

特别需要指出的是,虽然二程对于孟子很是推崇,但其程度尚不若后来的理学家那么高,程颐就说孟子"学已到至处",但"未敢便道他是圣人"[10]。前章谈到,其时"孔孟"并称已经颇为流行,二程也时常并提"孔孟",大概是受此风气影响,弟子问程颐说:"使孔、孟同时,将与孔子并驾其说于天下邪?将学孔子邪?"程颐明确回答说:"安能并驾?虽颜子亦未达一间耳。颜、孟虽无大优劣,观其立言,孟子终未及颜子。昔孙莘老尝问颜、孟优劣,答之曰:'不必问,但看其立言如何。凡学者读其言便可以知其人,若不知其人,是不知言也。'"[11]所以二程认为,"孔、孟之分,只

---

[6] 《宋史》卷四二七《张载传》,第12724页。
[7] 《经学理窟·义理》,见《张载集》,第274页。
[8] 《河南程氏粹言》卷二《圣贤篇》,见《二程集》,第1236页。
[9] 《河南程氏遗书》卷一八,见《二程集》,第221页。
[10] 《河南程氏遗书》卷一九,见《二程集》,第255页。
[11] 《河南程氏遗书》卷二二上,见《二程集》,第280页。

是要别个圣人、贤人。如孟子若为孔子事业，则尽做得，只是难似圣人"[12]，而"孟子有功于道，为万世之师，其才雄，只见雄才，便是不及孔子处。人须当学颜子，便入圣人气象"[13]。二程反复谈及孔子、颜子和孟子之间的不同气象[14]，又下断语说："孟子却宽舒，只是中间有些英气，才有英气，便有圭角。英气甚害事。如颜子便浑厚不同。颜子去圣人，只毫发之间。孟子大贤，亚圣之次也。"[15]张载的看法与二程相似，他认为："孟子于圣人，犹是粗者。"[16]

以上这些引语，可见张载、二程对孟子的评价仍有一定程度的保留。虽然二程在学理上非常推尊孟子，但在个人修养的"气象"上，仍认为孟子尚未达至于孔圣，即便与亚圣颜子相比，也还略有所差。张载的看法大抵相同，他说："学不能推究事理，只是心粗。至如颜子未至于圣人处，犹是心粗。"[17]颜子尚且如此，孟子就也未至于圣人，张载曾云："自古有多少要如仲尼者，然未有如仲尼者。颜渊学仲尼，不幸短命，孟子志仲尼，亦不如仲尼。"[18]前章谈到，王

---

[12] 《河南程氏遗书》卷二上，见《二程集》，第44页。
[13] 《河南程氏遗书》卷五，见《二程集》，第76页。
[14] 《河南程氏遗书》卷五、一一，《河南程氏粹言》卷二《圣贤篇》都屡有比较孔子、颜子、孟子气象之言，见《二程集》，第77、126、1232、1233、1234页。
[15] 《河南程氏遗书》卷一八，见《二程集》，第196~197页。
[16] 《张子语录上》，见《张载集》，第311页。
[17] 《经学理窟·义理》，见《张载集》，第274页。
[18] 《经学理窟·气质》，见《张载集》，第270页。

安石和黄庭坚都曾直以孟子为圣人[19],张载、二程对孟子的评价显然尚不及此,不过,其后学却大多忽略了二程这些略显保守的评价,逐渐将孟子全面圣人化。

张载、二程对于孟子的这些保守评价,可能与孟子乃是从五贤道统系谱中脱胎出来的有关。前文反复谈到,五贤道统系谱被古文运动所看重的,主要是其传道尤其是卫道之功。但在道德性命之学的新眼光下,荀子、王通、韩愈既没有多少道德性命之学所需求的思想资源,自身也很难找出符合道德性命之学标准的身心修养,所以被各个学派一致清除。五贤之中,只有孟子和扬雄是最与道德性命之学的需求相关的,王安石便并重孟子和扬雄。不过,王安石虽颇尊扬雄,但却说:"自秦汉已来儒者,唯扬雄为知言,然尚恨有所未尽。"[20]这与二程对孟子的评价何其相似。程颐说"孟子有功于道",这仍是古文运动对五贤道统系谱的旧评价,而二程对孟子保守评价的着眼点"才雄""英气"等,则无疑都集中在儒家道德性命之学的身心修养上,即所谓"气象"上。二程对荀、扬、王、韩整体评价很低,而对孟子这个从五贤道统系谱中脱胎出来的人物,也难以给予至高的评价。

二程对曾子、子思、孟子道统系谱的建构,固然有着先秦儒家思想渊源和韩愈道统论的影响,但也应注意的是,

---

[19] 《临川先生文集》卷七二《答龚深父书》,见《王安石全集》,第6册,第1293页;《宋黄文节公全集·正集》卷二〇《孟子断篇》,见《黄庭坚全集》,第455页。

[20] 《临川先生文集》卷七四《答吴孝宗书》,第6册,第1326页。

二程的道统系谱看法很大程度上是从古文运动所建构的五贤道统系谱中脱胎而来的。二程语录、文字中存在大量评论、诠释孟子之语乃是学界常识，其实不仅如此，二程《遗书》和《粹言》中也有很多评论荀子、扬雄、王通、韩愈之处。以现存文献看，如果除开朱熹，二程很可能是两宋谈论荀、扬、王、韩最多的，只是二程不好作文，《遗书》和《粹言》中呈现出来的大都是些对话的片段。

《遗书》和《粹言》中有多处弟子问及与孟、荀、扬、王、韩有关问题的记录，有的更直接询问对王通的评价[21]，可见即便二程自己已经从五贤道统系谱中摆脱出来，但他们的那些年轻弟子却难免受到仍在流行的五贤道统系谱的影响，朱光庭就在元祐年间奏请科考"第三场试论一道，乞于《荀子》、《扬子》、《文中子》、韩吏部文中出题"。[22]张舜民甚至在元祐四年（1089）疏请朝廷追谥张载时说："（张载）方之前人，其孟轲、扬雄之流乎？如荀况辈，不足望于载也。"[23]竟然把张载自己都已经清除掉的扬雄用来比拟张载。这都可见五贤道统系谱在当时仍然是普遍的难以一举扫除的流行话语，周行己也曾以"孟、荀、扬、文中四子是非"为策题[24]。

---

[21] 《河南程氏遗书》卷一八，见《二程集》，第231页。
[22] （宋）朱光庭：《请用经术取士》，见《宋文鉴》卷六〇《奏议》，第902页。
[23] 《历代名臣奏议》卷二七四《崇儒》，第3577页。
[24] 《周行己集》卷三《策问·孟、荀、扬、文中四子是非》，第57~58页。

前章谈到，几个新儒学派别的思想领袖都已经纷纷放弃五贤道统系谱，而着手重构符合各自思想需要的新道统系谱了，但这与最新思潮的一般性散布之间存在着一定的时差，孟、荀、扬、韩于元丰七年一并进入孔庙享祀即是其表现之一，这反而还可能促进了五贤道统系谱（虽然没有王通）在普通士人中的影响，这从孔庙改制后出现的众多祭告先圣先师文中可见一斑。

二程与弟子不仅反复品评孟、荀、扬、王、韩五贤，甚至还有弟子"问贾谊"，只不过程颐回答说："谊之言曰：'非有孔子、墨翟之贤。'孔与墨一言之，其识末矣，其亦不善学矣。"[25] 也有的问道："史称董仲舒是王佐才，如何？"程颐则说："仲舒是言其学术。"[26] 他又因为董仲舒"正其谊不谋其利，明其道不计其功"一语，而认为董仲舒"度越诸子"。[27] 是则连此前偶尔会被附加进入到五贤道统系谱之中的贾谊和董仲舒，二程和弟子也对其进行了甄别。后来贾谊甚少引人注意，但董仲舒却在元文宗至顺元年（1330）进入孔庙从祀[28]，可能元朝孔庙祭祀久成阙典，明朝洪武二十九年（1396），董仲舒又再次取代了扬雄从祀。[29]

---

[25] 《河南程氏遗书》卷二五，见《二程集》，第326页。
[26] 《河南程氏遗书》卷二二下，见《二程集》，第298~299页。
[27] 《河南程氏遗书》卷二五，见《二程集》，第324页。
[28] （明）宋濂：《元史》卷七六《祭祀志五·宣圣》，北京：中华书局，1976年，第1893页。
[29] 《明太祖实录》卷二四五，台北："中研院"史语所校印本，1963年，第3555页；《明史》卷五〇《礼志四·至圣先师孔子庙祀》，第1297页。按，《明史·礼志》系为洪武二十八年。

在此情况下，要瓦解五贤道统系谱，也就不得不对孟、荀、扬、王、韩屡屡进行讨论，张载即反复评论说："自孔孟而下，荀况、扬雄、王仲淹、韩愈，学亦未能及圣人。"[30]又曾说："今倡此道不知如何，自来元不曾有人说着，如扬雄、王通又皆不见，韩愈又只尚闲言词。"[31]而"古之学者便立天理。孔孟而后，其心不传，如荀、扬皆不能知"[32]。这些品论的目的显然就是瓦解五贤道统系谱，并把孟子从其中拔萃出来，所以他说："此道自孟子后千有余岁，今日复有知者。"[33]

二程更是如此，在《遗书》卷十八、十九中，都有密集评论荀、扬、王、韩的记录，其中卷十八有一部分最为密集，在今标点本《二程集》中占到了接近三页的篇幅，评论的人物则荀、扬、王、韩都包括在内。[34]众所周知，朱熹整理《遗书》是按记录者分卷的，在卷十八、十九中，除了这几处密集的评论外，其他地方也有评论，可见著录者并非按内容性质的异同来排列顺序，刘安节（卷十八手编者）、杨迪（卷十九录者）应该是按时间先后进行编录的。因此，可见程颐在不同的时间里都曾集中讨论过荀、扬、王、韩诸人，但是，这些地方都没有评论孟子。综合这些情况，可以

---

[30]《性理拾遗》，见《张载集》，第373页。
[31]《经学理窟·自道》，见《张载集》，第291页。
[32]《经学理窟·义理》，见《张载集》，第273页。
[33]《经学理窟·义理》，见《张载集》，第274页。
[34]《河南程氏遗书》卷一八，见《二程集》，第231～233页。

认为程颐曾经颇为专力地检讨过五贤道统系谱。

此外,在二程谈及孟、荀、扬、王、韩的诸多话语中,可以非常明显地看到,他们经常会对五贤中的两三个人物同时进行比较性的评论,而且时常会进行高下的区分,即便是某一条语录中只单独谈到了一个人物,也通常会接着出现几条评论其他人物的话语。可见二程在评论孟、荀、扬、王、韩时,显然是以五贤道统系谱的影响为基本背景的。如二程曾说:"孟子论王道便实。……孟子而后,却只有《原道》一篇,其间语固多病,然要之大意尽近理。"[35]这是比较孟子、韩愈之高下。二程又说:"《原道》中言语虽有病,然自孟子而后,能将许大见识寻求者,才见此人。至如断曰:'孟氏醇乎醇。'又曰:'荀与扬择焉而不精,语焉而不详。'若不是他见得,岂千余年后便能断得如此分明也?"他接着便举出了扬雄"不识道,已不成言语"的例子来证明韩愈的判断,并说:"自是扬子已不见道,岂得如愈也?"[36]或曰:"韩退之言'孟子醇乎醇',此言极好,非见得孟子意,亦道不到。其言'荀、扬大醇小疵',则非也。荀子极偏驳,只一句'性恶',大本已失。扬子虽少过,然已自不识性,更说甚道?"[37]这是评论孟子、韩愈、扬雄、荀子之高下。二程又云:"扬子之学实,韩子之学华,华则涉道浅。"[38]这

---

[35] 《河南程氏遗书》卷二上,见《二程集》,第37页。
[36] 《河南程氏遗书》卷一,见《二程集》,第5页。
[37] 《河南程氏遗书》卷一九,见《二程集》,第262页。
[38] 《河南程氏遗书》卷六,见《二程集》,第88页。

又是说扬雄优于韩愈。二程说:"孟子言'养心莫善于寡欲',欲寡则心自诚。荀子言'养心莫善于诚',既诚矣,又何养?此已不识诚,又不知所以养。"[39]这是比较孟、荀之高下。程颢说:"扬子出处,使人难说,孟子必不肯为扬子事。"[40]这是比较孟、扬之高下。程颐说:"孟子言人性善是也。虽荀、扬亦不知性。孟子所以独出诸儒者,以能明性也。"[41]这是说孟子优于荀、扬,又说"扬雄、韩愈说性,正说着才也"[42]"荀、扬性已不识,更说甚道"[43],在人性论上一并否定荀、扬、韩。程颐又说"若论其(王通)粹处,殆非荀、扬所及"[44]"其间极有格言,荀、扬道不到处"[45],这是说王通优于荀、扬。又云:"荀卿才高,其过多。扬雄才短,其过少。韩子称其'大醇',非也。若二子,可谓大驳矣"[46]"'杞柳',荀子之说也。'湍水',扬子之说也"[47]"扬子,无自得者也,……荀子,悖圣人者也"[48]"荀卿才高学陋,……圣人之道,至卿不传。扬子

---

[39]《河南程氏遗书》卷二上,见《二程集》,第18页。
[40]《河南程氏遗书》卷一二,见《二程集》,第136页。
[41]《河南程氏遗书》卷一八,见《二程集》,第204页。
[42]《河南程氏遗书》卷一九,见《二程集》,第252页。
[43]《河南程氏遗书》卷一九,见《二程集》,第255页。
[44]《河南程氏遗书》卷一八,见《二程集》,第231页。
[45]《河南程氏遗书》卷一九,见《二程集》,第261页。
[46]《河南程氏遗书》卷一八,见《二程集》,第231页。
[47]《河南程氏遗书》卷二五,见《二程集》,第325页。
[48]《河南程氏遗书》卷二五,见《二程集》,第325页。

云仕莽贼，谓之'旁烛无疆'，可乎？"[49]则是一并否定荀、扬。

从以上这些繁冗的引语中，我们还可以大致清理出二程对五贤的高下判断，大致是孟子、韩愈、王通、扬雄、荀子的顺序，只是二程没有直接比较韩愈和王通。另外值得注意的是，与上文谈到二程认为孟子不及孔子、颜子不同，二程在评论荀、扬、王、韩时大多都是进行这四人之间的比较，或者与孟子进行比较，但绝没有出现将四人与孔子、颜子直接进行比较的情况，此亦可见二程已经将孟子从五贤道统系谱中拔萃出来了。不过，即便孟子已经从五贤道统系谱之中脱颖而出，但他名列其中的旧经历可能还是限制了二程对其作出全面圣人化的评价，这要等到其后学来逐渐完成了。

于孟、荀、扬、王、韩五贤中，二程最为尊崇的就是孟子，但孟子尚且没有达至孔子的境界，即便与颜子相比也还略有所差，那么荀、扬、王、韩就相去更远了。二程对荀子、韩愈的具体看法，前章已经说过，下文不再赘述。

2. 二程否定扬雄之学术、人品

四库馆臣提要《法言》云："当时（东汉）甚重雄书也。自程子始谓其曼衍而无断，优柔而不决；苏轼始谓其以艰深之词，文浅易之说；至朱子作《通鉴纲目》，始书莽

---

[49]《河南程氏外书》卷一〇，见《二程集》，第403页。

大夫扬雄死，雄之人品著作，遂皆为儒者所轻。若北宋之前，则大抵以为孟、荀之亚。"[50]实际上，北宋之前的扬雄并非"孟、荀之亚"，其地位、影响要远远高于孟子和荀子。[51]不过，苏学、理学这两个对后世影响最大的学派对扬雄的否定，确实是扬雄地位转折的主要原因，尤其理学的否定后来还直接影响到官方对扬雄的定位。前章谈到，庆历以来逐渐瓦解五贤道统系谱后展开的道统系谱重构，主要是围绕着孟子和扬雄展开的，而此间关于孟子、扬雄的争论也是最多的。在王安石新学的道统系谱重构中，扬雄是作为孟子继承者而存在的一位重要人物；在司马光的道统系谱重构中，扬雄则更是后世唯一继承孔子的关键人物。鉴于扬雄在道统系谱重构中的特殊地位，二程对其进行了大量的评论，谈论的频率、涉及的问题、否定的程度都远远超过了对荀子、王通和韩愈的评论。

　　二程对扬雄其实也曾说过一些肯定的话，如程颢就说，"《太玄》中首中：阳气潜萌于黄宫，信无不在乎中。养首一：藏心于渊，美厥灵根。测曰：藏心于渊，神不外也。扬子云之学，盖尝至此地位也"[52]，评价颇高。程颐也曾说："自汉以来，惟有三人近儒者气象：大毛公、董仲舒、扬

---

[50]　《四库全书总目》卷九一《法言集注》，第772页。
[51]　郭畑：《扬雄身份角色的历史转变》，《蜀学》第七辑，成都：巴蜀书社，2012年。
[52]　《河南程氏遗书》卷一一，见《二程集》，第130~131页。

雄。"〔53〕他们认为，汉儒之中，"必以扬子为贤"〔54〕。又云："扬子之学实，韩子之学华，华则涉道浅。"〔55〕即扬雄之学并不浅薄。

不过，二程总体上还是否定扬雄的，学术和政治忠节均是如此。其对扬雄学术的否定，大要有三，即扬雄之学杂黄老、《太玄》无用、不知性，其他片段批判扬雄者也有〔56〕，为免枝蔓，下文仅列述这三点。二程说："扬子看老子，则谓'言道德则有取，至如槌提仁义，绝灭礼学，则无取'。若以老子'剖斗折衡，圣人不死，大盗不止'，为救时反本之言，为可取，却尚可恕。如老子言'失道而后德，失德而后仁，失仁而后义，失义而后礼'，则自不识道，已不成言语，却言其'道德则有取'，盖自是扬子已不见道，岂得如愈也。"〔57〕即认为扬雄对道的体认还不如韩愈，后来朱熹则更说扬雄"全是黄、老"〔58〕。

《太玄》是扬雄拟《易》的精心之作，司马光还努力为之集注，又拟《太玄》而作《潜虚》，可见《太玄》在扬雄思想体系中的重要性。然而，程颐却否定《太玄》的思想

---

〔53〕《河南程氏遗书》卷一八，见《二程集》，第232页。《河南程氏遗书》卷三、二四也有大致相同的记录，见《二程集》，第68、314页。
〔54〕《河南程氏遗书》卷四，见《二程集》，第68页。
〔55〕《河南程氏遗书》卷六，见《二程集》，第88页。
〔56〕《河南程氏遗书》卷一八、二五，《河南程氏外书》卷一一，见《二程集》，第183、195、205、325、414页。
〔57〕《河南程氏遗书》卷一，见《二程集》，第5页。
〔58〕《朱子语类》卷一三七，第3255页。

价值，思路和苏学大致相同，但是其论证的详尽程度远远不及苏洵《太玄论》和《太玄总例》。二程本来就对续经之作评价很低（论王通亦如是，详见后文），也对象数学不满意，程颐《易传》即抛弃了象数解《易》的传统，而是以义理说《易》。弟子问："《太玄》之作如何？"程颐曰："是亦赘矣。"[59] 他评论说："作《太玄》本要明《易》，却尤晦如《易》，其实无益，真屋下架屋，床上叠床。他只是于《易》中得一数为之，于历法虽有合，只是无益。今更于《易》中推出来，做一百般《太玄》亦得，要尤难明亦得，只是不济事。"[60] 邵雍好象数，他就作《太玄准易图序》，认为"夫《玄》之于《易》，犹地之于天也"[61]，并称赏"扬雄作《玄》，可谓'见天地之心'者也"。[62] 程颐则说"尧夫之学，大抵似扬雄"[63]，只是"似《玄》而不同"[64]，而"尧夫之数，只是加一倍法，以此知《太玄》都不济事"[65]。程颐对邵雍的先天象数学也始终不感兴趣，他说："某与尧夫同里巷居三十年，世间事无所不论，惟未尝一字及数耳。"[66]

二程在学术上对扬雄批判最多最激烈的，是其在最为

---

[59]《河南程氏遗书》卷一八，见《二程集》，第231页。
[60]《河南程氏遗书》卷一九，见《二程集》，第251页。
[61]《太玄准易图序》，见《景迂生集》卷一〇，台湾商务印书馆景印文渊阁四库全书本，第1118册，第185页。
[62]《观物外篇》下之中，见《邵雍集》，第157页。
[63]《河南程氏遗书》卷一五，见《二程集》，第150页。
[64]《河南程氏遗书》卷一八，见《二程集》，第231页。
[65]《河南程氏外书》卷一二，见《二程集》，第428页。
[66]《河南程氏外书》卷一二，见《二程集》，第444页。

核心的人性论上提出性善恶混论。程颐说扬雄"不知性"[67]，认为扬雄说性"正说着才"[68]。在他看来，虽然"扬雄才短，其过少"[69]，但是，"扬子虽少过，然已自不识性，更说甚道？"[70]因为"道即性也。言性已错，更何所得"[71]？他因而否定韩愈说扬雄是"大醇而小疵"，认为扬雄其实是"大驳"，[72]并总结扬雄的学术说，"扬子，无自得者也，故其言蔓衍而不断，优游而不决"[73]，甚至认为扬雄在某些方面还不及王通[74]。不独二程，张载也认为扬雄在儒道上"止得其浅近者"[75]。

在否定扬雄之学术外，二程花了更大的力气来否定扬雄的政治忠节。张载即说扬雄"所学虽正当，而德性不及董生之博大"[76]。程颢更说："扬子出处，使人难说，孟子必不肯为扬子事。"[77]程颐则直接断定"扬雄去就不足观"[78]，这

---

[67]《河南程氏遗书》卷一八，见《二程集》，第204页。
[68]《河南程氏遗书》卷一九，见《二程集》，第252页。按，《河南程氏粹言》卷二《心性》也有相似记录，见《二程集》，第1254页。
[69]《河南程氏遗书》卷一八，见《二程集》，第231页。
[70]《河南程氏遗书》卷一九，见《二程集》，第262页。按，《河南程氏遗书》卷一九也有相似的记录，见《二程集》，第255页。
[71]《河南程氏遗书》卷一，见《二程集》，第7页。
[72]《河南程氏遗书》卷一八，见《二程集》，第231页。
[73]《河南程氏遗书》卷二五，见《二程集》，第325页。
[74]《河南程氏遗书》卷一八、一九，见《二程集》，第231、261页。
[75]《经学理窟·周礼》，见《张载集》，第251页。
[76]《经学理窟·周礼》，见《张载集》，第251页。
[77]《河南程氏遗书》卷一二，见《二程集》，第136页。
[78]《河南程氏遗书》卷一八，见《二程集》，第231页。

明显是针对王安石等人以孔子"无可无不可"之义解释扬雄仕莽。二程认为扬雄既"无先知之明",事后"则欲以苟容为全身之道"。[79]程颐还将这种看法写进其《易传》之中,在对"明夷"卦初九爻辞的解释中,他写道:"君子不以世俗之见怪,而迟疑其行也。若俟众人尽识,则伤已及而不能去矣。此薛方所以为明,而扬雄所以不获其去也。"在对"明夷"卦六五爻象辞"箕子之贞,明不可息也"的阐释中,程颐又说:"箕子晦藏,不失其贞固,虽遭患难,其明自存,不可灭息也。若逼祸患,遂失其所守,则是亡其明,乃灭息也,古之人如扬雄者是也。"[80]这就更进一步明确回应和否定了此前王安石、曾巩、王回、常秩等人围绕"明夷"卦讨论的箕子和扬雄出处的相似性问题,程颐显然认为箕子明而扬雄不明,二人是一正一反的。

针对传统的"言逊"说,二程认为"言逊"须"迫不得已,如《剧秦美新》之类,非得已者乎?"[81]而针对《剧秦美新》实乃刺莽之作的说法,程颐认为王莽族诛"亦未足道","讥之济得甚事?"[82]二程也赞同王安石否认扬雄投阁的判断,但是,"扬子云之过,非必见于美新投阁也。夫其

---

[79] 《河南程氏粹言》卷二《圣贤篇》,见《二程集》,第1235页。按,《河南程氏遗书》卷一八也有相似的记录,见《二程集》,第231页。
[80] (宋)程颐:《周易程氏传》卷三"明夷"卦,见《二程集》,第880、883页。
[81] 《河南程氏遗书》卷四,见《二程集》,第70页。
[82] 《河南程氏遗书》卷一九,见《二程集》,第251页。

黾勉莽、贤之间而不能去,是安得为大丈夫哉?"[83]二程认为:"扬子云仕莽贼,谓之'旁烛无疆',可乎?隐可也,仕不可也。"[84]但是,程颐完全否定林希以扬雄为"禄隐"的义理根据。[85]而针对司马光等人认为扬雄不可能全身而退因而被迫留在新莽的辩护,二程则说:"苟至于无可奈何,则区区之命,亦安足保也?"[86]二程将以往对于扬雄仕莽的辩护全都进行了驳斥。

3. 二程论王通

前文反复谈到,王通主张三教合一,《中说》又文辞鄙俚,也不关注人性论,也不太提及孟子、荀子、扬雄,其在五贤道统系谱中显得最为格格不入。入宋以后,关于王通其人其书真实性的争论颇多,对于其道统地位的评价亦然。二程对于王通的评价,既不像对孟子那么肯定,也不像对荀子、扬雄那么否定,而是与其对韩愈褒贬俱存的评价较为类似。

弟子问王通,程颐说:"隐德君子也。当时有些言语,后来被人傅会,不可谓全书。若论其粹处,殆非荀、扬所及也。若续经之类,皆非其作。"[87]即认为王通是"隐德君子",

---

[83]《河南程氏粹言》卷二《圣贤篇》,见《二程集》,第1235页。按,《河南程氏遗书》卷四所记大同,见《二程集》,第73页。
[84]《河南程氏外书》卷一〇,见《二程集》,第403页。
[85]《河南程氏遗书》卷一九,见《二程集》,第251页。
[86]《河南程氏粹言》卷二《圣贤篇》,见《二程集》,第1235页。
[87]《河南程氏遗书》卷一八,见《二程集》,第231页。

部分言语优于荀、扬，但被"后人附会乱却"[88]，所以其言经常是"半截好，半截不好"[89]。二程不满于王通对佛教的容纳，云："心迹犹形影，无可判之理。王仲淹之言非也。助佛氏之说者，必曰不当以其迹观之，吾不信也。"[90]程颐又否定王通续经，说："文中子《续经》甚谬，恐无此。如《续书》始于汉，自汉已来制诏，又何足记？《续诗》之备六代，如晋、宋、后魏、北齐、后周、隋之诗，又何足采？"[91]因此，二程有时会在讨论问题时引用王通，也曾说王通对秦汉封禅的评论"极好"[92]，但也时而会否定王通的一些论说[93]。事实上，王通既不排辟异端以卫道，也无多少"内圣"之学可言，即便有些"好言语"也还"半截好，半截不好"，而二程却对他有不低的评价，认为他优于荀、扬，其原因何在呢？

王通对诸葛亮评价甚高，《中说》称王通说："使诸葛亮而无死，礼乐其有兴乎？"又"谓诸葛、王猛'功近而德远矣'"。[94]程颐与弟子有一段对话如下：

"王通言：'诸葛无死，礼乐其有兴'，信乎？"

---

[88]《河南程氏遗书》卷一八，见《二程集》，第220页。
[89]《河南程氏遗书》卷一九，见《二程集》，第261页。
[90]《河南程氏粹言》卷一《论道篇》，见《二程集》，第1172页。
[91]《河南程氏遗书》卷一九，见《二程集》，第262页。
[92]《河南程氏遗书》卷一九，见《二程集》，第262页。王通语见《中说·王道篇》，见《中说校注》卷一，第21页。
[93]《河南程氏遗书》卷一九，见《二程集》，第251页。
[94]《中说校注》卷一《王道篇》、卷五《问易篇》，第38、142页。

曰:"诸葛近王佐才,礼乐兴不兴则未可知。"问曰:"亮果王佐才,何为僻守一蜀,而不能有为于天下?"曰:"孔明固言,明年欲取魏,几年定天下,其不及而死,则命也。某尝谓孙觉曰:'诸葛武侯有儒者气象。'孙觉曰:'不然。圣贤行一不义,杀一不辜,虽得天下不为。武侯区区保完一国,不知杀了多少人耶?'某谓之曰:'行一不义,杀一不辜,以利一己,则不可。若以天下之力,诛天下之贼,杀戮虽多,亦何害?陈恒弑君,孔子请讨。孔子岂保得讨陈恒时不杀一人邪?盖诛天下之贼,则有所不得顾尔。"曰:"三国之兴,孰为正?"曰:"蜀志在兴复汉室,则正也。"[95]

"行一不义,杀一不辜,而得天下,皆不为也"是孟子语(《孟子·公孙丑上》),而程颐扩展了孟子之语的语境,认为孟子所说的是"以利一己,则不可",而如果是为了"诛天下之贼"则可。程颐虽然对王通说诸葛亮能够兴起"礼乐"有所保留,仅认为"孔明庶几礼乐"[96],但程颐的期望无疑是较高的。尽管程颐还是认为诸葛亮"道则未尽",但他非常肯定"孔明有王佐之心"[97],而且屡屡称赞诸葛亮的确有"王佐才",他曾历数历史上有王佐之才的名臣说:"若论至王佐

---

[95] 《河南程氏遗书》卷一八,见《二程集》,第233页。
[96] 《河南程氏遗书》卷二四,见《二程集》,第314页。
[97] 《河南程氏遗书》卷二四,见《二程集》,第313页。

才，须是伊、周，其次莫如张良、诸葛亮、陆宣公。"[98]不仅如此，他甚至还认为"诸葛武侯有儒者气象"。而对于众说纷纭的曹魏、蜀汉的正统之争，程颐显然认为蜀汉才是正统。

邵雍比程颐更肯定诸葛亮，认为诸葛亮如果不是早卒，是能够兴起礼乐的，其子邵伯温《邵氏闻见录》记云："伯温少时，因读《文中子》，至'使诸葛武侯无死，礼乐其有兴乎？'因著论，以谓武侯霸者之佐，恐于礼乐未能兴也。康节先公见之，怒曰：'汝如武侯犹不可妄论，况万万相远乎？以武侯之贤，安知不能兴礼乐也？后生辄议先贤，亦不韪矣。'"[99]邵伯温之子邵博《邵氏闻见后录》也说诸葛亮"有洙泗大儒气象"[100]，这和程颐对诸葛亮的评价是一致的，也并不突出其以法术治国的一面。

程颐的态度，对于此后理学乃至后世之于王通、诸葛亮、正统论的看法都有着引导性的影响。后来朱熹又坚持和发扬了程颐的看法，从而使其影响极为深远。由于程朱的部分高度肯定，在程朱理学成为官方学说的明代，在扬雄、荀子先后被逐出孔庙[101]、韩愈也可能被逐出孔庙的情况下[102]，王通这个五贤道统系谱中最为格格不入、最常被忽略

---

[98]《河南程氏遗书》卷二二下，见《二程集》，第298～299页。
[99]《邵氏闻见录》卷二〇，第220页。
[100]《邵氏闻见后录》卷九，第69页。
[101]《明史》卷五〇《礼志四·至圣先师孔子庙祀》，第1297、1299页。
[102]《雅述》下篇，见《王廷相集》，第871页。

的人物，却在嘉靖九年（1530）的孔庙改制中进入了孔庙从祀。[103]

不仅如此，后来朱熹在《近思录》卷十四《圣贤》中摘录了程颐评论诸葛亮的三条语录，包括"诸葛武侯有儒者气象""孔明庶几礼乐""孔明有王佐之心，道则未尽。王者如天地之无私心焉，行一不义而得天下不为。孔明必求有成，而取刘璋。圣人宁无成耳，此不可为也。若刘表子琮，将为曹公所并，取而兴刘氏可也"这三条。[104] 上引那段对话，《遗书》《粹言》有好几处大体相似的记录[105]，这些记录中，程颐说为了"诛天下之贼"可以进行必要的诛杀，其间暗含否定孟子"行一不义，杀一不辜，而得天下，皆不为也"的意思都比较清楚，只有《近思录》中摘录的最后一条最为掩盖这层意思，朱熹应该是经过精心选择而摘录在《近思录》中的，而他自己对诸葛亮的评价也是沿程颐而来。由此，诸葛亮乃一"有儒者气象"的"王佐才"的形象得以在后世不断凸显，[106] 清雍正二年（1724），诸葛亮这个本来颇"近申韩"的人物[107]，也得以进入孔庙从祀。

---

[103]《明史》卷五〇《礼志四·至圣先师孔子庙祀》，第1301页。
[104]（宋）朱熹、（宋）吕祖谦编：《近思录》卷一四《圣贤》，见《朱子全书（修订本）》，第13册，第283页。
[105]《河南程氏遗书》卷二二上、二四，《河南程氏粹言》卷二《圣贤篇》也有大致相似的记录，见《二程集》，第296、313、1234~1235页。
[106] 许家星、王少芬《"儒者气象"——宋代理学视野下的诸葛亮形象及其思考》、熊梅《论诸葛亮形象的伟儒倾向》对此有所论述，分别载《西南大学学报》，2007年第6期；《青海社会科学》，2011年第2期。
[107]《朱子语类》卷一三七，第3264页。

那么，二程为何如此重视"半截好，半截不好"的王通以及颇擅法术的诸葛亮呢？这应该与二程的"外王"理想有关。朱熹后来说："太宗朝一时人多尚文中子，盖见朝廷事不振，而文中子之书颇说治道故也。"[108]王通虽在五贤道统系谱中显得有些格格不入，但他对"治道"的关怀和论述却是扬雄、韩愈都远远不及的，其能单独流行，又受到包括程朱在内的士大夫重视，显然并不是因为他那"半截好，半截不好"的理论说道，而是因为其"颇说治道"之故。而王通尊崇诸葛亮这个贤相，正好是理学"外王"理想的一种思想寄托，程颐甚至还亲自到五丈原进行过实地考察[109]。在王安石新学和苏学都忽略王通的情况下，司马光和二程对王通的部分肯定，使得王通不愠不火地成为士人议论的对象。而到了南宋，王通还成了朱熹和陈亮王霸义利之辨中的争论焦点之一。[110]

三、二程及其后学对孟子道统地位的维护

《孟子》既有对治平王道的具体论说，更蕴含着很多道德性命之学的重要思想资源，而且《中庸》的作者子思与孟子又是师徒关系，所以不管是宋人秩序重建的"外王"追求，还是建立儒家天理世界的"内圣"思想系统，《孟子》

---

[108]《朱子语类》卷一二九，第3085页。
[109]《河南程氏遗书》卷二四，见《二程集》，第314页。
[110] 参见郭畑：《宋儒对于王通续经的不同评价及其原因》，《河南师范大学学报》，2011年第4期。

都是必资利用的重要思想资源。因此，宋代的疑孟、非孟思潮不可能对孟子升格造成实质性的阻碍，更不可能逆转孟子升格的总体趋势。不过，宋代不少疑孟、非孟的士人都具有很强的政治和学术影响力，所以尊孟的士人也必须进行回应。

周淑萍教授总结道："在两宋时期，回击非孟者的方式主要有两种，一是上书朝廷，直斥非孟者；二是著书立说，缕析非孟者之误。"[111]并指出，两宋之交的胡舜陟是前一种方式的一个代表性例子。《宋史·胡舜陟传》载其迁侍御史，遇晁说之谏阻皇太子读《孟子》，他上疏批判说："向者晁说之乞皇太子讲《孝经》，读《论语》，间日读《尔雅》而废《孟子》。夫孔子之后深知圣人之道者，孟子而已。愿诏东宫官遵旧制，先读《论语》，次读《孟子》。"[112]与此不同，二程等理学家虽然在北宋也对核心政治权力活动有所参与，但始终不是一股能影响王朝政治、学术走向的力量，即便到了南宋早期，虽然理学在核心政治权力圈的地位有所提高，但其真正开始取得政治、学术上主导权的时间还要更晚（详见末章）。面对北宋延续至南宋初期显得有些猛烈的疑孟、非孟思潮，理学更多的是进行学理上的回应，这对于孟子道统地位的巩固和进一步提升也是很有帮助的。

结合孟子升格的过程，以及宋代学术思想的整体性进

---

[111] 周淑萍：《两宋孟学研究》，第183页。
[112] 《宋史》卷三七八《胡舜陟传》，第11669页。

展，可以将两宋的疑孟、非孟思潮大致划分为三个阶段：熙宁以前为第一阶段，以冯休、何涉、孙抃、刘敞、李觏及其门人陈次公、傅野等为代表；熙宁以至于南宋早期为第二阶段，以司马光、苏轼、苏辙、刘恕、晁说之、郑厚、李荐等为代表；南宋中期为第三阶段，以叶适等为代表。疑孟、非孟思潮的这三个阶段，主要对手分别是佛学和道德性命之学（契嵩）、王安石之学、理学，此亦可见宋代学术思想的权势转移。[113] 而所有这些士人的疑孟、非孟言论中，以李觏、司马光、叶适三人对孟子的怀疑和非议最具代表性和理论创造性，影响也最大。

这三个阶段对孟子的怀疑和非议，其实有着很多交叠重复之处，周淑萍教授总结了宋人疑孟、非孟的主要观点，大致分为四点：

一、孟子不能续道统：孟子悖逆孔子君臣之道，轻慢孔子"六经"，未得孔子真意，因而不能续道统。

二、孟子心性善说无验。

三、孟子仁政说迂阔、足悍。

四、孟子"辟异端"失于太过：孟子斥陈仲子失

---

[113] 徐洪兴先生按时间顺序也将宋代疑孟、非孟思潮划分为三个阶段：以李觏为代表的庆历阶段，以苏轼、司马光、晁说之为代表的熙丰阶段，以及以郑厚、叶适为代表的南宋阶段。考虑到南宋初期的郑厚等人非孟实际上是所谓"熙丰阶段"的延续，郑厚等人非孟的性质和对手与叶适完全不同，所以笔者将南宋初的非孟归到前一个阶段之中。徐洪兴：《唐宋间的孟子升格运动》，《中国社会科学》，1993年第5期。

于不"探其情",辟杨墨失于"不知道",斥许行失于苛责。[114]

然而,孟子在宋代能够升格成功,主要的原因便是孟子言说心性、排辟异端、倡行仁政,这些是宋代士人试图重建政治社会秩序和建构儒家道德性命之学的思想资源,对孟子的这些非、疑,与宋代新儒学的发展趋势相背离,其实不大能够产生实质性的威胁。此外,孟子倡导君臣关系的相对性,并不主张如秦汉以降那样的君尊臣卑的绝对君臣关系,这也是宋代士大夫政治主体意识显现的重要思想凭借,然而,这在一些士人看来却有违君臣纲常。而与此相关的,便是前章讨论过的孟子疑经以及不尊周两点,其中前一点是宋人疑孟、非孟思潮的导火索,而后一点则是宋儒关于孟子争议最多的一点。总而言之,两宋疑孟、非孟思潮在当时对孟子地位最具威胁性的也就是孟子疑经、不尊周、主张君臣相对性三点,因为这三点都直接关系到孟子的政治正确和学术正确。

叶适是宋代最后一个非孟最力的士人,他与朱熹同时而稍晚,他以自己关注现实事功的思想理论来非议孟子,甚至否定孟子在道统系谱中的地位,但与此前两个阶段的疑孟、非孟思潮明显不同的是,叶适所非并不涉及孟子疑

---

[114] 参考周淑萍《两宋孟学研究》第四章"两宋非孟思潮",第139~170页。

经、不尊周、主张君臣相对性这三点。[115]这三点本来是攻击孟子最简单直接而又最具效力的要害,但叶适如此用力非孟却又回避了这几点,可见叶适所处的思想环境已经发生了巨大变化,而造成这种变化的重要原因,应该正是二程等理学家基本上有理有据地回应了这些问题,叶适没有必要再纠缠于此。叶适非孟的具体问题将在后文讨论,于此不赘。

今存王安石回应疑孟、非孟思潮的文字并不多,其《扬孟》一篇以性无善恶论来调和孟子性善论和扬雄性善恶混论,并在文末说:"孟、扬之说果何异乎?今学者是孟子则非扬子,是扬子则非孟子,盖知读其文而不知求其指耳,而曰我知性命之理,诬哉!"[116]可见即便在最为核心的人性论上,王安石竟然都认为孟子、扬雄所论不"异",这与二程反复因为性善恶混论而激烈否定扬雄的思想地位是极为不同的。由此,按照王安石的思想逻辑,可以想见疑孟、非孟思潮的那些批判,在他看来,要么是学者没有能够领会《孟子》真义,要么就是孟子和圣人之"迹"不同而已,这些都不能构成对于孟子的批判。此外,今存文献也很难看到王安石后学系统回应疑孟、非孟思潮的论说。

二程对北宋中前期的疑孟、非孟思潮是比较清楚的,

---

[115] 参见徐洪兴先生《论叶适的"非孟"思想》一文,《浙江学刊》,1994年第3期。
[116] 《临川先生文集》卷六四《扬孟》,见《王安石全集》,第6册,第1168页。

程颐还曾经点过李觏的名[117]。二程及其门人为了维护孟子的道统地位，对疑孟、非孟思潮进行过一些理论上的回应，虽然这些回应并不算系统，但时有卓见。

关于孟子疑经这一点，前章已经谈到，主要是缘于契嵩引《孟子·尽心下》"尽信书，则不如无书。吾于《武成》，取二三策而已矣"，由此而危及孔子和儒经的神圣性，李觏、孙抃、冯休等人都曾非、疑过这一点。其实孟子接续上文解释了为何如此说，云："仁人无敌于天下。以至仁伐至不仁，而何其血之流杵也？"二程评论说："知德斯知言，故言使不动。孟子知武王，故不信漂杵之说。"[118]即认为孟子知了武王，所以不相信"血流漂杵"之事。孟子曾说："故说《诗》者，不以文害辞，不以辞害志。以意逆志，是为得之。"（《孟子·万章上》）二程则说："学孟子者，以意逆志可也。"[119]他们对很多问题的解释也大都循此思路，这种以意逆志的诠释方式乃是道德性命之学兴起以后的普遍风气，不独理学为然。以往纠缠"尽信书，则不如无书"的李觏、孙抃、陈次公、傅野等人根本就反对道德性命之学，而其时的司马光对此也并不擅长。然而，随着道德性命之学越发流行，"尽信书，则不如无书"反而正好契合了道德性命之学的思想需要，成

---

[117] 程颐云："其不信孟子者，却道不合非利，李觏是也。"《河南程氏遗书》卷一八，见《二程集》，第215页。
[118] 《河南程氏外书》卷一一，见《二程集》，第412页。
[119] 《河南程氏遗书》卷四，见《二程集》，第71页。

为新儒学摆脱束缚、自由阐释的重要依据,后来陆九渊门人杨简便大力夸赞这句话,说:"'尽信书,不如无书',诚哉是言!"[120]

孟子尊王贱霸,屡陈王道于时君,李觏拈出此点,指责孟子于周室尚未彻底灭亡时就说诸侯以王道,乃是不尊周室。这个指责是既有历史事实,颇为要害。对此,程颐利用"天命"和"时变"来为孟子进行辩护,这在儒学既有的理论框架之内,是一种很有说服力的解释。

实际上,揆诸儒家对于朝代更替的观念变迁,儒家本来是更加同情于朝代更替甚至是倾向于革命的,这从历史上著名的辕固生和黄生关于汤武革命的争论可以很明显地看出(《汉书·辕固生传》),而儒家所崇尚的诸圣王尧、舜、禹即连续地实现朝代更替,汤、武则更直接起而革命。程颐在其《易传》中阐释"革"卦象辞"天地革而四时成,汤、武革命,顺乎天而应乎人。革之时大矣哉"时也写道:

> 推革之道,极乎天地变易,时运终始也。天地阴阳推迁改易而成四时,万物于是生长成终,各得其宜,革而后四时成也。时运既终,必有革而新之者。王者之兴,受命于天,故易世谓之革命。汤、武之王,上顺天命,下应人心,顺乎天而应乎人也。天道变改,世故迁

---

[120] (宋)杨简:《慈湖遗书》卷一五《家记九·论字义》,见氏著,董平校点:《杨简全集》,杭州:浙江大学出版社,2015年,第2196页。

> 易，革之至大也，故赞之曰，革之时大矣哉！[121]

程颐还曾谈到他对伯夷叩马谏阻武王伐纣、其后不食周粟而死的看法，他说："武王伐纣，伯夷只知君臣之分不可，不知武王顺天命诛独夫也。"[122]又说："君尊臣卑，天下之常理也。伯夷知守常理，而不知圣人之变，故隘。"[123]孟子曾说"伯夷隘"(《孟子·公孙丑上》)，程颐正好将伯夷对待革命的保守态度视作对孟子之语的解释。由此可以看到，程颐显然认为"天命"是要高于君臣之"常理"的，他也是赞同在必要之时进行革命的。以此为基础，那么孟子虽尊王道而不尊周室，就不足为奇，因为孟子没有必要在天命已改之时仍然尊崇周室。

程颐说："孔子时，唯可尊周；孟子时，方可革命。时变然也。前一日不可，后一日可。"[124]那么，关键的问题是，如何判断周室或者一个朝代的天命是否已经断绝呢？对于这个问题，程颐也给出了比较明确的答案，他说：

> 孔子之时，诸侯甚强大，然皆周所封建也。周之典礼虽甚废坏，然未泯绝也。故齐、晋之霸，非挟尊王之义，则不能自立。至孟子时则异矣。天下之大国

---

[121]《周易程氏传》卷四，见《二程集》，第952页。
[122]《河南程氏遗书》卷二二上，见《二程集》，第293页。
[123]《河南程氏遗书》卷一八，见《二程集》，第217页。
[124]《河南程氏外书》卷九，见《二程集》，第401页。

七,非周所命者四,先王之政绝而泽竭矣。夫王者,天下之义主也。民以为王,则谓之天王天子;民不以为王,则独夫而已矣。二周之君,虽无大恶见绝于天下,然独夫也。故孟子勉齐、梁以王者,与孔子之所以告诸侯不同。君子之救世,时行而已矣。[125]

《河南程氏外书》还有一段记录:

> 或谓孔子尊周,孟子欲齐王行王政,何也?先生曰:"譬如一树,有可栽培之理则栽培之,不然则须别种。贤圣何心,视天命之改与未改尔。"[126]

在程颐看来,孔子之时,周朝先王之政的余泽尚存,所以孔子依然尊崇周室;但是到孟子之时,则"先王之政绝而泽竭",时势已经完全不同,所以孟子不再尊崇周室。因此,"天命"之断绝与否,其关键就在于先王之政是否尚存余泽。

程颐以"天命"和"时变"来解释孟子不尊周的问题,很好地回应了非孟、疑孟思潮的批评。其后,南宋回应非孟、疑孟思潮的胡宏《释疑孟》、余允文《尊孟辨》、朱熹《读尊孟辨》和孙应时《疑孟说》诸书,在这一问题上,基

---

[125]《河南程氏遗书》卷二一下,见《二程集》,第273页。
[126]《河南程氏外书》卷一一,见《二程集》,第415页。

本上也都沿袭和发挥了这一思路。[127]此外，陆九渊学派还出现了一种更为激进的解释，《象山语录》上记云：

> 松尝问梭山云："有问松：'孟子说诸侯以王道，是行王道以尊周室？行王道以得天位？'当如何对。"梭山云："得天位。"松曰："却如何解后世疑孟子教诸侯篡夺之罪？"梭山云："民为贵，社稷次之，君为轻。"先生再三称叹曰："家兄平日无此议论。"良久曰："旷古以来无此议论。"松曰："伯夷不见此理"，先生亦云。松又云："武王见得此理。"先生曰："伏羲以来皆见此理。"[128]

在陆氏兄弟看来，孟子之所以劝行王道而不尊周，乃是因为天位、王道、人民等的存续，这显然要比某个具体朝代的存续重要得多。因此，是否尊周其实并不足以构成一个批评孟子的问题。

不过，在对日常君臣关系的看法上，与孟子主张君臣关系的相对性相比，二程对于君臣关系的看法却要保守很多。程颐说"前一日不可"，也认为"君尊臣卑，天下之常

---

[127]（宋）胡宏：《释疑孟·王》，见氏著，吴仁华点校：《胡宏集》，北京：中华书局，1987年，第326页；（宋）余允文：《尊孟辨》卷中，第18页；（宋）孙应时：《烛湖集》卷一〇《疑孟说》，台湾商务印书馆景印文渊阁四库全书本，第1166册，第645~646页。
[128]《陆九渊集》卷三四《语录》上，第424页。

理也",又说:"介甫以武王观兵为九四,大无义理,兼观兵之说亦自无此事。如今日天命绝,则今日便是独夫,岂容更留之三年?今日天命未绝,便是君也,为人臣子,岂可以兵胁其君?安有此义?"[129]按,干宝曾援引武王伐纣之事来解释《易》之"乾"卦,他分别以《尚书·泰誓》上中下三篇来对应"乾"卦九四、九五、上九,《易》"乾"卦九四爻辞曰:"九四:或跃在渊,无咎。"干宝解释说:"阳气在四,二月之时,自大壮来也。四,虚中也。跃者,暂起之言,既不安于地,而未能飞于天也。四,以初为应。渊,谓初九甲子,龙之所由升也。或之者,疑之也。此武王举兵孟津,观衅而退之爻也。守柔顺,则逆天之应;通权道,则违经常之教。故圣人不得已而为之,故其辞疑矣。"其后,"九五:飞龙在天,利见大人"和"上九:亢龙有悔",则分别对应"武王克纣正位"和即位之后。由此,干宝对于"乾"卦九四的解释,即是说此时武王已经承担天应之命,但起而伐纣又违背君臣经常,所以很是犹疑。[130]王安石的解释今已不见,从程颐所述来看,他大概是以干宝的解释为基础,认为武王举兵是为了逼迫纣王改邪归正,重膺天命,观察三年而纣王不改,所以才有后来继续伐纣之事。然而,程颐否定了这种解释,他认为天命一旦更改,则纣王就已是"独夫",不应该留而观察;但是,如果此时"天命"尚未更

---

[129]《河南程氏遗书》卷一九,见《二程集》,第250页。
[130](清)孙星衍:《周易集解》卷一,上海:商务印书馆,1936年丛书集成初编本,第5~6页,引文在第5页。

改,那么以兵逼迫纣王就是"胁君"。因此,他认为王安石的解释是错误的。从这个例子我们可以看出,程颐虽然是同情于革命的,但对于"经常"的君尊臣卑还是非常肯定的。由此也可以想见,他对孟子那些颇有"骄君"之嫌的主张应该是不太赞成的。

二程非常重视对于君主的引导,也很重视君师的师道尊严,在程颐被征召为哲宗的经筵讲官时,他上了三道劄子,其中说道:"臣闻三代之时,人君必有师傅保之官:师,道之教训;傅,傅其德义;保,保其身体。"他又在《贴黄》中补充道:"今不设保傅之官,傅德义保身体之责皆在经筵。"在程颐看来,经筵之官教导君主知道向德极其重要,因为:"人主居崇高之位,持威福之柄,百官畏惧,莫敢仰视,万方承奉,所欲随得。苟非知道畏义,所养如此,其惑可知。中常之君,无不骄肆;英明之主,自然满假。此自古同患,治乱所系也。"而且,"从古以来,未有不尊贤畏相而能成其圣者也"。[131]基于这种理念,他后来对哲宗的教育管理也就相当严苛,也因而招来不少非议。

然而,比起王安石对于君臣关系的激进看法,程颐还是要显得保守一些。上述程颐对王安石"乾"卦九四爻辞解释的否定,已经可见一斑,王安石还在后来经常被人谈

---

[131] (宋)程颐:《论经筵劄子》,《河南程氏文集》卷六,见《二程集》,第538~539页。

及的《虔州学记》中说:"若夫(士之)道隆而德骏者,又不止此,虽天子,北面而问焉,而与之迭为宾主。"[132]这就在一定程度上将士大夫的地位抬升到了可以与君主并列的高度。而这其实也是源于孟子赞颂帝尧、虞舜"迭为宾主,是天子而友匹夫"(《孟子·万章上》)的说法。与王安石不同,程颐对孟子这些话语还是要谨慎一些,弟子曾问程颐:"《孟子》书中有不是处否?"程颐说:"只是门人录时,错一两字。如'说大人则藐之',夫君子毋不敬,如有心去藐他人,便不是也。"[133]《孟子·尽心下》:"孟子曰:'说大人,则藐之,勿视其巍巍然。'"可见程颐对孟子此语并不赞同,和此前一些疑孟者一样,他也认为这些是孟子门人误录。程颐认为孟子这种自我矜重的态度,正是其差别于孔子的原因之一,《程氏经说》记其语云:"孔、孟之道一也,其教人则异。孔子常俯而就之,孟子则推而高之。孔子不俯就,则人不亲;孟子不推高,则人不尊;圣贤之分也。"[134]程颐更愿意将孟子描述成"一饭不忘君"的形象,他曾在解《诗经》时云:"孟子之于齐,是甚君臣,然其去,未尝不迟迟顾恋。……贤者退而穷处,心不忘君,怨慕之深者也。君臣犹父子,安得不怨?故直至于痯瘵弗忘,永陈其不得见君与

---

[132]《临川先生文集》卷八二《虔州学记》,见《王安石全集》,第7册,第1447页。
[133]《河南程氏遗书》卷一九,见《二程集》,第255页。
[134](宋)程颐:《河南程氏经说》卷六《论语解·述而》,见《二程集》,第1146页。

告君，又陈其此诚之不诈也。"[135]

其后，在对君臣关系的看法这一点上，程门后学大多要比程颐更加激进。程颐在君臣关系相对性上的保守态度，以及他对于孟子颇有骄君之嫌的不满，此后也逐渐被其后学逆转为孟子的卓越之处。程门后学的这种转变，将在本章第三节中论及，于此不赘。

在南宋前期，出现了三部系统回应疑孟、非孟思潮的著作，包括张九成的《孟子传》、胡宏的《释疑孟》、余允文的《尊孟辨》。张九成作《孟子传》，从名义上是将《孟子》抬高到了儒经的地位，四库馆臣提要该书云："是书，则以当时冯休作《删孟子》，李觏作《常语》，司马光作《疑孟》，晁说之作《诋孟》，郑厚叔作《艺圃折衷》，皆以排斥《孟子》为事，故特发明于义利经权之辨，著《孟子》尊王贱霸有大功，拨乱反正有大用。"[136] 可见系统地回应非孟、疑孟思潮，乃是该书的一个重要撰作动机，也是该书内容的一个鲜明特点。与张九成同时而稍晚的胡宏，专门针对司马光《疑孟》而完成了《释疑孟》，全面驳斥了司马光此书。[137] 余允文作《尊孟辨》《续辨》《别录》三书，更几乎将自王充以来主要的非孟、疑孟文献收集得比较完备，进而又对几部重要的疑孟、非孟文献逐条作了辩驳。此后，朱熹又对余允文之书作了补充注释和评论，对余允文辩驳不当理之处还作

---

[135]《河南程氏遗书》卷二上，见《二程集》，第41页。
[136]《四库全书总目》卷三五《孟子传》，第293页。
[137]《释疑孟》，见《胡宏集》，第318～327页。

了进一步的辨正补充。[138] 张九成、胡宏都是程门再传，余允文虽然并非理学系统中人，但其《尊孟辨原序》既引"伊川程先生"语[139]，则至少是投机理学者。由此可见，南宋前期在学理上系统应对疑孟、非孟思潮挑战的士人，主要都集中在理学阵营。

经过理学一派对疑孟、非孟思潮的学理回应，加以帝王对尊孟派的实际政治支持[140]，非孟、疑孟思潮逐渐隐没，孟子的独尊地位得到巩固。王曾瑜先生曾指出，王安石新学和程朱理学，"两派尽管有尖锐的分歧，但在尊孟方面，却有其共同性。正是在两派的倡导下，孟子在宋代由诸子之一而被提到亚圣的地位，儒学开始了孔孟并称的新阶段"[141]。尊孟的新学和理学在两宋先后流行，一唱一护，共同促成和巩固了孟子的升格，也使得孟子逐渐趋于全面圣人化。

结语

二程对儒家道统系谱的看法非常清楚，他们花了不小的精力来瓦解五贤道统系谱，甚至连以前不时被列入其中的贾谊、董仲舒也一并品评了。二程独尊孟子，否定其他诸

---

[138] 《晦庵先生朱文公文集》卷七三《读余隐之尊孟辨》，见《朱子全书（修订本）》，第24册，第3508～3554页。
[139] 《尊孟辨原序》，见《尊孟辨》卷首，第1页。
[140] 帝王的支持是宋代孟子升格成功的"四种关键力量"之一。参见周淑萍教授的《宋代孟子升格运动的四种关键力量》，《史学理论研究》，2006年第4期。
[141] 王曾瑜：《宋代文明的历史地位》，《河北学刊》，2006年第5期。

贤，不过他们甚至也认为孟子与孔子乃至颜子仍存在着一定的差距。他们以孟子为重心，往前叠加曾子、子思，再加以无传的颜子，颜子、曾子、子思、孟子这一新的儒家道统系谱得以重构起来，这个重构的过程将在下章专门讨论，于此不赘。

不过，尽管理学、王安石新学、司马光之学和苏学这几个北宋最主要的学派都极力瓦解五贤道统系谱，但其残留影响仍然不小。至于北宋灭亡，赵宋仓促南渡之后，王安石新学的独尊局面被打破，思想界的活跃程度大大提高。而在此背景下，本来在北宋已经被诸派领袖瓦解掉的五贤道统系谱，却又在南宋初重新泛起了很大的余波，以至于朱熹、陆九渊都不得不继续着力清除其影响。

第二节 南宋中前期的五贤道统系谱余波

两宋之交，王安石新学的独尊局面被打破。赵宋南渡不久的绍兴四年（1134），宋高宗即以"朕最爱元祐"而为南宋的学术思想走向定下了基调，[142]北宋后期长期被王安石新学压制的司马光之学、苏学、理学都迎来了翻身的机会。南宋后期的赵彦卫曾总结两宋思想权势之转移说："本朝之文，循五代之旧，多骈俪之词；杨文公始为西昆体，穆伯长、六一先生以古文倡，学者宗之。王荆公为《新经》

---

[142]《建炎以来系年要录》卷七九，绍兴四年八月戊寅朔条，第1487页。

《说文》，推明义理之学，兼庄老之说。洎至崇、观黜史学，中兴悉有禁，专以孔、孟为师。淳熙中，尚苏氏，文多宏放；绍熙尚程氏，曰洛学。"[143]可见苏学在南宋中前期的很长时间里是占据着优势思想地位的，只不过理学也逐渐起势并不断兴盛。苏学和理学的消长将在末章讨论，于此不赘。

理学、苏学、司马光之学都是"元祐学术"，南宋前期，在诸派共同清除王安石新学影响的过程中，出现了一股调和诸学的风潮。不少士人都试图去除门户之见，兼理诸家之学，以杨万里为代表的文士派，以吕祖谦、陈亮为代表的婺学，以陈傅良、叶适为代表的永嘉学派，其实都置身在这股调和风气之中。他们在名义上大多宗奉程学，有的甚至有着可以追溯到二程的师承渊源，但是，他们对程学的理解却与固守二程思想的湖湘学派以及朱熹、陆九渊颇为不同，他们的思想中时常带有司马光之学和苏学的痕迹，刘咸炘先生就说诸人"皆以文名，皆苏氏之后昆"[144]。在这样的思想背景下，虽然很多士人都已经接受了二程重构起来的颜子—曾子—子思—孟子这一新的道统系谱，也将孟子从五贤道统系谱中拔萃出来，然而，他们对于二程否定荀、扬、王、韩却未必完全接受，五贤道统系谱也由此泛起了很大的余波，

---

[143]（宋）赵彦卫撰，傅根清点校：《云麓漫钞》卷八，北京：中华书局，1996年，第135页。
[144] 刘咸炘：《文学述林》卷二《宋元文派略述》，见其《推十书（增补全本）》，戊辑第1册，第36页。

甚至还出现了一些士人于荀、扬、王、韩中特别尊崇韩愈的现象。

一、洛学、苏学的交融与五贤道统系谱余波

北宋灭亡,赵宋南渡,使得王安石新学的独尊局面被打破,学术思想界的活跃程度大大提高。然而,本来在北宋就已经被诸派领袖瓦解掉的五贤道统系谱,却因为这一思想背景而泛起了很大的余波,郑樵即曾云:"回既倒之狂澜,支已颓之岱岳,澄世所不能澄,裁世所不能裁,千条析理,一绪连文,捍壁周、孔,俾申、韩、杨、墨、佛、老,重足而立,疑不若孟、荀、扬、韩。"[145]此间的普遍情况,是士人对于孟子的独尊地位多无异词,但在对荀、扬、王、韩的评价上,却重又出现分歧,同时也还流行着主张对其宽厚以待的思想氛围。

两宋之交的汪藻(1079~1154)于绍兴十七年(1147)序胡瑗的《言行录》云:"自孔子没,诸儒以学名家,固无世无人,而其间必有卓然名世者,德与言称,当时师之,后世尊之,以汉四百年所得者扬雄,以唐三百年所得者韩愈。如董仲舒、郑康成、王通、孔颖达之徒,非无益于后世也。"[146]就比较肯定扬雄和韩愈,即便对王通等人也持比

---

[145](宋)郑樵:《夹漈遗稿》卷三《与景韦兄投宇文枢密书》,见吴怀祺校补:《郑樵文集》,北京:书目文献出版社,1992年,第42页。
[146](宋)汪藻:《浮溪集》卷一七《胡先生言行录序》,上海:商务印书馆,1935年丛书集成初编本,第197页。

较宽容的态度。而其序苏颂文集，则把扬雄视为孟子的继承者。[147]由此可见，他虽然极力攻击新学新党，但又受王安石新学浸染颇深。

其后史浩（1106～1194）的看法与汪藻有些相似。史浩《鄮峰真隐漫录》有《杂说》孟子、荀子、文中子、韩子等篇，其中论孟子的有《同道》《可欲》二篇，论荀子有《性恶》一篇，论王通有《存我》《春秋》二篇，论韩愈有《受福》一篇。其论孟子的两篇赞许孟子，论荀子则批评其"以桀纣为性"，论王通的《存我》一篇夸许王通"真知周公"，《春秋》一篇则批评王通《玄经》续《春秋》，论韩愈《受福》则批评韩愈《读墨》主张儒墨同道，认为"或者谓此文非韩子作，诚有是理"，颇有为韩愈辩护之意。[148]其看法似乎与二程、苏轼较为接近，但他在向皇帝"进呈故事"时却说："使周公、孔子、孟轲之教得行于中国，后世圣明之主不耻于学者，傅说倡之于前，扬雄衍之于后，其有助于吾道不为小矣。"[149]则又颇为肯定扬雄，而且扬雄也是史浩喜欢引用的对象之一，则又与王安石视扬雄为孟子的继承者比较相近。

王十朋（1112～1171）的态度也相去不远，但比起扬

---

[147]《浮溪集》卷一七《苏魏公集序》，第193～194页。
[148]（宋）史浩：《鄮峰真隐漫录》卷四〇《杂说》，见《宋集珍本丛刊》，第43册，第206～207页。
[149]《鄮峰真隐漫录》卷一一《进呈故事》，见《宋集珍本丛刊》，第43册，第34页。

雄，他更为推崇韩愈。王十朋《梅溪前集》中保留了三卷之多的策问，其中多条都涉及孟、荀、扬、王、韩五贤，有两条则更直接问及学子对于五贤是否传道的整体性看法，一条说韩愈的《原道》断定孟子之后儒道不传，而荀、扬、韩"非无补于名教"，问三人是否传递了儒道；[150]另一条则说："战国之轲、况，西京之雄，隋之通，唐之愈，皆著书立言，羽翼圣道，世以大儒称之，议者不以为过。然五君子者，果孔氏之徒欤？"他在指出五贤之间的各种内部矛盾和关于他们的争论褒贬后问道："尊之抑之者，其公心欤，其私意欤？岂好己同者有相党之心，故私有以尊之欤？"要求学者对五贤作出正确的评判。[151]按其语气，则是偏向于肯定诸人为多。人性论是很多士人尊崇孟子而否定荀、扬、韩的一个核心标准，但王十朋却在其《性论》中倾向于韩愈的性三品说而否定孟子的性善论，然而，他又不是要批评孟子，甚至也不批判荀子性恶论和扬雄性善恶混论，而只是认为孟、荀、扬的目的都是设教以救弊而已，其目的并不在于探讨人性本真。[152]其文字时常出现此处批评某人而别处又赞许之的情况，连对孟子也不免如此。

王十朋对诸人的评价，最值得注意的是其对韩愈的推崇。前章谈到过，连推崇韩愈的欧阳修、苏轼等人都曾批评

---

[150]《王十朋全集·文集》卷九《策问》，第723～724页。
[151]《王十朋全集·文集》卷一〇《策问》，第731页。
[152]《王十朋全集·文集》卷七《性论》，第679～681页。

韩愈不太知"道",韩愈基本上被当时的几个主要学派都抛弃在道统系谱人选之外了。然而到南宋时,随着王安石新学独尊局面被打破,欧、苏等人的文章影响迅速扩散,在这股几乎是新一轮的古文复兴浪潮中,欧、苏比较推崇的韩愈再一次被不少士人拉回到儒家道统系谱中来。王十朋非常推崇和喜好韩愈,他在《读苏文》中说"韩、欧之文,粹然一出于正",又说:"不学文则已,学文而不韩、柳、欧、苏是观,诵读虽博,著述虽多,未有不陋者也。"[153]他甚至认为:"孟子辟杨、墨之功不在禹下,而韩子抵排异端、攘斥佛老之功,又不在孟子下。"[154]王十朋推崇韩愈之语极多,无法一一列举[155]。是则王十朋不仅主张对诸人持宽容的态度,而且大力提高韩愈的地位。

这种颇显宽厚而又众说纷纭的评价氛围,一直延续到朱熹(1130～1200)的时代。比朱熹稍长的周必大(1126～1204)即说:"扬子曰,圣人之言远如天,贤人之言近如地。《易》更三圣,《诗》《书》《礼》《乐》《春秋》皆删定笔削于夫子之手,此圣言也。孟、荀、扬、韩发明经训,羽翼治道,此贤言也。兼是二者,其惟《论语》乎?"[156]而

---

[153]《王十朋全集·文集》卷一四《读苏文》,第798页。
[154]《王十朋全集·文集》卷二三《蔡端明文集序》,第963页。
[155] 胡晓骝:《宋代诗人王十朋之推韩学韩》,《集美大学学报》,2011年第3期。
[156] (宋)周必大:《平园续稿》卷一五《沈氏论语解序》,见氏撰,王瑞来校证:《周必大集校证》卷五五,上海:上海古籍出版社,2020年,第811页。

楼钥(1137～1213)则有《孟荀以道鸣赋》,认为孟子、荀子"大醇小疵也虽或不同,立言指事也未尝有二。……先王之道,至今在人耳者无他,由孟、荀之不坠"。又说孟、荀可以"小为文之韩氏"。[157] 陈造(1133～1203)《题荀子》也说:"《荀子》之书,违道百一,孟氏之流欤,扬雄固多愧,况王通氏乎?"[158] 相比于王十朋大力推崇韩愈,楼、陈二人则重又提拔起早就被剔除的荀子。

那么,这种现象是如何出现的呢?清理他们的师承渊源和思想倾向,或许能提供一些有效的答案。汪藻入《宋史·文苑传》,其人"工俪语,多著述,所为制词,人多传诵"[159],陈寅恪先生曾评价说:"六朝及天水一代思想最为自由,故文章亦臻上乘,其骈俪之文遂亦无敌于数千年之间矣。若就六朝长篇骈俪之文言之,当以庾子山《哀江南赋》为第一。若就赵宋四六之文言之,当以汪彦章《代皇太后告天下手书》为第一。"[160] 汪藻与江西诗派也交游甚多,文字中颇多唱和之作[161],他甚至还和作《江西诗社宗派图》的吕

---

[157] (宋)楼钥:《攻媿集》卷八〇《孟荀以道鸣赋》,1935年丛书集成初编本,第1092页。
[158] (宋)陈造:《江湖长翁集》卷三一《题荀子》,台湾商务印书馆景印文渊阁四库全书本,第1166册,第394页。
[159] 《宋史》卷四四五《汪藻传》,第13130～13132页,引文在第13132页。
[160] 陈寅恪:《论再生缘》,收在氏著:《寒柳堂集》,北京:生活·读书·新知三联书店,2015年,第72页。
[161] 金建锋:《汪藻与江西诗派交游考》,《上饶师范学院学报》,2007年第2期。

本中一起参加了徐俯组织的诗社[162],而徐俯也是《江西诗社宗派图》中的主要成员之一。不仅如此,汪藻还特别重视当代史的文献搜罗和历史书写,就这一点来说,他在宋代史学史上是司马光和李焘、李心传之间的过渡人物。[163]总体来看,他受欧、苏影响应该无疑,应该也还受到了司马光之史学的影响。

史浩是南宋名臣,《宋史》本传说他刚做官不久任温州教授时,"张九成器重之"[164]。他后来完成的《尚书讲义》以《大学》解《尚书》,充满了道学气息。[165]史氏家族也和理学士人始终保持着密切的关系,后来理学在政治上取得越来越多的优势地位,是和史氏家族及其党羽的支持密不可分的。然而,史浩并非专奉程学,淳熙初,他"及自经筵将告归,乃于小官中荐江浙之士十五人,有旨令升擢,皆一时选也。如薛叔似、杨简、陆九渊、石宗昭、陈谦、叶适、袁燮、赵静之、张子智,后皆擢用,不至通显者六人而已"[166]。其中陆九渊一系不少,但陆九渊一系和叶适等人其实都不是程门嫡传,另外几人也非理学中人。不仅如此,

---

[162] (宋)张元幹:《芦川归来集》卷九《苏养直诗帖跋尾六篇序》,上海:上海古籍出版社,1978年,第173页。

[163] 吴晓萍:《汪藻的当代史的文献网罗》,《史学史研究》,2004年第1期;金建锋:《论汪藻在南宋史学史上的地位》,《宋史研究论丛》第10辑,第484~486页。

[164] 《宋史》卷三九六《史浩传》,第12065页。

[165] 陈良中:《史浩〈尚书讲义〉思想研究》,《历史文献研究》第33辑,上海:华东师范大学出版社,2014年,第34~48页。

[166] 《宋史》卷三九六《史浩传》,第12068~12069页。

史浩与佛、道中人都交游很多,其思想中的佛、道渊源颇为深厚。[167]

王十朋没有明显的学派倾向和师承渊源,但上文已经谈到,他极其尊崇欧阳修,其次则尊崇苏轼,然而,他也吸收了不少二程思想,但又不时反对二程的一些看法,尤其对道德性命之学颇为批评。[168]

周必大与理学家交往颇多,余英时先生《朱熹的历史世界》一书甚至将其列为道学型士大夫中的一个重要政治人物,认为他是"理学家集团的第一位政治护法"[169],但"道学型士大夫"未必就独尊程学,周必大其实与理学集团分歧颇多。[170]周必大也与"中兴四大诗人"之一的杨万里交往密切,他甚至明确标出"文统"的概念以与"道统"概念相抗衡[171]。

楼钥出身明州望族楼氏,家学素有渊源,他早年跟从并不知名的郑锷学习,科举登第后即随侍父亲。他交游广

---

[167] 李超:《仕宦、生活与佛道:史浩思想探析》,《宁波大学学报》,2017年第3期。
[168] 周云逸、姜锡东:《王十朋理学思想评议》,《西南民族大学学报》,2013年第3期。
[169] 余英时:《朱熹的历史世界:宋代士大夫政治文化的研究》,第495页。
[170] 许浩然:《思想与政治——周必大与理学关系考辨》,《孔子研究》,2012年第5期;邓庆平:《周必大对道学学派的批评》,《孔子研究》,2014年第6期。
[171] 《平园续稿》卷一三《初寮先生前后集序》,见《周必大集校证》卷五三,第789页。参见许浩然:《南宋词臣"文统"观探析——以周必大书序文为线索》,《文学遗产》,2015年第3期。

泛，与朱学、吕学、陆学、永嘉学派、永康学派及明州史氏、袁氏等都有来往，和吕祖谦还是同年。[172]

陈造交游亦广，[173]他曾说："予好诗，世之诗人，多与游。"[174]仅此一点就可知其绝非程门后学，他题韩愈、柳宗元、欧阳修、尹洙、曾巩、陈师道"六君子"古文后说："昌黎之粹而古，柳州之辨而古，六一之浑厚而古，河南之简切而古，南丰之密而古，后山之奇而古，是皆可仰可师。"[175]他喜好作诗为文应该无疑，不过，其《题程氏易传》说："程氏之学与苏氏角立，通儒硕士不可偏废。予得苏氏《易传》，又得是书，翻绎阅诵，多相发明，予所谓不可偏废者，非然欤？"[176]可见他既不独尊苏学，也不排斥程学。

经过以上这番梳理，我们可以很清楚地看到，除了较早的汪藻外，诸人与程门后学及其学术思想大多都有所交集。然而，除了史浩的程学倾向比较明确外，其他几人显然都不以程学为主体，他们在后世大多都以"文士""诗人"

---

[172] 鲁颖：《楼钥学术交往考略》，《宁波大学学报》，2012年第6期。
[173] 曾维刚：《江湖长翁：南宋中兴诗人陈造考论》，《兰州大学学报》，2016年第4期。
[174] （宋）陈造：《江湖长翁集》卷三一《跋赵子野诗卷》，台湾商务印书馆景印文渊阁四库全书本，第1166册，第392页。
[175] 《江湖长翁集》卷三一《题六君子古文后》，台湾商务印书馆景印文渊阁四库全书本，第1166册，第394页。
[176] 《江湖长翁集》卷三一《题程氏易传》，台湾商务印书馆景印文渊阁四库全书本，第1166册，第396页。

的身份为人所知，而且基本上要么与以江西诗派为主的苏、黄后学交游密切，要么就受到欧、苏的影响。史浩虽然倾向于程学，但并不固守程学的门户。

进入南宋以后，随着王安石新学被不断污名化，其影响也逐渐减弱乃至消散。在这种思想状况下，士人对道德性命之学的思想需求和理论兴趣也逐渐从王安石新学转移到了理学身上，因为苏学本来就不以道德性命之学见长，而是以"藻饰"或者"经济"为特点，甚至一定程度上是比较反对探究道德性命之学的。因此，尽管苏学在南宋中前期比程学要兴盛很多，影响也大得多，但是那些对道德性命之学有兴趣的士人大多还是会兼容程学。

正是在此思想背景下，这些兼容程学和苏学的士人又掀起了对五贤道统系谱新一轮的品评浪潮。孟子本来就被新学、程学和苏学共同尊崇，但在对荀、扬、王、韩的评价上，程学的否定较之新学、苏学都要严苛很多。而前章谈到，苏学蜀党内部对荀、扬、王、韩的评价本来就莫衷一是，不像新学和程学那样态度清晰而统一，连苏轼自己的态度都通常颇显折中且没有一以贯之。加之苏学本就不以严苛著称，学风相对宽容，而且一旦学韩、欧、苏、黄而好作诗文，则求变求新自是在所难免，坚守反会变成墨守成规而难以有所成就，这与理学重视坚守门户是大为不同的。一求新求变，一求古求守，所谓"文统"的思想影响力完全无法与"道统"相提并论，这也是一个重要的原因，既然求新求变，又有何统可守？此外，二程坚持作文害道的看法，程门嫡系后学鲜有好文之士，以文名家者更少。然而，主韩、欧、苏、黄的好文之士却无法放弃以道理入诗文，更无法逆转北宋中前期就愈发流行的道德性命之学，而这又并非韩、欧、苏、黄所长，因此，其在义理体系上兼容理学也就在所难免。这种思想形势，对程学影响的扩展是有很大帮助的，但在程门嫡系后学看来，却未免有不纯之嫌。

由此我们可以看到，程门嫡系后学大多都能坚持和发展二程的道统观，但是，那些兼容苏学和程学的士人，却大概由于受到苏学的宽容学风和苏学蜀党内部本就并不统一的道统观的影响，因而大多都不太愿意完全接受二程对荀、扬、王、韩的否定，甚至还重新将韩愈也拔高起来。

下文将分别讨论"中兴四大诗人"之一的杨万里，以及婺州（金华）学派、永嘉学派这两个在当时影响很大的学派，我们从中同样可以看到其道统系谱主张既受程学影响，又通常有所偏离的现象，而这种偏离也最常出现在对荀、扬、王、韩的评价上。一定程度上，杨万里可以代表当时亲程学的文士群体以及吉州乃至江西地区的士人群体。在对婺学的讨论中，将以林之奇、吕祖谦师徒为主，兼及学术思想体系颇为不同的唐仲友和陈亮。在对永嘉学派的讨论中，将以陈傅良、叶适为主。陈亮在思想上显然与陈傅良、叶适更为接近，唐仲友在思想上更偏重经制之学，与事功学派的陈傅良、陈亮、叶适有所区别，而诸人与林之奇、吕祖谦重文献的吕学一派差别更大，所有这几位南宋的杰出学者又都与朱熹有着各种各样的复杂交集。

二、杨万里尊崇韩愈，否定荀、扬

杨万里（1127～1206），吉州吉水人。杨万里有两个最为主要的师承，一是张浚，一是胡铨。《宋史·杨万里传》载："（杨万里）调永州零陵丞。时张浚谪永，杜门谢客，万里三往不得见，以书力请始见之。浚勉以正心诚意之学，万里服其教终身，乃名读书之室曰诚斋。"[177]朱熹为张浚所作《行状》载："公在京师，独与开封府判官赵鼎、虞部郎中宋齐愈、校书郎胡寅为至交，寝食行止未尝相舍，所讲论皆前辈问学之方与所以济时之策。时渊圣皇帝召涪陵处士谯定至京师，将处以谏职。定以言不用，力辞，杜门不出。公（张浚）往候见至再三，定开关延入。公问所得于前辈者，定告公但当熟读《论语》。公自是益潜心于圣人之微言。"[178]《宋史·谯定传》又载："（谯）定一日至汴，闻伊川程颐讲道于洛，洁衣往见，弃其学而学焉。"[179]由此，《宋元学案》遂将杨万里定为张浚门人，程颐三传。[180]

---

[177]《宋史》卷四三三《杨万里传》，第12863页。
[178]《晦庵先生朱文公文集》卷九五上《少师保信军节度使魏国公致仕赠太保张公行状上》，见《朱子全书（修订本）》，第25册，第4355页。参看胡昭曦先生《谯定、张栻与朱熹的学术联系》一文，见其《胡昭曦宋史论集》，重庆：西南师范大学出版社，1998年，第246～267页。
[179]《宋史》卷四五九《谯定传》，第13460页。
[180]《宋元学案》卷四四《赵张诸儒学案》，第1409～1410页。

然而，张浚思想的程学倾向并非由始至终，他是到晚年方才倾心程学的。谯定其人疑点颇多，他师从程颐很可能是后起的误传，[181]朱熹编纂《伊洛渊源录》时也没有将谯定载入。张浚虽然有尊崇程学的倾向，但他颇为追随其父张咸主张调和新旧的论调，朱熹曾说："魏公言：'元祐待熙丰人太甚，所以致祸。人无君子小人，孰不可为善？'此是其父贤良之说。"[182]张浚认为"元祐未必全是，熙丰未必全非"[183]，而且张浚本由黄潜善所荐，因而"习闻绍述之论，数以孝弟之说陈于上前"[184]，他甚至还曾经为了排挤赵鼎而支持压抑程学[185]。此外，他也受苏学的影响[186]，还曾师从二苏族孙苏元老，并在其独相期间大力援引蜀中之士，以致其被罢相后"蜀中士大夫皆不自安"[187]。新学、苏学均杂佛、老，

---

[181] 参见刘复生：《谯定易学：被转换了的角色——谯定为"程门大宗"辨析》，见《第十八届宋史年会论文集》，兰州，2018年。
[182] 《朱子语类》卷一三一，第3153页。
[183] 《朱子语类》卷一〇二，第2599页。
[184] （宋）李心传辑，朱军点校：《道命录》卷三，上海：上海古籍出版社，2016年，第33页。
[185] 参见梁太济：《赵鼎张浚分歧及其与道学的关系》，见田余庆主编：《庆祝邓广铭教授九十华诞论文集》，石家庄：河北教育出版社，1997年，第469~478页；金生杨：《张浚与洛学》《张浚与佛学》《张浚与新学》，分别载《西华大学学报》，2011年第6期；《世界宗教研究》，2012年第2期；《西华师范大学学报》，2014年第2期。
[186] 参看胡昭曦先生《论张栻的学术源流》一文，见其《胡昭曦宋史论集》，第228~244页。
[187] 《建炎以来系年要录》卷一一五，绍兴七年十月庚子条，第2150页。

所以张浚也并不像程学一系那样排辟异端，后来张栻屡屡求见胡宏而不得，便托孙蒙正叩问其故，"五峰笑曰：'渠家学佛'"[188]。可见胡宏在排辟异端这一点上也是对张氏家学持怀疑态度的。

不过，张浚在被秦桧排挤出政治权力中心后，"专精道学，黾勉身修"[189]，最终倾向于程学，并让其子张栻从学胡宏，最终成为湖湘学派巨擘。杨万里前往零陵拜师张浚时，张浚已经服膺程学了，杨万里说张浚"身兼文武之全才，心传圣贤之绝学"[190]，他在张浚身上看到的显然是其服膺程学的一面。杨万里和程门后学也交往很多，思想受程学的影响非常之深，其字里行间很容易就能看到二程影响的痕迹，而且杨万里的诗作向来以理趣著称，可以说是将理学思想融合到文学创作的代表人物。

此外，王梓材在《宋元学案·紫岩门人·文节杨诚斋先生万里》的按语中也注意到杨万里还曾师从胡铨。[191]胡铨（1102～1180）是南宋中兴名臣，吉州庐陵人，与杨万里、欧阳修都是同乡。杨万里不仅师从胡铨，他还在胡铨离世后为其作了行状，其中写道："万里与公同郡，且尝从

---

[188]《宋元学案》卷二〇《元城学案》，第839页。
[189]《晦庵先生朱文公文集》卷九五下《少师保信军节度使魏国公致仕赠太保张公行状下》，见《朱子全书（修订本）》，第25册，第4400页。
[190]《杨万里集笺校》卷六二《驳配享不当疏》，第2694页。
[191]《宋元学案》卷四四《赵张诸儒学案》，第1427页。

学"[192]，即自认胡铨门生。《直斋书录解题》录胡铨《春秋集善》十一卷，并说："（胡铨）既事萧楚为《春秋》学，复学于胡文定公安国。南迁后作此书，张魏公浚为之后序。"[193]似乎胡铨曾师从胡安国，《宋元学案》即据此而将胡铨列为程氏再传。[194]然而，这个说法是非常可疑的。杨万里既为胡铨作行状，则显然是其非常亲密的弟子，是则杨万里对于胡铨的师承应该是非常清楚的，但他在行状中却只说胡铨"从名儒萧楚讲画古学，冥搜治乱安危根株"而已[195]，丝毫没有提及胡铨从学于胡安国一事。以当时理学在社会上的思想影响，杨万里完全没有必要回避胡铨和胡安国的师生关系。

不仅如此，萧楚乃宋代《春秋》名家，胡铨是其最重要的学生之一，胡铨也为其作了墓志，是则胡铨对萧楚的师承应该也是非常清楚的。胡铨在墓志中叙述萧楚早年从学经历云："父仲舒死，以甥从罗公括学，攻苦二十年，不汲汲仕意。绍圣间，以母夫人命预螺川贤书，不中礼部程，留太学。时方校声律，已独穷经，于《春秋》尤深。淮海孙氏、

---

[192]《杨万里集笺校》卷一一八《宋故资政殿学士朝议大夫致仕庐陵郡开国侯食邑一千五百户食实封一百户赐紫金鱼袋赠通议大夫胡公行状》，第4511页。
[193]《直斋书录解题》卷三，第67页。
[194]《宋元学案》卷三四《武夷学案》，第1187~1188页。
[195]《杨万里集笺校》卷一一八《宋故资政殿学士朝议大夫致仕庐陵郡开国侯食邑一千五百户食实封一百户赐紫金鱼袋赠通议大夫胡公行状》，第4497页。

伊川程氏皆以三《传》闻,授业者常千人。先生往质疑,归叹曰:'政未免著文字相。'作《经辨》,众高之,谓是将名家,乃更北面。"这里透露出两点重要的信息:其一,萧楚对程颐的《春秋》学并不尊崇,而由胡铨所述的语气来看,大概胡铨也并不特别尊崇程颐;其二,萧楚有着深厚的家学渊源,而且曾在新学独尊时期在太学学习过,只是他对太学教授并不满意。萧楚对程颐的《春秋》学很不满意,颇有轻视之意,而且四库馆臣提要其《春秋辨疑》也说:"(该书)虽多为权奸柄国而发,而持论正大,实有合尼山笔削之义。与胡安国之牵合时事,动乖经义者有殊。"[196]可见其与胡安国之《春秋》学差别也是很大的。不仅如此,胡铨还在其《清节先生墓志铭(萧楚)》中说:"其寓于诗文者,钩章棘句,反闲澹清古,然种种讥切,不苟作。"[197]可见萧楚也好作诗文,而且有所宗法。总体来看,萧楚不管是在《春秋》学上还是在对待诗文的态度上,都与理学家相去甚远,朱熹在《伊洛渊源录》中也并未将其列录,后来《宋元学案·范许诸儒学案》虽因其曾面见过程颐而将其列为程颐门人,但全祖望却不得不在《序录》中说:"萧三顾则尝学于伊洛,而不肯卒业,自以其所学孤行,亦狷者邪?"[198]

胡铨终身师事萧楚,受其影响应该很深,且他在萧楚

---

[196]《四库全书总目》卷二六《春秋辨疑》,第217页。
[197](宋)胡铨:《胡澹庵先生文集》卷二九《清节先生墓志铭(萧楚)》,见《全宋文》卷四三三〇,第196册,第153页。
[198]《宋元学案》卷四五《范许诸儒学案》,第1446、1438页。

的墓志中对其不满程颐《春秋》学一事并无忌讳,则其对程学的尊崇程度想必不会太高。此外,萧楚卒于建炎四年(1130)十月,胡安国卒于绍兴八年(1138)四月,相隔并不远,总体来看,胡铨师从过胡安国的可能性应该非常小。并且,他还自序其《周礼解》说:"区区欲卒欧、韩之业,而学术肤浅,志苦心劳,徒益芜累,终莫能探赜发潜。"[199]则其学术思想应该还有比较明显的欧阳修倾向。张浚于胡铨有知遇之恩,交谊极深,而杨万里绍兴二十八年(1158)因为拜见张浚后将书斋取名"诚斋",胡铨还专门给他写了一篇《诚斋记》。[200]

由上可见,与张浚和胡铨相似,杨万里其实也并不独尊程学,或者说他至少很容易受到其他思想的影响,从而比较容易突破二程的藩篱。胡铨《诚斋记》叙述了杨万里的思想转变经历,其中说杨万里早年擅科场之学,登第后"更隶宏博之学",于是诗文大为长进,然而,"业既成,则又喟曰:'是得毋类韩子所谓俳优者之辞耶?'又尽弃其学,而为子思《中庸》之学"。此后方才在绍兴二十八年去拜见了张浚,[201]其时杨万里实际上已经年过而立了,早年的宏词博学经历始终对他影响很深。《宋史》本传对他的学术思想评

---

[199]《胡澹庵先生文集》卷一五《周礼解序》,见《全宋文》卷四三一三,第195册,第257页。
[200]《胡澹庵先生文集》卷一八《诚斋记》,见《全宋文》卷四三二〇,第195册,第375~376页。
[201]《胡澹庵先生文集》卷一八《诚斋记》,见《全宋文》卷四三二〇,第195册,第375~376页。

价是"精于诗,尝著《易传》行于世"[202],就完全没有谈及他在理学上有什么贡献,而杨万里一生也几乎没离开过各种各样的诗社,他最终在后世还是以"中兴四大诗人"之一及其"诚斋体"而闻名。杨万里师承和学术思想的复杂性,也反映在他对儒家道统系谱的取舍上,即他既深受二程影响,又偏离二程。

杨万里激烈否定荀子和扬雄。他曾说:"孟子之文丰而约,扬子之文瘠而腴,文中子之文淡而甘。至于荀卿,有驳而已耳,有芜而已耳。"[203]这里从文论的角度完全肯定孟子,对扬雄、王通也有所肯定,但对荀子却彻底否定。他在其《易传》中解释《系辞上》"一阴一阳之谓道,继之者善也,成之者性也"时,维护性善论而批判荀子和扬雄的人性论,云:"孟子言性善,有自来矣。荀之恶,扬之混,奚自哉?"[204]其《子思论中》则明显是为反驳苏轼《子思论》说人性论"之争,起于孟子"而作,该文明确维护孟子而批驳荀、扬、韩,[205]其《庸言》也批驳过扬雄、韩愈的人性论[206]。他否定荀子,在其《易传》中甚至还把荀子教出李斯

---

[202]《宋史》卷四三三《杨万里传》,第 12870 页。
[203]《杨万里集笺校》卷九三《庸言十三》,第 3609 页。
[204](宋)杨万里:《诚斋易传》卷一七《系辞上》,上海:商务印书馆,1935 年丛书集成初编本,第 255 页。
[205]《杨万里集笺校》卷八六《心学论·圣徒论·子思论中》,第 3397~3399 页。
[206]《杨万里集笺校》卷九四《庸言十六》,第 3619~3620 页。

一事举出来解升卦象辞[207]。他也反复批判扬雄仕莽,在《庸言》中他虽然认为扬雄作《剧秦美新》是为了避祸而非邀功,但也说"祸可避则命可避"[208],又云:"颜子不以一瓢易五鼎,乃在于不远复之一爻;扬子云不以饿显易禄隐,乃在于《太玄》之一书。其可乐者安在哉?使其有可乐,必有以易其乐。"[209]他在其《易传》中解释"恒"卦九四爻时还以扬雄为说云:"扬雄久居莽、贤之间,官不过侍郎,执戟是也。金门玉堂,非其时,则有道者不处也。顾雄欲之而不得者,作《易》者其知雄之心者耶?"[210]他在解释"遯"卦初六爻时,也以扬雄仕莽为例进行批评性的讨论[211]。

然而,杨万里虽然也否定韩愈的性三品说,但却大力维护韩愈的道统地位。他在其《心学论》中有一系列的《圣徒论》,除了论颜、曾、思、孟各上中下三篇外,最后还有《韩愈论》上下篇,[212]显然是把韩愈看作继孟子之后的道统承递者。他在《韩愈论》上篇文首即开宗明义地说:"韩子《原道》之书,孟子以还一韩子而已。"这显然是二程评语的翻版。二程和其他不少人都批判过《原道》对仁义道德的诠释,而杨万里《韩愈论》的上篇就是专门花大力气维护韩愈的诠释,他不仅否认韩愈的诠释有什么问题,反而认为"此

---

[207]《诚斋易传》卷一二,第168页。
[208]《杨万里集笺校》卷九二《庸言七》,第3587页。
[209]《杨万里集笺校》卷九四《庸言十六》,第3619页。
[210]《诚斋易传》卷九,第122页。
[211]《诚斋易传》卷九,第123~124页。
[212]《杨万里集笺校》卷八五、八六《心学论·圣徒论》,第3377~3412页。

乃韩子之所以合于圣人者也"。不仅如此，在《孟子论》上篇中，他还说："韩子曰：'博爱之谓仁。'程子曰：'非也，仁者觉也。'"他通过繁复的阐述，认为韩愈和二程各有所得，甚至总结说："吾将由孟子以归夫子。程子者，得夫子之潜者也。韩子者，得夫子之彰者也。孟子者，得夫子之潜与彰而据其会者也。"将韩愈和二程并立。[213]《韩愈论》的下篇则为《原道》中激烈的灭佛建议辩护，大力颂扬韩愈的排辟异端之功，说"韩子之意，真先王之意"。[214]他在其《彭文蔚补注韩文序》中也说："昔程子以《羑里操》为韩子得文王之心，以轲死不得其传为韩子见之识之之大，此固读韩文之大观远览也。"他希望"学者以文蔚之注，求程子之意，而读韩子之文"，[215]则又因二程的肯定而推崇韩愈，但他显然把二程那些批评韩愈的话都省略掉了。总体来看，杨万里要把韩愈拉回到道统系谱中的意图是非常明显的。

此外，杨万里不仅将韩愈与二程并立，也将韩愈和欧阳修并尊。他在《庸言》中以孟子"能言距杨墨者，圣人之徒也"为据，认为韩愈、欧阳修排辟佛、老，当然就是"圣人之徒"。面对二人未能知"道"的责难，他说："二子之未知道，其未知君臣父子仁义礼乐之道乎？抑亦未知清净寂灭虚玄空无之道乎？不知乎前，二子焉得为圣之徒？不知乎

---

[213]《杨万里集笺校》卷八六《心学论·圣徒论·孟子论上》，第3402~3404页，引文在第3402、3403页。
[214]《杨万里集笺校》卷八六《心学论·圣徒论·韩愈论下》，第3412页。
[215]《杨万里集笺校》卷八〇《彭文蔚补注韩文序》，第3250页。

后，二子安得为非圣之徒？"[216]他在为庐陵沙溪欧阳修的祠堂翻修后所作的记中说："自韩退之没，斯文绝而不续。至先生复作而兴之，……三百年之唐，而所师尊者惟退之一人。本朝二百年矣，而所师尊者，惟先生一人，何其齐哉？"[217]在另外一篇为庐陵欧阳修祠堂所作的碑中，他更明确地写道："塞道统之三绝兮，畸再近孔氏之光。堤无君无父之方割兮，窒一孟之为坊。朴虚无斋戒之郁攸兮，前一韩而后一欧阳。微一圣一（应为'三'）贤之泽兮，人伦何怙而不忘（应为'亡'）？"[218]其对韩愈、欧阳修的评价可谓相当之高，但却没有提及二程。虽然这是为乡贤祠堂所作，拔高在所难免，但如果他素来对欧、韩并不那么推崇，恐怕也很难拔高到如此程度。杨万里写这个碑已经是宋宁宗嘉泰四年（1204），离他谢世已经只有两年的时间了，可见即便到其晚年，韩、欧的影响仍然如此之深。

程学此间在江西地区的影响应该非常有限，连与理学家关系非常紧密的周必大和杨万里都并不完全坚持二程的道统系谱，其他士人也大概可想而知。与曾巩同宗的曾丰在淳熙十一年（1184）写过一篇《答任子厚秀才序》，他在其中鼓励这个后学说："竢其（学）久且满也，而自然发焉。小则韩子、文中子、扬子、荀子，中则孟子、曾子，大则五

---

[216]《杨万里集笺校》卷九四《庸言二十》，第3634页。
[217]《杨万里集笺校》卷七二《沙溪六一先生祠堂记》，第3041页。
[218]《杨万里集笺校》卷一二一《六一先生祠堂碑》，第4703页。

经。大而化，化而神，则《易》矣。"[219]嘉泰四年，他又写了一篇《松窗丑镜集序》，其中仍然说："其上惟胸中自有一天地如孔子，然后能以无为为之。其次惟胸中与天地相似如曾子、子思、孟子，然后能以不能不为为之。又其次如屈原、司马迁、扬雄，其胸中盖与天地相通者，固自能为，要犹未免以（有）为为之也。"也鼓励学子"更加学焉，充韩、杜为杜（应为'屈'）、马、扬，充屈、马、扬为曾、孟"[220]。可见他也承认曾子、子思、孟子的道统系谱，但是又不太否定荀、扬、王、韩。

三、婺学处以宽厚

全祖望在《宋元学案·说斋学案》中评论说："乾、淳之际，婺学最盛。东莱兄弟以性命之学起，同甫以事功之学起，而说斋则为经制之学。"[221]当时婺州地区的学术派别是颇为复杂的，既有尊程学而有一定道德性命之学色彩的吕学，也有重事功的陈亮和重经制度数的唐仲友。

1. 林之奇和吕祖谦

就门生数量和对当时及后世的学术思想影响来看，吕

---

[219]（宋）曾丰：《樽斋先生缘督集》卷一七《答任子厚秀才序》，见《宋集珍本丛刊》，第65册，第157页。
[220]《樽斋先生缘督集》卷一八《松窗丑镜集序》，见《宋集珍本丛刊》，第65册，第168页。
[221]《宋元学案》卷六〇《说斋学案》，第1954页。

学毫无疑问是婺学当中最为重要的一派,而吕祖谦则集其大成。上引全祖望说"东莱兄弟以性命之学起",其实未必全对,他在《宋元学案·东莱学案》中引《同谷三先生书院记》云:"宋乾、淳以后,学派分而为三:朱学也,吕学也,陆学也。三家同时,皆不甚合。朱学以格物致知,陆学以明心,吕学则兼取其长,而复以中原文献之统润色之。门庭径路虽别,要其归宿于圣人,则一也。"[222]刘咸炘先生也曾总结说:"吕氏之风约有四端:一曰言行守礼法,二曰议论从宽厚,三曰广师友不守一家言,四曰好禅学以养生。"[223]可见吕氏家学的一个明显特点就是博杂,"不名一师、不私一说",吕氏不仅宗奉程学,亦杂取苏学;既好理学,又精于史学,还长于文辞;既本儒学,又受佛学影响颇深。而吕氏"议论宽厚"之风,也同样体现在其对待五贤的态度上。

东莱吕氏是宋代学术和政治世家,其自有家学传承,又因其学术、政治上的广泛人脉而很容易得到向最优秀的学者请教的机会,在《宋元学案》的不同学案中,不时可以看到同一个吕氏家族成员的名字。[224]吕祖谦祖上的吕希哲曾师从二程,其伯祖吕本中则师从过杨时等二程门人,但是,二人也都师从过很多关洛系统之外的大学者。全祖望在《宋

---

[222]《宋元学案》卷五一《东莱学案》,第1653页。
[223] 刘咸炘:《学史散篇·宋学别述·吕氏家学述第二》,见其《推十书(增补全本)》,甲辑第3册,第1246页。
[224] 连凡:《〈宋元学案〉对东莱吕氏家学的评价——以吕希哲、吕本中、吕祖谦为中心》,《江汉大学学报》,2017年第5期。

元学案·荥阳学案序录》中评论:"荥阳少年,不名一师。初学于焦千之,庐陵之再传也。已而学于安定,学于泰山,学于康节,亦尝学于王介甫,而归宿于程氏。"[225]吕希哲最终"归宿于程氏"也是比较可疑的,朱熹《论孟精义》中所录诸家,最与其他程门弟子意见不同的,通常就是吕希哲、范祖禹和曾从学张载的吕大临。《紫微学案序录》也评论说:"大东莱先生为荥阳冢嫡,其不名一师,亦家风也。自元祐后诸名宿,如元城、龟山、廌山、了翁、和靖以及王信伯之徒,皆尝从游,多识前言往行以畜其德。而溺于禅,则又家门之流弊乎!"[226]吕本中后来还作《江西诗社宗派图》,影响极大。正是因为吕氏驳杂不主一家而又溺佛的学术特点,使得吕祖谦后来为了回避这些问题而颇为反对朱熹编纂《伊洛渊源录》。[227]

吕祖谦自己的学术系统也非常庞杂,[228]其兼收并蓄较之其祖辈可能有过之而无不及,今《吕祖谦全集》收录了他编、撰的二十七种著作,其中除了他自己的诗文集《东莱吕太史集》和门人辑录的《丽泽论说集录》外,解释儒经的有《古周易》《周易音训》《周易系辞精义》《东莱书说二种》

---

[225] 《宋元学案》卷二三《荥阳学案》,第902页。
[226] 《宋元学案》卷三六《紫微学案》,第1233页。
[227] 姜鹏:《〈伊洛渊源录〉与早期道统建构的挫折》,《学术月刊》,2008年第10期。
[228] 参见潘富恩:《论吕祖谦"兼容并蓄"的学术思想》,《中国哲学史》,1992年第1期;肖永明、张长明:《吕祖谦的思想学术渊源与治学特点》,《湖南大学学报》,2003年第3期。

《春秋集解》《左氏博议》《左氏类编》《左氏传说》《续左氏传说》凡九种，编录注解的文学类书籍有《吕氏家塾读诗记》《东莱集注观澜文集》《东莱标注三苏文集》《古文关键》《皇朝文鉴》《丽泽集诗》《诗律武库》《卧游录》《续增历代奏议丽泽集文》凡九种，编注的史学类书籍有《两汉精华》《大事记》《欧公本末》《东莱音注唐鉴》《历代制度详说》凡五种，他甚至还编纂了童蒙书籍《少仪外传》，又和朱熹合编了《近思录》。[229] 此外，他还编录了很大部头的史学类书籍《十七史详节》。虽然其间不少书籍乃是附会于吕祖谦之名，并非真出其手，但仍然可以反映出吕祖谦在这些领域中的巨大影响力。吕祖谦可谓是经史文学无所不好，所以连陆九渊都批评他"有个文字腔子，才作文字时，便将来入个腔子做"，朱熹门人也批评他"教学者看史，亦被史坏"。[230]

关于吕祖谦的师承，陈傅良《跋陈求仁所藏张无垢帖》云："余尝闻吕伯恭父云：'某从无垢学最久，见知爱最深，至今亡矣，念无以报，独时时戒学者无徒诵世所行《论语解》，以为无垢之学尽在是也。'"[231] 是则吕祖谦曾长期跟随张九成问学。[232]《宋史》吕祖谦本传又云，他"长从林之

---

[229] （宋）吕祖谦著，黄灵庚、吴战垒主编：《吕祖谦全集》，杭州：浙江古籍出版社，2008年。
[230] 《朱子语类》卷一三九、一二三，第3321、2965页。
[231] （宋）陈傅良著，周梦江点校：《陈傅良先生文集》卷四二《跋陈求仁所藏张无垢帖》，杭州：浙江大学出版社，1999年，第535页。
[232] 参见刘玉敏：《吕祖谦学术渊源考辨》，《中国哲学史》，2007年第3期。

奇、汪应辰、胡宪游，既又友张栻、朱熹，讲索益精"[233]。林之奇和汪应辰均出吕本中门下，而林之奇尤其是吕本中最为器重的弟子，吕祖谦悼念林之奇的《祭文》说："昔我伯祖西垣公躬受中原文献之传，载而之南。裴回顾瞻，未得所付。逾岭入闽，而先生与二李伯仲实来，一见意合，遂定师生之分。于是嵩、洛、关、辅诸儒之源流靡不讲，庆历、元祐群叟之本末靡不咨。"[234]此亦可见吕氏学术之杂，而林之奇承之。林之奇有《二程先生画赞》程颢、程颐各一篇，《尹和靖画赞》一篇，他在夸赞程颢时说："起颜之喑、发曾之唯者，世无孔子，非斯人而谁欤？"[235]其重要著作《尚书全解》以《大学》《中庸》诠解《尚书》，是"第一部援《学》《庸》和理学思想系统阐释《尚书》的著述"。[236]林之奇尊奉程学的思想倾向非常明显，但他还是会受到其他学派的影响。

林之奇有《孟子讲义》和《扬子讲义》，他在《孟子讲义序》中说："《孟子》《论语》皆先圣之法言，学者之要道也。然《孟子》之书，大抵推明《论语》之意，故学《论语》者当自《孟子》始。"[237]其尊崇孟子自不必论。他又在《扬子

---

[233]《宋史》卷四三四《吕祖谦传》，第12872页。
[234]（宋）吕祖谦：《东莱吕太史文集》卷八《祭林宗丞文》，见《吕祖谦全集》，第1册，第133页。
[235]（宋）林之奇：《拙斋文集》卷一七《二程先生画赞》《尹和靖画赞》，见《宋集珍本丛刊》，第44册，第729～730页，引文在第729页。
[236] 陈良中：《理学视野下的〈尚书〉诠释——论林之奇〈尚书全解〉的思想意义》，《古籍整理研究学刊》，2008年第3期。
[237]《拙斋文集》卷一六《孟子讲义序》，见《宋集珍本丛刊》，第44册，第719页。

讲义序》中表明他对荀、扬、王、韩的态度，说："得吾道之传者，惟四人焉。孟轲醇乎醇，在所不必论。自孟子而下，则有荀卿、扬子云、王仲淹、韩退之，此皆学者之尊敬以为仁义礼乐之主也。……夫自孔孟而后以迄于五代，数千年间，贤人君子不为不多，而得吾道之传者，惟此四人，固不容轻议矣。"他也指出了荀、扬诸人的缺点，但他说："大抵孔子之后，欲如孟子著书无一可议者，盖难乎其为人。则荀、扬、韩退之之徒亦不可多得，不可以求之太深也。"他并引了杨时回答方德顺问君主"何不做取文帝、太宗"的话，杨时说："老兄儒者，何不做取孔、孟？纵孔、孟圣德高风，何不做取荀、扬、韩退之？"即认为荀、扬、王、韩诸贤虽有小疵，但也难为学者所及，主张以宽容的态度处之。[238]

吕祖谦的态度也大概如此。他其实非常重视对儒家道统系谱的清理，他和朱熹合力编成《近思录》，该书最后一卷《圣贤》就是专门辑录张载、二程及其门人的言行，其品评道统人物、建构儒家道统系谱的意图非常明显。该书对二程思想的继承是非常明显的，对荀、扬、王、韩尤其荀子、扬雄的批判是显而易见的，但这可能更多的是朱熹的主张，其实吕祖谦本人对诸人的态度要宽厚很多。

吕祖谦曾在一个策问中说："统大道之传者，万世所共宗也。为子为孙，言其父祖之谱牒，昭舛穆讹，则必得不克负荷

---

[238]《拙斋文集·拾遗·扬子讲义序》，见《宋集珍本丛刊》，第44册，第755~756页，引文在第755页。

之消。以学者自名，而吾道之谱牒阙然不讲，陋孰甚焉？"可见道统之传在他心目中的位置。关于韩愈在《原道》中对道统系谱止于孟子的判断，吕祖谦问道："韩愈氏《原道》之篇，谓轲死不得其传，用法严矣；至《答张籍书》，又谓己之道乃夫子、孟轲、扬雄所传之道。何遽于前而宽于后耶？"[239]他显然也认为孟子之后无传的说法过于严苛了。陈亮相当推崇王通的续经之功，曾谓"荀、扬非其伦也"[240]，吕祖谦则批评陈亮推崇王通太过，他致书陈亮说："荀、扬虽未尽知统纪，谓之'不足胜'，则处之太卑。"[241]吕祖谦对于荀、扬、王、韩的态度都颇为宽容，认为四人均是战国至汉唐间的卓越儒者，只是未能至于醇粹，有是有非，他也曾策问太学生："荀况、扬雄、王通、韩愈皆尝言学矣，试实剖其是非。"[242]吕祖谦这种宽容的态度，与二程激烈否定荀子、扬雄，并基本上否定王通、韩愈，是大为不同的，但与林之奇却大致相同。

2. 陈亮

陈亮迟迟不中科举，一生耗费在科场上的时间很多，

---

[239]《东莱吕太史外集》卷二《策问二》，见《吕祖谦全集》，第1册，第629页。
[240]（宋）陈亮著，邓广铭点校：《陈亮集》卷二三《类次文中子引》，北京：中华书局，1987年增订本，第249页。
[241]《东莱吕太史别集》卷一〇《与陈同甫书》其七，见《吕祖谦全集》，第1册，第469~470页，引文在第470页。
[242]《东莱吕太史文集》卷五《太学策问》，见《吕祖谦全集》，第1册，第84~85页，引文在第85页。

留存文字也不算多。经过很多学者的工作，陈亮的师友交游已经比较清楚。[243]陈亮早年跟从受学的是并不知名的何子刚，绍兴三十一年（1161），时年十九岁的陈亮见到了周葵，《宋史》陈亮本传云："（陈亮）尝考古人用兵成败之迹，著《酌古论》，郡守周葵得之，相与论难，奇之，曰：'他日国士也。'请为上客。及葵为执政，朝士白事，必指令揖亮，因得交一时豪俊，尽其议论。因授以《中庸》《大学》，曰：'读此可精性命之说。'遂受而尽心焉。"[244]但是，陈亮却曾自述其学术思想经历说："绍兴辛巳、壬午之间，余以极论兵事，为一时明公巨臣之所许，而反授以《中庸》《大学》之旨，余不能识也，而复以古文自诡于时。道德性命之学亦渐开矣。又四五年，广汉张栻敬夫，东莱吕祖谦伯恭，相与上下其论，而皆有列于朝。新安朱熹元晦讲之武夷，而强立不反，其说遂以行而不可遏止。"[245]又《宋史》周葵本传载："（秦）桧死，复直秘阁、知绍兴府。过阙，权礼部侍郎，寻兼国子祭酒。奏：'科举所以取士，比年主司迎合大臣意，取经传语可谀者为问目，学者竞逐时好。望诏国学并择秋试考官，

---

[243] 董平、刘宏章《陈亮评传》一书"师友交谊"一节考之甚详，南京：南京大学出版社，1996年，第64～101页。另可参考徐规、周梦江：《陈亮永嘉之行及其与永嘉事功学派的关系》，《杭州大学学报》，1977年第2期；方如金、姜鹏：《陈亮交游考》，《温州大学学报》，2003年第1期。

[244]《宋史》卷四三六《陈亮传》，第12929页。

[245]《陈亮集》卷三六《钱叔因墓碣铭》，第483页。

精选通经博古之士，置之前列，其穿凿乖谬者黜之。'"[246]这虽然有针对秦桧支持王安石新学的因素在，但是"博古"之学与性命之学还是有所扞格的。而在此之外，陈亮并没有什么明显的师承，何子刚和周葵也很难说对他有多大的影响，他的思想体系主要是在和吕祖谦、张栻、朱熹、永嘉学派诸人的交往过程中逐渐成熟的。

诸人之中，和陈亮交往最密、待他最厚，也对他产生积极影响最大的，应该是吕祖谦。吕祖谦（1137~1181）比陈亮（1143~1194）长六岁，吕祖谦文集中留存的其致陈亮的书信达三十四封之多，陈亮文字散佚严重，但仍留存下了四封其致吕祖谦的书信。陈亮曾对吕祖谦说："海内知我者惟兄一人，自余尚无开口处。"[247]他也曾对别人说"四海相知惟伯恭一人"[248]。陈亮每有新的书、文，通常会先送吕祖谦求正，其《三国纪年》《书欧阳文粹后》《三先生论事录序》《伊洛正源书序》《类次文中子引》等，全都先寄送吕祖谦，吕祖谦往往会提出坦率诚恳的意见，陈亮也往往能够接受，并按照吕祖谦的意见去进行一些修改。[249]

此外，陈亮和朱熹、张栻的交往已经有很多学者讨论过，陈亮很明显颇为拒绝承认受到朱熹的影响。陈亮后来通常和永嘉学派一起被归入到所谓事功学派之中，他的思想倾

---

[246]《宋史》卷三八五《周葵传》，第11835页。
[247]《陈亮集》卷二七《与吕伯恭正字·又书》，第321页。
[248]《陈亮集》卷二九《与吴益恭安抚书》，第388页。
[249]《陈亮评传》，第65~72页。

向也的确明显地更接近于永嘉学派。

陈亮对于孟、荀、扬、王、韩五贤的态度,和吕祖谦是比较接近的。《宋史》陈亮本传称"其学自孟子后惟推王通"[250],可见陈亮也拔出孟子,观其《孟子发题》亦可知。[251]不过,在肯定孟子独出地位的前提下,他对孟子以下诸人还是有相对较高的评价,而于其中最为推崇的则是王通。

陈亮有《扬雄度越诸子》一文,其中写道:"《六经》,待孔子而具者也;七篇之书,待孟子而具者也;荀卿子之书出,而后儒者之事业始发挥于世。……贾生之一书,仲舒之三策,司马子长之记历代,刘更生之传五行,其切于世用而不悖于圣人,固已或异于诸子矣。"可见陈亮对荀子乃至贾谊、董仲舒、刘向等人都能有所肯定。桓谭曾说扬雄"必度越诸子",陈亮此文就是要申论此说,而该文主要批驳的,就是对扬雄《太玄》《法言》乃拟经而无用之作的批评。他经过繁复的论证而立论云:"孔孟盖发挥(术数)之大者也。扬雄氏犹惧天下之人不足以通知其变,故因天地自然之数,覃思幽眇,著为《太玄》,以阐物理无穷之妙,天道人事之极。天下之人知其为数而已,而乌知其穷理之精一至于此哉!《法言》特其衍耳,宜乎世人之莫知也。"即认为《太玄》乃明《易》术数义理之书,而《法言》又是《太玄》的

---

[250]《宋史》卷四三六《陈亮传》,第 12941 页。
[251]《陈亮集》卷一〇《孟子发题》,第 108~109 页。

衍生著作，两书都不是拟经之作。最后，他下结论说："因数以明理，是雄之所以自通于圣人者也，安得而不度越诸子哉！……天下不可以无此人，亦不可以无此书，而后足以当君子之论。"[252]

今存陈亮文字中不太能见到他品评韩愈的文字，不过他说周葵让他读《大学》《中庸》之后，他自己"不能识也，而复以古文自诡于时"，他还编了流传至今的《欧阳文粹》，可见陈亮应该也曾沉溺古文。这样的话，他对韩愈的评价也许不会太低。

陈亮有一点是和吕祖谦很不一样的，就是于荀、扬、王、韩四人中，他最为推崇的是王通，叶适也是如此（详见后文），这在整个宋代都是颇为特别的。《宋史》本传说陈亮"其学自孟子后，惟推王通"，当是沿朱熹的说法而来，朱熹曾激烈批评说："陈同父学已行到江西，浙人信向已多。家家谈王伯，不说萧何、张良，只说王猛；不说孔、孟，只说文中子，可畏！可畏！"[253]

陈亮在淳熙十二年（1185）整理完了《文中子》一书，由是写了一篇《类次文中子引》。他在文中颇为详细地梳理了《文中子》一书的成书和流传过程，也谈到整理《文中子》的原因，乃是鉴于龚鼎臣、阮逸分别所注《中说》的两个版本存在不少差异，又由于《中说》"类次无条目，故读

---

[252]《陈亮集》卷九《扬雄度越诸子》，第98~100页。
[253]《朱子语类》卷一二三，第2966页。

者多厌倦"，所以陈亮校对了这两个《中说》版本，又"正其本文，以类相从，次为十六篇。其无条目可入与凡可略者，往往不录，以为王氏正书"。可见他在王通和《文中子》上花了不少精力。他在《类次文中子引》中又说："陆龟蒙、司空图、皮日休诸人，始知好其书。至本朝阮氏、龚氏，遂各以其所得本为之训义。考其始末，要皆不足以知之也。独伊川程氏以为隐君子，称其书胜荀、扬。荀、扬非其伦也，仲淹岂隐者哉！犹未为尽仲淹者。"在陈亮看来，陆龟蒙、司空图、皮日休、龚鼎臣、阮逸等人虽崇重王通，但并未真得王通之意，而即便是程颐推崇王通为"隐德君子"，认为王通胜过荀子和扬雄，也仍然未尽王通。他认为孟子乃"通《春秋》之用者"，而魏武以降，"天地之经，纷纷然不可复正，文中子始正之。续经之作，孔氏之志也。世胡足以知之哉"，对王通评价极高。而陈亮显然也是在回应以往包括二程在内的士人对于王通续经的批评。陈亮把《引》文送给了吕祖谦，然而连吕祖谦都认为他以王通超越荀、扬，这样的评价明显过高了。[254] 以往李觏等人怀疑王通其人其书的真实性，很重要的一点就在于《文中子》说唐初名臣魏徵、房玄龄、杜如晦等都是王通弟子，但诸人乃至整个唐代都没几个人提到过王通。陈亮在《类次文中子引》中也回应了这个问题，他说："（诸人）受经未必尽如所传，而讲论不可谓

---

[254]《东莱吕太史别集》卷一〇《与陈同甫书》其七，见《吕祖谦全集》，第1册，第469~470页。

无也。然智不足以尽知其道，而师友之义未成，故朝论有所不及。不然，诸公岂遂忘其师者哉！"[255]

不知是否是受了吕祖谦的影响，他又写了一篇《书类次文中子后》，语气比《类次文中子引》要平实不少，并将其和《类次文中子引》《文中子世家》一起作为该书的附录。他在《书后》一连列举了好几种对于王通的质疑，他认为《文中子》模仿《论语》对话，又有一些三教合一的主张等，都是门人弟子为了张大其师而擅自进行改窜所造成的，都是"门人弟子之过"。[256]他最后又写了一篇《书文中子附录后》，在其中又回应了以往对于《文中子世家》所记不实的批评，该文也认为《世家》确有夸大王通之处，他批评《世家》的作者说："以余观之，魏徵、杜淹之于文中子，盖尝有师友之义矣；如房、杜，直往来耳。故尝事文中子于河汾者，一切抄之，曰门人弟子；其家子弟见诸公之盛也，又从而实之。夫文中子之道，岂待诸公而后重哉！可谓不知其师其父者也。"[257]陈亮之所以反复澄清王通其人其书中那些"不可靠"的成分，自然是为了使王通显得更加醇粹可信。

3. 唐仲友

唐仲友"不专主一说，苟同一人。隐之于心，稽之于

---

[255]《陈亮集》卷二三《类次文中子引》，第249页。
[256]《陈亮集》卷二三《书类次文中子后》，第251页。
[257]《陈亮集》卷二三《书文中子附录后》，第252页。

圣经，合者取之，疑者阙之"[258]，可见其治学风格和吕学非常相近。唐仲友的学术系统同样也非常繁杂，除了他自己的诗文集，他也编、撰了很多著作，包括著述的《六经解》《孝经解》《九经发题》《诸史精义》《陆宣公奏议解》《经史难答》《乾道秘府群书新录》《天文详辩》《地理详辩》《愚书》《帝王经世图谱》《诗解钞》《鲁军制九问》等书，还编纂有《故事备要》《辞料杂录》诸书，涉及范围同样非常广泛，其中《帝王经世图谱》经刊刻后还流传颇广。

不过，唐仲友与吕祖谦、陈亮虽然都是同乡，但全祖望在《宋元学案·说斋学案》中疑惑地评论道："考当时之为经制者，无若永嘉诸子，其于东莱、同甫，皆互相讨论，臭味契合。东莱尤能并包一切，而说斋独不与诸子接，孤行其教。试以艮斋、止斋、水心诸集考之，皆无往复文字。水心仅一及其姓名耳。至于东莱，既同里，又皆讲学于东阳，绝口不及之，可怪也。将无说斋素孤僻，不肯寄人篱落邪？"[259]即吕学、事功学派和唐仲友擅长的经制之学，虽然各有偏重，但其实学术思想特点都属于偏重经世致用的实学一类。然而，唐仲友和吕祖谦、陈亮乃至薛季宣、陈傅良、叶适等人都没有什么交往，他甚至和朱熹之间还闹出了一段学术史公案，彼此之间矛盾很深。

如此看来，唐仲友可以说是一位特立独行的学者。然

---

[258]《宋元学案》卷六〇《说斋学案》，第1953页。
[259]《宋元学案》卷六〇《说斋学案》，第1954页。

而，从他繁杂的著述来看，他的学术系统并没有脱离当时的思想空气，而他对道统系谱的看法其实与吕祖谦、陈亮也没有太大的差别，只不过吕祖谦更为平实，陈亮更为推崇王通，而唐仲友则最为推崇韩愈。

众所周知，朱熹淳熙九年（1182）按劾唐仲友的一条主要罪状，就是其在知台州任上利用公帑刊刻荀、扬、王、韩之书。朱熹在七月二十七日所上的《按唐仲友第四状》中叙述所得供词说："（唐仲友）以官钱开《荀》《扬》《文中子》《韩文》四书，即不见得尽馈送是何官员。"[260]九月四日所上《按唐仲友第六状》，也是最后一状中，他叙述证人供词云："唐仲友开雕荀、扬、韩、王四子印板，共印见成装了六百六部，节次径纳书院，每部一十五册，除数内二百五部自今年二月以后节次送与见任寄居官员，及七部见在书院，三部安顿书表司房，并一十三部系本州史教授、范知录、石司户、朱司法经州纳纸兑换去外，其余三百七十五部，内三十部系□表印，及三百四十五部系黄坛纸印到，唐仲友遂旋尽行发归婺州住宅。"[261]

这里反映出几条重要的信息：其一，唐仲友是将荀、扬、王、韩之书文一并刊刻后成套装订的，可见在他看来，荀、扬、王、韩是一个整体，但较之宋初的五贤道统系谱，

---

[260]《晦庵先生朱文公文集》卷一九《按唐仲友第四状》，见《朱子全书（修订本）》，第20册，第845页。
[261]《晦庵先生朱文公文集》卷一九《按唐仲友第六状》，见《朱子全书（修订本）》，第20册，第864页。

这里显然少去了早已升格的孟子；其二，唐仲友对这套书的刊刻非常重视，他甚至越出职权以排除刊刻过程中的干扰因素，[262]而或许是出于馈赠的考虑，这套书的刊刻非常精良，其中的《法言》和《荀子》至今仍存，[263]《法言》还是"大字，麻沙最善本"[264]，这都反映出唐仲友对荀、扬、王、韩非常重视；其三，他将这套书赠予了从上到下很多人，后又于别处流传，可见荀、扬、王、韩作为一个整体在当时仍然有着一定的影响力，而这显然是与当时的思想空气相符的。

今唐仲友《悦斋文钞》中有《唐杨倞注荀子后序》和《韩子后序》，其刊刻的《法言》本来也有一篇后序，是则他既刊刻了荀、扬、王、韩四书，并为各书都作了后序，只是《文中子》的后序今已不见。他序《荀子》说："孟子学孔子，……卿后孟子，亦尊孔氏。……方说士徼时好，卿独守儒，议兵以仁义，富以儒术，强以道德之盛，旨意与孟子同。"关于荀子持性恶论而非子思、孟子，他说："孟子与告子言性，卒绌告子，惜卿不见孟子，不免异说。"又云："使卿登孔门，去异意，书当与七篇比。"颇有惋惜之意。不仅如此，他还为荀子辩护说："学者病卿以李斯、韩非。卿，老师，学者已众，二子适见世，昼寝哺啜，非师之过。"总之，在他看来，

---

[262] 《晦庵先生朱文公文集》卷一九《按唐仲友第六状》，见《朱子全书（修订本）》，第20册，第866～867页。
[263] 王菡：《唐仲友刻书今存》，《中国典籍与文化》，2007年第3期。
[264] （清）彭元瑞等著，徐德明标点：《天禄琳琅书目后编》卷五著录"《扬子法言》一函，六册"，上海：上海古籍出版社，2007年，第492页。

"卿书言王道虽不及孟子,抑其流亚"。[265]

唐仲友对荀子不满意的地方还是不少,他另有一篇《荀卿论》,中云:"荀卿之书,其辨诚过人。至其化性起伪,有似乎戕贼杞柳之说,然则荀卿者,告子之俦,非孟子比也。"[266]其《读荀子礼论》也说:"故吾谓荀子,告子之流,其极有性伪之论。"[267]其《读荀子乐论》也说荀子"见礼乐之末,而未揣其本者也"[268],他在其《性论》中,也批评荀、扬、韩的人性论而维护孟子的性善论。[269]不过,在其《题王介甫荀卿论下》中,他又批驳王安石而对荀子有所维护。[270]

其《扬子法言后序》今多缺烂处,兹参校、补充以司马光《法言集注序》,整理誊录于下,以见其大意。以下引文于文意甚明处则在缺讹标识"□"后加"( )"进行补充,文意说明则加"[ ]"。文云:

> [此处当脱"司马光序"]雄书谓:"监于二子而折

---

[265]《悦斋文钞补·唐杨倞注荀子后序》,见《续修四库全书》,第1318册,第259~260页。
[266]《悦斋文钞》卷八《荀卿论》,见《续修四库全书》,第1318册,第246页。
[267]《悦斋文钞》卷九《读荀子礼论》,见《续修四库全书》,第1318册,第251页。
[268]《悦斋文钞》卷九《读荀子乐论》,见《续修四库全书》,第1318册,第251页。
[269]《悦斋文钞》卷八《性论》,见《续修四库全书》,第1318册,第246~247页。
[270]《悦斋文钞》卷九《题王介甫荀卿论下》,见《续修四库全书》,第1318册,第254页。

衷于圣人，后之立言者莫能加，所潜最深。"恐文公所云未□（可）为定论。又谓："孟子好《诗》《书》，荀子好《礼》，扬子好《易》。""孟文直而显，荀文富而丽，扬文简而奥。唯简而奥，故难知。"虽曰"不敢议其等差"，实与子云多矣。孟子亚圣，荀、扬□□□□（司）马公皆巨儒，未容蠡测。道大者文炳□□□□思苦者言艰，有中形外，固自□□第邪？子云悟道以悔，自独智入《法言》；□□辞，壮夫不为，悔于文；高饿显，下禄隐，□□尾之愧。故曰"扬雄覃思，《法言》《太玄》"，盖知□矣。忧患，《易》之端；愤悱，道之机。始以文似□（相）如喜，终乃肩随孟氏，悔而思之力也。孟、荀遭末世，犹列国相持，虽谓迂阔，尚貌敬。莽朝道丧，肥遯乃免。《问神》《问明》《先知》之篇，悔之深矣。〔271〕

虽然文中缺讹处不少，但其文意是比较清楚的。他认为司马光的《序》以扬雄高于孟子未免太过，而韩愈"大醇小疵"之论又责之太过。"孟子亚圣"，自非荀、扬所及，但二贤也是孟子"流亚"，这与他在《荀子后序》中的看法是相同的。他还说扬雄对作文、仕莽都很后悔，颇有辩护之意。

唐仲友《文中子》的后序虽已不见，大概其评价也在

---

〔271〕（宋）唐仲友：《扬子法言后序》，见《宋本扬子法言》卷首，北京：国家图书馆出版社，2019年影印辽宁省图书馆藏宋淳熙八年唐仲友台州公使库刻本，2019年，第11~12页。

于荀、扬之间。而荀、扬、王、韩四人中,唐仲友评价最高的乃是韩愈。他谈及刊刻韩愈文字的原因说:"学士知诵习模仿,取高于世,谓之古文。至其道,高深博大,亚孟轲、越诸子者,或未尽知,亦其徒未能尊其书之过也。"这显然是认为韩愈高过荀、扬、王通,只是亚于孟子。他又"惧后世独以文观之",所以才搜罗韩愈"古文三十四篇为四卷",并刻意"题曰《韩子》",并以之"合于(荀、扬、王)三书"。唐仲友显然是在回应北宋就已经逐渐形成的对韩愈乃一"文士"的定位,他甚至在论证后断言,韩愈之"文旨无非经"。他甚至也不接受对于韩愈急于求仕的批评,他说:"考退之行事,鲜不合道。"不仅如此,他还说:"自孟轲没,养浩然之气,未有善于退之者。……至诚无不动者,《中庸》所谓无入不自得,《孟子》所谓大丈夫,人皆归退之而不吝。"这就是认为韩愈得《中庸》、孟子之道了。唐仲友说"非敢自附弟子之列,庶以成退之之志",既如此,则唐仲友推崇、继承韩愈之意再明显不过。[272]

4. 婺学道统系谱观的共性

从上文所述来看,唐仲友和陈亮、吕祖谦虽然无甚交往,甚至有所嫌隙,但是他们所处的思想空气是完全一样的,他们对于道统系谱的看法也有着很强的相似性。他们都

---

[272]《悦斋文钞》卷九《韩子后序》,见《续修四库全书》,第1318册,第252页。

拔出孟子，而又对荀、扬、王、韩都能作出比较宽厚的评价，只不过林之奇和吕祖谦更为平实，陈亮则更为推崇王通和扬雄，而唐仲友则最为推崇韩愈。

对于北宋逐渐重构起来的曾子、子思、孟子这一新的道统系谱，他们也都持赞同的态度。林之奇曾说："曾子从学最在二三子后，而犹及乎《商颂》之传。……凡今《中庸》《大学》之所载，子思、孟子之所传，揆厥端倪，无非繇《商颂》而入者也。"[273]吕祖谦与朱熹合编《近思录》，不必多论。今唐仲友《悦斋文钞》卷八有《颜曾论》《子思论》《孟子论》《荀卿论》等篇，[274]这些论文应当是一个品论道统系谱的系列。他在《颜曾论》中说："昔者孔门之高弟，得夫夫子之心传者，惟颜子与曾子。"[275]在《子思论》中也说，"子思学于曾子，得夫子之正统"，而"孟子，学子思者"。[276]他在《孟子论》中则阐明了孟子的王霸义利之辨，文末总结说："义利之道，得尧舜而行；义利之说，得孔孟而明。圣人有功于后世，岂不大哉？"[277]也是将孟子全面圣人化。比较可惜的是，陈亮今存文字中看不到他对这一道统系谱的表述。

---

[273]《拙斋文集》卷一六《观澜集后序》，见《宋集珍本丛刊》，第44册，第720页。
[274]《悦斋文钞》卷八，见《续修四库全书》，第1318册，第244~246页。
[275]《悦斋文钞》卷八《颜曾论》，见《续修四库全书》，第1318册，第244页。
[276]《悦斋文钞》卷八《子思论》，见《续修四库全书》，第1318册，第244、245页。
[277]《悦斋文钞》卷八《孟子论》，见《续修四库全书》，第1318册，第245页。

他们还有一个共同特点，就是都受程学影响而又颇好欧、韩。林之奇和吕祖谦都好程学殆无疑义，陈亮则编过《伊洛正源书》《三先生（周敦颐和二程）论事录》《伊洛礼书补亡》《伊洛遗礼》，也有《西铭说》一篇，其《书伊川先生春秋传后》尊崇程颐《春秋传》，《胡仁仲遗文序》则尊崇胡宏，他还专门刊刻过杨时的《中庸解》，[278]可见其对程学还是非常推崇的。虽然今天看不到唐仲友对程学的评价，不过他的文字如《颜曾论》《子思论》《孟子论》《性论》等都充满着程学的气息，在思想上应该是受到了程学影响的。然而，和杨万里等士人一样，他们也颇好古文，颇好韩愈、欧、苏。世传吕祖谦有《标注三苏文集》和《欧公本末》，还编了诸如《古文关键》《皇朝文鉴》《丽泽集诗》《诗律武库》《续增历代奏议丽泽集文》一类的诗文集，他自己也好作诗文。陈亮也说自己曾"以古文自诡于时"[279]，还编了流传至今的《欧阳文粹》，并在《书欧阳文粹后》中极力推尊欧阳修，文首云："公之文根乎仁义而达之政理，盖所以翼《六经》而载之万世者也。虽片言半简，犹宜存而弗削。"文末又说："予论其文，推其心存至公而学本乎先王，庶乎读是编者其知所趋矣。"[280]此外，《苏门六君子文粹》也可能是

---

[278]《陈亮集》卷二三《伊洛正源书序》《三先生论事录序》《伊洛礼书补亡序》《杨龟山中庸解序》《胡仁仲遗文序》、卷二五《书伊洛遗礼后》《书伊川先生春秋传后》，第252~253、254、257、258、258、283~284、284页。
[279]《陈亮集》卷三六《钱叔因墓碣铭》，第483页。
[280]《陈亮集》卷二三《书欧阳文粹后》，第245、247页。

由陈亮编辑而成[281]。而唐仲友的苏学倾向似要更加明显，在朱熹弹劾唐仲友时，王淮曾在宋孝宗面前为其女婿唐仲友开脱说："朱程学，唐苏学。"[282] 唐仲友对韩愈的评价显然是最高的，他虽然在文字中提醒读者不要只看到韩愈的古文，但事实上这是完全不可能的。

四、永嘉学派的道统观

永嘉学派以提倡事功著称，朱熹曾批评陆学和永嘉学派说："江西之学只是禅，浙学却专是功利。禅学后来学者摸索一上，无可摸索，自会转去。若功利，则学者习之，便可见效，此意甚可忧！"[283] 永嘉学派和婺学其实都是学术思想特点偏重于"实学"的学术派别，只是侧重有所不同，对道德性命之学的探寻程度也有所不同。较之于婺学的吕学、唐仲友、陈亮各自成派，永嘉学派内部在人事上的关系紧密性要更强，尽管其内部也仍然存在着思想上的转变历程。下文将先梳理永嘉学派的师承渊源，再分别述论永嘉学派最具代表性的陈傅良、叶适二人对道统系谱的不同看法。

1. 永嘉学派的师承渊源

关于永嘉之学的开端、传承、演变，叶适有一篇影响极大的文章，就是《温州新修学记》，他在其中写道：

---

[281]《四库全书总目》卷一八七，第1704页。
[282]《四朝闻见录》乙集《洛学》，第47~48页，引文在第48页。
[283]《朱子语类》卷一二三，第2967页。

> 昔周恭叔首闻程、吕氏微言，始放新经，黜旧疏，挈其俦伦，退而自求，视千载之已绝，俨然如醉忽醒，梦方觉也。颇益衰歇，而郑景望出，明见天理，神畅气怡，笃信固守，言与行应，而后知今人之心可即于古人之心矣。故永嘉之学，必兢省以御物欲者，周作于前而郑承于后也。薛士隆愤发昭旷，独究体统，兴王远大之制，叔末寡陋之术，不随毁誉，必摭故实，如有用我，疗复之方安在！至陈君举尤号精密，民病某政，国厌某法，铢称镒数，各到根穴，而后知古人之治可措于今人之治矣。故永嘉之学，必弥纶以通世变者，薛经其始而陈纬其终也。[284]

叶适把永嘉学派的血脉通过周行己、郑伯熊上接到了二程，但是从薛季宣和陈傅良开始，永嘉之学已经转变为"通世变"的经世事功之学，后来《宋元学案·周许诸儒学案》也说："永嘉诸先生从伊川者，其学多无传，独先生（周行己）尚有绪言。南渡之后，郑景望私淑之，遂以重光。"[285]

本来包括叶适自己在内的永嘉事功学派与程学相去甚远，但他还是将永嘉之学的血脉追溯到了二程，这既是其尊崇程学的表现，也可见其时程学的影响已经很大。然而，

---

[284]（宋）叶适：《水心文集》卷一〇《温州新修学记》，见氏著，刘公纯、王孝鱼、李哲夫点校：《叶适集》，北京：中华书局，2010年，第178页。
[285]《宋元学案》卷三二《周许诸儒学案》，第1132页。

叶适的这个历史追溯是有些疑问的，永嘉事功之学与程学的渊源其实并不完全可靠。所谓的永嘉"元丰九先生"，其实并没能在永嘉本土打开局面[286]，而叶适《记》中特别标出的周行己则更是程门的边缘人物[287]。周行己之后的郑伯熊，也不过是私淑周行己而已，他显然算不上严格意义上的程门后学。[288]

实际上，薛季宣的程学师承渊源要比郑伯熊明确清晰得多，但叶适在《记》中没有提及。薛季宣的父亲薛徽言曾学于胡安国，也是胡安国的忠实追随者，然而，薛徽言卒时薛季宣方才六岁，他最重要的师承实际上是程颐弟子袁溉。薛季宣专门为袁溉作了《袁先生传》，其中生动记述了袁溉为保护程学而死里逃生的惊险经历，但他也谈到袁溉之学，"自六经百氏，下至博弈、小数、方术、兵书，无所不通，诵习其言，略皆上口，于《易》《礼》说尤邃"[289]，这显然不是二程的学术风格。后来，陈傅良为薛季宣所作的《行状》，也说薛季宣"自六经之外，历代史、天官、地理、兵、刑、农、末至于隐书小说，靡不搜研采获，不以百氏故废。尤邃

---

[286] 陆敏珍：《"违志开道"：洛学与永嘉元丰九先生》，《中山大学学报》，2009年第6期。

[287] 陆敏珍：《被拒绝的洛学门人：周行己及其思想》，《中国哲学史》，2010年第3期。

[288] 陆敏珍：《笔开象外精神：郑伯熊与永嘉学派》，《浙江社会科学》，2012年第8期。

[289] （宋）薛季宣：《薛季宣集》卷三二《袁先生传》，上海：上海社会科学院出版社，2003年，第485~488页，引文在第486页。

于古封建、井田、乡遂、司马之制，务通于今"。[290]袁溉、薛季宣师徒二人真是何其相似，其学术思想特点都颇为驳杂而偏重事功。由此可见，薛季宣之学虽有明确的程学渊源，但又严重偏离程学，他的思想中可能还夹杂着王安石新学和苏学的因素。[291]

叶适为陈傅良所作的墓志铭，称其"独崇敬郑景望、薛士隆，师友事之。入太学，则张钦夫、吕伯恭相视遇兄弟也"[292]。《宋史》和《宋元学案》的叙述基本上都来自叶适所作墓志铭，《宋史·陈傅良传》云："当是时，永嘉郑伯熊、薛季宣皆以学行闻，而伯熊于古人经制治法，讨论尤精，傅良皆师事之，而得季宣之学为多。及入太学，与广汉张栻、东莱吕祖谦友善。祖谦为言本朝文献相承条序，而主敬集义之功得于栻为多。"[293]全祖望《宋元学案·止斋（陈傅良）学案序录》也说："永嘉诸子，皆在艮斋（薛季宣）师友之间，其学从之出，而又各有不同。止斋最称醇恪，观其所得，似较艮斋更平实，占得地步也。"[294]可见陈傅良最主要的师承就是薛季宣和郑伯熊，也与吕祖谦、张

---

[290]《陈傅良先生文集》卷五一《右奉议郎新权发遣常州薛公行状》，第644页。
[291] 任锋：《薛季宣思想渊源探析》，《中国哲学史》，2006年第2期。
[292]《水心文集》卷一六《宝谟阁待制中书舍人陈公墓志铭》，见《叶适集》，第298页。
[293]《宋史》卷四三四《陈傅良传》，第12886页。
[294]《宋元学案》卷五三《止斋学案》，第1710页。

栻切磋很多。[295]

全祖望《宋元学案·水心学案序录》说:"水心较止斋又稍晚出,其学始同而终异。永嘉功利之说,至水心始一洗之。……乾、淳诸老既殁,学术之会,总为朱、陆二派,而水心断断其间,遂称鼎足。"[296]叶适是永嘉学派之集大成者,他在思想上受薛季宣、陈傅良、陈亮影响尤多。就直接师承来看,他受过郑伯熊的提携,也面见过一次薛季宣,但对他影响最大的无疑还是陈傅良,陈傅良离世后,他撰《祭文》说:"自我获见,四十余冬。"[297]他还为陈傅良撰写了墓志铭,其中也说道:"余亦陪公游四十年,教余勤矣。"[298]

永嘉学派的学术系统与婺学比较接近,薛季宣、陈傅良、叶适其实都有程学背景,薛季宣在一定程度上也可以算得上程门嫡系。然而,他们又都不专主程学,而是有着庞杂的学术兴趣和注重经世致用的迫切现实关怀。他们也大多颇好史学,编撰过一些历史著作。[299]此外,陈傅良和叶适都有好作文章的背景,叶适为陈傅良所作墓志铭说:"公未三十,心思挺出,陈编宿说,披剥溃败,奇意芽甲,新语懋

---

[295] 参看陈欣、方如金:《陈傅良交游考略》,《安徽师范大学学报》,2008年第3期。
[296] 《宋元学案》卷五四《水心学案上》,第1738页。
[297] 《水心文集》卷二八《祭陈君举中书文》,见《叶适集》,第573页。
[298] 《水心文集》卷一六《宝谟阁待制中书舍人陈公墓志铭》,见《叶适集》,第300~301页。
[299] 参见赵瑶丹:《试论唐仲友与永嘉学派薛季宣、陈傅良、叶适的史学思想》,载《宋史研究论丛》第10辑。

长；士苏醒起立，骇未曾有，皆相号召，雷动从之，虽縻他师，亦藉名陈氏。由是其文擅于当世。"[300]而叶适更有过之而无不及，《宋史》叶适本传称其"为文藻思英发"，[301]叶绍翁甚至说："水心先生之文，精诣处有韩、柳所不及，可谓集本朝文之大成者矣。"[302]后来江湖诗派的刘克庄还记"永嘉"说过"洛学起而文字坏"这样的话，并称自己"闻之云卧吴先生曰：'近时水心一家，欲合周程、欧苏之裂'"，[303]可见叶适重文之程度。叶适重文还影响到他的后学，全祖望《宋元学案·水心学案序录》就说："水心工文，故弟子多流于辞章。"[304]叶适对所谓"永嘉四灵"多有提携，于南宋中后期诗坛尚有一定影响。[305]

总体来看，在永嘉学派的学术思想系统中，程学仍是其基本的底色之一，诸人讨论道德性命之学的文字其实也不算很少，薛季宣即作过《中庸解》《大学解》《皇极解》《知性辨》，其他几人字里行间所透露出来的程学气息也不难嗅

---

[300] 《水心文集》卷一六《宝谟阁待制中书舍人陈公墓志铭》，见《叶适集》，第298页。
[301] 《宋史》卷四三四《叶适传》，第12889页。
[302] 《四朝闻见录》甲集《宏词》，第35页。
[303] （元）刘埙：《隐居通议》卷二《理学二·合周程欧苏之裂》，上海：商务印书馆，1937年丛书集成初编本，第17页。
[304] 《宋元学案》卷五四《水心学案上》，第1738页。
[305] 赵敏、崔霞：《叶适与永嘉四灵之关系论》，《广州大学学报》，2003年第11期；叶文举、钱芳：《叶适对"永嘉四灵"的提携与批判》，《中国文论的方与圆：古代文学理论研究》第三十一辑，上海：华东师范大学出版社，2010年。

到。然而，他们都不专守程学门户，都不专主程学，其学术兴趣大都宽泛驳杂而偏重经世致用。在这样的思想空气下，他们既可以接受二程的道统系谱建构，但又不太接受二程对荀、扬、王、韩的批判，其看法其实和婺学并没有太大的差别。后来叶适在晚年大力批评道学，并试图解构已经大致成为定论的曾子—子思—孟子这一新的道统系谱，其实是颇为特别的例子。

2. 陈傅良总体上的宽厚态度

薛季宣曾说，"传道之序，自孔子、曾子、子思、孟轲，端若贯珠，盖无可疑者"[306]，似乎已经接受了二程重构起来的曾子—子思—孟子这一道统系谱。但他又曾说，"诸子则曾、王、荀、孟、贾、董、韩、扬，异端则杨、墨、孙吴、佛老、申商，鬼谷之徒，其言言详，纷竞陈而破卷，咸有正于群经"[307]，则又不仅没有把曾子、孟子拔萃出来，而是与荀、扬、王、韩同视为诸子，甚至把贾谊、董仲舒也并列进去了。

陈傅良把孟子拔萃出来，但对荀、扬、王、韩总体上仍然持比较宽容的态度。《十先生奥论注前集》卷五有陈傅良论尧、舜、大禹、成汤、伊尹、文王、武王、周公的《七圣论》，其《止斋论祖》又有《仲尼不为已甚论》《颜渊天下归仁论》《孟施舍似曾子论》《告子先孟子不动心论》《荀氏

---

[306]《薛季宣集》卷二八《策问二十道》其十八，第382页。
[307]《薛季宣集》卷一四《七届》，第165～166页。

在轲雄之间论》《韩愈所得一于正论》,应该都是讨论道统人物的系列作品。陈傅良既将孟子从五贤中拔萃出来,也将其全面圣人化,他在《仲尼不为已甚论》文末总结说:"其从容气象,宛然孔氏家法也。噫,甚矣,轲之似夫子也!甚矣,轲之似夫子也!"[308]似有针对二程说孟子气象不如孔子、颜子的意思。陈傅良也肯定曾子—子思—孟子这一道统系谱,他在看过别人收藏的孔子画像后赋诗云:"吁嗟文王没,斯文属之谁。微言二十篇,论次自《学而》。传之者颜曾,其后则子思。方当周之衰,诸子出怪奇。王公各师承,一语可解颐。见之拥彗迎,不见嚬其眉。孟子独推尊,是惟圣之时。苟不本孔氏,皆放其淫词。于时尊孔孟,诞作百世师。"[309]

陈傅良对荀、扬、王、韩总体上持较为宽容的态度,尤其于四贤之中最为推崇韩愈,不过也有一些批评之语。在《君子所性论》一文中,陈傅良也和大多数人一样批评荀子、扬雄、韩愈的人性论而维护孟子的性善论。[310]韩愈在《读荀》中说荀子"抑犹在轲、雄之间乎"[311],陈傅良专作《荀氏在轲雄之间论》以辩之,他评论韩愈为何如此判断,说:"荀氏本不纯一,愈爱其文,嘉其辩,许之以轲则

---

[308] 《蛟峰批点止斋论祖》甲之体《仲尼不为已甚论》,见《四库全书存目丛书》,集部第20册,第9页。
[309] 《陈傅良先生文集》卷四《教授李梦符惠宣圣画像用韵奉酬》,第38页。
[310] 《蛟峰批点止斋论祖》丁之体《君子所性论》,见《四库全书存目丛书》,集部第20册,第43~44页。
[311] 《韩昌黎文集校注》卷一《读荀》,第41页。

不足,称之以雄则不救,是非无所决,故立论之际不能断然为之去取,此'轲雄之间',其论所由发也。原愈之意,盖欲免天下之议而已耳。"陈傅良认为:"夫自孔子既没,大道湮废,然卒以不泯者,繄谁之功?轲也、雄也,其力多矣。轲之七篇,仁义道德诤然一出于正。雄之《法言》,论议端谨,温温乎有论□风。读其书,考其文,究其所得,轲也无愧于雄,雄也无愧于轲。诚以其源流出于夫子,而所得者正也。彼荀氏何为者,愈乃附名其中。"他接着挑出了荀子非子思、孟子,以人性为恶,导致李斯焚书等几点,认为荀子根本比不上扬雄,遑论孟子。文末,他又批评韩愈既排佛、老,却又竟然在《读墨子》中说儒、墨要交相为用,他认为这也是因为韩愈"处心未定"。最后,他说,"立言如愈,见道如愈,天下之所任重如愈,岂可□而轻议之哉?吾独惜其议论之犹豫,不能明□□下耳,是亦《春秋》责备贤者之意也"[312],则是因为看重韩愈而求全责备。

从《荀氏在轲雄之间论》可以看到,陈傅良对扬雄还是评价很高的,他也曾说:"扬雄之自比孟轲也,人皆过之,吾喜之;诸葛亮之自比管、乐也,人皆与之,吾伤之。雄盖自知其质之足以远到,亮则不自知其质之足以大有为也。伤哉!"[313]

---

[312]《蛟峰批点止斋论祖》丁之体《荀氏在轲雄之间论》,见《四库全书存目丛书》,集部第20册,第44~45页。

[313]《蛟峰批点止斋论祖》丙之体《孟施舍似曾子论》,见《四库全书存目丛书》,集部第20册,第42页。

不过，他最为推崇的其实还是韩愈。《止斋论祖》有《韩愈所得一于正论》《博爱之谓仁论》《仁与义为定名论》诸文，都是为推崇韩愈和为韩愈辩护而作。韩愈在《原道》中的仁义道德诠释遭到包括二程在内很多士人的批评，陈傅良《博爱之谓仁论》《仁与义为定名论》两文即花了很大的力气为其辩护。两文的思路其实大致相同，都是认为韩愈的这两个诠释确实有些不及孔孟处，但是韩愈这样诠释是鉴于佛老之学昌炽，必须要矫枉过正，所以刻意为之。总之，他认为韩愈"之说犹有益于教"[314]，"学者乌可醇孟而疵韩"[315]。《新唐书·韩愈传》赞说韩愈所得"粹然一出于正"[316]，陈傅良《韩愈所得一于正论》即发挥此论，他在文中指出荀、扬之短云："荀卿号为杂伯称王，而反以非尧舜为辞。扬雄亦不诡圣人者，而犹有取于老子之说。二子且尔，下此将若之何哉！"他在文中大力论证和称颂韩愈的"明道之功"，并说"夫子，立正道者也。孟子，广正道者也。而愈，则守正道者也"，还顺便在文末刻意把罢黜百家的董仲舒也"表而出之"。[317]

陈傅良虽然对韩愈、扬雄有所偏爱，但总体来看，他

---

[314]《蛟峰批点止斋论祖》乙之体《仁与义为定名论》，见《四库全书存目丛书》，集部第 20 册，第 26 页。
[315]《蛟峰批点止斋论祖》乙之体《博爱之谓仁论》，见《四库全书存目丛书》，集部第 20 册，第 24 页。
[316]《新唐书》卷一七六《韩愈传》赞语，第 5269 页。
[317]《蛟峰批点止斋论祖》丁之体《韩愈所得一于正论》，见《四库全书存目丛书》，集部第 20 册，第 50 页。

对荀、扬、王、韩都是以宽厚处之的态度。《止斋集》留有一条陈傅良的《策问》，其中一个策题问道："至今独以孟氏为是，其果然乎？彼荀卿于制作之原，富强之效，视帝王六经所论，无一不周。扬雄虽不如荀之详也，如梳革断鞠，所以谆谆于唐、虞、成周云者，意亦独至。自余有师说家法者，陈经制长策者，俱非魏晋以下所可及。王通谓可以再造彝伦，而悲末世之苟道。韩愈推孟氏之功不在禹下，《原道》所言亦非他儒者能及之。虽然，愈则曰：'孟氏之死，不得其传焉。'自是举世同声和之，顾岂无人哉！抑孟氏之名已尊，而人不敢异议也。果有所见哉？"[318]虽是策问学子，但通观全篇的语气，其肯定荀、扬、王、韩的倾向还是很明显的。

3. 叶适对道统系谱的看法

叶适是唐宋儒家道统系谱重构过程中的一个异数，他非孟子，否定曾子—子思—孟子这一道统系谱，这在南宋中后期的大学者中实为罕见，也很容易引起后世学者的关注。其实叶适也很重视道统的传递，他曾教育弟子："读书不知接统绪，虽多无益也。"[319]他在其晚年的《习学记言序目》中把《中庸》《大学》《孟子》《荀子》《太玄》《法言》全都品评了，据说他本来也有品评《文中子》的计划，但是未能

---

[318]《陈傅良先生文集》卷四三《策问十四首》其十三，第553页。
[319]《水心文集》卷二九《赠薛子长》，见《叶适集》，第607页。

完成。[320]在其早年的《贤良进卷》中，也有《中庸》《大学》《扬雄太玄》《王通》诸篇，可见对这些道统人物的品评和思考贯穿他的一生。

叶适的非孟思想，其对理学道统系谱的否定，乃至叶适自己的道统观，前人均论之已详，[321]此仅略述之。叶适在《习学记言序目·皇朝文鉴三》中说：

> 孔子殁，或言传之曾子，曾子传子思，子思传孟子。
>
> 按，孔子自言德行颜渊而下十人，无曾子，曰"参也鲁"。若孔子晚岁独进曾子，或曾子于孔子后殁，德加尊，行加修，独任孔子之道，然无明据。又按曾子之学，以身为本，容色辞气之外不暇问，于大道多所遗略，未可谓至。又按伯鱼答陈亢无异闻，孔子尝言"中庸之德民鲜能"（《论语·雍也》），而子思作《中庸》；若以《中庸》为孔子遗言，是颜、闵犹无是

---

[320]《温州经籍志提要》，见（宋）叶适：《习学记言序目》附录二，北京：中华书局，1977年，第769页。

[321] 周梦江：《叶适与永嘉学派》第十章"永嘉学派与朱熹道学"，杭州：浙江古籍出版社，1992年，第141～154页；董平：《叶适对道统的批判及其知识论》，《孔子研究》，1994年第1期；徐洪兴：《论叶适的"非孟"思想》，《浙江学刊》，1994年第3期；何隽：《叶适与朱熹道统观异同论》，《学术月刊》，1996年第8期；何俊：《叶适与道统》，《温州大学学报》，2000年第2期；汤勤福：《试论叶适的道统论》，《中州学刊》，2001年第3期；肖永明：《叶适〈习学记言序目〉的学术批评》，《湖南大学学报》，2002年第4期；何俊：《叶适论道学与道统》，《中山大学学报》，2009年第1期。

> 告，而独阙其家，非是；若子思所自作，则高者极高，深者极深，宜非上世所传也。然则言孔子传曾子，曾子传子思，必有谬误。[322]

他接着又大段否定了孟子接续道统的说法。总之，叶适否认曾子"独任孔子之道"，也否认子思作《中庸》，这样就根本否定了孟子和孔子之间道统传递的师承连续性，何况叶适还否认孟子得传儒道。除了此处引文之外，叶适在《序目》以及其他文字中批评曾子、子思、孟子之处还有不少，而非孟之语尤多，涉及的问题也很多，这里就不一一论列了。

然而，叶适这一在当时和后世看来都有些不太合常理的举动，其思想原因何在？其一，叶适非孟和否定曾子—子思—孟子这一道统系谱，在于他对于"道"的看法自始就与朱熹不同，[323]这显然与永嘉学派本来就并不独尊程学，也不完全坚持二程的道统系谱有关，叶适只不过是把这种对二程道统观的修改极端化了。

其二，其实叶适否定曾子、子思、孟子的不少问题，叶适之前的学者都曾讨论过，这里无法展开。欧阳修就曾认为《中庸》之说"有异乎圣人"[324]，苏轼《中庸论》开篇也

---

[322]《习学记言序目》卷四九《皇朝文鉴三》，第738～739页。
[323] 参见上引何俊《叶适与道统》《叶适论道学与道统》两文。
[324]《居士集》卷四八《问进士策三首》其三，见《欧阳修全集》卷四八，第675页。

第四章　理学对五贤道统系谱的清理

说:"《中庸》者,孔氏之遗书而不完者也。"[325]他还批评过孟子。而欧、苏的怀疑,其实也只不过是中唐以来开始渐起,到北宋就已经大为兴盛的经学怀疑思潮的个案而已,而这个怀疑思潮所涉及的其实又不局限于儒家经典,其怀疑的方式也不一定在于辨别真伪。陈振孙《直斋书录解题》说《序目》"自孔子之外,古今百家随其浅深,咸有遗论,无得免者"[326],我们也的确可以在《序目》中看到大量的叶适批评前人之语,不仅曾子、子思、孟子,就是荀子、扬雄乃至其他诸子如老子之类,甚至于包括欧、苏等在内的宋代前贤,他的积极肯定都不算多。由此可见,叶适写作《序目》并不是专意非孟,也不是专意否定曾子—子思—孟子这一道统系谱,甚至也不是专意以此来挑战朱熹,实际上,叶适以《序目》来全面清理宋代思想史乃至整个中国思想史的意图是非常明显的。朱熹、吕祖谦将从古至今的思想和历史都仔细清理过,就叶适《序目》的写作意图而言,其实也是如此。只不过以后见之明来看,朱熹清理之后的建设性成就要比叶适更高更明显,而叶适则在怀疑的阶段上逗留得多了一些,在新的理论拓展上又少了一些。

其三,二程在北宋中期几个主要学派中是最为否定孟子以下诸人的,王安石尚且以扬雄为孟子的继承者,司马光则尊扬雄。苏学蜀党虽然也有不少谈论道统人物的文字,但

---

[325]《苏轼文集》卷二《中庸论上》,第60页。
[326]《直斋书录解题》卷一〇,第313页。

是这一派士人对建构道统系谱始终不如王安石和二程那么积极，苏轼曾激烈批评当时的风气说："近日士大夫皆有僭侈无涯之心，动辄欲人以周、孔誉己，自孟轲以下者，皆怃然不满也。"[327]然而，叶适虽然在怀疑《中庸》、非议孟子上可能受到了苏轼的影响，但他对道统承递的看法要比苏学积极很多，如上引叶适说"读书不知接统绪，虽多无益也"，其门人孙之弘为《序目》作序时，则称叶适是要"合乎孔子之本统"[328]。因此，我们可以认为，叶适对曾子—子思—孟子道统系谱的否定，并不是要否定儒家道统论，也不是要彻底瓦解儒家道统系谱，他只不过是把二程对五贤道统系谱的大力否定进一步极端化了，干脆连孔子以下也一并否定了。二程将道统系谱的建构从往后叠加逆转为往前回溯，而叶适则是进一步地往前回缩至孔子。

那么，叶适这种进一步极端化地回缩道统系谱的行为，其潜在前提是什么呢？朱熹曾批评叶适说："叶正则作文论事，全不知些着实利害，只虚论。"[329]朱熹竟然批评叶适是"虚论"而不"着实"，这与我们一般认为叶适重实际、好事功是完全不同的，朱熹在《答项平父》中说得更详细，云：

> 大抵人之一心，万理具备，若能存得，便是圣贤，更有何事？然圣贤教人所以有许多门路节次，而未尝

---

[327]《苏轼文集》卷四九《答李方叔书》，第1431页。
[328]《习学记言序目》附录一，第759页。
[329]《朱子语类》卷一二三，第2967页。

> 教人只守此心者,盖为此心此理虽本完具,却为气质所禀不能无偏。若不讲明体察,极精极密,往往随其所偏,堕于物欲之私而不自知。……中间得叶正则书,亦方似此依违笼罩而自处甚高,不自知其浅陋,殊可怜悯。[330]

朱熹所说的"自处甚高",是说叶适自以为得道。而其自以为得道的思想前提,便是朱熹所批评的"只守此心"。其实这也是道德性命之学兴起之后的普遍风气,王安石、二程乃至朱熹、陆九渊等无不如此,只不过将这个"心"发挥到什么程度,各人的底线有所不同而已。叶适也是如此,只不过朱熹认为叶适走过头了,省却了下面的穷理一段。叶适在《序目》中批驳了很多前人的说法,但他这本最用力的学术著作显然不是以考辨精博得当为特色,而是和宋代的大多数经史论著一样,以评论性的诠释发挥为主。不管是叶适好议前贤的怀疑精神,还是他要"合乎孔子之本统"的高度自信,显然都是通过极大地发挥"心"的作用来实现的。王安石父子因人以周孔比己而谓"知我",二程也说自己"得不传之学于遗经",那么叶适要"合乎孔子之本统",其实也不足为怪。

叶适对曾子—子思—孟子道统系谱的否定,自然有直

---

[330] 《晦庵先生朱文公文集》卷五四《答项平父》,见《朱子全书(修订本)》,第23册,第2543~2544页。

接针对朱熹乃至当时已经很是流行的道学风气的目的。然而，我们也要注意到，不仅叶适所处的思想空气中已经充满了道学气息，就是在他所继承的学术脉络中，程学也是最为重要的底色之一，他自己也为三先生（周敦颐、二程）、杨时、谢良佐的祠堂写过记[331]。而不管是对他有识拔之恩的吕祖谦，还是陈傅良和陈亮这两个对他的思想产生最大直接影响的人物，其实都是肯定孟子的，陈傅良尤其还有明确接受曾子—子思—孟子道统系谱的诗句，而叶适也曾为一个"讳希孟，字邹卿"的温州同乡作过墓志铭[332]。生长在这样的思想环境中，叶适其实不可能完全摆脱程学和孟子的影响。前文引过他的《温州新修学记》，该《记》作于嘉定八年（1215），叶适在其中仍然说曾子"唯而不悟"[333]，可见他始终是比较坚持对曾子的否定的，但是，他对于孟子却并非如此。我们既可以在他早年的《贤良进卷》中找到肯定和阐释《中庸》《大学》乃至其他肯定孟子的言语，也可以在他为同安县朱熹祠堂所写的记中看到这样的话："其博探详考，知本统所由，而后能标颜、曾、孟子为之传，揭《大学》《中庸》为之教。"[334]这也许是为朱熹祠堂而作，尚不意外，但

---

[331]《水心文集》卷一一《南安军三先生祠堂记》、卷一〇《龟山杨先生祠堂记》《上蔡先生祠堂记》，见《叶适集》，第191~192、160~161、165~166页。

[332]《水心文集》卷一五《宋邹卿墓志铭》，见《叶适集》，第281~282页。

[333]《水心文集》卷一〇《温州新修学记》，见《叶适集》，第179页。

[334]《水心文集》卷一〇《同安县学朱先生祠堂记》，见《叶适集》，第167页。

他在嘉定九年（1216）所作的两份与朱熹无关的学记中，也都写下了"孔孟"之类的话。[335]

总之，虽然叶适从早年尊孟转而到晚年非孟，但他其实无法完全摆脱孟子，我们既可以清楚地看到他清理并重构儒家道统系谱的意图，也可以看到他始终或正或反地受到师友的影响，毕竟他无法完全脱离当时程学流行的思想空气。叶适非孟而否定曾子—子思—孟子这一道统系谱，既有针对朱熹的目的，其实也是脱离师说的结果。在对荀、扬、王、韩的评价上，叶适似乎也在试图摆脱陈傅良的影响。

叶适和陈傅良的态度最为一致的，是对于荀子的否定。上文谈到，陈傅良虽然对荀、扬、王、韩总体持一种宽容的态度，但他批评得最多最激烈的就是荀子，他还专作《荀氏在轲雄之间论》以批判荀子不及孟子和扬雄。而叶适在早年的《贤良进卷》中有《扬雄太玄》和《王通》两篇，但没有讨论孟子、荀子、韩愈，这时已经可见他不好孟、荀、韩愈的端倪。他在晚年的《序目》卷四十四集中讨论了《荀子》，但其中哪怕是一句有保留地肯定荀子的话都没有。他在讨论《荀子》一文文末的总论中有一段结论性的评价，因为其中也涉及他对子思、孟子以及道统的看法，故繁引于下，云：

> 荀卿于陋儒专门立见识，隆礼而贬《诗》《书》，

---

[335]《水心文集》卷一一《信州重修学记》《长溪修学记》，见《叶适集》，第185、186页。

为入道之害，又专辨析诸子，无体道之弘心，皆略具前章。按后世言道统相承，自孔氏门人至孟、荀而止，孔氏未尝以辞明道，内之所安则为仁，外之所明则为学（学则六经也，门人之志于《六经》者少——原注），至于内外不得而异称者，于道其庶几矣。子思之流，始以辞明道（《中庸》未必专子思作，其徒所共言也——原注），辞之所之，道亦之焉，非其辞也，则道不可以明。孟子不止于辞而辨胜矣。荀卿本起稷下，凡有所言，皆欲挫辩士之锋，破滑稽之的，其指决割，其言奋呼，怒目裂眦，极口切齿，先王大道，至此散薄，无复淳完。或者反谓其才高力强，易于有行，然则诛少正卯，戮俳优，无怪乎陋儒以是为孔子之极功也。学者苟知辞辩之未足以尽道，而能推见孔氏之学以上接圣贤之统，散可复完，薄可复淳矣。不然，循而下之，无所终极，断港绝潢，争于波靡，于道何有哉！[336]

叶适虽然也认为孟子、扬雄未接孔子道统，但他更认为荀子对于"道"几乎没有任何贡献。如果不考虑他对孟、扬接续道统的否定，这倒与陈傅良大致相似。

在对于扬雄的评价上，叶适应该也受到了陈傅良和陈亮的影响。陈亮以为"扬雄度越诸子"，陈傅良也常以扬雄比孟子，对扬雄是比较肯定的。叶适既已否定孟子的道统地

---

[336]《习学记言序目》卷四四《荀子》，第645～654页，引文在第654页。

位，自然也不会对扬雄评价太高。但是，他在经常批评扬雄的同时，仍有不少赞许扬雄和为扬雄辩护的片段，这是与他全面否定荀子很不相同的。在叶适早年的《贤良进卷》的《扬雄太玄》中，他长篇大论地指出了《太玄》"求圣人之意而不得者三"，这是该文的主要内容，然而，他在文首即表明态度："扬雄为《太玄》以准《易》，世多讥之。《易》准天地而得天地，《玄》准《易》也，几得《易》也。得《易》而得天地矣，夫何伤，而又奚讥焉！天下患《易》之难知也，庶乎因《玄》而通之。"所以他才要批评《太玄》"求圣人之意而不得者三"，但是，这"非以病《玄》也，求通乎《易》而已矣"。在文末，他又再次表态："噫！雄之为书劳矣。"[337]

在《序目》讨论《太玄》时，他已对《十翼》明确表示了不满，《太玄》则"远在《十翼》之下数十等，安得为义理所归哉！"他批评扬雄"虽误后世，而自误岂少哉"，还顺带批评了司马光《潜虚》"比《玄》尤狭劣矣"[338]，已经彻底否定了《太玄》。在接下来讨论《法言》时，他对扬雄进行了更多的批评，否定的基调是显而易见的。他在讨论《法言·吾子》时指责扬雄续经，说《左传》"亦不得为经也，而况《太玄》《法言》乎"？在讨论《法言·问神》时也有类似的批评。在讨论《法言·问道》时，他更直接否定

---

[337]《水心别集》卷六《扬雄太玄》，见《叶适集》，第713～715页。
[338]《习学记言序目》卷四四《太玄》，第654～656页，引文在第655、656页。

了扬雄对于"道"的判断,说:"以道为止者,周公、孔子也;以道为始者,子思、孟轲也。至雄,则又失其所以始而以无不通为道。"而在讨论《法言·君子》时,他进一步总结说:"人有碍而我通之,未尝自碍而又自通也,孔子之《论语》是也;雄之《太玄》,自碍而又自通者也。"〔339〕至此,较诸其《贤良进卷》中的《扬雄太玄》,叶适对扬雄已从基本肯定转变为基本否定。而陈傅良对扬雄的肯定,乃至陈亮对扬雄续经的辩护,都已经被他彻底放弃。〔340〕但是,比起他对《荀子》一以贯之的批评,他对《法言》还是有些肯定之语的,如《序目》讨论《法言·寡见》时说扬雄比孟子高明,讨论《重黎》《渊骞》时说扬雄"论正,于大义有补",而在讨论对扬雄来说争议极大的《孝至》时,他更针对那些激烈批评扬雄仕莽的观点而进行批驳,指出扬雄"虽巽而不诡明矣",并在列举史实后说:"当时议论相承,未有以为不当作(《剧秦美新》)者。夫孔父仇牧死,晏婴不死;龚胜死,扬雄不死;古人各贤其贤,不以相厉也;而千载之后,方追数扬雄罪,为汉举法,惜哉!惜哉!"〔341〕叶适对扬雄既

---

〔339〕《习学记言序目》卷四四《法言》,第 656~662 页,引文在第 657、659、661~662 页。

〔340〕叶适对扬雄的看法应该是直接受到陈亮的影响,其《序目》讨论《法言·寡见》时,在引了扬雄诸语后,他评论说:"意皆为《太玄》发也。"即认为《法言》这几条是在阐释《太玄》,这与陈亮说"《法言》特其衍耳"是一致的。以《法言》乃衍流《太玄》之书,这种看法在历史上是很少见的,陈亮和叶适之一致,应该不是巧合。《习学记言序目》卷四四《法言·寡见》,第 660 页;《陈亮集》卷九《扬雄度越诸子》,第 98 页。

〔341〕《习学记言序目》卷四四《法言》,第 660、660~661、662 页。

否定而又始终难以彻底放弃的态度，其《贤良进卷·扬雄太玄》文末"噫！雄之为书劳矣"、《序目·法言》文末"惜哉！惜哉"的感慨，很难说没有陈傅良、陈亮肯定扬雄的感情因素在。

在对王通的评价上，叶适和陈亮几乎是完全一致的。前引陈亮在《类次文中子引》中说："天地之经，纷纷然不可以复正，文中子始正之，续经之作，孔氏之志也。世胡足以知之哉！"[342]叶适《贤良进卷》的《王通》一篇几乎完全是在阐释陈亮的这一判断，他在开篇引论的部分就阐明全文主旨说："善哉乎王通氏，其知天下之志乎！其有能为天下之心乎！何以知之？以其能续经而知之。"在论证后，他又说续经是"王通氏之所以独得于孔子之意也"，最后他还反击了前人对王通续经的批评，云："以续经而病王氏者，举后世皆然也，夫孰知其道之在焉！"[343]不过，可惜的是叶适《序目》没来得及讨论《中说》，但从他对扬雄续经的批判以及《序目》总体上都是否定前人的基调来看，大概此时的叶适对王通的评价也不会太高。

而在对韩愈的评价上，叶适和陈傅良则是完全相反的。叶适晚年既极力非孟，那么他对首推孟子得传儒道的韩愈自然不会有太多的好感，他在《序目》中评论说："后世惟一韩愈号能追三代之文，其词或仿佛似之，至于道之所在，岂

---

[342]《陈亮集》卷二三《类次文中子引》，第250页。
[343]《水心别集》卷八《王通》，见《叶适集》，第742～743页。

能庶几也！"[344]又说："后世乃谓'东汉以来，道丧文弊，房、杜、姚、宋不能救，而古文由韩愈始复振'，此论固不可易。本朝继之以欧、王、曾、苏，然虽文词为盛，往往不过记、叙、铭、论，浮说闲话，而着实处反不逮唐人远甚。"[345]这与北宋中期诸儒视韩愈为文士是大致相同的，但却与陈傅良"韩愈所得一于正"的判断完全相悖。

结语

由上可以看到，从叶适早年的《贤良进卷》到晚年的《习学记言序目》，他对于道统系谱的选择是有很大转变的。叶适早年深受陈亮和陈傅良的影响，不仅尊崇孟子，而且对扬雄、王通都有所偏好，而对于他此时可能就已经不大满意的荀子、韩愈也没有明确撰文批评。但是，到叶适晚年，他对道统系谱的筛选更为严格，甚至在当时就已经显得有些过于苛刻了。他晚年的转变固然有针对朱熹和理学的目的，但也并非全是为此而发，因为他同样也放弃了陈亮和陈傅良的很多判断，虽然始终难以完全摆脱其影响。

此外，叶适不仅和南宋大多数学者一样激烈批评王安石新学，对程学的批评也为人熟知，但是他又并非独独批评程学，同样也批评欧、苏一派和司马光之学，《序目》更是几乎把除孔子之外的所有古今经典、前人全都批评了一遍，

---

[344]《习学记言序目》卷六《毛诗·鲁颂·駉之什》，第79页。
[345]《习学记言序目》卷四〇《唐书三·列传》，第602页。

在他去世的前一年嘉定十五年（1222）的一篇文章中，他都还在反思说："孙、吴以狙诈祖兵制，申、商以险刻先治道。若夫言语之缛为辞章，千名百体，不胜浮矣，韩、欧虽挚之于古，然而益趋于文也；经传之流为注疏，俚笺臆解，不胜妄矣，程、张虽订之于理，然而未几性也。凡此皆出孔氏后，节目最大，余所甚疑。"[346]即只要是孔子之后的人、事、思想，他都有所怀疑，这其实仍是处在中唐以来经典怀疑思潮的延长线上。另一方面，叶适的意图也很明显，他希望通过清理宋代乃至整个思想史，进而以此为基础披沙拣金地重构儒学系统，后来黄震即观察说："乾、淳间，正国家一昌有之会，诸儒彬彬辈出而说各不同。晦翁本《大学》'致知格物'以极于治国平天下，工夫细密，而象山斥其支离，直谓即心是道。陈同甫修皇帝王霸之学，欲前承后续，力拄乾坤成事业，而不问纯驳。至陈傅良，则又精史学，欲专修汉唐制度、吏治之功。其余亦各纷纷，而大要不出此四者，不归朱则归陆，不陆则又二陈之归。虽精粗高下，难一律齐，而皆能自白其说，皆足以使人易知。独水心混然于四者之间，总言统绪，病学者之言心而不及性，则似不满于陆；又以功利之说为卑，则似不满于二陈。至于朱，则忘言焉。水心岂欲集诸儒之大成者乎？"[347]固守某种学说、坚持某个门户，这都不是叶适所关心的，他真正想做的工作是集宋代思

---

[346]《水心文集》卷一一《栎斋藏书记》，见《叶适集》，第199~200页。
[347]（宋）黄震：《黄氏日钞》卷六八《读文集十·叶水心文集》，见氏著：《黄震全集》，杭州：浙江大学出版社，2013年，第2027页。

想之大成,的确也有学者将叶适视为"宋代学术思想的总结者"[348]。就此来看,这与朱熹、吕祖谦的工作目的其实是一样的,只是叶适比吕祖谦乃至朱熹都走得更远,试图要"合乎孔子之本统",而可惜的是,他在建设性的工作上却未能取得与之相匹配的成就。

叶适晚年将道统系谱回缩至孔子,其实和朱熹清理孟子以下道统系谱的工作目的是有相同之处的,他们所针对的应该都是当时总体宽厚的道统系谱筛选风气。这是叶适比吕祖谦、陈亮、陈傅良都更进一步之处,只是他的标准比朱熹还要严苛,以至于在其他人看来显得有些不太合理。

第三节　朱熹、陆九渊对五贤道统系谱的清理

二程相当重视道统系谱的建构,不管是对五贤道统系谱的清理,还是对颜—曾—思—孟道统系谱的重构,其态度都是非常清晰的。二程弟子以及独宗程学的程门后学大多都能恪守和发展二程的道统观,但是如前文所述,在南宋中前期苏学占据总体优势的思想背景下,程学和苏学乃至司马光之学、王安石新学都出现了复杂的交融现象,或是受到司马光和苏学蜀党宽厚学风的影响,五贤道统系谱泛起了很大的余波。虽然孟子仍被大多数士人拔萃出来,并加以全面圣人化,

---

[348] 张义德:《叶适评传》第十章"叶适的历史地位及其对后世的影响"第二部分,南京:南京大学出版社,1994年,第337页。

他们也大多接受颜—曾—思—孟这一道统系谱,但是,不少士人都试图重新评价孟子之外的荀、扬、王、韩四贤,并广泛流行着宽厚以待的评价态度。王炎曾在《见程司业书》中写道:"夫子之心存,则夫子之道存。曰孟、曰扬、曰韩,吾以其道望之矣,以其心而许之矣。士非生乎其世,非见乎其人,而皆知其为孟、为扬、为韩者,为其以道而传于天下也。"又推崇其人说:"执事之名满天下,天下皆曰,今日之程子即前日之欧阳子、苏子也。"[349]但他写给张栻的书信却说:"孟子之学传于子思,子思传之曾子,曾子则亲见圣人而师之。"然而,"孟子之后,道之正统绝而不传。……今世论道学所传,学者往往曰自孟子之后,汉有扬氏,唐有韩氏。然扬子以言语求道,韩子以文章求道"。又说"盖自孟子之后,道之正统绝而不传,二程先生鸣道于伊洛之间,则道之正统绝而复传"。[350]这种既受二程道统观影响,却又不时偏离二程的现象,在独宗程学的士人看来,显然是对二程道统观的一种威胁,所以朱熹、陆九渊也都花了很大的精力来整理儒家道统系谱。他们一方面大力坚持和宣扬二程重构的颜—曾—思—孟这一道统系谱,一方面则极力否定孟子以下的荀、扬、王、韩诸贤,虽然朱熹遵循二程而对王通、韩愈有一定程度的肯定,但总体上仍将其排除在道统系谱之外。

---

[349] (宋)王炎:《双溪类稿》卷一九《见程司业书》,台湾商务印书馆景印文渊阁四库全书本,第1155册,第638、639页。
[350] 《双溪类稿》卷一九《上张南轩书》,台湾商务印书馆景印文渊阁四库全书本,第1155册,第641~642页。

一、程门后学对二程道统观的继承和发展

二程对道统系谱的看法非常清晰，其门人及后学大都继承了二程的看法，一方面继续拔出孟子而否定荀、扬、王、韩，另一方面则坚持二程重构的颜—曾—思—孟这一道统系谱。

元祐五年（1090），时为谏议大夫的朱光庭上疏请定子思封爵时即云："孟子师之（子思），然后得其传，固非荀、扬、韩之可企。"[351]即尊子思、孟子而贬低荀子、扬雄、韩愈，并开始试图将二程的道统观付诸制度实践。杨时曾答书胡安国说："自孟子没，圣学失传，荀卿而下，皆未得其门而入者也。七篇之书具在，始终考之，不过'道性善'而已。知此，则天下之理得，而诸子之失其传皆可见也。"[352]所谓"荀卿而下""诸子之失其传"，显然是指荀、扬、王、韩诸贤，而孟子之所以独出者正在其"道性善"，这都是二程明确表述过的看法。程门另一高弟游酢也曾说："孟子谓性善，正类此也。荀卿言性恶，扬雄言人之性善恶混，韩愈言性有三品，盖皆蔽于末流，而不知其本也。"[353]即也以性善论为标准，独尊孟子而否定荀、扬、韩。

---

[351]《历代名臣奏议》卷二七四《崇儒》，第3578页。
[352]（宋）杨时撰，林海权校理：《杨时集》卷二〇《答胡康侯》其二，北京：中华书局，2018年，第538页。
[353]（宋）游酢：《游廌山先生集》卷一《论语杂解·上智与下愚不移章》，见《宋集珍本丛刊》，第29册，第211页。

至于程门再传，二程对道统系谱的看法仍然被坚持下来。胡宏在整理二程语录时，就一面坚持曾子、子思、孟子以至于二程的道统系谱，一面否定荀、扬，他说："及颜氏子死，夫子没，曾氏子嗣焉。曾氏子死，孔子之孙继之。于其没也，孟氏实得其传。孟氏既没，……其间最名纯雅，不驳于正统者，莫如荀、扬。然荀氏以不易之理为伪，不精之甚也；扬氏以作用得后为心，人欲之私也。故韩子断之曰：'轲之死，不得其传。'"[354]其兄胡寅《斐然集》存留了不少策问，其中有五条涉及孟、荀、扬、王、韩诸贤，一条问"孟子学孔子之要安在？其所以为亚圣而于孔子有未及焉何故"，一条问"由孟子而下，其有传耶，其无传耶"，一条问"《六经》传世既久，在七国则荀卿氏，在汉则毛、董、子云，在隋、唐则王通、韩愈，皆号大儒，相望如晨星，然其孰为知道者耶"，一条问学子对韩愈《原道》仁义道德阐述的看法，还有一条则问学子对扬雄学术、人品的评价，[355]这些问题都是二程明确讨论过的，胡寅出题的目的非常清楚。

杨时门人中，其女婿陈渊和胡寅颇有交往，他也有一个策题要求学子辨析孟、荀、扬、韩的人性论，[356]而王蘋则在面对的《札子》中把韩愈《原道》的道统系谱作为立说

---

[354]《胡宏集·杂文·程子雅言前序》，第156～157页。
[355]（宋）胡寅撰，容肇祖点校：《斐然集》卷二九《零陵郡学策问》，北京：中华书局，1993年，第629、629、634、635、638页。
[356]（宋）陈渊：《默堂集》卷二〇《策问三》其二，台湾商务印书馆景印文渊阁四库全书本，第1139册，第511～512页。

的基础，[357]张九成在其将孟子全面圣人化的《孟子传》中也说："孟子之学，非口耳所传，非见闻所有，皆其超然独寤，深见天之所以在我者，而又能造化运用，施之事物之间，此所以卓卓乎周、孔之后，而荀、扬等辈不可仿佛其万一也。"[358]尤其在人性论这一点上，他更反复夸赞孟子而批判荀子、扬雄和韩愈，如他说："孟子言性善，深合孔子之论，而超百家诸子之上，是其所见人人皆可以为尧、舜，其补于名教也大矣。……性善之论，复何疑哉？荀卿、扬雄认人欲为性，故或谓恶，或谓善，韩愈又分为三品，皆圣门罪人也。恶足以知性？"[359]也说："孟子性善，故见圣人与我同类；荀卿性恶，故至李斯而焚书坑儒，行督责之政，而秦遂至于亡。则夫孟子之学，真得孔子之正统者欤！"[360]

尹焞门人韩元吉也大体如此，其《南涧甲乙稿》卷十七有《周公论》《老子论》《孟子论》《荀子论》《孔明论》《韩愈论》诸论。其《孟子论》极力以"性善之善不与恶对"论而为孟子性善论辩护，并在结论中说："是道也，惟《易》言之，孟子能明之耳。荀况、扬雄其皆未达于《易》

---

[357]（宋）王蘋：《宋著作王先生集》卷二《卯三月二十四日面对札子一》，见《宋集珍本丛刊》，第36册，第199~200页。
[358]（宋）张九成：《孟子传》卷七《公孙丑上》"人皆有不忍人之心"章，见氏著，杨新勋整理：《张九成集》，杭州：浙江古籍出版社，2013年，第780页。
[359]《孟子传》卷二六《告子上》"性无善无不善"章，见《张九成集》，第1034~1035页。
[360]《孟子传》卷二六《告子上》"富岁子弟多赖"章，见《张九成集》，第1037页。

者乎！"[361]其《荀子论》也说"传孔子之道曰孟子"，而批判荀子乃"未免于求合者"。[362]其《韩愈论》表述得更为明确，云："子思所谓性，孟子所谓仁，其皆合于孔子矣。自荀况、扬雄，曾不知以道为何物。董仲舒，汉儒之盛者，亦曰道者所繇适于治之路而已。又曰'大原出于天'，则圣人之道，人亦何自而求之，何自而得之哉？"而"韩愈之作《原道》，可谓勇于自信者也，非有假于他人之说也，其所见于道者如此也。然愈者能明圣人之功，而不能明圣人之道"。他还对韩愈《原道》"博爱之谓仁"进行了批评。[363]

不过，二程对孟子气象略有所差而不及颜子的判断，以及其对于君臣关系的保守看法，却逐渐被程门后学放弃，孟子逐渐趋于全面圣人化。有的门人对孟子的评价还沿袭着二程，如谢良佐即云："颜子学得亲切。如孟子，仰之弥高，钻之弥坚，无限量也。"但是，"人之气禀不同，颜子似弱，孟子似强。颜子，具体而微。……孟子强勇，以身任道。……虽然，犹有大底气象未能消磨得尽，不然，'藐大人'等语言不说出来，所以见他未至圣人地位"。所以，他认为"颜子扩充其学，孟子能为其大。孟子之才甚高，颜子之学粹美"。[364]这些基本上都是承袭二程的看法，在"藐大人"这

---

[361]《南涧甲乙稿》卷一七《孟子论》，第322页。
[362]《南涧甲乙稿》卷一七《荀子论》，第322页。
[363]《南涧甲乙稿》卷一七《韩愈论》，第325~326页，引文在第325页。
[364]（宋）朱熹编：《上蔡先生语录》卷上，长沙：商务印书馆，1939年丛书集成初编本，第3、2~3、15页。

一点上的看法也是如此。

朱熹《孟子精义》罗列了吕希哲、谢良佐、杨时、尹
焞等人对《尽心下》"孟子曰说大人则藐之"章的解释。谢
良佐说"诸国君相……只管行礼，又不与你计较长短"，又
引孔子言行为参照，《论语·八佾》："子曰：'事君尽礼，人
以为谄也。'"《论语·乡党》："朝，与下大夫言，侃侃如
也；与上大夫言，誾誾如也。君在，踧踖如也，与与如也。"
《论语·子罕》："子见齐衰者、冕衣裳者与瞽者，见之，虽
少，必作；过之，必趋。"谢良佐由是认为："其（孔子）德
全盛，自然到此，不是勉强做出来气象，与孟子浑别。……
（孟子）犹自参较彼我，未有合一底气象。"杨时的解说几乎
完全相同，他说："（孟子）以己之长，方人之短，犹有此等
气象，在孔子则无此矣。"他也引《乡党》和《子罕》为据，
说孔子"何暇藐人"，又引《礼记·祭义》："贵贵，为其近于
君也。……敬长，为其近于兄也。"最后说："故孔子谓君子
畏大人。"（《论语·季氏》）

然而，尹焞和吕希哲却已经基本上放弃了二程的看法。
尹焞释云："问孔子畏大人，孟子说大人则藐之，如何？
曰：孟子方其陈说君前，不直则道不见，故藐之。若其平
居，则其胸中亦未尝不畏且敬也。"则虽然尹焞还是认为
"藐大人"不当，但却肯定了"不直则道不见"的正面意义，
并以此而为孟子进行开脱。吕希哲还要更加激进，他说：
"大人，谓当时之尊贵也，所为多非先王之制，以道观之，
不足畏也。故曰：'说大人，则藐之，勿视其巍巍然。'富

贵之势则气舒意展，言语得尽。"这实际上也是"不直则道不见"之意，他又解释孔子之所以畏大人，是因为大人"有道"。如果大人"无道"，则君子应该建言拯救，而"藐之，所以钦之也"，所以他说："孟子之意，所言在我者道耳，在彼者势矣，道与势孰重？藐之所以伸道。"这就对孟子"藐大人"的主张已经完全肯定了。[365]

此后，到二程再传及其他后学，则基本上都放弃了二程的看法，而与吕希哲更加接近。胡宏《释疑孟》在批驳司马光《疑孟》指责孟子骄君时便说道："自秦、汉以来，师傅道绝，朝廷乏仪，大抵皆袭嬴氏尊君抑臣之故，无三代之遗风久矣。司马子习于世俗，溺于近闻，譬之安于培塿者骤窥泰山，乌得不惊且疑乎？"[366]胡宏门人张栻《孟子说》解说此章也基本上沿袭吕希哲的解释，他说："视其巍巍然，则动于中；动于中，则慕夫在彼之势，而诎其在我之义矣。……士必寡欲而后能守古制，守古制而后知所自重，知自重而后不为势所诎。使其言听而道行，则生民斯受其福矣。"[367]朱熹也大体如此，他在《孟子集注》中节取了杨时解释的"以己之长，方人之短，犹有此等气象，在孔子则无此矣"一段，却删掉了杨时表达批评的后半段，让人误以为杨时也是持赞许

---

[365]（宋）朱熹：《孟子精义》卷一四《尽心下》"孟子曰说大人则藐之"章，见《朱子全书（修订本）》，第7册，第842～844页。
[366]《释疑孟·师》，见《胡宏集》，第324页。
[367]（宋）张栻：《南轩先生孟子说》卷七"说大人则藐之"章，见氏著，杨世文点校：《张栻集》，北京：中华书局，2015年，第646～647页。

的态度，不仅如此，他还自己注解说："此皆其所谓巍巍然者，我虽得志，有所不为，而所守者皆古圣贤之法，则彼之巍巍者，何足道哉！"[368]实际上也基本是吕希哲的思路。

此外，最为值得注意的是张九成《孟子传》，他将孟子颇似傲慢的言行逆转为孟子之所以是为"圣人"的过人之处。张九成虽然没有直接解说此章，但他在解说《公孙丑下》"孟子去齐宿于昼"章时进行了很长篇幅的论述，比较详细地表达了他对孟子这类颇似"傲慢"的言行的理解。朱熹《孟子精义》于此章仅仅搜录了尹焞的解释，而尹焞大体也不过说孟子继承了子思而已，并未有所发挥，[369]可见此章在此前的理学家看来并不那么重要。然而，张九成却在此章大做文章，他开篇即说："孟子识见高远，直与当时后世所见绝不同，此所以非，所以疑，所以骂。当年如陈臻、屋庐子、淳于髡之徒，后世如荀卿、司马公、李泰伯之徒，近日如郑厚之徒，自信者或至于讥，忠厚者或至于疑，忿疾者或几于骂矣。"可见其对此章的发挥，正是要回应以往非孟者对孟子诸多"傲慢""骄君"言行的批评。张九成经过繁复的辨析后说道：

（孟子）所见迥与当时、后世超绝不等。夫孟子

---

[368] 《孟子集注》卷一四《尽心下》，见其《四书章句集注》，北京：中华书局，1983年，第373～374页。
[369] 《孟子精义》卷四《公孙丑下》"孟子去齐宿于昼"章，见《朱子全书（修订本）》，第7册，第696页。

之学,不学颜、闵、伯牛,不学伯夷、柳下惠、伊尹,而独学孔子。……阖辟变化不可窥测处,此皆千圣秘奥传心之法。孟子一旦剖决发露,使人知圣人有如此事。呜呼!迥出凡情俗虑之外,超然如云龙之变化、六子之回旋,岂可以私智窥测议论其万一乎?窃以谓当时、后世之人所以合孟子之意者,千万人中一二而已矣。……士大夫不学则已,学则当学孟子用先王之道以御当世之变,惟见识超绝于凡俗之外,然后能运动枢极,斡旋造化,转桀纣为尧舜,变盗跖为伯夷,而使人人有士君子之行矣。其用如此,可不勉之哉?〔370〕

可见他不仅不认为孟子的这些言行是其"气象"未至于孔、颜的表现,反而认为正是孟子得传"千圣秘奥传心之法"的"不可窥测处"。他以这种方式否定了以往非孟者甚至二程对孟子的批评,又在《孟子传》中反复申明孟子因曾子、子思的过渡而得孔子真传,反复强调孟子"真得孔子之正统",将孟子全面圣人化。而古今为《孟子》作"传"者,似乎也就张九成一人,即便后来朱熹也仅仅是为之作"注"而已。其友施德操作《孟子发题》推崇孟子云:"孟子有大功四:道性善,一也;明浩然之气,二也;辟杨、墨,三也;黜五霸而尊三王,四也。"然而张九成却评论说:"谓之'功',

---

〔370〕《孟子传》卷九《公孙丑下》"孟子去齐宿于昼"章,见《张九成集》,第813~815页。

似亦未善。"[371] 其实程颐也说过"孟子有功于圣门不可（胜）言"之语[372]。两相比较，则以张九成为代表的二程后学对孟子的推崇更进了一步，孟子逐渐趋于全面圣人化。

赵宋南渡以后，王安石新学仍然在较长时期内保持着一定的影响力，但其独尊局面则被打破，理学与苏学逐渐取代了其思想和政治地位。然而，不管是新学还是理学抑或苏学，都同样瓦解了五贤道统系谱，把孟子拔萃出来，并围绕孟子进行道统系谱重构。而且，颜—曾—思—孟这一重构起来的新道统系谱，从北宋中后期开始就越来越被诸多学派的士人所接受，这更加有利于孟子地位的巩固和进一步拔升。此外，非孟思潮又在宋高宗时屡屡遭遇严重打击。不管在思想上还是政治上，都形成了对孟子全面圣人化极为有利的环境。此后，除了极少数士人如叶适会对孟子有所批评外，孟子的道统地位不仅彻底稳固下来，而且愈趋全面圣人化。即便叶适激烈非孟，也没有造成大的影响。其实朱熹反倒是比较坚持二程对孟子的一些批评，但他的坚持却几乎被其他人完全忽略掉了。

二、陆九渊对五贤道统系谱的清理

陆九渊学无师承，也和二程没有直接渊源。他在为其兄陆九龄所作的《行状》中，称陆九龄十六岁游郡学，"时

---

[371]《宋元学案》卷四〇《横浦学案》，第1319、1323页。
[372]《河南程氏遗书》卷一八，见《二程集》，第221页。

方挽程氏学,先生独尊其说",郡博士徐嘉言很欣赏陆九龄,但第二年徐氏就离世了。陆九渊接着又列举了几个和陆九龄有关的学者,其中以陆九龄在太学时的老师汪应辰名气最大,汪应辰"少从吕居仁、胡安国游。张栻、吕祖谦,深器许之,告以造道之方",[373]算是程门嫡系,但是陆九龄在太学的时间很短,而且陆九渊的表述也并不认为汪应辰和陆九龄有正式的师生名分,其他几人更是如此。有人曾致书陆九龄,夸赞其"文辞近古,有退之、子厚之风;道学造微,得子思、孟轲之旨",大概陆九龄也和杨万里、陈亮、陈傅良、叶适等人一样,早年是以善文而知名的,但陆九渊并不看重这点,而且说陆九龄在太学的时候"据经明理",不好场屋之文。[374]

陆九渊自己的情况和陆九龄差不多,《象山年谱》称陆九龄夸奖陆九渊"高明,自幼已不同",又载陆九渊十三岁时就已经因"宇宙字义"而悟出了心同理同的道理。[375]弟子曾问陆九渊:"先生之学亦有所受乎?"他直接回答说:"因读《孟子》而自得之。"[376]这与程颢说"吾学虽有所受,天理二字却是自家体贴出来"[377],程颐也说其兄"得不传之

---

[373]《宋史》卷三八七《汪应辰传》,第11882页。按,标点本原断作"少从吕居仁、胡安国游,张栻、吕祖谦深器许之,告以造道之方",容易滋生误解。汪应辰年辈较二人为长,实际上应是汪应辰器许二人。
[374]《陆九渊集》卷二七《全州教授陆先生行状》,第313页。
[375]《陆九渊集》卷三六《年谱》,第482~483页。
[376]《陆九渊集》卷三五《语录》下,第471页。
[377]《河南程氏外书》卷一二,见《二程集》,第424页。

学于遗经"[378]，没有多大区别。大概正是由于陆九渊本非程门嫡系后学，少却了固守师门的忌讳，所以他才可以毫不隐瞒自己对程颢的偏好，而不时对程颐有所批评，《年谱》说他八岁时就已经羡慕曾子而怀疑"伊川之言，奚为与孔孟之言不类"了[379]，他其后也曾说："元晦似伊川，钦夫似明道。伊川蔽固深，明道却通疏。"[380]后来不少人便把张栻换成了陆九渊，认为陆九渊继承程颢，而朱熹继承程颐。陆九渊对二程的态度，与朱熹极力维护二程的一致性是有所区别的，不过，陆九渊也大体还是能坚持和融通二程的看法，在对儒家道统系谱的看法上就是如此。

陆九渊毫无疑问是曾子—子思—孟子这一道统系谱的坚持者，也是荀、扬、王、韩的有力批评者。他认为："自曾子传之子思，子思传之孟子，乃得其传者，外此则不可以言道。"[381]他也曾系统地表达过自己对道统系谱的看法，云：

> 由孟子而来，千有五百余年之间，以儒名者甚众，而荀、扬、王、韩独著，专场盖代，天下归之，非止朋游党与之私也。若曰传尧舜之道，续孔孟之统，则不容以形似假借，天下万世之公，亦终不可厚诬也。

---

[378]（宋）程颐：《明道先生墓表》，《河南程氏文集》卷一一，见《二程集》，第640页。
[379]《陆九渊集》卷三六《年谱》，第481~482页。
[380]《陆九渊集》卷三四《语录》上，第413页。
[381]《陆九渊集》卷一《与李省幹》其二，第15页。

> 至于近时伊洛诸贤，研道益深，讲道益详，志向之专，践行之笃，乃汉唐所无有，其所植立成就，可谓盛矣！然江汉以濯之，秋阳以暴之，未见其如曾子之能信其皜皜；肫肫其仁，渊渊其渊，未见其如子思之能达其浩浩；正人心，息邪说，距诐行，放淫辞，未见其如孟子之长于知言，而有以承三圣也。[382]

即明确认同曾子—子思—孟子这一二程重构的道统系谱，否定二程解构的荀、扬、王、韩这一旧道统系谱。陆九渊门人也大体如此，在坚持曾子—子思—孟子这一道统系谱上，杨简曾说："百圣所传，惟此一心。曾子传之子思，……子思传之孟子。"[383]孙应时也说："曾子、子思、孟轲没，孔氏之书仅存，而学不传千五百年。"[384]

陆九渊也有一个《策问》说："孟子之后，以儒称于当世者，荀卿、扬雄、王通、韩愈四子最著。"接着列举了荀子非子思、孟子，扬雄近老子之"道德"，王通主张三教合一，韩愈排佛不胜等老问题，要求学子进行辨析。[385]傅子云所录的陆九渊《语录》中，有三条连续批评扬雄、韩愈、

---

[382]《陆九渊集》卷一《与侄孙浚书》，第13页。
[383]《慈湖遗书》卷一一《家记五·论〈论语〉下》，见《杨简全集》，第3126页。
[384]《烛湖集》卷九《遂安县学两祠记》，台湾商务印书馆景印文渊阁四库全书本，第1166册，第626页。
[385]《陆九渊集》卷二四《策问》其三，第288~289页，引文在第288页。

荀子的记录，另有两条批评韩愈的记录，[386]陆九渊所论，也屡屡并及诸人，其清理五贤道统系谱余波的意图还是很明显的。

不过，与朱熹相比，陆九渊今存文字中具体批评荀、扬、王、韩之处并不算多。陆九渊也曾和二程一样夸赏过韩愈《原道》，云："退之言：'轲死不得其传。''荀与扬，择焉而不精，语焉而不详。'何其说得如此端的。"[387]与二程所言几乎完全相同。荀、扬、王、韩诸人中，他批评最多最严厉的是荀子和王通，评价稍高的是扬雄和韩愈。

陆九渊谈论荀子不多，大概荀子对他来说已经没有多少品评的必要，尤其荀子哪怕在南宋的宽厚评判中也没有获得多少人的同情。他在上引《策问》中指出荀子非子思、孟子，也指出王通主张三教合一导致佛教流行。此外，他也批评过《荀子·解蔽》[388]，说："文以理为主，荀子于理有蔽，所以文不雅驯。"[389]杨简也批驳荀子的性恶论云："荀卿子言性恶而自背驰。……荀卿曰：'人之性恶，其善者伪也。'其《大略篇》则曰：'虽桀纣不能去民之好义，然而能使其好义，不胜其欲利也。'夫不能去民之好义，则人性之本善，验矣。"[390]

---

[386] 《陆九渊集》卷三四《语录》上，第404、399、410页。
[387] 《陆九渊集》卷三四《语录》上，第410页。
[388] 《陆九渊集》卷三四《语录》上，第404页；卷三五《语录》下，第448页。
[389] 《陆九渊集》卷三五《语录》下，第466页。
[390] 《慈湖遗书》卷一四《家记八·论诸子》，见《杨简全集》，第2177～2178页。

《太玄》是陈亮、叶适都讨论过的著作，叶适还大力对《太玄》进行了彻底的批判，陆九渊也批评《太玄》说："子云之《太玄》，错乱蓍卦，乖逆阴阳，所谓君不君，臣不臣，父不父，子不子。由汉以来，胡虏强盛，以至于今，尚未反正。而世之儒者犹依《玄》以言《易》，重可叹也。"[391]这与孙复和李觏的《太玄》刺莽说几乎是完全相反的判断。陆九渊又曾说："（扬雄）说得不是，此无足怪，子云亦未得为知道者也。"[392]又云："扬子默而好深沉之思，他平生为此深沉之思所误。"[393]并云："扬子云好论中，实不知中。"[394]

陆九渊虽然赞赏韩愈《原道》对道统系谱判断的"端的"，但也批评韩愈说："韩退之是倒做，盖欲因学文而学道。欧公极似韩，其聪明皆过人，然不合初头俗了。"[395]又说："韩退之原性，却将气质做性说了。"[396]这种看法几乎完全来自二程。荀、扬、王、韩之中，陆九渊因为提倡师道而对扬雄、韩愈评价稍高，他说："扬子云、韩退之虽未知道，而识度非常人所及，其言时有所到而不可易者。扬子云谓：

---

[391]《陆九渊集》卷一五《与吴斗南》，第201～202页。
[392]《陆九渊集》卷七《与彭子寿》，第91页。
[393]《陆九渊集》卷三四《语录》上，第404页。关于扬雄好"深沉之思"，朱熹也曾谈及，他说："扬子云为人深沈，会去思索。"只是他觉得扬雄的思索虽有些道理，但"亦不透彻"。陆九渊和朱熹对于扬雄"深沉"的不同评价，或也是二人学术思想路径差异的一种体现。《朱子语类》卷一三七，第3260、3261页。
[394]《陆九渊集》卷三五《语录》下，第434页。
[395]《陆九渊集》卷三四《语录》上，第399页。
[396]《陆九渊集》卷三四《语录》上，第404页。

'务学不如务求师。师者，人之模范也，模不模，范不范，为不少矣。'韩退之谓：'古之学者必有师，师者所以传道授业解惑也，人非生而知之，孰能无惑？惑而不求师，其为惑也，终不解矣。'近世诸儒，皆不及此，然后知二公之识不易及也。"[397]这其实也是来源于二程对韩愈的评价，只不过陆九渊又加上了扬雄。

陆九渊和杨简最为大力批判的是王通。陆九渊曾云："王文中《中说》与扬子云相若，虽有不同，其归一也。"[398]但这并非赞许之语。大概由于陈亮对王通续经的推崇导致很多士人"不说孔孟，只说文中子"[399]，陆九渊因而写了一篇《续书何始于汉》，专力指责王通续经，这是他传世文字中仅有的一篇专门针对荀、扬、王、韩中的某一位进行评价的文字。该文云："安于所习而绝意于古，固君子之所患也。以其所知而妄意于古，尤君子之所大患也。君臣上下之大分，善恶义利之大较，固天下不易之理，非有隐奥而难知者也。然而世衰道丧，利欲之途一开，而莫之或止，角奔竞逐，相师成风，如大防之一溃，滥漫衍溢，有不可复收之势。"这显然是在针对陈亮与朱熹进行王霸义利之辨时的看法。在陆九渊看来，汉唐根本毫无足取，而王通竟然采摘两汉魏晋南北朝之事以续经，这会使人"不知涯分，偃蹇僭越，自以为是，人皆悦之，而不可与人尧舜之道"。文末，陆九渊激烈

---

[397]《陆九渊集》卷四《与曾敬之》其三，第59页。
[398]《陆九渊集》卷三五《语录》下，第434页。
[399]《朱子语类》卷一二三，第2966页。

批评王通说:"《续书》何始于汉,吾以为不有以治王通之罪,则王道终不可得而明矣。"[400]这与朱熹的警惕和批评是大体相同的(详见后文)。

杨简花了更大的力气来批判王通。他在《论诸子·王通》中说,"学者多为所欺,故靡然从之",这与朱熹观察"不说孔孟,只说文中子"的情况差不多。杨简在《论诸子·王通》中拈出了很多《中说》里的话来进行批判,总之,他认为"王通之学陋甚","(王)通之书依仿圣言,窃取其近似而实非也","(王)通不会圣人之旨,仿而言之,自谓无悖矣,不知冰炭之不同也"。他甚至说:"(王)通之妄至此,殆不足辨。惟其群弟子宦达,尊称其师,书行于世,其言亦足以惑乱学者。"《中说》所载王通的那些名臣"弟子",本是部分士人怀疑王通真实性的重要一点,然而杨简却"信以为真",并以之批判王通,他进而说:"房玄龄、杜如晦传其学,辅太宗,杀建成、元吉,乱巢妃,亦(王)通此等学术议论有以启之也。"因为王通"滋惑后世",所以他"不得已致辨"。[401]其《论治道》也批评王通之学"导后世入于利欲之途,致祸乱于无穷也。房玄龄、杜如晦传其学,故玄龄首劝太宗用周公之迹以文其利心,而如晦赞之决,又使太宗不自以为耻,欲史氏明书之,以比于周公",

---

[400]《陆九渊集》卷三二《续书何始于汉》,第382~383页。
[401]《慈湖遗书》卷一四《家记八·论诸子》,见《杨简全集》,第2174~2176页。

接着又进行了很长篇幅的论证,并极力指责其危害性。[402]

朱熹曾说,"太宗朝一时人多尚文中子,盖见朝廷事不振,而文中子之书颇说治道故也"[403],也认为"仲淹之学颇近于正,而粗有可用之实"[404]。而王通之所以在宋代一直能不愠不火地保持着一定的影响力,主要原因之一就是其"颇说治道",这也是朱熹对其部分肯定的原因所在。然而,陆九渊、杨简连这点也全盘否认了,他们对王通的否定要比朱熹彻底得多。[405]

三、朱熹对五贤道统系谱的清理

朱熹对儒家道统系谱的看法影响极其深远,他坚持颜子—曾子—子思—孟子这一二程重构起来的道统系谱,并将其付诸祭祀实践,这是学者所熟知的。不仅如此,朱熹还用力清理了五贤道统系谱的残余影响,他对荀、扬、王、韩的品评和定位,对诸贤的历史评价和道统地位都有着引导性甚至决定性的影响。

---

[402]《慈湖遗书》卷一六《家记十·论治道》,见《杨简全集》,第2212~2214页,引文在第2213页。
[403]《朱子语类》卷一二九,第3085页。
[404]《晦庵先生朱文公文集》卷六七《王氏续经说》,见《朱子全书(修订本)》,第23册,第3283页。
[405] 王阳明对王通的评价与陆九渊大为不同,他是比较肯定王通的。他不仅认为王通拟经、续经没有多少不妥,甚至还说王通是"贤儒",与韩愈这样的"文人之雄"是不同的。在对王通的评价上,王阳明反而与朱熹更为接近。(明)王阳明撰,邓艾民注:《传习录注疏》上、中,上海:上海古籍出版社,2012年,第17~20、46、140~141页。

朱熹和吕祖谦合编的《近思录》，最后一卷《圣贤》"论圣贤相传之统，而诸子附焉"[406]。该卷在辑录完四条二程论先王和颜子、曾子、子思、孟子的语录后，接着辑录了十一条二程论孟子以下诸儒的语录，接下来才辑录与周敦颐及以下理学家有关的条目。那十一条二程论孟子以下诸儒的语录中，有一条论董仲舒，三条论诸葛亮（其中两条都只有四字评语），其余七条全都是评论荀、扬、王、韩之语。[407]

《朱子语类》卷一三七题为《战国汉唐诸子》，该卷开篇录朱熹论《孔子家语》两条，论《孔丛子》一条，论《管子》三条，论《国语》两条，论申、韩、杨、老一条，其余除了一条专论并否定贾谊，另有连续十一条论董仲舒及汉儒外，全都是在议论荀、扬、王、韩四人，时而也会夹杂董仲舒于其间。该卷有弟子"问荀、扬、王、韩四子"，朱熹"令学者评董仲舒、扬子云、王仲淹、韩退之四子优劣"的记录，而贾谊和董仲舒本来也是古文运动偶尔会附加在五贤道统系谱之中的人物，二程清理五贤道统系谱时就曾讨论过贾谊和董仲舒。[408]

在朱熹的文集中，大概缘于当时陈亮对王通续经的推崇所造成的巨大影响，和陆九渊作《续书何始于汉》一样，

---

[406] 叶采《近思录集解》评末卷语，见程水龙：《〈近思录〉集校集注集评》卷一四，上海：上海古籍出版社，2019年修订本，第1041页。
[407] 《近思录》卷一四《圣贤》，见《朱子全书（修订本）》，第13册，第283～284页。
[408] 《朱子语类》卷一三七，第3252～3276页。

朱熹也专门写了一篇长文《王氏续经说》，对王通续经进行了激烈批判。《王氏续经说》也一并涉及王通与荀、扬、韩之间的优劣比较，其看法与《朱子语类·战国汉唐诸子》一卷中所记的议论大体相同。此外，朱熹除了花较大精力考订韩愈文集外，其他文字中涉及荀、扬、王、韩的地方并不算多，只是为了反复批评扬雄仕莽而对扬雄的忠节问题涉及稍多。

从上述《近思录》《朱子语类》《王氏续经说》的情况来看，朱熹显然是着力清理过五贤道统系谱的残余影响的，而且他不仅讨论了荀、扬、王、韩，还评价了贾谊、董仲舒和诸葛亮。总体来看，朱熹基本上是在坚持和发挥二程的看法：他对孟子的圣贤气象仍然有所保留，否定荀子，否定扬雄，激烈批判王通续经而又于四人中最为推崇王通，赞赏韩愈的识见而又否认韩愈知"道"。

前文谈到，二程对孟子的评价在其时并不是最高的，他们对孟子的圣贤气象仍然有所保留，但是经过二程后学的努力扭转，即便在理学系统内，孟子的形象也已经逐渐全面圣人化了。然而，朱熹却仍然不时沿袭二程的看法，二程曾说："仲尼，元气也；颜子，春生也；孟子，并秋杀尽见。"[409]弟子以此问朱熹，他解释说："仲尼无不包，颜子方露出春生之意，如'无伐善，无施劳'是也。使此更不露，便是孔子。孟子便如秋杀，都发出来，露其才。如所谓英

---

[409]《河南程氏遗书》卷五，见《二程集》，第76页。

气,是发用处都见也。"[410]即对二程的看法做了进一步的阐释,也区分了孔子、颜子、孟子在气象上的不同。他在《论孟精义》开篇的《论孟纲领》中专辟一节"论孔孟气象",收录了二程评论孔孟气象的十一条语录。[411]在《孟子集注》开篇的《孟子序说》中,他同样也收录了三条。[412]朱熹应该是倾向于二程的保留看法的,否则他没有必要将这些语录一一抄录其间。但是,在当时将孟子逐渐全面圣人化的思想趋势下,朱熹的倾向也很少被人注意。

关于荀、扬、王、韩之高下,朱熹在《王氏续经说》一文中有比较明确的定位,为了比较全面地展示朱熹的看法,兹摘录如下:

> 王仲淹生乎百世之下,读古圣贤之书而粗识其用,则于道之未尝亡者,盖有意焉,而于明德新民之学,亦不可谓无其志矣。然未尝深探其本而尽力于其实,以求必得夫至善者而止之。……及其无以自托,乃复捃拾两汉以来文字言语之陋,功名事业之卑,而求其天资之偶合,与其窃取而近似者,依仿《六经》,次第采辑,因以牵挽其人,强而跻之二帝三王之列……
> 或曰:"然则仲淹之学固不得为孟子之伦矣,其视

---

[410]《朱子语类》卷九六,第2474页。
[411]《论孟精义·纲领·论孔孟气象》,见《朱子全书(修订本)》,第7册,第15~16页。
[412]《四书章句集注·孟子序说》,第199页。

荀、扬、韩氏，亦有可得而优劣者耶？"

曰："荀卿之学，杂于申、商；子云之学，本于黄、老。而其著书之意，盖亦姑托空文以自见耳，非如仲淹之学，颇近于正，而粗有可用之实也。至于退之《原道》诸篇，则于道之大原若有非荀、扬、仲淹之所及者，然考其平生意向之所在，终不免于文士浮华放浪之习，时俗富贵利达之求；而其览观古今之变，将以措诸事业者，恐亦未若仲淹之致恳恻而有条理也。是以予于仲淹独深惜之，而有所不暇于三子。"[413]

朱熹是仔细斟酌后才付诸文字的，这比《语类》中记录的平日讨论要更为严谨，当然也省却了一些枝节的评判。以下再辅以《朱子语类》卷一三七《战国汉唐诸子》中朱熹的看法，为免烦琐，下文不再单独出注。[414]

总的来看，朱熹认为王通高于韩愈，韩愈高于荀、扬，他曾说："孟子后，荀、扬浅，不济得事。只有个王通、韩愈好，又不全。"他虽然不及陈亮、叶适那么推崇王通，但是其实对王通已经评价颇高了，只不过陈亮、叶适称赏王通续经，而朱熹恰好在续经这一点上激烈否定王通。他说："文中子续经，犹小儿竖瓦屋然。世儒既无高明广大之见，因遂尊崇其书。"他为何如此激烈否定王通续经呢？他说王通

---

[413]《晦庵先生朱文公文集》卷六七《王氏续经说》，见《朱子全书（修订本）》，第23册，第3282～3283页。
[414]《朱子语类》卷一三七，第3252～3276页。

"有个意思,以为尧舜三代,也只与后世一般,也只是偶然做得着",这是他与陈亮、叶适历史观的根本分别处,朱熹自然不肯就此放过。但较之陆九渊、杨简认为房、杜得王通之学而"辅太宗杀建成、元吉,乱巢妃",朱熹则说:"房、杜如何敢望文中子之万一!其规模事业,无文中子仿佛。某尝说,房、杜只是个村宰相。文中子不干事,他那制度规模,诚有非后人之所及者。"他对王通的态度是很不一样的。而朱熹最为看重王通之处,也就是因为其"说治乱处与其他好处极多","论时事及文史处尽有可观",其实也就是因为王通"颇说治道",这是与其"外王"理想相符合的。然而,在"外王"前提的"内圣"工夫上,则可惜王通"不曾向上透一着,于大体处有所欠阙",他说,"文中有志于天下,亦识得三代制度,较之房、魏诸公文,稍有些本领,只本原上工夫都不曾理会。若究其议论本原处,亦只自老、庄中来",认为王通"间有见处,也即是老氏",其"向上事只是老、释"。

和二程一样,朱熹也说韩愈"文字尽好,末年尤好",他也很赞赏韩愈的"识见",但也进一步指出韩愈在"内圣"工夫和"外王"用心上的欠缺,他曾说:"韩退之则于大体处见得,而于作用施为处却不晓。……(但)只是空见得个本原如此,下面工夫都空疏,……自朝至暮,自少至老,只是火急去弄文章;而于经纶实务不曾究心,所以作用不得。……兼他说,我这个便是圣贤事业了,自不知其非。"程颐曾说韩愈《读墨》认为荀、扬"大醇而小疵"是韩愈"责人甚恕",但朱熹却说韩愈"不是责人恕,乃是看人不破",而"其称孟子'醇乎醇',亦只是说得到,未必真见得到"。朱熹甚至认为韩愈"当初若早有向里底工夫,亦早落在(禅)中去了",而韩愈排佛则更"只是粗迹。至说道理,却类佛"。较之朱熹对王通的看法,则韩愈不仅和王通一样在"内圣"上大有欠缺,在"外王"治道上更无法和王通相提并论。

对于荀子,朱熹也有夸赏其语"说得好""说得处也自实"的地方,又说"看得荀子资质,也是个刚明底人",但他总体上还是认为荀子"只是粗。他那物事皆未成个模样,便将来说",又说"荀卿则全是申、韩,……他那做处粗,如何望得王通",明确在整体上否定荀子之学。

朱熹批判最多、影响也最大的是扬雄。他虽然也说扬雄"工夫比之荀子,恐却细腻",但仍然教育门人"不要看扬子,他说话无好处,议论亦无的实处"。他认为扬雄"全是黄老",说"扬雄最无用,真是一腐儒。他到急处,只是投黄老。……他见识全低,语言极呆,甚好笑!荀、扬二人自不可与王、韩二人同日语"。他对扬雄的学术归宿、人性论、《太玄》等都进行了大力的批判和彻底的否定。而朱熹对扬雄否定得最激烈,影响也最大的一点,乃是扬雄的政治忠节。

朱熹认为扬雄对明哲保身的理解完全是"占便宜底说话,所以他一生被这几句误"[415]。他在《楚辞后语》论及扬雄《反离骚》时,特意说这是"汉给事黄门郎、新莽诸吏中

---

[415]《朱子语类》卷八一,第2137页。

散大夫扬雄之所作",并云:"王莽为安汉公时,雄作《法言》,已称其美,比于伊尹、周公。及莽篡汉,窃帝号,雄遂臣之,以耆老久次转为大夫。又仿相如《封禅》文,献《剧秦美新》以媚莽意,得校书天禄阁上。"他断定扬雄"为屈原之罪人",而《反离骚》"乃《离骚》之谗贼",[416]让扬雄之仕莽与屈原之死国形成鲜明对比。《楚辞后语》又录蔡琰《胡笳》,其意却"非恕琰也,亦以甚雄之恶"[417]。在《楚辞辩证》中,他也仍然不忘指责扬雄"专为偷生苟免之计"[418]。当然,朱熹对扬雄最彻底、影响最大的否定乃是其在《资治通鉴纲目》中书"莽大夫扬雄死"[419]。朱熹这种过于苛刻的评价在当时就引起不少反弹,前述叶适即已不许,尤袤则至少两度致书朱熹提出反对意见,但朱熹却解释说:"(扬雄)其与王舜之徒所以事莽者虽异,而其为事莽则同,故窃取赵盾、许止之例而概以莽臣书之,所以著万世臣子之戒,明虽无臣贼之心,但畏死贪生而有其迹,则亦不免于诛绝之罪。此正《春秋》谨严之法。"[420]

由上可见,朱熹和二程对于孟、荀、扬、王、韩的评

---

[416]（宋）朱熹:《楚辞后语》卷二《反离骚》,见《朱子全书（修订本）》,第19册,第248、249页。

[417]《楚辞后语》卷三《胡笳》,见《朱子全书（修订本）》,第19册,第265页。

[418]《楚辞辩证》下《晁录》,见《朱子全书（修订本）》,第19册,第215页。

[419]《资治通鉴纲目》卷八,见《朱子全书（修订本）》,第8册,第508页。

[420]《晦庵先生朱文公文集》卷三七《答尤延之》其二,见《朱子全书（修订本）》,第21册,第1632页。

价没有多大的区别，而在对贾谊、董仲舒的品评上，乃至别处对于诸葛亮的评论上，朱熹也大致坚持了二程的看法。《近思录》所节取的二程诸条语录，其取向也大体一致。其后，由于朱熹的巨大影响，他对于儒家道统系谱的看法渐成共识，而荀、扬、王、韩乃至董仲舒的历史地位也基本上有了定论，古文运动所建构起来的五贤道统系谱的整体性影响最终趋于湮没。

朱熹门人陈淳著名的《师友渊源》中的表述很有代表性，云：

> 孔子不得行道之位，乃集群圣之法，作六经，为万世师，而回、参、伋、轲实传之，上下数千年，无二说也。轲之后失其传，荀与扬既不识大本，董子又见道不分明；间有文中子粗知明德新民之为务矣，而又不知至善之所在；韩子知道之大用流行于天下矣，而又不知全体具于吾身。盖千四百余年，昏昏冥冥，醉生梦死。直至我宋之兴，明圣相承，太平日久，天地贞元之气复会，于是濂溪先生与河南二程先生，卓然以先知先觉之资，相继而出。[421]

朱熹另一门人詹体仁宗侄詹初的《翼学·名儒章第十》则

---

[421]（宋）陈淳：《北溪先生大全文集》卷一五《师友渊源》，见《宋集珍本丛刊》，第70册，第85页。

说:"自孟子后,尽儒之实者鲜矣。吾闻董、扬、王、韩焉,董子近儒之心,扬子近儒之学。有其心者,义或未尽,不失为圣人之徒。有其学者,亏其节,吾不识所学者何也。王文中自拟孔子,而上十二策,志则诞,时则昧矣。韩子自比孟氏,而三上书,两及门,其未达孟子之进欤。明先圣之道,继先圣之统,吾惟周、程、张矣。周、程、张之后,朱子集其成其大,举其重。胜矣!"[422]即认为除了董仲舒稍有可取外,扬雄甚至王通、韩愈也并不足道。在陈淳《师友渊源》的一些版本中,"轲之后失其传"一语后评价诸人的那段长文被删除殆尽,[423]而黄榦《圣贤道统传授总叙说》则根本就不提及荀、扬、王、韩诸人。[424]这批曾经在儒家道统系谱中占有一席之地的人物,已经越来越显得可有可无了。

二程和朱熹对于荀、扬、王、韩的不同评判,也影响到了后来的孔庙附祭制度改革。就在宋理宗宝庆三年(1227)正月加封朱熹信国公之后一个多月,朱熹之子朱在就对理宗说,扬雄剧秦美新,不应列之从祀,乞毁其像。[425]其后,元文宗至顺元年(1330)即以董仲舒从祀孔庙。[426]

---

[422] (宋)詹初:《宋国录流塘詹先生集》卷一《翼学·名儒章第十》,见《宋集珍本丛刊》,第65册,第364页。
[423] (宋)陈淳:《严陵讲义·师友渊源》,见氏著,熊国祯、高流水点校:《北溪字义》,北京:中华书局,1983年,第76页。
[424] (宋)黄榦:《勉斋集》卷三《圣贤道统传授总叙说》,台湾商务印书馆景印文渊阁四库全书本,第1168册,第37~38页。
[425]《道命录》卷一〇,第115页。
[426]《元史》卷七六《祭祀志五·宣圣》,第1893页。

明朝洪武二十九年（1396），行人司副杨砥言："孔子庙庭从祀诸贤，皆有功世教。若汉扬雄，臣事贼莽，忝列从祀。以董仲舒之贤，反不与焉。事干名教，甚为乖错。宜黜雄，进仲舒，则祀典明矣。"明太祖"纳其言，命去雄，祀仲舒"。[427]这就再以董仲舒替代扬雄从祀，而扬雄则因"臣事贼莽"被罢祀。嘉靖九年（1530），在经过激烈的大礼议后，孔庙最终实现了大规模的罢祀和新增从祀，荀子即由是被罢祀，而王通则得以从祀。[428]王廷相（1474～1544）还主张罢祀韩愈[429]，但终究没能掀起什么波澜，韩愈的从祀地位仍然保留了下来。清雍正二年（1724），诸葛亮也最终得以进入孔庙从祀。

由于朱熹在南宋后期的巨大影响，他对儒家道统系谱的看法逐渐被朝野共同接受，颜子—曾子—子思—孟子这一道统系谱最终以曾子、子思配享孔子的方式制度化地确定下来（详见下章），而荀、扬、王、韩作为一个整体性系谱被谈及的频率越来越低，影响也越来越小。从韩愈以至于宋初，由古文运动所逐渐建构起来的孟、荀、扬、王、韩这一五贤道统系谱，最终被人遗忘。

只不过，这个遗忘的过程还是显得有些漫长。章徕于

---

[427]《明太祖实录》卷二四五，第3555页。
[428]《明史》卷五〇《礼志四·至圣先师孔子庙祀》，第1297、1301页。
[429]《雅述》下篇，见《王廷相集》，第871页。

嘉定二年（1209）议定朱熹谥号时仍然说："汉之扬雄，隋之王通，唐之韩愈，学孔、孟者也。其出处通塞，大抵皆然。"[430]并且，五贤道统系谱通过宋代很多士人的文字留下了一些痕迹，在后世也时而会被人提起，如元代刘诜（1268～1350）还在《丽泽斋记》中称赞范朝宗说："任国政，则有皋、夔、稷、契者焉；论大道，则有孟、荀、扬、韩者焉。"[431]刘诜是江西吉水人，又是江西文派后劲，[432]而前文也曾谈到过，以杨万里为代表的江西士人既尊孟子，也受到五贤道统系谱的残留影响。不仅如此，"宋集贤学士（刘）敞公是、中书舍人（刘）攽公非，兄弟叔侄以文学号江右三刘，为先生（刘诜）之派族"，[433]前章曾谈到，刘敞曾讨论过孟、荀、扬、韩，唯独没有讨论过王通，因此，刘诜说"孟、荀、扬、韩"而没有提及王通，或许并不是巧合。

此外，在五贤道统系谱逐渐被人遗忘的过程中，还出现了一种近似于"五贤"的替代性指谓，即将荀子、扬雄、王通和老子、庄子并称"五子"。宋理宗时的龚士禼编纂了《五子纂图互注》一书，即是将老子、庄子、荀子、扬雄、

---

[430]《道命录》卷八，第91页。
[431]（元）刘诜：《桂隐先生集》卷一《丽泽斋记》，见《元人文集珍本丛刊》，台北：新文丰出版公司，1985年，第5册，第24页。
[432] 查洪德：《元初诗文名家庐陵刘诜》，《江西师范大学学报》，2007年第3期。
[433]（元）夏以忠：《桂隐先生行状》，《桂隐先生集·附录》，见《元人文集珍本丛刊》，第5册，第64页。

王通并称为"五子"，后来广泛流行的《三字经》在介绍诸子学时也说："五子者，有荀、扬，文中子，及老、庄。"荀子、扬雄、王通和老子、庄子一起，成为诸子学人物中最具代表性的"五子"。

此外，程朱理学在政治和思想上逐渐取得主导地位已经是南宋中后期的事情了，尤其是成为官方正统学说时，本就只有半壁江山的南宋更是已经风雨飘摇了，理学在当时所能影响到的区域其实并不广泛。因此，在与南宋对峙的金朝以至于元朝中前期的北方地区，朱熹乃至二程的影响都是比较有限的。在此背景下，五贤道统系谱在此间的北方仍然还有一些影响。赵秉文是金朝最重要的思想家之一，他虽然也承认："孟子之后，不得其传。独周、程二夫子，绍千古之绝学，发前圣之秘奥。"但他也说："其徒遂以韩、欧诸儒为不知道，此好大人之言也。后儒之扶教，得圣贤之一体者多矣，使董子、扬子、文中子之徒游于圣人之门，则游、夏矣。"[434] 他并著有《法言微旨》《太玄笺赞》《中说类解》。[435] 而金末元初的郝经（1223~1275）在反对"道学"之名时也说："周、邵、程、张之学，固几夫圣而造夫道矣，然皆出于大圣大贤孔孟之书，未有过夫尧、舜、禹、汤、文、武、周、孔之所传者，独谓之道学，则尧、舜、

---

[434] （金）赵秉文：《闲闲老人滏水文集》卷一《性道教说》，上海：商务印书馆，1936年丛书集成初编本，第2页。
[435] 《闲闲老人滏水文集》卷一五《法言微旨引》《太玄笺赞引》《中说类解引》，第205~206、207~208、208页。

禹、汤、文、武、周、孔之学，不谓之道学，皆非邪？孟、荀、扬、王、韩、欧、苏、司马之学，不谓之道学，又皆非邪？"[436]即仍将五贤并提而以欧、苏、司马继之。元初刘因（1249～1293）《叙学》一文主张先以六经博学而详说之，最终以《语》《孟》返约，接着又说：

> 荀子议论，过高好奇，致有性恶之说，然其王霸之辨，仁义之言，不可废也。……扬子云《太玄》《法言》，发孔孟遗意。……文中子生于南北偏驳之后，隋政横流之际，而立教河汾，作成将相，基唐之治，可谓大儒矣，……其格言至论，实汉儒所未道者，亦孟轲氏之亚也。韩子之书，删去靡丽，李唐一代之元气也，与汉氏比隆矣，其诋斥佛老，扶持周孔，亦孟轲氏之亚。[437]

这段引语的每一个评论点都可以在宋人的文字中找到痕迹，其中对王通的评论也显然是来自程朱，但刘因并没有全盘接受程朱对荀、扬、王、韩四人的评判。他虽然对荀、扬、王、韩都有所批评，但总体上仍对四人评价颇高，认为四人

---

[436]（元）郝经著，马甫平点校，吴广隆编审：《陵川集》卷二三《与北平王子正先生论道学书》，太原：山西古籍出版社，2006年，第811～812页。
[437]（元）刘因：《静修先生文集》卷一《叙学》，上海：商务印书馆，1936年丛书集成初编本，第3～8页，引文在第6页。

都是有可取之处的。

  随着元朝统一日久，南北方思想文化重新交流融汇，程朱理学的学术思想影响逐渐普及至于全国，其官学地位也再次确立起来。在这样的大趋势下，五贤道统系谱在北方的残留影响也最终趋于湮没。

第五章 理学与道统系谱重构

理学道统系谱通常以周敦颐、张载、程颢、程颐、邵雍等北宋五子接续孔子—颜子—曾子—子思—孟子。宋理宗、宋度宗时期，南宋朝廷陆续以孔庙附祭制度改革的方式制度化地肯定了理学道统系谱。此后，元朝仁宗、文宗时期同样通过孔庙祭祀制度改革进一步确认了理学道统系谱。明朝时，程朱理学进一步稳定了其官方正统学说的地位，理学道统系谱的地位更加稳固，成为从上到下的共识和常识，也成为中华文化的一个核心组成部分。理学道统系谱中有两段关键的部分，其一即颜子—曾子—子思—孟子这一孔庙"四配"道统系谱，其二则是接续孟子的周敦颐、张载、程颢、程颐、邵雍等理学开创者。颜—曾—思—孟这一"四配"道统系谱，是在五贤道统系谱瓦解的过程中逐渐重构起来的，理学对此贡献尤多。颜—曾—思—孟道统系谱很快就被不同学派的士人所接受，到南宋时已经基本上成为各派士人的共识，其被士人群体接受的过程比五贤道统系谱要顺利得多。另一方面，理学道统系谱对于理学开创者的拣择，也并非朱熹一蹴而就，这同样有一个变化的过程。由此，本章即分别述论理学道统系谱这两个关键部分的形成过程。

第一节 颜—曾—思—孟道统系谱的形成

颜—曾—思—孟道统系谱的建构是在五贤道统系谱瓦解的过程中逐渐重构起来的,这意味着儒家道统系谱建构的重心从韩愈转移到了孟子。在此过程中,《中庸》的流行是相当重要的一个思想原因,虽然北宋中前期部分士人曾因为《中庸》而否定孟子,但大多数士人都更加看重《中庸》和《孟子》的诠释关联性,由是而注重子思、孟子的师承渊源。二程则在此基础上进一步叠加曾子,因而建立起了孔子和孟子之间的师承连续性,这就既更加直接地证明了孟子的道统地位,也维持了《中庸》的核心经典地位。颜—曾—思—孟道统系谱在被建构起来以后,由于孟子道统地位的稳固,很快便被不同学派的士人所接受,到南宋时几乎已经成为共识。在赵宋王朝不断进行的孔庙附祭制度改革中,颜—曾—思—孟道统系谱最终得到了官方的制度化肯定。

一、曾子、子思的揭出和湮没

曾子—子思—孟子道统系谱的肇始者应该也是韩愈,他为了证明孟子的道统地位,曾在其《送王秀才序》中写道:

> 吾常以为孔子之道大而能博,门弟子不能遍观而尽识也,……盖子夏之学,其后有田子方;子方之后,流而为庄周:故周之书,喜称子方之为人。荀卿之书,语圣人必曰孔子、子弓,子弓之事业不传,惟《太史

公书·弟子传》有姓名字,曰馯臂子弓,子弓受《易》于商瞿。孟轲师子思,子思之学盖出曾子,自孔子没,群弟子莫不有书,独孟轲氏之传得其宗,故吾少而乐观焉。……学者必慎其所道,道于杨、墨、老、庄、佛之学,而欲之圣人之道,犹航断港绝潢以望至于海也;故求观圣人之道,必自孟子始。[1]

韩愈排除了孔子其他门人得传其道的可能性,认为曾子传子思,子思传孟子,只有这一传承系统才真正承递了孔子之道的正统。

曾子亲事孔子并无问题,《史记·孟子荀卿列传》也说孟子"受业子思之门人",《索引》称"王劭以'人'为衍字,则以轲亲受业孔伋之门也",赵岐《孟子题辞》也说孟子"长师孔子之孙子思"[2],是则子思、孟子之间的师徒关系有着明确的历史文献根据,何况《荀子·非十二子》也将子思、孟子放在一起批评。但是,曾子、子思之间的师徒关系却没有直接的历史文献根据,二人之间是否存在直接的师承关系乃是一个至今仍然无法了断的学术史公案。韩愈其实也刻意回避了这个问题,他说"孟轲师子思,子思之学盖出曾子",即明确肯定子思、孟子之间的直接师徒关系,但是,曾子和子思之间的思想传承关系,他却用"出"字来进行表

---

[1] 《韩昌黎文集校注》卷四《送王秀才序》,第292~293页。
[2] 《孟子题辞》,见《孟子注疏》卷首,第5页。

述，这就既给人以曾子、子思存在直接师承关系的印象，但又没有明确的断定。韩愈对曾子、子思之间传承关系的确认，大概也是根据《礼记》中曾子和子思的不少对话而作出的判断，他尊崇的孟子也曾说过："曾子、子思同道。曾子，师也，父兄也；子思，臣也，微也。曾子、子思易地则皆然。"(《孟子·离娄下》)但是，《礼记》《孟子》《史记》都没有子思受业于曾子的明确表述。

韩愈标出曾子、子思、孟子之间的传承关系，很显然是要建立起孔子和孟子之间的传承连续性，从而证明"求观圣人之道，必自孟子始"。就他个人的思想倾向而言，韩愈其实并不特别在意曾子、子思的道统地位。韩愈对孔子、曾子、子思、孟子之间师承连续性的揭示，在宋代得到了广泛的承认，但曾子在这个系谱中的地位仍然不时显得摇摆不定，因为子思是孔子之孙，所以，要建立起孟子和孔子之间的连续性传承关系，未必一定需要通过曾子来实现。

李翱就没有采信韩愈的说法，他在其著名的《复性书》中以《中庸》和《孟子》相互发明性命立论，其中也谈到了性命之学的传承史，他说：

> 昔者圣人以之传于颜子，颜子得之，拳拳不失，不远而复，"其心三月不违仁"。……其余升堂者，盖皆传也。一气之所养，一雨之所膏，而得之者各有浅深，不必均也。子路之死也，石乞、盂黡以戈击之，断缨，子路曰："君子死，冠不免。"结缨而死。由也，

非好勇而无惧也，其心寂然不动故也。曾子之死也，曰："吾何求焉？吾得正而毙焉，斯已矣。"此正性命之言也。子思，仲尼之孙，得其祖之道，述《中庸》四十七篇，以传于孟轲。轲曰："我四十不动心。"轲之门人，达者公孙丑、万章之徒，盖传之矣。遭秦灭书，《中庸》之不焚者，一篇存焉，于是此道废缺。其教授者，惟节行文章章句、威仪击剑之术相师焉，性命之源，则吾弗能知其所传矣。[3]

与韩愈《送王秀才序》认为"门弟子不能遍观而尽识"很不相同的是，李翱则认为颜子和"其余升堂者，盖皆传也"，只是"各有浅深"而已。他虽然举出了子路和曾子的例子，但接着直接说"仲尼之孙"子思"得其祖之道，述《中庸》四十七篇，以传于孟轲"，也就没有像韩愈那样认为"子思之学盖出曾子"。《史记·孔子世家》说"子思作《中庸》"，而子思、孟子又有直接师承关系，所以李翱说子思述《中庸》以传于孟子，也算是有历史文献根据。并且，《中庸》和《孟子》在道德性命之学上的诠释关联性，也被李翱注意到并开始着手利用了。到宋代庆历道德性命之学开始逐渐兴盛以后，《中庸》和《孟子》日益相互发明，而子思、孟子也很快被连缀在了一起。

韩愈、李翱以至于庆历的很长时间里，由于古文运动

---

[3] 《李翱文集校注》卷二《复性书》上，第15页。

参与者大都不太倾向于道德性命之学,其对儒家道统系谱的建构模式也是在孟子和韩愈之间拣择合适的连缀者,并最终形成了前文反复讨论的五贤道统系谱,并不怎么关心孔子和孟子之间的师承连续性。事实上,韩愈在《原道》中说"轲死不得其传",就已经奠定了儒家道统系谱时断时续的承递模式,并不一定非要建立起道统人物之间在时间先后上的连续性。古文运动即便在孟子之后增加了荀、扬、王、韩乃至贾谊、董仲舒等,无论如何,这个道统系谱也始终都不可能是一个存在师承连续性或者时间连续性的道统系谱,它毫无疑问是以断裂、再续为特征的。即便此后理学确认了孔子和孟子之间的师承连续性,但是在孟子以至于周、程、张、邵之间,仍然呈现出了比五贤道统系谱更为严重的断裂。

既然儒家道统系谱本来就具有断裂的特点,其再续也无须通过连续性的师承关系来进行确证,而古文运动看重五贤的诸如有利于古文、反对传统经学、排辟异端、著述存道的儒家自觉意识等面向,都很难在曾子、子思身上有所体现。子思尚且还因《中庸》而有著述存道之功,而《孝经》则在汉代就已经被确定为孔子所作,《孝经钩命决》便称孔子曰"吾志在《春秋》,行在《孝经》",并"以《春秋》属商,以《孝经》属参",还说"子曰:'吾作《孝经》,以素王无爵之赏,斧钺之诛,故称明王之道'"。[4]《孝经援神契》也明确说

---

[4] (清)赵在翰辑,钟肇鹏、萧文郁点校:《七纬》卷三七《孝经纬之二·孝经钩命决》,北京:中华书局,2012年,第723页。

"孔子制作《孝经》"[5]。东汉桓帝时，鲁相乙瑛的奏疏说"孔子作《春秋》，制《孝经》"[6]，可见此论已被朝廷上下广泛接受。后来，郑玄在《六艺论·孝经论》中仍说："孔子以六艺题目不同，指意殊别，恐道离散，后世莫知根源，故作《孝经》以总会之。"[7]唐玄宗时，李元瓘请以十哲从享孔子的奏疏仍云："曾参孝道可崇，独受经于夫子。"[8]苏颋《曾参赞》也说："圣人叙经，曾氏知孝。"[9]而至于宋初邢昺等撰《孝经注疏》，其疏唐玄宗《孝经注序》和自序《孝经注疏》，则更大力论证了《孝经》乃孔子而非曾子之作，如疏唐玄宗《孝经注序》时云："经之创制，孔子所撰也。前贤以为曾参虽有至孝之性，未达孝德之本，偶于闲居，因得侍坐，参起问于夫子，夫子随而答，参是以集录，因名为《孝经》。寻绎再三，将未为得也。"其后便是长篇的论证。其《孝经注疏序》也说："夫《孝经》者，孔子之所述作也。……先儒或云'夫子为曾参所说'，此未尽其指归也。盖曾子在七十弟子中，孝行最著，孔子乃假立曾子为请益问答之人，以广明孝道。既说之后，乃属与曾子。"[10]竟然几乎完全否认了曾子在《孝

---

[5] 《七纬》卷三六《孝经纬之一·孝经援神契》，第706页。
[6] 《永兴元年乙瑛置守庙百石卒史碑》，见《石头上的儒家文献——曲阜碑文录》，第11页。
[7] 邢昺疏唐玄宗《孝经注序》所引，见（唐）李隆基注，（宋）邢昺疏，邓洪波整理，钱逊审定：《孝经注疏》，北京：北京大学出版社，2000年，第6页。
[8] 《唐会要》卷三五《褒崇先圣》，第746页。
[9] （唐）苏颋：《曾参字子舆赞》，见《文苑英华》卷七八〇，第4118页。
[10] 《孝经注疏》，第5、3页。

经》成书过程中的实际作用。这样一来,曾子连著述存道之功都没有了,古文运动自然就更不会青睐于他。

孟子因为古文运动五贤道统系谱的建构和流行而地位日高,与之形成鲜明对比的是,曾子、子思则鲜被注意。如石介就曾说:"圣有周、孔,次有孟、韩。孝有曾子,忠有比干。"[11]他很显然并不视曾子为道统的承递者。石介也曾说:"夫子没,后世有子思焉,安国焉,颖达焉,止于发扬其言而已。"[12]将子思和孔安国、孔颖达并列。三人虽然同为圣裔,但孔安国、孔颖达的经师身份再明显不过。不仅石介,其他古文运动诸人也大都不太说及曾子、子思,二者不被重视乃是当时的普遍现象。

二、《中庸》的流行与子思、孟子的连缀

随着庆历之后道德性命之学的兴起,《中庸》日渐流行,子思的地位因而开始有了极大的改观,甚至还一度出现了因《中庸》而否定孟子的情况,但最终连缀子思、孟子还是成为了主流。《中庸》无疑是道德性命之学最为核心的经典文本之一,在《孟子》和《大学》的道德性命之学诠释潜能被发掘之前,《中庸》更几乎是唯一系统的经典文本,其他如《系辞》和《乐记》数句虽然在此间被频繁引用,但其重要性、系统性显然都不及《中庸》。

---

[11] 《徂徕石先生文集》卷七《画箴贻君豫》,第 77 页。
[12] 《徂徕石先生文集》卷一三《上孔中丞书》,第 147 页。

范祖禹《帝学》载:"(宋真宗)景德四年(1007),……帝宴饯侍讲学士邢昺于龙图阁,上挂《礼记·中庸篇》图,昺指'为天下国家有九经'之语,因讲述大义,序修身尊贤之理,皆有伦贯。坐者耸听,帝甚嘉纳之。"[13]似乎龙图阁所悬挂的就是《礼记·中庸》图。不过,李焘《续资治通鉴长编》对此事也有记载,云:"昺视壁间《尚书》《礼记》图,指《中庸篇》曰:'凡为天下国家有九经。'因陈其大义,上甚嘉纳之。"[14]可见龙图阁所悬挂的实际上是《礼记》图,《中庸》图只是其中之一。很显然,邢昺之时的《中庸》并没有脱离《礼记》而获得独立成篇的地位,而到范祖禹撰作《帝学》时,大概因为《中庸》早已流行于士人之间,故而将当时邢昺实际上是从《礼记》图中单独挑出《中庸》图的大背景模糊掉了。并且,当时邢昺对《中庸》的认识也还局限于《中庸》在"外王"、治道上的贡献,这虽然仍然是此后《中庸》长期受到君主和士人重视的原因,但《中庸》在道德性命之学上的巨大诠释潜能也引起了越来越多的士人注意。余英时先生经过繁密的考证工作,认为北宋儒门开始重视《中庸》,是宋真宗、仁宗之际由那些好禅的试官通过贡举制度而带回儒门的。[15]宋仁宗天圣五年(1027)四月二十一日,"赐

---

[13] (宋)范祖禹撰,陈晔校释:《帝学校释》卷三,上海:华东师范大学出版社,2015年,第82页。
[14] 《续资治通鉴长编》卷六六,景德四年八月壬子条,第1483页。
[15] 余英时:《朱熹的历史世界:宋代士大夫政治文化的研究》,第86~93页。

新及第进士《中庸》一篇",天圣八年四月四日,又"赐新及第进士《大学》一篇。自后与《中庸》间赐,著为例"。[16]而《中庸》一旦回流儒门之后,很快便风靡于士人之间。我们从今存宋人文字中仍然可以非常明显地看到,从北宋中前期开始,很多比较重要的士人都解说过《中庸》。据顾宏义先生《宋代〈四书〉文献论考》一书的考证和统计,宋代《中庸》类的著述多达一百零八种,另外还有《学庸》类三十种、《四书》类八十一种,该书还补充说:"因年久散佚、记载有阙等原因,宋人有关《四书》著作的实际种数当不止此数。此外,上述数字也不包括宋人一些零篇单条的有关论述。"[17]王晓薇教授则统计出一百三十六种之多,其中除了赵秉文、李纯甫等极少数金朝学者的作品外,绝大多数都是宋人所作。[18]并且,我们仍然可以断言,这个统计一定是不完整的。

孟子本出子思之门,二者思想之间必定具有相当的承续性,而《中庸》和《孟子》这两个文本之间也确实存在很多思想上的共性,有颇多可以互相发明之处。早在古文运动兴起之前,唐代梁肃就已称道某人"乃训《孟子》,择乎《中庸》"[19],李翱《复性书》也大量引用《孟子》与《中庸》

---

[16] 《宋会要辑稿·选举二·贡举二》,第5268页。
[17] 顾宏义:《宋代〈四书〉文献论考》,上海:上海古籍出版社,2014年,第15页。
[18] 王晓薇:《宋代〈中庸〉学研究》,河北大学历史学博士学位论文,2005年,第42~47页。
[19] (唐)梁肃:《著作郎赠秘书少监权公夫人李氏墓志》,见《文苑英华》卷九六六,第5077页。

进行互释，契嵩《中庸解》五篇也非常注意凭借儒门内部的言说，而《孟子》则是他最为倚仗的儒家思想资源，[20]可见《中庸》和《孟子》在道德性命之学上的诠释关联性是很容易引人注意的。而随着宋代道德性命之学的流行和《中庸》的风靡，《孟子》在道德性命之学上的巨大诠释潜能也很快被发掘出来，这在第二章中就已经谈到过。契嵩就多处引用《孟子》以沟通儒佛并进而阐发性命之学，如他在《原教》中说："孟子谓：'好善优于天下。'又谓：'诚身有道，不明乎善，不诚其身矣。'……以其善类，固类于佛，苟其不死，见乎吾道之传，是必泯然从而推之。"[21]

由此，伴随着五贤道统系谱逐渐走向瓦解，一些注重道德性命之学而选择保留孟子的学者，便开始在孟子之前叠加子思。契嵩就曾说："颜子、孟轲、子思、扬雄皆相望而晦明于后世也。"[22]陈舜俞也说："孔子、颜回、子思、孟轲，生为匹夫，未尝得百里之民而君长之，高谈而死。然而后世之人怀其风烈，犹曰二帝三王之君臣不若也。"[23]刘敞亦有言云："惟仁人能知圣人，子思、孟轲之谓也。"[24]到北宋中期，这种现象更加普遍。王安石便说："仲尼，圣之粹者也。仲尼而下，莫如子思，子思，学仲尼者也。其次

---

[20]《镡津文集》卷四《中庸解》，第72～78页。
[21]《镡津文集》卷一《原教》，第6～7页。
[22]《镡津文集》卷一一《与月上人更字叙》，第226页。
[23]（宋）陈舜俞：《都官集》卷一〇《上吕参政书》，见《宋集珍本丛刊》，第13册，第161页。
[24]《公是集》卷四二《百工说》，见《宋集珍本丛刊》，第9册，第685页。

莫如孟轲,孟轲,学子思者也。仲尼之言,载于《论语》。子思、孟轲之说,著于《中庸》而明于七篇。"[25] 王安石弟子陈祥道也在其《论语全解序》中说:"《论语》之后,子思之《中庸》,孟子之七篇,尤得其详。"[26] 蜀党吕陶的《有性可以为德论》也说"自孔子、子思、孟轲、荀卿、扬雄、韩愈皆为之说(人性论),学者尝闻之矣",但他认为"舍孔子、子思、孟轲之论,亦莫之从矣"。[27] 苏辙也说:"孟子学于子思。……凡孟子之说,皆所以贯通于子思而已。"[28] 他还在其《古史·曾参传》结尾处夸赞说,"孔子之孙子思学于曾子,而孟子学于子思。二子之立志行义,大放曾子,数称其言云"[29],甚至已经开始注意曾子了。苏轼也曾说:"孔子,子思之所从受中庸者也;孟子,子思之所授以中庸者也。"[30] 其弟子张耒也曾说过"古之君子,如子思、孟轲之徒"一类的话[31]。

王安石新学、苏学、理学都颇为尊崇孟子,诸派接受子思、孟子的连缀是很自然的。但是,在一些排佛的古文运动参与者那里,因为道德性命之学和佛学的关联性,他

---

[25] 《临川先生文集·佚文·性论》,见《王安石全集》,第7册,第1827页。
[26] (宋)陈祥道:《论语全解》卷首《序》,台湾商务印书馆景印文渊阁四库全书本,1987年,第196册,第65页。
[27] 《净德集》卷一七《有性可以为德论》,第184页。
[28] 《栾城后集》卷六《孟子解》,见《苏辙集》,第949页。
[29] 《古史》卷三二《曾参传》,见《三苏全书》,第4册,第212页。
[30] 《苏轼文集》卷八《策略四》,第236页。
[31] 《张耒集》卷五六《代高邘上彭器资书》,第843页。

们不少人都通过非孟、疑孟来抵制孟子,这在第二章中已经论述过。欧阳修也抵制道德性命之学,他虽然没有非孟,但却既判定《系辞》乃至《文言》《说卦》而下"皆非圣人之作"[32],又认为《中庸》之说"有异乎圣人"[33],而他之所以说"孔子之后,惟孟轲最知道",也是因为孟子之"言不过于教人树桑麻,畜鸡豚,以谓养生送死为王道之本"而已。[34]然而,道德性命之学的流行和《中庸》的风靡乃是当时思想界无法逆转的大趋向,欧阳修怀疑《中庸》,苏轼也在其《中庸论》中说"《中庸》者,孔氏之遗书而不完者也"[35],其后便极少有人再怀疑《中庸》的权威性,像南宋王十朋那样详细罗列欧阳修、苏轼的质疑而策问士子[36],像林光朝那样怀疑董仲舒才是《中庸》的作者[37],其实也都不是要对《中庸》文本及其思想内容提出批评。而像叶适那样怀疑《中庸》"不专出子思",从而认为"孔子传曾子,曾子传

---

[32] (宋)欧阳修:《易童子问》卷三,见《欧阳修全集》卷七八,第1119页。
[33] 《居士集》卷四八《问进士策三首》其三,见《欧阳修全集》卷四八,第675页。
[34] 《居士外集》卷一七《与张秀才棐第二书》,见《欧阳修全集》卷六七,第979页。
[35] 《苏轼文集》卷二《中庸论》上,第60页。
[36] 《王十朋全集·文集》卷八《策问》,第703~705页。
[37] (宋)林光朝:《艾轩先生文集》卷六《与郑编修渔仲》,见《宋集珍本丛刊》,第45册,第8页。按,林光朝本来也精于《中庸》,他还因为讲《中庸》而获得宋孝宗"深得圣人之旨"的赞许。参《艾轩先生文集》卷一〇附录牟子才撰林光朝《谥议》,见《宋集珍本丛刊》,第45册,第47~48页。

子思，必有谬误"，[38]应该也就仅此一例而已。[39]

不过，《中庸》虽然逐渐拥有了核心经典的地位，但还并不意味着士人喜好《中庸》就一定会推崇《孟子》。《孟子》在道德性命之学上受到重视很大程度上是因为《中庸》而起，所以在当时的一些学者看来，《孟子》是不及《中庸》重要的。如契嵩《中庸解》虽然屡引《孟子》以解《中庸》，但文末却说："曰：'孟轲学于子思，其能中庸乎？'曰：'吾不知也。'"[40]张方平《中庸论》也说："孟、荀、扬三子善恶之论，则其于中庸之教异矣。"因为"三子之言性，一人之性也。中庸之为道，天下之化也"。[41]

在这一点上，最为典型的例子应该就是司马光和苏氏兄弟了。第三章曾谈到，司马光虽然撰《中庸广义》《大学广义》，积极和学友探讨道德性命之学，但这并不是他所擅长的思想方式，他解《中庸》都不时会遇到"不晓处"、"有疑"处[42]，由此，他著《疑孟》也就并不奇怪了。二苏和司马光一样，也对道德性命之学比较犹疑，他们在对待《中庸》和孟子的态度上表现出了很大的相似性。苏轼有《中庸

---

[38] 《习学记言序目》卷八《礼记·中庸》、卷四九《皇朝文鉴三·序》，第110、739页。
[39] 参见杨世文师《走出汉学——宋代经典辨疑思潮研究》一书"考辨《中庸》"一节，成都：四川大学出版社，2008年，第523～532页。
[40] 《镡津文集》卷四《中庸解》第五，第78页。
[41] （宋）张方平：《乐全先生文集》卷一七《中庸论》上篇，见《宋集珍本丛刊》，第5册，第744页。
[42] 《河南程氏外书》卷一二，见《二程集》，第425、442页。

第五章 理学与道统系谱重构

论》上中下三篇，可见是在《中庸》上花了不少精力的，但他却在开篇即表明态度说："《中庸》者，孔氏之遗书而不完者也。"[43]其视《中庸》如此，其对孟子的态度也就比较保守。而他在《子思论》中说，"子思论圣人之道出于天下之所能行。而孟子论天下之人皆可以行圣人之道"，即一面肯定子思，一面否认孟子能够继承子思，全文并大力批判了孟子的性善论，甚至认为孟、荀、扬人性论之争是"起于孟子"。[44]后来邵博《邵氏闻见后录》，南宋余允文《尊孟辨》，便都将苏轼也归入疑孟、非孟之列。上文谈到，苏辙是肯定子思、孟子连缀一起的，其《古史·曾参传》甚至还承认了曾子、子思、孟子的连续性师承关系，但是，他在《古史·孙卿传》的赞语中却表达了和苏轼大致相同的态度。他本来是以自己的性无善恶论来批判荀子的性恶论，但他却在其中说"孔子曰：'性相近也，习相远也。'圣人之言性，止于是而已矣。孟子学于子思，得其说，而渐失之，则指善以为性。至于孙卿，自任而好异，因孟子而反之，则曰'人性恶'"[45]。他对孟子的否定程度虽然不及苏轼，但还是认为孟子没能完全继承子思的思想。

三、曾子的缺位

由上可见，此间重视《中庸》的学者，虽然大多都会

---

[43] 《苏轼文集》卷二《中庸论》上，第60页。
[44] 《苏轼文集》卷三《子思论》，第94～95页，引文在第95页。
[45] 《古史》卷三四《孙卿传》，见《三苏全书》，第4册，第237～238页。

连缀子思、孟子，但契嵩、张方平、二苏等人却并不认为孟子完全继承了子思，司马光甚至还极力非孟。而另一方面，那些愿意连缀子思、孟子的士人也大都将子思之学直接孔子，并不太注意曾子在孔子、子思之间的连接作用。陈襄《礼记讲义·中庸》曾说："《中庸》者，治性之书，孔子之孙子思之所述也。自孔子没，性命之书无传，虽其说间见于六经，然词约义微，学者难晓。故子思传其学于曾子，其间多引孔子之言，则是书祖述圣人，理性之学最为详备。使学者求之，足以知道德诚明之本焉。"[46] 陈襄可能是宋代较早承认曾子、子思之间存在师承关系的一人，但他并没有下及孟子，尽管他在《讲义》中屡屡引用《孟子》来进行阐释，可见他承认曾子、子思的师承关系只是为了更好地证明子思的《中庸》"祖述圣人"而已。苏辙本来也已经承认了孔子、曾子、子思、孟子之间的师承连续性，但他又认为孟子未能完全继承子思。

北宋士人对于曾子道统地位的忽视，与王安石的倾向也有一定的关系。北宋中期的几个主要学派中，其实二苏和二程都是承认曾子明道的，而司马光著有《古文孝经指解》，其《十哲论》也认为"尊十哲非孔子意明矣"，并举了曾子作为例子，[47] 他虽然并不太关注曾子的道统地位问题，但他至少是非常肯定曾子之孝的。诸派之中，唯独王安石不太肯

---

[46] 《古灵先生文集》卷二四《礼记讲义·中庸》，见《宋集珍本丛刊》，第9册，第54页。
[47] 《司马光集》卷七〇《十哲论》，第1421～1422页。

定曾子。前文谈到王安石也连缀子思、孟子，但他没有叠加曾子，又说："曾子而不知道也则可，使曾子而为知道，则道不违乎言貌辞气之间，何待于外哉？"[48]他态度比较模糊，显然并不在意曾子的道统地位，甚至说："门弟子三千人，孔子独称颜回为好学，问其余，则未为好学者。闵损、原宪、曾子之徒不与焉，冉求、宰我之得罪又如此。"[49]这种倾向在其门人陈祥道《论语全解》中表现得更为明显，陈祥道彻底否定了"忠恕"就是"一以贯之"之道[50]，并批评说："曾子唯而不辨，子贡闻而不问，于圣人之体不能具也。"不过，他还是认为曾子比子贡要高出一筹，云："子贡不知德，则多学而已，曰'予一以贯之'者（此处疑有脱字）。曾子之学可以语道，曰'吾道一以贯之'，所以诱之也。"[51]但总的来说，他对曾子还是持比较保留的态度。

元祐五年（1090），时为谏议大夫的朱光庭疏请定子思封爵，未果。[52]但是，此后宋徽宗崇宁元年（1102）正月追封子思为"沂水侯"[53]，不久之后的大观二年（1108），又

---

[48]《临川先生文集》卷六六《礼乐论》，见《王安石全集》，第6册，第1201页。
[49]《临川先生文集》卷六七《中述》，见《王安石全集》，第6册，第1221～1222页。
[50]《论语全解》卷二"参乎"章，台湾商务印书馆景印文渊阁四库全书本，第196册，第92页。
[51]《论语全解》卷八"赐也"章，台湾商务印书馆景印文渊阁四库全书本，第196册，第189页。
[52]《历代名臣奏议》卷二七四《崇儒》，第3578页。
[53]《宋史》卷一九《徽宗纪一》，第363页。

"从通仕郎侯孟请，绘子思像，从祀于左丘明二十四贤之间"，[54]可见新党是相当认可子思的道统地位的，而这与其尊孟的倾向也比较一致。然而，《政和五礼新仪》虽然让仅为侯爵的曾子重回其余得封郡公的十哲之末，一同位居殿上，但这实际上只不过是以曾子递补颜子配享之后的十哲之缺，与其实际道统地位的变动并无直接关系。[55]而且，南宋王楙《野客丛书》还说："学宫之中，（十哲）壕坐于夫子殿上，其余弟子则绘立于两庑之下。虽曾参之贤，亦不预殿上之列，谓参非十哲之数也。"[56]似乎《政和五礼新仪》的规定也没有得到普遍执行。

黄裳（1043～1129）是延平（今福建南平）人，元丰五年（1082）进士第一，卒于建炎三年，其主要的履历都是在新党执政期间，应该是一个受王安石新学影响很深的人物。他曾在上书干谒的时候说："圣人所传，其后子思得之；子思所传，其后孟子得之。"[57]又在策问士子时说道："圣人之道传之子思，子思传之孟子，孟子之后失其传焉。"[58]其《延平讲论语序》也说："《论语》之后，子思之《中庸》，孟子

---

[54]《宋史》卷一〇五《文宣王庙志》，第2550页。
[55]（宋）郑居中等：《政和五礼新仪》卷三《序列·神位下》，台湾商务印书馆景印文渊阁四库全书本，第647册，第144页。
[56]（宋）王楙撰，王文锦点校：《野客丛书》卷一八《孔门十哲》，北京：中华书局，1987年，第205页。
[57]《演山先生文集》卷二三《上黄学士书》，见《宋集珍本丛刊》，第25册，第1页。
[58]《演山先生文集》卷四六《策问·唐人之学》，见《宋集珍本丛刊》，第25册，第116页。

第五章 理学与道统系谱重构

之《七篇》，最得其传。"[59]宣和四年（1122），孙傅在朝廷赐钱修缮完孟子庙后写了一篇记，他在其中也写道："尧、舜、禹、文王、周公、孔子相传者一道。孔子之没，其孙子思得之，以传孟子。"[60]考虑到徽宗时期王安石新学的巨大影响，这种以子思、孟子直接孔子而越过曾子的道统系谱，应该是当时很多士人的一般看法。

并且，即便在曾子—子思—孟子道统系谱被二程建构起来后，哪怕理学家也仍然不时会遗漏曾子。朱光庭在定论程颢这样非常正式的文字中都说："道之不明不行也久矣。自子思笔之于书，其后孟轲倡之。轲死而不得其传，退之之言信矣。"[61]后来陈渊也在一篇学记中说："所谓明善以诚身，诚身以事亲之说，见于孔子、子思、孟子之书。"[62]这里也许是因为曾子无书可说，但其《论心过》同样也说："是之为说，见于《论语》之所谓仁，子思之所谓诚，孟子之所谓性。"[63]曾子"三省"本来也可以用来阐释"心过"，但他根本就未提及曾子。胡寅自序其代表著作《崇正辩》时

---

[59] 《演山先生文集》卷二二《延平讲论语序》，见《宋集珍本丛刊》，第24册，第802页。
[60] （宋）孙傅：《先师邹国公孟子庙记》，见《孟子林庙历代石刻集》卷一《宋代》，第9页。
[61] 《河南程氏遗书》附录《门人朋友叙述》，见《二程集》，第331页。
[62] （宋）陈渊：《默堂集》卷二〇《邵武军光泽县学记》，台湾商务印书馆景印文渊阁四库全书本，第1139册，第503~504页。
[63] 《默堂集》卷一四《论心过》，台湾商务印书馆景印文渊阁四库全书本，第1139册，第405页。

也说"仲尼、子思、孟轲之道昭觉万世"[64]。而范浚在《题韩愈原道》中批评韩愈只提孟子而不及子思,说孟子"不得之子思,尚谁传哉",又在文末总结说,"是道也,子思亲见夫子而得之"[65],也忽略了曾子的连接作用。林之奇也有类似的表述,说:"夫子之道传之子思,子思之道传之孟子。"[66]其弟子吕祖谦也曾说:"前圣后圣,入道各有自得之地。在尧、舜、禹谓之执中,在伊尹谓之一德,在孔子谓之忠恕,在子思谓之中庸,在孟子谓之仁义,皆所以发明不传之蕴。"[67]"忠恕"本来经过二程等前辈理学家的论战,已经被归为曾子的发明(详见后文),但是吕祖谦却仍然将其归给孔子。韩元吉也曾云:"夫孔子所谓道,人与天地一也。夫子之后,言道者,有子思,则曰'天命之谓性,率性之谓道'。子思之后,言道者有孟子,则曰'仁也者人也,合而言之道也'。子思所谓性,孟子所谓仁,其皆合于孔子矣。"[68]其他如陈傅良亦云:"颜渊之仁,子思之中,孟子之气,其名不同,特一理耳。"[69]叶适《贤良进卷》的《大学》

---

[64] (宋)胡寅著,容肇祖点校:《崇正辩》卷首《崇正辩序》,北京:中华书局,1993年,第3页。
[65] 《范浚集》卷一五《题韩愈原道》,第181、182页。
[66] 《拙斋文集》卷一三《史论·子思言利孟子不言利》,见《宋集珍本丛刊》,第44册,第693页。
[67] (宋)吕祖谦:《增修东莱书说》卷一〇《商书·咸有一德第八》"伊尹作《咸有一德》",见《吕祖谦全集》,第3册,第146页。
[68] 《南涧甲乙稿》卷一七《韩愈论》,第325页。
[69] 《蛟峰批点止斋论祖》丁之体《颜渊天下归仁论》,见《四库全书存目丛书》,集部第20册,第48页。

论也说:"孔氏没百有余年,子思、孟轲继之。"[70]连黄榦都曾对人说:"夫尧、舜、禹、汤、文、武所以兢业于上,孔子、子思、孟子、周子、程子、张子所以讲明于下者,凡以为此。"[71]而詹阜民祭悼陆九渊之文也说:"天纵夫子,以淑其徒,爰暨子思,须臾不离。孟轲亲受,厥绪是承,卓哉先生,能自得师。"[72]

从以上这段繁复的引文中,我们可以看到,遗漏曾子是在理学的诸多派别中也曾出现过的现象,而且这些表述大多还是带有阐述性的论证,应该不太会存在笔误或者文集传世过程中出现讹漏的可能,有的如范浚、林之奇、吕祖谦还表述得非常清楚。南宋时期的士人在评价程学或论述道统时,也不时会出现遗漏曾子的现象,如朱熹父亲朱松就曾说:"程氏兄弟推本子思、孟轲,以《中庸》为宗。"[73]吕祉在回应陈公辅对程学的攻击时也说:"凡学孔子,无如子思、孟子,《中庸》与七篇之书具存。"[74]林亦之《伊川子程子论》则批评"谈道者以子思、孟轲为宗,论文者以屈原、宋玉为本"[75],后来楼观讨论周敦颐谥号时也说"孔门洙泗之设

---

[70]《水心别集》卷七《大学》,见《叶适集》,第730页。
[71]《勉斋集》卷一六《答郑子立书》,台湾商务印书馆景印文渊阁四库全书本,第1168册,第177页。
[72]《陆九渊集》卷三六《年谱》,第516页。
[73](宋)朱松:《韦斋集》卷九《上谢参政书》,台湾商务印书馆景印文渊阁四库全书本,第1133册,第521页。
[74]《道命录》卷三,第28页。
[75]《网山集》卷三《伊川子程子论》,台湾商务印书馆景印文渊阁四库全书本,第1149册,第878页。

教，推广于子思、孟轲之讲明"[76]，而刘弥正讨论朱熹谥号时也说："孔氏没，独子思、孟轲更述其遗言，……孔氏之道，赖子思、孟轲而明。"[77] 晁公遡也曾说："仲尼之忠恕，子思之中庸，孟子之仁义，其本于一。"[78] 总体来看，遗漏曾子是直至南宋都长期存在的现象，即便到了曾子—子思—孟子道统系谱广泛流行之后仍然如此。

总之，那些尊崇《中庸》和《孟子》的士人在连缀子思、孟子时，并不一定会叠加曾子，因为子思、孟子和孔子之间的连续性并不一定非要通过曾子来实现。而王安石对曾子的保留态度，也可能进一步使得很多士人并不注意曾子的道统地位。因此，要确定曾子—子思—孟子这一道统系谱，对曾子明道、传道的论证其实是最为关键的一环，而这个工作主要是由二程及其后学来完成的。

四、二程对曾子道统地位的论证

苏辙承认了曾子、子思、孟子之间的师承连续性，而且他和苏轼也都积极论证曾子明道，但因为他们对于孟子有所保留的态度，他们事实上并没有完全承认曾子—子思—孟子这一道统系谱。《论语·里仁》："子曰：'参乎！吾道一以贯之。'曾子曰：'唯。'子出，门人问曰：'何谓也？'曾子

---

[76] 《道命录》卷九，第109页。
[77] 《道命录》卷八，第92页。
[78] （宋）晁公遡：《新刊嵩山居士文全集》卷四六《答关知县书》，见《宋集珍本丛刊》，第45册，第767页。

曰：'夫子之道，忠恕而已矣。'""一唯"之对和"忠恕"之说是宋人认定曾子明道最为重要的一个证据（详见后文），但王安石弟子陈祥道却因此而否认曾子明道。苏轼大力反驳新学之说，确认曾子明道，[79]并说："颜渊死，弟子无可与微言者。性与天道，自子贡不得闻，惟曾子信道笃学不仕，从孔子最久。师第子答问，未尝不唯者。而曾子之唯，独记于《论语》，吾是以知孔子之妙传于一唯。"[80]苏辙在《古史·曾参传》的赞语中表达了完全一致的看法[81]。二苏极力论证曾子明道，其实也基本肯定孟子，何况苏辙还承认了曾子、子思、孟子之间的师承连续性，这些都可能是后来曾子—子思—孟子道统系谱能够迅速被很多士人接受的一部分原因所在。

然而，总的来说，将曾子纳入儒家道统系谱，建构曾子—子思—孟子这一道统系谱的开创性工作，主要还是由二程来进行的，孙之弘序叶适《习学记言序目》说："汉唐诸儒推宗孟轲氏，谓其能嗣孔子，至本朝关洛骤兴，始称子思得之曾子，孟轲本之子思，是为孔门之要传。近世张、吕、朱氏二三巨公，益加探讨，名人秀士鲜不从风而靡。"[82]汉唐推宗孟子一说自不成立，但曾子—子思—孟子这一道统系谱

---

[79] （金）王若虚著，胡传志、李定乾校注：《滹南遗老集校注》卷四《论语辨惑》二十四，沈阳：辽海出版社，2005年，第50页。
[80] 《苏轼文集》卷六六《跋荆溪外集》，第2061页。
[81] 《古史》卷三二《曾参传》，见《三苏全书》，第4册，第212～213页。
[82] 《习学记言序目》附录一，第759页。

确实主要是由二程及其后学建构起来并推广流行的。钱穆先生曾说:"朱子又于孔孟之间增入曾子、子思两传,而有孔、曾、思、孟四书之汇集,此即《论语》《大学》《中庸》《孟子》是也。……此为其第二大贡献。"[83]以《大学》为曾子作,又汇集四书,这当然是朱熹的贡献,但增加曾子、子思两传并非朱熹的发明,而是应该主要归功于二程。

熙宁十年(1077),程颢为邵雍作墓志铭,其中写道:"昔七十子学于仲尼,其传可见者,惟曾子所以告子思,而子思所以授孟子者耳。其余门人,各以其材之所宜为学,虽同尊圣人,所因而入者,门户则众矣。况后此千余岁,师道不立,学者莫知其从来。"[84]即已明确表述了孔子传曾子,曾子传子思,子思传孟子这一道统系谱。程颐也曾说:"孔子没,曾子之道日益光大。孔子没,传孔子之道者,曾子而已。曾子传之子思,子思传之孟子,孟子死,不得其传,至孟子而圣人之道益尊。"[85]

二程尊崇孟子,把孟子从五贤道统系谱中拔萃出来,这在前章已经讨论过。二程尊崇子思和重视《中庸》也是学界常识,程颢曾极赞《中庸》说:"《中庸》之言,放之则弥六合,卷之则退藏于密。"[86]程颐也说:"《中庸》之书,决是

---

[83] 钱穆:《朱子学术述评》,见其《中国学术思想史论丛》卷五,第160页。
[84] (宋)程颢:《邵尧夫先生墓志铭》,《河南程氏文集》卷四,见《二程集》,第503页。
[85] 《河南程氏遗书》卷二五,见《二程集》,第327页。
[86] 《河南程氏遗书》卷一一,见《二程集》,第130页。

传圣人之学不杂，子思恐传授渐失，故著此一卷书。"[87]这与司马光解《中庸》不通而怀疑《中庸》有错讹是大不相同的[88]，程颐还曾专门撰写过《中庸解》，但是他"自以为不满意，焚之矣"。[89]尹焞记程颐曾说"《中庸》乃孔门传授心法"[90]，足见其对《中庸》之重视。前文也已谈到，子思、孟子此时已经被大多数士人连缀在一起，而要建构曾子—子思—孟子这一道统系谱，最为关键的就是要论证曾子明道、传道，确立曾子的道统地位，并通过曾子来连接孔子与子思之间的传承关系。

二程一面消解阻碍曾子升格的不利因素，一面积极从正面论证曾子明道、传道。《论语·先进》说，"子曰：'从我于陈、蔡者，皆不及门也。'德行：颜渊、闵子骞、冉伯牛、仲弓；言语：宰我、子贡；政事：冉有、季路；文学：子游、子夏"。接着又记云："柴也愚，参也鲁，师也辟，由也喭。"即曾子不在四科十哲之列，而且孔子还曾批评他"鲁"。此先，在唐玄宗开元八年（720）的孔庙附祭系统改革中，曾子本来已经因为其"大孝，德冠同列，特为塑像，坐于十哲之次"，[91]然而，开元二十七年（739），却因为"夫子格言，参也称鲁，虽居七十之数，不载四科之目。顷虽参

---

[87]《河南程氏遗书》卷一五，见《二程集》，第153页。
[88]《河南程氏外书》卷一二，见《二程集》，第425、433页。
[89]《河南程氏遗书》卷一七，见《二程集》，第175页。
[90]《河南程氏外书》卷一一，见《二程集》，第411页。
[91]《唐会要》卷三五《褒崇先圣》，第746页。

于十哲，终未殊于等伦"，因而认为"曾子之伦，未有称谓，宜亚四科之士，以疏五等之封"，曾子最终仅得和其余孔门弟子一起追赠伯爵，获赠郕伯，而且从十哲之末重新回到了孔门七十二贤的位置。[92]

针对曾子不入四科十哲的问题，程颢解释说："'从我于陈、蔡者，皆不及门'，言此时皆无及孔子之门者，思其人，故数颜子以下十人有德行者、政事者、言语者、文学者，皆从于陈、蔡者也。"[93]又说："四科，乃从夫子于陈、蔡尔。门人之贤者，固不止此，曾子传道而不与焉，故知十哲，世俗之论也。"[94]即因曾子不与而否定了十哲的独出地位，其后程门弟子大多都继承了程颢的看法[95]。后来郑汝谐《论语意原》解释此章时说："夫子尝有是言，记言者类于此，本不与上文相蒙也。四科十哲，后世之论，非谓门人之贤止于如此，或者因侍侧而及之也。"[96]即是沿袭程颢之论。张栻《论语解》也说："（十哲乃）从夫子于陈、蔡者，自颜渊而下，当时偶不在门，故夫子思其时人才之盛而称之。"[97]朱熹亦云："此说当从明道。谓此时适皆不在孔子之门，思

---

[92]《唐会要》卷三五《褒崇先圣》，第744、745~746页。
[93]《河南程氏外书》卷六，见《二程集》，第384~385页。
[94]《河南程氏外书》卷六，见《二程集》，第385页。
[95]《论语精义》卷六上《先进》，见《朱子全书（修订本）》，第7册，第381~382页。
[96]（宋）郑汝谐：《论语意原》卷三《先进》，上海：商务印书馆，1937年丛书集成初编本，第49页。
[97]（宋）张栻：《南轩先生论语解》卷六《先进篇》，见《张栻集》，第203页。

其相从于患难,而言其不在此耳。门人记之,因历数颜子而下十人,并目其所长云耳。"[98]并将程颢所语引在其《论语集注》之中[99],从而使得此说影响深远。其后,明朝胡居仁说:"祭祀所以崇德报功,合升程、朱于四配之下,以成七配。若礼殿狭,难设位,则十哲乃世俗论,可列在庑,只用颜子配享,曾子至朱子六人,升配于堂,庶几允当。"[100]还试图将孔庙中早已存在的十哲这个等级抹除。

关于"参也鲁"的问题,二程则将其从对曾子的批评逆转为曾子能够明道、传道的资质。[101]孔安国注云:"鲁,钝也。曾子迟钝也。"皇侃疏云:"鲁,迟钝也,言曾子性迟钝也。王弼云:'鲁,质胜文也。'"[102]对于"参也鲁"本义的解释,历来没有什么争议,宋代亦然。而历来对于"参也鲁"的理解,一般都是将其视为对曾子不足的批评,陈祥道《论语全解》也是如此,他释此章云:"鲁则不中,……以子游裼裘而吊为礼,以孔子死欲速朽、丧欲速贫之言为是,此

---

[98] 《朱子语类》卷三九,第1009页。朱熹《答程允夫》也说:"四科皆从于陈蔡者,故记者因夫子不及门之叹而列之。"《晦庵先生朱文公文集》卷四一,见《朱子全书(修订本)》,第22册,第1883页。
[99] 《论语集注》卷六《先进》,见《四书章句集注》,第123页。
[100] (明)胡居仁:《居业录》卷五《古今第五》,见氏撰,冯会明点校:《胡居仁文集》,南昌:江西人民出版社,2013年,第69页。
[101] 陈逢源:"颖悟"与"笃实"——朱熹〈四书章句集注〉孔门系谱之建构考察,见《第五届世界儒学大会学术论文集》,曲阜,2012年9月;陈静:《"参也鲁"的诠释意向》,《中国哲学史》,2014年第4期。
[102] (梁)皇侃撰,高尚榘校点:《论语义疏》卷六《先进》,北京:中华书局,2013年,第279页。

参之鲁也。……柴、师、参、由，蔽于性。"[103]其中所述两典俱出《礼记·檀弓上》，也都批评曾子，而陈祥道即以此为例来证实曾子之鲁。

关于"参也鲁"的本义，理学家也没有异议。程颐说曾子是"质鲁之人"[104]，杨时也说曾子"鲁则不敏"，乃"性之偏蔽"，范祖禹、尹焞也说"四子之才性，各有所偏"，[105]张栻承之，其《论语解》亦云"鲁则质而有所不敏"，乃"气禀之偏"，[106]这些看法其实与陈祥道的解释非常相近，而朱熹《论语集注》释"鲁"则直接沿袭孔安国注[107]，可见二程及其后学始终没有去修改"鲁"的训诂意义。然而，程颢说："参也，竟以鲁得之。"[108]程颐也说："'参也鲁。'然颜子没后，终得圣人之道者，曾子也。"[109]即将曾子之"鲁"视作曾子最终能够明道的一个重要原因。那么，"鲁"何以是曾子能够明道的原因呢？程颢说："颜子默识，曾子笃信，得圣人之道者，二人也。"[110]程颐说得更详细："曾子传圣人

---

[103]《论语全解》卷六，台湾商务印书馆景印文渊阁四库全书本，第196册，第153页。
[104]《河南程氏遗书》卷一八，见《二程集》，第211页。
[105]《论语精义》卷六上《先进》，见《朱子全书（修订本）》，第7册，第395页。
[106]《南轩先生论语解》卷六《先进篇》，见《张栻集》，第208页。
[107]《论语集注》卷六《先进》，见《四书章句集注》，第127页。
[108]《河南程氏遗书》卷三，见《二程集》，第62页。
[109]《河南程氏遗书》卷九，见《二程集》，第108页。
[110]《河南程氏遗书》卷一一，《河南程氏粹言》卷二《圣贤篇》所记大同，仅文字有小异。见《二程集》，第119、1236页。

道，只是一个诚笃。《语》曰：'参也鲁。'如圣人之门，子游、子夏之言语，子贡、子张之才辨聪明者甚多，卒传圣人之道者，乃质鲁之人。"[111]曾子虽然质鲁不聪明，但诚实笃信，反而"鲁者终有守"[112]，所以最后既能明道又能传道的竟然只有曾子。程门弟子大多继承和发展了二程的看法，[113]朱熹《论语集注》则直接引了程颢、程颐、尹焞各一条语录来作为阐释[114]。

然而，二程虽然消除了这两个不利因素，但却对曾子历来最受重视的"大孝"反而有所批评，钱大昕《十驾斋养新录·程子言性中无孝弟》就观察说："宋儒以孝弟为庸行粗迹，而别于空虚处求性。"[115]程颐不仅说《孝经》之文，有可疑处"[116]，还批评曾子的一些具体孝行有点过头了，说："曾子至孝如此，亦有这些失处。"[117]如"曾子执亲之丧，水浆不入口者七日"就"不合礼"，虽然他还是认为"曾子之过，过于厚者也"。[118]而且，程颐曾说："君子以识为本，行次之。今有人焉，力能行之，而识不足以知之，则有异端

---

[111]《河南程氏遗书》卷一八，见《二程集》，第211页。
[112]《河南程氏外书》卷一一，见《二程集》，第412页。
[113]《论语精义》卷六上《先进》，见《朱子全书（修订本）》，第7册，第394～395页。
[114]《论语集注》卷六《先进》，见《四书章句集注》，第127页。
[115]（清）钱大昕著，杨勇军整理：《十驾斋养新录》卷三《程子言性中无孝弟》，上海：上海书店出版社，2011年，第44页。
[116]《河南程氏遗书》卷一五，见《二程集》，第168页。
[117]《河南程氏遗书》卷二三，见《二程集》，第310页。
[118]《河南程氏遗书》卷一八，见《二程集》，第211页。

者出，彼将流宕而不知反。内不知好恶，外不知是非，虽有尾生之信，曾参之孝，吾弗贵也。"[119]可见，虽然"孝者，百行之源，只为他（曾子）包得阔"[120]，但是要确立曾子的道统地位，仅仅凭借其孝德显然是不够的，何况曾子虽然"至孝如此"，但还是不免有些"失处"。

《论语·泰伯》："曾子有疾，召门弟子曰：'启予足！启予手！'"《礼记·檀弓上》也载曾子寝疾易箦之事，二程反复论及此点，程颢说："曾子易箦之意，心是理，理是心，声为律，身为度也。"[121]程颐也说："曾子易箦之际，其气之微可知，只为他志已定，故虽死生许大事，亦动他不得。盖有一丝发气在，则志犹在也。"[122]又说："曾子，孔子在时甚少，后来所学不可测，且易箦之事，非大贤以上作不得。曾子之后有子思，便可见。"[123]这正是曾子具有圣贤气象的体现，二程说："若颜子底一个气象，吾曹亦心知之，欲学圣人，且须学颜子。后来曾子、子夏，煞学得到上面也。"[124]程颐说："曾子传圣人学，其德后来不可测，安知其不至圣人？……只看他气象极好，被他所见处大。"[125]程颢也云：

---

[119]《河南程氏遗书》卷二五，也见《河南程氏粹言》卷二《心性篇》，见《二程集》，第320、1259页。
[120]《朱子语类》卷三〇，第774页。
[121]《河南程氏遗书》卷一三，见《二程集》，第139页。
[122]《河南程氏遗书》卷一八，见《二程集》，第190～191页。
[123]《河南程氏遗书》卷一八，见《二程集》，第211页。
[124]《河南程氏遗书》卷二上，见《二程集》，第34页。
[125]《河南程氏遗书》卷一五，见《二程集》，第145页。

"曾子少孔子，始也鲁，观其后明道，岂鲁也哉？"[126]即认为曾子的气象有一个转变的过程，并说："'参也鲁。'然颜子没后，终得圣人之道者，曾子也。观其启手足之时之言，可以见矣。所传者子思、孟子，皆有学也。"[127]这就进一步将曾子之鲁、易箦、气象、传道等连贯起来了。

此外，二程还认为"子夏是笃信圣人而力行，曾子是明理"[128]，即曾子不是迷信圣人，而是明道之后方才力行。此外，程颐还说："学莫贵于思，唯思为能窒欲。曾子之三省，窒欲之道也。"[129]也曾说："孔门弟子，自孔子没后，各自离散，只有曾子便别。如子夏、子张欲以所事孔子事有若，独曾子便道不可。"[130]但是，二程对于曾子明道最为重要的论证，还是其对"一唯"之对和"忠恕"之说的阐释。

上文谈到，二苏在这个问题上也是肯定曾子明道，反对陈祥道对曾子的批评的，苏轼《论语说》云："一以贯之者，难言也。虽孔子莫能名之，故曾子唯而不问，知其不容言也。"又说："虽然，论其近似，使门人庶几知之，不亦可乎？……此曾子之妙也。"[131]苏辙的解释大体相同，他们都认为"忠恕"并不能解释"一贯"，《中庸》还说"忠恕违道不远"，即明确否认忠恕就是"道"，所以他们认为曾子以

---

[126]《河南程氏外书》卷六，见《二程集》，第385页。
[127]《河南程氏遗书》卷九，见《二程集》，第108页。
[128]《河南程氏遗书》卷一八，见《二程集》，第206页。
[129]《河南程氏遗书》卷二五，见《二程集》，第319页。
[130]《河南程氏外书》卷三，见《二程集》，第371页。
[131]《滹南遗老集校注》卷四《论语辨惑》二十四，第50页。

"忠恕"来解释一贯之道乃是为了教育程度不及自己的门人，是"曾子之妙"，而曾子本意并非要以"忠恕"来解释"一贯"之道。

二程虽然也反对陈祥道的解释，但他们并没有采取和二苏一样的思路，程颐说："曾子言夫子之道忠恕，果可以一贯，若使他人言之，便未足信。"[132]又说："孔子曰：'一以贯之。'曾子便理会得，遂曰'唯'，其他门人便须辩问也。"[133]都是肯定曾子确实明了一贯之道。程颐还对忠恕进行了极其繁复的阐释，以至于在其门人中出现了两种完全不同的阐释方向，[134]而后来朱熹的解释事实上也有很大不同。[135]对于《中庸》"忠恕违道不远"的处理，二程认为《中庸》是子思"掠下教人"[136]，是子思"恐人不喻，故指而示之近，欲以喻人"[137]，是子思"恐人难晓，故复于《中庸》降一等言之"[138]。

总之，二程坚持认为曾子以"忠恕"解释"一贯"是没有问题的，这在后来终于成为曾子明道最为主要的证据。南宋理宗便将"一唯忠恕，门人深警"之语写入其《道统

---

[132]《河南程氏遗书》卷一五，见《二程集》，第153页。
[133]《河南程氏遗书》卷二二上，见《二程集》，第285页。
[134]《论语精义》卷二下《里仁》，见《朱子全书（修订本）》，第7册，第151~156页。
[135] 参见拙文《宋儒对"一贯"和"忠恕"的不同诠释》，《浙江工商大学学报》，2021年第3期。
[136]《河南程氏遗书》卷一，见《二程集》，第8~9页。
[137]《河南程氏遗书》卷一五，见《二程集》，第153页。
[138]《河南程氏遗书》卷一八，见《二程集》，第184页。

十三赞》的《曾子赞》[139]，而宋度宗咸淳三年（1267）议升曾子配享的诏书也写道："忠、恕两语，深契一贯之旨。"[140]这都可见"一唯忠恕"对于论证曾子的道统地位是多么关键。

五、颜—曾—思—孟道统系谱的流行

二程瓦解五贤道统系谱，重构起颜子—曾子—子思—孟子这一新的道统系谱，而这与王安石、司马光、二苏诸派都有所不同。程门弟子及其后学大都还是坚持了二程所重构的这一道统系谱，虽然如前所述，即便在程门后学中也不时会出现遗漏曾子的情况，但这种频率还是远远不及曾子、子思、孟子一并出现的频率高，而且表述也通常要更加正式。

前文谈到，朱光庭在定论程颢的文字中略过曾子而只及子思、孟子，但他乞定子思封爵的奏议中则说："（孔）伋字子思，尝学于曾子，得圣道之传，著为《中庸》一书，垂之万世。……孟子师之，然后得其传，固非荀、扬、韩之可企。荀、扬、韩尚蒙圣朝茅土之封，而独未及子思，诚阙典也。"[141]即已注意到曾子连接孔子和子思的中介作用。吕大临《中庸解》也说："孔子传之曾子，曾子传之子思，子思

---

[139]《咸淳临安志》卷一一《行在所录·学校·太学·御制御书道统十三赞并序》，第418页。
[140]《咸淳临安志》卷一一《行在所录·学校·太学》，第401页。
[141]《历代名臣奏议》卷二七四《崇儒》，第3578页。

述所授之言，以著于篇，故此书之论，皆圣人之绪言，入德之大要也。"[142]虽然没有谈及孟子，但是吕大临肯定孟子的道统地位是没有疑问的。周行己也说："曾子之后有子思，子思之后有孟子。"[143]杨时自序其《中庸义》亦云："曾子之后，子思、孟子之传得其宗。"[144]

二程尚且需要为建构曾子—子思—孟子这一新的道统系谱而极力论证曾子的道统地位，其门人也为此做了不少努力，但是到程门再传，曾子—子思—孟子这一新的道统系谱已经基本上成为无须论证的共识。张九成在其《孟子传》中，甚至还反复利用这一道统系谱来论证孟子的道统地位，如云："孟子受道于子思，子思受道于曾子，曾子受道于孔子。顾曾子之传，盖正统也。……孟子得之，故以其所学、以其所传、以其所见，贬剥可否，独推尊孔子之道而师之。虽具体而微，如颜、闵、冉牛，弗学也。"[145]他在写给别人的书信中也说："惜乎！颜子短命，其学不传。曾子传斯道于子思，故子思有中庸之论；子思传斯道于孟子，故孟子有仁义之说。孟子既没，圣道绝矣。"[146]其友施德操《孟子发题》也说："尧、舜之道，自孔子传之曾子，曾子传之子思，

---

[142]（宋）吕大临：《中庸解》，见陈俊民辑校：《蓝田吕氏遗著辑校》，北京：中华书局，1993年，第270页。
[143]《周行己集》卷四《送何进孺序》，第78页。
[144]《杨时集》卷二五《中庸义序》，第674页。
[145]《孟子传》卷七《公孙丑上》"伯夷非其君不事"章，见《张九成集》，第788页。
[146]《横浦集》卷一八《上李泰发参政书》，见《张九成集》，第193页。

子思传之孟子。"[147]胡宏《程子雅言前序》也写道:"及颜氏子死,夫子没,曾氏子嗣焉。曾氏子死,孔子之孙继之。于其没也,孟氏实得其传。孟氏既没,……其间最名纯雅,不驳于正统者,莫如荀、扬。然荀氏以不易之理为伪,不精之甚也;扬氏以作用得为心,人欲之私也。故韩子断之曰:'轲之死,不得其传。'"[148]即以曾子—子思—孟子这一新的道统系谱来替代五贤道统系谱。朱震在向朝廷为谢良佐之子谢克念请官时也写道:"孔子之道传曾子,曾子传子思,子思传孟子,孟子之后无传焉。"[149]类似的例子还有很多,就不一一列举了,杨时、胡安国、谢良佐门下是南宋初最有代表性也最有影响的程门后学,张九成、胡宏、朱震的看法应该足以反映出当时程门后学对曾子—子思—孟子道统系谱的坚持。

程门后学之外,那些虽宗程学但又颇杂他学的士人,也大多接受了曾子—子思—孟子这一新的道统系谱。朱熹从学过的刘子翚曾写过《圣传论》十首,孔子而下便是颜子、曾子、子思、孟子。而如前章谈到的杨万里等士人也无不如此,杨万里《圣徒论》便有颜、曾、思、孟论各上中下三篇,此外还有论韩愈上下篇,[150]他序陈渊文集也说:"盖

---

[147]《宋元学案》卷四〇《横浦学案》,第1322页。
[148]《胡宏集·杂文·程子雅言前序》,第156~157页。
[149]《道命录》卷三,第24页。
[150]《杨万里集笺校》卷八五、八六《心学论·圣徒论》,第3377~3412页。

昔者道学之正统，八传而至孔子。若颜子、曾子，则见而传之。若子思、孟子，则闻而传之。统之至于孟子也，其前无绝，其后无嗣。嗣千有余岁之绝者，不在伊川乎？"[151]又曾说："伏羲、尧、舜、禹、汤、文、武，圣之高曾也；周、孔，圣之祖父也；颜子，圣之宗子也；孟子，圣之别子也；二程子，宗子别子之宗子也。"[152]除了多出一个"伏羲"，杨万里几乎是完全继承了二程的看法。其后婺学中人、永嘉学派也大体如此，这在前章已经讨论过，这里就不重复了。叶适试图解构曾子—子思—孟子这一道统系谱而没有产生多少影响，实际上正好说明了这一道统系谱在当时已经被广泛接受了。

大概缘于孟子地位的稳固，在程学系统之外，曾子—子思—孟子这一新的道统系谱也迅速被很多士人接受。元祐三年（1088）闰十二月所立的《宋杭州南山慧因教院晋水法师碑》，由曾旼撰，吕康卿书，而该《碑》亦云："盖'人心惟危，道心惟微，唯精唯一，允执厥中'，尧以授舜，舜以授禹者也。'操则存，舍则亡，出入无时，莫知其乡，惟心之谓与'，孟子受之子思，子思受之曾子，曾子受之孔子者也。"[153]这与理学家的说法已经非常接近，南宋程敦厚序王

---

[151]《杨万里集笺校》卷七九《默堂先生文集序》，第3218页。
[152]《杨万里集笺校》卷九一《庸言二》，第3570页。
[153]（宋）曾旼：《宋杭州南山慧因教院晋水法师碑》，许明编著：《中国佛教金石文献·塔铭墓志部》四《宋卷》，上海：上海书店出版社，2018年，第1413页。

安石文集，同样也承认了这一道统系谱。[154]可见受新学影响的士人也逐渐在接受这一道统系谱。

陈师道曾说："孟子之学出于子思，子思出于曾子。"[155]吕本中在其《宣州新学序》中写道："曾子之学，专反诸其躬而求其内，明圣人之用心，传之子思，及孟子而卒不畔。"[156]又在其《重建仙居净梵院记》中说："佛之为说，与孔子异乎？不异也。何以知其不异也？以其为教知之。孔子以'知止而后有定，定而后能静，静而后能安，安而后能虑，虑而后能得'也。孔子传之曾子，曾子传之子思，子思传之孟子矣。"[157]后来苏辙之孙苏籀也曾说："孔氏之道，曾子、子思之传，而孟轲治气养心以扩之。"[158]可见苏门后学也有很多人都接受了这一道统系谱。而且，从前文所引《宋杭州南山慧因教院晋水法师碑》和《重建仙居净梵院记》来看，比起五贤道统系谱那种强烈的排辟异端的气息，曾子—子思—孟子这一以传道为主的道统系谱，因为有着浓厚的道

---

[154]（宋）程敦厚：《临川文集序》，收在《新刊国朝二百家名贤文粹》卷一五九《序·文集序七》，见《宋集珍本丛刊》，第94册，第499页。
[155]《后山先生集》卷一七《策问十五首》其二，见《宋集珍本丛刊》，第28册，第798页。
[156]（宋）吕本中：《宣州新学序》，收在嘉庆《宁国府志》卷二一，见氏撰，韩酉山辑校：《吕本中全集·吕居仁文辑·序》，北京：中华书局，2019年，第1757页。
[157]（宋）吕本中：《重建仙居净梵院记》，收在《嘉定赤城志》卷二九，见《吕本中全集·吕居仁文辑·记》，第1760页。
[158]（宋）苏籀：《双溪集》卷八《上户部尚书书》，上海：商务印书馆，1935年丛书集成初编本，第98页。

德性命之学的色彩，反而更能让那些并不排佛的士人接受。

总之，曾—思—孟这一道统系谱很快便被很多士人接受。晁说之本来追随司马光非孟，他曾搜罗整理出《曾子》一书，并在《后记》中写道："予病世之人莫不尊事孟子，而知子思《中庸》者盖寡。知子思《中庸》者虽寡，而知读《曾子》者殆未见其人也。"[159]可见这一道统系谱在当时已经非常风行。两宋之交的王洋也说："曾子之学传而为子思，子思传而为孟轲。"[160]林季仲也说："夫子以衣钵传颜子，颜子传曾子，曾子传子思，子思传孟轲，轲死不得其传。"[161]王之望也说："曾参之忠恕，孟轲之刚大，子思之中庸，贯为一条，诚明白而自得。"[162]王十朋也说："孟子之学出于子思，子思之学出于曾子，而曾子游孔门以孝称。"[163]史尧弼《曾子论》亦云："其几以一言之几而言圣人之道者，盖自曾子始。子思，学曾子者，而始指为中庸。孟子，学子思者也，而始指为性善。"[164]

---

[159]《景迂生集》卷一八《曾子后记》，台湾商务印书馆景印文渊阁四库全书本，第1118册，第346~347页。

[160]《东牟集》卷一〇《答袁秀才书》，台湾商务印书馆景印文渊阁四库全书本，第1132册，第465页。

[161]《竹轩杂著》卷五《与周主簿书》，见《宋集珍本丛刊》，第42册，第171页。

[162]（宋）王之望：《汉滨集》卷九《上宰相书》，台湾商务印书馆景印文渊阁四库全书本，第1139册，第774页。

[163]《王十朋全集·文集》卷一二《追远亭记》，第767页。

[164]（宋）史尧弼：《莲峰集》卷七《曾子论》，台湾商务印书馆景印文渊阁四库全书本，第1165册，第742页。

到朱熹之时，曾子—子思—孟子这一道统系谱实际上早就已经被广泛接受了，前章谈到过，陆九渊也是如此。朱熹对这一道统系谱进行了更为详细的论证，使得这一道统系谱更加强化。他在《中庸章句序》中明确使用"道统"一词，并在其中明确阐述了他对道统系谱的看法，云：

> 夫尧、舜、禹，天下之大圣也。以天下相传，天下之大事也。……自是以来，圣圣相承：若成汤、文、武之为君，皋陶、伊、傅、周、召之为臣，既皆以此而接夫道统之传，若吾夫子，则虽不得其位，而所以继往圣、开来学，其功反有贤于尧舜者。然当是时，见而知之者，惟颜氏、曾氏之传得其宗。及曾氏之再传，而复得夫子之孙子思，则去圣远而异端起矣。子思惧夫愈久而愈失其真也，于是推本尧舜以来相传之意，质以平日所闻父师之言，更互演绎，作为此书，以诏后之学者。……自是而又再传以得孟氏，为能推明是书，以承先圣之统，及其没而遂失其传焉。[165]

朱熹还在《大学章句》中将《大学》分为经、传两个部分，并说："经一章，盖孔子之言，而曾子述之。其传十章，则曾子之意而门人记之也。"[166]这就在《孝经》之外进一步解

---

[165]《四书章句集注·中庸章句序》，第14~15页。
[166]《四书章句集注·大学章句》，第4页。

决了曾子著述的问题。他于淳熙九年（1182）将其《大学章句》《中庸章句》《论语集注》《孟子集注》集为一编，刊刻于婺州，是为《四书章句集注》，"四书"之名由此始。[167] 由此，一般便认为颜子主《论语》，曾子主《大学》，子思主《中庸》，孟子主《孟子》，刘埙《隐居通议·学校配享》即云："州县学祀文宣王，以兖国公颜子、邹国公孟子配享文庙。后，宋咸淳中，议者以本朝崇尚《四书》，宜并祀曾、思配享，于是以郕国公、沂国公升配文宣王，与颜、孟为四。其意盖以颜主《论语》，孟主《孟子》，而《大学》则曾之所述，《中庸》则思之所作。是因四书而尊四贤，可谓备一代之盛典。"[168] 至于朱熹为何认为《大学》是曾子所作，他在其《大学或问》中解释说，"曰：子谓正经盖夫子之言，而曾子述之，其传则曾子之意，而门人记之。何以知其然也？曰：正经辞约而理备，言近而指远，非圣人不能及也，然以其无他左验，且意其或出于古昔先民之言也，故疑之而不敢质。至于传文，或引曾子之言，而又多与《中庸》《孟子》者合，则知其成于曾氏门人之手，而子思以授孟子无疑也"。他接着还列举了很多内证。[169] 此后，黄榦还专门写了

---

[167] 束景南：《朱熹年谱长编》，上海：华东师范大学出版社，2014年，第731页。
[168] 《隐居通议》卷二七《礼乐·学校配享》，1937年丛书集成初编本，第276页。
[169] （宋）朱熹：《大学或问》上，见《朱子全书（修订本）》，第6册，第514~515页，引文在第514页。

一篇很长的《圣贤道统传授总叙说》，系统地总结和阐发朱熹的道统思想。[170]

朱熹不仅大力论证、阐述、推广这一道统系谱，而且还将其付诸祭祀实践。他曾对门人说："配享只当论传道，合以颜子、曾子、子思、孟子配。尝欲于云谷左立先圣四贤配，右立二程诸先生，后不曾及。在南康时，尝要人文字从祀伯鱼。以渐去任，不欲入文字理会事，但封与刘淳叟，以其为学官，可以言之。"[171] 而在沧州精舍的祭祀实践中，朱熹即正式将曾子、子思与颜子、孟子一同并列为四配，[172] 朱熹的这一举措对后来宋理宗和宋度宗时期的孔庙附祭系统改革有着引导性的影响，后来熊禾就说南宋朝廷"取其法行之太学"[173]。

宋理宗于绍定三年（1230）撰写的《道统十三赞》中，孔子之后便是颜子、曾子、子思、孟子，北宋中期以来的道统系谱重构终于被皇帝亲自出面肯定。[174] 端平二年（1235）

---

[170]《勉斋集》卷三《圣贤道统传授总叙说》，台湾商务印书馆景印文渊阁四库全书本，第1168册，第37～38页。
[171]《朱子语类》卷九〇，第2294～2295页。
[172]《朱子语类》卷九〇，第2295页；《晦庵先生朱文公文集》卷八六《沧州精舍告先圣文》，见《朱子全书（修订本）》，第24册，第4051页。
[173]《熊勿轩先生文集》卷三《三山郡泮五贤祠记》，第32～33页。
[174]《咸淳临安志》卷一一《行在所录·学校·太学·御制御书道统十三赞并序》，第418～419页。

正月甲寅，诏议升子思十哲，未果。[175]宋度宗咸淳三年（1267）正月，正式下诏曰：

> 惟孔子独称颜回好学，固非三千之徒所同也。而其学不传，得圣传者，独曾子传子思，子思传孟轲。忠、恕两语，深契一贯之旨；《中庸》一篇，丕阐前圣之蕴，而孔子之道益著。向非颜、曾、思、孟相继演绎，著书垂训，中更管、商、杨、墨、佛、老，几何其不遂泯哉！今大成殿惟颜、孟侑食，曾、思不与，尚为阙典。先皇帝推迹道统之传，自伏羲以来著十三赞，孔子而下，颜、曾、思、孟昭然具在，其非以遗我后人乎？令礼官、学官议其可如曾子、子思升侑，并议可升十哲者以闻。[176]

终封曾子郕国公，子思沂国公，均配享孔庙。[177]至此，终于确定了曾子和子思在孔庙中的配享地位，曾子、子思的道统地位也由此得到了官方的制度化肯定，孔庙四配也于此确立。元仁宗延祐三年（1316），诏"以颜子、曾子、子思、孟子配享"，元朝在孔庙祭祀系统的改革上开始继承南宋之制，颜、曾、思、孟的四配格局此后历代相沿，未再更改。元文宗至顺元年（1330），又加封颜子兖国复圣公，曾子郕

---

[175]《宋史》卷四二《理宗纪二》，第807页。
[176]《咸淳临安志》卷一一《行在所录·学校·太学》，第401~402页。
[177]《宋史》卷一〇五《文宣王庙志》，第2554页。

国宗圣公，子思沂国述圣公，孟子邹国亚圣公。[178]

需要说明的是，曾子—子思—孟子这一道统系谱虽然是直接孔子的，但颜子是孔子评价最高的弟子，而且早就在孔庙配享，其地位是无可挑战的。不过，颜子早于孔子而卒，确实很难谈得上有何传道之功。程颐说"颜子陋巷自乐，以有孔子在焉"[179]，因而"试读尘编问遗事，终身不及百余言"[180]，而"孟子之时，世既无人"，则孟子不得不以道自任。[181]因此，颜子的传道之功显然要逊色于孟子，陆长愈元丰七年建议孟子"与颜子并配"时就已说道："论其知觉之先后，居世之近远，则门人为亲，而颜必处孟上；以其闻先圣之道，距杨、墨之言，后世为有功，而孟不在颜下。"[182]后来元文宗还把"亚圣"的封号正式转交给了孟子。即便如此，颜子在孔门中的地位还是无可比拟的，而理学家对颜子气象的夸赞，对颜子地位的维护，也是非常一致的。由此，他们虽然一边建构起直接孔子的曾子—子思—孟子这一道统系谱，但也都会承认颜子的道统地位，而又以颜子早卒无传来惋惜其传道之功的阙略，李元纲《传道正统图》和上引朱熹《中庸章句序》都是如此，而前者更是将这

---

[178]《元史》卷七六《祭祀志五·宣圣》，第1892～1893页。
[179]《河南程氏遗书》卷二上，见《二程集》，第15页。
[180]（宋）彭汝砺：《鄱阳集》卷一一《颜子》其二，台湾商务印书馆景印文渊阁四库全书本，第1101册，第302页。
[181]《河南程氏遗书》卷二上，见《二程集》，第15页。
[182]（宋）林希：《上神宗论孟子配享》，见赵汝愚编：《宋朝诸臣奏议》卷九一，上海：上海古籍出版社，1999年，第986页。

种处理方式通过图画的形式直观地展现出来。[183]

第二节　二程师友渊源的厘定及朱熹道统地位的确立

二程师友渊源的厘定以及朱熹道统地位的确立，是宋代理学道统系谱建构的最后一环，但也是最无定论、争议最多的一环。由于理学极其深远的历史影响，理学师友渊源至今仍是一个聚讼纷纭的学术问题。就对后世的影响而论，朱熹所编《伊洛渊源录》及其与吕祖谦合编的《近思录》无疑最为重要。今本《伊洛渊源录》中录有周敦颐、二程、张载、邵雍以及二程的门人，[184]其中邵雍乃坊间盗刻时所增入，并非朱熹编纂时所收录。而《近思录》末卷《圣贤》，同样只涉及周敦颐、二程、张载，且二程门人均不在列。是则朱熹两书对理学师友渊源的肯定，只及于二程之师周敦颐，以及二程最亲密的讲友张载。四库馆臣提要《伊洛渊源录》云："其后《宋史》道学、儒林诸传，多据此为之。盖宋人谈道学宗派，自此书始。而宋人分道学门户，亦自此书始。"[185]然而，《宋史·道学传》则将邵雍和周敦颐、张载、二程等"北宋五子"一同视为理学的开创者，后世论及理学之开端，大体也都沿袭此说。

---

[183]（宋）李元纲：《圣门事业图·传道正统图》，陶氏涉园影宋百川学海本，1927年。
[184]《伊洛渊源录》，见《朱子全书（修订本）》，第12册，第909~1128页。
[185]《四库全书总目》卷五七《伊洛渊源录》，第519页。

不过，周敦颐、张载、邵雍之学术思想体系却都与二程或多或少地存在着差异，这也是学者所熟知的，正如刘复生师所指出的："北宋五子，彼此有相互联系的一面，也各有特色而自成门户。"[186]邓广铭、陈植锷二先生都曾质疑过周敦颐和二程之间的学术传授关系，[187]张岱年先生也认为："周敦颐在北宋本来没有建立自己的学派，他曾经做过二程的家庭教师，但二程却不推崇他。"而"张载与程颢、程颐，虽有联系，本属两派"，且"两派学风是大相径庭的"。[188]此外，邵雍的先天象数学与二程理学的差异无疑更大，牟宗三先生就曾说："（邵雍）在哲学史中也该有一章。但是我们专讲宋明理学时，邵尧夫就不在内了。尽管他在当时很有地位，二程和他也很熟，时有来往，但他们讲学问并不在一条路上。邵尧夫的学问并不在这个系统之内。"[189]冯友兰先生的看法比较折中，他在其《中国哲学史新编》一书中，专列"道学的前驱——周惇颐和邵雍"一章来讨论周、邵二人之

---

[186] 刘复生：《北宋中期儒学复兴运动（增订本）》第八章"理学是儒学复兴运动的产物"，第259页。
[187] 邓广铭：《关于周敦颐的师承和传授》，原载《纪念陈寅恪先生诞辰百年学术论文集》，收在其《邓广铭治史丛稿》，北京：北京大学出版社，2010年，第153～169页；陈植锷：《周、程授受辨》，《文献》，1994年第2期。李泽厚先生《宋明理学片论》也说"周敦颐一向被尊为'宋儒之首'"，"其实是朱熹抬出来以建立'道统'的结果，并不真正符合历史和思想史的真实"。见其《中国古代思想史论》，第233页。
[188] 张岱年：《关于张载的思想和著作》，见《张载集·导言》，第14、13页。
[189] 牟宗三：《中国哲学十九讲》，上海：上海古籍出版社，2005年，第302页。

学，他认为周敦颐和邵雍"虽然不是道学的创始人，但可以作为道学的前驱"。[190]

然而，很少有学者审视过，"北宋五子"共同作为理学的开创者，是如何成为一种普遍认识的。此外，自陈来先生于20世纪80年代评介《诸儒鸣道集》后，[191]该书因其庞杂的人选而引起学界的持续关注，有学者更据此书而认为朱熹逐渐将理学的范围"狭窄"化了，[192]而这一看法已为一些学者所接受。但是，如果我们梳理二程师友渊源在宋代的厘定过程，可以看到朱熹实际上是扩大了而不是狭窄化了理学的范围。

一、程门弟子独尊二程的倾向

"北宋五子"中，最为后世学者所争议的是周敦颐。二程之学是否来源于周敦颐乃一聚讼至今的公案，全祖望在《宋元学案·濂溪学案序录》中就已认为："濂溪之门，二程子少尝游焉。其后伊洛所得，实不由于濂溪。"并指出："二程子终身不甚推濂溪，并未得与马、邵之列。"[193]邓广铭、陈植锷二先生也大抵如此认为。不过，也有一些学者为了肯

---

[190] 冯友兰：《中国哲学史新编》第五十一章"道学的前驱——周惇颐和邵雍"第一节"谁是道学的创立者"，见其《三松堂全集》，郑州：河南人民出版社，2000年，第10卷，第53页。
[191] 陈来：《略论〈诸儒鸣道集〉》，《北京大学学报》，1986年第1期。
[192] 〔美〕田浩：《朱熹的思维世界》第五章"朱熹与吕祖谦"，南京：江苏人民出版社，2011年增订版，第105～135页。其《评余英时的〈朱熹的历史世界〉》一文重申了这一观点，《世界哲学》，2004年第4期。
[193] 《宋元学案》卷一一《濂溪学案》上，第480页。

定周敦颐道学宗主的地位，大力论证周敦颐对二程的思想影响。[194]实际上，二程是否师从过周敦颐、二程是否推许周敦颐、二程之学是否来源于周敦颐，三者之间并不一定存在某种必然的同是同非的逻辑关系，二程不推许周敦颐，并不必然意味着其思想体系完全不受周敦颐的影响。

二程年少时从学过周敦颐是没有问题的，但可能由于某些原因，二程对周敦颐始终不太尊崇。谢良佐记程颢曾说："吾学虽有所受，天理二字却是自家体贴出来。"[195]程颢为自己次子程端悫所作的《程邵公墓志》也写道："吾弟颐亦以斯文为己任，尝意是儿当世吾兄弟之学。"[196]程颢于元丰八年谢世后，程颐为其撰写了《行状》，又因门人朋友祭悼之文甚多，"不能尽取，取其有补于《行状》之不及者数篇，附于《行状》之后"，编成《门人朋友叙述》。[197]其中，刘立之所述有云："（程颢）及长，豪勇自奋，不溺于流俗。从汝南周

---

[194] 如陈来：《论周敦颐影响之建立——序杨柱才〈周敦颐哲学思想研究〉》，《孔子研究》，2004年第5期；杨柱才：《二程师事周敦颐考论》，收在其《道学宗主：周敦颐哲学思想研究》一书，北京：人民出版社，2004年，第354～384页；丁涛：《二程与周敦颐师承关系考辨》，《广西社会科学》，2020年第8期；傅锡洪：《从"无极而太极"到"天理自然"：周程授受关系新论》，《哲学研究》，2021年第5期；汤元宋：《周程授受说的回顾与再探——以〈颜子所好何学论〉为中心的考察》，《哲学研究》，2023年第9期。
[195] 《河南程氏外书》卷一二，见《二程集》，第424页。
[196] （宋）程颢：《程邵公墓志》，《河南程氏文集》卷四，见《二程集》，第495页。
[197] （宋）程颐：《明道先生门人朋友叙述序》，《河南程氏文集》卷一一，见《二程集》，第639页。

茂叔问学，穷性命之理，率性会道，体道成德，出处孔、孟，从容不勉。"[198]几乎就是认为程颢之学来源于周敦颐了，但程颐所作《行状》并没有采取此说，而仅云："先生为学：自十五六时，闻汝南周茂叔论道，遂厌科举之业，慨然有求道之志。未知其要，泛滥于诸家，出入于老、释者几十年，返求诸六经而后得之。……谓孟子没而圣学不传，以兴起斯文为己任。"[199]实际上，刘立之在其纪念文字的后文也说："自孟轲没，圣学失传，学者穿凿妄作，不知入德。先生杰然自立于千载之后，芟辟榛秽，开示本原，圣人之庭户晓然可入，学士大夫始知所向。"[200]是则他的看法和程颐所作的《行状》其实没有什么差别。并且，程颐在《门人朋友叙述序》中也明确论及诸人纪念程颢的文字，说："其所以推尊称美之意，人各用其所知，盖不同也；而以为孟子之后，传圣人之道者，一人而已，是则同。"[201]这确实是二程门人的普遍看法，不止《叙述》如此，周行己《祭刘起居（刘安节）文》也说："孟死无传，颜亡绝好。笃生程公，万世师表。乃继斯文，以兴坠教。"[202]胡安国为杨时所写的墓志铭也说："宋嘉祐中，有

---

[198]《河南程氏遗书》附录《门人朋友叙述》，见《二程集》，第328页。
[199]（宋）程颐：《明道先生行状》，《河南程氏文集》卷一一，见《二程集》，第638页。
[200]《河南程氏遗书》附录《门人朋友叙述》，见《二程集》，第329页。
[201]《明道先生门人朋友叙述序》，《河南程氏文集》卷一一，见《二程集》，第639页。
[202]《周行己集》卷一〇《补遗·祭刘起居文》，第225页。

河南二程先生，得孟子不传之学于遗经。"[203]这都是二程门人之间的祭、铭文字，不是专为推尊二程而作，但也都是以二程接续孟子，并没有顾及周敦颐的位置。

在《明道先生墓表》中，程颐同样认为其兄"生千四百年之后，得不传之学于遗经"。[204]其视程颢如此，其自视亦然，他元祐元年（1086）《上太皇太后书》即说自己"得之于遗经，不自度量，以身任道"[205]，在其为门人刘绚、李吁、朱光庭所作的祭文中，也都反复说"自予兄弟倡明道学"。[206]并且，除刘立之外，朱光庭、邢恕、范祖禹、游酢、吕大临、张绎等人纪念二程的文字，也全都没有谈及周敦颐。而韩维为程颢所作的《程伯淳墓志铭》，则干脆将程颢从学周敦颐一事删了。[207]总之，正如后来朱熹所说："濂溪在当时，……无有知其学者。"[208]在程门内部也大体如此。

众所周知，张载、司马光、邵雍是二程最为亲近的学友，二程也不时论及诸人，并都有过较高的评价，如他们说："某接人多矣，不杂者三人：张子厚、邵尧夫、司马君

---

[203]（宋）胡安国：《龟山先生墓志铭》，见《杨时集》附录二，第1134页。
[204]（宋）程颐：《明道先生墓表》，《河南程氏文集》卷一一，见《二程集》，第640页。
[205]（宋）程颐：《上太皇太后书（元祐元年）》，《河南程氏文集》卷六，见《二程集》，第546页。
[206]（宋）程颐：《祭刘质夫文》《祭李端伯文》《祭朱公掞文》，《河南程氏文集》卷一一，见《二程集》，第643~644页。
[207]（宋）韩维：《程伯淳墓志铭》，见《宋文鉴》卷一四三《墓志》，第1994~1998页。
[208]《朱子语类》卷九三，第2357页。

实。"[209]又云:"世之信道笃而不惑异端者,洛之尧夫、秦之子厚而已。"[210]也说"张子厚、邵尧夫,善自开大者也"[211],认为"君实笃厚,晦叔谨严,尧夫放旷"[212],二程对张载、邵雍、司马光的高尚品格、不杂异端评价颇高。不过,同样应该注意的是,他们对诸人之学也都颇有否定之语。

张载在将其《正蒙》一书出示门人时说:"此书予历年致思之所得,其言殆于前圣合与!"[213]又说:"吾之作是书也,譬之枯株,根本枝叶,莫不悉备,充荣之者,其在人功而已。又如晬盘示儿,百物具在,顾取者如何尔。"[214]可见其对《正蒙》自待之重。张载门人也极其推崇此书,范育序《正蒙》时极云:"惟夫子之为此书也,有《六经》之所未载,圣人之所不言。"更推崇张载说:"子张子独以命世之宏才,旷古之绝识,参之以博闻强记之学,质之以稽天穷地之思,与尧、舜、孔、孟合德乎数千载之间。"[215]

然而,程颐却说:"横渠立言,诚有过者,乃在《正蒙》。《西铭》之为书,推理以存义,扩前圣所未发,与孟子性善养气之论同功。"[216]可见程颐仅仅肯定《西铭》,而对

---

[209]《河南程氏遗书》卷二上,见《二程集》,第21页。
[210]《河南程氏遗书》卷四,见《二程集》,第70页。
[211]《河南程氏遗书》卷三,见《二程集》,第60页。
[212]《河南程氏遗书》卷六,见《二程集》,第87页。
[213](宋)吕大临:《横渠先生行状》,见《张载集》附录,第384页。
[214](宋)范育:《正蒙序》,见《张载集》卷首,第3页。
[215]《正蒙序》,见《张载集》卷首,第4、5页。
[216](宋)程颐:《答杨时论西铭书》,《河南程氏文集》卷九,见《二程集》,第609页。

《正蒙》全书并不满意，甚至在给张载的答书中明确说："观吾叔之见，至正而谨严。如'虚无即气则虚无'之语，深探远赜，岂后世学者所尝虑及也？（原注：然此语未能无过。）余所论，以大概气象言之，则有苦心极力之象，而无宽裕温厚之气。非明睿所照，而考索至此，故意屡偏而言多窒，小出入时有之。"[217] 程颢的态度大体相似，他说："《西铭》某得此意，只是须得他子厚有如此笔力，他人无缘做得。孟子以后，未有人及此。"[218] 但他也说："横渠教人，本只是谓世学胶固，故说一个清虚一大，只图得人稍损得没去就道理来，然而人又更别处走。今日且只道敬。"[219]

二程对司马光、邵雍之学的批评更多，也更严厉，云："君实之能忠孝诚实，只是天资，学则元不知学。尧夫之坦夷，无思虑纷扰之患，亦只是天资自美尔，皆非学之功也。"[220] 这几乎是对二人的学术进行了总体性的否定。在具体问题上，二程也多次批评司马光的《中庸》之学，[221] 后来陈淳在《北溪字义·命》中都还把司马光拿来当成"赋质纯粹而气禀不清"的例子，云："如温公恭俭力行，笃信好

---

[217]《答横渠先生书》，《河南程氏文集》卷九，见《二程集》，第596页。《河南程氏粹言》卷一《论书篇》也有相似的记述，见《二程集》，第1203页。
[218]《河南程氏遗书》卷二上，见《二程集》，第39页。
[219]《河南程氏遗书》卷二上，见《二程集》，第34页。
[220]《河南程氏遗书》卷二上，见《二程集》，第27~28页。
[221]《河南程氏遗书》卷二上、《河南程氏外书》卷一二，见《二程集》，第25、425、433页。

古，是甚次第正大资质，只缘少那至清之气，识见不高明。二程屡将理义发他，一向偏执固滞，更发不上，甚为二程所不满。"[222]

邵雍曾"自言须如我与李之才方得道"[223]，邵伯温则称赞其父邵雍"于书无所不读，独以《六经》为本，盖得圣人之深意"[224]，然而，二程却"未敢以圣贤之徒许之"[225]。二程明确说邵雍之道"偏驳"[226]，程颐曾云："尧夫豪杰之士，根本不帖帖地。伯淳尝戏以乱世之奸雄中，道学之有所得者，然无礼不恭极甚。"[227]又云："邵尧夫临终时，只是谐谑，须臾而去。以圣人观之，则亦未是，盖犹有意也。"[228]二程对邵雍之学能否治平天下则怀疑更深，云："（邵雍）未必有术，要之亦难以治天下国家。其为人则直是无礼不恭，惟是侮玩，虽天理亦为之侮玩。"[229]邵雍离世后，程颢为其作了墓志铭，在其中大段颂扬了邵雍的高洁德行，又述说了邵雍之学得之于穆修、李之才"为有传"，但其评语却只说："先生淳一不杂，汪洋浩大，乃其所自得者多矣。……若先生之道，就所至而论之，可谓安且成矣。"[230]很难说这对于邵雍

---

[222]《北溪字义》卷上《命》，第3页。
[223]《河南程氏遗书》卷二上，见《二程集》，第32页。
[224]《邵氏闻见录》卷一九，第215页。
[225]《十驾斋养新录》卷七《程邵之学》，第142页。
[226]《河南程氏遗书》卷七，见《二程集》，第97页。
[227]《河南程氏遗书》卷二上，见《二程集》，第32页。
[228]《河南程氏遗书》卷一八，见《二程集》，第197页。
[229]《河南程氏遗书》卷二上，见《二程集》，第45页。
[230]《邵尧夫先生墓志铭》，《河南程氏文集》卷四，见《二程集》，第503页。

之学是多么高的评价。而对于邵雍的先天象数学，二程始终不置可否，晁说之曾致书程颐，"愿因先生问康节之学"，但程颐却说："某与尧夫同里巷居三十年，世间事无所不论，惟未尝一字及数耳。"[231]不仅二程，连张载也说："尝观尧夫诗意，才做得识道理，却于儒术未见所得。"[232]今本《伊洛渊源录》卷五《康节先生》于张峋《行状（略）》后，附录了从二程语录中摘录的"遗事"十五条，然而，除去第一条"颢接人多矣，不杂者三人：张子厚、邵尧夫、司马君实"，第二条"尧夫放旷"，第三条"尧夫犹空中楼阁"外，其后十余条几乎全都对邵雍有所批评，[233]这显然是因为二程语录中实在也找不到更多的赞许邵雍的话了。而对于二程的这些批评，后来《宋史》在将邵雍列入《道学传》时，还不得不在传末进行辩解。[234]

二程对张、邵、司马的这些否定性评价，被其门人承续下来，并有加强的趋势。谢良佐《语录》中有不少评论三人之学的记录，他几乎都是在发挥二程对诸人的批评，而且没有什么积极肯定的评论。他批评张载"教人以礼为先""就上面做工夫""故其学无传之者"，这与程颢"先使学者有知识""使学者从敬入"不同。他又批评邵雍所学

---

[231]《河南程氏外书》卷一二，见《二程集》，第444页。
[232]《河南程氏遗书》卷一〇，见《二程集》，第112页。
[233]《伊洛渊源录》卷五《康节先生》，见《朱子全书（修订本）》，第12册，第987~991页。
[234]《宋史》卷四二七《邵雍传》，第12728页。

"与圣门却不同",并说:"此人在风尘时节,便是偏霸手段,学者须是天人合一始得。"学者问司马光之学,他则引程颢批评司马光《中庸》之学一事为答。[235]

不仅谢良佐,杨时和游酢也大致如此。杨时在程颐生前即已向其批评《西铭》"言体而不及用,恐其流遂至于兼爱",即便在程颐回答说"《西铭》之论则未然"后,他的答书虽然表示接受《西铭》,但其保留态度并未改观太多,[236]程颐就说"杨时也未判然"[237]。杨时虽然最终还是接受了对《西铭》的肯定,但他对关学却始终有所不满,他曾对胡安国说:"《正蒙》之书,关中学者尊信之与《论语》等,其徒未尝轻以示人,盖恐未信者不惟无益,徒增其鄙慢尔。如《西铭》一篇,伊川谓与孟子'性善''养气'之论同功,皆前圣所未发也。详味之,乃见其用意之深。"[238]然而,陈渊所记《余杭所闻》则云,他因对张载、吕大临"二人为常有疑焉",便以问杨时,杨时说"正叔先生亦自不许"张载,又记程颐曾说吕大临"只是守横渠说,更不肯易,才东边扶得起,又倒从西边去"。[239]杨时对张载的人性论说也不太满意。[240]其《跋横渠先生书及康节先生人贵有精神诗》更云:

---

[235]《上蔡先生语录》卷上,第3、6、5页。
[236]《杨时集》卷一六《寄伊川先生》《答伊川先生》及所附《伊川答论西铭》,第450、452~453、451页,引语在第450、451页。
[237]《河南程氏外书》卷一二,见《二程集》,第437页。
[238]《杨时集》卷二〇《书五·答胡康侯》其四,第541~542页。
[239]《杨时集》卷一三《语录四·余杭所闻·七》,第365页。
[240]《杨时集》卷一三《语录四·萧山所闻·一》,第393~394页。

"横渠之学,其源出于程氏,而关中诸生尊其书,欲自为一家。故余录此简以示学者,使知横渠虽细务必资于二程,则其他故可知已。"[241]即认为张载之学本从二程出。游酢《书明道先生行状后》也说"明诚夫子张子厚友而师之",还进一步煞有其事地叙述了张载师从二程的经过。[242]吕大临师从过张载,他作张载《行状》时即已说张载在与二程"共语道学之要"后,便"尽弃其学而学焉"。这种将张载降格为二程门人的做法,连程颐都无法接受,他还专门要求删去此语,并说:"表叔平生议论,谓颐兄弟有同处则可,若谓学于颐兄弟则无是事。"吕大临由此才改成了"尽弃异学,淳如也"。[243]但很显然的是,在谢良佐、杨时、游酢诸人看来,张载是无法与二程并尊的,尹焞也曾记述云:"横渠昔在京师,坐虎皮,说《周易》,听从甚众。一夕,二程先生至,论《易》。次日,横渠撤去虎皮,曰:'吾平日为诸公说者,皆乱道。有二程近到,深明《易》道,吾所弗及,汝辈可师之。'(原注:逐日虎皮出,是日更不出虎皮也。)横渠乃归陕西。"[244]其高下判断可知。张岱年先生因而观察说,"北宋末年,关学、洛学两派之间曾经有过相当激烈的斗争",而

---

[241]《杨时集》卷二六《跋横渠先生书及康节先生人贵有精神诗》,第692页。
[242](宋)游酢:《书明道先生行状后》,《河南程氏遗书·附录》,见《二程集》,第334~335页,引文在第334页。
[243]《河南程氏外书》卷一一,见《二程集》,第414~415页。
[244]《河南程氏外书》卷一二,见《二程集》,第436~437页。

洛学一派则"极力否认关学的独立地位"。[245]

其视张载如此，对邵雍的批评则更甚。不仅谢良佐批评邵雍所学与圣门不同，杨时同样也对邵雍之学怀疑很深。罗从彦所录《毗陵所闻》记云："或问：'正叔先生云："邵尧夫《易数》至今无传。"当时何不问他，看如何？'先生曰：'若是公等须打不过，必问他。'"[246]可见杨时也对邵雍象数之学没有什么兴趣。陈瓘颇好邵雍之学，邵伯温《邵氏闻见录》云："莹中晚喜康节先生之学，尝从伯温求遗书曰：'吾于康节之学，若有得也。'"[247]杨时《龟山集》中留存了八封写给陈瓘的书信，其中后七封都是在和陈瓘争辩邵雍的先天象数学，而且显然都是以批评为基调的，其中还牵扯到扬雄的《太玄》和司马光，杨时同样予以批评。[248]邵雍之孙邵博在其《邵氏闻见后录》中摘录了一些陈瓘与杨时争辩的书信，题为《答杨中立、游定夫书》，并说陈瓘之"书为杨中立、游定夫出也"，可见游酢其实也参与到了这次争辩中。邵博还写道："近时妄人，出杂书数十百条，托为伊川之说，意欲前无古人，足以重吾之师矣。如司马文正、张横渠皆斥以为未至，但以康节为数学，亦安知所谓数者，非伊川之雅言也。岂中立、定夫亦惑于此欤，大谏公（陈瓘）反复论之深矣。"[249]四库馆臣提要《闻见后录》说："（邵）伯温

---

[245] 张岱年：《关于张载的思想和著作》，见《张载集·导言》，第13、14页。
[246] 《杨时集》卷一三《语录四·毗陵所闻·九》，第392页。
[247] 《邵氏闻见录》卷一五，第165页。
[248] 《杨时集》卷一九《答陈莹中》，第518～533页。
[249] 《邵氏闻见后录》卷五、六，第38～47页，引文在第46页。

书（《邵氏闻见录》）盛推二程，博乃排程氏而宗苏轼。观所记游酢、谢良佐之事，知康节没后，程氏之徒欲尊其师而抑邵，故博有激以报之。"[250]实际上，程门弟子抑邵，邵伯温恐也当分其咎，其《闻见录》中说张载、二程"三先生俱从康节游"[251]，颇有些视二程、张载为邵雍后进之意。

至于邵博《邵氏闻见后录》，则邵、程二门之间的嫌隙已成。朱熹似曾在《伊洛渊源录》中摘录过邵伯温的上述说法，但汪应辰认为"'从游'两字太重"，并说："邵康节子孙，大抵不取二程，盖私意也。"[252]邵伯温之说不见于世传《伊洛渊源录》，应是被朱熹删除了。朱熹在周敦颐《通书》末附录了一条邵伯温《易学辨惑》的记录，称程颐在听闻邵雍"极论天地万物之理以及六合之外"后，赞叹说："平生惟见周茂叔论至此，然不及先生之有条理也。"[253]邵伯温这条记录自然很不可靠，二程曾说："天地安有内外？言天地之外，便是不识天地也。人之在天地，如鱼在水，不知有水，直待出水，方知动不得。"[254]朱熹不可能看不出来这与程颐看法不同，但仍摘取

---

[250]《四库全书总目》卷一四一《闻见后录》，第1199页。
[251]《邵氏闻见录》卷一五，第161页。按，后来南宋员兴宗都还以为"程师友于康节邵公"。见其《九华集》卷九《苏氏王氏程氏三家之学是非策》，台湾商务印书馆景印文渊阁四库全书本，第1158册，第68页。
[252]《文定集》卷一五《与朱元晦》其九、十一，第172、173页。
[253]（宋）邵伯温：《易学辨惑》卷一，台湾商务印书馆影印文渊阁四库全书本，第9册，第411页。
[254]《河南程氏遗书》卷二上，见《二程集》，第43页。按，《河南程氏经说》卷一《易说·系辞》亦云："乾坤，天地也，万物乌有出天地之外者乎？"见《二程集》，第1031页。

此条，其以此确定周、程授受关系的意图非常明显。但是，吕祖谦却不赞同，他对朱熹说："末载伊川之类，亦恐是邵家子弟欲尊康节，故托之伊川，不知可削去否？"[255]朱熹后来在《伊洛渊源录》卷一《濂溪先生·遗事》中仍然收录了此条，但是删去了末尾"然不及先生之有条理也"一句。[256]陆九渊也批评邵雍说："尧夫只是个闲道人。圣人之道有用，无用便非圣人之道。"[257]后来王阳明也说："邵子必于前知，终是利害心未尽处。"[258]王廷相则更指邵雍之学为异端，云，"邵子假四时定局，作《先天图》以明《易》，皆非《易》中所有之本旨，排甲子死数，作《经世书》，以明天人之究，殊非天道人事之自然，此实异端，窃附儒者。观二程与之居洛二十余年，未尝与之言学，可知矣"，进而主张罢祀邵雍。[259]朱熹所纂辑的《伊洛渊源录》，本来也没有邵雍的卷帙，世传《伊洛渊源录》中的邵雍部分实际上是坊间盗刻时所增入的，《朱子语类》载："问：'《渊源录》中何故有康节传？'曰：'书坊自增耳。'"[260]朱熹甚至还说"那伯温不是好人"[261]。

综上可见，独尊二程而不太顾及张载、邵雍的地位，

---

[255]《东莱吕太史别集》卷七《与朱侍讲元晦书二》，见《吕祖谦全集》，第1册，第397页。
[256]《伊洛渊源录》卷一《濂溪先生·遗事》，见《朱子全书（修订本）》，第12册，第926页。
[257]《陆九渊集》卷三四《语录》上，第426页。
[258]《传习录注疏》下，第235页。
[259]《雅述》下篇，见《王廷相集》，第871页。
[260]《朱子语类》卷六〇，第1447页。
[261]《朱子语类》卷一〇〇，第2547页。

乃是二程门人中相当普遍的现象，刘复生师即曾观察云："洛学门人独尊二程，以为周、张等人不得与之并。"[262]不仅如此，甚至连程颢的地位有时候也都是比较模糊的，"伊川学"有时就是程学的代名词。对张载尤其邵雍的批评，在程门后学中是长期存在的现象，即便到了朱熹的门人一辈，将邵雍、张载视作与二程地位相仿的学友，仍然不是一定之见。陈淳《北溪字义》就仍说张、程学识浅深不同，[263]而论朱熹时则说："孔、孟、周、程之道，至先生而益明。"[264]其《师友渊源》也是如此。[265]端平元年（1234），宋理宗曾向朱熹门人徐侨称赏张载之学，但徐侨却对理宗说："张氏谓性为万物一原，其知性矣；《西铭》之作，其知天矣。但其说逃佛老，故立言间有未及二程之然处。"[266]仍只不过肯定《西铭》而已。徐侨向理宗建议以二程从祀孔子，理宗说李埴也建议以周敦颐、二程、张载、邵雍、朱熹从祀，但他却说："邵雍氏之学，推数以明理，未及诸先生之纯。愿亟俞李埴之请，先以五人列诸从祀。"[267]就不仅对邵雍之学颇

---

[262] 刘复生：《北宋中期儒学复兴运动（增订本）》第八章"理学是儒学复兴运动的产物"，第263页。
[263] 《北溪字义》卷下《鬼神·淫祀》，第64页。
[264] 《北溪字义补遗·附·论朱子》，第74页。
[265] 《严陵讲义·师友渊源》，见《北溪字义》所附，第76～77页。
[266] 程颐（一云程颢）就曾说过："世人之学，博闻强识者岂少？其终有不入禅学者。就其间特立不惑，无如子厚、尧夫，然其说之流，恐未免此蔽。"载《河南程氏遗书》卷一五，见《二程集》，第171页。
[267] （宋）徐侨：《毅斋诗集别录》所附《宋待制徐文清公家传》，见《宋集珍本丛刊》，第70册，第614、615页。

有批评，而且还不赞成以邵雍从祀。如果没有朱熹的肯定作为根据（详见后文），张载尤其邵雍大概很难进入孔庙从祀。即便司马光和邵雍已于宋度宗咸淳三年（1267）进入孔庙从祀（详见后文），但是熊禾仍觉不妥，[268]而赵复的《传道图》也只有"周、程、张、朱"而没有司马光和邵雍。[269]

此外，二程门人也大都不太谈及二程从学于周敦颐这段往事。后来，朱熹将周敦颐确定为二程的师承渊源，汪应辰还至少两度提出异议。[270]吕祖谦《白鹿洞书院记》也说："庆历、嘉祐之间，豪杰并出，讲治益精。至于河南程氏、横渠张氏，相与倡明正学，然后三代、孔、孟之教始终条理，于是乎可考。"[271]又曾云："国朝程颢氏、程颐氏、张载氏相与发挥之，于是本原精粗，统纪大备。"[272]即肯定张载，但并未提及周敦颐。实际上，朱熹的态度也颇值得玩味。在他草成《伊洛渊源录》的乾道九年（1173），他为石塾（字子重）的《中庸集解》作序，该《序》是其《中庸章句序》的底本。朱熹在该《序》中写道："孟子没，而不得其传焉。……至于本朝，濂溪周夫子始得其所传之要，以著

---

[268]《熊勿轩先生文集》卷三《三山郡泮五贤祠记》、卷四《祀典议》，第32～33、48～55页。
[269]《元史》卷一八九《赵复传》，第4314页。
[270]《文定集》卷一五《与朱元晦》其九、十，第172、173页。
[271]《东莱吕太史文集》卷六《白鹿洞书院记》，见《吕祖谦全集》，第1册，第100页。
[272]《东莱吕太史文集》卷一〇《薛常州墓志铭》，见《吕祖谦全集》，第1册，第166页。

于篇；河南二程夫子又得其遗旨而发挥之，然后其学布于天下。"[273]然而，他于淳熙十六年（1189）三月完成的《中庸章句序》却直接说："程夫子兄弟者出，得有所考，以续夫千载不传之绪。"[274]在《中庸章句序》完成的前一月，朱熹已先写定《大学章句序》，同样也只说"河南程氏两夫子出，而有以接乎孟氏之传"。[275]这两篇影响极其深远的序文，全都回避了周敦颐的过渡作用。[276]

二、二程师友渊源在绍兴初年的扩充

赵宋南渡后不久的绍兴初年，吕本中、朱震、胡安国开始不同程度地扩充二程的师友渊源，程门后学独尊二程而排斥诸人的倾向开始有所松动。

吕本中出东莱吕氏，交游很广，是南宋初士人中比较重视整理师友渊源的一个，他曾撰《师友杂志》和《童蒙训》，后书今存三卷，此外他还作了《江西诗社宗派图》。《童蒙训》所记以吕氏为主，其外人物很多，大抵都是元祐中人遗事，间或涉及周敦颐、二程、张载、邵雍、司马光等人。今本《童蒙训》卷一开篇两条后便是二程分别一条，接

---

[273]《晦庵先生朱文公文集》卷七五《中庸集解序》，见《朱子全书（修订本）》，第24册，第3639页。
[274]《四书章句集注·中庸章句序》，第15页。
[275]《四书章句集注·大学章句序》，第2页。
[276] 田浩先生曾通过对比程颐《明道先生行状》和朱熹《中庸章句序》，认为"现代的研究可能太高估朱熹对周敦颐的推崇"。见其《朱熹的思维世界（增订版）》，第119页。

着一条说"二程始从周茂叔先生为穷理之学，后更自光大"，然后是张戬、张载兄弟一条，又接以当时学者名其学"张程"云云一条，几条后又录了数条邵雍遗事。如此看来，这也隐然是在梳理二程的师友渊源，其对周敦颐、张载的肯定是比较明显的，而且在录张载兄弟遗事间隔一条后还录了一条，以记述关中学子从学程颐的盛况。然而，《童蒙训》所录邵雍数条，还是看不出邵雍和二程有什么密切的学术关系。[277]《童蒙训》的写作时间今已无法确定，很可能与《江西诗社宗派图》的时间比较接近，因为二者显然都是南宋初期表彰元祐党人的产物。吴曾《能改斋漫录》说《江西诗社宗派图》作于绍兴三年（1133），[278]《童蒙训》大概也不会相差太远。

与吕本中不同，朱震在肯定周敦颐、张载之外，还进一步肯定了邵雍。绍兴四年，朱震在其《汉上易传》的《进表》中说："陈抟以《先天图》传种放，放传穆修，修传李之才，之才传邵雍。……修以《太极图》传周敦颐，敦颐传程颐、程颢。是时，张载讲学于二程、邵雍之间，故雍著《皇极经世》之书，……敦颐作《通书》，程颐述《易传》，载造《太和》《叁两》等篇。"[279]在此叙述中，二程、张载、

---

[277] （宋）吕本中：《童蒙训》卷上，见《吕本中全集》，第967~969页，邵雍遗事在第970~971页。

[278] （宋）吴曾撰，于年湖点校：《能改斋漫录》卷一〇《议论·江西宗派》，济南：山东人民出版社，2020年，第311页。

[279] （宋）朱震：《汉上易传》卷首《进汉上易传表》，台湾商务印书馆景印文渊阁四库全书本，第11册，第5页。

邵雍之《易》学实是同源于穆修的，而可以上溯至陈抟。

绍兴六年十二月禁程学后，胡安国在次年上了一封在理学史上屡屡被提及的奏状，他最后建议："本朝自嘉祐以来，西都有邵雍、程颢及其弟颐，关中有张载，四人者，皆以道学德行名于当世，公卿大夫之所钦慕而师尊之者也。如司马光、吕公著、韩绛、吕大防等皆论荐之。……欲望陛下特降指挥，下礼官讨论故事，以此四人加之封号，载在祀典，比于荀、扬之列。"〔280〕这是第一次有人向朝廷建议以理学家从祀孔子。后来李道传于宁宗嘉定四年（1211）向朝廷建议以周、邵、张、程从祀，即明确点出是以胡安国所奏为基础。〔281〕前述李埴于端平元年向理宗建议以周、邵、张、程和朱熹从祀，显然也是沿着胡安国的奏状而来。

是则吕本中肯定周敦颐和张载，胡安国则肯定邵雍和张载，而朱震则将周、邵、张三人都肯定了。不过，吕、朱、胡三人对二程师友渊源的扩充，尚有进一步辨明、分析的必要。今传吕本中《童蒙训》并非原本，后世删略改动颇多，今已无法得知前述的排列是否为后人所调整。此外，《童蒙训》并非《江西诗社宗派图》这样的专意整理某个派别之渊源系谱的著作，其对于二程师友渊源的塑造力是比较有限的。

朱震所述的《易》学传授渊源并不可靠，《宋史》朱震

---

〔280〕《道命录》卷三，第31页。
〔281〕《道命录》卷八，第94～95页。

本传已说"其论《图》《书》授受源委如此，盖莫知其所自云"[282]，邓广铭先生也曾做过辨正[283]。朱震是谢良佐门人，他也述说其《汉上易传》云："以（程颐）《易传》为宗，和会（邵）雍、（张）载之论，上采汉魏吴晋元魏，下逮有唐及今，包括异同，补苴罅漏，庶几道离而复合。"[284]即以程颐《易传》为主，而兼采邵、张之说。然而，其《汉上易传》实际上却是"以象数为宗"[285]的，《宋史》本传述其作意云："其学以王弼尽去旧说，杂以庄、老，专尚文辞为非是，故其于象数加详焉。"[286]其路数显然更加接近邵雍的象数《易》学而非张载和程颐的义理《易》学。程颢《邵尧夫先生墓志铭》已说邵雍之学出于穆修、李之才，朱震说周敦颐将《太极图》传二程，又说周敦颐受于穆修，即是要证明邵雍、二程之学同源，以便消弭其《汉上易传》更加接近邵雍《易》学而非程颐《易传》的矛盾。但无论如何，他确实已经开始放弃程门弟子那种独尊二程而排斥诸人的倾向。

---

[282]《宋史》卷四三五《朱震传》，第12908页。
[283] 参见邓广铭先生《关于周敦颐的师承和传授》一文的辨析。实际上，张峓为邵雍所作《行状》就说："先生少事北海李之才挺之，挺之闻道于汝阳穆修伯长，伯长以上，虽有其传，未之详也。"程颢在《墓志铭》中说："先生得之于李挺之，挺之得之于穆伯长，推其源流，远有端绪。"应该就是本之张峓。（宋）张峓：《康节先生行状》，《伊洛渊源录》卷五，有节略，见《朱子全书（修订本）》，第12册，第986页。
[284]《汉上易传》卷首《进汉上易传表》，第5页。
[285]《四库全书总目》卷二《汉上易传》，第8页。
[286]《宋史》卷四三五《朱震传》，第12908页。

胡安国可能受到了朱震的影响，但他的考虑与朱震不同。绍兴六年十二月，陈公辅在张浚的怂恿下上言乞禁程颐之学，其中谈道："在廷之臣，不能上体圣明，又复辄以私意，取程颐之说，谓之伊川学，相率而从之，是以趋时竞利饰诈沽名之徒，翕然胥效，倡为大言。谓尧、舜、文、武之道传之仲尼，仲尼传之孟轲，孟轲传颐，颐死无传焉。狂言怪语，淫说鄙喻，曰此伊川之文也；幅巾大袖，高视阔步，曰此伊川之行也。能师伊川之文，行伊川之行，则为贤士大夫，舍此皆非也。"张浚随后代宋高宗批旨准允。[287]可见其时程学推尊程颐直接孟子的道统论说已经被推到风口浪尖之上，有成为众矢之的的趋势。随后的绍兴七年（1137），吕祉和尹焞的反对意见仍然将焦点集中在程学真得孔孟之传上，[288]唯独胡安国采取了不同的策略。《道命录》记王明清致书胡安国说："近者伊川之学稍行于世，固可喜矣，然天下之士，乃有饰此为进取计者，往往剽窃仁义之说，故示椎鲁之状，诐诐然，言必称伊川，使在位者知其虚名而用之。"胡安国对程学在当时的高调及其现实处境比尹焞等人有着更为清醒的认识，所以他在奏议中首先抬出元祐党首司马光和吕公著推荐程颐的褒扬文字，接着叙述程学在徽宗时期被禁的遭遇，又谈到南宋初期程学稍有复振，但他否认"伊川之学近日盛行"，而说"伊川之学不绝如线，可谓孤立"，并重

---

[287]《道命录》卷三，第25~26页。
[288]《道命录》卷三，第28~29、34页。

提绍兴五年省试因新学中人攻击而"不用元祐人朱震等考试"的旧事。总之，胡安国一面极力消除程学过于高调的印象，一面尽量将程学归并到政治正确的元祐之学中。他也承认有不少托程学"以自售"者，而即便"传河洛之学者，又多失其本真，妄自尊大，无以屈服士人之心，故众论汹汹，深加诋诮"，但他说："夫有为伊洛之学者，皆欲屏绝其徒，而乃上及于伊川，臣窃以为过矣"，即将当时程学的高调归咎于那些伪托程学以自售和传程学失真者，并将喻樗及其制词拈出作为典型进行批判，胡安国认为"士大夫所学各分党与，互相排击，自此起矣"。在撇清了程学和这些引起争论的程门后学的关系之后，胡安国方才大力颂扬"孔孟之道不传久矣，自颐兄弟始发明之"。最后，他又一并列出了"西都有邵雍、程颢及其弟程颐，关中有张载"这份"以道学德行名于当世"的名单，并再次搬出司马光等元祐党首"论荐"，以及王安石、蔡京"排抑"的往事，乞请朝廷加以四人封号，并载入孔庙祀典，且搜集四人著作进行校正，"便于学者传习"。[289] 胡安国清醒地认识到了程门后学的排他倾向所招致的不满，试图通过扩充二程师友渊源的方式来增加理学的包容性。胡安国这封奏状虽然"未达"于朝廷，但是对此后程门后学整理二程师友渊源却有着引导性的影响，程门内部那种独尊二程而排斥诸人的倾向开始被扭转，二程师友渊源开始出现扩充的趋势。

---

[289]《道命录》卷三，第29～34页。

胡安国虽然没有在这份奏状中提及周敦颐，但据说他在绍兴二年（1132）曾向道州前任知州向子忞询问，"濂溪先生舂陵人也，有遗事乎"。[290]其子胡宏序《通书》则进一步说："周子启程氏兄弟以不传之学，……其功盖在孔、孟之间矣。"[291]明确肯定了周敦颐道学宗主的地位。胡宏序张载《正蒙》时又说："我宋受命，贤哲乃生，舂陵有周子敦颐，洛阳有邵子雍、大程子颢、小程子颐，而秦中有横渠张先生。"[292]这显然是以胡安国的看法为基础，而又增加了周敦颐。

此外，值得注意的是，吕本中、朱震、胡安国三人均未亲炙过二程。吕本中祖父吕希哲曾从二程游，吕本中也"少从游定夫、杨龟山、尹和靖游，而于和靖尤久"，但吕氏家学"不名一师"，交游极广，[293]吕本中既不独尊程学，更未亲炙二程。朱震乃谢良佐门人，于二程已是再传。胡安国则不过是私淑程颐，主要是和游酢、谢良佐、杨时相与游。[294]总之，诸人与二程都已有所间隔。

又，吕本中、朱震于绍兴中均为赵鼎所荐，胡安国则为张浚所荐。[295]赵鼎、张浚二人中，赵鼎"素重伊川程颐

---

[290]（宋）胡铨：《胡澹庵先生文集》卷一八《濂溪周先生祠堂记》，见《全宋文》卷四二〇，第 195 册，第 376 页。
[291]《胡宏集·杂文·周子通书序》，第 161 页。
[292]《胡宏集·杂文·横渠正蒙序》，第 162 页。
[293]《宋元学案》卷三六《紫微学案》，第 1234、1233 页。
[294]《宋史》卷四三五《胡安国传》，第 12915 页。
[295]《宋史》卷三七六《吕本中传》、卷四三五《朱震、胡安国传》，第 11637、12907、12912 页。

之学，元祐党籍子孙，多所擢用"[296]，但张浚则受其父亲张咸的影响，主张"元祐未必全是，熙丰未必全非"，[297]为了排挤赵鼎甚至不惜禁抑程学。李心传在《道命录序》中说："绍兴道学之兴废，系乎赵忠简之用舍。"[298]是则赵鼎实乃其间维护理学的核心政治力量。然而，赵鼎并非程门后学，《宋史·邵伯温传》云："赵鼎少从伯温游，及当相，乞行追录，始赠秘阁修撰，尝表伯温之墓曰：'以学行起元祐，以名节居绍圣，以言废于崇宁。'世以此三语尽伯温出处云。"[299]《宋元学案》也因而说他"尝从邵（伯温）子文游"，视其为"子文门人"，[300]是则赵鼎当系邵雍后学。朱震、胡安国将邵雍与二程并尊，或也有联系赵鼎的考虑在，这于朱震表现得颇为明显。绍兴四年三月戊午召赵鼎参知政事，赵鼎未至而高宗已命其荐举人才，朱震即是赵鼎所荐诸人中的一位。[301]次月二十九日又下旨令朱震进《汉上易传》，他随后在《进表》中将邵雍与周敦颐、张载、二程视作同门异户。

三、乾道间的不同整理及朱熹的厘定

秦桧驱逐赵鼎、张浚后，长期专权并压抑程学。他于绍兴二十五年（1155）十月二十二日病死，直到死前不久的

---

[296]《建炎以来系年要录》卷八六，绍兴五年闰二月丁未条，第1633页。
[297]《朱子语类》卷一三一、一〇二，第3153、2599页。
[298]《道命录》卷首《序》，第1页。
[299]《宋史》卷四三三《邵伯温传》，第12853页。
[300]《宋元学案》卷四四《赵张诸儒学案序录》，第1411、1409页。
[301]《建炎以来系年要录》卷七四，绍兴四年三月戊午条，第1410页。

十月一日,张震都仍然在建议禁止"专门之学",并得到允许。但是,次年六月十五日,秘书省正字兼实录院检讨官叶谦亨上奏说,"学术粹驳,系于主司去取之间,向者朝论专尚程颐之学,有立说稍异者皆不在选;前日大臣则阴佑王安石而取其说,稍涉程学者一切摈弃。夫理之所在,惟其是而已,取其合于孔、孟者,去其不合于孔、孟者,可以为学矣,又何拘乎!愿诏有司精择而博取,不拘一家之说,使学者无偏曲之弊,则学术正而人才出矣",立即就得到了朝廷的采纳。李心传《道命录》在收录该奏之后的按语中说:

> 自秦桧专国柄,程学为世大禁者凡十有二年,至是始解。

他接着又记载了乾道五年(1169)春魏掞之向宰相陈俊卿建议更改孔庙从祀人选一事云:

> 建阳魏掞之元履为太学录,释奠先圣,职当分献先贤之从祀者,先事白宰相,言王安石父子以邪说乱天下,不应祀典,河南二程唱明绝学,以幸方来,其功大,请言于上,罢安石父子勿祀,而追爵二程先生,使从食。宰相陈魏公康伯(应为陈俊卿)不可。[302]

---

[302]《道命录》卷四,第42~44页。按,李心传《道命录》记魏掞之事为乾道四年,但卷八说及此事则云为乾道五年春,其《建炎以来朝野杂记》也记为"乾道五年春",朱熹《国录魏公墓志铭》则将(转下页)

此事虽然未遂，但是程学在解禁之后于乾道年间（1165～1173）确实表现出了强劲的上升势头，叶适即曾云："（程学于）乾道五六年，始复大振。讲说者被闽、浙，蔽江、湖，士争出山谷，弃家巷，赁馆贷食，庶几闻之。"[303]乾道五、六年，吕祖谦两除太学博士，随后又于乾道八年除秘书省正字，主持省试，显然也是处在程学上升的势头中，而吕祖谦无疑又进一步扩大了程学的影响。在此背景下，乾道年间陆续出现了几部整理理学师承渊源的著作，包括现存的佚名编《诸儒鸣道集》、李元纲《圣门事业图》中的《传道正统图》、朱熹《伊洛渊源录》、陈亮《伊洛正源书序》，以及今已不见的佚名宗派图等。

《诸儒鸣道集》没有明确的刊刻时间记录，有学者从避讳、刻工、版本学和思想史等方面进行了综合考察，认为该书的刊刻时间是在乾道二年到乾道四年之间，[304]这应是基本可信的判断。李元纲《圣门事业图序》作于乾道六年，王介《后序》作于乾道八年（1172），李元纲书后的识跋作于乾道九年，则该书当完成于乾道六年（1170），刊刻或在乾道八

（接上页）此事记在乾道四年十二月魏掞之受诏为守太学录事后，但没有明确说明此事的时间，则应为乾道五年春而非乾道四年。《道命录》卷八，第95页；（宋）李心传撰，徐规点校：《建炎以来朝野杂记》乙集卷四《元丰至嘉定宣圣配享议》，北京：中华书局，2000年，第569页；《晦庵先生朱文公文集》卷九一《国录魏公墓志铭》，见《朱子全书（修订本）》，第24册，第4199页。

[303] 《水心文集》卷一三《郭府君墓志铭》，见《叶适集》，第246页。
[304] 田智忠：《〈诸儒鸣道集〉研究——兼对前朱子时代道学发展的考察》，北京：中国社会科学出版社，2012年，第34～48页。

年左右。[305]朱熹大概于乾道八年着手编订《伊洛渊源录》，乾道九年（1173）草成。[306]陈亮大约于乾道九年秋将《伊洛正源书序》送给吕祖谦评阅[307]，不过该《书》似未编成，但其编纂计划体现在了今存之《序》中。朱熹在《答程允夫六》中提到了一幅佚名所画宗派图，[308]该答书大概作于乾道五年十一月[309]，是则这幅宗派图的完成时间最晚不会超过乾道五年。这是目前可知全部或部分内容的几部文献，但当时应该还有不少类似的作品，如陈概曾致书张栻云："欲请足下本六经《语》《孟》遗意，将前所举十四圣人概为作传，系以道统之传，而以国朝濂溪、河南、横渠诸先生附焉。洙泗门人至两汉以下及国朝程门诸贤凡有见于道、有功于圣门者，各随所得，表出其人，附置传末，著成一书。"[310]祝平次先生根据日本学者高畑常信的考证，判断此书写于乾道八年。[311]又如丰城盛璲撰有《伊洛统宗》一书，[312]可能也是完成于这段时间。此外，程颐三传弟子谢谔（1121～1194）

---

[305]《圣门事业图》卷首、卷末，陶氏涉园影宋百川学海本。
[306] 束景南：《朱熹年谱长编》，第503页。
[307] 童振福：《陈亮年谱》，上海：商务印书馆，1936年，第18页。
[308]《晦庵先生朱文公文集》卷四一《答程允夫》其六，见《朱子全书（修订本）》，第22册，第1873～1874页。
[309] 陈来：《朱子书信编年考证》，北京：生活·读书·新知三联书店，2007年，第64页。
[310]《新刊南轩先生文集》卷三〇《答陈平甫》，见《张栻集》，第1228页。
[311] 祝平次：《评余英时先生的〈朱熹的历史世界：宋代士大夫政治文化的研究〉》，《成大中文学报》，2007年第19期。
[312] 束景南：《朱熹年谱长编》，第662页。

也有《性学渊源》五卷，可能也是类似的著作。谢谔比朱熹长九岁，孝宗大概在淳熙二年（1175）说他见过此书，则该书应该也是完成于乾道年间。[313]

乾道九年，朱熹四十四岁，吕祖谦三十七岁，陈亮三十一岁，李元纲在《序》中说自己"留心道学几三十载"[314]，大概生年与朱熹、吕祖谦不会相差太多。乾道年间正是二程四传辈后学开始成熟起来的时候，而这些学者对理学师承渊源显然已经不那么熟悉了。并且，李心传在《建炎以来系年要录》中屡言建炎、绍兴初，"已而（程学）传之浸广，好名之士多从之，亦有托以自售于时，而识真者寡矣"，"时尚书左仆射赵鼎素尊程颐之学，一时学者皆聚于朝。然鼎不及见颐，故有伪称伊川门人以求进者，亦蒙擢用"。[315] 连胡安国也承认："（程学）传者浸广，士大夫争相淬砺。而其间志于利禄者，托其说以自售，传者既失之蔽，淫邪遁之辞，纷然淆乱，莫能别其真伪，河洛之学几绝

---

[313] 周必大《朝议大夫工部尚书赠通议大夫谢谔神道碑》云："予在从班，尝被旨荐士，及公姓名，上遽曰：'是所谓艮斋耶？'予问：'陛下何自知之？'上曰：'朕见其《性学渊源》五卷而得之耳。'"余英时先生根据周必大"予在从班"的自述，推测"这大概在淳熙二年他兼任侍讲的时期"。（宋）周必大：《平园续稿》卷二八，见《周必大集校证》卷六八，第1007页；余英时：《朱熹的历史世界：宋代士大夫政治文化的研究》，第493页。
[314]《圣门事业图》卷首《序》，陶氏涉园影宋百川学海本。
[315]《建炎以来系年要录》卷八、八八，建炎元年八月壬申、绍兴五年夏四月条，第228、1708页。

矣。"[316]可见在南宋早期,程学的渐兴业已带来了理学师承渊源叙述的混乱。而此前秦桧限制程学的打击,以及程学与苏学、司马光之学呈现出复杂的交融现象,就更使得朱熹这一辈学者对理学师承渊源已经颇为陌生,连朱熹都一度因为程颐所编《门人朋友叙述》而把范祖禹也当成了二程的门人,还把范祖禹的《论语说》也抄录在《论语精义》之中,即便在吕祖谦指出之后,他仍然在《伊洛渊源录》中坚持"不削去'门人'二字"[317]。在乾道年间程学强劲的上升势头中,依附程学者必定越来越多,这些学者有了解理学师承渊源的思想需求,而程门内部也开始出现争夺正统的迹象。这些无疑都是促使朱熹等人清理理学师承渊源的思想动力。陈亮编书时常会带有生计的考虑,《诸儒鸣道集》也具有科举考试小丛书的性质,朱熹《伊洛渊源录》则在坊间出现了盗刻的现象,这都表明整理理学师友渊源在当时有着巨大的思想市场。

不过,耐人寻味的是,诸书之间似乎并没有多少交集。从今存文献来看,朱熹应该没有看到过《传道正统图》和《诸儒鸣道集》,他只看到过佚名所画的宗派图;陈亮似乎并没看到过朱熹所纂的《伊洛渊源录》,而朱熹也并不知道他有编辑《伊洛正源书》的计划;后来诸书中影响最大的《伊洛渊源录》,在朱熹生前始终没有正式刊刻,以至于《直斋

---

[316]《道命录》卷三,第30页。
[317]《晦庵先生朱文公文集》卷三五《答吕伯恭论渊源录》,见《朱子全书(修订本)》,第21册,第1529页。

书录解题》都未提及此书。因此，诸书在当时几乎是各行其是，似乎不太存在互相直接影响的可能，只有朱熹可能受到了佚名宗派图的刺激。

诸书之中，《诸儒鸣道集》成书最早，搜罗的范围也最为庞杂。该书依次收录了周敦颐《濂溪通书》一卷，司马光《涑水迂书》一卷，张载《横渠正蒙书》八卷、《横渠经学理窟》五卷、《横渠语录》三卷，二程的《二程语录》二十七卷，谢良佐《上蔡先生语录》三卷，刘安世《元城先生语》三卷、《刘先生谈录》一卷、《刘先生道护录》一卷，江公望《江民表心性说》一卷，杨时《龟山语录》四卷，潘殖《安正忘筌集》十卷，刘子翚《崇安圣传论》二卷，张九成《横浦日新》二卷。这应该是以周敦颐为二程之师，而以司马光、张载为二程之学友，其他则是张、程、司马的门人一辈。

朱熹《答程允夫六》记述说："图内游定夫所传四人，熹识其三，皆未尝见游公（游酢），而三公皆师潘子醇（潘殖），亦不云其出游公之门也。"[318]从朱熹描述的佚名宗派图内容来看，该图似乎主要罗列的是程门后学，并不涉及二程及其师友。

李元纲《传道正统图》把人物分为"传大中至正之道，行之万世而无弊"的"历代圣贤"，以及"其道可救一时，不可传于万世"的"独行圣贤"两类。其中"独行圣贤"包

---

[318]《晦庵先生朱文公文集》卷四一《答程允夫六》，见《朱子全书（修订本）》，第22册，第1873页。

括伯夷、柳下惠、荀子、扬雄、释迦、老子、杨朱、墨翟诸人，这显然是受到五贤道统系谱余波的影响。"历代圣贤"则包括尧舜以至于孔子诸圣人，接下来是颜子、曾子，颜子无传，曾子之下是子思、孟子，孟子之下只有程颢、程颐。

陈亮在《伊洛正源书序》中说："濂溪周先生奋乎百世之下，穷太极之蕴以见圣人之心，盖天民之先觉也。手为《太极图》以授二程先生。前辈以为二程之学，后更光大，而所从来不诬矣。横渠张先生崛起关西，究心于龙德正中之地，深思力行而自得之；视二程为外兄弟之子，而相与讲切，无所不尽。世以孟子比横渠，而谓二程为颜子，其学问之渊源，顾岂苟然者！"[319] 则也肯定周敦颐和张载。此外，陈亮还编辑了一本《三先生论事录》，时间大概也是在乾道九年，[320] 大致与《伊洛正源书》同时，和《伊洛正源书》应该是同一个系列。《三先生论事录》"取（二程）先生兄弟与横渠相与讲明法度者录之篇首，而集其平居议论附之"，[321] 大概周敦颐确实没有多少资料，所以只录了二程和张载。

今本朱熹《伊洛渊源录》的排列顺序是周敦颐一卷、程颢二卷、程颐一卷、邵雍一卷、张载一卷，其后诸卷均记二程门人，最后一卷还罗列了很多"无记述文字者"。邵雍一卷乃书坊增入，非朱熹原本，《朱子语类》载："问：'《渊

---

[319]《陈亮集》卷二三《伊洛正源书序》，第252~253页。
[320] 童振福：《陈亮年谱》，第17页。
[321]《陈亮集》卷二三《三先生论事录序》，第254页。

源录》中何故有康节传？'曰：'书坊自增耳。'"[322]是则朱熹在《伊洛渊源录》中对二程师友渊源的认可其实只有周敦颐和张载。

通过以上对诸书内容的梳理可以看到，李元纲《传道正统图》只及二程，拣择最为严苛。朱熹《伊洛渊源录》和陈亮《伊洛正源书》则增加了周敦颐和张载，而《诸儒鸣道集》在周敦颐和张载之外还增加了司马光，拣择最宽。而此前朱震和胡安国都曾扩展过的邵雍，诸书全都未列。如此看来，其时具有争议的是邵雍和司马光，而周敦颐和张载则已经被大多数人所接受，如前述陈概希望张栻所作的《道统传》，也是"以国朝濂溪、河南、横渠诸先生附焉"，叶适也曾说："昔周、张、二程考古圣贤微义，达于人心，以求学术之要。"[323]吕祖谦后来于淳熙二年与朱熹合编的《近思录》末卷《圣贤》中，也将二程的师友渊源确定为周敦颐和张载。[324]

实际上，张载谢世后，门人大多转入二程门下，其忠实后学可谓寥寥，谢良佐已说"其学无传"。张载地位的确立，可以说很大程度上得力于程门后学的肯定。而自朱震、胡安国、胡宏承认周敦颐的道统地位后，周敦颐的地位也日益得到程门内外士人的肯定。尹焞弟子祁宽在绍

---

[322]《朱子语类》卷六〇，第1447页。
[323]《水心文集》卷一三《郭府君墓志铭》，见《叶适集》，第246页。
[324]《近思录》卷一四《圣贤》，见《朱子全书（修订本）》，第13册，第282~287页。

兴十四年《通书后跋》中也确认周敦颐和二程的传承关系，还"或云"《太极图》乃周敦颐"手传二程"。[325]祁宽的叙述实际上应是源自朱震，朱震《汉上易传卦图》卷上录周敦颐《太极图》时，便已说是"周敦实茂叔传二程先生"。[326]而曾几于绍兴二十八年四月所作的《永州倅厅拙堂记》中也说："二程先生，一世师表，而问学渊源，实自濂溪出。"[327]而曾几"避乱寓南岳，从故给事中胡安国推明子思、孟子不传之绝学"[328]。胡铨在为向子忞所修建的周敦颐祠堂而作的记中，也谈到向子忞在被胡安国询问后，"读河南《语录》，见程氏渊源自濂溪出，乃知先生学极高明"[329]。胡宏和张栻更是大力肯定周敦颐的道统地位。[330]周敦颐之被接受，显然是因二程地位的提升而起，但程门后学尊崇周敦颐，可能还有拉长理学师承渊源，从而超越"元祐学术"的考虑，这在《诸儒鸣道集》中体现得较为明显。在南

---

[325]（宋）祁宽：《通书后跋》，见《周濂溪先生全集》卷七《诸儒通书论序》，第132～133页，引文在第133页。
[326]（宋）朱震：《汉上易传卦图》卷上，台湾商务印书馆景印文渊阁四库全书本，第11册，第313页。朱震在《进表》中也说《太极图》乃周敦颐"传程颢、程颐"。见第5页。
[327]（宋）曾几：《永州倅厅拙堂记》，见《周濂溪先生全集》卷一一《附录诸记》，第205页。
[328]（宋）陆游：《渭南文集》卷三二《曾文清公墓志铭》，见《陆游集》，北京：中华书局，1976年，第2306页。
[329]（宋）胡铨：《胡澹庵先生文集》卷一八《濂溪周先生祠堂记》，见《全宋文》卷四三二〇，第195册，第376页。
[330]肖永明、申蔚竹：《南宋湖湘学派对周敦颐的推崇及其思想动因》，《湖南社会科学》，2016年第2期。

宋"元祐学术"是为政治正确的笼罩下，司马光的地位是无可撼动的，他是苏学也在争夺的标志性人物。而《诸儒鸣道集》周敦颐（1017~1073）、司马光（1019~1086）、张载（1020~1077）、二程的排列顺序显然是按年龄、辈分来安排的，如果没有周敦颐，则司马光就将排在首位，而该书能否取名《诸儒鸣道集》也会打上问号。

综合上文可见，朱熹《伊洛渊源录》的成书时间晚于《诸儒鸣道集》、李元纲《传道正统图》和佚名宗派图，而《伊洛渊源录》将周敦颐、张载确定为二程的师友渊源，也是其时比较普遍的看法，这比《诸儒鸣道集》略显严苛而忽略了司马光，但最为严苛的无疑是只列二程的李元纲《传道正统图》。总之，不管是从成书时间上看，还是从对二程师友渊源的拣择上看，《四库提要》说宋人谈道学宗派、分道学门户自《伊洛渊源录》始，显然是不确切的。

不仅如此，朱熹虽然并未在《伊洛渊源录》中肯定邵雍、司马光，但他在草成《伊洛渊源录》的乾道九年，还是为周敦颐、二程、张载、司马光、邵雍作了《六先生画像赞》，[331] 而这成为其后司马光、邵雍孔庙从祀的重要依据。宋理宗淳祐元年（1241）正月诏周敦颐、张载、二程和朱熹孔庙从祀，[332] 宋度宗咸淳三年（1267）正月又在升曾子、子思配享的同时，诏以邵雍、司马光列诸从祀，度宗在诏书中

---

[331] 束景南：《朱熹年谱长编》，第501~502页。
[332]《宋史》卷四二《理宗纪二》，第821~822页。

明确说道:"邵雍天挺人豪,英迈盖世;司马光有德有贤,有功有烈。朱熹赞之,与周、张、二程俱。雍述《经世书》,发先天奥旨,而内圣外王之学,实关吾道;光著《通鉴》,贻后世治法,而真履实践之美,为时儒宗,岂与前代诸儒或以章句、文词得祀于学者比?朕将临雍,因思朱熹所赞,已祀其四,而尚遗雍、光,非阙欤?其令学官列诸从祀,以示崇奖。"〔333〕

又,朱熹不仅作《六先生画像赞》,他在绍熙五年(1194)十二月沧州精舍的祭祀实践中,已以周敦颐、张载、司马光和邵雍全都与二程、李侗一同从祀孔子,〔334〕他在这次祭祀的《告先圣文》中写道:

> 恭惟道统,远自羲轩。集厥大成,允属元圣。述古垂训,万世作程。三千其徒,化若时雨。维颜曾氏,传得其宗。逮思及舆,益以光大。自时厥后,口耳失真。千有余年,乃曰有继。周程授受,万理一原。曰邵曰张,爰及司马。学虽殊辙,道则同归。俾我后人,如夜复旦。……今以吉日,谨率诸生,恭修释菜之礼,以先师兖国公颜氏、郕侯曾氏、沂水侯孔氏、邹国公孟氏配,濂溪周先生、明道程先生、伊川程先生、康节邵先生、横渠张先生、温国司马文正公、延平李先

---

〔333〕《咸淳临安志》卷一一一《行在所录·学校·太学》,第402~403页。
〔334〕《朱子语类》卷九〇,第2295~2296页。

生从祀。[335]

这是朱熹道统系谱拣择的系统表达,他既确定颜—曾—思—孟这一道统系谱,又肯定周敦颐和二程的传承关系,还并列张载、邵雍、司马光这几位年长于二程的讲友,也肯定诸人与二程学虽殊而道则同。后来熊禾说"先朝(南宋)表章文公之道,取其法行之太学"[336],朱熹所列从祀孔子诸人中,除了其师李侗于元惠宗至正后期方才从祀孔子外[337],其他诸人的确均在理宗、度宗时期得以从祀。又,除司马光外,周敦颐、二程、张载、邵雍、李侗全都进入了《宋史·道学传》,理学"北宋五子"也由此确立。以司马光的政治地位,于正史体例中确实不宜列入儒林、道学一类的专门传记。《宋史·道学传序》又云:"邵雍高明英悟,程氏实推重之,旧史列之隐逸,未当,今置张载后。"[338]邵雍本以隐逸被召而不就,将其列在《隐逸传》其实并无不妥,《东都事略》即是将其列在《隐逸传》中,[339]而《宋史》将其列入《道学传》,应与朱熹的肯定分不开。

---

[335]《晦庵先生朱文公文集》卷八六《沧州精舍告先圣文》,见《朱子全书(修订本)》,第24册,第4050~4051页。

[336]《熊勿轩先生文集》卷三《三山郡泮五贤祠记》,第32~33页。

[337]《元史》卷七七《祭祀志六·宋五贤从祀》,第1921~1922页。

[338]《宋史》卷四二七《邵雍传》,第12710页。

[339]《东都事略》卷一一八《隐逸传·邵雍传》,台湾商务印书馆景印文渊阁四库全书本,第382册,第774页。按,周敦颐、张载、程颢及所附程颐传,均载于卷一一四《儒学传》中,但并非四人独立成卷。见第745~748页。

值得注意的是，朱熹对周敦颐、张载、邵雍、司马光的肯定，在其编纂《伊洛渊源录》之前就已经初步定型了。他隆兴二年（1164）七月十七日、十一月既望和乾道二年写给汪应辰的三封书信就已极力肯定周敦颐和二程的传承关系了，而他在隆兴二年七月十七日的这封书信中还说："程、邵之学固不同，然二先生所以推尊康节者至矣，盖以其信道不惑，不杂异端，班于温公、横渠之间，则亦未可以其道不同而遽贬之矣。"〔340〕可见他与二程门人大多发挥二程批评诸人之学的一面不同，他更愿意接受二程推崇诸人不杂异端的一面。而《宋史·道学传序》说"程氏实推重之（邵雍）"，实际上应该也是源自朱熹认为二程"推尊康节者至矣"的看法。

四、朱熹道统地位的确立

通过上文的梳理可以看到，二程门人的道统观自始便是颇为"狭窄"的，他们大都独尊二程，并不太承认周敦颐、张载、邵雍以及司马光的地位。直到南宋初，吕本中、朱震、胡安国等人方才开始扩充二程的师友渊源。在经过乾

---

〔340〕《晦庵先生朱文公文集》卷三〇《答汪尚书书（七月十七日）》《答汪尚书（十一月既望）》《与汪尚书（己丑）》，见《朱子全书（修订本）》，第21册，第1302~1303、1305页，引文在第1302页。按，陈来、顾宏义二先生对这三封书信的系年不同，但都在乾道八年之前。陈来先生将前两封系于乾道四年，后一封系于乾道五年，但顾宏义先生则将前两封系于隆兴二年，后一封系于乾道二年，顾说似更是，今从之。陈来：《朱子书信编年考证》，第48、60页；顾宏义：《朱熹师友门人往还书札汇编》，上海：上海古籍出版社，2017年，第2594、2599、2603页。

道年间宽严不一的整理风潮之后，朱熹的拣择整体呈现从宽的趋势，并为其后理宗、度宗时期的孔庙从祀人物增选提供了依据。就此来看，二程师友渊源的扩充乃是南宋的主要风势，朱熹亦身处其中，在这一点上，他也扩张了而不是"狭窄化"了理学的范围，刘复生师即曾指出："朱熹排除门户之见而集众家之大成，创造了伊洛'渊源'系统，在'近世诸公知濂溪甚浅'之时，发现了周敦颐著作的底蕴，于是为之编校解说，推尊为二程之导源者。又以张载《西铭》与周敦颐《太极图》并论，奉之终生。又编集《程氏遗书》《程氏外书》，创为《伊川年谱》，集程学之大成，后世以程朱并称，此不待言。对于邵雍，朱子也颇赞辞。其不囿于一家之见，融会贯通，正是他高出于之前的理学家的地方。"[341]

即便从朱熹对程门后学的整理来看，我们仍能看到朱熹对于理学范围的扩大化倾向。前述乾道诸书中，李元纲《传道正统图》和陈亮《伊洛正源书序》都只及于二程一辈，但《诸儒鸣道集》、佚名宗派图和朱熹《伊洛渊源录》则都涉及了程门后学。《诸儒鸣道集》搜罗了理学系统的周敦颐、张载、二程、谢良佐、杨时、刘子翚、张九成，以及司马光及其追随者刘安世，另有亲近于程学的江公望、潘殖二人。较之《诸儒鸣道集》，朱熹所记佚名宗派图搜罗的程门后学可能更多，朱熹说："图内游定夫所传四人，熹识其三，皆

---

[341] 刘复生：《北宋中期儒学复兴运动（增订本）》第八章"理学是儒学复兴运动的产物"，第263页。

未尝见游公，而三公皆师潘子醇（潘殖），亦不云其出游公之门也。此殆见游公与四人者皆建人，而妄意其为师弟子耳。"他接着还批评了张九成和喻樗虽然师从杨时，但气象、学风已经"大不相似"，还说胡安国曾"深辟之"。[342]可见该图也将理学师承渊源下及二程再传甚至三传辈。与《诸儒鸣道集》和佚名宗派图不同，朱熹《伊洛渊源录》仅止于二程门人辈，但他所搜罗的二程门人范围却是远远超出《诸儒鸣道集》和佚名宗派图的。今本《伊洛渊源录》共十四卷，除周敦颐、二程、邵雍、张载兄弟共六卷外，其后七卷共记二程门人十九人，最后一卷还罗列了二十位"无记述文字者"。而且朱熹生前一直未将该书正式刊刻，他曾四处托人搜罗资料，可见其对《伊洛渊源录》是相当慎重并欲求其全的。与《伊洛渊源录》相比，《诸儒鸣道集》和佚名宗派图都只侧重于程门某些主要流派的部分后学，其争理学正宗的意图显然更加强烈。

不过，朱熹对程门弟子以及后学也确实多有批评和不满，这集中体现在《朱子语类》卷一百一到一百三论程门弟子及其后学诸卷，弟子问朱熹："程门谁真得其传？"朱熹明确说："也不尽见得。如刘质夫、朱公掞、张思叔辈，又不见他文字。看程门诸公力量见识，比之康节、横渠，皆赶不上。"[343]朱熹读谢良佐《论语疑义》时也说："夫以上蔡高

---

[342]《晦庵先生朱文公文集》卷四一《答程允夫六》，见《朱子全书（修订本）》，第22册，第1873～1874页。
[343]《朱子语类》卷一〇一，第2555页。

明之见，在程门盖鲜俪焉，而其立言不满人意处尚如此，况其余哉！"[344]他更对弟子明确说过"二先生衣钵似无传之者"这样的话，也认为他人所编的《近思续录》其实"不必作"。[345]而朱熹对程门再传如影响很大的张九成、胡宏等人也颇多批评，他不满胡宏《知言》而撰《知言疑义》，更视张九成之学为"洪水猛兽"[346]，并将张九成《中庸解》与苏轼《易传》、苏辙《老子解》一并列为"杂学"而加以批判。[347]朱熹在《伊洛渊源录》中不录程门再传，在《近思录》中甚至连程门弟子也不列，大概或多或少地与他对诸人的不满有关。

最后，朱熹自己则被门人列入道统系谱之中，从而成为二程道统的继承者。朱熹最亲密的弟子黄榦就多次明确认为朱熹接续了二程的道统，在为朱熹所作的《行状》中，他称赞朱熹"绍道统，立人极，为万世宗师"[348]，在祭奠朱熹时又说："若昔孔、孟，迄于周、程，异世相望，各以道

---

[344]《晦庵先生朱文公文集》卷七〇《记谢上蔡论语疑义》，见《朱子全书（修订本）》，第23册，第3396页。

[345]《朱子语类》卷一〇一，第2557、2555页。

[346] 朱熹《答石子重》其五云："闻洪适在会稽尽取张子韶经解板行，此祸甚酷，不在洪水夷狄猛兽之下，令人寒心。"收在其《晦庵先生朱文公文集》卷四二，见《朱子全书（修订本）》，第22册，第1924页。

[347]《晦庵先生朱文公文集》卷七二《杂学辨》，见《朱子全书（修订本）》，第24册，第3460～3491页。

[348]《勉斋集》卷三六《朝奉大夫文华阁待制赠宝谟阁直学士通议大夫谥文朱先生行状》，台湾商务印书馆景印文渊阁四库全书本，第1168册，第423页。

鸣。……自夫子之继作,集累圣之大成。"并云:"传圣统以继绝学,正人心而息邪说。夫子之功大矣!"[349]在为朱熹祠堂作记时更明确写道:"尧、舜、禹、汤、文、武、周公生而道始行,孔子、孟子生而道始明。孔孟之道,周、程、张子继之;周、程、张子之道,文公朱先生又继之。此道统之传,历万世而可考也。"[350]在其著名的《圣贤道统传授总叙说》一文中,他也叙说尧、舜、禹、汤、文、武、周公、孔子历圣相传的道统,在孔子之后分别由颜子和曾子继承,颜子无传,曾子传子思,子思传孟子,孟子之后,"继孔孟不传之绪",而"二程得于周子",朱子又"得其统于二程"。[351]陈淳在《师友渊源》中也表达了与黄榦《叙说》相近的看法,认为周敦颐传二程,此后,朱熹"集诸儒之大成,而嗣周、程之嫡统,粹乎洙泗濂洛之渊源"。[352]朱熹门人推崇他接续二程之统,则明显越过了包括其师李侗在内的其他程门弟子及后学。

"庆元党禁"之后,理学的政治和思想影响力陡增,朱熹的突出地位很快得到朝廷的制度化承认,其对理学师承渊源的厘定也随之得到肯定。宋宁宗嘉定元年(1208),赐谥

---

[349]《勉斋集》卷三九《祭晦庵朱先生文》,台湾商务印书馆景印文渊阁四库全书本,第1168册,第475、476页。

[350]《勉斋集》卷一九《徽州朱文公祠堂记》,台湾商务印书馆景印文渊阁四库全书本,第1168册,第215页。

[351]《勉斋集》卷三《圣贤道统传授总叙说》,台湾商务印书馆景印文渊阁四库全书本,第1168册,第37~38页。

[352]《严陵讲义·师友渊源》,见其《北溪字义》所附,第76~77页。

朱熹曰"文"。嘉定四年十二月，李道传请颁行朱熹四书，并请以周敦颐、二程、张载、邵雍从祀。嘉定七年八月，卫泾为张栻请谥号，次年赐谥曰"宣"。嘉定八年六月，丘寿隽又为吕祖谦请谥，随后赐谥曰"成"。嘉定九年春，魏了翁为周敦颐请谥。十一月，任希夷又为二程请谥。次年正月，魏了翁再为周敦颐、二程、张载请谥，终得朝廷允许。嘉定十三年，赐谥周敦颐曰"元"，程颢曰"纯"，程颐曰"正"，张载曰"明"。魏了翁对张载谥号并不满意，又于次年再为张载请谥，但似乎未有后文。到宋理宗时期，进一步将理学师承渊源加以制度化的肯定。宝庆三年（1227）正月，追封朱熹信国公。绍定三年（1230）九月，又改封朱熹徽国公。[353]淳祐元年（1241）正月甲辰，宋理宗诏："朕惟孔子之道，自孟轲后不得其传，至我朝周敦颐、张载、程颢、程颐，真见实践，深探圣域，千载绝学，始有指归。中兴以来，又得朱熹精思明辨，表里浑融，使《大学》《论》《孟》《中庸》之书，本末洞彻，孔子之道，益以大明于世。朕每观五臣论著，启沃良多，今视学有日，其令学官列诸从祀，以示崇奖之意。"丙午，封周敦颐为汝南伯，张载郿伯，程颢河南伯，程颐伊阳伯。[354]周、张、二程和朱熹由此得以孔庙从祀。

此后，景定二年（1261）正月乙酉，因为张栻、吕祖

---

[353] 以上见《道命录》卷八、九、一〇，第90~115页。
[354]《宋史》卷四二《理宗纪二》，第821~822页。

谦与朱熹"志同道合，切偲讲磨"，诏封张栻华阳伯、吕祖谦开封伯，并列孔庙从祀。[355]朱熹于淳熙十一年为张栻、吕祖谦也作了《画像赞》，[356]二人后来得以封爵和从祀，应该与此有一定的关系。宋度宗咸淳三年（1267）春正月，"戊申，帝诣太学谒孔子，行舍菜礼，以颜渊、曾参、孔伋、孟轲配享，颛孙师升十哲，邵雍、司马光升列从祀，雍封新安伯"。[357]一方面增加曾子、子思配享，一方面则增加邵雍、司马光从祀。至此，颜、曾、思、孟四配，二程及其师友渊源如周敦颐、张载、邵雍、司马光，朱熹及其讲友吕祖谦、张栻，全都得以追爵并进入孔庙享祀。朱熹对颜—曾—思—孟道统系谱的确认，对理学师友渊源的厘定，对其讲友的拣择，全都得到了官方的制度化肯定。后来《宋史·道学传》也将周敦颐、张载和邵雍列入，诸人遂与二程成为后世所熟知的理学"北宋五子"。张栻也与朱熹一并进入了《宋史·道学传》，吕祖谦虽未入《道学传》，但也还是进入了《儒林传》。

---

[355]《咸淳临安志》卷一一《行在所录·学校·太学》，第399~401页，引文在第400页。
[356]束景南：《朱熹年谱长编》，第800~801页。
[357]《宋史》卷四六《度宗纪》，第897页。

第六章　两宋的道统竞争与理学的胜出

正如刘复生师所指出的,坚持儒家道统论是宋代儒学复兴运动的一个重要特点,但是,新儒学学者们"对道统的承绪看法"却各不相同。[1]古文运动和其后的新儒学学者们之所以热衷于道统系谱建构,一个重要的原因就是为了"建立道统证明传授之渊源"。他们既纷纷建构起自己所认可的儒家道统系谱,也为获得儒学正统地位而展开了激烈竞争,尤其北宋中期的几个主要学派更是如此。在多种因素的交互影响下,程朱理学最终得以从竞争中胜出。

第一节　士人以道自任风气的形成

参与儒家道统系谱建构的士人,不管是将希望寄托在自己身上还是他人身上,显然都希望这个道统传递能够得以延续。韩愈正式揭倡儒家道统论,即隐然以继承道统自任,他说:"使其道由愈而粗传,虽灭死万万无恨!"[2]还说自己

---

[1]　刘复生:《北宋中期儒学复兴运动(增订本)》第八章"理学是儒学复兴运动的产物",第267页。
[2]　《韩昌黎文集校注》卷三《与孟尚书书》,第241页。

的道就是"夫子、孟子、扬雄所传之道"[3]。此后，不少士人都和韩愈一样，也以继承道统自任。并且，士人之间在互相推崇或勉励时，也时常以对方继承道统为说辞，林简言在上书韩愈时就说："去夫子千有余载，孟轲、扬雄死，今得圣人之旨，能传说圣人之道，阁下耳。今人睎阁下之门，孟轲、扬雄之门也。"[4]赵德《昌黎文录序》亦云："昌黎公，圣人之徒欤！……所履之道，则尧、舜、禹、汤、文、武、周公、孔、孟、扬雄所授受服行之实也。"[5]

这种以道自任、互相推许的风气在入宋以后愈演愈烈，柳开就已"自谓得圣人之道"了[6]，他屡屡说"我之所守非己之私者也，乃先圣人之所公传者也"[7]"圣人之道果在于我矣"[8]"夫子之道，果在于我之身乎"[9]，且自述云："开所专于古文者，三十年矣。始学韩愈氏，传周公、孔子之道。"[10]他在其自传《补亡先生传》中自述云："补亡先生，旧号东郊野夫者也。既著野史，后大探六经之旨，已而有包括扬、孟之心，乐与文中子王仲淹齐其述作，遂易名曰开，字曰仲涂。其意谓将开古圣贤之道于时也。"[11]可见其自待之重。柳

---

[3] 《韩昌黎文集校注》卷二《重答张籍书》，第152页。
[4] 《上韩吏部书》，见《唐文粹》卷八六，1986年。
[5] 《昌黎文录序》，见《韩昌黎文集校注》，第842页。
[6] 《柳开集》卷一三《五箴后序》，第177页。
[7] 《柳开集》卷六《答臧丙第一书》，第72页。
[8] 《柳开集》卷六《答臧丙第二书》，第74页。
[9] 《柳开集》卷九《与任唐徵书》，第132页。
[10] 《柳开集》卷九《与广南西路采访司谏刘昌言书》，第123页。
[11] 《柳开集》卷二《补亡先生传》，第17～18页。

开自认为得传儒家之道，不少人也如此推尊柳开，藏丙即对柳开说："子达于古文矣，升诸圣人之堂，将入乎室也。"并说柳开"与先师夫子之文并而显之"，且称柳开为"宋之夫子"。[12]石介也推尊柳开云："仲涂之道，孔子之道也。"[13]又云："孔子下千有余年，能举之者孟轲氏、荀卿氏、扬雄氏、文中子、吏部、崇仪（柳开）而已，岂一毫发、一缕丝力所能维持之哉。"[14]

石介不仅推尊柳开，对自己和师友也期待很高。石介曾如此评价孙复、士建中和他自己："三人之道，一出于孔氏，离孔氏未尝有一言及诸子。"[15]又说："往年官在汶上，始得士熙道；今春来南郡，又逢孙明复，韩、孟兹遂生矣。"[16]则以韩愈比士建中、孟子比孙复。石介对其师孙复极为推崇，他在为孙复的泰山书院所写的记中说道："吏部后三百年，贤人之穷者，又有泰山先生。"石介并从弟子、交游、著述等方面将孙复与孟、扬、王、韩做了比较，认为孙复"上宗周、孔，下拟韩、孟"。[17]又云："仆射孙公虽去圣人千有余年，其人游圣人之门，能得圣人之道，如亲授之，为圣朝儒宗文师。"[18]石介在此不仅推崇孙

---

[12]《柳开集》卷六《答藏丙第三书》，第76页。
[13]《徂徕石先生文集》卷一八《送刘先之序》，第217页。
[14]《徂徕石先生文集》卷一五《与君贶学士书》，第180页。
[15]《徂徕石先生文集》卷七《可嗟贻赵守》，第76页。
[16]《徂徕石先生文集》卷一六《与裴员外书》，第191～192页。
[17]《徂徕石先生文集》卷一九《泰山书院记》，第222、224页。
[18]《徂徕石先生文集》卷一三《与杨侍讲书》，第155页。

复得传孔子之道，甚至几乎认为孙复度越孟、荀、扬、王、韩而直接孔子。他在写给祖无择的信中还说："自周以上观之，圣人之穷者唯孔子。自周已下观之，贤人之穷者唯泰山明复先生。"[19]也是直接将孙复与孔子作比。石介不仅推尊柳开、孙复、士建中等人，甚至也曾对一个士人说："今者道实在于先生。"[20]石介对于自己的期待表达得比较委婉，他在其《赠张绩禹功》诗中说李唐元和间"卒能霸斯文，昌黎韩夫子"，宋初"卒能霸斯文，河东柳开氏"，而"徂徕山磊砢，生民实顽鄙。容貌不动人，心胆无有比。不度蹄涔微，直欲触鲸鲤。有慕韩愈节，有肩柳开志"，希望"禹功幸勉旃，当仁勿让尔"。[21]而石介离世后，孔子后裔孔宗旦也感慨说："天丧吾道，俾我先生短命死矣！"[22]

张宗古曾推尊李觏云："天岂使三王经制将遂泯乎？故复出泰伯以明其本。"叶清臣也曾赠诗李觏，夸许其"圣期接千统，缛礼恢万祀"，均以李觏得传儒道，李觏弟子陈次公为李觏作墓铭时更悲叹："呜呼！天乎！其意不在斯文乎！何夺先生之速哉？何夺先生之速哉？"[23]祖无择为李觏文集作序时也说："孔子没，千有余祀，斯文衰敝。其间作

---

[19] 《徂徕石先生文集》卷一五《与祖择之书》，第178页。
[20] 《徂徕石先生文集》卷一二《上赵先生书》，第139页。
[21] 《徂徕石先生文集》卷二《赠张绩禹功》，第17页。
[22] 《李觏外集》卷二《孔宗旦书》，见《李觏集》，第506页。
[23] 《李觏外集》卷三《张学士送李君南归序》《叶内翰诗》《门人陈次公撰先生墓志铭并序》，见《李觏集》，第507、508、513~514页。

者，孟轲、荀卿、贾谊、董仲舒、扬雄、王通之徒，异代相望。……盱江李泰伯，其有孟轲氏六君子之深心焉。"[24]黄通也有诗云："麻姑山直斗牛角，形胜拥断东南隅。五百年来畜英气，特为吾宋生真儒。李姓觏名泰伯字，风骨古秀飘髯须。其人于世少似者，无乃稷契荀孟徒。"[25]黄通不仅引孟子"五百年"之说以称李觏，而且称李觏是荀、孟之徒。

以上柳开、石介、李觏只是其间最具代表性的例子，随着古文运动影响的扩大以及新儒学的迅速发展，类似的例子越来越多。而这种以道自任和推勉他人继承道统的普遍风气，必然会使得儒家道统系谱上的本朝人物名单越来越长。李觏曾记李观"来书谓孔子之后有孟、荀、扬、王、韩、柳，国朝柳如京（开）、王黄州（禹偁）、孙（何）、丁（谓）、张晦之（景）及今范（仲淹）、欧阳（修），皆其继者也。"[26]司马光也曾记陈充"所称引古今传道者，自孔子及孟、荀、扬、王、韩、孙、柳、张、贾"十人[27]，除了孔子、孟、荀、扬、王、韩五贤及柳宗元、孙郃外，其余柳开、王禹偁、孙何、丁谓、张景、范仲淹、欧阳修、贾同等全都是

---

[24]《李泰伯退居集序》，收在《新刊国朝二百家名贤文粹》卷一四九《序·文集序一》，见《宋集珍本丛刊》，第94册，第448页。
[25]（宋）黄通：《麻姑山一首赠陈仲父贤良兼泰伯先生》，收在《李觏外集》卷三，见《李觏集》，第511页。
[26]《李觏集》卷二八《答李观书》，第336页。按，《李觏集》标点时将孙、丁误为一人，应是指孙何、丁谓二人。
[27]《司马光集》卷五九《答陈秘校充书》，第1237页。

宋人〔28〕。而这种附加本朝人物以扩充道统系谱的趋势，在孙复和石介那里就已经表现得非常明显了，孙复曾说："国朝自柳仲涂开、王元之禹偁、孙汉公何、种明逸放、张晦之景既往，虽来者纷纷，鲜克有议于斯文者，诚可悲也。"〔29〕石介也说："文之弊已久，自柳河东、王黄州、孙汉公辈相随而亡，世无文公儒师，天下不知所准的。"〔30〕

这种不断大量添加本朝人物的风气，是与五贤道统系谱的建构、流行过程相重合的。然而，如此没有什么限制地不断扩充道统系谱，未免把道统人物的拣择标准放得太宽了，这对于道统系谱的权威性也难免会造成负面影响。由此，一些士人开始警惕这种风气。李觏在回复李观时即说："足下欲以为法，当考其所为工拙，不宜但徇其名也。"他进而谈及自己对李观所列诸人的看法，云：

> 孟氏、荀、扬醇疵之说，闻之旧矣，不可复轻重。文中子之书已泯绝，唯《中说》行，然出于门人所记，观其意义，往往有奇奥处，而陷在虚夸腐脆之间。《隋书》无本传，又不得案其行事。退之之文，如大享祖

---

〔28〕 司马光并未记陈充所说的"贾"为何人，王辟之《渑水燕谈录》云："临淄贾公疏先生，以著书扶道为己任，著《山东野录》七篇，颇类《孟子》。"陈充所说应即贾同。（宋）王辟之撰，吕友仁点校：《渑水燕谈录》卷一《谠论》，北京：中华书局，1981年，第6页。
〔29〕 《孙明复先生小集·上孔给事书》，见《宋集珍本丛刊》，第3册，第167页。
〔30〕 《徂徕石先生文集》卷一六《与裴员外书》，第191页。

庙，天下之物苟可荐者，莫不在焉。佐平淮西，解镇州围，功德卓荦，在听闻者不一，诚哉！其命世也，子厚得韩之奇，于正则劣矣。以党王叔文，不得为善士于朝。近者如京，先倡古道，以志气闻。黄州学而未得，然其人谔谔有风标。彼孙、丁之文，举人之雄者耳，其立朝不闻有所建明，而胎天下之祸，为吾徒羞。晦之之辞不奇，诸所著文，未足可嘉，至于议论，则识精才健，无远不到，若《洪范王霸》篇，笼络天人，锤锻古今，虽子厚好为论，尚未及也。先朝文士，唯此人耳。惜其疏俊，得罪于世，故立身不可不慎。若子厚、晦之，皆非凡人，被恶名，虽欲自新，而死期至矣。范公、欧阳盖为贾谊、刘向之事业，穷高致远，未易量也。[31]

在李觏看来，李观所列诸人大都未能完全继承孔子，可见李觏对于道统人物的拣择已经开始趋于审慎。而且李觏不仅对李观所列的宋代诸人颇有微词，对于孟、荀、扬、王、韩五贤也已有所分辨。

司马光也对陈充所扩充的道统系谱予以批评，说："光未知足下之志，所欲学者古之文邪？古之道邪？若古之文，则光平生不能为文，不敢强为之对，以欺足下。若古之道，则光与足下并肩以学于圣人。"他将古文和古道明白分为两

---

[31]《李觏集》卷二八《答李观书》，第337页。

事，进而又对陈充所列五贤及以下诸人评论道："若语其文，则荀、扬以上，不专为文，若语其道，则恐王、韩以下，未得与孔子并称也。若论学古之人，则又不尽于此十人者也。"司马光又云："彼数君子者，诚大贤也，然于道殆不能无驳而不粹者焉。足下必欲求道之真，则莫若以孔子为的而已。"是则在司马光看来，陈充所列诸贤均未至于醇粹，而且认为要评判前贤，要"求道之真"，就应该以孔子为标准。[32]

然而，尽管大量添加本朝人物扩充道统系谱的风气得到了一定程度的遏制，但是以道自任的风气却并未消停。到北宋中期，几个主要的新儒学学派也大都认为自己得传儒道，各不相让，范祖禹曾观察说："近世学士大夫，自信至笃，自处甚高。或未从师友，而言天人之际；未多识前言往行，而穷性命之理。"[33]苏轼也曾批评这一风气说："近日士大夫皆有僭侈无涯之心，动辄欲人以周、孔誉己，自孟轲以下者，皆怃然不满也。"[34]苏轼所说虽然有所夸张，但确实道出了宋代士人以道自任的普遍风气，而他自己其实也是颇以继承道统自许的。

第二节　北宋中后期的道统竞争

北宋中期几个主要新儒学学派的领袖人物王安石、司

---

[32]　《司马光集》卷五九《答陈秘校充书》，第1237～1238页。
[33]　（宋）范祖禹：《太史范公文集》卷三五《省试策问二首》其一，见《宋集珍本丛刊》，第24册，第365页。
[34]　《苏轼文集》卷四九《答李方叔书》，第1431页。

马光、苏轼、苏辙、张载、二程等人中，只有司马光最为厌恶这种以道自任、互相推许的风气。上节谈到过司马光对陈充扩充道统系谱的批驳，而他也厌恶别人推许他继承道统，他在其《涑水记闻》中记述："熙宁初，余罢中丞，复归翰林，有成都进士李戒投书见访，云：'戒少学圣人之道，自谓不在颜回、孟轲之后。'其词孟浪，高自称誉，大率如此。……居无何，复来投书，曰：'三皇不圣，五帝不圣，自生民以来，唯孔子为圣人耳。孔子没，孟轲以降盖不足言，今日复有明公，可继孔子者也。'余骇惧，遽还其书，曰：'足下何得为此语？'固请留书，余曰：'若留君书，是当而有之也，死必不敢。'又欲授余左右，余叱左右使勿接，乃退。余以其狂妄，常语于同列，以资戏笑。"[35]然而，除了司马光外，其他诸人无不具有继承儒家道统的强烈意识。他们都认为自己是道统之所在，并且排斥竞争对手，互不相让，而其各自的后学还进一步将正统竞争延续了下来。

北宋中后期，诸派之中，王安石新学的影响无疑是最大的，而王安石也是诸人之中最为自信的一个。王安石早年就有诗云："他日若能窥孟子，终身何敢望韩公？"[36]志在超越韩愈而比肩孟子，当其《淮南杂说》一出，"世谓其言与孟轲相上下"，[37]则是时人即以孟子视王安石了。王安石虽然尊崇孟子，但他后来在求学寻道上更直接以孔子为准的，他

---

[35]《涑水记闻》卷一五，第304～305页。
[36]《王荆公诗注补笺》卷二二《奉酬永叔见赠》，第612页。
[37]《郡斋读书志校证》卷一二《子部·杂家类·王氏杂说》，第526页。

皇祐元年（1049）便向别人表述自己的志向说："某不思其力之不任也，而唯孔子之学；操行之不得，取正于孔子焉而已。"[38] 王安石对自己所体悟的"义理"极其自信，熙宁五年（1072）五月甲午，神宗与他讨论西北士人对于改革后的科举制度的适应性问题，他对神宗说："西北人旧为学究，所习无义理，今改为进士，所习有义理。以学究为进士，于士人不为不悦；去无义理就有义理，于所习不为不善。……令士人去无义理就有义理，脱学究名为进士，此亦新法于西北士人可谓无负矣。"[39] 在其《书洪范传后》中，他也写道："呜呼！学者不知古之所以教，而蔽于传注之学也久矣。当其时，欲其思之深、问之切而后复焉，则吾将孰待而言邪？孔子曰：'予欲无言。'然未尝无言也。其言也，盖有不得已焉。孟子则天下固以为好辩，盖邪说暴行作，而孔子之道几于熄焉，孟子者不如是，不足与有明也。故孟子曰：'予岂好辩哉？予不得已也。'夫予岂乐反古之所以教，而重为此谆谆哉？其亦不得已焉者也。"[40] 这都可见他对自己明道的自信之深。

不仅如此，王安石的追随者也对其极为推崇，陈渊就曾批判说："自王氏之学达于天下，其徒尊之与孔子等。"[41]

---

[38] 《临川先生文集》卷七七《答王该秘校书二》，见《王安石全集》，第7册，第1377页。

[39] 《续资治通鉴长编》卷二三三，熙宁五年五月甲午条，第5660页。

[40] 《临川先生文集》卷七一《书洪范传后》，见《王安石全集》，第7册，第1285页。

[41] （宋）陈渊：《默堂集》卷一二《十二月上殿札子》，台湾商务印书馆景印文渊阁四库全书本，1987年，第1139册，第371页。

陈渊所说应是事实,如陆佃在听闻王安石的死讯后所写的祭文中就说道:"维公之道,形在言行。言为《诗》《书》,行则孔孟。孰挽而生,孰推以死?天乎人乎,抑莫之使。……德丧元老,道亡真儒。畴江汉以濯之,而泰山其颓乎。……回也昔何敢死,赐也今将安仰?"[42]《宋史全文》也说:"吕惠卿最为安石所贤,屡荐于上,事无大小,必与之谋,时人号安石为孔子,惠卿为颜子。"[43]与司马光不同,王安石并不拒绝别人对他继承道统的推赞。《邵氏闻见后录》载:"王荆公之子雱作《荆公画像赞》曰:'列圣垂教,参差不齐,集厥大成,光于仲尼。'是圣其父过于孔子也。雱死,荆公以诗哭之曰:'一日凤鸟去,千年梁木摧。'是以儿子比孔子也。"[44]后诗即王安石《题雱祠堂》,南宋李壁注之云:"公父子皆以经术进,当时颂美者多以周、孔,或曰孔、孟。范镗为太学正,献诗云:'文章双孔子,术业两周公。'公大喜,曰:'此人知我父子。'"又补注凤鸟、梁木云:"《温公杂录》云:'……(王)雱,介甫之子也。进士及第。好高论,父常与之议大政,时人谓之"小圣人"。'温公犹记'小圣人'之语,则镗等所云必有也。……亦疑时人佞谀公父子太过,故公亦遂引以自与也。"[45]可见王安石父子不仅自视很高,不

---

[42] 陆佃:《陶山集》卷一三《祭丞相荆公文》,上海:商务印书馆,1935年丛书集成初编本,第146~147页。

[43] 汪圣铎点校:《宋史全文》卷一一《宋神宗一》,北京:中华书局,2016年,第650页。

[44] 《邵氏闻见后录》卷二〇,第158页。

[45] 《王荆公诗注补笺》卷二二《题雱祠堂》,第383~384页。

少追随者也时以周公、孔子、孟子等儒家圣人比拟他们。

诸派之中,理学对后世的影响无疑是最为深远的,二程、张载也同样颇为自信。程颢曾非常自信地说:"吾学虽有所受,天理二字却是自家体贴出来。"[46]程颐状其行时,也称程颢"谓孟子没而圣学不传,以兴起斯文为己任",并认为程颢确实做到了这一点,因为他"辨异端似是之非,开百代未明之惑,秦、汉而下,未有臻斯理也"。[47]程颐为程颢作《墓表》时又写道:

> 周公没,圣人之道不行;孟轲死,圣人之学不传。道不行,百世无善治;学不传,千载无真儒。无善治,士犹得以明夫善治之道,以淑诸人,以传诸后;无真儒,天下贸贸焉莫知所之,人欲肆而天理灭矣。先生生千四百年之后,得不传之学于遗经,志将以斯道觉斯民。天不慭遗,哲人早世。乡人士大夫相与议曰:道之不明也久矣。先生出,倡圣学以示人,辨异端,辟邪说,开历古之沉迷,圣人之道得先生而后明,为功大矣。于是帝师采众议而为之称以表其墓。学者于道:知所向,然后见斯人之为功;知所至,然后见斯名之称情。山可夷,谷可湮,明道之名亘万古而长存。[48]

---

[46] 《河南程氏外书》卷一二,见《二程集》,第424页。
[47] 《明道先生行状》,《河南程氏文集》卷一一,见《二程集》,第638页。
[48] 《明道先生墓表》,《河南程氏文集》卷一一,见《二程集》,第640页。

程颐力论程颢卫道、存道、传道之功，就是明确以程颢接续孟子。程颢的门人朋友也赞同程颐对其兄长接续孟子的评价，均"以为孟子之后，传圣人之道者，一人而已"[49]。当然，程颐也以此自许，他为程颢作《墓表》是在元丰八年（1085）十月，次年六月，他在《上太皇太后书》中便说："圣人之学，不传久矣。臣幸得之于遗经，不自度量，以身任道。"[50]同样以道自负，认为自己见得儒道，继承了儒家道统。他为其兄所作的《行状》和《墓表》，也颇有夫子自道的意思，他曾对门人张绎说："我昔状明道先生之行，我之道盖与明道同。异时欲知我者，求之于此文可也。"[51]

张载的情况与二程相差无几，他在将其《正蒙》一书付与门人时说："此书予历年致思之所得，其言殆于前圣合与！"可谓自信之至。他的朋友门人也同样对其推崇备至，吕大防向朝廷推荐张载时说："张载之学，善法圣人之遗意。"吕大临在为张载所作的《行状》中也评价张载说："其自得之者，穷神化，一天人，立大本，斥异学，自孟子以来，未之有也。"[52]门人范育序《正蒙》时也说："夫子为此书也，有《六经》之所未载，圣人之所不言。"又说："自孔孟没，学绝道丧千有余年，……（张载）与尧、舜、孔、孟

---

[49]　《明道先生门人朋友叙述序》，《河南程氏文集》卷一一，见《二程集》，第639页。
[50]　《上太皇太后书》，《河南程氏文集》卷六，见《二程集》，第546页。
[51]　（宋）朱熹：《伊川先生年谱》，《河南程氏遗书·附录》，见《二程集》，第346页。
[52]　《横渠先生行状》，见《张载集》附录，第384、383页。

合德乎数千载之间。"[53]程颐门人游酢也说张载"学成德尊，识者谓与孟子比"[54]，可见不少人都以张载"继往圣之绝学"。

苏轼、苏辙的自信也没比王安石、二程、张载逊色多少。苏轼也时常以斯文在己，他撰有《易传》《书传》和《论语说》三书，他对这三部著作非常看重，常语人曰："某凡百如昨，但抚视《易》《书》《论语》三书，即觉此生不虚过。"[55]元符三年（1100）七月，他在乘船到达合浦的途中遭遇险恶天气，后来回忆当时的情景说："起坐四顾大息，吾何数乘此险也！……所撰《易》《书》《论语》皆以自随，世未有别本。抚之而叹曰：'天未丧斯文，吾辈必济！'已而果然。"[56]可见其自待之重。苏辙也推许其兄说："《易》《书》之秘，古所未闻。时无孔子，孰知其贤。以俟圣人，后则当然。"[57]苏轼还记欧阳修曾对他说："我老将休，付子斯文。……我所谓文，必与道俱。"苏轼说："虽知其过，不敢不勉。……虽无以报，不辱其门。"[58]则欧阳修颇以自己传道，而苏轼承之不让，据说他还曾对门生说："文章之任，亦在名世之士，相与主盟，则其道不坠。方今太平之盛，文士辈出，要使一时之文有所宗主。昔欧阳文忠常以是任付

---

[53]（宋）范育：《正蒙序》，见《张载集》卷首，第4、5页。
[54]《书明道先生行状后》，《河南程氏遗书·附录》，见《二程集》，第334页。
[55]《苏轼文集》卷五七《答苏伯固四首》其三，第1741～1742页。
[56]《苏轼文集》卷七一《书合浦舟行》，第2277页。
[57]《栾城后集》卷二〇《祭亡兄端明文》，见《苏辙集》，第1100页。
[58]《苏轼文集》卷六三《祭欧阳文忠公夫人文（颍州）》，第1956～1957页。

与某,故不敢不勉。异时文章盟主,责在诸君,亦如文忠之付授也。"[59]苏轼所说其实也未必就是实情,晁公武《郡斋读书志》著录曾巩《元丰类稿》时也说:"欧公门下士,多为世显人,议者独以子固为得其传,犹学浮屠者所谓嫡嗣云。"[60]

苏轼去世后,苏辙感慨道:"呜呼!斯文坠矣,后生安所复仰?"又评价苏轼的学术成就云:

> 公之于文,得之于天,……出《中庸论》,其言微妙,皆古人所未喻。……先君……作《易传》,未完。疾革,命公述其志。公泣受命,卒以成书,然后千载之微言,焕然可知也。复作《论语说》,时发孔氏之秘。最后居海南,作《书传》,推明上古之绝学,多先儒所未达。既成三书,抚之叹曰:"今世要未能信,后有君子当知我矣。"

这与程颐之评程颢相去也不太远。程颐说"我之道盖与明道同",苏辙则云:"绝学不继,如已断弦。百世之后,岂其无贤?我初从公,赖以有知。抚我则兄,诲我则师。"又记

---

[59] (宋)李廌撰,查清华、潘超群整理:《师友谈记》,郑州:大象出版社,2006年,第56~57页。
[60] 《郡斋读书志校证》卷一九《集部·别集类下·曾子固元丰类稿》,第995页。

苏轼曾对他说："吾视今世学者，独子可与我上下耳。"[61]苏辙同样以为自己之道同于兄长，继续绝学。吕大防说张载"善法圣人之遗意"，苏辙自传则说："《诗》《春秋传》《老子解》《古史》四书皆成。尝抚卷而叹，自谓得圣贤之遗意。缮书而藏之，顾谓诸子：'今世已矣，后有达者，必有取焉耳。'"[62]可见其自待之重并不在王安石和理学家之下。

苏氏兄弟自待甚重，其后学友人也对他们推崇备至，如李之仪《东坡先生赞》便推尊苏轼说："天作斯文，万物所印。时惨时舒，与天同运。其谁特立，卓哉吾人。……求仁得仁，于我何怨。光时显被，外薄四夷。载瞻载仰，百世之师。"[63]在王安石得以配享孔子的崇宁四年，翰林院为王安石作赞云："孔孟云远，六经中微。斯文载兴，自公发挥。推阐道真，启迪群迷。优入圣域，百世之师。"[64]两赞立意几乎如出一辙，甚至均有"百世之师"一语（《孟子·尽心下》："孟子曰：'圣人，百世之师也'"），而程颐则说程颢"开百代未明之惑"。

诸派之中，王安石新学成熟最早，也在学派竞争中占

---

[61] 《栾城后集》卷二二《亡兄子瞻端明墓志铭》，见《苏辙集》，第1117、1126～1127、1128、1127页。

[62] 《栾城后集》卷一三《颍滨遗老传》下，见《苏辙集》，第1040页。

[63] （宋）李之仪：《姑溪居士文集》卷一二《东坡先生赞》其二，见其《姑溪居士全集》，上海：商务印书馆，1935年丛书集成初编本，第101页。

[64] 《皇宋通鉴长编纪事本末》卷一三〇《徽宗皇帝·尊王安石》，第2186页。

得先机。熙宁间,王安石受宋神宗重用后,很快便将其学术思想构想付诸政治实践。熙宁五年正月,神宗对王安石说:"经术,今人人乖异,何以一道德?卿有所著可以颁行,令学者定于一。"王安石当即表示已经在与门人开展写定经义的工作。[65]次年三月,大概为了加快制定经义的进度,神宗在国子监内设立修撰经义所,命吕惠卿、王雱修撰,王安石提举。[66]熙宁八年,王安石率同僚完成《三经新义》的修撰,六月"送国子监镂板颁行",次月即"诏以新修《经义》赐宗室、太学及诸州府学"。[67]自此,王安石新学正式成为官学。元丰五年(1082),王安石又上《字说》,晁说之《元符三年应诏封事》云:"如其所著《字说》者,神宗留中不以列学官,近乃列在学官,使学者纷纷。……《字说》之列学官,甚非神宗意也。"[68]可见《字说》在神宗时虽未列于学官,但哲宗绍述后还是将其列于学官了。

神宗于元丰八年离世后,太皇太后高氏引用旧党,其后元祐一反熙丰之政,科举也是如此。元祐元年(1086)闰二月,时为侍御史的刘挚就抨击熙丰取士"专诵熙宁所颁《新经》《字说》,而佐以庄、列、佛氏之书",并"乞试法复诗赋,与经义兼用之。进士第一场试经义,第二场试诗赋,

---

[65]《续资治通鉴长编》卷二二九,熙宁五年正月戊戌条,第5570页。
[66]《续资治通鉴长编》卷二四三,熙宁六年三月庚戌条,第5917页。
[67]《续资治通鉴长编》卷二六五、二六六,熙宁八年六月己酉、熙宁八年七月癸酉条,第6493、6525页。
[68]《景迂生集》卷一《元符三年应诏封事》,台湾商务印书馆景印文渊阁四库全书本,第1118册,第20~21页。

第三场试论,第四场试策。经义以观其学,诗赋以观其文,论以观其识,策以观其才。前二场为去留,后二场为名次。其解经义,仍许通用先儒传注或己之说,而禁不得引用《字解》及释典,庶可以救文章之弊,而适乎用,革贡举之弊,而得其人"。[69]此即所谓"元祐法"。次月,司马光又欲建议将《孟子》止为诸子,更不试大义,应举者听自占习",并建议恢复熙宁改制罢除的《春秋》和《孝经》,因范纯仁劝阻而仍然保留了《孟子》。[70]元祐元年四月十二日,正式"诏进士经义并兼用注释及诸家之说或己见,仍罢律义",六月十二日又"诏令自今科场程试,毋得引用《字说》"。[71]元祐四年四月十八日,更从礼部议,"乃立经义、诗赋两科,罢试律义。……专经者用经义定取舍,兼诗赋者以诗赋为去留,其名次高下,则于策论参之"[72]。正式恢复经义、诗赋两科为取士之门。

不过,熙宁科举改革虽被罢废,但王安石之学并未被彻底禁止。元祐元年十月癸丑,国子司业黄隐"欲废安石之学,每见生员试卷引用,隐辄排斥其说",结果招来刘挚、

---

[69] 《续资治通鉴长编》卷三六八,元祐元年闰二月庚寅条,第8858、8859页。
[70] 《续资治通鉴长编》卷三七一,元祐元年三月壬戌条,第8974~8980页,引文在第8976页。
[71] 《宋会要辑稿·选举三·贡举杂录一》,第5311页。
[72] 《宋史》卷一五五《选举志一》,第3620~3621页;参《宋会要辑稿·选举三·贡举杂录一》,第5312页。

吕陶、上官均等台谏官的一致弹劾。[73]元祐只是不独尊王安石新学，科场禁用《字说》，但是没有禁绝新学。然而，元祐对熙丰之政和新党诸人的过度清洗，却在哲宗亲政绍述后招来了疯狂报复。

绍圣元年（1094）五月四日，诏"进士罢诗赋，专治经术"。六月十五日，从太玄博士詹文言，解除了《元祐贡举敕令》进士不得引用《字说》的禁令。次年正月十三日，又从国子司业龚原言，解除了"不得于老、列、庄子出题"的禁令。四年二月二十五日，又"诏罢《春秋》"。[74]"元祐法"对王安石新学的限制逐步被解除，王安石新学开始逐步复振，而"元祐法"分经义、诗赋取士和增加《春秋》的建设性制度逐渐被废除。绍圣四年，蔡卞曾欲将司马光《资治通鉴》毁板，但因陈瓘搬出神宗的《序》而没有得逞，但他由此便"禁绝史学"[75]。不过，绍圣期间始终没有对元祐诸人的学术加以禁止。

徽宗在短短的"建中靖国"后，立即转向"崇宁"。崇宁元年（1102）七月己丑即"焚元祐法"，随后八月、九月陆续颁布党籍名单，并于九月己亥"御书刻石端礼门"，[76]同时及其后还持续对元祐党人进行大规模政治清洗。徽宗不仅

---

[73]《续资治通鉴长编》卷三九〇，元祐元年十月癸丑条，第9496～9501页，引文在第9497页。

[74]《宋会要辑稿·选举三·贡举杂录一》，第5314、5315页。

[75]《续资治通鉴长编》卷四八五，绍圣四年四月乙未条，第11531页。

[76]《宋史》卷一一九《徽宗纪一》，第364～365页。

进一步强化新学的独尊地位，而且与元祐党禁相配合，强行禁绝"元祐学术"。

在王安石新学独尊的同时，其政治和道统地位也一路走高。元丰元年（1078），王安石即已封舒国公，次年改封荆，"绍圣中，谥曰文，配享神宗庙庭"。[77]王安石殁后，其后学继续抬高王安石父子的学术思想地位，二人也终于得以进入孔孟配享和从祀。徽宗崇宁三年（1104）六月戊申，"诏荆国公王安石配享孔子庙庭"，[78]《诏书》云："道术裂于百家，俗学弊于千载。士以传注之习，汩乱其聪明，不见天地之纯全，古人之大体，斯已久矣。故荆国公王安石，由先觉之智，传圣人之经，阐性命之幽，合道德之散，训释奥义，开明士心，总其万殊，会于一理。于是学者廓然，如睹日月，咸知六经之为尊，有功于孔子至矣。其施于有政，则相我神考，力追唐虞三代之隆。因时制宜，创法垂后，小大精粗，靡有遗余。内圣外王，无乎不备。盖天降大任，以兴斯文，孟轲以来，一人而已。……孔子之道，得公而明。求其所同，若合符节。"[79]真可谓推崇备至。政和三年（1113）正月二十日，又诏："昔赵普、潘美王于韩、郑，郑康成、孔安国从祀孔子。王安石被遇先帝，与其子雱修撰经义，功

---

[77]《宋史》卷三二七《王安石传》，第10550页。
[78]《皇宋通鉴长编纪事本末》卷一三〇《徽宗皇帝·尊王安石》，第2186页。
[79] 见司义祖整理：《宋大诏令集》卷一五六《故荆国公王安石配享孔子庙廷诏》，北京：中华书局，1962年，第584页。

不在数子之下。安石可封王爵，雱可配享文宣王庙廷。"壬申，即正式追封荆国公王安石为舒王。[80] 又封王安石之子王雱为临川伯，并允从祀孔子。[81] 王安石的道统地位得到朝廷确认。并且，他同时配享太庙和孔庙，父子俱在孔庙享祀，真是千古一人而已。

第三节　南宋的道统竞争与理学的胜出

北宋中期几个主要学派的出现，有效地遏制了此前古文运动道统话语中显得颇为任意的推许和自任风气，而王安石新学首先取得官学的地位，更是这种风气变化非常重要的转折点。到了南宋，虽然王安石新学的独尊地位已经不再，但北宋中前期那种竞相自成一系的气象也已不返，士人之间的正统竞争通常不再以创立一个新学派为特点，而南宋也再没有出现能够比肩北宋诸学派的新学派。比较宋初古文运动和南宋士人的道统话语，南宋士人已经极少推许他人直接继承道统了，他们大多转而推许其在北宋某个学派中的传承地

---

[80]　《宋大诏令集》卷二二二《王安石封舒王御笔手诏》，第858页；《皇宋通鉴长编纪事本末》卷一三〇《尊王安石》，第2186～2187页。按，《皇宋通鉴长编纪事本末》抄录此诏时作"昔赵普、潘美、王曾、韩琦、郑康成、孔安国从祀孔子"云云，应系传抄之误。

[81]　《宋史》卷一〇五《礼志八·吉礼·文宣王庙》，第2551页。按，陈均《皇朝编年纲目备要》云："寻，诏封其子雱为临川伯，配享文宣王庙，后实从祀。"见（宋）陈均编，许沛藻、金圆、顾吉辰、孙菊圆点校：《皇朝编年纲目备要》卷二八，政和三年春正月条，北京：中华书局，2006年，第707页。

位。而他们的自任,也大多以传承某个学派为志业,即承认创立这个学派的领袖已经具备了道统承递的资格,自己不过是发挥、光大之罢了,就连朱熹也只是说自己"幸私淑而与有闻焉"而已[82]。像陆九渊那样"自谓孟子之后至是而始一明也"[83],像孙之弘那样推崇叶适"合乎孔子之本统"[84],在南宋是颇为罕见的。

南宋的学派竞争,自然是理学取得了最终的胜利,但其取得胜利的历史过程却很不顺利。王安石新学在南宋渐衰,以至于彻底失势,但理学其实也并没有能立即取而代之。较之于理学,其实苏学才是"元祐学术"的大宗,它在南宋中前期曾有着繁盛的复兴局面,其影响、地位都一度大大超过理学。理学在南宋的胜出,既是与王安石新学斗争的结果,也是与苏学消长的结果。

一、王安石新学渐衰

金人来犯,北宋朝廷无力应对,徽宗禅位钦宗,王安石新学的独尊地位也随之开始动摇。钦宗即位不久的靖康元

---

[82]《四书章句集注·大学章句序》,第2页。按,以往不少学者认为"朱子似欲以道统传承者自居",朱杰人先生也认为这是"不言自明的问题",但他也注意到,"朱子从不自诩为道统的继承人",只是"他一直不讳言,要以承续道统而自任"。事实上,这种谦逊的暗示以及接续本朝学脉的思路,与北宋诸儒直接孔孟的强烈自信是有着巨大区别的。朱杰人:《二程与朱子的道统说》,《华东师范大学学报》,2018年第2期。

[83]《陆九渊集》卷一〇《与路彦彬》,第134页。

[84]《习学记言序目》附录一《孙之弘序》,第759页。

年（1126）二月壬寅，即罢"元祐学术政事及元祐党籍"[85]，其后臣僚又上言："科举取士，要当质以史学，询以时政。今之策问，虚无不根，古今治乱，悉所不晓。诗赋设科，所得名臣，不可胜纪，专试经义亦已五纪。救之之术，莫若遵用祖宗成宪。王安石解经，有不背圣人旨意，亦许采用。至于老、庄之书及《字说》，并应禁止。"实即主张恢复元祐之法，钦宗由是"诏礼部详议"。[86]五月三日，时任谏议大夫兼国子祭酒的杨时由是上言痛斥蔡京"蠹国害民，几危社稷"，并将北宋的危亡形势归根于王安石新学，建议下旨"断王安石学术之谬，追夺王爵，诏中外毁去配享之像"，在经过激烈争论后，朝廷部分采纳了杨时的意见，令"王安石合依郑康成等例从祀孔子庙廷"，即降王安石配享为从祀[87]，而且"追夺王安石王爵"[88]。随后，"徽猷阁待制谭世勣又言亦不当以安石从祀"，只不过结果是"不报"。[89]

此后，攻击王安石新学误国的声音络绎不绝。赵宋南渡后，王安石更是成了北宋灭亡的替罪羊。建炎三年（1129）六月己酉，时为司勋员外郎的赵鼎再次攻击王安石，并建议罢王安石配享宋神宗，宋高宗于是"罢王安石配享神

---

[85]《道命录》卷一，第21页。
[86]《宋史》卷一五七《选举志三》，第3669页。
[87]《靖康要录笺注》卷六，靖康元年五月三日条，成都：四川大学出版社，2008年，第717~718页。
[88]《建炎以来系年要录》卷七九，绍兴四年八月丙申条，第1495页。
[89]《皇朝编年纲目备要》卷三〇，靖康元年五月条，第788页。

宗庙庭。寻诏以富弼配享"。[90]绍兴四年（1134）八月戊寅朔，宋高宗召见宗正少卿兼直史馆范冲，范冲同样指责王安石新学误国，高宗听后一边说"极是，朕最爱元祐"，表明了自己的学术和政治倾向，一边又说"安石至今犹封王，岂可尚存王爵"。[91]随后，吕聪问上言说："所有谥议，乃以文为言，若并王爵称之，则为文王，实为僭越。"因而建议"追夺安石之谥"。是月丙申，即"诏追王安石舒王告，毁抹"。[92]不过，王安石"文"的谥号和"公"的爵位还是得以保留。今胡寅《斐然集》卷十四有《追废王安石配享诏》一文，为奉旨补撰的罢黜王安石孔庙配享的诏旨，[93]应该也是在此间完成的。孝宗乾道五年（1169）春，魏掞之再次向陈俊卿建议罢祀王安石父子，被陈俊卿阻止。淳熙三年（1176）冬，赵粹中又向朝廷建议削去王安石从祀，宋孝宗说："安石前后毁誉不同，其文章亦何可掩。"赵粹中乞罢王安石未成，又于次年请罢王雱，李焘也建议罢去王安石父子，由此终于在其年七月除去了王雱从祀的画

---

[90] 《宋会要辑稿·礼一一·功臣配享·杂录》，第699页；《建炎以来系年要录》卷二四，建炎三年六月己酉条，第575页。按，《宋史·高宗纪二》云是年"罢王安石配享神宗庙庭，以司马光配"，实系误笔，代王安石配享神宗的是富弼而非司马光。《宋史》卷二五《高宗纪二》，第466页。参见龙坡涛《史官误笔与历史书写：司马光配享帝王太庙探微》一文的辨析，《北京社会科学》，2018年第4期。

[91] 《建炎以来系年要录》卷七九，绍兴四年八月戊寅朔条，第1487、1488页。

[92] 《建炎以来系年要录》卷七九，绍兴四年八月丙申条，第1495页。

[93] 《斐然集》卷一四《追废王安石配享诏》，第313页。

像。[94]理宗端平元年(1234),徐侨和李焘之子李埴再次建议罢祀王安石,[95]仍未果。但几年后的淳祐元年(1241)春正月甲辰,终于在增加周敦颐、张载、二程、朱熹从祀孔庙的同时,将王安石清除出了孔庙。[96]

不过,也有一些学者已经注意到,王安石新学在南宋虽然日渐转衰,但其仍然在很长的时间里保持着较强的影响力,如余英时先生便说:"南渡以后,通高宗一朝,王学事实上仍执政治文化的牛耳。……甚至迟至孝宗初年,王学在朝廷上的地位仍无动摇的迹象。"[97]南宋前期,虽然宋高宗支持攻击王安石以便为父兄开脱,又因得位于元祐孟皇后而"最爱元祐",但其时的朝臣和士子绝大多数都是在哲宗绍述和徽宗时期新学独尊的思想环境下成长起来的,学术思想界的转变绝非部分士人的连续攻击就能立竿见影的,有时甚至还会引起很大的反弹。当初杨时在靖康元年攻击王安石新学误国,导致王安石从孔庙配享降为从祀,就已引起了很大的反对,《宋史·选举志》载:"诸生习用王学,闻(杨)时之言,群起而诋詈之,时引避不出,斋生始散。"朝廷并由是

---

[94] (宋)朱熹:《绍熙州县释奠仪图·文公潭州滕州学备准指挥》,见《朱子全书(修订本)》,第13册,第20~21页。参见《建炎以来朝野杂记》乙集卷四《元丰至嘉定宣圣配享议》,第569页;《道命录》卷八,第95页。
[95] (宋)徐侨:《毅斋诗集别录》所附《宋待制徐文清公家传》,见《宋集珍本丛刊》,第70册,第614~615页;《宋元学案》卷七一《岳麓诸儒学案》,第2391页。
[96] 《宋史》卷四二《理宗纪二》,第821~822页。
[97] 余英时:《朱熹的历史世界:宋代士大夫政治文化的研究》,第42页。

诏罢杨时国子祭酒。[98]杨时不仅遭到太学生的攻击，还因此而丢了官。后来胡寅说："靖康元祀，遂撤王安石配食坐像，废《字说》勿得用，俾学者兼用先儒，收召遗老佚贤，欲改弦更化。"[99]可见靖康的科举改革也不过是禁用《字说》而已，并未全面禁止新学，这实际上仍是沿袭元祐贡举之法，而这一举法直到南宋依然长期被沿用。胡安国绍兴七年曾云："绍兴五年省试举人，经都堂陈乞，不用元祐人朱震等考试。盖从于新学者，耳目见闻既已习熟，安于其说，不肯遽变。"[100]可见其时新学在朝堂和科场仍然颇为盛行，并非全然处于被动的局面。绍兴十二年六月癸未，还出现了"有举子上书乞用王安石《三经新义》"的一幕。[101]

不仅举子大多"安于其说，不肯遽变"，高宗时期的当权大臣也大多维护新学，而高宗建炎、绍兴初年的几位权臣几乎全都与新党有着各种各样的联系。绍兴元年（1131），"侍御史曾统请取士止用词赋，未须兼经，高宗亦以古今治乱多载于史，经义登科者类不通史，将从其议"，但左仆射吕颐浩说，"经义、词赋均以言取人，宜如旧"，遂止。[102]由于诗赋是"元祐学术"大宗（详见后文），曾统显然是在尊元祐贬熙丰的思路下提出这一建议的，而吕颐浩表示反对，维护新学所擅长的"经义"应该是其考虑之一，只

---

[98]《宋史》卷一五七《选举志三》，第3669页。
[99]《斐然集》卷一九《鲁语详说序》，第404页。
[100]《道命录》卷三，第30页。
[101]《建炎以来系年要录》卷一四五，绍兴十二年六月癸未条，第2741页。
[102]《宋史》卷一五六《选举二》，第3627页。

不过随后张九成、汪应辰分别在绍兴二年、五年殿试中夺魁，吕颐浩起初大概并未料到程学竟然可以在经义科中与新学角逐。其后，绍兴前期的两位主要宰相赵鼎、张浚之中，也只有赵鼎"素重伊川程颐之学，元祐党籍子孙，多所擢用"[103]，而张浚则受其父亲张咸的影响，主张"元祐未必全是，熙丰未必全非"[104]，甚至还极力反对新修的《神宗实录》过于偏向元祐而非毁熙丰，张浚又本是"黄英州（潜善）所荐，习闻绍述之论，数以孝弟之说陈于上前"[105]。赵鼎曾说蔡京"窃尧舜孝悌之说，托绍述熙丰之名，毕力一心，祖述安石"[106]，是则"孝悌"之说本系蔡京新党的说辞。绍兴六年十二月二十六日（1137），即赵鼎罢相后的第十八天，陈公辅就在张浚的怂恿下请禁程学，张浚还代笔批旨执行。[107]而张浚在排挤赵鼎后的独相时期，更力主孝悌之说，以至于宋高宗再次召回赵鼎后都对赵鼎说："寻常造膝之言，每以孝悌之说相摇撼，其实绍述之谋也。"赵鼎问高宗："秦桧莫为陛下说些正论？"高宗说"并无一言"。[108]秦桧不仅此时

---

[103]《建炎以来系年要录》卷八六，绍兴五年闰二月丁未条，第1633页。
[104]《朱子语类》卷一三一、一〇二，第3153、2599页。
[105]《道命录》卷三，第33页。
[106]（宋）赵鼎：《忠正德文集》卷一《论时政得失》，台湾商务印书馆景印文渊阁四库全书本，第1128册，第638～639页。
[107]《建炎以来系年要录》卷一〇七，绍兴六年十二月己未条，第2019～2020页；亦见《道命录》卷三，第25～27页。
[108]《忠正德文集》卷八《丁巳笔录》，台湾商务印书馆景印文渊阁四库全书本，第1128册，第748页。参见《建炎以来系年要录》卷一一五，绍兴七年十月壬寅条，第2152页。

"并无一言",他后来还利用这套说辞敦促高宗决意求和。绍兴八年十二月,宋金议和进入关键时期,其时范如圭曾说:"夫以盈庭分议,竟不能夺一(秦)桧之议者,其为说亦有二焉:其一则倡孝悌之说,足以动人主之听;其二则立三日思虑之言,有以坚人主之心。嗟夫!秦桧倡和议而藉口于孝悌,是以蔡京欲行绍述,而借继志述事之说无异也;秦桧欲议之不摇,而要君以三日思虑,是与安石欲行新法,而要君以讲学术之说无异也。"[109]而宋金和议达成后,秦桧干脆力禁程学而"阴佑王安石"[110]。是则前有吕颐浩、黄潜善等早期权臣,中则有主战的张浚,后更有主和的秦桧,整个高宗时期维护新学的当权大臣几乎就没怎么间断过。

大概在这种思想环境的浸染下,而且随着南宋政治军事局面的不断稳定,一度似乎对王安石新学深恶痛绝的宋高宗本人,其态度也开始有所松动。前述绍兴十二年六月癸未,"有举子上书乞用王安石《三经新义》,为言者所论",而高宗裁夺说:"王安石学虽博,而多穿凿以私意,不可用。"[111]虽仍否定王安石新学,但已不斥其为邪说,而且此时竟然有人提出这样的建议,正显示出当时王安石新学应该有恢复强势地位的迹象。绍兴十四年三月癸酉,宋高宗又对秦桧说:"王安石、程颐之学,各有所长,学者当取其所长,

---

[109]《建炎以来系年要录》卷一二四,绍兴八年十二月庚辰条,第2349页。
[110]《道命录》卷四,第43页。
[111]《建炎以来系年要录》卷一四五,绍兴十二年六月癸未条,第2741页。

不执于一偏，乃为善学。"[112]几天后的四月丙戌，时为将作监丞的苏籀"面对，乞取近世儒臣所著经说，集而成编，以补唐之正义阙遗"，高宗由是又对秦桧说："此论甚当，若取其说之善者，颁诸学官，使学者有所宗一，则师王安石、程颐之说者，不至纷纭矣。"[113]即已从否定王安石新学而转变为承认其确"有所长"了。[114]事实上，高宗自幼受王安石新学的熏染比一般的士人严重得多，即便他真的一度对新学深恶痛绝，在张浚、秦桧等人长时间的引导下，他也是很容易重新容纳新学的，何况新学对他和孝宗应该还是有一定吸引力的。如果不是如此，在秦桧死后，其党羽已经逐渐被清除的情况下，宋孝宗也就没有必要在赵粹中淳熙三年建言罢王安石孔庙从祀时，主动对辅臣说"安石前后毁誉不同，其文章亦何可掩"，主动去维护王安石的孔庙从祀地位了。前述宋高宗罢王安石配享神宗、追夺王安石王爵、追诏罢王安石孔庙配享等动作都集中在建炎、绍兴初年，但其后打击王安石和新学的政策却逐渐冷了下来，而且高宗一朝似乎没有建议罢除王安石孔庙从祀的记录，直到孝宗乾道五年方才见魏掞之向宰相陈俊卿提出。

王安石新学在南宋初本就成了北宋灭亡的替罪羊，其后又因秦桧"阴佑"的缘故而更加污名化，不管是其作为官

---

[112]《建炎以来系年要录》卷一五一，绍兴十四年三月癸酉条，第2853页。
[113]《建炎以来系年要录》卷一五一，绍兴十四年四月丙戌条，第2855页。
[114]参见方笑一：《两宋之际的学派消长与学术变局》，《学术月刊》，2013年第2期。

学意识形态的有效性还是对于普通士人的思想吸引力，无疑都在一路走低，尽管南宋始终没有像徽宗时期禁绝元祐学术那样利用行政手段禁绝新学。魏掞之、赵粹中罢祀王安石的建议都未得遂，而就在罢祀王雱的第二年，淳熙五年（1178）正月辛丑，"侍御史谢廓然乞戒有司，毋以程颐、王安石之说取士。从之"[115]。新学走向衰落已是大势所趋，而且越来越难以听到维护新学的声音。其实新学后裔也不乏陆游、王明清这样的南渡清流，但我们今天实在很难看到他们有复振新学的热情，以至于新学在后世几乎完全失语，也让我们今天很难看清新学在南宋的具体流传情况。淳熙十五年（1188），陆九渊为王安石在家乡的祠堂作记，已经需要提醒学者不要雷同一律、随声是非地攻击王安石了。[116]而请他作记，显然也部分是因为他乃是攻击王安石最激烈的理学阵营的一员，而他也只是肯定了王安石的志向和部分政事，并没有肯定他的学术，可见此时王安石及其学术污名化的程度已经相当严重了。然而，关于王安石新学影响被清除殆尽的时间，除了其于理宗淳祐元年（1241）罢祀孔庙这个标志性事件外，今已很难找到一条明确的界限。

二、"元祐学术"与理学的低起点

在南宋与王安石新学相竞争的，是所谓的"元祐学

---

[115]《宋史》卷三五《孝宗纪三》，第667页。
[116]《陆九渊集》卷一九《荆国王文公祠堂记》，第231~234页。

术",并不止于理学一派。清人阎若璩云:"元祐学术,自指司马文正一派,苏、黄一派,程子一派,为绍圣以后奸臣所厉禁。"[117] 此说难经推敲,厉禁元祐学术乃是徽宗崇宁以后之政,哲宗时期虽然迫害元祐党人,但尚未全面禁其学术。"元祐学术"影响后世深远者虽确系司马光、苏黄、程学诸派,但徽宗所禁的"元祐学术"其实是颇为庞杂的,并不仅仅局限于这三派。而如果就其时广泛流行的最有影响的狭义的"元祐学术"派别来说,则又当属苏、黄一派。[118] 而三派之中,程学最是居于边缘的位置,可谓是起点最低的一派。"元祐学术"的这一格局,直接影响到南宋苏学、理学之间的学派竞争。

王安石学术早熟,一生著述极丰,除《文集》《日录》以及与王雱、吕惠卿合力完成的《周礼》《毛诗》《尚书》三经《新义》外,另有《易解》二十卷、《易说拾遗》二卷、《洪范传》一卷、《礼经要义》二卷、《左氏解》一卷、《孝经解》一卷、《论语解》十卷、《论语通类》一卷、《孟子解》十四卷、《扬子解》一卷、《淮南杂说》十卷、《群经新说》十二卷、《丞相新说》、《字说》二十四卷、《老子注》二卷、《庄子解》四卷、《楞严经疏解》十卷、《维摩诘经注》三卷、

---

[117] (清)阎若璩撰,(清)吴玉搢编:《潜丘杂记》卷六《与戴唐器书》其十五,台湾商务印书馆景印文渊阁四库全书本,1987年,第859册,第533页。
[118] 沈松勤:《论"元祐学术"与"元祐叙事"》,《中华文史论丛》,2007年第4期。

《华严经解》一卷，其解说对象不仅几乎遍及儒家经典，而且于老、庄及一些重要释典也都有涉及。不仅如此，其门生后学仍在不断大力扩展充实王安石新学的学术思想体系。[119]

司马光、二苏、二程等人本就与王安石学术、政见不合，在王安石新学于熙宁后期取得官学地位后，他们更进一步纷纷展开批判王安石新学的学术思想工作，但因各自学术特点的不同，其所展开的对新学的学术思想批判和自我学术建构也各不相同。

司马光向来尊崇扬雄，但王安石也尊崇扬雄，这正是二人学术思想上的交叉点。在司马光反对王安石变法而离开朝廷退居洛阳后，他花了很大的力气专心完成其传世名著《资治通鉴》，其中一些内容直接针对王安石变法而发。此外，第三章谈到过，对于王安石及其新学大力推崇孟子，司马光又针锋相对地撰写《疑孟》。今存《疑孟》中有明确时间记录的有六条，其中四条是在元丰五年，两条在元丰八年，而此间的元丰六年、元丰七年，正是朝廷议论和最终允许孟子进入孔庙配享的时间。总的来看，司马光因其耀眼的《资治通鉴》，通常被目为以史学见长。

与司马光不同，二苏和二程则都试图通过重新解释经典来批判王安石新学。南宋李石曾说："臣窃闻之，王安石以新说行，学者尚同，如圣门一贯之说，僭也。先正文忠公

---

[119] 参见刘成国《荆公新学研究》一书"王安石的著述及流传、整理"和"新学学者著述考"两节，上海：上海古籍出版社，2006年，第83～102页。

苏轼首辟其说，是为元祐学，人谓蜀学云。时又有洛学本程颐，朔学本刘挚，皆曰元祐学，相羽翼以攻新说。"[120]可见苏学攻击新学并不比二程晚，实际上其在当时的影响应该比二程要大。苏轼有《易传》《书传》《论语说》诸书，苏辙有《诗传》《春秋传》《论语拾遗》《孟子解》《老子解》诸书，二苏对经典的解释与王安石多不相同，其针对王安石新学和变法的意图非常明显，[121]后来李焘即评论说："当安石萌芽，唯光、轼能逆折之，见于所述文字，不一而足。轼著《书传》，与安石辩者，凡十八九条，尤为切近深远，其用功不在决洪水、辟杨墨下，使其言早听用，宁有靖康之祸？"[122]司马光和二苏在当时影响很大，都有着大批的追随者，而且司马光和二苏在南宋经常被相提并论，宛若一派，如后文将会讨论到的，李焘淳熙四年即建议以司马光和苏轼代替王安石从祀孔子。司马光和苏学攻击王安石新学的贡献在后世被有意无意地忽略很多，而理学的贡献却有些被估计过高。

二程曾说："在今日，释氏却未消理会，大患者却是介甫之学。……如今日，却要先整顿介甫之学，坏了后生学

---

[120] （宋）李石：《跋苏文忠公御叙》，收在《新刊国朝二百家名贤文粹》卷一九二《杂文·题跋二》，见《宋集珍本丛刊》，第94册，第677页。
[121] 刘成国：《正统与政见之争——论北宋中后期苏氏蜀学对荆公新学之批评》，《四川大学学报》，2004年第5期。
[122] （宋）叶寘撰，孔凡礼点校：《爱日斋丛抄》卷二，北京：中华书局，2010年，第45页。

者。"[123]《程氏遗书》《外书》《经说》中有不少地方都点名针对王安石,程颐《易传》所解也应与王安石《易传》大不相同,他晚年作《春秋传》大概也有王安石科举改革废《春秋》的原因在。和司马光、二苏之门不乏继续攻击新学之人一样,程门也有一个"长于攻王氏"的杨时[124],程颐说:"杨时于新学极精,今日一有所问,能尽知其短而持之。"[125]今杨时《龟山集》中有《神宗日录辨》和《王氏字说辨》,另外还有在当时颇负盛名的《三经义辨》。绍兴五年(1135)三月庚子,杨时弟子王居正入见,又"请以旧所论著王安石父子平昔之言不合于道者为献",该书共七卷,每卷都专力指斥新学的一条罪状,[126]《宋史·王居正传》说:"其学根据《六经》,杨时器之,出所著《三经义辨》示居正曰:'吾举其端,子成吾志。'居正感厉,首尾十载为《书辨学》十三卷,《诗辨学》二十卷,《周礼辨学》五卷,《辨学外集》一卷。居正既进其书七卷,而杨时《三经义辨》亦列秘府,二书既行,天下遂不复言王氏学。"[127]程门持续性地攻击新学自是事实,司马光和二苏后学亦然。但"天下遂不复言王氏学"显然是经理学叙事夸张后的虚语,程学在北宋后期和南宋初期的影响力应该没有如此之盛。

---

[123]《河南程氏遗书》卷二上,见《二程集》,第38页。
[124]《朱子语类》卷一三〇,第3099页。
[125]《河南程氏遗书》卷二上,见《二程集》,第28页。
[126]《建炎以来系年要录》卷八七,绍兴五年三月庚子条,第1672~1673页。
[127]《宋史》卷三八一《王居正传》,第11736~11737页。

张载、二程较之其他学派，最为显著的特点便是好讲学而少著书，程颐甚至劝诫杨时"勿好著书，好著书则多言，多言则害道"[128]，所以早期理学家大都语录多而文字少。程颢除了改订过《大学》，便没留下多少成文成书的文字。张载除《易说》外，《正蒙》《经学理窟》均非解经之作，可谓自辟一理论天地，但诸书卷帙均小。程颐早年亦无多少著述，在绍圣、元符中编管涪州时方才大体撰成《易传》四卷，直到元符二年（1099）正月才成而序之，这是他一生最为重要、完整的著述，其忠实门人尹焞即说："先生平生用意，惟在《易传》，求先生之学者，观此足矣。"但事实上程颐自己对该《传》并不完全满意，该书其时亦不甚流传，《年谱》云："（崇宁）五年，……时《易传》成书已久，学者莫得传授，或以为请。先生曰：'自量精力未衰，尚觊有少进耳。'"[129]但他次年即卒，大概也没能完成多少改进。程颐另有《春秋传》，但"（程颐）自涪陵归，方下笔，竟不能成书"[130]，则仍未成完作，在今《经说》中不过一卷而已。今《经说》中除《易》《春秋》二传、改订《大学》、误入的《中庸解》外，另有《易说》和《书》《诗》《论语》《孟子》诸解各一卷，综合《遗书》《外书》来看，程颐大概确有重新清理和解释诸经典的计划，但终其一生也未能完成。其后

---

[128]《伊洛渊源录》卷一四《程氏门人无记述文字者·周伯忱》，见《朱子全书（修订本）》，第12册，第1108页。
[129]《伊川先生年谱》，《河南程氏遗书·附录》，见《二程集》，第345页。
[130]《河南程氏外书》卷一二，见《二程集》，第436页。

学乃至今人阅读、研究二程,最为倚靠的并非《易传》及诸经解语,而是其语录。其实程门一些重要弟子对语录是颇为谨慎的,如谢良佐就说他不记语录,他说"写在册子上,失了他这意思",如二刘所录"转了一字便坏了一段意思",他"昔录五经语作一册",程颢则称此为"玩物丧志"。[131]尹焞绍兴六年四月采摘"所见无疑者"编成《师说》,并在《师说序》中表达了对当时流传的二程语录的谨慎甚至批评的态度。次年四月,他又在《题伊川先生语录》中进一步表达了这种看法。[132]但是,他无法扭转这一风气,后来朱熹更作《尹和靖手笔辨》,专门辩驳尹焞而维护语录[133],还花了很大精力清理这些传世语录,编为《遗书》《外书》,成为后人了解二程思想的主要依据。总之,二程尤其程颐确已初步形成了理学思想体系,但并未通过著述成书的形式成熟地表述出来,这对其思想影响的传布是非常不利的。

及至二程门人和后学,这一局面方才逐渐出现改观,但其对新学的批判效果仍然不宜估计过高。上引《宋史·王居正传》说"居正既进其书七卷,而杨时《三经义辨》亦列秘府,二书既行,天下遂不复言王氏学",但杨时《三经义辨》不过三卷而已,王居正《辨学》起初也不过七卷,以这

---

[131]《上蔡先生语录》卷下,第31页。
[132](宋)尹焞:《和靖尹先生文集》卷四《师说序》《题伊川先生语录》,见《宋集珍本丛刊》,第32册,第32、33页。
[133]《晦庵先生朱文公文集》卷七二《尹和靖手笔辨》,见《朱子全书(修订本)》,第24册,第3458~3460页。

样的体量要全盘推翻新学庞大的学术思想体系，恐怕是不大可能的。而且，杨时《三经义辨》本身也存在不少问题，朱熹即曾说："《三经义辨》中亦有不必辨者，却有当辨而不曾辨者。"[134] 朱学博兄近来辑佚此书，也指出其存在不少问题，该书攻击新学的效果被明显夸大了。[135]

正因为程学在当时的政治、思想影响都不及司马光和苏学，所以在徽宗时期禁绝元祐学术的政治、文化迫害政策中，程学所遭遇的打击也远远不及司马光之学和苏学。元祐诸党之中，也包括"不立党"的范祖禹等人[136]，官衔最小的无疑就是所谓"洛党"了，党首程颐也就是个崇政殿说书而已，而且任职时间很短。程颐元祐元年三月始以通直郎充崇政殿说书，八月差兼判登闻鼓院而不受，次年八月差管勾西京国子监，五年正月丁忧去官，七年服除后除直秘阁，判西京国子监，五月改授管勾崇福宫，均不就。至于其党徒朱光庭、贾易等人虽然官位稍高，但也都不是元祐政治的核心人物，且前者本系胡瑗门生，后者则与理学实际上并无很深的渊源。绍圣以后新党反扑，大肆迫害元祐党人，程颐于绍圣四年（1097）因为"原系司马光荐引"，被"转送涪州编

---

[134]《朱子语类》卷一三〇，第3099页。

[135] 参见朱学博《杨时〈三经义辨〉辑考》及《杨时〈三经义辨〉新考——兼论其对王安石〈三经新义〉驳正》两文，分别载《古籍整理研究学刊》，2017年第5期；《孔子研究》，2017年第6期。

[136] 邵伯温《邵氏闻见录》在叙述蜀洛朔党争后就说："吕微仲（大防），秦人，憨直无党。范醇夫（祖禹），蜀人，师温公不立党。"《邵氏闻见录》卷一三，第146页。

管"。[137]元符三年（1100）正月徽宗即位后"移峡州"，未行，四月"以赦复宣德郎"，十月"复通直郎，权判西京国子监"，建中靖国二年五月致仕。崇宁二年（1103），"有旨追毁出身以来文字，其所著书，令监司觉察"。五年，"复宣义郎，致仕"，大观元年（1107）九月庚午卒于家。[138]

程颐的遭遇与苏、黄及其门人，范祖禹，刘挚等元祐政治的核心人物几乎都到过天涯海角相比，实在是比较幸运的了。而程颢、张载乃至后来被划归理学一派的邵雍，又都在元祐前即已离世，诸人连列入"元祐党籍"的资格都没有。崇宁元年五月拟定的"令三省籍记，不得与在京差遣"的五十七人名单中，苏辙高居榜首，而程颐仅列第四十七位。这份名单是此后"元祐党籍"的雏形，而程颐在这份不断扩充的名单中的位次也越来越靠后。其年九月乙亥，朝廷拟定了一份正式的元祐党籍名单，程颐排在"文臣曾任执政官"二十二人（包括司马光、苏辙）、"曾任待制以上官"三十五人（苏轼、范祖禹为首）之后"余官"四十五人（秦观居首）中的第二十三位。在此年九月壬午拟定的新名单中，程颐更排在"曾任宰臣"八人（包括司马光、刘挚）、"曾任执政官"二十六人（包括苏辙）、"曾任待制以上官"三十五人（苏轼、范祖禹居首）之后"余官"三十九人（秦观居首）中的第二十三位。在崇宁三年六月甲辰拟定的最终

---

[137]《道命录》卷一《伊川先生涪州编管指挥》，第10页。
[138]《河南程氏文集》附录《伊川先生年谱》，见《二程集》，第339～345页。

刻石的三百零九人大名单中，程颐仍排在"文臣曾任宰臣执政官"二十七人（司马光居首，包括苏辙）、"曾任待制以上官"四十九人（苏轼、刘安世、范祖禹、朱光庭为首）之后"余官"一百七十六人（秦观、黄庭坚、晁补之、张耒为首）中的第二十三位。[139]

徽宗时期的元祐党禁尚不止于政治迫害，而且厉禁元祐学术。哲宗绍圣四年，蔡卞即曾欲将司马光《资治通鉴》毁板，但因陈瓘搬出神宗的《序》而没有得逞，但他由此便"禁绝史学"[140]。此后北宋的史学可谓是一蹶不振。[141] 徽宗时期的元祐学术之禁更为严厉，崇宁元年十二月二十七日即诏："诸说诐行、非先圣之书并元祐学术政事，不得教授学生，犯者屏出。"[142] 这尚且只是禁其传习，到次年四月丁巳，更"诏焚毁苏轼《东坡集》并《后集》印板"，乙亥又诏"三苏、黄（庭坚）、张（耒）、晁（补之）、秦（观）及马（涓）文集、范祖禹《唐鉴》、范镇《东斋记事》、刘攽《诗话》、僧文莹《湘山野录》等印板，悉行焚毁"，进一步扩大了禁书的范围。戊寅，则因臣僚上言而诏"程颐追毁

---

[139]《皇宋通鉴长编纪事本末》卷一二一、一二二《徽宗皇帝·禁元祐党人》上、下，诸份名单见第2025~2026、2029~2030、2037~2038、2053~2057页。

[140]《续资治通鉴长编》卷四八五，绍圣四年四月乙未条，第11531页。

[141] 刘成国：《尊经卑史——王安石的史学思想与北宋后期史学命运》，《四川大学学报》，2006年第1期。

[142]《宋会要辑稿·刑法二·禁约一》，第8307页；《宋史》卷一九《徽宗纪一》，第366页。

出身以来文字,除名。其入山所著书,令本路监司常切觉察"[143]。十一月庚辰,又令"以元祐学术政事聚徒传授者,委监司举察,必罚无赦"[144]。这种禁锢一直到宣和后期都还没有松动的迹象,宣和五年(1123)七月甲子,"中书省言福建路印造苏轼、司马光文集。诏令毁板,今后举人传习元祐学术者,以违制论"[145],次年十月庚午,又诏"有收藏习用苏、黄之文者,并令焚毁,犯者以大不恭论"[146]。

从这些禁书毁板的诏令中可以看到,徽宗时期最受打击的是司马光和苏、黄,程颐的文字实际上并未遭到限制,不过是其"所著书,令本路监司常切觉察"而已。而上文也已谈到,在程颐生前,哪怕是其已经完成的《易传》也没有流行于世,实在也没有什么文字可禁。崇宁二年四月戊寅、十一月庚辰两次专门针对程颐的禁令,实际上都是此先禁毁司马光、苏、黄等人文字之政策的补续。而宣和之禁则因程颐已经不在人世,故而根本就未涉及。

不仅如此,政和时期甚至还开始禁习诗赋。诗赋科的存废是新旧两党争执的一个焦点问题,熙宁三年(1070),"(宋神宗)亲试进士,始专以策,定著限以千字"[147],开始

---

[143]《皇宋通鉴长编纪事本末》卷一二一《徽宗皇帝·禁元祐党人》上,第2033、2034页。
[144]《宋史》卷一九《徽宗纪一》,第368页。
[145](宋)李埴撰,燕永成校正:《皇宋十朝纲要校正》卷一八,北京:中华书局,2013年,第530页。
[146]《宋史》卷二二《徽宗纪四》,第414页。
[147]《宋史》卷一五五《选举志一》,第3619页。

在殿试中罢试诗赋。随后朝中展开了是否彻底罢废诗赋科的讨论，而苏轼则在次年正月上了一封很长的持反对意见的议状[148]，他是当时少有的明确反对罢废诗赋的官员之一。苏轼的反对并未见效，王安石二月丁巳即代表中书奏改科举，希望"进士罢诗赋、帖经、墨义"，神宗从之。[149]但神宗死后，元祐元年（1086）闰二月，时为侍御史的刘挚即"乞试法复诗赋，与经义兼用之"[150]。元祐四年又从礼部议，"立经义、诗赋两科，罢试律义"[151]。而哲宗亲政不久的绍圣元年五月四日，再又重诏"进士罢诗赋，专治经术"[152]。有了这一曲折，"诗赋"很大程度上便成了"元祐学术"的一个重要象征。大概出于这一原因，徽宗政和元年十一月十五日，便有臣僚请求禁绝传习诗赋，以免流为"元祐之学"，于是诏榜朝堂，委御史台弹劾。[153]后来便"著于令，'士庶传习诗赋者杖一百'"[154]。

而元祐诸派之中，最容易与诗赋联系在一起的毫无疑问是二苏和黄庭坚。苏轼本不以赋体见长，他当初科考的

---

[148]《苏轼文集》卷二五《议学校贡举状》，第723～726页。
[149]《续资治通鉴长编》卷二二〇，熙宁四年二月丁巳条，第5334页。
[150]《续资治通鉴长编》卷三六八，元祐元年闰二月庚寅条，第8859页。
[151]《宋史》卷一五五《选举志一》，第3620页。
[152]《宋会要辑稿·选举三·贡举杂录一》，第5314页。
[153]《宋会要辑稿·选举四·贡举杂录二》，第5320页；《齐东野语》卷一六《诗道否泰》，第292～293页。
[154]（宋）阮阅编，周本淳校点：《诗话总龟后集》卷三七《讥诮门》，北京：人民文学出版社，1987年，第236页。

赋体一场成绩并不好，[155]但是在诸派之中，苏、黄毫无疑问是理论上和实践上都最为重视文学写作的一派。第三章谈到过，王安石虽然也是大文豪，但他却说："尝谓文者，礼教治政云尔。其书诸策而传之人，大体归然而已。而曰'言之不文，行之不远'云者，徒谓辞之不可以已也，非圣人作文之本意也。"[156]他在理论上是非常轻视文辞的，所以他在变法时即罢废了诗赋。司马光则说自己"平生不能为文"，就是"古文"也不会作，[157]其《迂书》中有一条更直接名为《文害》[158]。程颐"作文害道"的观念则更为学者所熟知[159]。由此，元祐、诗赋、苏黄经常在时人的认识和表述中交杂在一起，诗赋、苏黄已隐然为元祐学术之大宗。[160]

上引靖康元年（1126）臣僚上言云："科举取士，要当质以史学，询以时政。今之策问，虚无不根，古今治乱，悉所不晓。诗赋设科，所得名臣，不可胜纪，专试经义亦已五纪。救之之术，莫若遵用祖宗成宪。王安石解经，有不背圣人旨意，亦许采用。"[161]即实以史学归司马光，诗赋归苏、

---

[155] 曹家齐、陈安迪：《苏轼进士科名次甲第考释——兼说宋朝进士甲乙丙科问题》，《中国史研究》，2018年第1期。

[156]《临川先生文集》卷七七《上人书》，见《王安石全集》，第7册，第1369页。

[157]《司马光集》卷五九《答陈秘校充书》，第1237页。

[158]《司马光集》卷七四《迂书·文害》，第1512页。

[159]《河南程氏遗书》卷一八，见《二程集》，第239页。

[160] 参见萧瑞峰、刘成国：《"诗盛元祐"说考辨》，《文学遗产》，2006年第2期。

[161]《宋史》卷一五七《选举志三》，第3669页。

黄，而经义归王安石。杨时于五月三日攻击王安石新学误国后，激起了不同意见之间的激烈争论，左谏议大夫冯澥建议说："凡学校科举考校去取，不得专主元祐之学，亦不得专主王氏之学，或传注，或己说，惟其说之当理而已。"[162]御史中丞陈过庭则说："又有时中斋生姓叶者，党王氏之学，止善斋生姓沈者，党苏氏之学，至相殴击，其人稍众，庠序事体固当如是耶？"又说："自蔡京擅权，专尚王氏之学，凡苏氏之学，悉以为邪说而禁之。近罢此禁，通用苏氏之学，各取所长而去所短也。祭酒杨时矫枉太过，复论王氏为邪说，此又非也。"[163]与二人不同，右正言崔鶠和侍御史李光则极力支持杨时彻底清除新学的主张，崔鶠说："安石著《三经》之说，用其说者入官，不用其说者斥落，于是天下靡然雷同，不敢可否，陵夷至于今大乱。此无异论之大效也，……至如苏轼、黄庭坚之文集，范镇、沈括之杂说，……一切禁之，……（冯）澥言元祐之学诋诮王氏之说，其欺罔不亦甚乎？"[164]李光则说："（冯澥等）既以司马光与安石俱为天下之大贤，又云优劣等第自有公论，观言者之意，必不肯以光为优，以安石为劣。"[165]从这些议论可以明显地看到，这场争论虽主要因杨时而起，但其间竟然丝毫看不到程学的影子，反倒可以看到苏学已然是"元祐学术"的大宗，而司

---

[162]《靖康要录笺注》卷六，靖康元年五月十日条，第755页。
[163]《靖康要录笺注》卷六，靖康元年五月五日条，第731页。
[164]《靖康要录笺注》卷七，靖康元年六月二日条，第804页。
[165]《历代名臣奏议》卷一五六《知人》，第2045页。

马光作为元祐党首仍然是无可撼动的人物。

后来马端临总结说:"尊经书,抑史学,废诗赋,此崇、观以后立科造士之大指,其论似正矣。然经之所以获尊者,以有荆舒之三经也;史与诗之所以遭斥者,以有涑水之《通鉴》、苏黄之酬唱也。"〔166〕司马光和苏学都有明显区别于新学的身份标识,但程学却与新学一样重经义,这就很难使一般士人从元祐学术的庞杂流派中将其识别出来。这一思想格局,也是南宋学派竞争的起点。

三、苏学之盛及其困境

到了南宋,在"元祐"成为政治正确的意识形态下,司马光、苏学和程学都迎来了翻身的机会,但其中最成功的无疑是苏学。本来司马光是毫无疑问的元祐党首,他在南宋也很快就获得了崇高的地位。据说宋高宗"每称司马光度圣意,有恨不同时之叹",建炎二年(1128)三月甲午,"诏经筵读《资治通鉴》,遂以司马光取代蔡确配享哲宗庙庭。〔167〕然而,司马光"不立党",其追随者不像苏、程后学那样绵延不绝,而且无法凝聚成一股团结的力量,而最接近司马光

---

〔166〕(元)马端临著,上海师范大学古籍研究所、华东师范大学古籍研究所点校:《文献通考》卷三一《选举考四·举士》,北京:中华书局,2011年,第917页。

〔167〕《建炎以来系年要录》卷一四,建炎二年三月甲午条,第344页;(宋)马端临:《文献通考》卷一〇三《宗庙考十三·功臣配享·宋功臣配享》,第3150页。按,《文献通考》云"高宗建炎元年诏蔡确罢配享,以司马光代之",系年与《建炎以来系年要录》不同。

的主要派别朔党，则在党禁期间遭遇了极为严厉的禁锢，以至于在赵宋南渡的过程中，鲜有徒众能够抵达南宋疆域，成为学派后继者。司马光又不好作文，也不长于义理之学，而且还非孟子而宗扬雄，这都与南宋政治思想大势背道而驰。此外，司马光花了最大的精力编撰《资治通鉴》，以至于史学几乎成了其学术思想的核心主干。然而，不仅新党"禁绝史学"，而且"子史"一科在新旧科举之法中都没有什么地位，所以司马光之学无法普遍流行几乎是必然的。

与司马光之学不同，苏学、诗赋本为元祐学术大宗，其在哲宗绍述和徽宗时期被迫害的程度又比理学要严重得多，而一旦解禁，其反弹复兴也最为蓬勃。本来文学写作的思想市场始终都比尚沉潜考索之功的史学和尚思辨精微的义理之学要大得多，这也是读书人乃至普通人非常自然而直接的基本思想需求，所以徽宗时期虽然严禁传习诗赋，但"禁愈严而传愈多"[168]。而诗赋一旦解禁，在其本来的思想魅力、浮薄易习、适用性广之外，又加上了政治正确的光环，诗赋科很容易就迅速流行，并大大胜过经义科。元祐四年恢复经义、诗赋并行，《宋史·选举志》云："自复诗赋，士多乡习，而专经者十无二三，诸路奏以分额各取非均，其

---

[168] 朱弁《曲洧旧闻》中语。《续资治通鉴长编拾补》卷四七宣和五年七月己未条搜罗了诸多关于徽宗时期禁止传习诗赋的资料。（清）黄以周等辑注，顾吉辰点校：《续资治通鉴长编拾补》，北京：中华书局，2004年，第1455～1456页，引语见第1456页。

后遂通定去留，经义毋过通额三分之一。"〔169〕可见诗赋之盛而经义之衰。类似的情况在南宋同样很快就出现，建炎二年（1128），重"定诗赋、经义取士"，而就在恢复诗赋后不久的绍兴元年（1131），曾统就"请取士止用词赋，未须兼经。高宗……将从其议"，即已险些罢废经义而只保留词赋一科，只是因吕颐浩反对而作罢，但词赋之盛已经明显表现出来。此后绍兴年间取士科目有过变化，经义、诗赋时常合而为一。到绍兴三十一年，礼部侍郎金安节说："熙宁、元丰以来，经义诗赋，废兴离合，随时更革，初无定制。近合科以来，通经者苦赋体雕刻，习赋者病经旨渊微，心有弗精，智难兼济。……请复立两科，永为成宪。"从之。但随后有人提出"国学及诸州解额三分为率，二取经义，一取诗赋"的建议，却没能推行。〔170〕在当时诗赋流行的大背景下，这种限制诗赋的政策显然是难以推动的。

在分科取士的制度之下，苏学毫无疑问可以独占诗赋一科，陆游曾观察说："建炎以来，尚苏氏文章，学者翕然从之，而蜀士尤甚。亦有语曰：'苏文熟，吃羊肉。苏文生，吃菜羹。'"〔171〕不仅如此，苏学在经义科中也争得不少地位，连朱熹在《学校贡举私议》中也肯定苏轼《诗》《书》《论

---

〔169〕《宋史》卷一五五《选举志一》，第3621页。
〔170〕《宋史》卷一五六《选举志二》，第3625、3627、3631页。
〔171〕（宋）陆游撰，李建雄、刘德权点校：《老学庵笔记》卷八，北京：中华书局，1979年，第100页。

语》《中庸》之说可采。[172]此外，北宋后期恢复可以在老、庄、列诸书出题后，南宋似乎并没有重申元祐期间禁止于其中出题的禁令，而这对杂佛、老的苏学无疑是非常有利的，苏辙还专门作有《老子解》，而司马光和程学都极力排辟佛、老。由此，苏学在思想领域也占据着一定的优势。靖康元年（1126），晁说之建议停皇太子读《孟子》后，胡舜陟上言反对，但他搬出的尊崇孟子的榜样却是韩愈、欧阳修、苏洵和苏轼，他说"本朝大儒无过于欧阳修、苏洵与其子轼"[173]。后来南宋王炎也曾写道："昔者欧阳子以古学先天下，而南丰之曾、眉山之苏在其门，天下皆曰欧阳子即韩子也；苏子以文章先天下，而宛丘之张、淮海之秦、济北之晁在其门，天下又皆曰苏子即欧阳子也。"[174]可见苏学在其时被不少士人认作正统。

在诸多因素的影响下，南宋高宗、孝宗时期形成了一股强烈的"崇苏热"。[175]与"崇苏热"互相促进的是，苏门后学在政治上也越来越占据优势。苏、黄本来就曾居高位，党徒亦众，在南宋"一色元祐"的用人方针下[176]，褒录的苏、黄

---

[172] 《晦庵先生朱文公文集》卷六九《学校贡举私议》，见《朱子全书（修订本）》，第23册，第3360页。
[173] 《靖康要录笺注》卷一〇，靖康元年八月七日条，第1007页。
[174] （宋）王炎：《双溪类稿》卷一九《见程司业书》，台湾商务印书馆景印文渊阁四库全书本，第1155册，第638~639页。
[175] 沈松勤：《南宋文人与党争》第八章第三节"'崇苏热'与'苏轼词派'的兴起"，北京：人民出版社，2005年，第339~362页。
[176] "一色元祐"语出吴坰《五总志》，台湾商务印书馆景印文渊阁四库全书本，第863册，第807页。

亲属后学相当多，其中不少人都在高宗、孝宗时期进入了权力中枢。绍兴初年，吕本中作了一幅《江西诗社宗派图》，竟多达二十五人，这还未包括吕本中自己。[177]孙觌云："元祐中，豫章黄鲁直独以诗鸣。当是时，江右之学诗者，皆自黄氏。至靖康、建炎间，鲁直之甥徐师川（俯）、二洪驹父（洪刍）、玉父（洪炎）皆以诗人进居从官大臣之列，一时学士大夫向慕，作为《江西诗派》，如佛氏传心，推次甲乙，绘而为图。凡挂一名其中，有荣耀焉。"[178]其声势是程门后学完全无法相比的，何况这还远远不是苏、黄后学的全部。而这个名单中的人物并非都是江西人，而且诗风不一，这实际上更是一个派系名单而非文学名单。[179]孙觌说该《图》之作"如佛氏传心"，胡仔也说吕本中"自言传衣江西，尝作《宗派图》，自豫章（黄庭坚）以降，列陈师道……合二十五人以为法嗣"[180]，可见苏、黄之学也并非全然不讲统系。

不仅士人群体此时大多喜好苏学，高宗、孝宗亦然，这两位皇帝甚至可以称得上是"崇苏热"最有力的推动者。据说宋高宗"极爱苏公文词，力购全集，刻之禁中"[181]，他

---

[177]（宋）胡仔纂集，廖德明校点：《苕溪渔隐丛话前集》卷四八《山谷中》，北京：人民文学出版社，1962年，第327页。

[178]（宋）孙觌：《南兰陵孙尚书大全文集》卷三三《西山老文集序》，见《宋集珍本丛刊》，第35册，第528页。

[179] 沈松勤：《两宋党争与"江西诗派"》，《中华文史论丛》，2009年第1期。

[180]（宋）胡仔：《苕溪渔隐丛话前集》卷四八《山谷中》，第327页。

[181]（明）李日华撰，郁震宏、李保阳点校：《六研斋笔记·三笔》卷三，南京：凤凰出版社，2010年，第226页。

在南渡不久的建炎四年（1130）即曾从苏辙之子苏迟处宣取苏轼书，还对臣僚说："轼书无非正论，言皆有益。"[182]孝宗则更是"雅敬文忠，居常但称子瞻，或称东坡"[183]，他还于乾道九年闰正月望日御制了一篇苏轼文集的《序赞》赐赠苏轼曾孙苏峤，并在《序》中自述："（苏）轼所著，读之终日，亹亹忘倦，常置左右，以为矜式。"[184]孝宗先于乾道六年九月壬辰"赐苏轼谥曰文忠"，又于乾道九年二月丁亥"特赠苏轼为太师"，[185]该制词盛赞其时苏学之流行云："人传元祐之学，家有眉山之书。"[186]这就几乎在政治正确的"元祐之学"与苏学之间画上了等号。而有此背景，也就无怪乎朱熹会向吕祖谦抱怨"苏氏之说""流传四方，学者家传而人诵之"了[187]。

---

[182]《宋会要辑稿·崇儒四·求书、藏书》，第2827页。

[183]《建炎以来朝野杂记》甲集卷八《苏文忠赠官》，第163页。

[184]《御制文集序》，见（宋）苏轼撰，（宋）郎晔选注：《经进东坡文集事略》卷首，北京：文学古籍刊行社，1957年，第1页。

[185]《宋史》卷三四《孝宗纪二》，第649、655页。

[186]《苏文忠公赠太师制》，见《经进东坡文集事略》卷首，第1页。按，《苏轼资料汇编》将该《制》误系于宋高宗，沈松勤先生指出这一错误后，又认为该《制》"当出于孝宗之手"，但该《制》亦非孝宗御制，实乃王淮代笔。杨万里为王淮所作《神道碑》云："公自掌帝制，训词深厚，有西汉风。如《苏公轼赠太师词》，尤为海内传诵。"四川大学中文系唐宋文学研究室编：《苏轼资料汇编》上编二，北京：中华书局，1994年，第610页；沈松勤：《南宋文人与党争》，第339页；《杨万里集笺校》卷一二〇《宋故少师大观文左丞相鲁国王公神道碑》，第4640页。

[187]《晦庵先生朱文公文集》卷三三《答吕伯恭》，见《朱子全书（修订本）》，第21册，第1428页。

理学史上有所谓"乾、淳之盛"的说法，但如果我们把目光转换到权力中枢或者放得更宽，看到的更多是苏学"乾、淳之盛"的景象，赵彦卫就曾说："淳熙中，尚苏氏，文多宏放；绍熙尚程氏，曰洛学。"[188]蜀人且是著名理学家的魏了翁也曾说苏学"大显于阜陵褒崇之日"[189]，是则苏学在整个孝宗朝都占据着优势地位。其时从上到下的"崇苏热"，使得苏轼及与之有关的欧阳修、司马光的地位也都一路走高[190]，司马光和苏轼甚至一度在孝宗的支持下离孔庙配享、从祀只有一步之遥。

淳熙四年（1177）的孔庙礼议，《宋史·李焘传》有简单记载云："（淳熙）四年，驾幸太学，以执经特转一官。焘论两学释奠：从祀孔子，当升范仲淹、欧阳修、司马光、苏轼，黜王安石父子；从祀武成王，当黜李勣。众议不叶，止黜王雰而已。"[191]李心传《建炎以来朝野杂记·元丰至嘉定宣圣配享议》记载最详，云：

> 淳熙三年（1176）冬，赵叔达粹中为吏部侍郎，

---

[188] （宋）赵彦卫撰，傅根清点校：《云麓漫钞》卷八，北京：中华书局，1996年，第135页。
[189] （宋）魏了翁：《鹤山集》卷六四《题朱文公帖》，台湾商务印书馆景印文渊阁四库全书本，第1173册，第61页。
[190] 汪应辰即曾在给朱熹的信中说"欧阳、司马同于苏氏"，这应当是其时比较普遍的看法。《晦庵先生朱文公文集》卷三〇《答汪尚书书（七月十七日）》，见《朱子全书（修订本）》，第21册，第1300页。
[191] 《宋史》卷三八八《李焘传》，第11917页。

论王安石奸邪,乞削去从祀。上谓辅臣言安石前后毁誉不同,其文章亦何可掩。时李仁父(焘)为礼部侍郎,上与共议,欲升范仲淹、欧阳修、司马光、苏轼而黜王雱。仁父乞取光、轼而并去安石父子。上又欲升光、轼于堂,仁父上章称赞。且言若亲酌献,则暂迁其坐于他所。疏入,上命三省、密院议之。密院王(淮)季海依违其词。赵(雄)温叔言仲淹自以功业名当时,修亦有微玷,不若止用光、轼。而三省龚(茂良)实之、李(彦颖)秀叔皆以为不可,事遂不行。久之,但除临川伯雱画像而已(四年七月癸丑降旨——原注)。[192]

其《道命录》卷八也有记载,但细节颇有出入,云:

淳熙四年,赵侍郎粹中又奏,乞去王雱,而择本朝名儒列于从祀,诏礼官、学官与给舍议。李文简(焘)时为礼部侍郎,上谕以范、司马二文正,欧阳、苏二文忠从祀,李公以为可。赵卫公在西府尤主之,且欲置范、欧而升司马、苏于堂上,龚、李二参政不以为可,乃不行。其年秋,但去临川伯雱画像而已。[193]

---

[192]《建炎以来朝野杂记》乙集卷四《元丰至嘉定宣圣配享议》,第569页。
[193]《道命录》卷八,第95页。

叶寘《爱日斋丛抄》则录有两段李焘的奏议文字，云：

> 李仁甫侍郎，淳熙间因阜陵论先儒从祀当升黜去取，遂奏言：范仲淹佐仁宗谨庠序之教，始遍郡国立学，更取士法，以作新人才。欧阳修倡起古文，攘斥异端，视唐韩愈无愧，嘉祐、治平之间，人才特盛，修所长育成就，为力居多。而司马光及苏轼风节弥高，其学术专务格君心，安百姓，其欲正人心，息邪说，距诐行，放淫辞，流离颠沛，之死靡憾，盖似孟子。当安石萌芽，唯光、轼能逆折之，见于所述文字，不一而足。轼著《书传》，与安石辩者，凡十八九条，尤为切近深远，其用功不在决洪水、辟杨墨下，使其言早听用，宁有靖康之祸？悉去王安石父子而取光、轼，斯为允当，并及仲淹、修，亦无不可。
>
> 又言：昨蒙圣谕，欲升光、轼配享于堂，辄以陈瓘斥王安石逆像献否，圣谕谓若亲酌献，则暂迁其坐于他所，君臣之分，终有未安，光、轼必不敢当。此理只用世次先后，使继韩愈，亦无降抑。[194]

综合诸处记载，可见掀开此次礼议序幕的应该是赵粹中。

赵粹中于淳熙三年冬请罢王安石从祀未果，接着又于次年初请罢王雱，而代以本朝先儒，其时孝宗将于二月乙亥

---

[194]《爱日斋丛抄》卷二，第45页。

幸太学、谒先圣[195]，孝宗于是诏礼官、学官与给舍议。孝宗同意罢去王雱，他心目中的人选则是范仲淹、欧阳修、司马光和苏轼，这明显有他振作朝政的意图在。由此，时为礼部侍郎的李焘奉此意旨而奏疏，但从《丛抄》所录前段文字内容看，李焘力主的实际上是司马光和苏轼，但也同意范仲淹和欧阳修从祀，他又建议将王安石父子一并罢去。《杂记》说他"乞取光、轼而并去安石父子"，并不全是，但较为符合李焘本来的想法。孝宗接着更欲以司马光和苏轼配享，这前已有王安石配享的先例可循，并主动提出了幸学时解决礼议问题的对策，但《丛抄》所录后段文字可见，李焘是出于君臣之分而表示反对的。《杂记》说他"上章称赞"，应该是不可靠的。《杂记》说"疏入，上命三省、密院议之"，其疏未必就是李焘之疏，其时应该还有其他官员参与议论，只是今已不见。不过，礼议进展到这个环节，出现了极大的意见分歧。签书枢密院事赵雄主张放弃范仲淹和欧阳修，而以司马光和苏轼配享。但参知政事龚茂良和李彦颖却表示反对（其时宰相空缺，龚茂良为首参），而同知枢密院事王淮则不明确表态。此事一直拖到七月，终于罢去了王雱，但司马光和苏轼配享从祀一事却不了了之。

在这次礼议过程中，孝宗可谓是最为有力的推动者，他先主动提出以范仲淹、欧阳修、司马光和苏轼从祀，又进一步将司马光、苏轼由从祀升格为配享，而且主动提出解决

---

[195]《宋史》卷三四《孝宗纪二》，第663页。

礼议问题的对策。虽然有些不同意见，但基本上附和孝宗并积极推动其事的则是李焘和赵雄。李焘和赵雄分别是蜀中眉州、资州人，他们推崇苏轼自在情理之中，赵雄还于淳熙三年上劄为苏辙请谥[196]，而李焘撰《续资治通鉴长编》，其推崇司马光也很容易理解。而持反对意见的龚茂良、李彦颖和不表态的王淮则都不是蜀人，三人虽然都没有明确的学派倾向，但他们和理学家确实也都有所交集。王淮和朱熹在乾道四年即已初识，其后一直保持着较为融洽的交往，直到淳熙九年因朱熹弹劾唐仲友案交恶方才断绝往来，[197]而且浙江是南宋理学传播的一个主要区域，他应该大概知道理学一派的道统观。

龚茂良则在礼议前不久的淳熙三年六月举荐过朱熹，《宋史全文》载：

> 甲午，龚茂良奏："近奉诏旨，欲奖用廉退之士。有朱熹者，操行耿介，屡召不起，宜蒙录用。"上问："曾为何官？"李彦颖奏："闻曾历州县官一任，后以密院编修、武学博士召，皆不起。近岁陛下特与改官，见任宫观。"上曰："记得其人屡辞官，此亦人所共知，

---

[196] （宋）赵雄：《乞赐谥苏辙劄子》（淳熙三年），见傅增湘辑：《宋代蜀文辑存》卷六六，北京：北京图书馆出版社，2005年，第5册，第482～483页。按，《宋代蜀文辑存》题为《苏辙定谥议》，但赵雄所上乃是乞谥的劄子，并非谥议。

[197] 顾宏义：《朱熹与王淮交游考略》，《华东师范大学学报》，2015年第4期。

今可与除一官。"于是诏除秘书郎。……（朱熹）力辞。会有言虚名之士不可用者，以故再辞，即命主管冲祐观。上谓执政曰："有魏掞之，今安在？"龚茂良等奏："已物故。"上曰："……掞之虽死，欲少加旌别，可赠宣教郎、直秘阁。"[198]

可见李彦颖也附和其事，而且孝宗因为朱熹还想到了魏掞之。李彦颖仅说曾闻朱熹之事，但他与张栻的关系更直接一些，《宋史·李彦颖传》载其兼皇子恭王府直讲时，"经筵，张栻讲《葛覃》，言先王正家之道，因及时事，语激切，上意不怿。彦颖曰：'人臣事君，岂不能阿谀取容？栻所以敢直言，正为圣明在上，得尽爱君之诚耳。《书》曰："有言逆于汝心，必求诸道。"'上意遽解，曰：'使臣下皆若此，人主应无过。'"[199]张栻乾道六年十二月兼侍讲，次年六月即罢，胡宗楙《张宣公年谱》系讲《葛覃》事于乾道七年二月。[200]张栻自己将讲《葛覃》一事记录在《经筵讲义》中，[201]但并未记录此中曲折，大概他自己也不知道李彦颖曾为他在孝宗面前圆场，后来朱熹、杨万里分别为他所作

---

[198]《宋史全文》卷二六上《宋孝宗五》，第2175~2176页。
[199]《宋史》卷三八六《李彦颖传》，第11865页。
[200] 胡宗楙：《张宣公年谱》卷上，收在于浩辑：《宋明理学家年谱》，北京：北京图书馆出版社，2005年，第7册，第352~357页，讲《葛覃》事在第355页。
[201]（宋）张栻：《新刊南轩先生文集》卷八《经筵讲义》，见《张栻集》，第865~869页。

第六章 两宋的道统竞争与理学的胜出

的神道碑和传记虽也都记述了讲《葛覃》一事，但也均未提及李彦颖为张栻开脱的情节。[202]又，据《宋史》龚、李本传，二人都曾在隆兴北伐的时候站在张浚一边，而张浚在被秦桧排挤出政治权力中心后，"专精道学，黾勉身修"[203]，最终倾向于程学，并让其子张栻从学胡宏，最终成为湖湘学派巨擘。以张氏父子在当时的影响，龚、李二人应该也是对理学的道统观有所了解的。

不过，尽管王淮、龚茂良、李彦颖与理学家都有关系可寻，但诸人并不赞同乃至反对司马光、苏轼配享或从祀，却应该都不是站在理学的立场。龚茂良虽然举荐过朱熹，但他和李焘的关系也比较密切，而且他和李焘之子李塾的关系更是颇为深厚，王德毅先生《李焘父子年谱》于淳熙五年六月龚茂良卒后说："茂良知（李）塾最深，相期以学，闻其卒，甚哀悼之。"[204]又，《宋元学案补遗》据李彦颖维护张栻一事而将其列为张栻同调，[205]则未免失之太宽了。诸人不置可否乃至明确反对的立场，更重要的恐怕还是司马光和苏轼进入孔庙缺乏足够的说服力，因为从淳熙四年前后的权力中

---

[202]《晦庵先生朱文公文集》卷八九《右文殿修撰张公神道碑》，见《朱子全书（修订本）》，第24册，第4135页；《杨万里集笺校》卷一一五《张左司传》，第4437页。
[203]《晦庵先生朱文公文集》卷九五下《少师保信军节度使魏国公致仕赠太保张公行状》下，见《朱子全书（修订本）》，第25册，第4400页。
[204] 王德毅：《李焘父子年谱》，吴洪泽、尹波主编，李文泽、刁忠民主审：《宋人年谱丛刊》，成都：四川大学出版社，2002年，第5310页。
[205]《宋元学案补遗》卷五〇《南轩学案补遗·南轩同调·忠文李先生彦颖》，第2963页。

枢格局演变来看，两府的人事调整对苏学其实是极为有利的。淳熙二年九月，叶衡罢右相，沈复罢同知枢密院事，两府只剩下参知政事龚茂良、刚从签书枢密院事转参知政事的李彦颖、签书枢密院事王淮。淳熙三年八月，王淮除同知枢密院事，赵雄方签书枢密院事。这正是此次礼议时的中枢格局，其中只有地位最低的赵雄极力支持孝宗的意图。但随后的人事调整却出现了极大的变化，淳熙四年六月，龚茂良罢参政而代以王淮，赵雄则在十一月庚子除同知枢密院事。随后淳熙五年正月即从侍御史谢廓然言而禁以程颐、王安石之说取士，[206]其后的三月，史浩拜右相，李彦颖随即罢参政而代以赵雄，王淮则知枢密院事，四月丙寅除范成大参知政事，六月乙酉钱良臣签书枢密院事，甲戌又罢范成大，十一月罢史浩右相而代以赵雄，王淮则除枢密使，乙亥除钱良臣参知政事。在此权力格局下，当初极力支持的赵雄和"依违其词"的王淮分别统领两府，而持反对意见的龚茂良在礼议尚未结束的淳熙四年六月即罢去了参政（七月方除去王雱画像），而李彦颖也在次年三月罢。这一基本格局直到淳熙八年八月罢赵雄右相而代以王淮方才出现变动，而其间请禁程学、新学的谢廓然还在七年五月签书枢密院事，次年八月同知枢密院事，九月兼权参知政事，一路高升。[207]然而，在

---

[206]《宋史》卷三五《孝宗纪三》，第667页。
[207]《宋史》卷二一三《宰辅表四》，第5580~5583页。其中部分系月之误已据王瑞来先生《宋史宰辅表考证》校改。王瑞来：《宋史宰辅表考证》，北京：中华书局，2012年，第78~79页。

这种对苏学极为有利的权力格局下，司马光、苏轼进入孔庙一事却仅以罢祀王雱而不了了之。

孝宗在乾道九年二月赠苏轼太师的制词就出自王淮之手，他后来又在朱唐事件中以"朱程学，唐苏学"来为唐仲友解围[208]，他显然深知孝宗对苏轼的偏好，但他在这次礼议中并不支持苏轼。实际上，王淮对苏轼的态度在这份制词中就展现得颇为明显，他在开篇说："朕承绝学于百圣之后，探微言于六籍之中。将兴起于斯文，爰缅怀于故老。虽仪刑之莫觏，尚简策之可求。揭为儒者之宗，用锡帝师之宠。"然而，在他随后对苏轼的描述中，着重点主要集中在苏轼的文章、政论和名节，其中只有一句"知言自况于孟轲"勉强算得上是对苏轼学术的正面评价。[209]这与崇宁三年以王安石孔庙配享的诏书通篇赞颂其"孟轲以来，一人而已""孔子之道，得公而明"，相去真是不可以道里计，也与其后理宗淳祐元年以周敦颐、张载、二程从祀的诏书称其"真见实践，深探圣域，千载绝学，始有指归"相去很远[210]。

王淮这份制词的基本精神应该还是源于孝宗本人对苏轼的认识。就在赠苏轼太师的前一月闰正月，孝宗御制的苏轼文集《序赞》开篇即说："成一代之文章，必能立天下之大节；立天下之大节，非其气足以高天下者，未之能焉。"其后的序和赞全都围绕着文章和气节两个主题展开，全篇竟

---

[208]《四朝闻见录》乙集《洛学》，第48页。
[209]《苏文忠公赠太师制》，见《经进东坡文集事略》卷首，第1页。
[210]《宋史》卷四二《理宗纪二》，第821页。

无一语论及苏轼之学术。[211]孝宗大概在此次礼议之前对儒家道统论并无多少认识,他论苏轼如此,他拒绝赵粹中罢祀王安石的建议,也是因为"安石前后毁誉不同,其文章亦何可掩",落脚点同样在"文章"上。不管是肯定还是否定的方面,他都没有涉及王安石与儒道的关系,他大概以为"文庙"即文统之庙而已。而从《丛抄》所录李焘的文字来看,他也仍然是在延续孝宗、王淮的思路,只不过或许由于是孔庙礼议,所以李焘还是放弃了苏轼之文章,而他论范仲淹、欧阳修则重其政事,论司马光、苏轼则重其批判王安石之功绩,所谓"其用功不在决洪水、辟杨墨下",并将此与欧阳修排辟异端一以贯之。总之,至少从《丛抄》所录文字来看,他仍然完全没有论及司马光、苏轼的传道之功。此前元丰七年孟子配享,荀子、扬雄、韩愈从祀,主要倚仗的是排辟异端之功,但其后王安石父子进入孔庙,显然已经主要是因其传承和发明儒道之功了。朱熹说"配享只当论传道"[212],应该已经是当时比较普遍的认识,而这正是司马光和苏轼的短板,或者说至少是当时其推崇者所忽略的而又至关重要的一点。

此外,其时对苏轼地位的推崇还有"孟子"这一两难的不利因素。孝宗御制的苏轼文集《序赞》即在开头的位置引用了孔子和孟子,王淮的制词又说苏轼"知言自况于孟

---

[211]《御制文集序》,见《经进东坡文集事略》卷首,第1～2页,引文在第1页。
[212]《朱子语类》卷九〇,第2294页。

轲",李焘也说司马光和苏轼排辟异端（指王安石新学）的功绩和气节"盖似孟子",总之都逃不开孟子。然而,第三章谈到过,司马光和苏轼却恰好并不那么尊崇孟子,司马光著《疑孟》自是众所周知,苏轼对孟子要尊崇不少,他序欧阳修文集大力推崇孟子排辟异端之功,认为"以孟子配禹可也"[213],其《孟子论》则说孟子之"道始于至粗,而极于至精"[214]。但是,苏轼对孟子并不全然满意,他在其《子思论》中指责孟、荀、扬人性论之争"起于孟子"[215],其《论语说》又"与《孟子》辨者八",后来邵博在其《邵氏闻见后录》中搜罗了很多以往非孟、疑孟的言说,他将苏轼《论语说》中"与《孟子》辨"的八条全都罗列其中。[216]邵博《后录》因以攻击王安石而尊崇司马光、苏氏著称,在南宋流传颇广,该书将苏轼列为非孟、疑孟中的一员或也是广为人知的。其后余允文作《尊孟辨》,其选择的辩驳对象和内容便主要是以《后录》为基础,苏轼《论语说》八条也在《续辨》之中。[217]虽然前述靖康元年胡舜陟曾以苏轼为本朝大儒尊崇孟子的一员,但这种印象显然是经不起仔细推敲的。

另一方面,孟子的地位在经过北宋的升格运动之后,已经被绝大多数士人所接受,宋高宗甚至在建炎二年就御书

---

[213]《苏轼文集》卷一〇《六一居士集叙》,第316页。
[214]《苏轼文集》卷三《孟子论》,第97页。
[215]《苏轼文集》卷三《子思论》,第95页。
[216]《邵氏闻见后录》卷一一、一二,第86~92页,引文在第92页。
[217]《尊孟续辨》卷下,第49~56页。

了《孟子》[218]。同时，非孟者在南宋高宗朝又屡遭打击，以致一度重新泛起的非孟、疑孟思潮终趋消歇。前述绍兴六年十二月，陈公辅请禁程学，张浚代笔批旨有云："士大夫之学，宜以孔、孟为师，……可布告中外，使知朕意。"[219]这一"圣训"对南宋孟子地位的稳固和继续提升影响颇大。[220]绍兴十三年（1143）五月，"辛未，诏左从事郎郑厚自今不得差充试官及堂除。厚尝著书，号《艺圃折衷》，其言有诋孟轲者。驾部员外郎王言恭言于朝，诏建州毁板，其已传播者皆焚之"。[221]可见郑厚因非孟而断送了自己的仕途，其书也被销毁。此后，非孟、疑孟之语便极少再见诸文献，即便后来叶适"非孟"，也只不过是否定孟子在道统系谱中的地位而已，其激烈程度与此前的非孟、疑孟思潮是大不相同的。在孟子地位已经无可逆转的形势下，苏轼自身地位还需要引用孟子来证明，而苏轼又并不那么尊崇孟子，司马光则还疑孟，由此而欲升司马光和苏轼于孟子之下配享孔子，实在不具有足够的说服力。

此外，淳熙四年二月孝宗亲临太学时，国子祭酒林光

---

[218]《宋会要辑稿·崇儒六·御书》，第2869页。
[219]《建炎以来系年要录》卷一〇七，绍兴六年十二月己未条，第2019~2020页，引文在第2020页；亦见《道命录》卷三，第25~27页，引文在第26页。
[220] 参见赵宇：《儒家"亚圣"名号变迁考——关于宋元政治与理学道统论之互动研究》，《历史研究》，2017年第4期。
[221]《建炎以来系年要录》卷一四九，绍兴十三年五月辛未条，第2812页。

朝所讲的乃是《中庸》，孝宗还对其进行了褒奖。[222]《宋会要·崇儒》载，"（绍兴十年）五月十六日，（高宗）御书《中庸》篇赐秦桧，乞刊石分赐墨本。从之。"[223]《中庸》在南宋依然得到从上而下的推崇。然而，苏轼沿袭欧阳修，对《中庸》却并不完全肯定。苏轼虽有《中庸论》上中下三篇，但他却在开篇就说："《中庸》者，孔氏之遗书而不完者也。"[224]这也与南宋的思想趋势不符。

到淳熙末年，理学士人开始在朝堂之中逐渐能够立足，接着便是"绍熙尚程氏，曰洛学"了。不过，哪怕直到庆元党禁之后的很长时间，苏学的影响仍然是不容小窥的，但理学的势头已经难以阻遏。嘉定四年（1211），李道传奏请解除学禁之诏，颁朱熹《四书集注》于太学，讨论以二程等理学诸儒从祀，但全都由于"会西府有不乐道学者"等原因而没有成功。次年，国子祭酒刘爚"又乞以晦庵《语》《孟》集注立于学官，从之"。[225]

理宗时期，在皇帝偏好、权臣利用、清流议论、思想流播等多重因素的合力下，理学的政治和思想地位不断提升，并最终在与苏学的官学竞争中胜出。理宗即位后的宝庆三年（1227）正月己巳，追封朱熹为信国公。三月庚戌

---

[222]《宋史全文》卷二六上《宋孝宗五》，第2185页；《宋史》卷三四《孝宗纪二》，第663页。
[223]《宋会要辑稿·崇儒六·御书》，第2871页。
[224]《苏轼文集》卷二《中庸论》上，第60页。
[225]《道命录》卷八，第94~95页。

朔，朱熹的季子朱在于进对时，向理宗建议改革孔庙附祭人选，《道命录》载："晦庵先生加封逾月，先生子工部侍郎（朱）在入对，言人主学问之要。上曰：'先卿《中庸序》言之甚详，朕读之不释手，恨不与之同时也。'在因奏闵损以下九人，并封一字公，独曾参封郕侯。盖与闵损并封，扬雄剧秦美新，乃列之从祀，乞毁其像。国家有程颐、程颢，又有张载，得孔、孟以来不传之绪，若使之从祀夫子庙庭，斯文幸甚。"据说理宗"嘉纳之"，[226]只是并未施行。绍定（1228～1233）末年，增加理学大儒孔庙从祀的议论再次出现，《宋史·朱熹传》载："理宗绍定末，秘书郎李心传乞以司马光、周敦颐、邵雍、张载、程颢、程颐、朱熹七人列于从祀，不报。"[227]端平二年（1235），增加本朝大儒孔庙从祀终于进入到朝廷的正式讨论程序。《宋史全文》载其年正月甲寅："礼部尚书兼侍讲李埴奏：'胡瑗、孙明复、邵雍、欧阳修、周敦颐、司马光、苏轼、张载、程颢、程颐十人，卓然为学者所宗，宜在从祀之列。乞令经筵、秘书省、国子监参酌熟议。'又奏：'乞将子思并与升祀，列在十哲之间。'

---

[226]《道命录》卷一〇，第114～115页。按，《宋史·理宗纪》载此次对话是在宝庆三年三月庚戌朔，但在对话内容的记载上比较简略。《闽中理学渊源考·朱在传》也转载了这次对话，但内容记述上有错误，中云"扬雄、王雱，乞去其像"，但王雱此前淳熙四年就已经罢祀了。见《宋史》卷四一《理宗纪一》，第789页；（清）李清馥撰，徐公喜、管正平、周明华点校：《闽中理学渊源考》卷一五《献靖朱韦斋先生闽中家世学派·侍郎朱叔敬先生在》，南京：凤凰出版社，2011年，第235页。

[227]《宋史》卷四二九《朱熹传》，第12769页。

从之。"[228]《宋史·理宗纪》亦述此事而更略，且无"从之"的记载。[229]后世关于此次礼议的误会不少，其具体过程也难以知悉。《全文》所谓"从之"，当指从李埴"乞令经筵、秘书省、国子监参酌熟议"之请，并非从其增选之议，《续资治通鉴》云从李埴之议，[230]当误，不然就不会有其后淳祐元年诏周、张、二程从祀一事了。《宋元学案·岳麓诸儒学案·文肃李悦斋先生埴》又云："淳祐元年，奏请以周、程、张子从祀。又言：'王安石虽罢享，而因循未黜，乞亟进三人者以易之。'诏可。"又，清人王梓材已经指出李埴于嘉熙二年（1238）先卒，其请当系端平元年而非淳祐元年，所以端平二年春正月才诏议胡瑗等十位赵宋本朝大儒从祀。[231]不过，《学案》所记李埴之请也与《宋史全文》和《宋史》差别颇大。

王德毅先生《李焘父子年谱》端平二年条述及李埴此奏时引了一段《宋待制徐文清公（侨）家传》的记载，[232]对我们了解其事的一些细节颇有帮助。徐侨是吕祖谦和朱熹的门人，《家传》载其端平元年"御笔兼侍讲"。"一日讲毕"后，理宗主动对徐侨说及"二程氏理学之纯"，二人由是展开了一场关于理学的对话，其间徐侨奏云："二程氏宜

---

[228]《宋史全文》卷三二《宋理宗二》，第2696页。
[229]《宋史》卷四二《理宗纪二》，第807页。
[230]（清）毕沅：《续资治通鉴》卷一六八，北京：中华书局，1957年，第4570页。
[231]《宋元学案》卷七一《岳麓诸儒学案》，第2391页。
[232] 王德毅：《李焘父子年谱》，见《宋人年谱丛刊》，第5443~5444页。

从祀于夫子庙庭。王安石学术颇僻，至谓'天命不足畏，祖宗不足法，人言不足恤'，害政坏法，卒基靖康之祸，愿废勿祀。"理宗"欣然开纳"，"且谓李埴亦请并祀周敦颐、程颢、程颐、张载、邵雍、朱熹"，徐侨说："邵雍氏之学，推数以明理，未及诸先生之纯。愿亟俞李埴之请，先以五人列诸从祀。"其后徐侨又请以子思升十哲，理宗"称善"。对话结束时，理宗又命徐侨"与李埴议之"。徐侨其后"以上旨语李公（埴），李公以子思陪祀已定，请且以我朝诸儒先从享"。[233]《宋史·郑清之传》："端平元年，上既亲总庶政，赫然独断，而清之亦慨然以天下为己任，召还真德秀、魏了翁、崔与之、李埴、徐侨、赵汝谈、尤焴、游似、洪咨夔、王遂、李宗勉、杜范、徐清叟、袁甫、李韶，时号'小元祐'。"[234] 徐侨、李埴之入朝和讨论即是在这一背景下展开的。据此，则《宋元学案》所述的李埴罢王安石而代以理学诸儒的奏请似当属之徐侨，而其所谓"三人"实为周、张、二程、朱熹"五人"的传写之误，并遗漏了朱熹。又所谓"诏可"，是误将淳祐元年允五人从祀之诏移植于此，《宋史·徐侨传》云："请从祀周敦颐、程颢、程颐、张载、朱熹，以赵汝愚侑食宁宗，帝皆如其请。"[235]《宋史·理宗纪》在述录以五人从祀之诏后，接着记载："寻以王安石谓'天

---

[233]《毅斋诗集别录》所附《宋待制徐文清公家传》，见《宋集珍本丛刊》，第70册，第614～615页。
[234]《宋史》卷四一四《郑清之传》，第12420页。
[235]《宋史》卷四二二《徐侨传》，第12614页。

命不足畏，祖宗不足法，人言不足恤'，为万世罪人，岂宜从祀孔子庙庭，黜之。"[236]这个理由也是源于徐侨。又据《家传》，则"又奏"升子思十哲的建议同样源自徐侨。

据《宋史全文》和《宋史》，李埴提出的十人增入名单是胡瑗、孙复、邵雍、欧阳修、周敦颐、司马光、苏轼、张载、程颢、程颐，这个名单明显可以分为理学家和欧、苏、司马两组。邵雍和周、张、二程乃所谓理学"北宋五子"，也都是《家传》称理宗说李埴建议的人选范围，但是李埴和徐侨都建议的朱熹却并不在这份十人名单之中。胡瑗和孙复的入选，应该也是出于理学渊源的考虑，弟子曾问"本朝道学之盛"，朱熹说："亦有其渐。自范文正以来已有好议论，如山东有孙明复，徂徕有石守道，湖州有胡安定，到后来遂有周子、程子、张子出。故程子平生不敢忘此数公，依旧尊他。"[237]而苏轼对所谓"庆历三先生"却不太崇重，他在熙宁四年正月反对科举改革罢废诗赋的议状中曾说："近世士大夫文章华靡者，莫如杨亿，使杨亿尚在，则忠清鲠亮之士也，岂得以华靡少之。通经学古者，莫如孙复、石介，使孙复、石介尚在，则迂阔矫诞之士也，又可施之于政事之间乎？自唐至今，以诗赋为名臣者，不可胜数，何负于天下，而必欲废之！"[238]而增入欧阳修、司马光、苏轼三人，则是

---

[236]《宋史》卷四二《理宗纪二》，第822页。亦见《宋史全文》卷三三《宋理宗三》，第2743页。
[237]《朱子语类》卷一二九，第3089～3090页。
[238]《苏轼文集》卷二五《议学校贡举状》，第724页。

李埴之父李焘在淳熙四年就曾努力推动过的,李埴仍然并未放弃其父的思想,但是他的主张已经明显更加倾向于理学了。李埴自淳熙五年八月即已开始从张栻受学,[239]端平时已受理学浸染极深。《家传》甚至称理宗说李埴建议的人选实为周、邵、张、程和朱熹,本是一份清一色的理学家名单,而这与十人名单相差颇大。今已不知理宗所说乃是李埴原请,其后上奏时增入了欧、苏、司马等人,还是理宗误记抑或有意筛选了李埴的奏请。但不管哪种情况,都足可见理学的势头在其时已经盖过了苏学,但尚不足以全面压制苏学,不然苏轼等人就不会出现在这份十人名单中,而且此事在"令经筵、秘书省、国子监参酌熟议"后就没了下文,应该是这份调和两派的名单引起了巨大的意见分歧,遂致流产。

然而,仅仅几年之后的淳祐元年(1241)正月甲辰,理宗便御笔诏周、张、二程和朱熹孔庙从祀,并罢祀王安石,[240]理学一派的正统地位正式得到制度化的肯定,而苏轼从祀一事却再也无人提起。宋度宗咸淳三年(1267)正月戊申,在升曾子、子思配享孔庙的同时,也诏司马光和邵雍一同从祀。[241]前章谈到过,司马光此时能够从祀,很大程度上是由于朱熹的肯定。朱熹于乾道九年为周、张、二程及司马光、邵雍作了《六先生画像赞》,其后在绍熙五年(1194)

---

[239] 王德毅:《李焘父子年谱》,见《宋人年谱丛刊》,第5310页。
[240] 《宋史》卷四二《理宗纪二》,第821~822页;《宋史全文》卷三三《宋理宗三》,第2743页。
[241] 《宋史》卷四六《度宗纪》,第897页。

十二月沧州精舍的祭祀实践中又以司马光、邵雍和周、张、二程一同从祀孔子，[242] 度宗在允许司马光和邵雍从祀的诏书中明确说："朕将临雍，因思朱熹所赞，已祀其四，而尚遗雍、光，非阙欤？其令学官列诸从祀，以示崇奖。"[243] 后来熊禾也说南宋"取其法行之太学"[244]，可见司马光最终能够从祀已与苏轼完全无关。由此，则很长时间里与苏轼一同被视为元祐标志性人物的司马光，也被划归到了理学阵营。苏学在道统和思想上的竞争，最终还是没能战胜理学。

四、学理优势是理学胜出的主要原因

　　高宗、孝宗两朝，较诸苏学之盛，程学实在算不得"突然兴发"，只不过开始起势而已。所谓"突然兴发"，其实很大程度上是后来的理学史叙述所造成的错觉。《道命录》收录了绍兴元年（1131）八月褒赠程颐"直龙图阁"的制词，但其中竟然有"浮伪之徒，自知其学问文采不足表见于世，乃窃名以自售"等批评之语，而这份制词显然是出自长于辞赋者之手。李心传为此还不得不在录后解释说："其（程颐）门人高弟，往往进为时用，致位通显，而亦有妄托其名以自售者，故制词及之。"[245] 此时程学才刚刚起势，

---

[242]《晦庵先生朱文公文集》卷八六《沧州精舍告先圣文》，《朱子全书（修订本）》，第24册，第4051页。
[243]《咸淳临安志》卷一一《行在所录·学校·太学》，第402~403页。
[244]《熊勿轩先生文集》卷三《三山郡泮五贤祠记》，第32~33页。
[245]《道命录》卷三，第22、23页。

"妄托"之人显然是后来的情况，而且直到朱熹去世，也很难说有多少忠实的程学信徒"致位通显"，这比起"以诗人进居从官大臣之列"的苏、黄后学实在是很寒碜的。《道命录》在录朱震绍兴六年请官谢良佐之子谢克念后，李心传列举了一份二程后学的名单，二程门人加上私淑程颐的胡安国一共二十九人，另又列举了六位二程再传在官者。这三十五人中，不少都没活到南宋，而其中真正做到过"从官大臣"的也就许景衡等极少几人。[246]此外，李心传还记述了高宗褒赠程颐前一月所说的话，云："（元祐）党籍至今追赠未毕，卿等宜为朕留意。程颐、任伯雨、龚夬、张舜民，此四人明德尤著，宜即褒赠。"也就是说主要的元祐人物至其时已经追赠很多了，然而，程颐显然并不是高宗首先想到的元祐人物。又，其后直到绍兴十四年，方才录用程颐之孙程旸，而且只不过是补最低级的文散官从九品将仕郎而已。[247]这与黄庭坚"亲族以至外姻，或迁官，或白身命官，殆无遗余"[248]，完全不可同日而语。黄庭坚外甥徐俯之诏用尤其具有代表性，宋高宗曾说："徐俯之召，止缘洪炎进《黄庭坚文集》，有云'徐郎'或'徐甥'者，后因胡直孺荐俯自代，朕问之，始知其人。直孺称其行义文采，过人远甚，质之汪藻，亦以为然，遂召用。"[249]接着，徐俯便于"绍兴二年，

---

[246]《道命录》卷三，第24~25页。
[247]《道命录》卷三，第23页。
[248]《建炎以来系年要录》卷六二，绍兴三年正月辛未条，第1228页。
[249]《建炎以来系年要录》卷一一〇，绍兴七年四月戊戌条，第2061页。

赐进士出身,兼侍读。三年,迁翰林学士,俄擢端明殿学士、签书枢密院事。四年,兼权参知政事"[250]。与徐俯相比,程瑀所差实在不能以道里计。

李心传还在《道命录序》中说:"绍兴道学之兴废,系乎赵忠简之用舍。"[251]但赵鼎主政的时间实际上并不算长,他在两府仅从绍兴四年三月到八年十月,前后也就大概四年半的时间,其间六年十二月到次年九月还被张浚排挤外放。[252]此外,赵鼎到底有多么尊奉程学也是要打个问号的,李心传在《建炎以来系年要录》中说赵鼎"素重伊川程颐之学,元祐党籍子孙,多所擢用"[253],但是,这也可见赵鼎其实并非专门引擢程门后学。实际上,在"程颐"和"元祐"之间,赵鼎可能更加看重后者,而不是像李心传所述说的那样似乎是前者,如《宋史·吕本中传》即云:"赵鼎素主元祐之学,谓本中公著后,又范冲所荐,故深相知。"[254]虽然吕本中并不独尊程学,但他确有可以追溯到程颐的清晰师承,而赵鼎器重他却是因为其"元祐"党人后嗣的身份,与他学术渊源上的程学因素并无太大的关联。总之,赵鼎其实不过是把程学看作"元祐学术"的一分子而已。

然而,就在赵宋南渡后不到十年的时间,绍兴六年十二

---

[250]《宋史》卷三七二《徐俯传》,第11540页。
[251]《道命录》卷首《序》,第1页。
[252]《宋史》卷二一三《宰辅表四》,第5553~5556页。
[253]《建炎以来系年要录》卷八六,绍兴五年闰二月丁未条,第1633页。
[254]《宋史》卷三七六《吕本中传》,第11637页。

月二十六日，陈公辅就在张浚的怂恿下请禁程学，张浚代笔批旨执行。《道命录》在录此事后说："自崇宁后，伊川之学为世大禁者二十有五年，靖康初乃罢之，至是仅十年而复禁。"[255] 张浚禁程学不严，[256]但这一次禁学令发布后不到八年的时间，绍兴十四年，秦桧又怂恿台谏官攻击程学，并形成禁令，而且执行的强度很大，直到绍兴二十五年十月秦桧死后，"士大夫之攻伊川者，自是少息矣"。次年六月十五日，叶谦亨建议"诏有司精择而博取，不拘一家之说"，并得到允许，"自桧专国柄，程学为世大禁者凡十有二年，至是始解"。然而，叶谦亨说："学术粹驳，系于主司去取之间，向者朝论专尚程颐之学，有立说稍异者皆不在选；前日大臣则阴佑王安石而取其说，稍涉程学者一切摈弃。"其实也并不是刻意要帮程学发言。[257]孝宗时期，理学的局面稍有起色，但也屡被攻击。淳熙五年（1178）正月即从侍御史谢廓然言而禁以程颐、王安石之说取士，[258]短短五年多后的淳熙十年（1183）六月，监察御史陈贾又攻击道学"欺世盗名"，且其禁程学之请得"奉圣旨依"。[259]又过了五年，淳熙十五年，兵部侍郎林栗又攻击朱熹和"道学"。[260]而大概从淳熙十年左右一直到严厉的"庆元党

---

[255]《道命录》卷三，第27页。
[256] 参见金生杨先生《张浚与洛学》一文，《西华大学学报（哲学社会科学版）》，2011年第6期。
[257]《道命录》卷四，第38～43页。
[258]《宋史》卷三五《孝宗纪三》，第667页。
[259]《道命录》卷五，第48～49页。
[260]《道命录》卷八，第51～52页。

禁"，道学始终遭到权势集团的敌视甚至围攻。[261]直到党禁过后，"伪学"的解禁过程仍然颇为艰难。[262]南宋朝廷对于理学进行限制甚至禁止的政策，其实在南宋中前期的很长时间里是具有一定持续性的，只不过后来的理学史叙述有意无意地淡化了这一事实，而主要将矛头集中在秦桧和韩侂胄身上。

总之，不管在现实政治权势还是思想影响上，理学的起点可谓是诸派之中最低的，而且每每有所起色，就会遭到攻击，乃至屡屡被禁，正如《宋史·道学传序》所云："道学盛于宋，宋弗究于用，甚至有厉禁焉。"[263]绍兴六年张浚禁程学后，胡安国否认"伊川之学近日盛行"，而说"伊川之学不绝如线，可谓孤立"，实在是对其时程学处境非常冷静客观的认识。[264]程学本来弱势，所以其在南宋一旦有上升势头就很容易引起其他士人的侧目，从而招致不少攻击。然而，程学居然能愈禁而愈兴，并在激烈的学派竞争中最终胜出，取得官学的地位。

理学的学派组织性特征自是其能长期维持学派传承，直到最终胜出的一个重要因素。司马光、范祖禹"不立党"，使其无法形成有凝聚力的学派。但王安石和苏、黄则都门徒众多，王安石在绍述后以至于徽宗时期地位日升，显然是与其

---

[261] 参见余英时先生《朱熹的历史世界：宋代士大夫政治文化的研究》第九章"权力世界中的理学家"。
[262] 王宇：《从庆元党禁到嘉定更化：朱子学解禁始末考述》，《国际社会科学杂志（中文版）》，2011年第4期。
[263] 《宋史》卷四二七《道学传序》，第12710页。
[264] 《道命录》卷三，第30页。

众多得力门生有关，他的忠实追随者及女婿蔡卞出力尤多，然而，当王安石新学成为独尊之学并且禁绝其他学派后，从新学者成为绝大多数，这本来是新学统治地位的表现，但也使得新学实际上已经无法成为一个学派，而且其思想活力也必定大大减弱。而随着赵宋南渡，新党逐渐倒台，虽然并未禁止新学，新学也还保持了很长时间的思想影响力，但在不再独尊的局面下，新学无法再像王安石在世时那样形成一个有主心骨、有凝聚力的学派，也就无法与其他学派展开竞争。

苏黄之学在南宋的情况也有些类似。吕本中在《江西诗社宗派图》中列入了二十五人之多，这本来是苏黄盛况的反映，但随着其盛极一时，从其学者实在人数太众，而且诗文本就是士人群体的基本素质，所以到了南宋，其被哲宗、徽宗禁锢时期的那种凝聚力也就消失了。不仅如此，苏学还存在着诸多难以维持学派存在的弱点。欧、苏、黄诸人本身的正统意识就不是特别强，从他们在道统系谱建构上不如王安石和二程积极这一点上，就可以很明显地看出。而为文讲究的是求新求变，自然也无统可守，较之新学和理学，苏黄后学更加容易偏离苏黄的轨道。此外，苏黄虽然性格放达，但他们自身可以保持不落流俗的道德品行，然而他们没有从"内圣"上成功解决道德修养的理论问题，所以其后学很容易从放达而沦落为沉溺诡谀文风的小人。[265] 苏学无法抓住

---

[265] 参见沈松勤先生《南宋文人与党争》第九章"高压政治与诡谀之风"，第323～470页。

高宗、孝宗期间极为有利的政治形势，其后又逐渐让位于理学，很大程度上是由其自身的诸多弱点造成的。[266]

与诸学相比，反倒是理学长期弱势，人数不众，始终能够保持着较强的凝聚力，其成员也大都能共同进退，田浩就明确注意到，历次党禁的"不利政治环境显然加强了道学人士的共同群体意识"。[267]不过，程门其实也没有严密的学派组织形式，当时的政治条件也不可能允许具备严密组织形式的派别存在。其能形成一个学派，并能在长期恶劣的政治形势下延续下来并发扬光大，更多的是靠学派成员之间形成的默契。理学家们通过积极请谥、讲学活动、修祠堂、兴书院等社会活动方式，既扩大了社会影响力，也维持了学派的渊源传承。再加上二程特别强调"敬"，好古礼，其徒"幅巾大袖，高视阔步"的外在身份特征很容易被标示出来。南宋屡屡有人攻击程门后学好结朋党，欺世盗名，反过来看，其实这正是程学一派有凝聚力、易标示的表现。而且程学中人大多也能坚持较高的道德水准，这与新学、苏学极盛后小人频出，学风败坏，终究还是形成了比较鲜明的对比。

不过，程门后学在长期处于不被重视乃至屡屡遭禁的不利环境下，仍然能够在整体上长期保持较高的道德水准，努力维持门户，乃至最终在新学和苏学的挤压下胜出，其间最为主要的原因，恐怕还是理学在学术思想深度上的明显优

---

[266] 粟品孝：《论苏氏蜀学衰隐的原因》，《社会科学研究》，1995年第1期。
[267] 〔美〕田浩：《朱熹的思维世界·绪论（增订本）》，第7~8页。

势。如果没有这种思想上的高度吸引力和凝聚力，是很难想象理学能够维持下来并最终胜出的。

如前所述，南宋的学派竞争很大程度上是北宋党争的延续，而南宋最为激烈的竞争无疑主要是在苏学和理学之间展开的。司马光本就不以义理之学见长，思想深度实是其软肋所在。正由于此，他和不少追随者攻击王安石时大都将矛头对准王安石的"相业"，而仍能赞许其"经术"。元祐元年，黄隐"欲废安石之学"，却招来刘挚等人的一致弹劾，刘挚说："故相王安石训经旨，视诸儒义说得圣人之意为多，故先帝以其书立之于学，以启迪多士。"吕陶也说："经义之说，盖无古今新旧，惟贵其当。先儒之传注既未全是，王氏之解亦未必尽非，善学者审择而已，何必是古非今，贱彼贵我，务求合于世哉？"上官均也说："安石自为宰辅，更张政事，诚有不善，至于沉酣《六经》，贯通理致，学者归向，固非一日，非假势位贵显，然后论说行于天下。其于解经，虽未能尽得圣人之意，然比诸儒注疏之说，浅深有间矣，岂隐肤陋所能通晓，此中外士大夫之所共知也。"[268]而司马光在草拟元祐科举改革办法时也只是说："王安石不当以一家私学，欲掩盖先儒，令天下学官讲解及科场程试，同己者取，异己者黜。使圣人坦明之言，转而陷于奇僻，先王中正之道，流而入于异端。若己论果是，先儒果非，何患学者不

---

[268]《续资治通鉴长编》卷三九〇，元祐元年十月癸丑条，第9497、9498、9500页。

弃彼而从此，何必以利害诱胁，如此其急也！"[269]所谓"奇僻"即指道德性命之学，"异端"则是杂佛、老，这都是司马光素来反对的，但这显然是很难说服那些喜好道德性命之学的士人的。

与司马光不同，二苏花了很大的精力撰写经解，他们很多地方都是与新学针锋相对的，但前引靖康元年臣僚上言却云："科举取士，要当质以史学，询以时政。今之策问，虚无不根，古今治乱，悉所不晓。诗赋设科，所得名臣，不可胜纪，专试经义亦已五纪。救之之术，莫若遵用祖宗成宪。王安石解经，有不背圣人旨意，亦许采用。至于老、庄之书及《字说》，并应禁止。"[270]可见以史学归司马光，诗赋归苏、黄，而经义仍归王安石，乃是其时主要的思想格局。杨时由此议而攻击王安石之学误国后引起的争论中，反对彻底否定王安石新学的冯澥等人，还是认为王安石新学确有长处，不必彻底废除。

本来在高宗尤其孝宗时期，苏学有足够的政治条件彻底占据王安石新学的思想市场份额，然而苏学却始终没能做到。苏学在南宋的主要表现大概不外乎两点，其一即长于经济、多才吏，其二即善诗文、多文士。大多数士人都不以义理为苏学所长。蜀人员兴宗即曾说："苏学长于经济，洛学长于性理，临川学长于名数。诚能通三而贯一，

---

[269]《续资治通鉴长编》卷三七一，元祐元年三月壬戌条，第8976页。
[270]《宋史》卷一五七《选举志三》，第3669页。

明性理以辨名数，充为经济，则孔氏之道满门矣！"[271]他虽然将苏学之"经济"抬到至高的地位，但也不得不将名数、性理分别归之新学和理学。然而，这其实与苏门弟子的观感相去甚远，秦观曾经提醒过苏学的追随者，其《答傅彬老简》云："阁下谓蜀之锦绮妙绝天下，苏氏蜀人，其于组丽也独得之于天，故其文章如锦绮焉。其说信美矣，然非所以称苏氏也。苏氏之道，最深于性命自得之际；其次则器足以任重，识足以致远。至于议论文章，乃其与世周旋，至粗者也。阁下论苏氏而其说止于文章，意欲尊苏氏，适卑之耳。"[272]在秦观看来，苏学的价值依次当是性命、经济、文章，但其时服膺苏学者忽略其性命之学就已是颇为普遍的现象了，而到了南宋，秦观所忧虑的情况更加严重。当时高宗反复想调和的，几乎都集中在王安石新学和理学两派上，这反映出苏门后学在当时就几乎已经放弃了在经义解释权上的争夺，汪应辰在乾道元年也曾观察说："蜀士甚盛，大率以三苏为师，亦止是学其文章步骤，至于穷经考古之学，则往往阔略，未知究竟如何。"[273]正如张健先生所指出的："在南宋时代，苏学的影响主要是政治苏学与文章苏学"，而经义的竞争则主要是"王学与程学

---

[271]《九华集》卷九《苏氏王氏程氏三家之学是非策》，台湾商务印书馆景印文渊阁四库全书本，第1158册，第68页。
[272]（宋）秦观撰，徐培均笺注：《淮海集笺注》卷三〇，上海：上海古籍出版社，1994年，第981页。
[273]《文定集》卷一五《与朱元晦》其十，第173页。

之争"。[274]这种情况还不仅局限于南宋,金朝士人对苏学的认识也大体如此,赵秉文说:"欧、苏长于经济之变,如其常,自当归周、程。"[275]王若虚也说:"东坡之解经,眼目尽高,往往过人远甚。而所不足者,消息玩味之功,优柔浑厚之意,气豪而言易,过于出奇,所以不及二程派中人。"[276]二人均在金朝,并不牵涉门户之见,这样的判断应该算是持平之论。苏学在性命义理思想上的欠缺,实乃其时南北士人的共识。

苏门后学大多忽略苏学在经学义理上的贡献,或也与苏学解经的特点有关。由于苏学在当时的巨大影响,以及其思想倾向与理学大为不同,所以理学系统对苏学的批判也始终没有间断。今杨时文集中仍保存有很多批判苏学的文字,后来胡宏也说:"大宋之兴,经学倡明,卓然致力于士林者,王氏也,苏氏也,欧阳氏也。王氏盛行,士子所信属之王氏乎?曰:王氏支离。支离者,不得其全也。曰:欧阳之文典以重,且韩氏之嗣矣,属之欧阳氏乎?曰:欧阳氏浅于经。浅于经者,不得其精也。曰:苏氏俊迈超世,名高天下,属之苏氏乎?曰:苏氏纵横。纵横者,不得其雅也。然则属之谁乎?曰:程氏兄弟,明道先生、伊川先生也。"[277]而朱熹

---

[274] 张健:《从祀配享之议:南宋政治与思想视野下的苏学地位》,《北京大学学报》,2018年第2期。
[275] 《闲闲老人滏水文集》卷一《性道教说》,第3页。
[276] 《滹南遗老集校注》卷三一《著述辨惑》七,第348页。
[277] 《胡宏集·杂文·程子雅言前序》,第157页。

则更系统地批判了苏氏"杂学"。[278]朱熹说:"看老苏《六经论》,则是圣人全是以术欺天下也。"[279]浏览苏氏解经文字,也的确时常会得出这样的印象。苏学解经以"人情"和"权变"为特点乃是学界共识,但这很容易失之于浅和流于权谋之术,其留给后学的思想纵深也就相当有限。而在理学越发兴盛,对诗赋的批评越发严厉后,苏学在经学义理上却越发颓废,日益退守诗赋一隅,规模日窄。与此不同的是,朱熹等人反倒一边批判苏学,一边却能积极吸收苏学的可取成分,[280]这就更加消弭了苏学在经义上仅有的一些优势。

与司马光和苏学不同,理学一派自始至终都把矛头对准王安石的"经术"。理学对王安石新学的学理优势认识得最为深刻,朱熹就经常批评元祐党人对王安石的责难抓不到要点,"只似讨闹,却不于道理上理会"[281],他说:"未能究其利病之实,至其所以为说,又多出于安石规模之下,由是安石之心愈益自信,以为天下之人真莫己若。"[282]总之,至少在理学家看来,王安石的学术思想深度是远远高于程学之外的其他学派的,朱熹曾说:"伊川最说得公道:'介甫

---

[278] 参见粟品孝师《朱熹与宋代蜀学》第二章"朱熹批评苏氏蜀学"。
[279] 《朱子语类》卷一三〇,第3118页。
[280] 参见粟品孝师《朱熹与宋代蜀学》第二章"朱熹批评苏氏蜀学"、第三章"朱熹吸取苏氏蜀学"。
[281] 《朱子语类》卷一三〇,第3099页。
[282] 《晦庵先生朱文公文集》卷七〇《读两陈谏议遗墨》,见《朱子全书(修订本)》,第23册,第3381页。

所见，终是高于世俗之儒。'"[283]真正能抓住王安石学术要害，并发展出一套更加精微的学术理论来取而代之的，还是理学，余英时先生业已指出："(王安石的内圣之学）假借于释氏者太多，并不是儒家的故物，因此他们（二程）给自己所规定的最高历史任务便是将儒家原有的'内圣之学'发掘出来，以取而代之。"并进而认为，"儒家'道德性命'的系统建构是道学的特有贡献，在北宋儒学史上具有划时代的意义。从整体动向观察，道学的兴起毫无疑问代表了北宋儒学发展的最后阶段"。[284]诸学派中，在道德性命之学上与王安石新学最为接近的毫无疑问是理学，二者有着非常相近的思想倾向和思维模式，而我们也可以看到，南宋不乏走出王安石新学而过渡到理学的士人，但却不太容易看到走出新学而转入苏学者。

正因为理学与新学颇有相近之处，又对新学极力否定，所以它始终都对新学保持着黑白分明的攻击姿态。从程颐、杨时、王居正乃至于朱熹，程学内部长期都在持续性、系统性地研读和驳斥王安石之学。张栻《与颜主簿》批评其人"论王氏、程氏之学，有兼与而混为一之意"[285]，可见程门后学对王安石新学始终保持着高度警惕。而二程殁后，程门后学对其学术思想理论的发展几乎从未间断过，其中还分

---

[283]《朱子语类》卷一〇七，第2664页。
[284] 余英时：《朱熹的历史世界：宋代士大夫政治文化的研究》，第51、104页。
[285]《新刊南轩先生文集》卷一九《与颜主簿》，见《张栻集》，第1053页。

别出一些不同思想路向的流派,[286]新学、苏学在学术思想理论的建构上与理学的差距越来越大,而这也着实展现出理学极具纵深的理论空间。楼钥说:"乾道、淳熙间,儒风日盛,晦庵朱公在闽,南轩张公在楚,而东莱吕公讲道婺女。是时,以学问著述为人师表者,相望惟三先生,天下共尊仰之。"[287]连陈亮都说:"乾道间,东莱吕伯恭、新安朱元晦及荆州鼎立,为一世学者宗师。"[288]乾道、淳熙间,随着朱熹、张栻、吕祖谦等卓越理学家的成熟,理学达到了一个更加超越其他学派的新高度。

朱熹本来较之吕祖谦、张栻,算不上程门显赫流派的传人,杨时门下,显然张九成才是大宗,张九成在当时的思想和政治影响都明显超过罗从彦,然而朱熹极力批判张九成一系杂佛,是"洪水猛兽",他吸收程门后学几个流派的思想优势,融会创制,最终成为理学之集大成者。朱熹虽然极力批判包括苏学在内的诸家经说,但他并没有想过动用行政手段来禁绝诸学,这在其《学校贡举私议》中可以很明显地看到,《私议》云:"今欲正之,莫若讨论诸经之说,各立家法,而皆以注疏为主。"他在诸经中把王安石、苏轼也列入其中,[289]而《私议》罢废诗赋的建议,直到明清科举也没有

---

[286] 参见何俊先生《南宋儒学建构》第一章"王学与洛学的消长与南宋儒学的开始"、第二章"洛学的分流",上海:上海人民出版社,2004年。
[287] 《攻媿集》卷五五《东莱吕太史祠堂记》,第760~761页。
[288] 《陈亮集》卷二九《与张定叟侍郎书》,第383页。
[289] 《晦庵先生朱文公文集》卷六九《学校贡举私议》,见《朱子全书(修订本)》,第23册,第3360页。

实现。罗大经在其《鹤林玉露》中说朱熹"每与其徒言，苏氏之学，坏人心术，学校尤宜禁绝"[290]，应是不足依凭的。庆元党禁之中，朱熹虽然官位不是最高的，但已隐然具有了庆元党首的资格。庆元党禁是理学在政治上开始取得优势地位的关键转折点，也是朱熹一派在理学诸流派中开始取得独大地位的关键转折点。[291]党禁解除之后，政治风向逆转，理学的政治、思想优势越发明显，在理宗、度宗时期获得了官方的制度化肯定，在宋代激烈的学派竞争中最终胜出。其后，经过元明清三朝的巩固和加强，理学成为儒家文化乃至中国文化的核心组成部分，影响深远。

与理学形成鲜明对比的是，苏学即便在有利的政治环境下，也仍然无法消除王安石新学的思想影响，也始终无法完全替代王安石新学的思想地位，并且也无法压抑理学的发展。在这一思想格局下，又为了与政治上消除朋党的调子相配合，反而出现了一股调和诸学的风气。上引绍兴十四年（1144）三月癸酉高宗语即云："王安石、程颐之学，各有所长，学者当取其所长，不执于一偏，乃为善学。"[292]随后四月丙戌，苏辙之孙苏籀"乞取近世儒臣所著经说，集而成编，以补唐之正义阙遗"，高宗由是说："此论甚当，若取其说之善者，颁诸学官，使学者有所宗一，则师王安石、程

---

[290]《鹤林玉露》甲编卷二《二苏》，第33页。
[291] 何俊：《庆元党禁的性质与晚宋儒学的派系整合》，《中国史研究》，2004年第1期。
[292]《建炎以来系年要录》卷一五一，绍兴十四年三月癸酉条，第2853页。

颐之说者，不至纷纭矣。"[293]则苏籀所说的"近世儒臣"显然包括王安石。后来程敦厚序王安石文集也说："自孔子殁，曾子、子思、孟子以降，得道德之传而发圣贤之秘以诏后觉，惟国朝欧阳氏、司马氏、苏氏、王氏、程氏，各一家言，皆非汉唐先儒之所能到。然王氏之学，其弊在于尚同，而施于政事者，又不幸失于功利。文正、东坡二先生之所排者，以此而已。"[294]上引员兴宗语出其《苏氏王氏程氏三家之学是非策》，该《策》写作时间和场景不得而知，但当时的某个场合确曾出现过评论三学的试题。

在这股调和诸学的风气中，理学的影响却越来越大。像吕本中这样转益多师的人物，虽然因为喜好佛、老和文学创作而加入到苏、黄一派的阵营中，但在经义归依上仍倾向于理学，其后吕祖谦则最终成为一代理学大儒。像曾几这样的人物，也"道学既为儒者宗，而诗益高，遂擅天下"[295]，其道学是否为"儒者宗"是个可以商榷的问题，但他在经义上明显归依于理学则是事实。其后杨万里等人以理入诗文，也讨论很多理学话题，已经很有理学家的味道。而南宋几个主要学派的代表人物如朱熹、吕祖谦、陈亮、陈傅良、叶适、陆九渊、陆九龄等，实际上也多以诗文起家，多少都有一些苏学背景，但他们在思想上则基本都倾向于理学。总

---

[293]《建炎以来系年要录》卷一五一，绍兴十四年四月丙戌条，第2855页。
[294]《临川文集序》，收在《新刊国朝二百家名贤文粹》卷一五九《序·文集序七》，见《宋集珍本丛刊》，第94册，第499页。
[295]《渭南文集》卷三二《曾文清公墓志铭》，见《陆游集》，第2306页。

之，苏学在经学义理上的缺憾并没有随着其影响的极盛而得到后学的弥补，其诸多后学反而选择以程学来弥补思想义理上的不足。朱熹在《学校贡举私议》中激烈批评的"混补之说"[296]，当即指这种流行风气。由此，这让我们看到了很多程学系统之外的"理学型士大夫"，但他们其实很多都并不独尊理学，而是在经义上无法服膺苏学，又不愿采取王安石新学，只能倾向于理学。

久而久之，理学在思想上的吸引力越来越大，就连蜀中这个苏学大本营也越来越成为理学的重要阵地，正如胡昭曦先生指出的，"南宋中期蜀学发展为第二个高潮"，然而，"其显著特点是程朱理学逐渐成为蜀学主流"。[297]在理学与苏学交融的"洛蜀会同"之风中，占据主体地位的无疑是理学而非苏学，[298]蜀中不断涌现出诸多理学大儒。张浚本来是有着强烈新学和苏学倾向的人物，但他晚年究心理学，并让其子张栻从胡宏学，张栻由是继承和发扬了胡安国以来湖湘学派振起程学的统绪。而李焘这样的蜀中名士，其子李壁、

---

[296] 《晦庵先生朱文公文集》卷六九《学校贡举私议》，见《朱子全书（修订本）》，第23册，第3356页。

[297] 胡昭曦：《宋代蜀学的转移与衰落》，见其《胡昭曦宋史论集》，第391页。

[298] 参见胡昭曦、张茂泽《宋代蜀学刍论》，胡昭曦《宋代蜀学的转型》，粟品孝《试论"洛蜀会同"》诸文，分别见《四川大学学报》，1993年第4期；《胡昭曦宋史论集》，第371~388页；《西南师范大学学报》，1997年第3期。此外，胡昭曦、刘复生、粟品孝诸师合著的《宋代蜀学研究》一书对此有更为全面系统的论述，成都：巴蜀书社，1997年。

李埴也都从学张栻,甚至连名相虞允文之孙虞刚简也最终成为蜀中理学名士,而魏了翁则是南宋理学的主要殿军人物之一。魏了翁的思想历程尤为蜀学这一转变的缩影,他"年十五,著《韩愈论》,抑扬顿挫,有作者风",可见其早年仍然不脱苏学和重文风气的影响,但待其科举应试,业已不顾庆元之禁而服膺理学,而他丁忧归蜀教授于白鹤山下后,竟造成"蜀人尽知义理之学"的局面。[299]

蜀中之外,这同样是相当普遍的现象,如林亦之虽然大力批评程颐"作文害道"之说,但也不得不承认,"尧、舜、禹、汤、文、武、周公、仲尼之道,吾于程子不敢有毫厘异同之论"。[300]永嘉学派虽然抱怨"洛学起而文字坏",办法却也只有"合周程欧苏之裂"而已。[301]

不仅在南宋如此,类似的思想权势转移同样也发生在北方的金朝,金人承晖"常置司马光、苏轼像于书室,曰:'吾师司马而友苏公'"[302]。可见司马光和苏学在金朝本来也有着相当强势的影响,后来甚至有"程学盛于南,苏学盛于北"之说。[303]然而,田浩研究后指出,"(金朝思想家们)

---

[299]《宋史》卷四三七《魏了翁传》,第12965~12966页。魏了翁从喜好词章之学向服膺理学的思想转变历程,可参见粟品孝《朱熹与宋代蜀学》第五章"朱熹与四川理学·朱学与魏了翁之学",第175~179页。
[300]《网山集》卷三《伊川子程子论》,台湾商务印书馆景印文渊阁四库全书本,第1149册,第878页。
[301]《隐居通议》卷二《理学二·合周程欧苏之裂》,第17页。
[302]《金史》卷一〇一《承晖传》,第2227页。
[303]《石洲诗话》卷五,第153页。

的思想发展总方向,是从苏氏之学转向道学"。也如其所论,"金代知识分子的思想比较多样化和多元化,而竟能倾向于道学,这是更有意义的"。[304] 理学的最终胜出,显然并非完全是现实政治权势博弈的结果。

结语

刘咸炘先生曾总结说:"综其(韩愈)议论,不过三端:一曰矫诗歌骈俪之习而倡古文,二曰矫注疏训诂之习而言大义,三曰惩僧道骄横之弊而排佛、老。宋初诸家之所揭櫫叫呼,亦不过此三旨。"[305] 古文运动起初的目标不外乎反对华丽文风而提倡古文,反对注疏式的传统经学而主张发明经学大义,以及排辟以佛、老为主的所谓异端。其后的逻辑延伸则至于全盘反对文学写作,建构以道德性命之学为主干的义理之学,提倡儒家自觉意识而卫护儒道。而王安石新学、苏氏蜀学、二程理学诸派之中,新学和苏学都杂佛、老,苏学更重文辞,只有理学一派真正完全坚持了古文运动最初的发展方向。就整个唐宋思想史的发展脉络来说,理学能最终从与新学、苏学的竞争中胜出,实在不是偶然。随着理学的胜出和官学化,其所崇奉的道统系谱也得到官方的制

---

[304] 〔美〕田浩:《金代的儒教——道学在北部中国的印迹》,收在〔德〕苏费翔、〔美〕田浩著,肖永明译:《文化权力与政治文化——宋金元时期的〈中庸〉与道统问题》,北京:中华书局,2018年,第343页。

[305] 刘咸炘:《学史散篇·宋学别述·宋初三家学派图第一》,见其《推十书(增补全本)》,甲辑第3册,第1243页。

度化肯定，从而逐渐得到稳固和普及，最终成为中华文化的重要组成部分。

　　不过，仍应强调的是，理学的胜出并不意味着完全挤压了司马光史学、苏学、王安石之学的生存空间。本来史学、文学和经学义理就是面对不同的思想空间，各有其无可替代的思想市场，也是一种文化的不同结构成分。即便在理学胜出之后，虽然以理入史、入文的风气日盛，但终归无法消抹欧阳修、司马光和苏、黄等人在史学史或文学史上的崇高地位，何况他们与理学之间本来就存在着诸多的思想共性，分享着诸多的理论预设。王安石的新学虽然在后世几乎没有再产生什么影响，但他仍以其高超的文学创作水准而始终保持着很高的知名度，这大概是他生前完全没能预料到的。

余 论　儒家道统系谱的排他性和开放性

排他性是儒家道统系谱被人所熟知，也是被严厉批判的一个特点，如钱穆先生就对此批判甚剧，他说："宋、明道学诸儒在中国儒学传统里有其甚大之成就与贡献，但此一狭窄的道统观，却不能不说由他们创始。"他甚至因而认为："就历史文化大统言，宋儒此种道统论，实无是处。"[1]汤一介先生在《中国儒学史总序》中也说道："既成学派难免也会有排他性。因此，对'道统'的过分强调就可能形成对其他学术文化的排斥，而形成对异端思想的压制。"[2]在儒家道统系谱建构中，学者不仅排斥佛、道这样的异端，同样也排斥儒家内部的不同派系，甚至还排斥同一学派中的其他士人。

不过，同样应该注意的是，尽管排他性可以在一定程度上缩小道统人物的拣择范围，但儒家道统系谱的建构却并非仅仅凭借排他性就能完成。在排他性之外，对道统人物的

---

[1] 钱穆：《中国儒学与文化传统》，见其《中国学术通义》，北京：九州出版社，2011年，第84页。
[2] 汤一介：《关于复兴儒学的思考》，见陈来、甘阳主编：《孔子与当代中国》，北京：生活·读书·新知三联书店，2008年，第6页。

拣择其实又从来没有形成过某种统一的明确的标准，卫道、明道、传道、思想倾向、学术成就、政治议论、个人行节等因素都可能影响到某个道统人物的去取，但这些因素自身的重要程度、各种因素之间的权衡考量，几乎也很难确定出一个整齐划一的标准。由此，士人在道统系谱的建构中对于道统人物的拣择，其实通常都有着视实际语境而定的相当程度的宽严随机性，即便在明清时期出现的诸多专意整理道统系谱的著作中，这样的情况也没有太大的改观。

朱熹以后，历代陆续出现过不少专意整理道统系谱的文字甚至专著。如南宋有黄榦《圣贤道统传授总叙说》、陈淳《师友渊源》、宋理宗《道统十三赞》；宋元之际有吴澄《道统图并叙》、赵复《传道图》、熊禾《祀典议》；明代有黄卷《道统正系图》、周汝登《圣学宗传》；清代有孙奇逢《理学宗传》、熊赐履《学统》、张伯行《道统录》，等等。以下将这些书、文所叙述的道统系谱绘制成表格，以便省览和比较。

通过表格可以清楚地看到，这些类似的著述所排列的道统系谱，没有两部是完全相同的，有些甚至因朱、陆之别而差异极大。在这些类似的著述中，很难确定出哪一部所陈述的道统系谱具有绝对的唯一的权威性。不仅如此，这些著述所罗列的道统人物，与孔庙中所祭祀的人物也同样差别相当大。儒家道统系谱的这种特点，与一些宗教极为强调固定化的神谱是完全不同的。

当然，缺乏一种完整的具有唯一权威性的道统系谱，并不意味着道统系谱的中心不明确。从本书的论述可以看

朱熹之后历代书、文所叙道统系谱一览

作者	道统系谱	出处
黄榦	尧、舜、禹、汤、文、武、周公、孔子、颜子、曾子、子思、孟子、周敦颐、二程、朱熹	《圣贤道统传授总叙说》
陈淳	伏羲、神农、黄帝、尧、舜、禹、汤、文、武（辅以皋陶、伊尹、傅说、周公、召公）、孔子、颜子、曾子、子思、孟子、周敦颐、二程、朱熹	《师友渊源》
宋理宗	伏羲、尧、舜、禹、汤、文、武、周公、孔子、颜子、曾子、子思、孟子	《道统十三赞》
吴澄	上古之统：伏羲、黄帝、尧、舜、禹、汤、文、武、周公 中古之统：孔子、颜子、曾子、子思、孟子 近古之统：周敦颐、二程、张载、朱熹	《道统图并叙》
赵复	伏羲、神农、尧、舜……孔子、颜子、孟子、周敦颐、二程、张载	《传道图》
熊禾	天子之学：伏羲、神农、黄帝、尧、舜、禹、汤、文、武（与学者：皋陶、伊尹、太公望、周公、稷、契、夷、益、傅说、箕子） 天子之学乡至里乡党日万世通祀：孔子、颜子、曾子、子思、孟子、孔子、周敦颐、二程、张载、朱熹	《祀典议》
黄卷	伏羲、神农、黄帝、尧、舜、禹、汤、文、武、周公、孔子、颜子、曾子、子思、孟子、周敦颐、程颢无传—朱熹无传、程颐—陆九渊—王守仁	《道统正系图》

续表

作者	道统系谱	出处
周汝登	伏羲、神农、黄帝、颛顼、帝喾、尧、舜、禹、皋陶、汤、伊尹、傅说、泰伯、文、武、箕子、周公、卫武公、孔子、颜子、子贡、子路、子夏、漆雕开、曾子、子思、孟子、荀卿、董仲舒、扬雄、王通、韩愈、胡瑗、周敦颐、邵雍、李之才、张载、程颢、程颐、吕希哲、邵伯温、张载佐、谢良佐、游酢、杨时、吕大临、尹焞、罗从彦、胡安国、胡宏、刘子翚、李侗、张九成、朱熹、张栻、吕祖谦、陆九渊、蔡沈、杨简、真德秀、吴澄、黄泽、薛瑄、吴与弼、陈献章、陈真晟、胡居仁、王守仁、徐爱、钱德洪、邹守益、欧阳德、薛侃、王艮、黄弘纲、罗洪先、徐樾、何秦、罗汝芳	《圣学宗传》
孙奇逢	周敦颐、程颢、程颐、张载、邵雍（附张戬）、邵雍（附邵伯温）、朱熹、陆九渊（附陆九龄、陆九韶）、薛瑄、王守仁、罗洪先、顾宪成 历朝之儒考：汉儒考：董仲舒（附申公、倪公）、毛公（附李翱）、赵德）；宋儒考：程门弟子：王通（附董常、程元、薛收、仇璋、姚义）；韩愈、游酢、张栻、吕大均、吕大忠、范育、孟享先、朱熹定、蔡元定、蔡门弟子：胡蔡沈、杨复、黄榦、黄灏、陈颢、陈道、侯仲良、刘安节、刘宗礼、吕祖谦、吕柟、朱门弟子：徐侨、辅广、傅伯成、石子重、宋廖德明、叶味道、李方子、詹体仁、陈淳、舒璘、曹建、何基、王柏、金履祥；元儒考：陆门弟子：袁燮、沈焕、李侗、胡瑗、罗应之、胡安国	《理学宗传》

余 论　儒家道统系谱的排他性和开放性　605

续表

作者	道统系谱	出处
	元儒考：刘因（附敬仲熙）、许谦、姚枢（附赵复、窦默）、许衡、王恂、杨恭懿、萧斛、同恕、第五居仁、韩择、侯均、李木鲁珣、武攽、胡长孺、孙辙、陈栎、曹端、罗伦、陈选、章懋、吴与弼、胡居仁、贺钦；明儒考：王门弟子：徐爱、黄绾、钱德洪、邹守益（附子翼）、孙德涵、孙德溥、王艮（附子壁、门人林春）、欧阳德、穆孔晖、顾应祥、黄弘纲、何秦、徐樾、南大吉、方献夫、陈澄、冀元亨、薛侃、蒋信、王道、吕坤、冯从吾、刘魁；明儒考：何塘、崔铣、吕柟、罗钦顺、尤时熙、郑晓、徐珊、薛以赞、邓以赞、薛敬之、高攀龙、邓元锡、章潢、杨东明、曹于汴、朱知德、鹿善继、吕维祺、孟化鲤、邹元标、刘宗周、陈龙正、金铉；朴遗：何塘、杨东明、罗汝芳、杨起元、杨敬祺、周汝登	
	正统：孔子、颜子、冉子、曾子、端木子、子思、有子、孟子、周教颐、二程、朱熹	
熊赐履	翼统：胡安国、杨时、罗从彦、李侗、黄榦、张栻、蔡元定、真德秀、薛瑄、韩愈、董仲舒、卜子、言子、张载、邵雍、司马光、尹焞、胡居仁、罗钦顺	《学统》
	附统：申枨、樊须、公哲哀、南宫韬、商瞿、颛孙师、公西赤、宓不齐、公羊高、穀梁赤、高柴、漆雕开、澹台灭明、公明宣、乐克、丁宽、孔安国、左丘明、公孙龙、镶固生、申公、夏侯胜、毛苌、高堂生、后苍、公明仪、严彭祖、度子春、刘昆、洼丹、韩嬰、孙期、张兴、宋登、卫宏、周防、孔僖、高诩、胡母生、魏应、包咸、伏恭、任末、杜抚、召驯、赵晔、杨仁、尹敏、张驯、丁恭、周泽、程曾、张玄	

续表

作者	道统系谱	出处
张伯行	李育、服虔、谢该、许慎、郑玄、郑兴、郑众、卢植、徐苗、范宣、范甯、皇甫、沈不害、平恒、乐逊、刘焯、董文达、褚无量、王元感、马怀素、元行冲、归崇敬、孙复、石介、胡瑗、何涉、周尧卿、刘绚、谢昋、李吁、谢良佐、游酢、吕大临、邵伯温、谯定、王苹、喻樗、洪兴祖、高闶、程大昌、林之奇、林光朝、杨万里、胡寅、胡宏、胡宪、刘勉之、刘子翚、吕祖谦、蔡元定、李燔、陈淳、张洽、陈埴、李方子、黄灏、薛季宣、陈傅良、叶适、蔡幼学、黄震、熊刚大、魏掞之、李心传、李道传、程迥、刘清之、魏了翁、张洎(《元史》卷一八九有传)、陈真晟、安熙、朱善、金履祥、徐谦、陈栎、胡一桂、赵复、陈敬宗、魏骥、周恒、吴与弼、黄泽、罗伦、萧斅、章懋、曹端、吴讷、李时勉、陈敬宗、魏骥、黄巩、陈琛、邵宝、杨廉、鲁铎、张邦奇、陈选、何塘、丘浚、何乔新、杨守陈、蔡清、吕柟、舒芬、马理、陆九渊、吴与弼、陈真晟、王廷相、蔡元伟、邓元锡、顾宪成、高攀龙 杂统：荀子、扬雄、王通、杨朱、墨子、告子、道家、释氏 异统：老子、庄子、黄帝、尧、舜、禹、汤、文、武、周公、孔子、颜子、曾子、子思、孟子、周敦颐、程颢、程颐、张载、朱熹 附录：皋陶、神农、伊尹、伯益、契、莱朱、傅说、太公望、召公、散宜生、杨时、罗从彦、李侗、谢良佐、尹焞	《道统录》

余　论　儒家道统系谱的排他性和开放性

到，不管是孟子、荀子、扬雄、王通、韩愈这一五贤道统系谱中的孟子和韩愈，还是颜子、曾子、子思、孟子这一四配道统系谱中的孟子，抑或理学道统系谱中的二程和朱熹或陆九渊，各种道统系谱的中心人物都是相当明确的。但是，在这些中心人物之外，一个完整的儒家道统系谱到底应该如何排列，则始终难以形成某种固定的结论，正如罗志田先生所观察的："中西文化的一个大区别，即西方的观念通常都讲究界定清晰严密，而中国的传统观念往往是中心或主体基本稳定，但边缘却伸缩波动，变多于定。中国文化是一个边缘无限开放的体系。"[3]儒家道统系谱虽然有其较为固定的中心，但这个中心并不是闭合的，而是开放的。儒家道统系谱虽然因其排他性而不时具有断裂性的特征，但这种断裂并不是永久的，而是暂时的、可续的。不管是在既往道统人物的筛选上，还是在道统传递的未来指向上，儒家道统论都呈现出相当程度的历时开放性。张东荪先生早就谈到过，"道统上一方面是一线相延，在他方面却又随时适应新的变化"。[4]王水照先生也曾指出过，学者"津津乐道'道统'并不仅仅是对昔日传统光荣的歆羡，而是有着明确的现实追求"。[5]张亨先生也认为："道统观念中本涵着开放与创新的

---

[3] 罗志田:《中国文化体系之中的传统政治》,《战略与管理》,1996年第3期。

[4] 张东荪:《思想与社会》第六章"中国的道统（下）：理学思想"，沈阳：辽宁教育出版社，1998年新世纪万有文库本，第162页。

[5] 王水照:《北宋的文学结盟与尚"统"的社会思潮》,见《国际宋代文化研讨会论文集》,第263页。

性质。……这种开放性可以使道统的内部产生张力与互动，从而也使它具有了创造更新的契机。"[6] 这些都注意到了道统具有面向未来的开放性。

道统论的这种历时开放性反映在道统系谱建构上，便是其不断扩充的强烈特性。韩愈在《原道》中仅仅罗列了尧、舜、禹、汤、文、武、周公、孔子、孟子的道统系谱，但这一道统系谱却不断得到扩充，后来皮日休在其《原化》中说："圣人之化，出于三皇，成于五帝，定于周、孔。"[7] 即已将孔子之前的道统系谱叠加至于三皇，后来宋理宗《道统十三赞》也以伏羲为道统之开端。而孟子以下，同样也逐渐扩充了荀子、扬雄、王通、韩愈而成五贤道统系谱，此外还有诸如贾谊、董仲舒、柳宗元等人也不时进入其中。在五贤道统系谱瓦解之后，孟子获得独尊的地位，但孔子—颜子—曾子—子思—孟子这一道统系谱又被重构起来。二程门人大多独尊二程，但周敦颐、张载、邵雍乃至司马光后来也一并被视作理学的开创者。孔庙附祭系统是儒家道统系谱的制度化显现，而到1919年李塨进入孔庙从祀，孔庙中附祭的有四配、十二哲、先贤七十九人、先儒七十七人，此外附设的崇圣祠中还另有十人，共计竟有一百八十二人之多。[8]

---

[6] 张亨：《朱子的志业——建立道统意义之探讨》，原载《台大中文学报》，1992年第5期，见其《思文之际论集——儒道思想的现代诠释》，北京：新星出版社，2006年，第266～267页。
[7] 《皮子文薮》卷三《原化》，第21页。
[8] 黄进兴：《孔庙从祀表》，见其《圣贤与圣徒》，第187～195页。

不仅如此，与地域因素在王朝正统论中的重要性相比，地域因素在儒家道统系谱建构中几乎无足轻重。另外，一些离道统系谱主干较远的大儒，也可能会以乡贤的身份影响地方道统系谱的建构，某些地方性的大儒有时还能等到机会进入道统系谱主干，而某些本来在国家孔庙祀典中占据一席之地的大儒则也可能改祀于乡。可见在空间的维度里，儒家道统系谱同样具有开放性，它不仅不受地域因素的限制，而且能以相当的弹性来适应国家与地方的政治空间构造。至于官爵之高低，仕途之显暗，就更不是甄选道统人物的依据了。因此，在儒家道统系谱的排他性特征之外，同样也应该注意其开放性的一面。

参考文献

古籍文献

《白居易集》,中华书局,1979
《陈傅良先生文集》,浙江大学出版社,1999
《陈亮集(增订本)》,中华书局,1987
《道山清话》,大象出版社,2006
《范浚集》,浙江古籍出版社,2015
《范仲淹全集》,四川大学出版社,2002
《胡宏集》,中华书局,1987
《胡居仁文集》,江西人民出版社,2013
《黄庭坚全集》,中华书局,2021
《黄震全集》,浙江大学出版社,2013
《李觏集》,中华书局,2011
《刘禹锡集》,中华书局,1990
《柳开集》,中华书局,2015
《柳宗元集》,中华书局,1979
《陆九渊集》,中华书局,1980
《陆游集》,中华书局,1976
《吕本中全集》,中华书局,2019
《吕祖谦全集》,浙江古籍出版社,2008
《明太祖实录》,"中研院"史语所校印本,1963
《欧阳修全集》,中华书局,2001

《全宋文》,上海辞书出版社、安徽教育出版社,2006
《邵雍集》,中华书局,2010
《三苏全书》,语文出版社,2001
《司马光集》,四川大学出版社,2010
《宋本扬子法言》,国家图书馆出版社,2019
《宋大诏令集》,中华书局,1962
《宋史全文》,中华书局,2016
《苏轼诗集》,中华书局,1982
《苏轼文集》,中华书局,1986
《苏轼资料汇编》,中华书局,1994
《苏辙集》,中华书局,1990
《王安石全集》,复旦大学出版社,2016
《王令集》,上海古籍出版社,2011
《王十朋全集(修订本)》,上海古籍出版社,2012
《王廷相集》,中华书局,1989
《新刊国朝二百家名贤文粹》,《宋集珍本丛刊》第94册,线装书局,2004
《许翰集》,河北大学出版社,2014
《薛季宣集》,上海社会科学院出版社,2003
《杨简全集》,浙江大学出版社,2015
《杨时集》,中华书局,2018
《叶适集》,中华书局,2010
《曾巩集》,中华书局,1984
《张九成集》,浙江古籍出版社,2013
《张耒集》,中华书局,1990
《张栻集》,中华书局,2015
《张载集》,中华书局,1978
《郑樵文集》,书目文献出版社,1992
《周行己集》,上海社会科学院出版社,2002
《朱子全书(修订本)》,上海古籍出版社、安徽教育出版社,2010

白珽,《湛渊静语》,台湾商务印书馆景印文渊阁四库全书本,第866册,1987

毕沅,《续资治通鉴》,中华书局,1957

曹小云,《无为集校笺》,黄山书社,2014

晁补之,《鸡肋集》,台湾商务印书馆景印文渊阁四库全书本,第1118册,1987

晁公遡,《新刊嵩山居士文全集》,《宋集珍本丛刊》第45册,线装书局,2004

晁说之,《景迂生集》,台湾商务印书馆景印文渊阁四库全书本,第1118册,1987

陈淳,《北溪先生大全文集》,《宋集珍本丛刊》第70册,线装书局,2004

陈淳,《北溪字义》,中华书局,1983

陈傅良,《蛟峰批点止斋论祖》,《四库全书存目丛书·集部》第20册,齐鲁书社,1996

陈瑾,《四明尊尧集》,《四库全书存目丛书·史部》第279册,齐鲁书社,1996

陈镐,《阙里志》,山东友谊出版社,1989

陈均,《皇朝编年纲目备要》,中华书局,2006

陈俊民,《蓝田吕氏遗著辑校》,中华书局,1993

陈师道,《后山先生集》,《宋集珍本丛刊》第28册,线装书局,2004

陈师道,《后山谈丛》,大象出版社,2006

陈舜俞,《都官集》,《宋集珍本丛刊》第13册,线装书局,2004

陈襄,《古灵先生文集》,《宋集珍本丛刊》第8册,线装书局,2004

陈祥道,《论语全解》,台湾商务印书馆景印文渊阁四库全书本,第196册,1987

陈晔,《帝学校释》,华东师范大学出版社,2015

陈渊,《默堂集》,台湾商务印书馆景印文渊阁四库全书本,第1139册,1987

陈造,《江湖长翁集》,台湾商务印书馆景印文渊阁四库全书本,第1166

册，1987

陈振孙，《直斋书录解题》，上海古籍出版社，2015

程颢、程颐，《二程集》，中华书局，2004

程水龙，《〈近思录〉集校集注集评》，上海古籍出版社，2019

邓艾民，《传习录注疏》，上海古籍出版社，2012

丁福保，《历代诗话续编》，中华书局，1983

独孤及，《毘陵集》，台湾商务印书馆景印文渊阁四库全书本，第1072册，1987

范仲淹，《范文正公文集》，《宋集珍本丛刊》第3册，线装书局，2004

范祖禹，《太史范公文集》，《宋集珍本丛刊》第24册，线装书局，2004

傅增湘，《宋代蜀文辑存》，北京图书馆出版社，2005

顾起元，《说略》，台湾商务印书馆景印文渊阁四库全书本，第964册，1987

韩琦，《安阳集》，《宋集珍本丛刊》第6册，线装书局，2004

韩元吉，《南涧甲乙稿》，中国社会科学出版社，2022

郝经，《陵川集》，山西古籍出版社，2006

郝润华、杜学林，《李翱文集校注》，中华书局，2021

何薳，《春渚纪闻》，商务印书馆，1940

何文焕，《历代诗话》，中华书局，1981

何锡光，《陆龟蒙全集校注》，凤凰出版社，2015

胡传志、李定乾，《滹南遗老集校注》，辽海出版社，2005

胡聘之，《山右石刻丛编》，山西人民出版社，1998

胡瑗，《周易口义》，台湾商务印书馆景印文渊阁四库全书本，第8册，1987

胡寅，《斐然集·崇正辩》，中华书局，1993

胡应麟，《少室山房笔丛》，上海书店出版社，2009

胡仔，《苕溪渔隐丛话前集》，人民文学出版社，1962

黄榦，《勉斋集》，台湾商务印书馆景印文渊阁四库全书本，第1168册，1987

黄淮、杨士奇,《历代名臣奏议》,上海古籍出版社,2012

黄履翁,《古今源流至论别集》,台湾商务印书馆景印文渊阁四库全书本,第942册,1987

黄裳,《演山先生文集》,《宋集珍本丛刊》第25册,线装书局,2004

黄庶,《伐檀集》,九江师专古籍整理研究室校勘排印本,1987

黄以周,《续资治通鉴长编拾补》,中华书局,2004

黄宗羲著,全祖望补,《宋元学案》,中华书局,1986

皇甫湜,《皇甫持正集》,台湾商务印书馆景印文渊阁四库全书本,第1078册,1987

皇侃,《论语义疏》,中华书局,2013

惠洪,《冷斋夜话》,中华书局,1988

郎晔,《经进东坡文集事略》,文学古籍刊行社,1957

黎靖德,《朱子语类》,中华书局,1994

李昉,《太平广记》,中华书局,1961

李昉,《文苑英华》,中华书局,1966

李隆基注,邢昺疏,《孝经注疏》,北京大学出版社,2000

李清馥,《闽中理学渊源考》,凤凰出版社,2011

李日华,《六研斋笔记》,凤凰出版社,2010

李焘,《续资治通鉴长编》,中华书局,2004

李心传,《建炎以来朝野杂记》,中华书局,2000

李心传,《建炎以来系年要录》,中华书局,2013

李心传,《道命录》,上海古籍出版社,2016

李元纲,《圣门事业图》,陶氏涉园影宋百川学海本,1927

李之亮,《王荆公诗注补笺》,巴蜀书社,2002

李之仪,《姑溪居士全集》,商务印书馆,1935

李廌,《师友谈记》,大象出版社,2006

林光朝,《艾轩先生文集》,《宋集珍本丛刊》第45册,线装书局,2004

林季仲,《竹轩杂著》,《宋集珍本丛刊》第42册,线装书局,2004

林慎思,《伸蒙子》,商务印书馆,1940

林亦之,《网山集》,台湾商务印书馆景印文渊阁四库全书本,第1149册,1987

林之奇,《拙斋文集》,《宋集珍本丛刊》第44册,线装书局,2004

令狐德棻,《周书》,中华书局,1971

刘敞,《公是先生弟子记》,商务印书馆,1939

刘敞,《公是集》,《宋集珍本丛刊》第9册,线装书局,2004

刘弇,《龙云集》,台湾商务印书馆景印文渊阁四库全书本,第1119册,1987

刘林魁,《集古今佛道论衡校注》,中华书局,2018

刘培桂,《孟子林庙历代石刻集》,齐鲁书社,2005

刘诜,《桂隐先生集》,《元人文集珍本丛刊》第5册,新文丰出版公司,1985

刘昫,《旧唐书》,中华书局,1975

刘壎,《隐居通议》,商务印书馆,1937

刘因,《静修先生文集》,商务印书馆,1936

楼钥,《攻媿集》,商务印书馆,1935

陆佃,《陶山集》,商务印书馆,1935

陆游,《老学庵笔记》,中华书局,1979

骆承烈,《石头上的儒家文献——曲阜碑文录》,齐鲁书社,2001

吕陶,《净德集》,商务印书馆,1935

吕温,《吕衡州文集》,商务印书馆,1935

吕祖谦,《宋文鉴》,中华书局,1992

罗大经,《鹤林玉露》,中华书局,1983

马端临,《文献通考》,中华书局,2011

马其昶,《韩昌黎文集校注》,上海古籍出版社,2014

欧阳修,《新唐书》,中华书局,1975

欧阳修,《新五代史》,中华书局,2016

彭汝砺,《鄱阳集》,台湾商务印书馆景印文渊阁四库全书本,第1101册,1987

彭元瑞,《天禄琳琅书目后编》,上海古籍出版社,2007

皮日休,《皮子文薮》,上海古籍出版社,1981

契嵩,《镡津文集》,上海古籍出版社,2016

钱大昕,《十驾斋养新录》,上海书店出版社,2011

钱仲联,《韩昌黎诗系年集释》,上海古籍出版社,1984

潜说友,《咸淳临安志》,浙江古籍出版社,2012

强至,《祠部集》,商务印书馆,1935

阮阅,《诗话总龟后集》,人民文学出版社,1987

沈作喆,《寓简》,大象出版社,2008

邵博,《邵氏闻见后录》,中华书局,1983

邵伯温,《邵氏闻见录》,中华书局,1983

邵伯温,《易学辨惑》,台湾商务印书馆景印文渊阁四库全书本,第9册,1987

时国强,《尹洙集编年校注》,中华书局,2019

石介,《徂徕石先生文集》,中华书局,1984

史浩,《鄮峰真隐漫录》,《宋集珍本丛刊》第43册,线装书局,2004

史尧弼,《莲峰集》,台湾商务印书馆景印文渊阁四库全书本,第1165册,1987

司马光,《资治通鉴》,中华书局,1956

司马光,《法言集注》,台湾商务印书馆景印文渊阁四库全书本,第696册,1987

司马光,《涑水记闻》,中华书局,1989

司马光,《太玄集注》,中华书局,1998

宋濂,《元史》,中华书局,1976

苏籀,《双溪集》,商务印书馆,1935

孙觌,《南兰陵孙尚书大全文集》,《宋集珍本丛刊》第35册,线装书局,2004

孙复,《孙明复先生小集》,《宋集珍本丛刊》第3册,线装书局,2004

孙猛,《郡斋读书志校证》,上海古籍出版社,2011

孙星衍,《周易集解》,商务印书馆,1936

孙应时,《烛湖集》,台湾商务印书馆景印文渊阁四库全书本,第1166册,1987

唐庚,《眉山文集》卷一二《策题》,台湾商务印书馆景印文渊阁四库全书本,第1124册,1987

唐仲友,《悦斋文钞》,《续修四库全书》第1318册,上海古籍出版社,2002

陶宗仪,《说郛》,中国书店,1986

陶宗仪,《南村辍耕录》,辽宁教育出版社,1998

脱脱,《金史》,中华书局,1975

脱脱,《宋史》,中华书局,1977

汪荣宝,《法言义疏》,中华书局,1987

汪应辰,《文定集》,中华书局,1985

汪藻,《浮溪集》,商务印书馆,1935

王弼注,孔颖达疏,《周易正义》,北京大学出版社,2000

王辟之,《渑水燕谈录》,中华书局,1981

王偁,《东都事略》,台湾商务印书馆景印文渊阁四库全书本,第382册,1987

王定宝,《唐摭言》,中华书局,1959

王楙,《野客丛书》,中华书局,1987

王蘋,《宋著作王先生集》,《宋集珍本丛刊》第36册,线装书局,2004

王溥,《唐会要》,上海古籍出版社,2006

王钦若,《册府元龟》,中华书局,1989

王瑞来,《周必大集校证》,上海古籍出版社,2020

王先谦,《荀子集解》,中华书局,1988

王炎,《双溪类稿》,台湾商务印书馆景印文渊阁四库全书本,第1155册,1987

王洋,《东牟集》,台湾商务印书馆景印文渊阁四库全书本,第1132册,1987

王应麟,《玉海》,江苏古籍出版社、上海书店,1987

王应麟,《困学纪闻(全校本)》,上海古籍出版社,2008

王禹偁,《王黄州小畜集》,《宋集珍本丛刊》第1册,线装书局,2004

王之望,《汉滨集》,台湾商务印书馆景印文渊阁四库全书本,第1139册,1987

王智勇,《靖康要录笺注》,四川大学出版社,2008

文莹,《玉壶清话》,中华书局,1984

王梓材、冯云濠,《宋元学案补遗》,中华书局,2012

魏了翁,《鹤山集》,台湾商务印书馆景印文渊阁四库全书本,第1173册,1987

翁方纲,《石洲诗话》,人民文学出版社,1981

吴坰,《五总志》,台湾商务印书馆景印文渊阁四库全书本,第863册,1987

吴在庆,《杜牧集系年校注》,中华书局,2008

吴曾,《能改斋漫录》,山东人民出版社,2020

晓莹,《云卧纪谭》,《续藏经》第148册,新文丰出版公司,1995

熊禾,《熊勿轩先生文集》,商务印书馆,1936

徐礼节、余恕诚,《张籍集系年校注》,中华书局,2011

徐培均,《淮海集笺注》,上海古籍出版社,1994

徐侨,《毅斋诗集别录》,《宋集珍本丛刊》第70册,线装书局,2004

徐松,《宋会要辑稿》,上海古籍出版社,2014

许明,《中国佛教金石文献·塔铭墓志部》四《宋卷》,上海书店出版社,2018

杨慎,《丹铅余录》,台湾商务印书馆景印文渊阁四库全书本,第855册,1987

杨万里,《诚斋易传》,商务印书馆,1935

杨仲良,《皇宋通鉴长编纪事本末》,黑龙江人民出版社,2006

阎若璩,《潜丘杂记》,台湾商务印书馆景印文渊阁四库全书本,第859册,1987

燕永成,《皇宋十朝纲要校正》,中华书局,2013

姚铉,《唐文粹》,浙江人民出版社,1986

叶绍翁,《四朝闻见录》,中华书局,1989

叶适,《习学记言序目》,中华书局,1977

叶寘,《爱日斋丛抄》,中华书局,2010

尹焞,《和靖尹先生文集》,《宋集珍本丛刊》第32册,线装书局,2004

永瑢,《四库全书总目》,中华书局,1965

于浩,《宋明理学家年谱》,北京图书馆出版社,2005

余允文,《尊孟辨》,商务印书馆,1937

袁说友,《成都文类》,中华书局,2011

员兴宗,《九华集》,台湾商务印书馆景印文渊阁四库全书本,第1158册,1987

尤袤,《遂初堂书目》,商务印书馆,1935

游酢,《游廌山先生集》,《宋集珍本丛刊》第29册,线装书局,2004

辛更儒,《杨万里集笺校》,中华书局,2007

詹初,《宋国录流塘詹先生集》,《宋集珍本丛刊》第65册,线装书局,2004

曾丰,《撙斋先生缘督集》,《宋集珍本丛刊》第65册,线装书局,2004

曾枣庄、金成礼,《嘉祐集笺注》,上海古籍出版社,1993

张方平,《乐全先生文集》,《宋集珍本丛刊》第5册,线装书局,2004

张沛,《中说校注》,中华书局,2013

张廷玉,《明史》,中华书局,1974

张咏,《张乖崖集》,中华书局,2000

张元幹,《芦川归来集》,上海古籍出版社,1978

赵秉文,《闲闲老人滏水文集》,商务印书馆,1936

赵鼎,《忠正德文集》,台湾商务印书馆景印文渊阁四库全书本,第1128册,1987

赵岐注,孙奭疏,《孟子注疏》,北京大学出版社,2000

赵汝愚,《宋朝诸臣奏议》,上海古籍出版社,1999

赵彦卫，《云麓漫钞》，中华书局，1996

赵翼，《瓯北诗话》，人民文学出版社，1963

赵湘，《南阳集》，商务印书馆，1936

赵在翰，《七纬》，中华书局，2012

郑居中，《政和五礼新仪》，台湾商务印书馆景印文渊阁四库全书本，第647册，1987

郑汝谐，《论语意原》，商务印书馆，1937

郑獬，《郧溪集》，《宋集珍本丛刊》第15册，线装书局，2004

智圆，《闲居编》，《续藏经》第101册，新文丰出版公司，1994

周敦颐，《周濂溪先生全集》，商务印书馆，1936

周密，《齐东野语》，中华书局，1983

周密，《浩然斋雅谈》，中华书局，2010

朱松，《韦斋集》，台湾商务印书馆景印文渊阁四库全书本，第1133册，1987

朱熹，《上蔡先生语录》，商务印书馆，1939

朱熹，《四书章句集注》，中华书局，1983

朱震，《汉上易传》，台湾商务印书馆景印文渊阁四库全书本，第11册，1987

祖保泉、陶礼天笺校，《司空表圣诗文集笺校》，安徽大学出版社，2002

研究著作

《邓广铭治史丛稿》，北京大学出版社，2010

《胡昭曦宋史论集》，西南师范大学出版社，1998

《蒙文通文集》，巴蜀书社，1995

《漆侠全集》，河北大学出版社，2009

《吴天墀文史存稿（增补本）》，北京师范大学出版社，2016

蔡方鹿，《中华道统思想发展史》，四川人民出版社，2003

陈来，《朱子书信编年考证》，生活·读书·新知三联书店，2007

陈来、甘阳，《孔子与当代中国》，生活·读书·新知三联书店，2008
陈弱水，《唐代文士与中国思想的转型》，广西师范大学出版社，2009
陈寅恪，《寒柳堂集》，生活·读书·新知三联书店，2015
陈寅恪，《金明馆丛稿初编》，生活·读书·新知三联书店，2015
陈寅恪，《金明馆丛稿二编》，生活·读书·新知三联书店，2015
邓小军，《唐代文学的文化精神》，文津出版社，1993
董平、刘宏章，《陈亮评传》，南京大学出版社，1996
冯友兰，《三松堂全集》，河南人民出版社，2000
葛兆光，《中国思想史》，复旦大学出版社，2017
顾宏义，《宋代〈四书〉文献论考》，上海古籍出版社，2014
顾宏义，《朱熹师友门人往还书札汇编》，上海古籍出版社，2017
何俊，《南宋儒学建构》，上海人民出版社，2004
胡昭曦、刘复生、粟品孝，《宋代蜀学研究》，巴蜀书社，1997
黄进兴，《圣贤与圣徒》，北京大学出版社，2005
李祥俊，《道通于一：北宋哲学思潮研究》，北京师范大学出版社，2006
李小成，《文中子考论》，上海古籍出版社，2008
李泽厚，《中国古代思想史论》，生活·读书·新知三联书店，2008
梁启超，《中国历史研究法·中国历史研究法补编》，中华书局，2015
刘成国，《荆公新学研究》，上海古籍出版社，2006
刘成国，《王安石年谱长编》，中华书局，2018
刘复生，《北宋中期儒学复兴运动（增订本）》，生活·读书·新知三联书店，2023
刘咸炘，《推十书（增补全本）》，上海科学技术文献出版社，2009
骆建人，《文中子研究》，台湾商务印书馆，1990
马积高，《荀学源流》，上海古籍出版社，2000
牟宗三，《中国哲学十九讲》，上海古籍出版社，2005
漆侠，《宋学的发展和演变》，河北人民出版社，2002
钱穆，《中国学术思想史论丛》，安徽教育出版社，2004
钱穆，《朱子新学案》，九州出版社，2011

钱穆,《中国学术通义》,九州出版社,2011

沈松勤,《南宋文人与党争》,人民出版社,2005

束景南,《朱熹年谱长编》,华东师范大学出版社,2014

〔德〕苏费翔、〔美〕田浩,《文化权力与政治文化——宋金元时期的〈中庸〉与道统问题》,中华书局,2018

粟品孝,《朱熹与宋代蜀学》,高等教育出版社,1998

汤用彤,《隋唐佛教史稿》,武汉大学出版社,2008

〔美〕田浩,《朱熹的思维世界(增订版)》,江苏人民出版社,2011

田余庆,《庆祝邓广铭教授九十华诞论文集》,河北教育出版社,1997

田智忠,《〈诸儒鸣道集〉研究——兼对前朱子时代道学发展的考察》,中国社会科学出版社,2012

童振福,《陈亮年谱》,商务印书馆,1936

王德毅,《李焘父子年谱》,《宋人年谱丛刊》,四川大学出版社,2002

王立中,《文中子真伪汇考》,商务印书馆,1938

王瑞来,《宋史宰辅表考证》,中华书局,2012

王晓薇,《宋代〈中庸〉学研究》,河北大学历史学博士学位论文,2005

王曾瑜,《丝毫编》,河北大学出版社,2009

吴国武,《两宋经学学术编年》,凤凰出版社,2015

夏长朴,《李觏与王安石研究》,大安出版社,1989

杨世文,《走出汉学——宋代经典辨疑思潮研究》,四川大学出版社,2008

杨柱才,《道学宗主:周敦颐哲学思想研究》,人民出版社,2004

尹协理、魏明,《王通论》,中国社会科学出版社,1984

余英时,《朱熹的历史世界:宋代士大夫政治文化的研究》,生活·读书·新知三联书店,2011

张东荪,《思想与社会》,辽宁教育出版社,1998

张亨,《思文之际论集——儒道思想的现代诠释》,新星出版社,2006

张富祥,《宋代文献学研究》,上海古籍出版社,2006

张义德,《叶适评传》,南京大学出版社,1994

周梦江,《叶适与永嘉学派》,浙江古籍出版社,1992

周淑萍,《两宋孟学研究》,人民出版社,2007
朱维铮编,《周予同经学史论著选集(增订本)》,上海人民出版社,1996
祝尚书,《北宋古文运动发展史》,北京大学出版社,2012

研究论文

曹家齐、陈安迪,《苏轼进士科名次甲第考释——兼说宋朝进士甲乙丙科问题》,《中国史研究》,2018年第1期

曹鹏程,《"血流漂杵":诠释与过度诠释》,《孔子研究》,2012年第6期

陈逢源,《"颖悟"与"笃实"——朱熹〈四书章句集注〉孔门系谱之建构考察》,《第五届世界儒学大会学术论文集》,曲阜,2012年9月

陈逢源,《从五贤信仰到道统系谱——朱熹〈四书章句集注〉圣门传道脉络之历史考察》,《东华汉学》,第19期,2014年6月

陈坚,《古代儒者的"反佛"与"亲佛"纠结——以李觏为例》,《华东师范大学学报》,2011年第4期

陈静,《"参也鲁"的诠释意向》,《中国哲学史》,2014年第4期

陈来,《略论〈诸儒鸣道集〉》,《北京大学学报》,1986年第1期

陈来,《论周敦颐影响之建立——序杨柱才〈周敦颐哲学思想研究〉》,《孔子研究》,2004年第5期

陈良中,《理学视野下的〈尚书〉诠释——论林之奇〈尚书全解〉的思想意义》,《古籍整理研究学刊》,2008年第3期

陈良中,《史浩〈尚书讲义〉思想研究》,《历史文献研究》第33辑,华东师范大学出版社,2014

陈启智,《王通生平著述考》,《东岳论丛》,1996年第6期

陈欣、方如金,《陈傅良交游考略》,《安徽师范大学学报》,2008年第3期

陈晔,《玉玺呈瑞:宋哲宗朝传国玺事件剖析》,《史学月刊》,2008年第12期

陈植锷,《周、程授受辨》,《文献》,1994年第2期

邓庆平,《周必大对道学学派的批评》,《孔子研究》,2014年第6期

邓小军，《〈隋书〉不载王通考》，《四川师范大学学报》，1994年第3期
丁涛，《二程与周敦颐师承关系考辨》，《广西社会科学》，2020年第8期
董平，《叶适对道统的批判及其知识论》，《孔子研究》，1994年第1期
段熙仲，《王通、王凝资料正伪》，《文史》第27辑，中华书局，1986
方如金、姜鹏，《陈亮交游考》，《温州大学学报》，2003年第1期
方笑一，《两宋之际的学派消长与学术变局》，《学术月刊》，2013年第2期
傅锡洪，《从"无极而太极"到"天理自然"：周程授受关系新论》，《哲学研究》，2021年第5期
冯金忠，《唐后期河北藩镇统治下的佛教》，《贵州社会科学》，2013年第6期
龚来国，《试述唐宋间的"疑孟"、"非孟"思想》，《史学月刊》，2003年第10期
顾宏义，《朱熹与王淮交游考略》，《华东师范大学学报》，2015年第4期
顾歆艺，《从朱熹〈读余隐之尊孟辨〉看宋代尊孟非孟之争》，《北京大学古文献研究所集刊》第1辑，燕山出版社，1999
郭尚武，《契嵩生平与〈辅教编〉研究》，《山西大学学报》，1994年第4期
郭畑，《宋儒对于王通续经的不同评价及其原因》，《河南师范大学学报》，2011年第4期
郭畑，《性善论对性无善恶论的一种回应——南宋早期的性善之"善"不与恶对论》，《学术论坛》，2011年第5期
郭畑，《扬雄身份角色的历史转变》，《蜀学》第七辑，巴蜀书社，2012
郭畑，《求新解到疑经：唐代古文运动与经学变古》，《贵州文史丛刊》，2013年第2期
郭畑，《从宋人关于扬雄仕莽的争论看忠节观念的强化》，《四川大学学报》，2018年第4期
郭畑、狄瑞波，《宋儒对"一贯"和"忠恕"的不同诠释》，《浙江工商大学学报》，2021年第3期
郭晓东，《论司马光对〈中庸〉"性"与"诚"的诠释：从经学史与道学史的双重脉络考察》，《复旦学报》，2010年第5期

郭晓东,《宋儒〈中庸〉学之滥觞:从经学史与道学史的视角看胡瑗的〈中庸〉诠释》,《湖南大学学报》,2014年第1期

何隽,《叶适与朱熹道统观异同论》,《学术月刊》,1996年第8期

何俊,《叶适与道统》,《温州大学学报》,2000年第2期

何俊,《庆元党禁的性质与晚宋儒学的派系整合》,《中国史研究》,2004年第1期

何俊,《叶适论道学与道统》,《中山大学学报》,2009年第1期

胡晓骝,《宋代诗人王十朋之推韩学韩》,《集美大学学报》,2011年第3期

胡昭曦、张茂泽,《宋代蜀学刍论》,《四川大学学报》,1993年第4期

姜鹏,《〈伊洛渊源录〉与早期道统建构的挫折》,《学术月刊》,2008年第10期

金建锋,《汪藻与江西诗派交游考》,《上饶师范学院学报》,2007年第2期

金建锋,《论汪藻在南宋史学史上的地位》,《宋史研究论丛》第10辑,河北大学出版社,2009

金生杨,《张浚与洛学》,《西华大学学报》,2011年第6期

金生杨,《张浚与佛学》,《世界宗教研究》,2012年第2期

金生杨,《张浚与新学》,《西华师范大学学报》,2014年第2期

李超,《仕宦、生活与佛道:史浩思想探析》,《宁波大学学报》,2017年第3期

连凡,《〈宋元学案〉对东莱吕氏家学的评价——以吕希哲、吕本中、吕祖谦为中心》,《江汉大学学报》,2017年第5期

刘成国,《正统与政见之争——论北宋中后期苏氏蜀学对荆公新学之批评》,《四川大学学报》,2004年第5期

刘成国,《尊经卑史——王安石的史学思想与北宋后期史学命运》,《四川大学学报》,2006年第1期

刘成国,《9~12世纪初的道统"前史"考述》,《史学月刊》,2013年第12期

刘复生,《宋朝"火运"论略——兼谈"五德转移"政治学说的终结》,《历史研究》,1997年第3期

刘复生,《谯定易学：被转换了的角色——谯定为"程门大宗"辨析》,《第十八届宋史年会论文集》,兰州,2018

刘宽亮,《王通生年考》,《晋阳学刊》,1987年第4期

刘浦江,《"五德终始"说之终结——兼论宋代以降传统政治文化的嬗变》,《中国社会科学》,2006年第2期

刘玉敏,《吕祖谦学术渊源考辨》,《中国哲学史》,2007年第3期

龙坡涛,《史官误笔与历史书写：司马光配享帝王太庙探微》,《北京社会科学》,2018年第4期

鲁颖,《楼钥学术交往考略》,《宁波大学学报》,2012年第6期

陆敏珍,《"违志开道"：洛学与永嘉元丰九先生》,《中山大学学报》,2009年第6期

陆敏珍,《被拒绝的洛学门人：周行己及其思想》,《中国哲学史》,2010年第3期

陆敏珍,《笔开象外精神：郑伯熊与永嘉学派》,《浙江社会科学》,2012年第8期

罗志田,《中国文化体系之中的传统政治》,《战略与管理》,1996年第3期

蒙文通,《中国历代农产量的扩大和赋役制度及学术思想的演变》,《四川大学学报》,1957年第2期

潘富恩,《论吕祖谦"兼容并蓄"的学术思想》,《中国哲学史》,1992年第1期

任峰,《薛季宣思想渊源探析》,《中国哲学史》,2006年第2期

沈松勤,《两宋党争与"江西诗派"》,《中华文史论丛》,2009年第1期

沈松勤,《论"元祐学术"与"元祐叙事"》,《中华文史论丛》,2007年第4期

舒大刚,《"蜀石经"与十三经的结集》,《周易研究》,2007年第6期

粟品孝,《论苏氏蜀学衰隐的原因》,《社会科学研究》,1995年第1期

粟品孝,《试论"洛蜀会同"》,《西南师范大学学报》,1997年第3期

孙英刚,《佛光下的朝廷：中古政治史的宗教面》,《华东师范大学学报》,2020年第1期

汤勤福,《试论叶适的道统论》,《中州学刊》,2001年第3期

〔美〕田浩,《评余英时的〈朱熹的历史世界〉》,《世界哲学》,2004年第4期

王菡,《唐仲友刻书今存》,《中国典籍与文化》,2007年第3期

王冀民、王素,《文中子辨》,《文史》第20辑,中华书局,1983

王书华,《王安石诋〈春秋〉为"断烂朝报"之考辨》,《社会科学论坛》,2005年第10期

王水照:《北宋的文学结盟与尚"统"的社会思潮》,《国际宋代文化研讨会论文集》,四川大学出版社,1991

王永平,《荀子学术地位的变化与唐宋文化新走向》,《学术月刊》,2008年第6期

王宇,《从庆元党禁到嘉定更化:朱子学解禁始末考述》,《国际社会科学杂志(中文版)》,2011年第4期

王曾瑜,《宋代文明的历史地位》,《河北学刊》,2006年第5期

问永宁,《〈太玄〉是一部谤书——"刺莽说"新证》,《周易研究》,2005年第6期

魏涛,《司马光佚书〈《大学》《中庸》广义〉辑考》,《宋史研究论丛》第14辑,河北大学出版社,2013

吴晓萍,《汪藻的当代史的文献网罗》,《史学史研究》,2004年第1期

夏长朴,《论〈中庸〉兴起与宋代儒学发展的关系》,《中国经学》第二辑,广西师范大学出版社,2007

萧瑞峰、刘成国,《"诗盛元祐"说考辨》,《文学遗产》,2006年第2期

肖永明,《叶适〈习学记言序目〉的学术批评》,《湖南大学学报》,2002年第4期

肖永明、张长明,《吕祖谦的思想学术渊源与治学特点》,《湖南大学学报》,2003年第3期

肖永明、申蓓竹,《南宋湖湘学派对周敦颐的推崇及其思想动因》,《湖南社会科学》,2016年第2期

熊梅,《论诸葛亮形象的伟儒倾向》,《青海社会科学》,2011年第2期

徐规、周梦江,《陈亮永嘉之行及其与永嘉事功学派的关系》,《杭州大学学报》,1977年第2期

徐洪兴,《唐宋间的孟子升格运动》,《中国社会科学》,1993年第5期

徐洪兴,《论叶适的"非孟"思想》,《浙江学刊》,1994年第3期

徐朔方,《王通门人辨疑》,《浙江大学学报》,1999年第4期

许浩然,《思想与政治——周必大与理学关系考辨》,《孔子研究》,2012年第5期

许浩然,《南宋词臣"文统"观探析——以周必大书序文为线索》,《文学遗产》,2015年第3期

许家星、王少芬,《"儒者气象"——宋代理学视野下的诸葛亮形象及其思考》,《西南大学学报》,2007年第6期

杨海文,《李泰伯疑孟公案的客观审视》,《社会科学战线》,1999年第2期

姚瀛艇,《宋儒关于〈孟子〉的争议》,《中日宋史研讨会中方论文选编》,河北大学出版社,1991

叶平,《苏轼、苏辙的"性命之学"》,《中国人民大学学报》,2010年第6期

叶文举、钱芳,《叶适对"永嘉四灵"的提携与批判》,《中国文论的方与圆:古代文学理论研究》第三十一辑,华东师范大学出版社,2010

曾维刚,《江湖长翁:南宋中兴诗人陈造考论》,《兰州大学学报》,2016年第4期

查洪德,《元初诗文名家庐陵刘诜》,《江西师范大学学报》,2007年第3期

张健,《从祀配享之议:南宋政治与思想视野下的苏学地位》,《北京大学学报》,2018年第2期

张新民,《辨王通为隋代学者》,《贵州师范大学学报》,1992年第3期

张新民,《文中子事迹考辨》,《文献》,1995年第2期

赵敏、崔霞,《叶适与永嘉四灵之关系论》,《广州大学学报》,2003年第11期

赵瑞军,《宋初的道统论研究——兼论宋初之尊孟》,《现代哲学》,2018年第6期

赵瑶丹,《试论唐仲友与永嘉学派薛季宣、陈傅良、叶适的史学思想》,《宋史研究论丛》第10辑,河北大学出版社,2009

赵宇,《儒家"亚圣"名号变迁考——关于宋元政治与理学道统论之互动研究》,《历史研究》,2017年第4期

周淑萍,《宋代孟子升格运动的四种关键力量》,《史学理论研究》,2006年第4期

周淑萍,《宋代孟子升格运动与宋代儒学转型》,《史学月刊》,2007年第8期

周淑萍,《论李觏与苏轼非孟的根本取向》,张岂之、谢阳举主编,《中国思想史论集》第三辑,广西师范大学出版社,2008

周淑萍,《孟子与宋代政治文化——以宋人奏议为中心》,《孔子研究》,2014年第3期

周云逸、姜锡东,《王十朋理学思想评议》,《西南民族大学学报》,2013年第3期

周炽成,《唐宋道统新探》,《哲学研究》,2016年第3期

朱杰人,《二程与朱子的道统说》,《华东师范大学学报》,2018年第2期

朱学博,《杨时〈三经义辨〉辑考》,《古籍整理研究学刊》,2017年第5期

朱学博,《杨时〈三经义辨〉新考——兼论其对王安石〈三经新义〉驳正》,《孔子研究》,2017年第6期

祝平次,《评余英时先生的〈朱熹的历史世界:宋代士大夫政治文化的研究〉》,《成大中文学报》,2007年第19期

致　谢

　　唐宋学术思想史真是一个广无崖涘、深不见底的研究领域，我时常想起王曾瑜先生的话："对宋学的研究，是宋史研究最大的难题。其困难在于即使作一个案研究，也需要很广的知识面，从纵的方面需要有儒家经典、诸子百家、佛经道藏等广博知识，从横的方面需要有宋代政治、经济、文化、制度等方面的广博知识。……宋代传世的思想史资料是如此丰富，大大超迈前朝，仅对朱熹的庞大著作，要真正下一番全息摄影、立体透视的功夫，也极其不易。即使下此功夫，没有上述纵横两方面的广博知识，也不易真正作出有深度的研究。"（《宋史研究的回顾与展望》，《历史研究》1997年第4期）年岁越长，读书越多，研究越深，越能体悟王先生的这番感慨。

　　本科三年级时，我在刘复生老师的宋史专题课上对唐宋思想转型产生了浓厚的兴趣。当时在阅读刘复生老师的《北宋中期儒学复兴运动》，注意到韩愈至于宋初对于儒家道统系谱的叙述与后来习见的道统系谱颇为不同，后来随着阅读的增多，对唐宋道统系谱演变的兴趣和疑惑也越来越多。读硕士时，我在粟品孝老师的指导下，即以宋初五贤道统系谱为题完成了毕业论文，但仍有很多问题没有解决。其后，我又在刘复生老师指导下攻读博士学位，在论文选题时，仍以五贤道统系谱为中心来述论唐宋道统系谱演变。在系统阅读、研究和写作的过程中，越来越有难以驾驭之感。其时论述道统系谱演变的研究很少，历史资料又繁多而零散，最难处理的是全文的写作线索和结构安排，因为道统系谱演变要涵括道统人物和历史阶段两个主要内容。从最初形成论文雏形到本书的出版，我进行了多次的结构调整、内容增删、细节修订，希望能将唐宋道统系谱的演变述说清楚，也希望能尽量减少一些错误。2011年年底，王曾瑜先生专程赴成都主持我的博士论文答辩，他和胡昭曦先生以及段玉明、杨世文、粟品孝诸位师长一起组成了答辩委员会，韦兵老师、陈希丰学弟旁听了我的论文答辩。本来打算等本书出版后，奉呈诸位师长指正，但我进展缓慢，一拖再拖，时至今日方才出版，而胡昭曦先生已于2019年溘然长逝。

本书的出版，要感谢很多师友的关心和帮助。我2001年考入四川大学历史系，其后在川大完成了本科、硕士和博士的学习，其间得到了很多师长的指点，也结识了很多意气相投的同学和朋友。我博士时候的室友和同学鲁明军、黄博、曹鹏程都已成绩斐然，他们是我学习的榜样。

博士毕业后，我进入重庆大学新成立的人文社会科学高等研究院工作，时任学术委员的甘阳、张旭东、罗岗、蔡翔等师长都给予了我很多帮助，并多次提醒我要尽早将博士论文修改出版。时任学术委员兼史学中心主任的王希教授，亲自带我组织了两次大型国际学术会议，也对于我在学术上的缓慢进展多有宽慰，对我在工作后应如何继续进行学术研究指点颇多。在这里，我还有幸结识了很多能够一起切磋学术、打球喝酒的同事朋友，感谢他们对我的支持和鼓励。

2022年全书定稿后，我申请了学院的学术专著出版资助。其后，热心的田雷兄帮我联络出版社，承蒙甘阳、吴飞两位师长不弃，将本书收入他们主编的"古典与文明"丛书。后来负责本书具体编辑工作的是蔡雪晴编辑，她认真负责，帮我找出了不少书稿的问题，对本书的面世贡献良多。赵乐、李瑛两位研究生帮我审读了书稿，张嘉楠、赵鑫桐、颜衡、田杨、汤臻、吴佳梁、海翠婷、邓颖、闫清等同学也帮忙搜集或校订过书中的一些资料，谨此一并致谢。当然，文责仍应自负。

最后，我要感谢家人的支持和理解。父母为了让我能交高价上高中，还去农村信用社贷了两千块钱的款。我工作后，父亲依然在工地打工，直到2017年又一次摔得差点失去生命，在医院住了一个多月，才转而干起了绿化工人的活。母亲以前一直在农村老家操劳，我工作后，她又过来为我承担了大部分的家务。他们都是地地道道的半文盲农民，勤劳、善良、朴实、憨直，用血汗养育了我。还要感谢我的爱人王兰，她不仅为我生了郭攀渝、郭瑾渝、郭兆渝三个宝宝，还承担了大部分的抚育责任，让我能投入更多的精力到工作中。无以为报，仅以此寥寥数语，浅表愧谢之意。

郭　畑

2023年10月

"古典与文明"丛书

第一辑

义疏学衰亡史论　乔秀岩　著

文献学读书记　乔秀岩　叶纯芳　著

千古同文：四库总目与东亚古典学　吴国武　著

礼是郑学：汉唐间经典诠释变迁史论稿　华喆　著

唐宋之际礼学思想的转型　冯茜　著

中古的佛教与孝道　陈志远　著

《奥德赛》中的歌手、英雄与诸神　〔美〕查尔斯·西格尔　著

奥瑞斯提亚　〔英〕西蒙·戈德希尔　著

希罗多德的历史方法　〔美〕唐纳德·拉泰纳　著

萨卢斯特　〔新西兰〕罗纳德·塞姆　著

古典学的历史　〔德〕维拉莫威兹　著

母权论：对古代世界母权制宗教性和法权性的探究

　〔瑞士〕巴霍芬　著

"古典与文明"丛书

第二辑

作与不作：早期中国对创新与技艺问题的论辩　〔美〕普　鸣　著
成神：早期中国的宇宙论、祭祀与自我神化　〔美〕普　鸣　著
海妖与圣人：古希腊和古典中国的知识与智慧
　　　　　〔美〕尚冠文　杜润德　著
阅读希腊悲剧　〔英〕西蒙·戈德希尔　著
蘋蘩与歌队：先秦和古希腊的节庆、宴飨及性别关系　周轶群　著
古代中国与罗马的国家权力　〔美〕沃尔特·沙伊德尔　编

学术史读书记　乔秀岩　叶纯芳　著
两汉经师传授文本征微　虞万里　著
推何演董：董仲舒《春秋》学研究　黄　铭　著
周孔制法：古文经学的教化　陈壁生　著
《大学》的古典学阐释　孟　琢　著
参赞化育：惠栋易学考古中的大道微言　谷继明　著

"古典与文明"丛书

第 三 辑

礼以义起：传统礼学的义理探询　吴　飞　著
极高明与道中庸：补正沃格林对中国文明的秩序哲学分析　唐文明　著
牺牲：子学到经学时代的神话与政治　赵丙祥　著
知其所止：中国古代思想典籍绎说　潘星辉　著
从时间来到永恒：《神曲》中的奥古斯丁传统研究　朱振宇　著
地生人与"雅典民主"　颜　荻　著

希腊人与非理性　〔爱尔兰〕E. R. 多兹　著
古代创世论及其批评者　〔英〕大卫·塞德利　著
自由意志：古典思想中的起源　〔德〕迈克尔·弗雷德　著
希腊神话和仪式中的结构与历史　〔德〕瓦尔特·伯克特　著
古代思想中的地之边界：地理、探索与虚构　〔美〕詹姆斯·罗姆　著
英雄的习性：索福克勒斯悲剧研究　〔英〕伯纳德·M. W. 诺克斯　著
悲剧与文明：解读索福克勒斯　〔美〕查尔斯·西格尔　著

"古典与文明"丛书

第 四 辑

《礼运》的秩序思想　陈　赟　著

战国晚期思想研究　方克涛　著

独尊儒术前夕的百家争鸣　曾海军　著

刘歆与两汉今古文学之争　郜积意　著

唐宋儒家道统系谱建构研究　郭　畑　著

合璧开新：儒学转型视野下的黄宗羲思想研究　顾家宁　著

古史辨派与中国现代学术走向　张京华　著

苏格拉底：反讽家与道德哲学家　〔美〕格里高利·弗拉斯托　著

修昔底德与雅典帝国主义　〔法〕雅克利娜·德·罗米伊　著

作为表演的诗歌：荷马史诗及其他　〔匈〕格雷戈里·纳吉　著

摹仿论的美学：古代文本与现代问题　〔英〕斯蒂芬·哈利韦尔　著

演绎他者：古希腊文学中的性别与社会　〔美〕弗洛玛·塞特琳　著

外族的智慧：希腊化的局限 [修订译本]　〔意〕阿纳尔多·莫米利亚诺　著

发明时间：时间性与古代晚期文学　〔英〕西蒙·戈德希尔　著

凯撒的历法：古典时间与历史的开端　〔美〕丹尼斯·费尼　著